江南大學漢語言文學國家一流本科專業建設教材

新編古代漢語教程

主　編　黄艷萍
副主編　謝　坤　蔡華祥　魯普平
參　編（按姓名音序）
　　　　蔡華祥　黃　璟　黃艷萍
　　　　劉新全　劉艷娟　魯普平
　　　　時曉蕾　謝　坤　周　寅

南京大學出版社

圖書在版編目(CIP)數據

新編古代漢語教程 / 黄艷萍主編. —— 南京：南京大學出版社，2024.12. —— ISBN 978-7-305-28677-3

Ⅰ. H109.2

中國國家版本館 CIP 數據核字第 2025GR7812 號

出版發行　南京大學出版社
社　　址　南京市漢口路22號　　郵　　編　210093
書　　名　新編古代漢語教程
　　　　　XINBIAN GUDAI HANYU JIAOCHENG
主　　編　黄艷萍
責任編輯　高　軍　　　　　　　編輯熱綫　025-83592123
照　　排　南京開卷文化傳媒有限公司
印　　刷　江蘇鳳凰鹽城印刷有限公司
開　　本　787 mm×1092 mm　1/16　印張 16.25　字數 365 千
版　　次　2024 年 12 月第 1 版　2024 年 12 月第 1 次印刷
ISBN 978-7-305-28677-3
定　　價　48.00 元

網　　址：http://www.njupco.com
官方微博：http://weibo.com/njupco
官方微信號：njuyuexue
銷售諮詢熱綫：(025)83594756

* 版權所有，侵權必究
* 凡購買南大版圖書，如有印裝質量問題，請與所購
　圖書銷售部門聯繫調換

前　言

一、古代漢語及其歷史分期

古代漢語是相對於現代漢語而言的。廣義上而言，古代漢語就是古代漢民族所使用的共同語言。1919年五四新文化運動倡導白話文，從此白話文取代文言文成爲現代漢民族的共同語言。因此，學界一般將五四運動作爲古代漢語與現代漢語的分界綫，1919年"五四"以前歷代漢民族使用的語言都可以稱爲古代漢語，"五四"以後的則是現代漢語。

古代漢語屬於歷史語言。一般按漢語發展的內部規律，即語音、語法、詞彙的變化規律①將漢語史分爲三個歷史時期：先秦兩漢時期爲上古漢語階段、魏晉至唐代爲中古漢語階段、宋代至"五四"運動時期爲近古漢語階段。語言發展變化的分期只是相對的，它的各個發展階段並不是一刀切的。

廣義的古代漢語包括古代的口語和書面語。古人的口語今天已無從知曉。我們今天能見到的是漢字產生以來，有文字記載的古代書面語，僅就目前已知的成熟文字體系甲骨文而言，到現在也有三千多年的歷史了。古代漢語書面語大致包含兩個系統：一是以先秦口語爲基礎而形成的上古漢語書面語，如《詩》《書》《禮》《春秋》《論語》《孟子》《老子》等所使用的書面語，以及歷代作者仿古作品中所使用的書面語，即我們通常所説的文言文。二是六朝以後在北方話基礎上形成的古白話。古代漢語的研究對象是文言文。文言系統的書面語材料包括出土文獻和傳世文獻兩大類，出土文獻有甲骨文、金文、簡牘、帛書、碑刻等；傳世文獻更是浩瀚，有《詩經》《楚辭》、先秦諸子散文、歷史散文、漢賦、唐詩宋詞，以及唐宋八大家的散文等。古代漢語的研究內容共時條件下有文字、詞彙、語法、音韻、訓詁、詩詞格律及修辭學等，歷時條件下有文字學史、詞彙學史、語音學史、語法學史、訓詁學史，以及漢語史等。

二、古代漢語的課程性質及其重要性

古代漢語是語言理論基礎課，也是工具課。系統地講授古代漢語的基礎理論知識，闡述古代漢語的語言發展規律，通過具體的文言文作品的解析，提高學習者的語言科學理論素養，以培養、訓練運用古代漢語語言知識閱讀、研究古代文獻的能力爲目的。通

---

① 其中語法的發展變化最爲穩定，因此漢語分期主要以語法變化爲依據，語音和語法關係密切並且也相對穩定，也可以作爲語言演變的分期標準。

過本課程的學習,掌握漢語發展規律,知古論今,學生應熟練掌握古代漢語的基本理論知識,能藉助工具書閱讀文言文作品,能比較準確地解決今后教學和研究工作中語言文字方面的問題。

學習並學好古代漢語具有重要的意義。學好古代漢語是閱讀古代文獻的橋梁。我國有文字記載的歷史已有三千多年,在這漫長的歷史時期里不斷產生的書面語文獻是我們瞭解祖先、解讀中華文明的重要資料,而古今漢語的差異是我們閱讀古文獻的主要障礙。學好古代漢語,掌握古人語言文字使用習慣,掌握古今詞義的差別等有助於古書閱讀。同時學好古代漢語也有助於現代漢語的學習。古代漢語和現代漢語一脉相承,現代漢語的語法、詞彙是由古代漢語語法、詞彙發展而來的。加強古代漢語學習有助於站在語言學史的角度去研究現代漢語的發展演變規律,提高我們的語言分析和實踐應用能力。

三、本教材的體例及編寫特色

目前全國古代漢語教材編寫體例大致可以分爲兩類:一類是文選、常用詞、通論按單元組合編排,以王力版、郭錫良版《古代漢語》爲代表;一類將通論和文選分開編排,上編爲古代漢語知識通論,下編爲文選,以王寧版、張世祿版《古代漢語》爲代表。前輩學者編著的各種版本的《古代漢語》教材爲我們的《古代漢語》教材的編寫提供了重要的參考。

本教材兼顧中文專業和師範專業語文學科方嚮學生培養的需求,確定教材的編寫體例與內容。本書上編爲古代漢語知識通論(四個單元),下編爲古代漢語文選(四個單元)。古代漢語通論部分,儘量做到重點突出、簡要清晰,力求使學生易讀易學,同時強調古代漢語知識的實用性,不求其全,不講音韻學和古代文體等常識。文選的編選以時代爲序,多列先秦兩漢時期的散文作品,未選駢賦作品,唐宋作品以詩詞爲主。限於篇幅,《詩經》《楚辭》等作品也沒有涉及。課時允許的學校在教學時可以適當補充。教材還安排了每個單元的"延伸閱讀書目"作爲相應知識點的重要參考書目,供有興趣的師生參閱。此外每個單元還有練習題,以鞏固、深化相應知識點的理解和應用。我們在教材編寫時做了這樣一些努力:

第一,強調古代漢語知識呈現的系統性。教材上編是古代漢語知識通論,主要分爲文字學、詞彙學、語法學和古書的注解四大部分。其中文字學部分是重中之重,着重講解了漢字的起源、漢字的形體演變、漢字的結構,以及古書中主要的用字現象,以便學生對漢字有較爲全面系統的掌握和瞭解。詞彙學、語法學、古書的注解也是古代漢語學習的重點。音韻學也是古代漢語的重點知識。因其知識難度較大,音韻學常被學界稱爲"絕學"。不過,中小學語文教育教學中對音韻學知識需求不高,同時限於學時的考慮,本教材暫未列入音韻學知識。

第二,強調概念的理解和示例的豐富性。在古代漢語教學過程中我們經常發現學生對知識點的理解和掌握不夠徹底,而出現偏差。我們在教材編寫過程中重視理論性術語的明確定義,一般不涉及有爭議的概念,便於教師在授課時靈活講解;同時也更加注重示例的豐富性,比如在講"六書"時列舉了大量的例字,便於學生加深對造字法和用字法的理解。

本書由江南大學人文學院黄艷萍任主編,參與編寫的作者爲漢語言文學專業的教師或博士生,具有豐富的教學經驗和較强的科研實力。各章節的執筆人及其所在單位是(按姓名音序排列):

蔡華祥,江南大學,第三單元第三節。

黄璟,江南大學,上編文字校對。

黄艷萍,江南大學,前言、第二單元、第三單元第一節、第四單元第三節、文選、練習題。

劉新全,吉林大學,第一單元第三節。

劉艷娟,温州大學,第一單元第二節。

魯普平,江蘇第二師範學院,第四單元第一節、第二節。

時曉蕾,華東師範大學,第一單元第四節。

謝坤,江南大學,第三單元第二節。

周寅,重慶交通大學,第一單元第一節。

全書由黄艷萍統籌、統稿并定稿。另外,研究生鄔匯茹、黄晨洲、張悦、廖文淵在黄艷萍的指導下參與了文選部分的編選及校注,吴怡然、李羊、吴桐、郝珍珍、胡雨潔參加了文選部分的文字校對工作。

目　　錄

上　編　古代漢語知識通論

第一單元　文　　字 ………………………………………………………… 3
　第一節　漢字的起源 …………………………………………………………… 3
　第二節　漢字的形體演變 ……………………………………………………… 15
　第三節　漢字的結構 …………………………………………………………… 29
　第四節　假借字、異體字、古今字、繁簡字 ………………………………… 43

第二單元　詞　　彙 ………………………………………………………… 57
　第一節　詞彙的發展與古今詞義的異同 ……………………………………… 57
　第二節　詞的本義與引申義 …………………………………………………… 64
　第三節　古代漢語中的同源詞與同義詞 ……………………………………… 69

第三單元　語　　法 ………………………………………………………… 79
　第一節　古代漢語詞序和被動表示法 ………………………………………… 79
　第二節　古代漢語詞類活用 …………………………………………………… 86
　第三節　古代漢語中的虛詞 …………………………………………………… 95

第四單元　古書的注解 ……………………………………………………… 119
　第一節　古注的產生與發展 …………………………………………………… 119
　第二節　古注的類別與內容 …………………………………………………… 121
　第三節　古代漢語常用工具書簡介 …………………………………………… 130

下編　文言文選讀

第一單元　先秦諸子散文 ... 145
　季氏將伐顓臾 ... 145
　吾日三省吾身 ... 146
　不憤不啓 ... 147
　大同 ... 147
　學記 ... 149
　中庸(節選) ... 156
　寡人之於國也 ... 160
　孔子登東山而小魯 ... 163
　許行 ... 163
　勸學(節錄) ... 170
　信言不美 ... 174
　大成若缺 ... 174

第二單元　先秦歷史散文 ... 176
　鄭伯克段于鄢 ... 176
　齊桓公伐楚 ... 179
　齊晉鞌之戰 ... 181
　燭之武退秦師 ... 185
　句踐滅吳 ... 187
　邵公諫厲王弭謗 ... 193
　觸龍說趙太后 ... 195
　燕昭王求士 ... 199
　蘇秦始將連橫說秦 ... 201

第三單元　兩漢至宋代散文 ……………………………………… 207

孫臏 …………………………………………………………… 207

韓信破趙之戰 ………………………………………………… 210

司馬相如列傳（節錄）………………………………………… 214

張騫傳（節錄）………………………………………………… 219

揚雄傳（節錄）………………………………………………… 223

華佗傳 ………………………………………………………… 229

陳情表 ………………………………………………………… 233

答李翊書 ……………………………………………………… 236

賈誼論 ………………………………………………………… 239

第四單元　唐詩宋詞選 …………………………………………… 241

春江花月夜 …………………………………………………… 241

宿建德江 ……………………………………………………… 242

山居秋暝 ……………………………………………………… 243

送別 …………………………………………………………… 244

送友人 ………………………………………………………… 244

旅夜書懷 ……………………………………………………… 245

登高 …………………………………………………………… 246

雨霖鈴・寒蟬淒切 …………………………………………… 247

水調歌頭・明月幾時有 ……………………………………… 248

江城子・乙卯正月二十日夜記夢 …………………………… 249

一剪梅・紅藕香殘玉簟秋 …………………………………… 249

訴衷情・當年萬里覓封侯 …………………………………… 250

上 編

古代漢語知識通論

第一單元 文 字

第一節 漢字的起源

《尚書·序·疏》："言者意之聲，書者言之記。"語言是人類最重要的交際工具，但"聲不能傳於異地，留於異時"。爲了突破語言交際在時間和空間上受到的限制，人們創製了記錄語言的書寫符號系統，這就是文字。

我國最早的、可以稱作"文字"的符號，是殷墟的甲骨文。多數的甲骨文在河南安陽發掘，少數也散見於其他地方。從甲骨文記錄的卜辭來看，它是商代的文字，距今已經有3 400多年的歷史。

無論是從數量還是結構的成熟程度來看，甲骨文應當不是原初產生的最早的漢字，但是在甲骨文以前，我們還沒有看到可以確認爲漢字的書寫符號。既然甲骨文已經是比較成熟的文字，那麼漢字的起源大概是什麼時候？

文字的起源是文字學研究的起點。文字是什麼時候產生的？是怎樣產生的？一直是迷人的、深遠難測的問題，也是文字學研究中至今尚未完全解決的一個問題。

漢字的起源問題，年代久遠，研究者需要採用考古學、人類史學、民族學、民俗學的材料，參考國內外文字的發展歷史、傳世典籍上記載的一些傳說，以及漢字自身發展的一些規律，來進行討論。

一、文字產生的幾種假說

文字產生以前，人們曾使用過實物、結繩、契刻、圖畫等原始的記事手段。瞭解這些記事手段，對認識文字的起源有很重要的意義。3 000多年來不斷有人進行研究，提出過許多不同的假說。

（一）結繩記事說

由結繩而產生文字，這一假說的來源很早。結繩記事，曾盛行於亞、非、拉美、大洋洲的許多國家，在我國也有古老的淵源。

《周易·繫辭下》："上古結繩而治，後世聖人易之以書契，百官以治，萬民以察。"鄭玄注："事大大結其繩，事小小結其繩。"這段話的意思是說，當人類的生活日益複雜，需要記憶的時候，用結繩來記憶……大事繫一個大結，小事繫一個小結。

《老子》第八十章："使民復結繩而用之。"《莊子·胠篋》："昔者……伏羲氏、神農氏，當是時也，民結繩而用之。"徐中舒《結繩遺俗考》認爲金文中十、二十、三十作┃、∪、⊎，象結繩之形。

結繩不但有史可考，也有文化的遺跡可以證明。1949 年之前雲南碧江一位傈僳族人扶養侄兒成人，從侄兒進家時起，每過一月，在一根塗墨的麻繩上打一個結。到侄兒參加工作時，他拿出打了五十一個結的麻繩，和侄兒算五十一個月的伙食費。

雲南民族博物館收藏了很多中國西南地區少數民族結繩記事的材料，如 1949 年之前中國西南地區的獨龍族親朋約會時，用兩根細繩打上相等數目的結，各持一根，過一天解去一個結，繩結解完，便在約定之處相會。此外，佤族和哈尼族也曾經使用結繩來記錄賬目（見圖 1-1）。

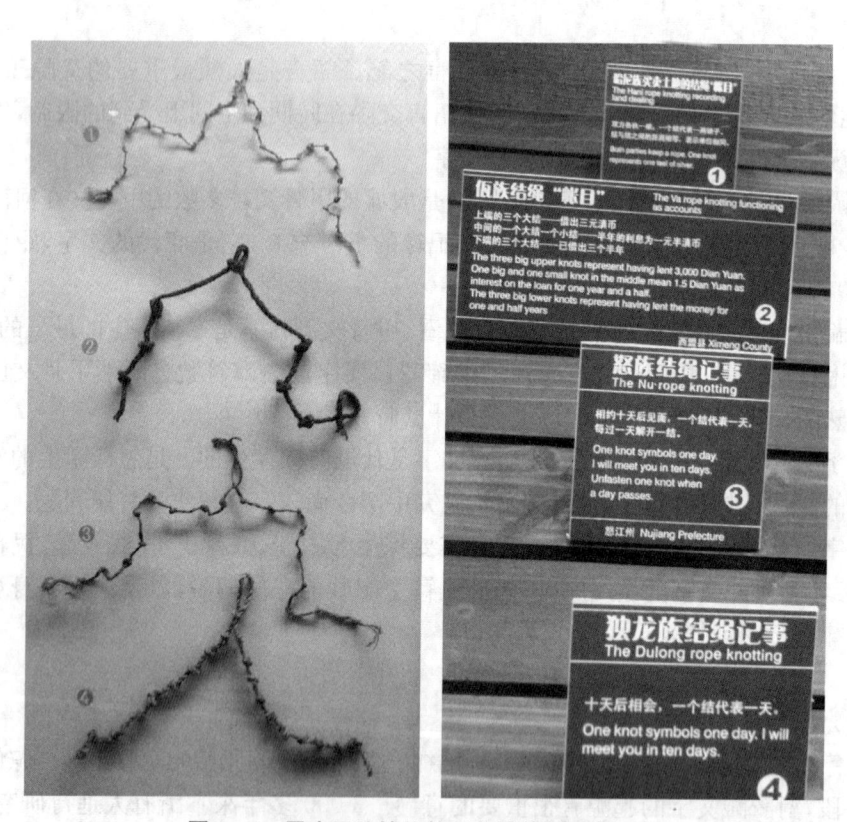

圖 1-1　雲南民族博物館所藏的結繩記事標本

南美洲秘魯的土著人，用各種顏色的大小繩子，做成各種樣式的繩結來記載事情，發佈命令。秘魯安第斯山區的印第安牧人使用一種奇特和巧妙的方式表達思想而無須語言或文字，雖然它衹涉及羊群的數目。該系統由各種細繩巧妙地編製成網狀編織物。不同的結繩方式就形成了記錄，繩結和繩圈表示特定的含義，而它們的排列就是把這些含義聯繫起來。古代秘魯人所實行的這套記憶方法，叫作奇普（Quipu 或 Khipu）。北美洲、大洋洲以及西非洲的土著人，都有類似的情形。

西班牙歷史學家 G. de la Vega 在十七世紀初對結繩作了這樣的描寫："爲了表示戰

爭、管理、貢賦、儀式,有各種不同的結繩,每一種結繩有許多結和繫着的綫——紅綫、綠綫、藍綫、白綫等;我們用不同方式把西班牙語的二十四個字母加以排列組合以表達不同音素時,能夠分清他們的差異,印第安人也正如我們所做的一樣,他們利用繩結的不同排列和顏色就有了大量表示不同意義的方式。"

圖 1-2　秘魯的結繩記事

結繩沒有給出詞語的圖像,也不能提示語音,衹是使人回憶起已經存在的想法,衹有那些掌握秘訣的人纔可以理解。但是,記憶要尋求的是區別,結繩的區別和社會的發展比起來,無論如何是不夠的,事情再多一點,就會把事情記錯、記亂。在結繩這樣的記憶、記錄方法不夠用了以後,人類自然就有了發明文字的動機。

我們不否認結繩有幫助記憶的作用,但它還不是人們交際和交流思想的工具。幫助記憶的方法是多種多樣的,所用的工具也因人因地而不同。除了"事大大結其繩,事小小結其繩"這個方法之外,還有數禾秆、數玉米粒、數豆子等方法。

(二) 契刻記事說

契刻是原始記事的方法之一,是用刀在竹木、石頭或獸骨等材料上契刻以記事。《隋書·突厥傳》記載,突厥"無文字,刻木爲契"。契刻記錄的內容不同,有的刻上記號或者缺口,表示數目,如《釋名·釋書契》:"契,刻也,刻識其數。"又如,《列子·說符》:"宋人有遊於道,得人遺契者。歸而藏之,密數其齒,告鄰人曰:'吾富可待矣。'"

有的是當事雙方各執其一缺口對合以爲憑信,如《戰國策·齊策》中記馮諼赴薛收債,"載券契而行"。契刻因爲可以剖開成一式兩份,由當事雙方各執一份,不像結繩那樣容易更改和作僞,所以被廣泛用於各種契約。

刻木用作傳遞資訊和記錄借貸相關的事情,在雲南少數民族中一直沿用到二十世紀五十年代。

圖1-3,獨龍族的傳信木刻中,左邊的交叉綫,表示"你派來的人我遇到了";上面的三個缺口,表示"派我的弟弟和兩行隨行人員去你那裏";下面的兩個缺口,表示"你送我的兩件器皿已收到";右邊的小圓洞,表示"送你一張凳子。"

圖1-4,傈僳族的傳信木刻中,左邊的三條綫表示"三個人",圓形表示"月圓時",

交叉綫表示"相遇",三個符號一起表示"來的三個人,在月圓時和我們相遇了";右邊三條長短不一的綫表示"送上三包土産,請送給大中小三位領導"。

圖1-3　獨龍族傳信木刻　　　　圖1-4　傈僳族傳信木刻

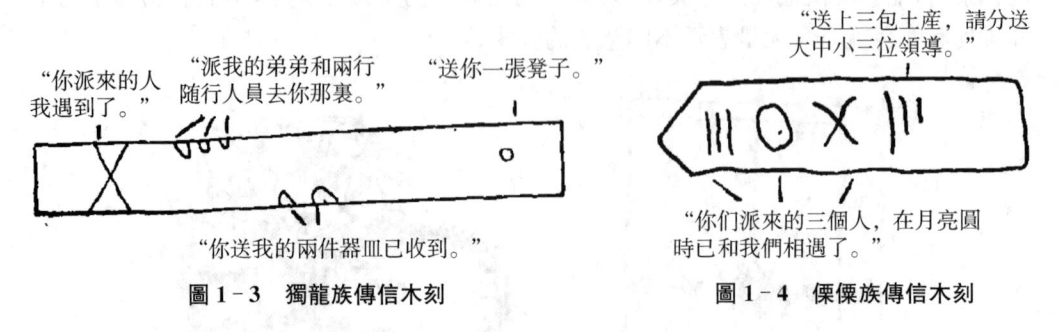

圖1-5,收藏於雲南民族博物館的佤族借貸木刻上有五個小缺口,一個大缺口。五個小缺口表示"五個月内還清";一個大缺口表示"不能還清,就來拉你的牛一頭"。

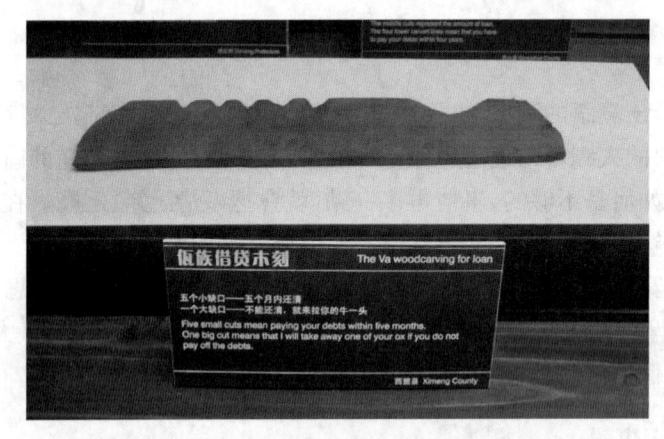

圖1-5　雲南民族博物館所藏佤族借貸木刻

中世紀丹麥、瑞典、英國北部偏僻的農村用一種方形木棒刻上各種紋道、符號,記録一年的年曆和重要的宗教節日。契刻具有符號的性質,並且有一定的交際功能,這一點與文字確有某些相通之處。

(三) 八卦説

漢代以來,不少闡釋《易經》的人提出八卦成文的説法,有人稱八卦爲卦象文字,認爲文字是由八卦衍生的各種卦象生成的。孔安國《尚書》序(屬僞作,但年代甚古):"古者庖犧氏之王天下也,始畫八卦,造書契,以代結繩之政,由是文籍生焉。"《易·繫辭下》:"古者包犧氏之王天下也,仰則觀象於天,俯則觀法於地,觀鳥獸之文,與地之宜,近取諸身,遠取諸物,於是始作八卦。"八卦是否作於伏羲或其他任何個人姑且不論,這個解釋實際上並未道出卦爻的確切含義。

八卦是一套符號系統,它們是:☰(乾)、☱(兑)、☲(離)、☳(震)、☴(巽)、☵(坎)、☶(艮)、☷(坤)。這套符號系統是古代巫師用作占卜吉凶的算籌的各種排列方式,用來象徵世上的各種事物。

據《易緯·乾·鑿度》記載:乾卦,古天字;坤卦,古地字;離卦,古火字;坎卦,古水字;巽卦,古風字;震卦,古雷字;艮卦,古山字;兑卦,古澤字。

表1-1 八卦的象徵意象

卦名	自然	特性	家人	肢體	動物	方位	季節	陰陽	五行
乾	天	健	父	首	馬	西北	秋冬間	陽	金
兑	澤	悦	少女	口	羊	西	秋	陰	金
離	火	麗	中女	目	雉	南	夏	陰	火
震	雷	動	長男	足	龍	東	春	陽	木
巽	風	入	長女	股	雞	東南	春夏間	陰	木
坎	水	陷	中男	耳	豬	北	冬	陽	水
艮	山	止	少男	手	狗	東北	冬春間	陽	土
坤	地	順	母	腹	牛	西南	夏秋間	陰	土

"八卦"作爲古人的一種迷信工具,乃是從原始記事符號中抽象出來的,借以畫成卦象並推斷剛柔、陰陽、虛實寓意的卦爻,依據的是筮數的奇偶,本與物象全無關聯,因此"八卦"不能直接作爲文字產生的近源。但是,先秦時期,人們已經隱約感覺到,就其"記事"性質來說,其與文字有某種一致性。文字體現人類文明進入一個新階段,是人類記事手段高度發展的結果。

(四) 倉頡造字說

"倉頡造字說"認爲漢字是倉頡造的,這個說法在古代經書、子書上非常普遍。《世本》《荀子·解蔽》《韓非子·五蠹》《吕氏春秋·君守》等都保存着相同的記載,這是當時對漢字起源的流行看法。《春秋·元命苞》:"(倉頡)生而能書,及受河圖錄字,於是窮天地之變,仰觀奎星圜曲之勢,俯察龜紋鳥羽、山川指掌,而創文字。"《淮南子》:"昔者倉頡作書而天雨粟,鬼夜哭。"《說文解字·敘》:"黃帝之史倉頡,見鳥獸蹏迒之迹,知分理之可相別異也,初造書契。……倉頡之初作書,蓋依類象形。"

黃帝和倉頡都是傳說中的人物,雖没有詳細的記載,但有一位很早時期的史官與文字有關,這是合理的推論。倉頡造字的說法雖然帶有傳說的性質,但黃帝的史官倉頡已經被大家看成中華文明中造字的代表人物,成爲大家崇敬的、漢字起源的一個符號。

關於倉頡造字說,荀子曾經提出不同的意見,認爲文字不是倉頡一個人造的。《荀子·解蔽》:"故好書者衆矣,而倉頡獨傳者,壹也;好稼者衆矣,而后稷獨傳者,壹也。"按照荀子的看法,倉頡祇是衆多文字創造者中的一員,由於他專心致志,做出了較大的成績,纔能獨佔傳播文字之功,也許這個說法更近於史實。將某種發明歸於一人,是古代傳說的共同特徵。如《吕氏春秋》說:"奚仲作車,倉頡作書,后稷作稼,皋陶作刑,昆吾作陶,夏鯀作城,此六人者,所作當矣。"在這些發明家的名單中,就有"倉頡"在内。

倉頡也許真有其人,他可能搜集和整理過文字,但不能因此就說文字是他一個人創造的。文字的產生是集體智慧的結晶,是人們在長期的生產生活實踐過程中共同創造出來的,非一人之力能及。

上述四種造字假說都較爲牽强,與我國目前已知最早的成熟文字體系——甲骨文的字形無直接聯繫。從"結繩""八卦"到"後世聖人易之以書契",正是人類記事方法演進的一個過程。以上的假說也揭示了一個共同的關於文字起源的歷史途徑,即文字產生於先民長期使用的記事、記數的方法。正是這些原始的記事方法,使我們的先民產生了創製文字的最初的衝動。

就目前可見的數以千計的古文字形體而論,漢字絕非一人一時所能創造,而是廣大群眾集體智慧的結晶,是他們在長期的生產生活中,因時因地不斷地觀察、思考和創造,經過若干年代的積累,逐漸形成共同使用的文字。

二、圖畫記事與文字的產生

與文字起源有直接關係的應當是圖畫。沈兼士曾指出:"余以爲文字之起源,實由記事之繪畫。"唐蘭也提出:"文字本於圖畫。"現在已被多數學者接受。據目前所見有關漢字的最早資料分析,漢字是從原始圖畫發展來的。

原始人類狩獵之後,可能採用圖畫的方式把狩獵物的形象保留下來,也可能在向他人講述狩獵情況的時候,用圖畫的方式說明表述。這種圖畫,前者幫助記憶,後者幫助交際,具有輔助記事和交際的作用。文字畫是通過畫面表達畫者的思想意圖的。

雲南西盟佤族自治縣佤族頭人住的"大房子"墻上,常以牛血、赭土、鍋灰、石灰等爲顏料,畫上紅、黑、白各色壁畫。

汪寧生先生1965年曾赴西盟佤族自治縣大馬散村調研,臨摹了一座已無人居住的"大房子"的一面墻壁的畫,畫面上僅有用石灰畫的六個水牛頭、一個黃牛頭。據佤族人自己解釋,畫上這些東西表示房屋主人即將有很多牛,打到很多的麂子,開出很多的水田,家庭富裕了,就可以請很多親戚朋友來跳舞作樂。這和舊社會人們蓋新房時,用紅紙寫上"人畜興旺、家宅平安"之類吉祥語,有異曲同工之妙。

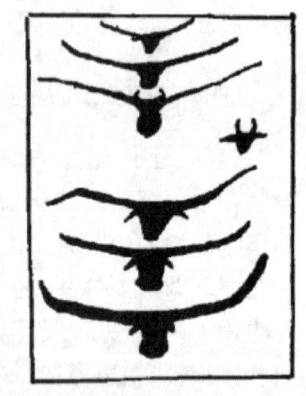

圖1-6 西盟佤族"大房子"壁畫中的牛頭

(一) 文字畫

大約在舊石器時代,原始人類已經懂得創作簡單的圖畫,這種圖畫向兩個方嚮發展,一是向藝術的方嚮發展,成爲繪畫;一是向文字的方向發展,就是所謂文字畫,又稱作示意圖畫。

"文字畫"是文字性的圖畫。從岩畫到文字畫,是原始繪畫向文字發展的過渡狀態。文字畫是最初的通信符號,不是自我欣賞的,往往是甲方寫給乙方閱讀的,因此可以輔助記事和交際。文字畫一般都是單幅的,文字畫中的符號是圖符,語段是篇章,表達法是表形爲主、表意爲輔。文字畫是超語言的,可以用任何語言去解説,但是解説者與聽者間要有默契,否則無法理解。所畫的圖形不能分開來成爲符號單位。文字畫表達的是畫者的思想意圖,與語言沒有直接的對應關係,無固定讀音,看畫人可以用任何語言去解讀。因此文字畫本質還是畫,不是文字。

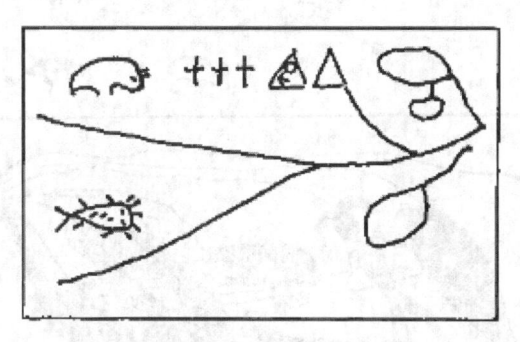

圖 1-7 歐吉蓓少女情書(Ojibwa love letter)

　　圖1-7是加拿大印第安人歐吉蓓(Ojibwa)部落一位少女給男友的情書。左上角的"熊"是發信人(女方)的圖騰。左下角的"泥狗"是收信人(男方)的圖騰。上方三個"十字架"表示信基督教的三個女人。十字架的右邊有兩間帳篷。左邊帳篷裏有一個人,表示這是發信人的住處,歡迎來臨。右邊有三個湖泊,北面一個是大湖。有三條道路,一條通到發信人的小屋,一條通到收信人的住處。

　　周有光在《世界文字發展史》中配了一首打油詩來解釋這幅畫的意思:"熊妹問狗哥,狗哥幾時閒?我家三姊妹,妹屋在西邊。推窗見大湖,招手喚孤帆。小徑可通幽,勿誤兩相歡。"

　　這是一幅文字性質的圖畫。"熊、泥狗、小屋、湖泊、道路",都是表形符號。"熊"和"泥狗"代表不同圖騰的人,有表意性質。"道路"表示方向,也有表意性質。"十字架"代表掛十字架的教徒,是象徵性的表意符號。"招呼的手"表示歡迎,不是一般的手,是表意符號。全文表形爲主,表意爲輔,表形帶表意,表意帶表形。它代表一段語言,一個"篇章",不能分成句子或語詞,並且可以用任何語言來說明,不代表一定的語言,有"超語言性"。

　　文字畫與藝術創作的不同在於,文字畫比較概括而有條件,它的主要任務不是創作藝術形象,而是用來保證理解畫出的內容,有的圖畫符號具有完全的約定—象徵性質;更大量的圖畫符號包含一個個單獨的象徵性成分(如圖1-8a)或者約定性成分(如圖1-8b)。

　　圖1-8a記錄了用一頭野牛、海獺和綿羊交換三十隻獵獲(獵槍符號)的海狸的條件;圖1-8b記錄了七個印第安部落致美國總統的書信(請求准許他們遷移到五湖地區,連結動物的頭和心臟的綫表明這幾個部落的思想和感情是一致的)。

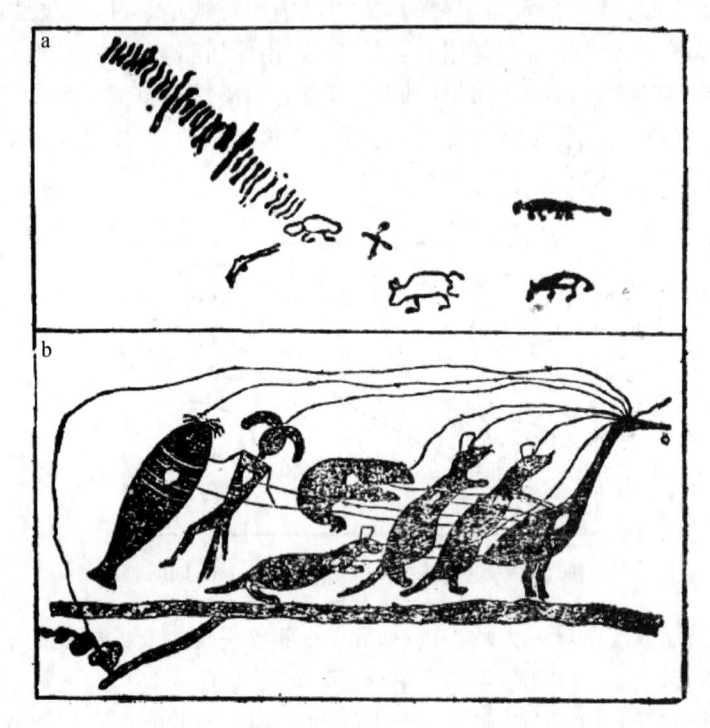

圖 1-8　圖畫符號

　　象徵符號和約定符號的存在,特別是佔優勢時,則最令人信服地證明它們的文字畫的用途,而不是用來創作藝術形象。這種圖畫已經具有了一定的和文字相類似的交際功能,所以我們又稱之爲示意圖畫。

　　説文字畫記錄了語言,實際上是一種誤解。圖畫的作者要表達的意思,確實是用語言進行思考和口頭表述的;讀者的理解和表述,當然也是用語言進行的。但中間的傳遞手段,卻是對作者語言的圖像化,而研究者的釋讀,又是對圖像的語言化。中間的圖像和兩頭的語言,雖有表達和傳遞的關係,卻並沒有等同和記錄的關係。

　　正因爲文字畫圖像的各個部分和語詞沒有直接的對應關係,所以它祇能表達一句話或一段話的大概的意思,而沒有事先的約定或作者的解釋,釋讀者是不可能理解或不可能完全理解的。因此,文字畫雖然向文字大大地靠近了一步,但它仍然是圖畫而不是文字。

(二) 圖畫字

　　"圖畫字"是圖畫性的文字。這種初始的文字往往採取連環畫形式。它們的水準明顯高於單幅的文字畫。有的是圖畫和文字合一,圖畫就是文字;有的是圖畫和文字並立,圖畫上面再加圖形文字,相互説明。圖畫字大都是原始宗教的教義記錄。

　　圖畫字向前發展,直到能夠把實詞都寫出來,祇有虛詞寫不出,或者漸漸産生一些音節符號,説明表達語言,這樣雖然仍舊不能完備地按照語詞的次序書寫語言,可是基本上能够表達需要記錄的意思了。這樣的文字就脫離了襁褓時期,成爲文字的幼兒。

莫豪斯(A.C. Moorhouse)説:"繪畫是對自然的摹寫。因此,假如畫家想要畫出漂浮在海上的小船中的人,他畫出包圍着小船的大海,以及小船上的人,就可以將構成這幅畫的三個要素一目瞭然地描繪出來。畫家不能將這三者割裂開來,如不能把人和船分開來畫。"象形文字"可以定義爲表現描繪物件的單獨記號""而這一點,正是從繪畫記號中脫胎出來而邁向文字階段的重要一步"。也就是説,當人們把圖畫中的各個構件一一分離出來並和語詞對應的時候,文字就產生了。

早期的圖畫字,還明顯帶有圖畫的痕跡,例如納西族象形文字東巴文,就還具有象形程度高、抽象程度低,文字制度不够完善等特點。東巴文納西語稱作"森究魯究"〔sər³³tɕœ⁵⁵lv³³tɕœ⁵⁵〕,〔sər³³〕爲"木",〔lv³³〕爲"石",〔tɕœ⁵⁵〕爲"痕跡",取其見木畫木,見石畫石之意。

圖1-9是選自麗江納西族經典《古事記》的一段原始文字,表示"拿",表示"白",●表示"黑",表示"風",○表示"蛋",表示"山崖",表示"湖",表示"閃亮發光",全段大意爲:把蛋拋在湖裏,左邊吹白風,右邊吹黑風,湖水蕩漾着蛋,蛋撞到山崖上,便生出一個金光燦爛的東西,世界由此而生。

圖1-9 東巴經《古事記》部分文字

我國古老的納西東巴文是圖畫字的代表之一,代表了我國文字發展的圖畫性階段。亦可旁證漢字起源於圖畫的可能性。

圖1-10 東巴經《祭天·遠祖回歸記》封面

圖1-11 東巴經《祭天·遠祖回歸記》第1頁

图 1-12　東巴文對照表

　　除納西東巴文外，西南少數民族地區的他留文、達巴文、爾蘇沙巴文、瑪麗瑪莎文等都是圖畫性很強的文字。據人類思維的共同性和表達的相似性，我國尚存的少數民族圖畫性文字或可以旁證漢字原始時期也是圖畫性符號。

圖 1-13　爾蘇沙巴文經書　　　　　　圖 1-14　他留鐸系文字

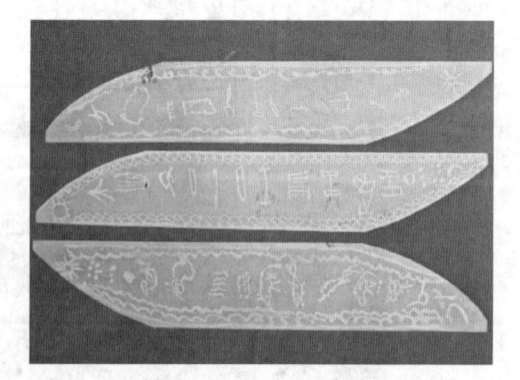

　　商代的甲骨文是我國已知最早成熟的文字體系，其中依然出現了少數類似圖畫的表意手法，以及部分象形程度高的象形字，這也可印證漢字起源於圖畫。如：

表1-2　圖畫、甲骨文、楷書對照表

圖畫	甲骨文	楷書
		龜
		象
		馬
		魚

（三）刻畫陶文符號

　　1928年山東龍山文化古城城子崖遺址發掘以來，相繼出土了一系列比殷墟甲骨文更早而與漢字起源有關的刻畫符號，主要是原始社會晚期即新石器時代所製陶器上的符號，還有少數符號刻寫在甲骨或玉器上。通過對記事陶符與記詞文字之間的聯繫與區別的討論，學者們逐步把漢字的起源過程與漢字體系的形成過程區別開來，並嘗試着將起源過程劃分出各具特點的發展階段。

　　仰韶文化主要分佈在黃河上中游，出土有陶符的遺址多集中在渭河流域的陝西關中地區。其中西安半坡、臨潼姜寨因發掘較早、材料較多而頗受關注。20世紀50年代西安半坡村遺址出土5 000年前的彩陶，上面有分散的刻畫符號22種，稱爲"半坡陶文"。70年代又在臨潼姜寨遺址發掘出6 000年前的彩陶，上面有分散的刻畫符號102個，稱爲"姜寨陶文"。有人認爲半坡陶文就是甲骨文的祖先，但出土的陶文不是連貫的符號，而是分開的個別符號。後人無法知道它們的讀音和意義，也無法肯定它們跟後來甲骨文的親緣關係。

图 1-15　西安半坡陶符　　　图 1-16　陝西臨潼姜寨仰韶文化遺址陶符

關於半坡陶符的性質與功用,西安半坡發掘報告指出,這些符號可能是代表器物所有者或器物製造者的專門記號;這個所有者,可能是氏族、家族或個人。這一假設的證據是:多種類同的符號,出自同一窖穴或同一地區。(半坡陶符)與我們的文字有密切關係,很可能是我國古代文字原始形態之一。

大汶口文化分佈在黄河下游,其晚期距今 4 500—4 000 年,晚期已出土的象形性陶符計 17 件,相同或相似的符號歸並起來有 8 種。其中山東莒縣陵陽河遺址出土的 4 種尤其受到普遍重視。

唐蘭先生將圖 1-17 四符分別釋作"戉""斤""炅(簡體)""炅",認爲大汶口陶文已可用殷商甲金文"一一對照"而有傳承,"大汶口文化陶器文字是我國現行文字的遠祖"。

裘錫圭先生強調漢字體系是獨立創造的,其形成經歷了一個很長的過程。他着重討論了漢字體系的形成問題,認爲"仰韶、馬家窑等原始文化的幾何形符號,跟作爲古漢字基礎的象具體事物之形的符號,顯然屬於不同系統;大汶口文化象形符號的作風則跟古漢字很相似",可能"已經用作原始文字","或者曾對原始漢字的產生起過一定的作用"。

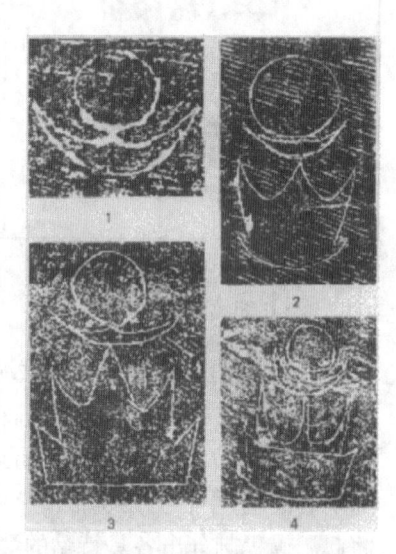

圖 1-17　大汶口文化陶符

通常每個陶器上祇刻畫一個符號,不過也有兩個以上成組的情況。江蘇吳縣澄湖古井群遺址發現了一件良渚文化黑陶魚簍形罐(見圖 1-18),時間爲公元前 3800—前 3200 年左右,其腹部連續排列着五個符號。李學勤、饒宗頤、董楚平等進行了釋讀,但是這些成組的符號當作句子理解也比較困難。

從出土陶器或陶器碎片上的刻符來看,刻畫位置大多在陶器口外沿的黑色帶紋和倒三角紋上,一般每個陶器上祇刻畫一個符號,且符號簡單。這些符號應該是人們在製作陶器時有意識地刻畫上去的,是目前已知的最古老的表意符號。

第一單元　文　字

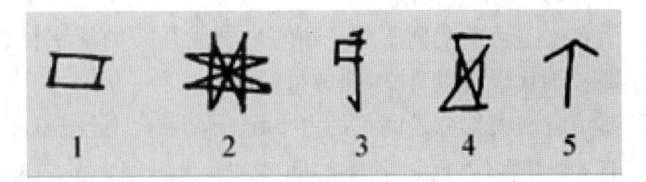

圖 1-18　良渚文化黑陶罐成組陶文

王暉認爲這些符號的性質爲"文字性的圖形或符號",並認爲"新石器時代文字性的刻畫符號和'文字畫'是孕育漢字的母胎"。把符號判定爲文字至少應具備這三個條件:①具有系統性。②與語言對應,能記錄語言。③形體結構穩定。

陶符雖然在不斷出土,符號數量也在逐漸增加,但還沒有直接的證據表明這些符號就是文字。但我們可以説這些陶符促進了漢字的形成。

漢字是集體智慧的結晶,是人們在長期的實踐過程中共同創造的,非一人之力在短時間内創製而成,是社會發展到一定階段的必然產物。文字畫或陶符都是漢字的直接起源。尤其是陶符,雖然這些符號不是連貫書寫,也無法知道其讀音和意義,但其綫條化的刻畫及組合已經與後世的文字形體有直接聯繫,這些抽象性的綫條符號無疑促進了文字系統的形成。

第二節　漢字的形體演變

漢字的形體又稱漢字的書體,是指漢字的書寫形體,也即漢字呈現出來的外部形態和面貌。從甲骨文到現代漢字,漢字的形體發生了很大變化。這種變化,不僅與時代有關,也與書寫載體、文字用途、地理區域甚至國家政策等有關。

漢字形體的發展演變一般分爲兩個階段:一是古文字階段,自商代至於秦代,包括甲骨文、金文、大篆、小篆等,字形有較强的圖畫象形意味;一是今文字階段,又稱隸楷階段,自漢代延續至現代,包括隸書、草書、楷書、行書。值得注意的是,漢字形體的演變過程並非界限分明,一種書體與另一種書體之間不是即刻轉變的,而是有一個漸變的過程。比如秦代使用的隸書(被稱爲秦隸)尚未完全成熟,與漢隸有明顯差異。該種書體從戰國晚期到西漢早期都在使用,被看作古今文字的過渡形態。我們按照慣用做法,以書體爲主,將漢字的形體演變分爲甲骨文、金文、篆書、隸書、草書、行書和楷書,在敘述過程中兼及時代、書寫載體、地域等内容。

一、古文字階段

(一) 甲骨文

甲骨文又稱"契文""甲骨卜辭""殷墟文字""龜甲獸骨文字"等,是刻在龜甲和獸骨上的文字，最先出土於安陽殷墟，1899年被學界發現，其後在鄭州、濟南等地也有零星發現。甲骨文是目前我們所能見到的最早成系統的漢字材料，主要出現在商代後期二百多年間。周代也有甲骨文，但數量較少。

　　殷墟甲骨文大部分是商王的占卜記錄，也有少量記事刻辭，大約有13萬片。不重複單字有4 000多個，已識字有1 000多個，未識字大多是人名、地名等。甲骨文所記載的内容包括天文、曆法、祭祀、征伐、田獵等諸多方面，是研究殷商時期自然狀況、社會歷史、語言文字的可靠材料。

　　一塊完整的有字甲骨往往刻有多條卜辭。而一條完整的卜辭包括敘辭、命辭、占辭、驗辭四個部分。敘辭又稱前辭，即占卜的時間和貞人。命辭又稱貞辭，即此次占卜所問的内容。占辭即商王看了卜兆後所下的判斷。驗辭即徵驗之辭。如《甲骨文合集》6057正：

　　　　癸巳卜，殻，貞旬亡禍。王占曰：有祟，其有來艱。迄至五日丁酉允有來艱
　　　　自西，沚䵅告曰：土方征于我東鄙，戈二邑。工方亦侵我西鄙田。

　　在這條卜辭中，"癸巳卜，殻"爲敘辭；"貞旬亡禍"爲命辭；"王占曰：有祟，其有來艱"爲占辭；"迄至五日丁酉允有來艱自西，沚䵅告曰：土方征于我東鄙，戈二邑。工方亦侵我西鄙田"爲驗辭。在殷墟卜辭中，如此完整的不是很多，最常見的是簡省形式，多數沒有驗辭。

圖 1-19　《甲骨文合集》6057正

刻辭在甲骨上的刻寫部位（分佈情況）及行款（左行、右行，或向左、右轉行）是有一定規律的，這就是甲骨文例。甲骨文書寫的行款一般是豎行向下，提行向左或右，與卜辭起始行的位置相關。受甲骨形狀的影響，甲骨文行款自由，最常見的行款是左行直書，也有右行直書的。左行直書影響較遠，直到現代纔結束。

甲骨文絕大多數是用刀刻寫出來的，少數是用毛筆蘸墨或朱砂書寫的。甲骨文的刻寫工具是青銅刀和玉刀。玉刀質地較脆，青銅刀更爲常見。用刀刻寫決定了甲骨文的形體特點和書寫風格。在堅硬的甲骨上刻字，非常費時費力。刻寫者爲了提高效率，改變毛筆筆法，改圓筆成方形，改填實爲勾廓，改粗筆爲細筆，且常伴有省略筆畫、簡化字形等手段。

作爲迄今爲止我國發現的年代最早的成熟文字系統，甲骨文具有以下特點。

（1）象形性強。沿用圖畫的寫實手法，較多地保留了圖畫文字的特點。如：

龍　鹿　馬　龜　象　犬　豕　魚

這些動物字就像一幅幅簡單的圖畫，抓住動物的突出特徵，使人一看便知，具有強烈的象形意味。

（2）甲骨文綫條纖細，筆勢方折，字形瘦長。這是由它的書寫材料與書寫工具決定的。商朝日常生活中的文字書寫用毛筆。甲骨文已有"聿（筆）"字，象手執毛筆之形。但是占卜的內容需要刻寫在龜甲獸骨上，用刀刻寫就無法保持毛筆字的筆法和筆畫結構，於是因材而施，改曲筆爲直筆，改粗筆爲細筆。整體風格如下：

圖 1-20　《甲骨文合集》10222　　　　圖 1-21　《甲骨文合集》10294

（3）異體繁多。甲骨文的形體還沒有完全定型化，有的方向可以變換，可以正寫、反寫、倒寫、斜寫等。如"人"字可以寫作，也可以寫作。有的偏旁可有可無，如"啓"字可以寫作，也可以去掉偏旁寫作。有的性質相近的偏旁可以互相代替。如"牢"字的義符可以是"牛"，寫作；也可以是"羊"，寫作。有的爲是否形聲之別。如"鳳"可以寫作，也可以加聲符"凡"寫作。甲骨文異體繁多主要是由其形體的象形性決定的，衹

17

要大體相似,不必拘泥於細節,字形能傳達意義即可。

(4) 有相當數量的合文。所謂合文,或稱合書,是把兩個或兩個以上的字合刻或合寫在一起,在行款上祇佔一個字的位置,形式上像一個字而實際上讀兩個或兩個以上的音節,代表兩個或兩個以上的詞或語素。甲骨文中使用合文形式的,主要是先公先王的稱謂、人名、地名、月份、十以上的數字以及某些常用熟語。如㕥是"大乙"的合文,𠄭是"十一月"的合文。

商代占卜煩瑣,記録卜辭的工作量龐大,在堅硬的龜甲獸骨上刻字並不容易,刻寫者會簡化字形,方便刻寫。因此,我們可以把甲骨文看作當時一種比較特殊的俗體字。而當時的正字則是鑄造在青銅器上的金文。

(二) 金文

金文,是"吉金文字"的簡稱,指鑄刻在青銅器上的文字。吉金是堅實之銅的意思。先秦稱銅爲金,《禮記‧祭統》:"夫鼎有銘,銘者,自名也,自名以稱揚其先祖之美,而明著之後世者也。"所以文字學上把西周和春秋時期青銅器上的文字叫作金文。由於鐘和鼎在周代各種有銘文的銅器裏比較重要,常作爲青銅器的總稱,因此金文也被稱爲"鐘鼎文",也有稱作"款識"的。

根據考古發現,我國早在夏商時期就已經進入青銅時代。夏代始有青銅容器和兵器,但是没有銘文。商代已是輝煌的青銅時代,從銘文角度看,可分爲早中晚三期。早期的青銅器極少見到銘文,個別器上的圖案性質尚待研究。中期的青銅器品種已很豐富,出現了作器者的族徽和精細花紋。晚期器型多種多樣,渾厚凝重,花紋繁縟富麗,銘文逐漸加長,不過最長的也未超過 50 字。西周是青銅器發展的鼎盛時期,出土青銅器最多,且有長達百字的銘文,如大盂鼎、散氏盤等。已知銘文最長的是西周宣王時期的《毛公鼎銘》,計 497 字。西周銘文的内容大多是説明器主爲受祭者作器的時間和原因,並告誡後人要"子子孫孫永寶用"。春秋戰國時期,由於列國異政,銅器和銘文呈現多元化的發展趨勢,文字出現地域差異,戰國金文中"物勒工名",刻款爲容量、重量、工匠和監造者居多,也出現了一些重器和長銘,如秦公簋 104 字,中山王鼎 469 字。金文内容涉及祭祀典禮、征伐紀功、賞賜錫命、頌揚祖先等多個方面,有典型的歷史文獻的性質,可補傳世典籍之不足。

金文的發現與研究比甲骨文要早,一般可以追溯到漢代。許慎《説文解字‧敘》云:"郡國亦往往於山川得鼎彝,其銘即前代之古文。"《漢書‧郊祀志上》記載,漢武帝和漢宣帝時都曾發掘大鼎。自三國至隋唐,各地也時有銅器出土。到了宋代,我國就形成了與青銅文化密切相關的專門學問——金石學。清代後期,金石學達到了鼎盛。新中國成立以後,在殷周銅器銘文的研究方面,做出重要貢獻的有郭沫若、唐蘭、陳夢家、于省吾、張政烺、李學勤、裘錫圭等人。在編纂金文工具書方面,做出重要貢獻的有容庚、周法高等人。特別是容庚的《金文編》,正編收 2 420 字,附録收 1 325 字,目前使用最爲廣泛。

圖 1-22　毛公鼎

　　金文的行款多是竪行向下,提行從右到左,也有少數銅器提行從左到右,如君季鼎、戒叔尊、湯叔盤等。還有的銘文位於器物的口沿,成弧形或圓圈狀排列。

　　與甲骨文相比,金文行款比較整齊,字形大小基本一致。主要有以下特點:

　　(1) 由於金文絶大部分是範鑄的,筆畫較甲骨文粗壯,多用肥筆,屈曲圓轉,豐滿圓潤。如"王""天""虎"分別作 ■、■、■,甲骨文中的三字作 ■、■、■。用泥土製範比刻寫甲骨便於操作,原來的虚框都填實作了肥筆。

　　(2) 早期金文具有很强的象形性。特别是記名金文,保留着商代前期甚至更古老的漢字的面貌。商代晚期和西周時期金文的字形,象形程度仍然較高,爲了書寫便利,開始出現文字綫條化、平直化趨勢。春秋時期的金文形成地域特色,主要表現在書寫風格上,最重要的變化是出現了加鳥形、蟲形的美術字體(也有人稱爲鳥蟲書),這種美術化的字體對日常使用的文字影響不大。

圖 1-23　商伐觚　　　　圖 1-24　商鳥形銘鼎　　　　圖 1-25　商馬戈

王　　　　　　　　　公
圖1-26　越王矛　　圖1-27　宋公欒戈

（3）異體較多。從結構的角度看，金文的異體沒有甲骨文繁複，但不少字的異體也比較多。如"寶"作 ▨、▨、▨ 等。

（4）形聲字大量增加。據統計，甲骨文中形聲字佔40％左右，金文中的形聲字有56％左右，新增的形聲字500多個。"示"部、"走"部、"言"部等部的字，在甲骨文中很少或幾乎沒有，在金文中大量出現，且多爲形聲字，如"福""趙""訟"等。

（5）合文大爲減少，行款逐漸固定。金文雖也有合文，但較甲骨文數量大大減少。行款基本定爲從右到左直行書寫的典型款式。在西周晚期每篇銘文字體的大小也漸趨一致，甚至還出現了打格子書寫的現象，力求字形方正勻稱，奠定了漢字的方塊形式。

金文延續時間較長，地域跨度較大，形體演變情況相對複雜，主要趨勢是綫條化、平直化和勻圓整齊。商代晚期和西周前期的金文字形，象形程度仍然比較高。到了西周中晚期，粗筆變細，方形、圓形的肥筆爲綫條所代替，筆畫中有轉折的地方被拉平。經過這些變化，已初步具備篆文的雛形了。

（三）篆書

篆書，是金文和隸書之間的一種書體，包括大篆和小篆，以下分別闡述。

1. 大篆

所謂大篆，本指籀文這類時代早於小篆而跟小篆相近的古文字，目前使用大篆這個名稱的情況較混亂。一般指戰國時期的秦國文字。與西周和春秋金文相比，秦國文字比較保守，變化不太大，除了書寫風格上趨於規整勻稱外，結構上的變化並不明顯。大篆的文字資料，主要有《史籀篇》和唐代出土的石鼓文，以及《說文解字》中所收的223個籀文。

《說文解字·敘》云："及宣王太史籀著大篆十五篇，與古文或異。"《漢書·藝文志》載："《史籀篇》者，周時史官教學童書也，與孔氏壁中古文異體。"《史籀篇》是周宣王時期史籀所作的一部字書，籀文是周宣王時期的文字，後人稱爲大篆。該書早已亡佚，東漢時班固、許慎應該見過殘本。《說文解字》收錄了200多個籀文，使我們今天還能看到籀文的大致面貌。如：

乃　融　秦　子　歸

籀文的特點是字形均勻圓轉，結構整齊。大多數形體比較繁複，也有個別形體較小篆更爲簡單。

　　石鼓文是隋唐之際在今陝西鳳翔縣出土的春秋中晚期秦國的石刻文字,因石頭略似鼓形,故稱石鼓文。因内容爲秦國王公田獵遊樂的四言詩,前人又稱"獵碣"。詩共十首,原無標題,後人或取每首詩首二字或前面比較清晰而意義比較明確的二字作爲標題,如《吾車》《汧沔》《田車》《鑾車》《雷雨》《作原》《而師》《馬薦》《吾水》《吳人》等。由於年代久遠,石鼓損毀嚴重,目前石鼓文祇能看清楚 300 多字。研究石鼓文,多參考徐寶貴所著《石鼓文研究》,該書是"迄今爲止關於石鼓文的最全面、最深入的一部研究著作。凡是學習和研究石鼓文的人,都應該閱讀、參考這部著作"①。

圖 1-28　石鼓文《車工》拓本

　　從字形上看,有一部分石鼓文已與小篆完全相同,如"馬""車""其"作🐎、車、其。部分石鼓文比小篆多偏旁和筆畫,如"員""漁"作🖼、🖼。石鼓文多與相應的籀文相同,但又比籀文簡化,比小篆繁複,結構方正,行款整齊。

2. 小篆

　　關於小篆,許慎《説文解字·敘》載:"秦始皇帝初兼天下,丞相李斯乃奏同之,罷其不與秦文合者。斯作《倉頡篇》,中車府令趙高作《爰歷篇》,太史令胡毋敬作《博學篇》,皆取史籀大篆,或頗省改,所謂小篆者也。"小篆是在春秋戰國秦文字的基礎上逐漸形成的。秦始皇統一六國(前 221)後,爲消滅當時各地"文字異形"的現象,推行"書同文"等政策,由李斯等人進行文字整理、統一的工作。這些經過整理的標準字體即爲小篆。小篆跟統一前的秦國文字之間並没有截然分明的界綫。

　　現存的小篆材料包括出土材料和傳世文獻兩大類。出土材料有禮器、兵器、石刻、陶文、貨幣等。傳世文獻即《説文解字》所收録的小篆,也是目前數量最大、内涵最全面、最有系統的小篆資料。

---

① 徐寶貴:《石鼓文研究》,裘錫圭序,中華書局,2008 年。

秦統一後，秦始皇多次巡遊天下，在嶧山、泰山、琅琊、之罘、碣石、會稽等地刻石銘功。這些刻石大都已經毀壞，衹有琅琊刻石尚有殘塊留存。嶧山刻石有完整摹刻本傳世，泰山刻石也有殘拓的摹刻本傳世。

圖 1-29　嶧山刻石

小篆的文字資料主要保存在《説文解字》裏。《説文解字·敘》"今敘篆文,合以古籀",共收録小篆 9 353 個,體現了小篆的整體面貌和基本特點。《説文解字》成書於東漢中期,距離秦較遠,加上《説文解字》成書後,屢經傳抄坎坷,流傳過程中又造成了一些訛誤,因此,《説文解字》小篆的字形有一部分是靠不住的,需要用秦漢金石等資料上的小篆來加以校正。

小篆是我國歷史上第一次運用行政手段大規模地規範文字的產物,相比於以前的文字形體來説,主要特點如下：

(1) 字形進一步趨於規整匀稱,綫條圓轉,筆畫粗細一致,形體整齊。很多字呈左右相同的鏡像對稱結構,即使左右有差異,也儘量使其對稱。

(2) 象形程度降低,圖畫性進一步減弱,綫條化、符號化增強。如"爲"作𧱧,"角"作𩵋,"竈"作𥨦等,方便書寫,提高了書寫效率。

(3) 結構定型規範。每個字基本衹有一種寫法,每個偏旁在字中的位置基本固定,異體較少。如"寶",金文中異體繁多,小篆衹有一個𧶛。

(4) 一部分字形經過簡化。與大篆和石鼓文相比,削減了繁複的部分。如"吾"作𠮷,"中"作中等。

(四) 隸變

在漢字形體發展演變的過程中,由篆書演變爲隸書,爲古文字和今文字的分水嶺,是最重要的一次變革,這次變革被稱爲"隸變"。隸變完全放棄了造字的象形理念,根據書寫的便捷、字形的美觀構建字形,徹底去除了篆書中遺存的圖畫意味,進一步形聲化和符號化,使漢字進入更爲定型的今文字階段。

關於隸書的形成,《説文解字·叙》云:"秦燒滅經書,滌除舊典,大發隸卒,興役戍,官獄職務繁。初有隸書,以趣約易,而古文由此絶矣。"《漢書·藝文志》載:"是時始建隸書矣,起於官獄多事,苟趨省易,施之徒隸也。"漢代以後還流傳着程邈爲秦始皇造隸書的傳説。這些説法與考古發現的文字資料是有出入的。戰國時期,與其他國家的文字相比,秦文字相對保守。當時小篆是主要字體,但在日常書寫中爲了提高效率,破壞、改變正體字形,由此產生的俗體字,是隸書形成的基礎。

隸書是上層統治階級所看不起的。國家迫於形勢不得不使用,在比較莊重的場合,一般不使用隸書。在秦代,隸書是新興的輔助字體,社會地位較低。書寫年代爲秦武王二年(前309)的郝家坪木牘上的文字已是帶有篆意的隸書,是目前所見的時代最早的隸書樣本。

從考古發現的秦系文字資料來看,戰國晚期是隸書形成的時期。在日常使用文字時,把小篆的圓轉筆道分解或者改變成方折、平直的筆畫,並改變少數偏旁的形體,是一次重要的簡化。我們可以把秦簡所代表的字體看作由篆文俗體演變而成的一種新字體,也就是秦隸。秦隸的主要材料是戰國晚期、秦代和西漢早期的簡牘帛書,除了郝家坪木牘外,還有雲夢睡虎地秦簡、馬王堆漢墓竹簡和帛書、銀雀山漢簡、阜陽漢簡,以及部分西漢早期的碑刻。秦隸是不成熟的隸書,字形較長,筆畫平直方折,不帶波磔,有些字還保留着篆書的結構或寫法。

隸書是隸定古文字而來的。隸定,又叫"隸古定",是用隸書把古文字確定下來。《尚書·序》:"至魯共王,好治宮室,壞孔子舊宅以廣其居,於壁中得先人所藏古文虞、夏、商、周之書及傳,《論語》《孝經》,皆科斗文字……科斗書廢已久,時人無能知者。以所聞伏生之書,考論文義,定其可知者爲隸古定,更以竹簡寫

圖 1-30 郝家坪木牘
(摹本,局部)

之。"如把"羊"隸定作"羊",把"ψ"隸定作"心"等。後來把出土的古文字根據其結構用楷書寫下來,也稱作"隸定"或"隸古定"。

隸書對篆書的改造,主要表現在:

(1)改曲爲直。用平直方正的筆畫取代了小篆不規則的曲綫或者圓轉曲折的綫條。徹底改變了漢字象形的面貌。例如改篆文"日"爲"日","木"爲"木"。隸書解散了篆書圓轉勾連的結構,方便書寫。

(2)改變了部分偏旁或整個字的結構。隸書對篆文改造的過程中,會造成偏旁變形,主要表現在三個方面,一是同一個偏旁在不同的漢字裏寫法不同。例如:

| 心 | 忠 | 情 | 性 | 恭 | 慕 |

二是造成偏旁混同，將一些不同的偏旁和筆畫變成相同的偏旁。例如：

| 月 | 明 | 胳 | 服 | 青 |

三是改變整個字的結構。例如：

  夜 從"夕"，"亦"省聲。
  更 從"攴"，"丙"聲。
  表 從"衣"，從"毛"。

（3）通過筆畫和偏旁省略或省並，隸書的字形大都是朝由繁到簡的方向演變。例如：

  書 從"聿"，"者"聲。"者"省爲"日"。
  香 從"黍"從"甘"。"黍"省爲"禾"，"甘"省爲"日"。
  雷 從雨，畾象回轉形。"畾"省爲"田"。

從小篆變成隸書在漢字發展史上具有重要意義，是漢字發展史上的一個里程碑。它使漢字徹底喪失了象形的意味，符號化大大加強，書寫相對便利，提高了書寫速度。隸書失去了原來的象形和以形會意的作用，使得"六書"在很多情況下無從談起，也間接增加了漢字由形知音知義的難度。

二、今文字階段

（一）隸書和草書

1. 隸書

隸書一般分爲秦隸和漢隸兩個發展階段。秦隸也叫古隸，指不成熟的隸書，也包括漢隸形成前的漢代隸書。該時期的隸書有很多字仍接近正規篆文的寫法。西漢以後，隸書正式取代小篆，成爲主要字體。漢隸也稱今隸、八分，是在秦隸的基礎上發展、改造而成的一種新字體。西漢武帝時期是隸書由不成熟發展到成熟的時期。約西漢中晚期隸書成熟。東漢是隸書發展的高峰時期。

漢隸在書體上的特點主要表現爲：字體輪廓由較方變爲較扁，筆劃具有波磔之美，由單一均勻的綫條變爲形態豐富的筆畫，如較長的橫筆起筆逆切入如"蠶頭"，收筆時略向上挑，形成上仰的捺筆。左行筆劃如曲波，右行筆劃筆鋒開張，形如"燕尾"的捺筆。筆法上方、圓、藏、露諸法俱備，筆勢飛動，姿態優美，具有很強的裝飾性。

漢隸的主要材料包括兩大類：一是漢簡材料，包括北大漢簡、居延漢簡、敦煌漢簡、武威漢簡等。在西漢簡上可以看到隸書逐漸成熟和草書逐漸形成的情況。二是東漢碑刻材料，具有代表性的有曹全碑、史晨碑、熹平石經等。

圖 1-31　居延漢簡 8.1A　　**圖 1-32　武威漢簡**

圖 1-33　曹全碑（局部）　　**圖 1-34　史晨碑（局部）**

2. 草書

漢代通行的字體除了隸書之外，還有草書。"草"有粗糙、簡便義。理論上講，任何一種形體因爲書寫者求快求簡而產生的相對草率的寫法都可以稱爲草書,這是廣義上的草書。狹義的草書是一種特定字體,是輔助隸書的一種簡便字體,主要用於起草文稿和通信。

大約從東晉時期開始,草書分爲章草和今草。章草是隸書的草寫書體。"章"的含義,有得名於史游編寫的《急就章》、東漢章帝、施於章奏等説法,這是不可信的。章草是由古隸的俗體發展而來,"章"有條例、法則義,由於比今草規矩而得名。章草的材料,除了傳世的拓本寫本(松江本《急就章》是内容最豐富最有系統的章草材料)外,還有豐富的漢魏簡牘紙書等材料。在草書形成的西漢簡中,純粹的草書簡並不多見。

章草形體的特點是保留隸書扁平形體的同時,省略部分字形,改變筆法,或以點畫代替原字形的一部分,大量使用連筆。例如:

時	吏	吾	問	得	城
居延新簡 T20.13	肩水金關漢簡 F3:225	尹灣漢簡 118	居延漢簡 133.11	敦煌漢簡 130	肩水金關漢簡 F3:24

與隸書相比,草書的"時""吏""吾"省略或簡化了偏旁;"問""得""城"兼用連筆和省略。

魏晉時期,隨着楷書、行書的發展,章草逐漸演變成今草。今草多改變筆畫、筆順和運筆方向,連筆和勾連較章草多,且增加字際連接,比章草更草,不容易辨認。王羲之的草書,大都是今草。

唐以後有所謂狂草,以張旭、懷素爲代表。表現爲筆勢環繞,潦草狂放,變化無窮,有"一筆書"之稱。這種書體充滿綫條的跌宕變化之美,已經起不到書面交際的作用,完全成了一種藝術品。

(二) 楷書和行書

1. 楷書

楷書也稱"正書""真書",是從隸書脫胎而來。"楷"有楷模義,"楷書"原意就是可以作爲楷模的字。楷書在漢魏之際形成,南北朝之後,成爲主要字體,隋唐之際基本成熟。定型後的楷書字體筆畫、結構都很嚴謹,形體方正,筆畫平直,後來被稱爲"方塊字"。漢字形體發展到楷書之後,一直沿用至今沒有太大變化。

楷書的結構與隸書基本相同,主要差別在用筆和體勢上。隸書筆畫有波勢,長橫上挑成燕尾;楷書筆畫平穩,筆尾或爲硬鉤,或爲尖斜向下。隸書字形呈扁平形,而楷書則呈方形或長方形。

一般認爲最早的楷書書法家是三國魏的鍾繇,他流傳下來的作品有《宣示帖》。東晉王羲之和他的兒子王獻之的楷書,又在鍾繇楷書的基礎上有所發展。王羲之《黃庭經》已經完全脫離隸書的意味,算是比較成熟的楷書了。唐代歐陽詢、顏真卿、柳公權和元代趙孟頫對楷書加工潤飾,形成了鮮明的個人風格,達到了楷書書體的頂峰。他們是歷史上公認的四大書法家,其書體被稱爲歐體、顏體、柳體、趙體,爲人們所喜愛並臨摹、學習。

圖1-35　歐陽詢《九成宮醴泉銘》(局部)

圖1-36　顏真卿《多寶塔碑》(局部)

圖1-37　柳公權《玄秘塔碑》(局部)

圖1-38　趙孟頫《膽巴碑》(局部)

2. 行書

行書是東漢晚期出現的一種新字體。東漢中期，從日常使用的隸書中演變出了較爲簡便的俗體，即新隸體，東漢晚期，又在新隸體和草書的基礎上形成了行書。唐代張懷瓘《書斷》曰："不真不草，是曰行書。"行書沒有嚴格的書寫規則，書寫起來比楷書快，又比草書容易辨認，具有很高的使用價值。雖然我們以楷書爲正體，但一般人平時書寫的都是行書，因其行雲流水般的風格，成爲適用範圍最廣的通用書寫形體。

行書的彈性很大，寫得規矩一些，接近楷書的，叫真行或行楷，寫得潦草放縱一些，有草書意味的，叫行草。王羲之、顏真卿的行書已是成熟階段的行書。行書的另一來源是楷書形成後，書寫較快兼用今草筆法而形成。

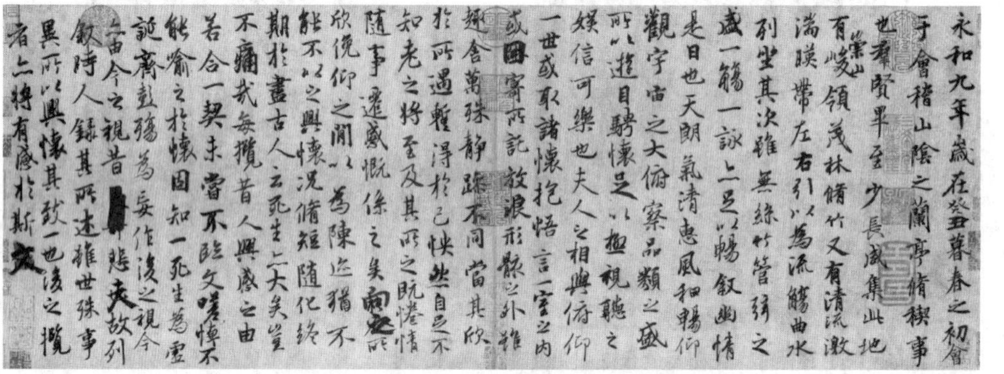

圖 1-39　王羲之《蘭亭序》（局部）

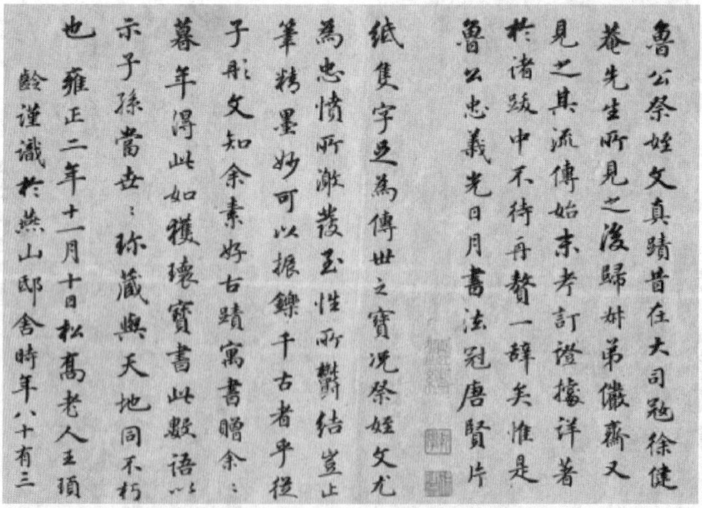

圖 1-40　顏真卿《祭侄文稿》（局部）

從甲骨文到楷書，漢字的形體發生了很大變化，雖然我們將其演變過程劃分爲若干階段，但各種字體的變化往往是交錯進行的，同一時期可以有兩種或多種字體並行。總體而言,漢字形體的演變則呈現出由象形到符號化,由繁雜到簡易,書寫由不便到方便的發展趨勢。

第三節　漢字的結構

漢字的結構,指漢字的形體結構,即漢字各個組成部分的搭配與排列。我們之所以要學習分析漢字的形體結構,是因爲漢字屬於表意文字體系,其形體和意義關係非常密切。正確把握漢字形體結構,有助於我們深入瞭解漢字的本義和引申義,進而熟悉漢字的基本特點,掌握古代漢語的詞彙系統,正確理解和運用古代典籍。由於漢字數量眾多,又形態各異,故需對漢字的結構進行分析並在此基礎上概括出若干結構類型。學習分析漢字的結構,必須瞭解有哪些基本類型。中國古代的學者很早就注意到了這個問題。他們將漢字的結構歸納爲六種類型,通常稱爲"六書"。

一、"六書"說的形成

"六書"之"書"本是動詞"書寫"的意思,由動詞引申爲名詞,表示所書寫的文字,即《説文解字·敘》所説的"著於竹帛謂之書"的"書"。"六書"是古人歸納出的漢字六種結構方式。關於"六書",我們可見的最早記載是《周禮·地官·保氏》:

> 保氏(官名,掌教育)掌諫王惡而養國子(公卿大夫的子弟)以道,乃教之六藝:一曰五禮、二曰六樂、三曰五射、四曰五馭、五曰六書、六曰九數。

《周禮》並沒有揭示出"六書"的具體名目。一般認爲《周禮》是戰國時期的作品,這説明早在先秦時期已經有"六書"這個概念。到了漢代,學者班固、鄭衆、許慎明確指出了"六書"的名目:

> 班固:象形、象事、象意、象聲、轉注、假借(《漢書·藝文志》)
> 鄭衆:象形、會意、轉注、處事、假借、諧聲(鄭衆注《周禮》)
> 許慎:指事、象形、形聲、會意、轉注、假借(《説文解字·敘》)

漢代經學興盛,分爲古文和今文兩個學派,《周禮》是古文學派的經典。班固《漢書·藝文志》是根據西漢末年古文學派大師劉歆的《七略》編寫的。鄭衆爲鄭興(劉歆的學生)之子,許慎的老師是賈逵(其父賈徽是劉歆的學生),他們都是古文學派經學家。班固、鄭衆、許慎三家的"六書"説法實際上同出於劉歆之説,故他們記述的"六書"名目大致相同。由於許慎《説文解字》(簡稱"《説文》")使用的"六書"名目在文字學上影響深遠,而班固《漢書·藝文志》記載的次序比較符合文字發展的一般規律,因此清代以來,學者於

"六書"多襲用許慎的名目(祇有"形聲"有時也稱"諧聲")和班固的次序。

那麼,"六書"的具體内涵是什麼呢？許慎在《説文解字·敘》中給"六書"分别下了定義,並舉了例字(根據班固記載的次序做了調整):

(1) 象形：畫成其物,隨體詰(jié)詘(qū),日、月是也。
(2) 指事：視而可識,察而見意,上、下是也。
(3) 會意：比類合誼,以見指撝(huī),武、信是也。
(4) 形聲：以事爲名,取譬相成,江、河是也。
(5) 轉注：建類一首,同意相受,考、老是也。
(6) 假借：本無其字,依聲託事,令、長是也。

這就是許慎對"六書"具體内涵的認識,他在《説文》中第一次系統運用"六書"理論分析漢字。誕生於先秦,成熟於漢代學者筆下的"六書"説,對漢字的研究有卓越貢獻。"六書"的名目作爲漢字結構的分析術語,一直沿用至今。

二、"六書"例析

按照《周禮》《説文解字》的記載,"六書"是古人用來教"國子"識字的,是漢字結構的基本理論。想要學習好、利用好漢字,需熟練掌握"六書"理論。《漢書·藝文志》認爲"六書"是"造字之本",不夠準確。據清代學者研究,"六書"中象形、指事、會意、形聲是造字之法(能够産生新字);轉注和假借則是用字之法(不能産生新字)。我們學習漢字的結構需對"六書"有以下幾點基本認識：第一,轉注、假借二書和漢字結構無關;第二,象形字、指事字、會意字是表意字,没有表音成分;第三,形聲字是含有表意、表音成分既能表意又能表音的字。下面我們在以上認識的基礎上用分類舉例的方式,對象形、指事、會意、形聲、轉注、假借進行闡釋,以提高對"六書"理論的理性認識。

(一) 象形

"象形"指通過對詞語所指稱的客觀事物的象徵性摹寫來構成文字的方式;由這種方法造成的表意字稱爲"象形字"。《説文解字》將"象形"定義爲"畫成其物,隨體詰詘"。所謂"畫成其物",是説把事物的形態描畫下來;所謂"隨體詰詘"是説象形字的書寫隨事物不同的形體而曲折變化。許慎舉的例字是"日"和"月"。"日"甲骨文作"⊙",象圓日之形;"月"甲骨文作"☽",象缺月之形。"日"和"月"是典型的象形字。

1. 象形字分類舉例

象形字可細分爲獨體象形、合體象形兩類,下面分别舉例説明。

第一類,獨體象形,象形字祇由一個單純的符號構成,没有陪襯性的輔助成分。

水 (甲)   (金)   (篆)   象流水之形。

火	ᗑ(甲)	ᗑ(金)	火(篆)	象火形。
山	ᗑ(甲)	ᗑ(金)	山(篆)	象起伏的山峰之形。
木	ᗑ(甲)	ᗑ(金)	米(篆)	象樹木，上象樹枝，下象樹根。
耳	ᗑ(甲)	ᗑ(金)	ᗑ(篆)	象耳朵之形。
魚	ᗑ(甲)	ᗑ(金)	ᗑ(篆)	象魚形。
鹿	ᗑ(甲)	ᗑ(金)	ᗑ(篆)	象鹿形。
羊	ᗑ(甲)	羊(金)	羊(篆)	象羊形。
牛	ᗑ(甲)	ᗑ(金)	半(篆)	象牛形。
豕	ᗑ(甲)	ᗑ(金)	豕(篆)	象豬形。
鳥	ᗑ(甲)	ᗑ(金)	ᗑ(篆)	象鳥形。
貝	ᗑ(甲)	ᗑ(金)	ᗑ(篆)	象貝殼形。
舟	ᗑ(甲)	ᗑ(金)	ᗑ(篆)	象船形。
女	ᗑ(甲)	ᗑ(金)	ᗑ(篆)	象斂手跪坐的女子形。
止	ᗑ(甲)	ᗑ(金)	止(篆)	象人的腳底形。
目	ᗑ(甲)	ᗑ(金)	目(篆)	象人目形。

第二類，合體象形，指字中除字義指向部分外，添加有陪襯性的輔助成分。

  眉 ᗑ(甲) ᗑ(金) ᗑ(篆) 象眉毛形。"目"是輔助成分，爲了表示眉毛連帶畫出眼睛。

  須 ᗑ(甲) ᗑ(金) ᗑ(篆) 象鬍鬚形。字形所從的"頁"形（人形及頭形的組合形體）是輔助成分，爲了突出鬍鬚而連帶畫出"頁"形。

  瓜 ᗑ(金) ᗑ(篆) 下象瓜實，上象瓜蔓，用瓜蔓襯托瓜實。瓜蔓部分是輔助成分，爲了突出"瓜"的果實連帶畫出瓜蔓形。

  果 ᗑ(金) ᗑ(篆) 上象果形，下象果木。"木"爲輔助成分，爲了表示果實將附着的樹木一起連帶畫出來。

2. 象形字的特點與評價

象形字具有如下特點：第一，具有很強的直觀性，用具體形象傳達詞義，故數量不多。第二，所記的詞一般是有形可象的指物名詞。第三，不能拆分爲兩個獨立運用的部分。

在文字的創造時期，象形是最基本的造字原則。雖然從數量上看象形字在漢字總數中所佔的比例很小，但象形字卻是漢字造字的基礎。會意字、形聲字和一部分指事字都是以象形字爲基礎造出來的。可以說，象形字是組成千萬個漢字的基本元素。

象形造字法有局限性：第一，象形造字法一般是對具體事物形狀的描摹，故用此方法造的漢字數量顯然十分有限，遠不能滿足記錄語言的需要。第二，象形造字法難以滿足抽象概念和複雜事物的造字需求。第三,由於書寫的原因,衹用描摹事物外形的象形造字法會導致許多形近的事物難以區分。

(二) 指事

"指事"是一種用抽象指示性記號標示事物特點的造字方法;由這種方法造成的表意字稱爲"指事字"。《説文》將"指事"定義爲"視而可識,察而見意"。"視而可識"是説看這種字的外形就可以知道它指的是什麼;"察而見意"是説觀察這種字的結構就可以知曉它的意義。許慎舉的例字是"上"和"下"。"上"甲骨文作"二",小篆作"⊥";"下"甲骨文作"⌒",小篆作"丅"。上、下表示的是抽象的概念,不易表示。古人用一橫綫作爲參照系,再以另一橫綫或竪綫等來指示相對方位:在橫綫上部畫一橫綫或竪綫就表示"上",在橫綫下部畫一橫綫或竪綫就表示"下"。"上"和"下"是典型的指事字。

1. 指事字分類舉例

指事字可分爲純指事字、加體指事字兩類,下面分別舉例説明。

第一類,純指事字,指單一純粹的指事性抽象符號構成的字,"上""下"就屬於這一類。

　　一　一(甲)　一(金)　一(篆)　《説文》:"一,惟初太始,道立於一,造分天地,化成萬物。凡一之屬皆从一。"道家認爲"一"是萬物之始,許慎釋"一"採用了這種説法。本義是數字"一","一"是抽象符號。

　　二　二(甲)　二(金)　二(篆)　《説文》:"二,地之數也。从偶一。"許慎採用的是道家之説。本義是數字"二","二"是抽象符號。

　　三　三(甲)　三(金)　三(篆)　《説文》:"三,天地人之道也。从三數。"許慎採用的是道家之説。本義是數字"三","三"是抽象符號。

　　十　丨(甲)　十(金)　十(篆)　《説文》:"十,數之具也。一爲東西,丨爲南北,則四方中央備矣。"許慎採用的是道家之説。本義是數字"十","十"是抽象符號。

第二類,加體指事字,指在象形字的基礎上添加指示性的符號造成的字。

　　本　朩(金)　朩(篆)　《説文》:"木下曰本。从木,一在其下。""本"字的本義是樹根,字形在"木"的根部加指示符號以標示根部。

　　末　朩(金)　朩(篆)　《説文》:"木上曰末。从木,一在其上。"本義指樹的末梢,"一"是指示符号,指示樹的頂端、末梢。

　　亦　夾(甲)　夾(金)　夾(篆)　《説文》:"人之臂亦也。从大,象兩亦之形。""腋"的初文。"大"形象正面人形,兩點是指示符號,指示人兩腋的部位。

　　甘　㠯(甲)　㠯(金)　㠯(篆)　《説文》:"美也。从口含一。一,道也。"

本義指美味,"一"是指示符号,指示口中的美味。

寸 ㄐ(篆) 《説文》:"十分也。人手卻一寸動脈,謂之寸口。从又从一。""又"即手。"一"是指示符号,指示寸口(即中醫試脈之處)。

2. 指事字的特點與評價

指事字具有如下特點:第一,一定有抽象符號參與構字。第二,不能拆分爲兩個獨立運用的部分。

指事利用指事性符號去記錄詞,能使一些難以表達的抽象概念得到記錄,一定程度上增强了文字的記錄詞彙的能力。指事造字法有很明顯的局限性:第一,抽象的概念並不一定要用指事的方式造字,通過會意、形聲等造字法也可以造字。第二,指事用抽象的符號來表達語言的意義,尤其是比較複雜的意義還是存在很多困難,故指事造字法的適用範圍不廣,能產性不高。第三,指事字界限不够明確,容易與象形字、會意字相混,其概念中的"視而可識"近於象形,"察而見意"又近於會意。因此,在文字的實際應用中,人們往往有不能將指事字與象形字、會意字區別開來的情況(指事字、會意字、象形字的區別詳見下文)。

(三) 會意

"會意"是組合兩個以上的表意成分來構成文字的方法;由這種方法造成的表意字稱爲"會意字"。《説文》將"會意"定義爲"比類合誼,以見指撝"。"比類"就是把兩個相關的形體合在一起,"合誼"("誼"通"義")是説兩個字的意義合在一起。"指撝"即字義指向,"以見指撝"是説可以看出新字的意義。許慎舉的例字是"武"和"信"。許慎的定義是正確的,但舉的例字並不準確。"武"字根據的是《左傳》記載的"止戈爲武";"信"字根據的是戰國秦漢時期强調言而有信的道德觀念。二字的結構分析在今天看來是不對的。"武"是由"止"和"戈"兩部分組成的:"止"用人的腳形表示行軍,"戈"用武器"戈"表示戰爭;整字表示征伐、示威。"信"是一個以"人"爲聲旁的形聲字。

1. 會意字分類舉例

會意字按會意的方式可分爲以形會意和以義會意兩種。

第一類,以形會意,指會意字的字義主要是通過各構件在形體上的聯繫體現出來的,構件的畫面特徵起着重要作用。此分類下可以細分爲同體會意、異體會意兩個小類。

(1) 同體會意,由兩個或兩個以上相同的會意構件組成。

林　✴✴(甲)　✴✴(金)　秝(篆)　樹木叢生爲林,以二木會意。
鱻　鱻(金)　鱻(篆)　以三魚會魚類之意。
蟲　蟲(篆)　小蟲多類聚,以三蟲會其多意。
淼　淼(篆)　以三水會大水意。

(2) 異體會意，由會合兩個或兩個以上不同的形體表示一個新義。

出　㞢(甲)　㞢(金)　㞢(篆)　古人穴居，字形下部的"凵"象坎穴。字形象腳趾離開坎穴，會外出之意。

各　𠙻(甲)　𠙻(金)　𠙻(篆)　"佫/佫"的初文。《方言》："佫，至也，來也。"字形象以腳趾進入坎穴，會來到之意。

及　𠬶(甲)　𠬶(金)　𠬶(篆)　《説文》："及，逮也。从又从人。"字形象用手去抓人，會抓、逮人之意。

休　𠌯(甲)　𠌯(金)　𠌯(篆)　《説文》："休，息止也。从人依木。"字形象人在樹旁休息，會止息之意。

牧　𤘫(甲)　𤘫(金)　牧(篆)　《説文》："牧，養牛人也。从攴从牛。"字形象手執鞭放牧之形，會放牧之意。許慎所釋非本義。

取　𠤔(甲)　𠤔(金)　取(篆)　《説文》："取，捕取也。从又从耳。"字形象以手(用"又"表示)割取耳朵(古代戰爭中割取敵人的左耳作爲報功的憑證)，會捕取之意。

盥　𥁕(甲)　𥁕(金)　盥(篆)　《説文》："盥，澡手也。从臼水臨皿。"此字由"水""臼"(表示雙手)和"皿"三個意符組成，象在盆中洗手貌，會洗手之意。

第二類，以義會意，指會意字的字義主要是通過各構件在意義上的聯繫體現出來的，構件的意義關聯起着重要作用。

劣　劣(篆)　《説文》："劣，弱也。从力少。""少""力"義均没有具體形象，"劣"義是通過"少""力"意義的聯繫實現的。

臭　𤳳(甲)　𤳳(金)　臭(篆)　《説文》："臭，禽走臭而知其迹者，犬也。从犬从自。""自"("鼻"的本字)和"犬"都是具體的事物，但"臭"("嗅")義不是直接從二者形體的組合中體現出來的，而是通過二者意義的聯繫實現的。

雀　𥌎(甲)　𥌎(金)　雀(篆)　《説文》："雀，依人小鳥也。从小隹。""小"義没有形象，"雀"義是通過"小"和"隹"意義的聯繫實現的。

2. 會意字的特點及評價

會意字具有如下特點：第一，所有偏旁都表意，没有表音構件。第二，可以拆分爲兩個或兩個以上獨立運用的構件。

象形直接描摹詞語概念的對象，指事用抽象成分表意。會意同它們相比，更加注意各個構字成分之間的關係，通過不同成分的組合關係來建立文字與詞語概念的聯繫，其能産性比象形和指事高。會意造字法有如下局限性：第一，"會意"不是各個構字成分含義的簡單相加,而是在一定語言系統制約下,通過構字成分的組合關係,讓使用者、閱讀者自己去體悟。因此,會意往往帶有主觀意圖在内,有時不容易通過構字成分的組合關係體會出字義。第二,會意字僅從形體着眼,未能借助語言的聲音去區別事物。世界上的事物層出不窮,對於一些新的觀念或新事物的表示,會意有時無法直接適用。

3. 會意字與象形字、指事字的區別

由於會意字與象形字、指事字往往有難以區分的情況,故需要瞭解它們之間的區別。

(1) 會意字與象形字的區別:第一,象形字由具體形象來表意,通常祇用於表示有一定形體的事物,很難用於表示意義抽象的或没有具體形象的概念。會意字則由若干個意符相互構成一種聯繫來表達某意義,所表達的意義比較抽象。第二,象形字是獨體字,會意字是合體字。

(2) 會意字與指事字的區別:會意字由若干個意符構成,每個意符基本上由它的形象來會意。指事字則包含了抽象的指事符號,甚至整個字全部由抽象符號構成。

綜上,象形字、指事字是以獨體、靜態而名物,會意字則是以合體、動態而示意。故在語法功能上,象形字、指事字多記録名詞,而會意字多記録動詞。

(四) 形聲

形聲是使用與意義相關的字符,加上記録語音的字符來構成文字的方法。其中與意義相關的字符稱作意符(或稱形旁),與語音相關的字符稱作音符(或稱聲旁)。由這種造字法造成的既能表意又能表音的字稱爲"形聲字"。《説文》將"形聲"定義爲"以事爲名,取譬相成"。"事"指詞所反映的事物,"名"指形旁。"譬"是譬況、相類似的意思,這裏指與字音相同或相近的聲旁;"相成"指形旁與聲旁相配合成爲一個新字。整句的意思是:根據詞所反映的事物取一個字作爲形旁,再取一個與需造字的讀音相同或相近的字作爲聲旁與之結合。許慎舉的例字是"江"和"河"。"江"的形旁是"水",聲旁是"工";"河"的形旁是"水",聲旁是"可"。我們之所以覺得"工"與"江"讀音相差較遠,"可"與"河"也有一定距離,是因爲形聲字的聲旁一般反映上古漢語的讀音。古代漢語語音是有變化的,不能用現代的讀音去分析,實際上在上古漢語(先秦兩漢漢語)中它們是同音字或語音十分相近的字。"江"和"河"是典型的形聲字。

1. 形聲字分類舉例

從漢字的結構類型看,形聲字數量最多,情況最爲複雜。一般的形聲字可以按照形旁和聲旁的位置組合關係分爲八種:左形右聲、右形左聲、上形下聲、下形上聲、内形外聲、外形内聲、形佔一角、聲佔一角。以下舉出的例字後"()"中"/"前的是形旁,"/"後的是聲旁。

(1) 左形右聲:

江江(水/工) 溢溢(水/益) 詁詁(言/古) 材材(木/才)

訪諏(言/方)　任恁(人/壬)　飽鮑(食/包)　蝗䖵(虫/皇)

(2) 右形左聲：

攻巧(攵/工)　期朞(月/其)　胡胡(肉/古)　邵邵(邑/召)
頂頂(頁/丁)　敵敵(攵/啇)　雞雞(隹/奚)　故故(攵/古)

(3) 上形下聲：

空空(穴/工)　箕箕(竹/其)　罟罟(网/古)　草草(艸/早)
簡簡(竹/間)　茅茅(艸/矛)　室室(宀/至)　篇篇(竹/扁)

(4) 下形上聲：

基基(土/其)　愚愚(心/禺)　辜辜(辛/古)　背背(肉/北)
翁翁(羽/公)　變變(攵/更)　裳裳(衣/尚)　盲盲(目/亡)

(5) 內形外聲：

辯辯(言/辡)　辦辦(刀/辡)　哀哀(口/衣)　問問(口/門)
齎齎(韭/齊)　閩閩(虫/門)　鳳鳳(鳥/凡)　岡岡(山/网)

(6) 外形內聲：

閣閣(門/各)　國國(囗/或)　固固(囗/古)　裹裹(衣/果)
匱匱(匚/貴)　街街(行/圭)　衷衷(衣/中)　圍圍(囗/韋)

(7) 形佔一角：

勝勝(力/朕)　疆疆(土/畺)　強強(虫/弘)　穎穎(禾/頃)

(8) 聲佔一角：

旗旗(㫃/其)　碧碧(玉、石/白)　聽聽(耳、悳/壬)

在各種組合的形聲字中，第一類左形右聲類最多，幾乎佔現代常用形聲字的 80%；其次是第二類右形左聲類，約佔 6%；其餘幾種結構的形聲字較少。一些常用的形旁，在形聲字中的位置都有一定的規律。比如，單人旁、木字旁、豎心旁、絞絲旁、衣字旁、示字旁等形旁一般都在字的左邊，立刀旁、戈字旁、鳥字旁、欠字旁等形旁一般都在字的右邊，草字頭、竹字頭、寶蓋頭、雨字頭等形旁都在字的上邊，心字底、四點底（火字的變形）、皿字底等形旁都在字的下邊。這種結構從秦漢時的篆書發展爲隸書後就已經固定下來並承襲至今。

需要注意四點：第一，有的形聲字可以分屬不同的形聲組合關係。比如，半包圍結構的"房"字既可以看作"外形内聲"，也可以看作"聲佔一角"。第二，若形旁和聲旁的位置組合方式不同，可能產生不同的形聲字。比如：

忡—忠　怡—怠　吟—含　旴—旱　枷—架

這些字都是不同的字，使用時要注意區別。第三，形聲字的形旁、聲旁在古文字時代（甲骨文、金文、小篆時代）很容易辨認，但經過隸變到了隸楷階段後，有些字變得不那麼容易區分了，需根據古文字字形和古音纔能夠正確地分析它們。比如，上文"下形上聲"類所舉的"更"、"内形外聲"類所舉的"岡"。下面再舉幾例：

　　歲　𢧕（篆）　形旁是"步"，聲旁是"戌"。
　　布　𢁉（金）　𢁀（篆）　形旁是"巾"，聲旁是"父"。
　　釜　𨥏（篆）　形旁是"金"，聲旁是"父"。

這些字都是隸變後不能直觀地分析出形旁和聲旁的字。

2. 省聲字、省形字和亦聲字

除了上面舉例分析的八種形聲組合類型以外，還有不能夠歸入這些類型的特殊類型形聲字，有三種值得注意：

第一，省聲字，指爲了書寫方便或構形美觀，在造字時將形聲字的聲旁省去了一部分的字。比如：

　　珊瑚　《說文》："珊瑚，色赤，生於海，或生於山。从玉，刪省聲。"
　　恬　《說文》："安也。从心，甜省聲。"
　　夜　《說文》："舍也，天下休舍也。从夕，亦省聲。"
　　炭　《說文》："燒木餘也。从火，岸省聲。"

第二，省形字，指爲了書寫方便或構形美觀，造字時將形旁的一部分省去了的字。比如：

　　屨　《說文》："履也。从履省，婁聲。"

弑𢂥　《説文》："臣殺君也。《易》曰：'臣弑其君。'从殺省，式聲。"
考𦓉　《説文》："老也。从老省，丂聲。"
亭𠅘　《説文》："民所安定也。亭有樓，从高省，丁聲。"

第三，亦聲字（也稱會意兼形聲字），指構形的各個部件在意義上有聯繫，其中的一個部件同時充當該字聲旁，既是會意字，同時又是形聲字的字。比如：

授𢱭　《説文》："予也。从手，从受，受亦聲。"
琀琀　《説文》："送死口中玉也。从玉，从含，含亦聲。"
忘忈　《説文》："不識也。从心，从亡，亡亦聲。"
珥珥　《説文》："瑱也。从玉耳，耳亦聲。"

3. 形聲字的能產性

與象形、指事、會意相比，形聲利用了漢字語音信息，是一種最具能產性的造字方法。形聲字可以由象形字、指事字、會意字作爲形旁或聲旁，形聲字本身也可以作爲聲旁去構造新字。同時，一個形旁或聲旁可以充當多個形聲字的形旁或聲旁，同多個形聲字發生聯繫。這樣一來，提高了偏旁的使用率，使漢字更加系統化，便於使用者迅速領會字義、掌握字音。比如，用"鳥"作形旁的漢字，意義都同鳥有關，如"鵲、鵬、鵜、鵑、鸝、鷗、鴿"等字；用"胡"作聲旁的字，讀音都同"胡"相同，如"糊、瑚、湖、蝴、葫、猢、糊、鶘"等字。

4. 形旁的作用及表意作用的局限性

形聲字形旁的作用有二：一是提示字義，二是區別同音字。

第一，形旁最重要的作用是提示字義。不過，形聲字的形旁祇能表示某種意思的範圍或祇表示事物的屬類，因而它在形聲字中祇是高度概括的類名，並不能表示這個形聲字的具體含義。形旁和字義的聯繫有下面三種情況：

（1）相同相近關係。形旁同字的意義相同或相近。比如，形旁"父"與所構造的形聲字"爸、爹、爺"，形旁"白"與"皎、皚、晣、皓"，形旁"舟"與"船、舸、舢"等。不過這類形聲字所佔的比例較少。

（2）屬種關係。形旁表示上位概念、屬概念，所構成的各個漢字是下位概念、種概念。比如，形旁"木"與"楊、柳、柿、桃、楓、槐、榆、楠"；形旁"魚"與"鯉、鯽、鰱、魷、鱘、鱒、鯧、鰍"；形旁"鳥"與"鴉、鴿、鶴、鸝、鵬、鶉、鷗、鵑"等。

（3）相關關係。形旁與所構成的漢字意義同形旁有某種關聯。比如，"黝"意指"微青黑色"，形旁"黑"與該字義有聯繫；"軸"是車的一部分，"車"與車的意義相連。再比如，"江、河、海、洋、激、流、波、浪、濤、泅、涌、澎"形旁是"氵"（三點水爲"水"的變形），"慚、愧、惱、恨、愉、快、怖、怯、恐、志、恩、思、怨、愁、想、悲"形旁是"心"（豎心旁爲"心"字的變形），"坡、垃、圾、坯、坊、坎、場、墳、坑、城、堡、堂"形旁是"土"，這些字的形旁大多是起到縮小使用者字義聯想範圍的作用。

第二,區別同音字。形聲字中不少字是由同一個聲旁構成的,且字音也與其聲旁相同,形成數量可觀的同音字。形旁就成爲字形上區別這些同音字的重要手段。比如,"簧、磺、潢、璜、蟥、癀"都和"黃"同音,"萊、崍、倈、淶、錸"都和"來"同音,"剛、綱、鋼、崗"都和"岡"同音。這些字雖然讀音相同,但是由於其形旁不同,提供的字義信息不一樣,故在書面上容易把這些同音字區別開。

形聲字的形旁表意作用具有局限性:

第一,形聲表意的最大局限性就是形旁表意模糊。形旁提供的字義信息十分有限,相當模糊,故每個字的具體意義還得依靠文獻材料來考求。比如,"訪""談"都是從言的形聲字,雖然從形旁上可以判定二字都與説話有關(訪:徵求意見;談:對話),但具體是哪種説話則需要考察文獻纔能夠確定。

第二,由於詞義引申和文字假借等原因,有的形聲字的形旁已經喪失了表意作用。比如,"笨"从竹本聲,本義表示竹子裏的白色薄膜。後來"笨"被假借作"愚笨"之意,其本義反而不再使用,那麽形旁"竹"實際上已經不表意了,變成了記號字。

第三,事物本身的發展變化也會影響形旁的表意作用。比如,"鏡"从金竟聲,本義指銅鏡。古人用青銅造鏡,故"鏡"从"金",但我們現在使用的鏡子一般都是玻璃製成,从"金"的"鏡"就不適合表意了。

5. 聲旁的作用及表音作用的局限性

形聲字聲旁的作用有二:指示字音、區別同一義類字形。

第一,聲旁最重要的作用是指示字音。它能從視覺上給人提供一個字音信息,使人通過聲旁的提示,與語音中的某個音節掛上鈎,並進而把字音確定下來。聲旁標示字音有以下幾種情況:

(1) 標示準確字音:聲旁跟形聲字是完全同音關係(聲母、韻母、聲調均相同)。比如:

　　　　胡:湖、糊、蝴、葫、猢、糊
　　　　皇:凰、惶、蝗、煌、隍、徨、湟、遑
　　　　曼:慢、漫、蔓、謾、墁、幔、縵、熳
　　　　彔:禄、淥、逯、碌

(2) 標示聲母韻母:形旁與字音的聲母、韻母相同。比如:

　　　　馬:媽、犸、榪、螞、駡
　　　　廷:蜓、庭、莛、霆、挺、艇、梃、蜓、鋌
　　　　高:搞、稿、篙、鎬、縞、槁
　　　　可:苛、柯、坷、岢、軻、鈳

(3) 標示聲母:聲旁跟形聲字是雙聲關係(聲母相同,韻母不同)。比如:

杯(不) 醉(卒) 怯(去) 破(皮) 煤(某) 缸(工) 魔(麻)

(4) 標示韻母:聲旁跟形聲字是疊韻關係(聲母不同,韻母相同)。比如:

空(工) 崩(朋) 恐(巩) 蟠(番) 悲(非) 效(交) 袍(包)

第二,區別相同義類的字。許多漢字由於意義方面的關聯,選用同一個形旁構字,結果構成了相同義類的字。這種情況在漢字系統中十分普遍,有些形旁可以統率數十以至數百個漢字,這些相同義類的漢字,要依靠聲旁來區別。比如,"江、河、波、浪、汹、涌"的形旁都是"水","打、拉、抱、搶、按、抓"的形旁都是"手"。聲旁的提示作用,使這些字與語言中念某個音節的語素聯繫起來,這樣就使字義變得清晰、明確,使相同義類的字區別開來。

形聲字的聲旁表音作用具有局限性:

第一,有的形聲字跟聲旁不同音,有時彼此的差異還很大。隨着語音的發展有的形聲字的聲旁已經失去了表音作用,變成了字形的區別符號。比如:

江(工) 治、冶(台) 借、錯(昔)

第二,同一個聲旁的形聲字往往還有多種讀音。比如:

諸(zhū) 暑(shǔ) 奢(shē) 楮(chǔ)
都(dū) 屠(tú) 緒(xù) 鍺(zhā)

上述諸字聲旁都是"者",但他們在現代漢語中讀音並不相近。中國自古以來有這樣一句俗語:"秀才識字讀半邊。"但面對這些字,"讀半邊"顯然不行,有時還會謬以千里。使用時需要注意。

(五) 轉注

"轉注"究竟應該如何理解,爭議非常大。《說文》說:"建類一首,同意相受,考、老是也。"現在我們既不能準確地理解"建類一首,同意相受"這句話的含義,也無法從許慎舉出的例字"考"和"老"找出規律,更奇怪的是《說文》中並沒有注明某字爲"轉注"。因此,後人對"轉注"有各種各樣的認識,直至今天也沒有得出一致的結論。古文字學家裘錫圭《文字學概要》曾介紹了"以轉變字形方向的造字方法爲轉注""以與形旁可以互訓的形聲字爲轉注字"等九種具有代表性的不同說法,但他認爲沒有一種說法能夠令人信服。因此,他說道:"在今天研究漢字,根本不用去管轉注這個術語。不講轉注,完全能够把漢字的構造講清楚。……我們完全沒有必要捲入到無休無止的關於轉注定義的爭論中去。"我們認爲裘錫圭先生的意見是對的,講漢字結構時應該捨棄"轉注"這個含混不清的概念,故我們不作討論。

(六) 假借

假借,《説文》定義成"本無其字,依聲託事",其意爲:某詞本來没有記録該詞的字,借用一個已有的同音字或音近字去表示這個詞。被借用的字稱爲"假借字"。假借字和本字是一組相對的概念:最初爲某詞造的、字義與詞義相一致的字稱爲"本字",與之相對的稱爲"假借字"。需要注意,這裏的"假借"指的是狹義的"假借",有一個重要限定就是"本無其字"(即無本字);那種本有本字的"假借",習慣上稱爲"通假"(見本章第四節論述)。

許慎舉的"假借"例字是"令"和"長"。和"會意"的情況相似,許慎對"假借"的定義本没有錯,但他舉出的兩個例字"令"和"長"則是有問題的。許慎認爲縣令的"令"和號令的"令"、長幼的"長"和長遠的"長"不是相同的詞。用號令的"令"去記録縣令的"令",則縣令的"令"就是假借字;用長遠的"長"去記録"長幼"的"長",長幼的"長"就是假借字。從今天古漢語研究視角看,命令的"令"和縣令的"令"、長遠的"長"和長幼的"長"屬於同一個詞的詞義引申關係,而不是文字的假借關係(詞義引申,一般字形不變,引申義和本義之間有共同點;而假借字和本字,祇是讀音相同,意義上没有聯繫)。

1. 假借字舉例

下面我們舉一些例字,以瞭解"假借"這種用字法:

東 ◊(甲) ◊(金) 東(篆) 本象囊橐之形,假借爲東方之"東",如《詩經·小雅·信南山》:"我疆我理,南東其畝。"

西 ◊(甲) ◊(金) ◊(篆) 本以鳥巢形表示鳥棲息之"棲",假借爲西方之"西",如《詩經·大雅·桑柔》:"自西徂東,靡所定處。"

其 ◊(甲) ◊(金) ◊(篆) 本象畚箕之形,是"箕"的古字,假借爲虚詞"其",如《周易·乾卦》:"知進退存亡而不失其正者,其唯聖人乎?"

何 ◊(甲) ◊(金) ◊(篆) 本象人肩扛一農具,是負荷之"荷"的古字,假借爲虚詞,如《論語·公冶長》:"賜也何敢望回?"

莫 ◊(甲) ◊(金) ◊(篆) 本象日落於草中,是"暮"的古字,假借爲虚詞,如《論語·述而》:"文,莫吾猶人也。躬行君子,則吾未之有得。"

來 ◊(甲) ◊(金) ◊(篆) 本象麥形,是"麥"的古字,假借爲來往之"來",如《周易·復卦》:"出入無疾,朋來無咎。"

我 ◊(甲) ◊(金) ◊(篆) 本象武器之形,假借爲第一人稱代詞,如《詩經·小雅·采薇》:"昔我往矣,楊柳依依;今我來思,雨雪霏霏。"

2. 假借的重要性

假借的重要性表現在三個方面：

第一，假借擴大了漢字的使用範圍。在造字初期，漢字的總字數比較少。若没有假借這種用字方法，漢字便難以發揮它記錄漢語的作用。據學者研究，甲骨文裏有高達90％的字是假借字，這極大程度上擴大了甲骨文的使用範圍，充分發揮了甲骨文記錄商代漢語的作用。

第二，假借實際上没有造出新漢字，故有學者説它是"用字法"而非"造字法"。面對語言中没有本字的詞，假借在已有文字中擇取一個和這個詞讀音相同或相近但意義不同的字去兼記它。從整個文字體系發展變化的角度看，假借避免了爲每一個詞造一個專字的勞頓，節制了文字無限制的繁衍孳生。故可以看作不造新字的"造字法"。

第三，假借是創造新漢字的橋梁，推動新漢字的産生。比如，"其"本象畚箕之形，後借用爲代詞，當它常用作代詞後，古人祇好再造一個"箕"來記錄"畚箕"這個本義。

三、"六書"説的局限

"六書"説的功績是前無古人的，後來的學者正是在許慎等漢代學者基礎上對"六書"説加以修正、補充和完善，爲傳統文字學奠定了理論基礎。直至今天，"六書"在漢字研究中依然起着提綱挈領的作用，其原則爲釋讀古漢字、漢字簡化、創製新漢字提供了較爲科學的理論根據。但"六書"具有局限性，主要爲以下四點：

第一，"六書"説歸納的各"書"並非同一層面的概念。古人已經注意到這種情況，清代學者戴震就把"六書"分爲兩類：象形、指事、會意、形聲是字之"體"（造字法），轉注、假借是字之"用"（用字法），實際爲"四體二用"。前四種創製新字，後兩種並不産生新字，祇是記錄漢語時對原有字的運用方法。"四體二用"説影響很廣，清代段玉裁、王筠、朱駿聲，近代黄侃等學者都贊同這種説法。可見，清代以來的學者認爲，"六書"並不僅僅局限於單純分析漢字的構造，並已經把研究視野擴大爲漢字是用哪幾種辦法來記錄漢語的。這實際上是對傳統"六書"説的修正和補充。

第二，對於"六書"而言，許慎《説文》在下定義的時候重視形式：一律使用兩句話，每句字數相等，都是四個字，這兩句話又互相押韻。這不免限制了準確表達，甚至影響到定義的明確性。比如，上文提到的"轉注"的概念就不明晰，致使一千多年來學者們爭議紛紜，莫衷一是。

第三，"六書"説中象形、指事、會意三類字的界限比較模糊，有的甚至還有交叉。漢字中有一些字不能截然界定它們到底屬於"象形""指事"還是"會意"。比如，《説文》説"大"是個象形字（"大"象人形）。"大"如果是象形，就和表達所象之物的名稱的"日""月"不一樣，它是以象形符號曲折地表達另一種相關的意思。如果是"指事"，《説文》舉例的"上""下"並不涉及具體事物的象形，祇是一種單純的抽象符號；而"大"很難説有抽象符號存在。再比如，《説文》説"品"是會意字，但是該字所從的"口"並非人的"口"形，因爲"品"的本義是"衆庶"而不是"衆口喧噪"。學者多認爲"口"祇是一個指示符號，表品類衆多之意而已。但這樣一來,使用抽象符號的"品"就應該視作指事字爲宜。面對這種問題,有些學者設立了"象形兼指事""指事兼會意"等類別修正"六書"說。實際上這恰恰反映了象形、指事、會意三類字界限不明晰的特點。

　　第四,"六書"說晚於造字產生,它主要是以小篆字形系統爲基礎歸納出來的。作爲一種完備的文字系統,漢字至少已經有三千多年的歷史,在這一漫長的歷史過程中,漢字形體和結構規律發生了很大變化,"六書"難以適用於所有階段的漢字。比如,比小篆形成早的商代甲骨文,有介於象形和形聲兩者之間的"獨體形聲字"這種類別。麋鹿的"麋"甲骨文作"𥊚",其頭部的"㠯"(眉)也表示"麋"的讀音。我們既難以直接說它是象形字,也難以說它是形聲字。比小篆形成晚的時代,有些字曾利用字的反切字作爲偏旁造成一個記錄音節的字,一般稱爲"合音字"。比如,中古時代的佛教徒翻譯梵音經咒時曾造過一些這類字,來表示漢語裏所沒有的音節,如"䚗"(名養反)、"𠽁"(亭夜反)等。無論是"獨體形聲字"還是"合音字"都難以在"六書"中找到它們的位置。由此可見,"六書"並不能囊括各個歷史階段的漢字的結構類型,這未免是個缺憾。

　　儘管許慎"六書"有許多局限,但在崇經媚古的古代,基本上無人敢顛覆它,學者們都是在"六書"的框架中修修補補,儘量讓其自圓其說。清代研究《説文》的學者更是把"六書"奉爲圭臬。到了清末,隨着地下古文字材料的出土和西學東漸的影響,漢字結構研究纔慢慢走出"六書"說的桎梏。學者相繼提出"三書說"(唐蘭、陳夢家、劉又辛、林澐、裘錫圭),"新六書說"(詹鄞鑫、蘇培成),"四書說"(張玉金、楊潤陸),"二書說"(黃天樹),這些説法大多保留了"六書"的合理部分,捨棄了其欠妥部分。限於篇幅,這裏就不過多介紹了。

第四節　假借字、異體字、古今字、繁簡字

　　在漢字發展過程中,一些字出現了兩種以上的寫法,古書中常見一些形體分歧的字,主要包括四類:假借字、異體字、古今字、繁簡字。掌握古書中的字際關係,纔能更好地閱讀古代文獻。

一、假借字

　　假借字是指借用同音或音近的字來表示一個詞。與假借字相對的概念是"本字",即用來表示自己的本義或引申義的字。本字與假借字的讀音相同或相近,意義上並無關聯。假借可以按照所表示的詞是否有本字,分爲無本字、本字後起和本有本字三類。

(一) 無本字的假借

　　有些詞一直用假借字表示,這是無本字的假借。

虚詞"其"："其"本義爲畚箕，假借爲虛詞"其"。《詩經·北風》："北風其涼，雨雪其雱。""其"爲助詞，用在形容詞"涼""雱"前，起加強形容的作用。《莊子·養生主》："天與，其人與？""其"爲連詞，這裏表示選擇關係，相當於"還是"。《左傳·僖公五年》："晉不可啓，寇不可翫。一之謂甚，其可再乎？""其"爲副詞，這裏表示反詰，相當於"難道"。

語氣詞"耳"："耳"本義爲耳朵，假借爲語氣詞"耳"。《漢書·司馬遷傳》："雖累百世，垢彌甚耳！""耳"爲句末語氣詞，相當於"啊"。

語氣詞和指示代詞"夫"："夫"本義爲成年男子，假借爲語氣詞和指示代詞"夫"。《孟子·告子上》："率天下之人而禍仁義者，必子之言夫！"趙岐注："夫，歎辭也。""夫"爲語氣詞，這裏表示感歎。《淮南子·齊俗訓》："此一是非，隅曲也；夫一是非，宇宙也。""夫"爲代詞，這裏與"此"相對，表示遠指。

副詞"亦"："亦"本義爲腋窩，是"腋"字初文，假借爲副詞"亦"。《孟子·告子上》："魚，我所欲也；熊掌，亦我所欲也。""亦"爲副詞，相當於"也是"。

許多音譯外來詞也是始終用假借字記錄的。如駱駝、胭脂、苜蓿、葡萄、石榴、琉璃等，再如佛教用語羅漢、比丘、浮屠等。

(二) 本字後造的假借

有的詞本用假借字表示，後又爲它造了本字。後造本字一般稱爲後起本字。

胃—謂　云謂之"謂"本借"胃"表示。馬王堆漢墓簡帛《老子甲本·德經》61："恆知稽式，此胃玄德。"銀雀山漢墓竹簡《孫子兵法·九地》109："所胃古善戰者，能使適（敵）人前後不相及也。"後加"言"旁造出本字"謂"。

卒—猝　急猝之"猝"本借"卒"表示。《史記·仲尼弟子列傳》："慮不先定不可以應卒。"《韓非子·存韓》："今若有卒報之事，韓不可信也。"後加"犬"旁造出本字"猝"。

辟—避　避讓之"避"本借"辟"表示。《左傳·僖公二十八年》："微楚之惠不及此，退三舍辟之，所以報也。"後加"辵"旁造出本字"避"。

厭—饜　滿足之"饜"本借"厭"表示。《史記·貨殖列傳》："原憲不厭糟糠，匿於窮巷。"司馬貞索引："饜，飽也。"後加"食"旁造出本字"饜"。

(三) 本有本字的假借

很多本有本字的詞也使用假借字，本有其字的假借也稱爲通假、通借。如：

早—蚤　早晨的本字爲"早"。《説文·日部》："早，晨也。"在實際使用中，古書往往借用"蚤"來表示。《孟子·離婁下》："蚤起，施從良人之所之。"

册—策　　册命、簡册的本字爲"册"。《說文·册部》："册,符命也。諸侯進受於王也。"古書中常借"策"表示"册"。《漢書·武五子傳》："齊懷王閎與燕王旦、廣陵王胥同日立,皆賜策。"畢沅疏證："字作策,則古字策與册通也。"

有些假借字後來完全取代了本字,即假借字在它所表示的意義範圍取代了作爲它本字的那個字。

　　艸—草　　"艸"爲草木之"草"的本字。《說文·艸部》："艸,百芔也。"《周禮·秋官·庶氏》"嘉草攻之",《經典釋文》所據本"草"作"艸"。"草"字从艸早聲,本義爲"草(zào)斗",即櫟樹的果實。古書中大都已借"草"爲"艸"。
　　何—荷　　"何"是負荷之"荷"的本字。《說文·人部》："何,儋也。"《詩經·小雅·無羊》："何蓑何笠,或負其餱。"後借"荷"表示"何",《漢書·竇田灌韓傳》："身荷戟馳不測之吴軍。"傳世古書大都已借"荷"爲"何"。
　　耑—端　　"耑"爲開端之"端"的本字。《說文·耑部》："耑,物初生之題也。"《漢書·藝文志》："言感物造耑,材知深美。""端"本義爲端正,古書多借"端"爲"耑"。《禮記·禮運》："故人者,天地之心也,五行之端也。"

閱讀古書,需要掌握常見的通假字,纔能破假借之字而讀之以本字。後人在閱讀時要充分利用注釋,積累通假用例;其次要勤查工具書,《漢語大字典》《古字通假會典》《王力古漢語字典》等一些古漢語字典都羅列了常見的通假用法。

二、異體字

由於漢字造字方法的多樣和時代、地域的差異,人們爲同一個詞造出了不同的字形,並且這些文字都曾使用並通行,於是便產生了大量異體字。"異體"的"體"是指文字的形體、結構。異體字是指形體相異,但讀音、意義、用法完全相同,在任何情況下都能互换的兩個或兩個以上的字。其中最通行的一個稱爲正體,其他的則稱爲異體、或體。

根據異體字在形體上的差異,可以大致分爲八類:

(一) 是否加偏旁

　　韭—韮　　"韮"在"韭"上加"艸",《廣韻·有韻》："韭,俗作韮。"
　　匴—篋　　"篋"在"匴"上加"竹",《說文·匸部》："篋,匴或从竹。"
　　帚—箒　　"箒"在"帚"上加"竹",《玉篇·竹部》："箒,俗帚字。"
　　嗀—噅　　"噅"在"嗀"左側加"口",《篇海·口部》："噅,噬也。與嗀同。"
　　丘—坵　　"坵"在"丘"左側加"土",《集韻·尤韻》："北,或作丘、坴,亦書作坵。"

(二) 結構性質的不同

傘—繖　　"傘"象車蓋形,是象形字;"繖"从糸散聲,是形聲字。
泪—淚　　"泪"从水从目,是會意字;"淚"从水戾聲,是形聲字。
岩—巖　　"岩"从山从石,是會意字;"巖"从山嚴聲,是形聲字。
岳—嶽　　"岳"从丘从山,是會意字;"嶽"从山獄聲,是形聲字。
埜—野　　"埜"从林从土,是會意字;"野"从里予聲,是形聲字。

(三) 同爲表意字而偏旁不同

塵—尘　　"塵""尘"有共同的意符"土",另外的意符分別是"鹿"和"小"。
羴—羢　　"羴""羢"有共同的意符"羊",另外的意符分別是二"羊"和"臭"。
躰—体　　"躰""体"有共同的意符"本",另外的意符分別是"身"和"人"。
灾—災　　"灾""災"有共同的意符"火",另外的意符分別是"宀"和"川"。
明—朙　　"明""朙"有共同的意符"月",另外的意符分別是"日"和"囧"

(四) 同爲形聲字而偏旁不同

1. 形聲字的形旁通常祇指示字義類別,因此意義相近的形旁可以通用,便產生了一批異體字

糸、衣通用,如綺—袴,繡—補。
日、火通用,如晒—炳,暖—煖。
鳥、隹通用,如雁—鴈,雞—鷄。
彳、辵、足、走通用,如踔—趠,蹊—徯,遍—徧,迹—跡。
言、口、欠通用,如咏—詠,歌—謌,嘯—歗,訢—欣。

2. 形聲字的聲旁指示讀音,音同或音近的字可以用不同的聲旁來表示,由此產生了一些異體字

綫—線　　"綫"从戔得聲,"線"从泉得聲。
袴—褲　　"袴"从夸得聲,"褲"从庫得聲。
蝶—蜨　　"蝶"从葉得聲,"蜨"从疌得聲。
咽—嚥　　"咽"从因得聲,"嚥"从燕得聲。

煙—烟　　"煙"从垔得聲,"烟"从因得聲。

3. 也有部分形符和聲符都不相同的異體字

　　　村—邨　　"村"从木寸聲,"邨"从邑屯聲。
　　　訴—愬　　"訴"从言序聲,"愬"从心朔聲。
　　　剩—賸　　"剩"从刀乘聲,"賸"从貝朕聲。
　　　粳—秔　　"粳"从米更聲,"秔"从禾亢聲。
　　　糍—餈　　"糍"从米兹聲,"餈"从食次聲。

(五) 偏旁相同但寫法不同

　　　左右構件互換,如和—咊,鵝—䳗,够—夠,鞍—䩍等。
　　　位置發生變化,如滙—匯,讐—讎等。
　　　左右結構和上下結構互換,如慚—慙,棋—棊,群—羣,概—槩,裡—裏等。

有時即便構件相同,排列位置的不同也會造成意義完全不同的兩個字,如"棘"和"棗","獣"和"猶"等,這就不是異體字了。

(六) 省略部分字形的不同

　　　灋—法　　"灋"从水从廌从去,會刑法義,"法"省略構件"廌"。
　　　㳬—淀　　"㳬"从水从旋,會水流旋轉義,"淀"省略"方"。
　　　雧—集　　"雧"从雥从木,會聚集義,"集"省略二"隹"。
　　　靁—雷　　"靁"从雨,晶象回轉形,"雷"省略二"田"。

(七) 比較特殊的繁體跟簡體的不同

　　　如:辦—办,對—对,雞—鸡,勸—劝等,部分構件由符號代替;
　　　頭—头,爲—为,盡—尽,書—书等,省簡由草書楷化而來。

(八) 寫法略有出入而造成的不同

　　　如矦—侯,勾—匂,弔—吊,亞—亜,花—芲,污—汚,霸—覇,春—旾,享—亯,並—竝,曹—曺,咒—呪,肯—肎,冉—冄,話—䛡等,是由筆畫書寫差異造成的異體字。

上面幾類，並没有完全統一的分類標準，因此有些例子的歸類是兩可的，如第一類的一些例子可以歸入第二類。

有些字義項有重疊，但不完全相同，不能算是真正的異體字(有人稱之爲"部分異體字")。我們在閱讀古代文獻時需加以分辨。

    女—汝 "女"和"汝"作爲第二人稱代詞時可以通用，但男女之"女"不能用"汝"代替，汝水之"汝"不能用"女"代替。

    偷—媮 "偷"和"媮"表示苟且義時可以通用，但偷盜之"偷"不能用"媮"，安樂之"媮"不能用"偷"。

    喻—諭 "喻"和"諭"原本是一對異體字，後來逐漸有了分工，"喻"專表譬喻義，如"比喻"，"諭"則用於上對下的曉諭義，如"詔諭"，不能隨意互換使用。

    咳—孩 "咳"和"孩"曾是一對異體字，均表示"小兒笑"，後來發生了分化，"咳"記録咳嗽義，"孩"爲幼童之稱呼，是形、音、義不同的兩個字。

三、古今字

古今字是先後産生的一對或一組互相對照的字，其通行時間有先後順序，先出現的是"古字"，後起的是"今字"。其中"古"和"今"是相對的概念。段玉裁《説文解字注》："凡讀經傳者，不可不知古今字。古今無定時，周爲古則漢爲今，漢爲古則晉宋爲今。隨時異用者謂之古今字。"新的今字出現後，前面時代的今字就會變成古字。

古今字與漢字的孳乳分化密切相關。由於詞義引申、文字假借等原因，一字多義的現象很普遍。爲了保證文字表達語言的準確性，人們通過文字分化的方式分散其記詞功能。常用的方法是新造一個漢字。對於新造的字來説，原先的字就是"古字"；對於原先的字來説，新造的字就是"新字"。

例如上古時期債務義是由"責"表示的，《戰國策·齊策四》："誰習計會，能爲文收責於薛者乎?"《睡虎地秦簡牘·秦律十八種》76："公有責百姓未賞(償)，亦移其縣，縣賞(償)。"但"責"更常用來表示職責、責任等義，於是新造了"債"記録債務義。再如捨棄義是由"舍"表示的[①]，如《戰國策·秦策三》："利則行之，害則舍之，疑則少嘗之。"但"舍"多用來表示房舍、屋舍等，於是新造了"捨"字記録捨棄義。在這兩例中，"責""舍"是古字，"債""捨"是後起的今字，"責債""舍捨"可以稱爲古今字。古今字在形體和意義上都有一定聯繫：

[①] 現在"捨"又簡化爲"舍"。

(一) 字形上,古今字大多形體相承

1. 增加形符

取—娶　娶妻之"娶"本用"取"來記録,《詩經·齒風·伐柯》:"取妻如何?匪媒不得。"後加形符"女"造出"娶"專表這一意義。

反—返　返回之"返"本用"反"來記録,《列子·湯問》:"寒暑易節,始一反焉。"後加形符"辶"造出"返"表示這一意義。

禽—擒　擒拿之"擒"本用"禽"來記録,《左傳·僖公二十二年》:"君子不重傷,不禽二毛。"後加形符"手"造出"擒"表示這一意義。

其—箕　"其"甲骨文作𠀠,象畚箕之形,後假借爲代詞"其",專表假借義,於是上加"竹"造出"箕"表示本義。

這類用例最多,另有止—趾,羞—饈,見—現,弟—悌,奉—俸,共—供,解—懈,竟—境,要—腰,北—背,原—源,景—影等。

2. 改換形符

説—悦　喜悦之"悦"本用"説"來記録,《論語·學而》:"學而時習之,不亦説乎?"後將形符改爲"心"專門記録這一意義。

創—瘡　傷口之"瘡"本用"創"來記録,《禮記·雜記下》:"身有瘍則浴,首有創則沐。"後將形符改爲"疒"記録傷口義。

没—殁　死亡之"殁"本用"没"來記録,《論語·學而》:"父在,觀其志;父没,觀其行。"後將形符改爲"歹"專門記録這一意義。

赴—訃　急走報喪之"訃"本作"赴",《左傳·文公十四年》:"凡崩、薨,不赴則不書;禍、福,不告亦不書。"後改換形符爲"訃"記録這一意義。

類似的還有被—披,帳—賬,斂—殮,踞—倨,輓—挽,適—嫡等。

3. 增加聲符

這類用例比較少,如:

食—飼　供養、飼養之"飼"本用"食"記録,《左傳·文公十八年》:"事以度功,功以食民。"後加聲符"司"專門表示這一意義。

自—鼻　"自"甲骨文作𦣹,象鼻子之形。"自"的意義泛化,於是加"畀"聲造出"鼻"表示鼻子之義。

4. 改換聲符

識—誌　　標記之"誌"本作"識",《徐霞客遊記・粵西遊日記一》:"一路采筍,盈握則置路隅,以識來徑。"後將聲符改換爲"志"記錄這一意義。

潦—澇　　水淹之"澇"本作"潦",《莊子・秋水》:"禹之時十年九潦,而水弗爲加益。"後將聲符改換爲"勞"記錄水淹義。

邪—耶　　語氣詞"耶"本作"邪",《莊子・逍遥遊》:"天之蒼蒼,其正色邪?"後將聲符改換爲"耳"記錄這一意義。

5. 略加改造古字形體

這類古今字的形體差别都不大,如:

巳—已　　《釋名・釋天》:"巳,已也。"古文字中已經之"已"均寫作"巳","已"這種寫法較晚纔出現。

母—毋　　"母""毋"古本一字,金文中"母""毋"字形均作丹。後在筆畫上加以區别,以"毋"表示禁止之詞。

不—丕　　"不""丕"古本一字,金文中"不""丕"字形均作不。後"不"孳乳爲"丕",表示大義。

大—太　　古文字"大"象正面的人形,"太"記錄"大"的引申義,於是在"大"下加一點指示區别。

類似用例還有句—勾,气—乞等。

6. 採用與古字完全不同的字形

形體完全改變的用例也比較少,如:

余—予　　《禮記・曲禮下》:"曰予一人。"鄭玄注:"余,予古今字。"在商代甲骨文和西周春秋金文中,第一人稱代詞作"余",古人用"予"表"余",不會早於春秋時期。

身—娠　　妊娠之義古作"身",後另造"娠"字記錄這一意義。

亦—腋　　"亦"本爲"腋"初文,後另造"腋"字表示腋窩之詞。

類似的用例還有要—邀,衡—橫,飾—拭,鄉—向等。

(二) 意義上，今字多分擔古字的一個意義

1. 今字分擔古字的本義

　　州—洲　　"州"甲骨文作〰，象水中的小塊陸地，本義爲水中陸地。後引申有州郡義，於是另造"洲"表示本義。
　　益—溢　　"益"甲骨文作〰，象水滿溢出皿外的樣子，本義爲溢出。後引申表示增益、利益之義，於是另造"溢"表示本義。
　　孰—熟　　"孰"本義爲煮熟。後假借作疑問代詞，於是另造"熟"表示本義。
　　然—燃　　"然"本義爲燃燒，《説文·火部》："然，燒也。"後假借作指示代詞，遂另造"燃"分擔本義。

類似的用例還有暴—曝，要—腰，莫—暮，原—源等。

2. 今字分擔古字的引申義

　　解—懈　　"解"本義爲用刀剖牛角，《説文·角部》："解，判也。从刀判牛角。"引申有鬆懈義，另造"懈"記録這一意義。
　　昏—婚　　"昏"本義爲日暮，《説文·日部》："昏，日冥也。"娶婦以昏時，引申有婚姻義，另造"婚"記録這一意義。
　　田—佃　　"田"甲骨文作田，象田地之形。由土地引申有耕作義，另造"佃"記録這一意義。
　　坐—座　　"坐"甲骨文作〰，象人坐立形。由此引申出座位義，遂新造"座"分化其引申義。

類似的用例還有齊—劑，竟—境，知—智，振—賑等。

3. 今字分擔古字的假借義

　　戚—慼　　"戚"甲骨文作〰，象斧鉞兵器，後假借記録憂愁義。《詩經·小雅·小明》："心之憂矣，自詒伊戚。"毛傳："戚，憂也。"遂新造"慼"專門記録這一意義。
　　牟—眸　　"牟"本義爲牛叫聲，《説文·牛部》："牟，牛鳴也。"假借記録瞳仁義，《荀子·非相》："堯舜參牟子。"楊倞注："牟與眸同。"後新造"眸"。
　　適—嫡　　"適"本義爲往、至，《説文·辵部》："適，之也。"假借爲正妻義，《漢書·杜周傳》："此必適妾將有爭寵相害而爲患者。"顏師古注："適讀曰嫡，嫡謂正后也。"後新造"嫡"。
　　采—彩　　"采"甲骨文作〰，象用手摘樹上的果子，本義爲摘取。假借記

51

録色彩義,《禮記·月令》:"命婦官染采。"鄭玄注:"采,五色。"後新造"彩"字專門記録這一意義。

類似的用例還有象—像,栗—慄,胃—謂,師—獅等。
學習古今字的目的在於注釋古書字義,而非說明文字歷史。古今字祇是文字使用習慣的差異,並無正誤之分。瞭解古今字知識,纔能掌握古書的詞義,而不是以後世的習慣理解古書中的字。

四、繁簡字

繁簡字是指同一個字筆畫繁簡不同的兩種寫法,筆畫多的是繁體,筆畫少的是簡體。漢字形體的簡化現象自古有之。簡體字的歷史可以追溯至甲骨文時代,甲骨文中就有一些字形有多種繁簡寫法。

如"星"字:

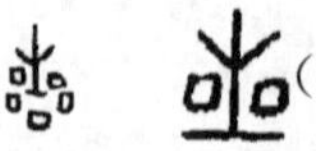

（省略表示星星的象形符號）

"莫"字:

（省略"艸"）

"典"字:

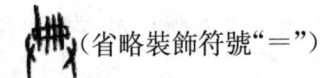

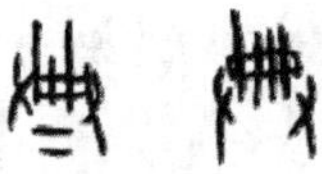

（省略裝飾符號"＝"）　　（省略一"手"）

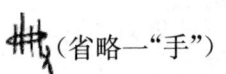

後至隸書中也見字形的省簡,
如"纍"字:

"曹"字:

"來"字:

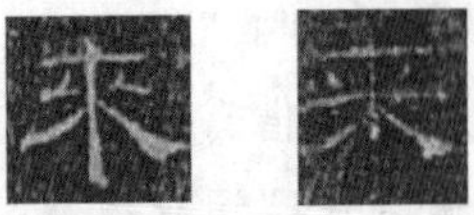

在漢字不同書體間,繁簡現象更爲普遍,如草書極大限度地省簡筆畫,有不少草書形體作爲簡體字,在社會上普遍通行,如馬—马,專—专,書—书,時—时,爲—为等。簡

化是漢字發展的總趨勢。

在古漢語學習中,需要認識和掌握繁體字,這就不得不提到與繁體字相對應的簡化字。"簡化字"不等於簡體字,它特指 1956 年國務院公佈的《漢字簡化方案》所頒佈的簡化字,1964 年公佈的《簡化字總表》共收簡化字 2 338 個,亦即現在通行的規範字。瞭解簡化字與繁體字之間的關係,有助於掌握繁體字,掃除閱讀古書的障礙。

(一) 對應關係

絕大多數簡化字與繁體字一一對應,如:

> 爱—愛,罢—罷,达—達,递—遞,茧—繭,籴—糴,窃—竊,灶—竈,隶—隸,粪—糞,体—體,虽—雖,战—戰等。

也有少數一對二、一對三或一對四的關係,如:

> 当—當(當然)、噹(叮噹)
> 尽—盡(盡力)、儘(儘教,表任憑義)
> 钟—鍾(容器)、鐘(鐘鼓)
> 只—祇(僅僅)、隻(量詞)
> 坛—壇(天壇)、罈(酒罈)
> 获—獲(捕獲)、穫(收穫)
> 发—發(出發)、髮(頭髮)
> 复—復(反復)、複(複雜)
> 历—歷(經歷)、曆(曆法)
> 系—系(世系)、係(表示"是、屬")、繫(拘繫)
> 干—干(干戈)、幹(才幹)、榦(樹榦)、乾(乾燥)("乾"用爲"乾坤"時不簡化)
> 台—台(三台,爲星名)、臺(高臺)、檯(檯樹)、颱(颱風)等

(二) 依據古書

有些簡化字是繁體字的本字,也有些是異體字或通用字,如:

> 本字:启—啓,网—網,气—氣等。
> 古今字:舍—捨,云—雲,号—號等。
> 異體字:礼—禮,粮—糧,时—時等。
> 通用字:荐—薦,夸—誇,踊—踴等。

不少簡化字在古代已經出現。簡化方案祇是選擇了筆畫較少的，放棄了筆畫較複雜的。

(三) 同音關係

這類簡化字與繁體字在詞義上没有什麼聯繫，祇是因爲同音的關係，簡化時便採用了筆畫較簡單的那個字。如果用現在簡化字所代表的詞義閲讀古書，就會産生誤解。

　　后—後　　"后"指君王，引申指君王的妻子。"後"表先後之"後"。今統一簡化作"后"。
　　征—徵　　"征"指征伐，"徵"爲驗證、徵兆義。在古代漢語中，兩字祇在徵收賦税的意義上相通。今統一簡化作"征"。（"徵"作爲"宫商角徵羽"五音之一時不簡化）
　　余—餘　　"余"是第一人稱代詞，"餘"是剩餘的意思。今統一簡化作"余"。
　　丑—醜　　"丑"爲地支第二位，"醜"爲醜陋的意思。今統一簡化作"丑"。
　　几—幾　　"几"指几案，"幾"爲將近、幾乎的意思。今統一簡化作"几"。
　　云—雲　　"云"表"説"義，"雲"指雲朶。今統一簡化作"云"。

也有少量音義不同的替代，如：

　　适—適　　"适"音 kuò，有疾速義，多用於人名，如南宫适、洪适。"適"音 shì，有往到，適合等義。今統一簡化作"适"。
　　叶—葉　　"叶"音 xié，有和諧義，如叶韻。"葉"音 yè，指樹葉。今統一簡化作"叶"。
　　亏—虧　　"亏"音 yú，是"于"的異體字。"虧"音 kuī，有虧空、欠缺義。今統一簡化作"亏"。

簡化字的來源多樣，有的是使用古字，或用局部代全體，或改换簡易的形符聲符，或用象徵性的符號代替等，如鸡—鷄、汉—漢、仅—僅、凤—鳳、树—樹、对—對，這組字的簡化字都有"又"，但"又"不表音也不表義，祇是人爲約定的簡化記號。

這四類字際關係有一定區別，假借字是就用字方法而言的，異體字是從字形分歧區別的，古今字是從時間相對來説的，繁簡字是就筆畫多少説的。從意義方面比較，古今字祇有某一項意義相同，通假字字義之間毫無關聯，異體字意義、讀音和用法全同，祇是形體不同，繁簡字的意義需要具體區分，有些完全相同，有些並無聯繫。

此外，這四類字際關係也不可截然分開，它們彼此之間存在錯綜複雜的關係。

古今字與假借字　　古今字立足於時代的差别和用法的分工，假借字立足於假借字表示的詞義和本義是否相關。例如疑問語氣詞"與"和"歟"，"與"的出現早於"歟"，這是時代的差異；漢代以後"與"表示給予，"歟"則祇用爲語氣詞，這是用法的分工。從這個層面來說，"與"和"歟"是一對古今字。"與"本義爲給予，疑問語氣詞和這一意義無關。從這個層面來說，"與"是假借字，"歟"是後起本字。

古今字與異體字　　古今字和異體字都屬於異字同詞。從時間上看，古今字是歷時的，異體字是共時的。從意義上看，今字承擔古字多項意義中的一項或幾項，異體字的意義完全相同，二者承擔的意義功能不相同。如"韭"和"韮"，在任何情況下都能互換使用，屬於異體字；而"果"和"菓"，在表示瓜果的意思時，可以互換使用，但表示結果的意思時，不能寫作"菓"，兩字有詞義分工的不同，屬於古今字。

繁簡字與異體字、古今字　　有些繁簡字的選擇是基於異體字和古今字，如"衆"和"众"，"禮"和"礼"，"筆"和"笔"，"門"和"门"，"書"和"书"，這些都是異體字。再如"舍"和"捨"，"采"和"採"，這些都是古今字。

文字學延伸閱讀

裘錫圭：《文字學概要》，商務印書館，2013年。
黃德寬：《古文字學》，上海古籍出版社，2019年。
趙平安：《隸變研究》，上海古籍出版社，2020年。
劉釗：《古文字構形學》，福建人民出版社，2011年。
高明：《中國古文字學通論》，北京大學出版社，1996年。
唐蘭：《古文字學導論》，上海古籍出版社，2023年。

練習(一)

一、文字畫與圖畫字有什麽區別？

二、什麽是"六書"？分別舉例説明象形字與指事字、象形字與會意字、會意字與指事字、會意字與形聲字有何區別。

三、汉字的起源有哪几种假说？

四、簡述假借字和通假字的異同。

五、名詞解釋：甲骨文、金文、假借字、異體字、古今字、獨体字、合体字。

六、分析下列文字的造字方法。

来　羞　亦　潁　寸　自　衣
祝　男　柳　背　見　正　身
篡　帚　降　新　若　涉　羞
牧　飲　取　初　南　射　相

七、指出以下形聲字的聲符和意符。

旗　徒　釜　問　疆　胡　都　恭　國　騰　辯　條　遠　補　放　閲　險

八、指出下列部首的意義類屬。

肉 頁 革 邑 阜 隹 耒 玉 辵
矢 寸 豆 广 彡 食 貝 歺 示

九、根據繁體字寫出相對應的簡化字。

羅（　）　犖（　）　蓋（　）　懲（　）　獲（　）
穀（　）　禮（　）　勸（　）　鐵（　）　襪（　）
鹽（　）　嚇（　）　憑（　）　夢（　）　慶（　）
聲（　）　態（　）　衛（　）　體（　）　侖（　）
養（　）　鬱（　）　鹹（　）　脅（　）　郵（　）
達（　）　廣（　）　豐（　）　遷（　）　麥（　）
瀝（　）　攏（　）　潑（　）　攤（　）　譯（　）
繞（　）　蠶（　）　燦（　）　層（　）　撓（　）
辦（　）　幫（　）　寶（　）　報（　）　醜（　）
臘（　）　蘭（　）　纍（　）　類（　）　啟（　）
隸（　）　簾（　）　籤（　）　轡（　）　牽（　）

十、找出下列句子中的假借字，並指出其本字。

1. 莊公寤生。（《左傳·隱公元年》）

2. 桀石以投人。（《左傳·成公二年》）

3. 不介馬而馳之。（《左傳·成公二年》）

4. 吾聞君子詘於不知己而信於知己者。（司馬遷《史記·管晏列傳》）

5. 三年不蜚又不鳴。（司馬遷《史記·滑稽列傳》）

6. 谷無以盈，將恐竭。（《老子》三十九章）

7. 寡助之至，親戚畔之。（《孟子·公孫丑下》）

8. 見秦且滅六國，兵以臨易水。（《戰國策·燕策》）

9. 余懼不獲其利而離其難。（《左傳·文公五年》）

10. 亡農夫之苦，有仟佰之得。（班固《漢書·食貨志》）

第二單元　詞　　彙

第一節　詞彙的發展與古今詞義的異同

語言是人類社會的産物，它始終伴隨着社會的發展而發展。漢語歷史悠久，在漫長的發展史中各時期語言特徵不同，詞彙上的變化尤其明顯。

一、古代漢語詞彙發展的表現

古代漢語詞彙的發展主要表現爲：舊詞的消亡、新詞的産生、詞義的演變三個方面。舊詞的消亡，主要指隨着事物的消失，相關的詞也隨之消亡。古代漢語中存在大量的"死"詞，相當一部分都是因事物消亡而形成的舊詞。如：

太監：古代的宦官。《漢語大詞典》："唐設內侍省，其長官爲監及少監，後用作宦官之通稱。"到清代後，太監成爲宦官的專稱，設總管太監等爲首領。隨着社會的發展，"太監"這一身份消失，"太監"這個詞也隨之消亡。

妾：古代女子對自己的謙稱，也指舊時男子的側室。《說文》："（妾）有罪女子，給事之得接於君者。"《說文解字注》："（妾）從辛女。辛女者，有罪之女也。七接切，八部。《春秋傳》云：'女爲人妾。'傳字今補。《左傳·僖十七年》卜招父曰，男爲人臣，女爲人妾。越王句踐亦云：身請爲臣，妻請爲妾，妾、逗。不娉也。此釋《左傳》妾字之義，別於上文有罪女子之得接者也。《內則》曰，聘則爲妻，奔則爲妾，不必有罪。"隨着婚姻制度的發展，"妾"這一身份逐漸消失，"妾"這個詞也隨之消亡，連同一切消亡的還有其用於表謙稱的用法。

朕：先秦時期最早用於表示第一人稱代詞"我"。《爾雅·釋詁下》："朕：我也。"郭璞注："古者貴賤皆自稱朕。"如屈原《離騷》："朕皇考曰伯庸。"秦始皇時期開始"朕"專用作皇帝的自稱。《爾雅·釋詁下》："朕：我也。"邢昺疏："秦始皇二十六年定位至尊之稱，漢因不改，以迄於今。"《史記·秦始皇本紀》："臣等昧死上尊號，王爲'泰皇'，命爲'制'，令爲'詔'，天子自稱曰'朕'。"漢承秦制，後來的各個朝代的天子自稱時都用'朕'。隨着封建皇權體制的瓦解，"皇帝"這一統治者形象消失，"朕"這一皇帝自稱語也隨之消失。

新詞的產生。新事物的出現是新詞產生的主要原因。以漢代爲例，漢武帝時張騫出使西域開闢了絲綢之路，隨着中西文化交流的加深，隨着新事物流入中國，漢語中出現了一些音譯外來詞語，如：

葡萄：來自大宛語 badaga 的音譯。文獻中又寫作"蒲陶""蒲桃""葡陶""葡桃"，果樹及其果實同名。《史記·大宛列傳》："其俗土著，耕田，田稻麥，有蒲陶酒。"《漢書·西域傳上》："漢使采蒲陶、目宿種歸。"

苜蓿：古大宛語 buksuk 的音譯，文獻中也寫作"目宿""牧蓿""木粟"，漢代常見的牧草。《史記·大宛列傳》："（大宛）俗嗜酒，馬嗜苜蓿。漢使取其實來，於是天子始種苜蓿、蒲陶肥饒地。"

石榴：古大宛語 arsak 的音譯，是"安石榴"的簡稱，也作"石留""若榴""若留"，果樹及其果實名。漢張衡《南都賦》："楈椰若留，穰橙鄧橘。"西晉張華《博物志》："張騫使西域，得塗林安石國榴種以歸。""安石"爲西域古國名，或即安息國。賈思勰《齊民要術》引陸機《與弟雲書》："張騫爲漢使外國十八年，得塗林。塗林，安石榴也。"

屠耆：匈奴語譯音，義譯爲賢。《史記·匈奴列傳》："匈奴謂賢曰'屠耆'，故常以太子爲左屠耆王。"

漢魏六朝時期佛教發展迅速，六朝後佛教詞語：袈裟（法衣）、比丘（和尚）、比丘尼（尼姑）、浮屠（塔、佛）、和尚等進入漢語詞彙中豐富了漢語詞彙。各個時代都有新事物產生，新詞語也應運而生。

詞義的演變。詞彙的發展，不僅表現在詞數量的增加或減少上，還表現在詞義的演變上。詞義的演變主要包括：義項增加、義項減少、義項改變三類。

1. 義項增加

一個詞產生了新義，而該詞原有的意義並未消亡。例如：

輸：上古有"輸送、轉運"和"繳納、獻納"義，如《左傳·僖三十年》："秦於是乎輸粟於晉。"《鹽鐵論·本議》："往者郡國諸侯各以其方物貢輸。"中古以後產生"失敗"義，如杜光庭《虬髯客傳》："此局全輸矣。"白居易《放言》："不信君看弈棋者，輸贏須待局終頭。"

快：上古表"喜悅、快樂"義，或"舒暢、暢快"義，如《戰國策·秦策》："文信侯去而不快。"宋玉《風賦》："快哉，此風！"中古產生了"快速""鋒利"等新的義項，如《世說新語·汰侈》："彭城王有快牛，至愛惜之。"此"快"指速度快；《齊民要術·雜說》："調習器械，務令快利。"此"快"指鋒利。

2. 義項減少

一個詞原來有幾個意義，其中一個或幾個意義在歷史的發展中消失了。例如：

墳：古指水邊高地、土堆義、堤岸。《爾雅·釋丘》："墳，大防。"郭璞注："謂堤。"《方言》："墳，地大也，青幽之間，凡土而高且大者謂之墳。"《九章·哀郢》："登大墳以遠望兮。"王夫之指出："墳，堤岸也。"又有"大"義，《爾雅·釋詁上》："墳，大也。墳倉，大倉也。"如《韓非子》："縱禁財，發墳倉。""墳"還有"典籍"義，如《後漢書·郭太傳》："三年業畢，博通墳籍。""墳墓"義，《說文·土部》："墳，墓也。"段玉裁注："此渾言之也。析言之則墓爲平處，墳爲高處。"杜甫《別房太尉墓》："駐馬別孤墳。"此處的"墳"指墳墓義，現代漢語中"墳"祇有"墳墓"這個義項。

3. 義項改變

專指一個詞的某個意義發生了質變。例如：

去：上古是"離開"義。《說文·去部》："去，人相違也。"段玉裁注："違，離也。"如"孟子去齊"，意爲：孟子離開齊國。而現代漢語中"去"是到達義，如："去上海"是到達上海。

勸：上古是"鼓勵""勉勵"之義。《說文·力部》："勸，勉也。"段玉裁注："勉之而悅從，亦曰勸。"《廣韻·願韻》："勸，獎勵也。"《荀子》的"勸學篇"中的"勸學"即指鼓勵人學習。而現代漢語中主要是"勸阻"之義。

二、古今詞義的異同

古今詞義的差別是閱讀古代文獻的主要障礙，因此，學習古代漢語時必須注意古今詞義的異同。古今詞義的異同包含以下三種情況。

（一）古今詞義基本未變

漢語中有一部分基本詞彙從產生至今，其意義基本沒有變化，這類詞數量不多。這類詞的存在是語言穩固性與繼承性的重要表現，同時也是我們能讀懂古文的重要基礎。這類基本詞彙如：

名詞：天、地、草、木、山、川、人、手、刀、馬、牛、羊……
動詞：出、入、起、坐、笑、罵、學、問、變、牧……
形容詞：大、小、長、短、輕、重、方、圓、白、黑……
數詞：一、二、三、四……

這些單音節詞從古至今指稱的對象基本未變，其意義也一直沿用至今。此外，還有一些雙音節的聯綿詞古今詞義也基本未變，如：踴躍、參差、窈窕、蟋蟀、鳳凰等。

（二）古今詞義完全不同

漢語中有些詞古今意義毫無關係或者差別很大，這類詞在漢語詞彙中也比較少。如：

綢：古代爲"纏扎""束縛"之義。《說文·糸部》："綢，繆也。"段玉裁注："綢繆二義皆與繆同也，今人綢繆字不分用。"《詩經》"綢繆束薪"中的"綢繆"即纏扎之義。現代漢語"綢"爲綢緞，絲織品總稱。而今"未雨綢繆"中的"綢繆"已無原意。

購：上古時期作"獎賞"義，《睡虎地秦墓竹簡·法律問答》："甲告乙賊傷人，問乙賊殺人，非傷毆，甲當購，購幾可？當購二兩。"其中的"購"即獎賞，賞賜。古漢語中還常用作"懸賞徵求"之義，《說文·貝部》："購，以財有所求也。"段玉裁注："懸重價以求得其物也。"《史記·項羽本紀》："吾聞漢購我頭千金。"這些重金賞購的對象都並非商品。而現代漢語中的"購"基本用來指稱購買商品。古今詞義不同。

(三) 古今詞義微殊

古今詞義微殊指古今詞義有相同的一面，也有不同的一面。這類詞的古今義之間既有聯繫，又有區別。這類詞數量多，詞義差別不大，容易產生誤解。因此，這類詞是我們學習的難點，也是重點。

病：古指重病，《說文·疒部》："病，疾加也。"《玉篇·疒部》："病，疾甚也。"古代重者曰病，輕者曰疾。現代漢語中"病"指生病，不論輕重。

走：古"跑"曰走。《釋名·釋姿容》："徐行曰步，疾行曰趨，疾趨曰走。"現代漢語中"走"即行走，已無"跑"之義。

窮：先秦時期"窮"多指不得志，《論語·衛靈公》："君子亦有窮乎？"《後漢書·馬援傳》："丈夫爲志，窮當益堅，老當益壯。"現代漢語中"窮"多指經濟、生活的上的窮困。

嚴重：古指地位高、威勢重的人。《管子·重令》："故禁不勝於親貴，罰不行於便辟，法禁不誅於嚴重。"還有"敬重"之義，《史記·游俠列傳》："諸公以故嚴重之，爭爲用。"現代漢語中"嚴重"主要指形勢危急。

感激：古指"感奮激發"。劉向《說苑·修文》："感激憔悴之音作而民思憂。"現代漢語中"感激"是感謝之義。

三、古今詞義的發展變化

詞義的發展演變表現爲詞義的擴大、詞義的縮小、詞義的轉移和詞義色彩的變化。瞭解詞義演變的方式，對於把握古今詞義的差異很有必要。

(一) 詞義擴大

詞義擴大，指詞義由古義發展到今義，反映客觀事物的範圍由小到大，由個別到一般，由部分到整體。也即今義大於古義，古義包含在今義之中。如：

好：古義指女子貌美。《説文・女部》："好，美也。"段玉裁注："好，本謂女子，引申爲凡美之稱。"《方言》："自關而西，秦晉之間，凡美色或謂之好。"如《戰國策・趙策》："鬼侯有子而好，故入之於紂。"後來"好"用以泛指一切事物的美好。

響：本指"回聲"，《説文・音部》："響，聲也"。《玉篇・音部》："響，應聲也。"《説苑・君道》："故天之應人，如影之隨形，響之效聲者。"後來"響"用來泛指一切聲音。

睡：古指坐着打瞌睡。《説文・目部》："睡，坐寐也。"《史記・商君列傳》："孝公既見衛鞅，語事良久，孝公時時睡，弗聽。"《廣韻・真韻》："睡，眠眠。"《字彙・目部》："睡，今睡眠通稱。"後來詞義擴大到泛指任何睡眠方式，即睡眠的通稱。

匠：《説文》："匠，木工也。"本指木匠。《廣韻・漾韻》："匠，工匠。"《説文解字注》："匠，以木工之稱，引申爲凡工之稱也。""匠"字由專指木工、木匠，擴大到泛指一切工匠。

醒：《説文》："醒，醉解也。"《廣韻・青韻》："醒，酒醒。"專指酒醒。後來擴大爲酒醒、睡醒、醒悟等意義。

皮：《説文》："皮，剝取獸革者謂之皮。"《左傳・僖公十四年》："皮之不存，毛將安傅?"《篇海・類編・身體類・皮部》："皮，肌膚表也。"後來，"皮"泛指所有動植物的表皮。

詞義擴大的詞比較多，"頸"本指前頸部，後泛指整個頸部。"臉"本指面頰，指女子擦脂粉的部分，後擴大指整個面部。"匠"古專指木匠，後泛指一切工匠。"江"和"河"先秦時是專有名詞，專指長江、黄河。後來"河"泛指北方水系的河流，"江"泛指南方水系的河流；再後來，"江""河"混稱。黑龍江舊名"完水、室建河"，宋以後改稱黑龍江。

(二) 詞義縮小

詞義縮小，指詞義由古義發展到今義過程中反映客觀事物的範圍由大到小，由一般到個別，由整體到部分。也即今義小於古義，今義包含在古義之中。如：

丈夫：古指成年男子。《説文》："人長八尺故曰丈夫。"《穀梁傳・文公十二年》："男子二十而冠……冠而列丈夫。"可見成年男子稱丈夫。《戰國策・趙策》："太后曰：'丈夫亦愛憐其少子乎?'"觸龍是大臣。也指"男子"，不論年齡，甚至剛生下的男孩子也可稱"丈夫"。《國語・越語》："生丈夫，二壺酒，一犬；生女子，二壺酒，一豚。"後來用來專指配偶中的男方。

臭：本指各種氣味的總稱。《玉篇・犬部》："臭，香臭揔稱也。"如要表示難聞的味道,可加"惡"字,如《禮記·大學》:"如惡惡臭。"後來詞義縮小,專指難聞的氣味。

宮:《說文》:"宮,室也。"《爾雅·釋宮》:"宮謂之室,室謂之宮。"宮,本是房屋的通稱。《戰國策·秦策》:"父母聞之,清宮除道。"《經典釋文·爾雅音義》:"宮,古者貴賤同稱宮,秦漢以來惟王者所居稱宮焉。""宮",先秦泛指居處、房屋;秦始皇之後祇有帝王的殿堂、居室纔叫"宮"。

(三) 詞義轉移

詞義轉移,指詞義由古義發展到今義,反映的物件從某一事類轉移到另一事類,兩事類間雖有聯繫,但彼此之間無類屬關係。這種互不相屬的詞義變化現象稱爲詞義轉移。凡不屬詞義擴大或縮小的均可看作詞義轉移。如:

聞:《說文·門部》:"聞,知聞也。"于省吾《殷契駢枝續編》:"(甲骨文)本象人之跪坐以手掩面傾耳以聽外警之形。"本義是用耳以聽,表示聽見,如《禮記·大學》:"心不在焉,視而不見,聽而不聞。"後來轉用指稱用鼻子嗅,如《韓非子·十過》:"共王駕而自往,入其幄中,聞酒臭而還。"現代漢語中"聞"祇用作"嗅"義。

葷:《說文》:"葷,臭菜。"主要指葱蒜等辛辣味的蔬菜。《爾雅·釋草》:"葱,有冬葱、漢葱、胡葱、茖葱……古者此等通名葷菜。"《禮記·士相見禮》:"夜侍坐,問夜,膳葷,請退可也。"鄭玄注:"葷,辛物,葱薤之屬,食之以止臥。"後來"葷"用以指稱肉食,如《儒林外史》:"他又不吃大葷,頭一日要鴨子,第二日要魚。"現代漢語中"葷"指肉食。

洟:本指眼淚。《說文·水部》:"洟,泣也。"《詩經·陳風·澤陂》:"寤寐無爲,涕泗滂沱。"毛傳:"自目曰涕,自鼻曰泗。"漢代以後,"洟"開始指稱鼻涕。如漢代王褒《僮約》:"詞窮咋索,仡仡叩頭,兩手自搏,目淚落下,鼻涕長一尺。"現代漢語中"涕"祇有鼻涕義。

湯:本指熱水,開水。《說文·水部》:"湯,熱水也。"《論語·季氏》:"見善如不及,見不善如探湯。"劉寶楠《正義》:"探湯者,以手探熱。"如《楚辭·九歌·雲中君》:"浴蘭湯兮沐芳,華采衣兮若英。"也用來指菜湯、米湯等,如《孟子·告子上》:"冬日則飲湯,夏日則飲水。"現代漢語中"湯"祇有菜湯義。

獄:本指訴訟。《說文·㹜部》:"獄,确也。"朱駿聲《說文通訓定聲》:"獄,訟也。"如《左傳·莊公十年》:"小大之獄,雖不能察,必以情。"後來用來指監獄,如《釋名·釋宮室》:"獄,又謂之牢,言所在堅牢也。又謂之囹圄。"如《史記·樂毅列傳》:"民志不入,獄囚自出。"

詞義轉移後有的詞的古義和今義之間輕重有別。如:"誅"本義是譴責、責備。《論語·公冶長》:"于予與何誅?"今義爲"殺戮",《史記·廉藺列傳》:"臣知欺大王之罪當誅。"由意義輕而重。"處分"本指處置、安排,如《孔雀東南飛》:"處分適兄意,那得自任專?"今義指"處罰、懲罰"。意義也是由輕而重。"怨"本指"怨恨",如《漢書·朱買臣傳》:"買臣深怨,常欲死之。"今義爲"埋怨"。詞義由重而輕。

四、詞義色彩的變化

漢語中有些詞古今詞義的不同還表現在古今詞義感情色彩上的差異,主要是褒貶色彩的變化。

爪牙:古義指武將、親信、得力助手,褒義詞。如:《國語·越語》:"然謀臣與爪牙之士,不可不養而擇也。"《漢書·李廣傳》:"將軍者,國之爪牙也。"後來多用作指稱壞人的幫兇,變成了貶義詞。

媚:本指喜愛,褒義詞。《詩經·大雅·下武》:"媚兹一人。"鄭箋:"媚,愛。"後來引申爲巴結、逢迎,變成了貶義詞。

謗:本指議論過失,中性詞。《國語·周語上》:"厲王虐,國人謗王。"後來指誹謗,成貶義詞。

賄:本指財物,中性詞。《詩經·衛風·氓》:"以爾車來,以我賄遷。"後來指賄賂,受賄,成貶義詞。

祥:本指吉凶的徵兆,中性詞。《左傳·僖公十六年》:"是何祥也,吉凶安在?"後來指好的徵兆,吉祥,褒義詞。

乖:本指悖謬、不協調,帶貶義。《左傳·昭公三十年》:"楚執政衆而乖。"後指稱乖巧,成褒義詞。

五、辨析古今詞義異同時應注意的問題

1. 注意詞語間的對應關係

詞語有同義關係和反義關係,從同義和反義方面加以比較,可清楚地看到古今詞義的異同。"窮",現代漢語中與"富"是一對反義詞,而古代"富"與"貧"是一對反義詞。《論語·學而》:"貧而樂,富而好禮。""窮"古義指困窘、不得志,沒有出路,它與"達"是一對反義詞。《孟子·盡心上》:"窮則獨善其身,達則兼善天下。"對比使得"窮"的古義更加明確。

2. 注意語素、成語、方言中保留的古義

有些詞的古義雖然在今天並不單獨使用,但作爲現代漢語中的語素,它還保留了古義。"謝"的"道歉"義,在"謝罪""謝過"中仍然保留。"去世""去職"中保留了"去"的古義。成語中保留了許多古義,如"金城湯池",金,指金屬;城,城牆;湯,開水;池,護城河。意爲:像金屬鑄造的城牆,像開水翻滾的護城河,形容城防堅固嚴密,不易攻破。方言中保留古義,如"秀",《說文》:"秀,禾實也。"本義指穀物吐穗開花。今東北農村俗諺"六月六,看穀秀"保留此義。

3. 詞義的古與今具有時代性

今義的產生或早或晚,有的詞秦漢時就有了今義,有的是魏晉六朝或唐宋以後纔有的。所謂今義是與古義不同的意義,沒有一個具體的時間限定。今義產生後,古義和今義在一段時間内是並存的,特别是仿古作品中,古義停留的時間更長。如"涕"漢以後由"眼淚"義變爲"鼻涕"義,但唐代仍有沿用"眼淚"之意的情況。如陳子昂《登幽州臺歌》:"獨愴然而涕下。"

第二節　詞的本義與引申義

漢語中絶大多數的詞爲多義詞,即這個詞一般具有兩個或兩個以上的意義。詞義引申是産生多義詞的主要原因,在衆多的詞義中有一個是本義,其他的則是引申義。正確理解詞的本義與引申義的關係,掌握詞義引申的規律,是古代漢語學習的重要内容之一。

一、詞的本義

詞的本義指詞本來的意義,即詞在文獻語言所使用的幾個意義中作爲引申派生起點的那個意義。值得注意的是詞的本義不等於詞的原始意義。詞被記録下來是文字産生之後的事,漢字未産生之前,很多詞已經存在,這些詞的原始意義我們無從考證。我們所說的詞的本義實際上是指有語言文字材料證明的最早的那個詞義,因此,詞的本義需要有文字可考,同時要有文獻資料證實。詞的本義和引申義都是針對多義詞而言的。詞的本義是我們瞭解詞的意義系統的關鍵,不知道本義,詞義系統的脈絡就難以把握。掌握了詞的本義就可以將衆多的詞義條理清晰地聯繫起來,以瞭解詞義系統的全局。

那麽,如何探求詞的本義呢?

第一,分析字形,以形索義。字是記録詞的,詞的外在表現就是字形。漢字是表意文字,據義構形是其最主要的造字方法。尤其是早期的古文字形體爲探求詞的本義提供了有力條件。以形索義也主要是針對古漢字形體而言的,特别是甲骨文、金文、小篆等古文字。許慎的《説文解字》就是從分析小篆字形入手力求解釋詞的本義。

分析字形一般以傳統的"六書"爲主,象形字、指事字、會意字通過其字形分析,我們比較容易領悟其造字意圖,它所記録的那個詞的本義也容易理解。而形聲字的形符衹能記録詞的意義類屬,它所記録的詞的本義不能直接通過字形顯示出來。

象形字以名詞爲主,字的本義和詞的本義通常是一致的,最能反映出字和詞的本義,如:

行:甲骨文作𠔊,象十字路口之形,本義指道路。

齒：甲骨文作🔲，象口齒之形，本義指牙齒。
眉：甲骨文作🔲，象目上毛之形，本義指眉毛。

指事字的表意沒有象形字直觀，要稍加分析，纔能瞭解本義，如：

本：金文作🔲，在"木"字的下部加指事符號"點"以指示樹根，本義指樹根。
末：金文作🔲，在"木"字的上部加指事符號"短橫"以指示樹梢，本義指樹梢。
朱：甲骨文作🔲，在"木"字的中間加指事符號"短橫"以指示樹幹，其本義指樹幹。

會意字是合體字，其本義是通過各字符意義的組合來體現的。如：

步：甲骨文作🔲，以兩腳一前一後會行走之意，本義指行走。
降：甲骨文作🔲，以兩腳從高處向下走會高處走下來之意，本義指從高處向下走。
陟：甲骨文作🔲，以兩腳向上走會登之意，本義指登高或升高。

形聲字從字形結構上看，包含聲符和形符兩部分。形符表意，但衹表示意義類屬，這不能完全等於該字的的本義。如"𨸏"字，又寫作"阜"，甲骨文作🔲，《爾雅·釋地》："大陸曰阜。"《釋名·釋山》："土山曰阜。"在形聲字中一般位於形聲字的左邊，隸變作"阝"，表示與山、高地有關的意義，如：

陽：甲骨文作🔲，從𨸏，易聲，本義指山的南面或水的北面。
陰：金文作🔲，從𨸏，侌聲，本義指山的北面或水的南面。
隊：甲骨文作🔲，從𨸏，㒸聲，本義指從高處墜落。

另外，要特別注意的是字的本義與詞的本義是有區別的。如：

要：金文作🔲，象兩手叉腰之形，字的本義指人體的腰，詞義也指人的腰。字的本義和詞的本義是一致的。
牧：甲骨文作🔲，字形是人以手持物牧牛，其異體字形也有牧羊的情況。古書中"牧"的對象也不衹是牛，如《漢書·蘇武傳》："杖漢節牧羊。"因此，"牧"這個詞的本義指牧牲畜，它與"牧"字的本義不完全一致。
其：甲骨文作🔲，字形象簸箕之形，字的本義和詞的本義均指簸箕。但是"其"從甲骨文開始就常被假借作代詞，用來指"他"或者"他的"之義，是本無其字，而且後來也沒有重新造個字來指稱這個詞義，實際上"其"在先秦時期就代表兩個詞,一是作名詞的簸箕,這時字的本義和詞的本義是一致的;另一個是作代詞,這時字的本義和詞的本義是完全不同的。

可見,字的本義和詞的本義相同的時候,也有不完全一致的時候。如果一個字是爲詞的引申義而造時,那這個字的本義就不是詞的本義。另外,如果一個字被假借成其他詞時,那這個詞與它所假借字所代表的本義也是不同的。

第二,根據文獻,考查辭例。以形索義衹是基礎,此外還必須在相應的文獻中找到該詞的辭例,以驗證以形索義是否正確。查閱古書注解和字典辭書是推斷本義簡便可行的辦法。若從形體上或字典辭書中都難以準確去把握一些詞的本義時,我們可以利用古書中的普遍用法去歸納其本義。

圖,古代漢語中主要義項有:(1) 謀劃,考慮。《詩經·大雅·崧高》:"我圖爾居,莫如南土。"(2) 謀取,貪圖。《戰國策·秦策》:"韓、魏從,而天下可圖也。"(3) 料想,猜測。《論語·述而》:"不圖爲樂之至於斯也。"(4) 圖畫。《莊子·田子方》:"宋元君將畫圖,衆史皆至,受揖而立。"(5) 版圖,地圖。《周禮·地官·職方氏》:"職方氏掌天下之圖,以掌天下之地。"在這幾個常見義項中"謀劃,考慮"義在春秋時期就已經產生,應該是"圖"的本義,引申爲"謀取""料想";同時"謀劃,考慮"又引申出"圖畫""版圖"等義項。

信,古代漢語中的主要義項有:(1) 誠實,不欺。《詩經·衛風·氓》:"信誓旦旦。"(2) 言語真實。《墨子·修身》:"言不信者行不果。"(3) 相信,信任。《論語·公冶長》:"始吾於人也,聽其言而信其行。"(4) 符契,憑證。《墨子·號令》:"大將使人行守,操信符。信不合及號不相應者,伯長以上輒止之。"(5) 使者,信使。《史記·韓世家》:"發信臣,多其車,重其幣。"(6) 信息,消息。晉王徽之《書》:"得信,承嫂疾不減,憂灼寧可復言。"(7) 書信。梁元帝蕭繹《玄覽賦》:"報蕩子之長信,送仙人之短書。"在這幾個義項中"誠實,不欺"在西周春秋時已產生,"言語真實"大約在東周春秋末期至戰國初期產生,因此,"誠實,不欺"是"信"的本義。由"誠實,不欺"並列引申出"言語真實""相信,信任""符契,憑證"三個義項。再由"符契,憑證"引申出"使者,信使"義,"使者,信使"又引申出"信息,消息"義,"信息,消息"又引申出"書信"義。

二、詞的引申義

詞的引申義,指由本義派生出來意義,"引申"就是發展、延伸的意思。根據引申義與本義的關係,引申可以分爲兩類:一類是直接引申,與本義關係近;另一類是間接引申,與本義關係較遠。如"朝"的本義是"早晨",由"早晨"引申爲"朝見",是直接引申;又由"朝見"引申爲"朝廷""朝代",是間接引申。

詞義的引申方式,根據其引申的軌跡可以分爲:遞進式引申、輻射式引申、綜合式引申。

1. 遞進式引申

以本義爲起點,綫性序列遞進派生出幾個意義的引申方式。即甲義引申出乙義,乙義又引申出丙義等環環相扣式的引申。如:

防:本義爲堤壩。《周禮·地官》:"以防止水。"主要的引申義:堵塞水,防止水患。《國語·周語》:"防民之口,甚於防川。"泛指堵塞、禁阻、防備、防止。《左傳·襄公三十一年》:"吾聞忠善以損怨,不聞作威以防怨。"由禁阻、防止意引申爲約束。《鹽鐵論·本義》:"以禮儀防民。"由約束引申爲規範、標準。《後漢書·桓譚傳》:"君子行有防表。"引申方式圖示如下:

堤壩→堵塞、禁阻→約束→規範、標準

兵:本義指兵器。引申爲"執兵器的士兵"。《左傳·隱公四年》:"諸侯之師,敗鄭徒兵。""徒兵"指步兵、士兵,由士兵引申出"軍隊",《戰國策·西周策》:"進兵而攻周。"由"軍隊"引申出"戰爭",《孫子·兵篇》:"兵者,國之大事,死生之地,存亡之道,不可不察也。"其引申方式圖示如下:

兵器、武器→士兵→軍隊→戰爭

2. 輻射式引申

以本義爲中心,向不同的方向直接而並列引申幾個直接引申義的引申方式,又稱"並列式引申",呈輻射狀引申發展。體現出詞義引申的多向性。

節:本義指竹節。並由"竹節"輻射式引申出如下義項:

(1) 用於樹木,則指木節。《易·序卦》:"其於木也,爲堅多節。"

(2) 用於動物骨骼銜接處,則指關節。《莊子·養生主》:"彼節者有間,而刀刃者無厚。"

(3) 用於時日,則爲節氣。《史記·太史公自序》:"夫陰陽四時、八位、十二度、二十四節各有教令。"

(4) 用於音樂、詩歌,則爲節奏、節拍。《楚辭·九歌·東君》:"應律兮合節,靈之來兮蔽日。"

(5) 用於社會政治,則爲法度。《禮記·中庸》:"喜怒哀樂……發而皆中節,謂之和。"

(6) 用於交往,則爲禮節。《論語·微子》:"長幼之節,不可廢也。"

(7) 用於道德,則爲節操、操守。《左傳·成公十五年》:"聖達節,次守節,下失節。"

(8) 用於動作開支,則爲節制、減省。《荀子·天論》:"彊本而節用,則天不能貧。"

上述諸義項的引申方式圖示如下:

```
        木節
   關節      節拍
 法度   竹節   節氣
   禮節      節制
        節操
```

3. 綜合式引申

大部分詞的引申並非單一的方式，常常兼有遞進式和輻射式，彼此交錯。一個詞的若干個引申義中有一部分是直接從本義派生出來的，另一部分則是從其他引申義再派生出來的，多種引申軌跡的交叉即綜合式引申。

朝：本義是早晨，古時君臣在早晨會見，從而引申出朝見義；朝見時君臣彼此朝向對方，從而引申出朝向義；朝見的地方叫朝廷，又是朝的一個引申義。朝見時，群臣必須下拜。又從朝廷引申出王朝義，由王朝引申出朝代義。朝的這些引申義產生的方式，由早晨、朝見、朝廷、王朝、朝代組成連環引申，而朝見又分別引申出朝廷、朝拜、朝向等義，則是並列式引申。圖示如：

```
                  朝拜
                 ↗
    早晨→朝見→朝廷→王朝→朝代
                 ↘
                  朝向
```

那麼，詞義引申的規律是什麼呢？詞義引申的基本規律是從個別到一般，從具體到抽象。

第一，個別到一般的引申，如：

雌雄：本義指鳥類的性別。《詩經·小雅·正月》："誰知烏之雌雄！"引申指所有動物的性別。

河：本義專指黄河。《詩經·周南·關雎》："關關雎鳩，在河之洲。"引申爲泛指河流。

好：本義指女子貌美。《戰國策·趙策》："鬼侯有子而好。"引申爲所有美好的事和物。

達：本義指道路通暢。《爾雅·釋宫》："一達謂之道。"引申爲一般的暢通。

第二，從具體到抽象。如：

果：本指植物的果實。《韓非子·五蠹》："民食果蓏蚌蛤，腥臊惡臭而傷害腹胃,民多疾病。"後來引申爲行動的結果。

理:本指對玉石進行加工。《韓非子·和氏》:"使玉人理其璞。"後來引申爲道理。

絶:本義是把絲弄斷。《史記·滑稽列傳》:"淳于髡仰天大笑,冠纓索絶。"後來引申爲斷絶。

被:本義指被子。《楚辭·招魂》:"翡翠珠被。"引申爲覆蓋。《楚辭·招魂》:"皋蘭被徑。"之後又引申爲介詞,表示被動。"被"字的引申義由具體到抽象,詞義由實到虛。

三、引申義與本義之間關係

任何一個多義詞其本義和引申義之間都或多或少存在着聯繫,這些聯繫可以概括爲:相似性聯繫、相因性聯繫、相關性聯繫三種。

1. 相似性

本義和引申義指稱的對象具有相似性。如:"斗",本義指酌酒器,因形貌性狀相似而引申爲斗星。如《詩·小雅·大東》:"維北有斗,不可以挹酒漿。""關",本指門閂,由於功能作用相似而引申爲關卡。如《史記·孟嘗君列傳》:"孟嘗君至關,關法雞鳴而出客。"

2. 相因性

指引申義和本義之間具有因果、條件等邏輯關係,通過推導實現引申。"虛"本義爲大丘,大則空曠,因此引申爲空虛的意思。"危"本義爲陡峭、高峻,陡而高則易傾倒,因此引申爲不穩定,再引申爲危急、危險。

3. 相關性

指引申義和本義所指稱的對象或所表達的概念相互關聯,彼此牽涉。"齒"本指門牙或牙齒,牙齒的生長情況標志着幼少壯老,由此引申爲年齡。

"年"本指稻穀成熟,有收成。收穫標志着農業生產的一個周期,古代每年祇收穫一次或一季,由此"年"引申爲時間單位"年"。

第三節　古代漢語中的同源詞與同義詞

一、同源詞

什麼是同源詞？王力先生指出:"聲音相近而意義又相似的詞往往是同源詞。"蔣紹愚先生指出:"同源詞是同一語源的詞,這些詞的讀音相同或相近,詞義相同或相關。"因此,所謂同源詞就是指語言中兩個或兩個以上讀音相同或相近,意義也相同、相近或相關,具有同一語義來源呈族聚狀態的一組詞,又被稱爲"同族詞"。一組同源詞的構成必須滿足三個條件:一是上古讀音相同或相通;二是有一個或幾個意義相同或相關;三是語義同出一源。如:

1. 異形同源詞,即字形上沒有聯繫的一組同源詞

(1) 分、半、片、判、泮、叛、班、別、辨、彬:

分:《說文》:"別也。"《禮記·月令》鄭玄注:"分,猶半也。"
半:《說文》:"物中分也。"
片:《說文》:"判木也,从半木。"《廣韻》:"片,半也,判也,析木也。"《說文》:"判,分也。"《公羊傳·定公八年》何休注:"判,半也。"
泮:《詩·魯頌·泮水》:"思樂泮水。"《釋文》:"泮,半也。"《玉篇》:"泮,散也,破也。"
叛:《說文》:"半反也。"
班:《說文》:"分瑞玉也。"
別:《說文》作"剐",曰"分解也"。
辨:《左傳·昭公元年》杜預注:"辨,別也。"
彬:《論語·雍也》:"文質彬彬,然後君子。"包咸注:"彬彬,文質相半之貌。"

詞義上,這組詞都有"分"義。語音上,這組詞的上古韻部相同或相近:"分、彬"是文部字,"半、片、判、泮、叛、班、辨"是元部字,"別"是月部字,文、元部"旁轉",元、月部"對轉";上古聲母也相近:"分、半、班、彬"爲幫母字,"片、判、泮"爲滂母字,"叛、別、辨"爲並母字,幫、滂、並母爲"旁紐",這組同源詞字形不同,但並不妨礙它們成爲同源詞。同源詞的研究正是要擺脫字形的束縛,從語音和語義兩方面探求一組詞在語源上的聯繫。

(2) 逆、迎:

逆:《說文》:"逆,迎也。"《尚書·顧命》:"逆子釗於南門之外。"
迎:《說文》:"迎,逢也。"又引申出迎接義,《方言》:"逢、逆。迎也。"《儀禮·士昏禮》:"主人如賓服迎于門外。"

詞義上:"逆"與"迎"均有迎接義。語音上:"逆"是疑母鐸部,"迎"是疑母陽部,聲母相同,韻部陽入對轉,讀音相近。這組詞字形完全不同。

(3) 句、鉤、笱、痀、胊、鞠、曲、踘:

句:《說文》:"句,曲也。"本義指彎曲。《禮記·月令》:"句者畢出,萌者盡達。"鄭玄注:"句,屈生者。"
鉤:《說文》:"鉤,曲也。"又《說文》:"鉤,曲鉤也。"《莊子·外物》:"任公子

爲大鉤巨緇，五十犗以爲餌。"

笱：《説文》："笱，曲竹捕魚笱也。"《詩經·邶風·谷風》："毋逝我梁，毋發我笱。"毛傳："笱，所以捕魚也。"

痀：《説文》："笱，曲脊也。"《莊子·達生》："仲尼適楚，出於林中，見痀僂者承蜩，猶掇之也。"成玄英疏："痀僂，老人曲腰貌。"

朐：《説文》："朐，脯挺也。"引申作彎曲義，段玉裁注："朐，引申爲凡屈曲之偁。"

軥：《説文》："軥，軛下曲者。"《左傳·襄公十四年》："射兩軥而還。"杜預注："軥，車軛卷者。"

曲：《説文》："曲，象器曲受物之形。或説：曲，蠶薄也。"引申出彎曲義，《玉篇·曲部》："曲，不直也。"《晏子春秋·内篇雜上》："曲刃鉤之，直兵推之，嬰不革矣。"

跼：《廣韻·燭韻》："跼，曲也。"《後漢書·李固傳》："居非命之世，天高不敢不跼，地厚不敢不蹐。"李賢注："跼，曲也。"

詞義上，這些詞都有彎曲義。語音上："句、鉤、笱、痀"上古屬見母侯部，"朐、軥"上古屬群母侯部，"曲"上古屬溪母屋部，"跼"上古屬群母屋部，見母、溪母、群母爲相鄰聲母旁紐相通，屋部和侯部陽入對轉相通，因此這一組詞語音上相同或者相通。這組同源詞字形上表現爲："句"孳乳出"鉤、笱、痀、朐、軥"，字形上有同源關係；"曲、跼"二字字形不同源，且與前面的"句"分化出的字也不同源。

2. 孳乳同源詞組

在形聲字中，同一聲符和不同形符組合成的一組字稱爲孳乳字。在這些孳乳字記録的詞中有一部分讀音相同或相近，意義相同或相近的構成一組同源詞。如：

(1) 高、喬、僑、橋、嶠、鬺、驕、撟、蹻：

喬：《説文》："高而曲也。"《爾雅·釋詁》："喬，高也。"

僑：《説文》："高也。"《列子·説符》："昔有異技干寡人者。"晉代張湛注：謂先僑人。"僑人，謂踩高蹻之人。

橋：《説文》："水梁也。"橋高於水面。

嶠：《爾雅·釋山》："山鋭而高曰嶠。"

鬺：《説文》："似鼎而長足。"長即"高"之義。

驕：《説文》："馬高六尺曰驕。"《論語·學而》："富而無驕。"驕爲"高傲"義。

撟：有"高舉"義，《辭源》釋"撟首"爲"舉頭"。

撟：《説文》："舉手也。"

蹻：有"舉""擡"義。《辭源》釋"蹻足"爲"翹足"。

詞義上看：這些詞都有"高"義。語音上看：這組詞在上古均屬宵部；其聲母分別爲："高、驕、撟、橋"爲見母字，"喬、僑、橋、嶠、鬺"爲群母字，"蹻"爲溪母字，見、溪、群母爲旁紐。這組同源詞聲符俱同,均爲"喬"。宋代王聖美"右文說"認爲"凡字,其類在左,其義在右"。但王聖美認爲形聲字聲旁都表義,有些學者進而認爲同聲符的形聲字(或音同音近的字)都同義。"獢、繑"也是形聲字,均從"喬"得聲,但均無"高"義。

(2) 小、少、肖、稍、削、銷、消、梢:

　　小:《説文》:"小,物之微也。"甲骨文作〸,以三點示微小之義。《尚書·康誥》:"怨不在大,亦不在小"。
　　少:《説文》:"少,不多也。"甲骨文作〸,以四點表示不多義。段玉裁注:"不多則小,故古少、小互訓通用。"
　　肖:《方言》卷十二:"肖,小也。"有細微之義。《莊子·列禦寇》:"達生之情者傀,達於知者肖。"
　　稍:《説文》:"稍,出物有漸也。"又引申出小之義,《廣韻·效韻》:"稍,小也。"《周禮·天官·膳夫》:"凡王之稍事,設薦脯醢。"鄭玄注:"稍事……有小事而飲酒。"
　　削:《廣韻·釋詁》:"削,減也。"有減少、削弱之義。《孟子·告子下》:"魯之削也滋甚。"
　　銷:《説文》:"銷,鑠金也。"又有小之義,《莊子·則陽》:"其聲銷,其志無窮。"陸德明《釋文》:"銷,司馬彪云:'小也。'"
　　消:《説文》:"消,盡也。"又引申出削減、衰退之義,《周易·泰》:"君子道長,小人道消也。"
　　梢:《説文》:"梢,木也。"段玉裁注:"梢,枝梢也。"本義指樹梢,樹梢有樹枝逐漸變小之義。

　　這組詞意義上都有"小"或"變小"之義,語音上:"小"上古屬心母宵部,"少"上古屬書母宵部,"肖、削、梢、消、銷"上古屬心母宵部,"稍"上古屬山母宵部,韻部相同,讀音相近。孳乳同源詞的特徵是字形上也是同源關係。

(3) 臤、堅、鏗、緊、掔:

　　臤:《説文》:"臤,堅也。"朱駿聲《説文通訓定聲》:"按持之固也,與掔略同。"
　　堅:《説文》:"堅,剛也。"《吕氏春秋·誠廉》:"石可破也,而不可奪堅;丹可磨也,而不可奪赤。"
　　鏗:《説文》:"鏗,剛也。"《集韻》:"鏗,鋼鐵也。"段玉裁《説文解字注·土部》:"堅者,土之臤;緊者,絲之臤;鏗者,金之臤。"
　　緊:《説文》:"緊,纏絲急也。"由纏絲緊引申出堅固義。《管子·問》:"戈戟之緊,其厲何若。"
　　掔:《説文》:"掔,固也。"《莊子·徐無鬼》:"君將黜耆欲,掔好惡,則耳目病矣。"

這組詞都有堅固、堅硬義。語音上,它們均屬上古真部,"堅、鏗、緊"屬上古見母,"臤、掔"屬上古溪母,見母和溪母旁紐相通。

同源詞不等於同源字,二者既有區別,也有聯繫。同源字是指漢字在發展過程中孳乳分化出來的一組在字義和構形上有意義聯繫的分化字。同源詞屬於詞義範疇,強調語義同源,而同源字屬於字形系統範疇,則強調漢字形體同源。同源詞與同源字的聯繫是,語音語義上都相同或者相近的同源字實際上就是同源詞,但有的同源字不是同源詞。有區別的地方在於同源詞不一定在字形上有聯繫,有的字形完全不相關,祇有音義相同或相通也是同源詞。

二、同義詞

"一形多義"是漢語最顯著的特徵,在衆多的義項中,某兩個或幾個詞的某一個或幾個義項恰好相同,而非所有義項都相同,我們稱這種語言現象爲同義詞。同義詞包括三種類型:一是兩個或幾個詞的意義完全相同,任何情況下兩個詞都可以互換使用,即等義詞,這類詞很少,一般爲名物詞,如:"犬"和"狗"、"余"和"我"、"寡人"和"不穀"等。二是部分義項相同,可以稱爲"相對同義詞",三是部分意義相近,實際上就是近義詞。後兩種同義詞數量很多,也是古代漢語詞義辨析的重點。漢語詞義的發展具有歷史性和階段性,詞義的演變體現出"由異而同"和"由同而異"兩種主要趨勢。

1. 同義詞的類型

同義詞可以分爲:本義和本義相同的同義詞、本義和引申義相同的同義詞、引申義和引申義相同的同義詞三類。

(1) 偷、竊:

偷:本義是苟且、怠惰。《禮記·表記》:"安肆曰偷。"鄭玄注:"偷,苟且也。"又有盜竊義,《玉篇·人部》:"偷,盜也。"《淮南子·人部》:"楚有善爲偷者。"又引申出竊賊、小偷義。此外還有輕薄、取、暗中、悄悄地等義。

竊:本義是盜竊。《説文》:"竊,盜自中出曰竊。"《玉篇·穴部》:"竊,盜也。"《尚書·微子》:"今殷民乃攘竊神祇之犧牷牲。"又引申出盜賊義。此外還有剽竊、侵害、抄襲等義。

"偷"本義是怠惰,引申出盜竊意義時與"竊"的本義"盜竊"相同,且這兩個詞都有竊賊義。因此"竊"的本義與"偷"的引申義相同,是本義和引申義相同的同義詞,兩個詞的詞義的演變過程經歷了"由異而同"的變化。

(2) 徐、慢:

徐:本義是緩慢,慢慢地。《説文》:"徐,安行也。"《廣雅·魚部》:"徐,緩也。"《管子·樞言》:"衆勝寡,疾勝徐。"此外還有安閑、散開、舒展義。

慢:本義是傲慢。《説文》:"慢,不畏也。"《廣韻·諫韻》:"慢,倨也。"《史記·高祖本紀》:"陛下慢而侮人,項羽仁而愛人。"又引申出懈怠義。《説文》:"慢,惰也。"《荀子·不苟》:"君子寬而不慢。"唐楊倞注:"僈與慢同,怠惰也。"進而又引申出慢走、緩慢義,《廣韻·釋詁》:"慢,緩也。"唐白居易《琵琶行》:"輕攏慢撚抹復挑。"此外還有輕視、放肆、隨便、不牢固等義。

"徐"和"慢"本義不同,"慢"引申出"緩慢""慢走"義時與"徐"的本義"緩慢"義相同,"慢"的引申義也和"徐"的本義相同,也是本義和引申義相同的同義詞,兩詞的其他義項不同,詞義演變"由異而同"。

(3) 徒、步:

徒:本義是步行。《説文》:"徒,步行也。"《周易·賁》:"舍車而徒。"虞翻注:"徒,步行也。"此外還有黨徒、刑徒、門人、役使等義。

步:本義是步行。《説文》:"步,行也。"《尚書·武成》:"王朝步自周。"孔傳:"步,行也。"此外還有跟隨、推算、測量、步驟、步伐等意義。

"徒"和"步"本義都是步行,隨着詞義的引申發展逐漸產生了不同的義項,這組詞是本義和本義相同的同義詞,詞義演變是"由同而異"。

(4) 治、理:

治:本義是治水。《玉篇·水部》:"治,修治也。"《孟子·告子下》:"禹之治水,水之道也。"後引申出治理義,《孟子·滕文公上》:"或勞心,或勞力。勞心者治人,勞力者治於人。"

理:本義是治玉,雕琢玉石。《説文》:"理,治玉也。"《戰國策·秦策》:"鄭人謂玉未理者璞。"後引申出治理義,《廣雅·釋詁》:"理,治也。"《淮南子·時則》:"理關市,來商旅。"

"治"和"理"本義不同,均有引申義"治理",屬引申義和引申義相同的同義詞,詞義演變也是"由異而同",但相同義項有限,不同義項更多。

2. 同義詞的辨析

同義詞大量存在於古今漢語中,分清、辨析同義詞的關鍵是"識其小異"。辨析同義詞是古代漢語要掌握的重點之一。

(1) 所指事物性質不同。

柴、薪:"柴",《説文》"柴,小木散材"。"薪",《説文》"薪,蕘也"。《玉篇·

艸部》:"薪,柴也。"《禮記・月令》:"乃命四監,收秩薪柴,以供郊廟及百祀之薪燎。"鄭玄注:"大者可析謂之薪,小者合束謂之柴。"

皮、革、膚:"皮",《説文》"皮,剥取獸革者謂之皮"。"革",《説文》"革,獸皮治去其毛"。即"皮"和"革"本義都指獸皮,《儀禮》賈公彥疏:"有毛則曰皮。"《周禮》賈公彥疏:"皮去毛曰革。""膚",《玉篇・肉部》:"膚,皮也。"本義指人的表皮皮膚。《詩經・衛風・碩人》:"手如柔荑,膚如凝脂。""皮""革""膚"三個詞的區別較大,但也有例外,如將"皮"用作指人時一般是貶義,如《左傳・襄公二十一年》:"然二子者,譬於禽獸,臣食其肉而寝處其皮矣。"此處用"皮"來指稱這兩個人表達的是憎恨之情。

(2) 指稱的行爲方式不同。

商、賈:"商"的本義是估量。《廣雅・釋詁一》:"商,度也。"《周易・兌》:"商兌未寧。"陸德明《釋文》引鄭玄注:"商,隱度也。"引申出商業、生意、買賣義。"賈",《説文》"賈,賈市也"。《爾雅・釋言》:"賈,市也。"段玉裁注:"市,買賣所之也。"本義指做買賣。《韓非子・五蠹》:"長袖善舞,多錢善賈。""商"和"賈"都有做買賣的意思,"商"是泛指所有的買賣行爲,"賈"指在固定的地方設置買賣場所,即設店進行商業活動。《白虎通・商賈》:"行曰商,止曰賈。商之爲言章也,章其遠近,度其有無,通四方之物,故謂之商。"簡言之:四處行走的買賣是"商",坐店經營的買賣叫"賈"。

(3) 適用對象不同。

死、亡、卒、崩、薨:四個詞均指"死亡"義,但適用的對象不同。"死"泛指人或動植物的死亡。"亡",本義是逃亡,引申出"死亡"義。《字彙・亠部》:"亡,死也。"《公羊傳・桓公十五年》:"曷爲末言爾?祭仲亡矣。""亡"主要指人的死亡,無論貴賤均可用。"卒",《爾雅・釋詁下》"卒,死也"。"崩"專指帝王、皇后、太子之死,如《論衡・雷虚》:"案吕后之崩,未必遇雷也。""薨",指諸侯之死。《説文》:"薨,公侯卒也。"《禮記・曲禮下》:"天子死曰崩,諸侯曰薨,大夫曰卒,士曰不禄,庶人曰死。"《新唐書・百官志一・禮部》:"凡喪,三品以上稱薨,五品以上稱卒,自六品達於庶人稱死。"

琢、磨:"琢"指加工玉石。《説文》:"琢,治玉也。""磨",指磨治石器。《爾雅・釋器》:"玉謂之琢,石謂之磨。"《詩經・衛風・淇奥》:"有匪君子,如切如磋,如琢如磨。"毛傳:"治骨曰切,象曰磋,玉曰琢,石曰磨。"

(4) 詞義輕重、程度不同。

疾、病：都有生病義，但輕重程度不同。"疾"，《說文》"疾，病也"。古輕病曰"疾"。段玉裁注："析言之則病爲疾加，渾言之則疾亦病也。""病"，《說文》"病，疾加也"。《玉篇·疒部》："病，疾甚也。"古重病稱"病"。

恐、懼：都表示害怕，輕重有別。"恐"，《說文》："恐，懼也。"《爾雅·釋詁》："恐，懼也。"《素問·藏氣法時論》"善恐如人將捕之。"王冰注："恐，謂恐懼，魂不安也。""懼"，《說文》"懼，恐也。"《廣韻·遇韻》："懼，怖懼也。"《論語·子罕》："仁者不憂，勇者不懼。"邢昺疏："勇者果敢，故不恐懼。""恐"的害怕程度較重，"懼"的害怕程度稍輕。

(5) 詞義感情色彩不同。

誅、殺、弑："誅"，《廣雅·釋詁》"誅，殺也"。《孟子·梁惠王下》："聞誅一夫紂矣，未聞弑君也。""殺"，《說文》"殺，戮也"。《論語·衛靈公》："志士仁人，無求生以害仁，有殺身以成仁。""弑"，《說文》"弑，臣殺君也"。古時臣子殺死君主或子女殺死父母稱弑。《論語·憲問》："陳恆弑其君，請討之。""殺"是中性詞，表示客觀的行爲；"誅"多表示有罪被誅殺；"弑"表示以下犯上的弑殺行爲，一般帶有譴責意味。

征、伐、侵、襲：這四個詞均表示發動軍事進攻。"征"，表以上伐下的征伐，一般是指正義的征伐。《尚書·胤征》"胤征"，孔安國傳"奉辭伐罪曰征"。"伐"，表征伐義時一般也是上伐下。《孟子·告子下》："是故天子討而不伐。""侵"，多指不宣而戰的侵略他國。《左傳·僖公四年》："四年春，齊侯以諸侯之師侵蔡。""襲"，表襲擊、偷襲義。《玉篇·衣部》："襲，掩其不備也。"《左傳·隱公元年》："大叔完聚，繕甲兵，具卒乘，將襲鄭。夫人將啓之。"

(6) 詞語的語法功能不同。

古代漢語同義詞之間的區別也表現在語法功能上，如古漢語中的第二人稱代詞："爾""女""若""而""乃"，是一組同義詞，均表示"你"，但它們的用法有區別。在句子中它們的語法功能不同，"爾、女(汝)、若"可以作句子的主語、賓語、定語和兼語，"而"和"乃"一般祇能作定語。如：《左傳·齊桓公伐楚》"五侯九伯，女實征之"，"女"作主語；《左傳·宣公十五年》"我無爾詐，爾無我虞"，"爾"作主語和賓語；《史記·平原君列傳》"吾乃與而君言，汝何爲者也"，"而"作定語；《漢書·陳勝項籍傳》"必欲烹乃翁，幸分我一杯羹"，"乃"也作定語。"爾"是第二人稱的通稱形式；"汝(女)"多用作對晚輩的稱呼；"乃"是尊稱形式，提到對方先輩或對方功績多用之；"而"表親密，常用來指關係親近的人。

76

"若"作爲第二人稱使用較少。

由於同義詞詞義的概括範圍、概括對象的性質和特點、詞義的色彩和程度、詞語的語法功能的不同，在辨析同義詞時要從不同的角度、不同的側面進行分析。

詞彙學延伸閱讀

蔣紹愚:《古漢語詞彙綱要》,商務印書館,2021年。
王力:《漢語詞彙史》,中華書局,2013年。
汪維輝:《漢語詞彙史》,中西書局,2021年。
何九盈、蔣紹愚:《古漢語詞彙講話》,中華書局,2010年。
趙克勤:《古代漢語詞彙學》,商務印書館,1994年。
王力:《同源字典》,中華書局,2014年。

練習(二)

一、古今詞義在範圍上的變化主要有哪幾種？舉例說明。
二、什麼是詞的本義？因形索義應該注意哪些問題？
三、什麼是詞的引申義？它和本義的關係主要有哪幾種？
四、詞義引申的方式和規律有哪些？
五、什麼是同源詞？同源詞和同源字有什麼區別？同義詞與同源詞有什麼差別？
六、解釋下列句中加點字的意義，並說明古今詞義的變化情況。
1. 遂舉兵伐魯，去門十里以爲界。(《韓非子·五蠹》)
2. 古者丈夫不耕，草木之實足食也。(《韓非子·五蠹》)
3. 乃令張良留謝。(司馬遷《史記·項羽本紀》)
4. 秦王曰:"布衣之怒，亦免冠徒跣，以頭搶地耳。"(《戰國策·魏策》)
5. 九月叔苴。(《詩經·豳風·七月》)
6. 齊國雖褊小，吾何愛一牛？(《孟子·梁惠王上》)
7. 見善如不及，見不善如探湯。(《論語·季氏》)
8. 屬王虐，國人謗王。(《國語·周語上》)
9. 酒以成禮，不繼以淫，義也。(《左傳·莊公二十二年》)
10. 小大之獄，雖不能察，必以情。(《左傳·莊公十年》)
11. 招具該備，永嘯呼些。(屈原《楚辭·招魂》)
12. 鬼侯有子而好，故入之於紂。(《戰國策·趙策》)
13. 然後葷菜百疏以澤量。(《荀子·富國》)
14. 四體既正，膚革充盈，人之肥也。(《禮記·禮運》)
15. (冉)猛逐之，顧而無繼，僞顛。(陽)虎曰:"盡客氣也。(《左傳·定公八年》)

七、解釋下列句中加點字的意義，並説明用的是本義還是引申義。

1. 有高墻深宫。（《墨子·尚賢上》）
2. 聞道百，以爲莫己若。（《莊子·秋水》）
3. 鮑叔不以我爲不肖。（司馬遷《史記·管晏列傳》）
4. 其御之妻從門間而窺其夫。（司馬遷《史記·管晏列傳》）
5. 君子引而不發。（《孟子·盡心上》）
6. 秦晉圍鄭，鄭既知亡矣。（《左傳·僖公三十年》）
7. 太叔完聚，繕甲兵，具卒乘，將襲鄭。（《左傳·隱公元年》）
8. 子犯請擊之。公曰："不可。微夫人之力不及此。"（《左傳·僖公三十年》）
9. 卒以貨竄名軍伍中。（柳宗元《段太尉逸事狀》）
10. 彼蒼者天，曷其有極。（韓愈《祭十二郎文》）

八、運用工具書及文獻資料辨析下列同源詞組。

1. 暗、闇、窨、黔、陰、蔭、霿
2. 枯、涸、竭、渴
3. 布、敷、鋪、溥、博、普、旁、方
4. 分、班、判、別、辨、半、斑、辯、頒

第三單元　語　　法

第一節　古代漢語詞序和被動表示法

　　"詞序"也叫"語序"，即語言中詞語組合的先後次序。漢語的詞序一般不能隨意變化，古代漢語中詞在句中的次序也比較固定，其位置與現代漢語中各類詞的位置大致相同。一般而言，主語在謂語之前，動詞在賓語之前；定語、狀語在中心語前，補語在中心語之後。古今詞語的相同也體現了漢語語法結構的穩定性。不過，古漢語的詞序也有一些特殊的規律，它們是現代漢語所沒有的。這些特殊的詞序主要存在於先秦時期的上古漢語裏，以及漢代以後的一些仿古古文中。古代漢語中的這些特殊詞序也體現了語言發展的歷史變化，瞭解這些特殊現象，有助於我們的古文閱讀。

一、賓語前置

　　古今漢語在詞序上最大的不同表現爲賓語前置。一般情況下，古代漢語中賓語也是放在謂語之後的，但在特定的語法條件下，賓語也常放在動詞或介詞的前面，即賓語前置。

（一）疑問代詞作賓語前置

　　上古漢語中疑問代詞作賓語時一般前置。作賓語的疑問代詞主要有"誰、孰、何、安、奚、曷"等，其前置的條件是：必須是疑問句，並且必須是疑問代詞，二者缺一不可。如：

　　（1）吾誰欺？欺天乎？（《論語·子罕》）
　　（2）盜者孰謂？謂陽虎也。（《公羊傳·定公八年》）
　　（3）於予與何誅？（《論語·公冶長》）
　　（4）既富矣，又何加焉？（《論語·子路》）
　　（5）衛君待子而爲政，子將奚先？"（《論語·子路》）
　　（6）梁客辛垣衍安在？（《戰國策·趙策》）

　　例（1）和例（2）中"天"和"陽虎"爲普通名詞，在句中作了賓語，而"誰"和"孰"作疑問代詞在疑問句中作賓語時則分別前置於動詞"欺"和"謂"之前。這兩例中既有普通名詞作賓語的正常語序,也有疑問代詞作賓語時的前置語序。疑問代詞作賓語前置時,謂語前面如果有助動詞,前置的疑問代詞一般要放在助動詞前,也有放在助動詞後面的情況,如:

(7) 臣實不才,又誰敢怨?(《左傳·成公三年》)
(8) 二國有好,臣不與及,其誰敢德?(《左傳·成公三年》)
(9) 社稷有奉,乃吾君也。吾敢誰怨乎?(司馬遷《史記·吳太伯世家》)

疑問代詞作介詞的賓語時一般也要前置,例如:

(10) 曷爲久居此圍城之中而不去也?(《戰國策·趙策》)
(11) 何由知吾可也?(《孟子·梁惠王上》)
(12) 子歸,何以報我?(《左傳·成公三年》)
(13) 苟無歲,何以有民?苟無民,何以有君?(《戰國策·齊策》)
(14) 許子奚爲不自織?(《孟子·滕文公上》)

疑問代詞作賓語前置是上古漢語中比較嚴格的語法規律,少有例外。到漢代以後疑問句中疑問代詞作賓語時逐漸放在了謂語之後,即疑問代詞作賓語前置的形式在逐漸消亡。

(二) 否定句中代詞賓語前置

古代漢語裏否定句中的代詞作賓語時一般也放在謂語動詞前面,這種前置一般需要滿足兩個條件:一是,必須是否定句,且句中的否定詞爲"不""未""毋(無)"和表示否定的無定代詞"莫"等;二是賓語必須是代詞。例如:

(1) 居則曰:"不吾知也。"(《論語·先進》)
(2) 我無爾詐,爾無我虞。(《左傳·宣公十五年》)
(3) 自古及今,未之嘗聞。(賈誼《論積貯疏》)
(4) 然而不王者,未之有也。(《孟子·寡人之於國也》)
(5) 諫而不入,則莫之繼也。(《左傳·宣公二年》)

否定句中代詞賓語前置,要求不嚴格,可以前置,也可以不前置,這兩種情況同時存在。典型的例子如:

(6) 不我知者,謂我士也驕。(《詩經·魏風·園有桃》)
(7) 不知我者,謂我何求。(《詩經·王風·黍離》)

漢代以後，否定句中代詞置於賓語之後的情況大量出現，但一些仿古的文言文中還有前置的現象。

(三) 用代詞複指的賓語前置

除上述疑問句和否定句中代詞作賓語前置的情況外，上古漢語中一般陳述句作賓語時，也可以置於動詞前，起強調賓語的作用，但條件是必須在提前的賓語和動詞之間用代詞"是"或"之"複指賓語。如：

(1) 將虢是滅，何愛於虞？（《左傳·僖公五年》）
(2) 爾貢包茅不入，王祭不共，無以縮酒，寡人是徵；昭王南征而不復，寡人是問。（《左傳·僖公四年》）
(3) 維葉莫莫，是刈是濩。（《詩經·周南·葛覃》）
(4) 姜氏何厭之有？（《左傳·隱公元年》）
(5) 吾以子爲異之問，曾由與求之問。（《論語·鄉黨》）

例(1)"虢是滅"，其語意是"滅虢"，"是"複指"虢"強調賓語。例(2)中"寡人是徵""寡人是問"，主語是"寡人"，"是"是前置的代詞賓語，分別代指前句提及的兩件事情，語意實際上是"寡人徵是""寡人問是"，而不是"徵寡人"或"問寡人"。例(3)中"刈"和"濩"都是謂語動詞，"是"複指前句提及的"葛覃"，這裏的"是"也作了代詞賓語，故前置，語意是割它、煮它。古漢語中"是"作複指代詞時無條件前置。

例(4)"何厭"是"有"的賓語，"之"複指"何厭"，起強調作用。例(5)中"異"是第一個"問"的賓語，語意是"我以爲你問的是別人"；"由與求"是並列結構，作第二個"問"的賓語，意思是"竟然問的仲由和冉求"，"之"在其中祇起到了強調賓語的複指作用。

有時，爲了更加強調行爲對象的唯一性、排他性，便在前置賓語前面加上範圍副詞"唯"或"惟"，或同時在"之"後面再加上助動詞"爲"，構成"唯/惟＋賓語＋是/之＋動詞"句式。如：

(6) 故《周書》曰："皇天無親，惟德是輔。"（《左傳·僖公五年》）
(7) 率師以來，惟敵是求。（《左傳·宣公十二年》）
(8) 去我三十里，唯命是聽。（《左傳·宣公十五年》）
(9) 孟武伯問孝。子曰："父母唯其疾之憂。"（《論語·爲政》）
(10) 不務張其義，齊其信，唯利之求。（《荀子·王霸》）
(11) 當臣之臨河持竿，心無雜慮，唯魚之念。（《列子·湯問》）

例(6)"惟德是輔"即"惟輔德"，意爲"祇幫助有品德的人"。例(7)"惟敵是求"即"惟求敵"，意爲"祇尋求敵人"。例(8)"唯命是聽"即"唯聽命"，意爲"祇聽你的命令"。例(9)"唯其疾之憂"即"唯憂其疾"，意爲"祇憂慮他的疾病"。例(10)"唯利之求"即"唯求利",意爲"祇求利"。例(11)"唯魚之念"即"唯念魚",意爲"祇想着魚"。這類句式在現代漢語成語中還有所保留,例如"唯利是圖""唯命是從"等。

(四) 介詞"以"的賓語前置

介詞"以"的賓語,無論是名詞、代詞或其他詞都可以前置,而且没有形式標誌,例如:

(1) 吾道一以貫之。(《論語·里仁》)
(2)《詩》三百,一言以蔽之,曰:思無邪。(《論語·爲政》)
(3) 楚國方城以爲城,漢水以爲池。(《左傳·僖公四年》)
(4) 江漢以濯之,秋陽以暴之,皜皜乎不可尚已!(《孟子·滕文公上》)
(5) 敏而好學,不恥下問,是以謂之文也。(《論語·公冶長》)
(6) 仲尼之徒無道桓文之事者,是以後世無傳焉。(《孟子·梁惠王上》)
(7) 是以十九年而刀刃若新發於硎。(《莊子·養生主》)

"以"爲介詞,其賓語分别爲數詞、名詞等,均前置了。例(1)"一以貫之"即"以一貫之";例(2)"一言以蔽之"即"以一言蔽之";例(3)"方城以爲城"即"以方城爲城","漢水以爲池"即"以漢水爲池";例(4)"江漢以濯之"即"以江漢濯之","秋陽以暴之"即"以秋陽暴之"。例(5)至例(7)爲"是"+"以"的常見句式,即"以是"意義,"是"有複指代詞的功能。

二、主謂倒裝

主謂倒裝,即謂語置於主語之前,以强調、突出謂語的意義,加重謂語的語氣和感情色彩,謂語具有詢問的意義,贊歎或惋惜、斥責和不滿或祈求和命令的意義,一般不帶賓語。例如:

(1) 美哉!室。(《左傳·昭公二十六年》)
(2) 惜乎!子不遇時。(司馬遷《史記·李將軍列傳》)
(3) 久矣,夷狄之爲患也。(司馬遷《史記·匈奴列傳》)
(4) 勉哉!夫子。(司馬遷《史記·周本紀》)
(5) 甚矣!汝之不惠!(《列子·湯問》)

三、定語後置

古代漢語中定語後置就是把定語置於中心詞之後,這種後置的定語有個特殊標誌,後置的成分總是用複指代詞"者"來煞尾。例如:

(1) 計未定,求人可使報秦者,未得。(司馬遷《史記·廉頗藺相如列傳》)

"可使報秦者",構成"中心詞+定語+者"的句式,這種句式中的"者"相當於結構助詞"的"。

(2) 馬之千里者,一食或盡粟一石。(韓愈《馬說》)

在中心詞和後置定語之間加"之",再用"者"字煞尾,構成"中心詞+之+定語+者"的句式,"馬之千里者"即"千里馬",用"之……者"句式將定語"千里"後置於定語前。

(3) 仰觀宇宙之大。(王羲之《蘭亭集序》)
(4) 蚓無爪牙之利,筋骨之強。(《荀子·勸學》)

"中心詞+之+定語"的句式,例(3)"宇宙之大"即"大宇宙",例(4)"爪牙之利"即"利爪牙","筋骨之強"即"強筋骨"。

(5) 我持白璧一雙,欲獻項王;玉斗一雙,欲與亞父。(司馬遷《史記·項羽本紀》)

數詞作定語時往往放在中心詞之後,構成"中心詞+數詞"句式。"白璧一雙"即"一雙白璧","玉斗一雙"即"一雙玉斗"。

四、狀語後置

狀語常放在謂語中心語前面起修飾或限定作用,古代漢語中常常有將介詞短語放在動詞後面作補語的情況,翻譯成現代漢語時則要把它提到動詞謂語前作狀語。文言文中通常是用"以""於/乎"組成介賓短語作狀語後置。如:

(1) 五畝之宅,樹之以桑,五十者可以衣帛矣。(《孟子·梁惠王上》)
(2) 謹庠序之教,申之以孝悌之義。(《孟子·梁惠王上》)

"動詞+以+賓語"句式。"樹之以桑"即以桑樹之,"申之以孝悌之義"即以孝悌之義申之。

(3) 青取之於藍而青於藍。(《荀子·勸學》)
(4) 趙氏求救於齊。(《戰國策·趙策》)
(5) 君子博學而日參省乎己。(《荀子·勸學》)
(6) 生乎吾前,其聞道也固先乎吾。(《韓愈·師說》)

"動詞/形容詞＋於/乎＋賓語"的句子。"取之於藍"即"於藍取","求救於齊"即"於齊求救","生乎吾前"即"乎吾前生","先乎吾"即"乎吾先","省乎己"即"乎己省"。

五、古代漢語中的被動表示法

被動表示法,即借助表示被動的字而造的句法。古代漢語中被動表示法分爲無形式標誌的被動句和有形式標誌的被動句。被動句是相對於主動句而言的,當主語是謂語動詞所表示動作行爲的施事者時就是主動句,而當主語是謂語動詞所表示動作行爲的受事者時即爲被動句。

無形式標誌的被動句又稱爲意念被動句,句子中沒有表示被動的虛詞,在形式上跟主動句沒有區別,但在意義上又表示了被動意義,祇能通過主語和謂語動詞的關係來判別其被動性。如:

(1) 屈原放逐,乃賦《離騷》。(司馬遷《報任安書》)
(2) 蔓草猶不可除,況君之寵弟乎?(《左傳·鄭伯克段于鄢》)
(3) 鍥而不捨,金石可鏤。(《荀子·勸學》)
(4) 兵挫地削,亡其六郡。(司馬遷《史記·屈原賈生列傳》)
(5) 昔者龍逢斬,比干剖。(《莊子·胠篋》)

有形式標誌的被動句,指在句中借助介詞或助動詞來表示被動。古代漢語被動表示法主要有以下三種。

1. "於/乎"字句

在動詞後加介詞"於"或"乎"來引進施事者。句式爲:動詞＋於/乎＋施事者。例如:

(1) 郤克傷於矢,流血及屨。(《左傳·成公二年》)
(2) 吾聞用夏變夷者,未聞變於夷者也。(《孟子·滕文公上》)
(3) 勞心者治人,勞力者治於人。(《孟子·滕文公上》)
(4) 先發制人,後發制於人。(班固《漢書·陳勝項籍傳》)
(5) 伍子胥說聽乎闔閭,故吳王遠迹至於郢。(《戰國策·燕策》)
(6) 此非孟德之困於周郎者乎?(蘇軾《前赤壁賦》)

2. "見"字句

在謂語動詞前加助動詞"見"來表示被動,句式爲:見＋動詞,例如:

(1) 愛人者必見愛也,而惡人者必見惡也。(《墨子·兼愛》)
(2) 厚者爲戮,薄者見疑。(《韓非子·說難》)

(3) 舉世皆濁我獨清，眾人皆醉我獨醒，是以見放。(《楚辭·漁父》)
(4) 臣聞武帝使中郎將蘇武使匈奴，見留二十年。(班固《漢書·武五子傳》)

另外，"見"字常常和"於"字結合起來運用，"見"字表示被動，"於"字引進行爲的主動者。"見……於……"式表被動的句子在先秦兩漢是常用的一種句式。如：

(5) 吾長見笑於大方之家。(《莊子·秋水》)
(6) 先絕齊而後責地，則必見欺於張儀。(司馬遷《史記·楚世家》)
(7) 臣誠恐見欺於王而負趙。(司馬遷《史記·廉頗藺相如列傳》)

3."爲"字句

"爲＋施事者＋動詞"句式，例如：

(1) 不爲酒困。(《論語·子罕》)
(2) 止，將爲三軍獲。(《左傳·襄公十八年》)
(3) 兔不可復得，而身爲宋國笑。(《韓非子·五蠹》)

"爲＋動詞"句式，"施事者"省略，例如：

(4) 父母宗族，皆爲戮沒。(《戰國策·燕策》)
(5) 吳廣素愛人，士卒多爲用者。(司馬遷《史記·陳涉世家》)
(6) 誠令成安君聽足下計，若信者亦已爲擒矣。(司馬遷《史記·淮陰侯列傳》)

此外，"爲"和"所"也常一起搭配使用表示被動，構成"爲……所……"句式，例如：

(7) 方術不用，爲人所疑。(《荀子·堯問》)
(8) 申徒狄諫而不聽，負石自投於河，爲魚鱉所食。(《莊子·盜跖》)
(9) 楚遂削弱，爲秦所輕。(《戰國策·秦策》)

這種句子用"爲"引進動作行爲的發出者，用"所"幫助表示被動。被動的意味比單用"爲"字表現得更加明顯，在先秦古籍中已有用例。值得注意的是"爲"和"所"之間引進的行爲主動者可以省略，例如：

(10) 不者，若屬皆且爲所虜。(司馬遷《史記·項羽本紀》)
(11) (劉)岱不從，遂與戰，果爲所殺。(陳壽《三國志·魏書·武帝紀》)
(12) 嵩將詣州訟理，爲所殺。(韓愈《張中丞傳後敘》)

第二節　古代漢語詞類活用

　　詞類活用,是指有些詞可以按照一定的表達習慣靈活運用,在句子中臨時改變自己的基本功能的語法現象。一般來説,名詞、動詞、形容詞等各類實詞在語法結構中經常充當某種結構成分的語法功能是長期的,不是臨時的,是固有的。而在古漢語中,往往有些詞在語言的實際使用中超出本詞類的功能範圍,而臨時充當其他詞類纔能充當的結構成分,這就是"詞類活用"。產生詞類活用現象的詞,其詞義也有一定的變化,這種詞義上的變化跟詞義引申轉變也經常相互影響,即詞義的引申轉變,有時也就是詞性和詞類的轉變,而一些詞在語言的實際使用中经常活用,以致變成固有的功能,這往往也就是詞義的引申轉變。當然從本質上説,這兩者畢竟還不是一回事。詞義的引申轉變,是語言中的同詞異義現象,是多義詞的產生原因,屬於詞彙學的範疇;而詞類活用則是語言實際中的臨時用法,一離開實際語言環境,這種用法就不復存在,屬於語法學的範疇。

　　古代漢語詞類活用現象中最值得注意的是所謂使動用法和意動用法。此外,名詞用如動詞和用作狀語的現象也很常見。名詞用作狀語,不是詞類活用,但是在現代漢語中,名詞一般不用作狀語,古今不同,所以也附在這裏加以介紹。

一、使動用法

　　使動用法是指謂語動詞具有"使賓語怎麽樣"的意思。也就是説,謂語動詞表示主語使賓語發出某種動作行爲,或使賓語具備某種性質,或使賓語成爲某類人或事物,這種謂語動詞是及物動詞中的一個小類,稱爲使動動詞。動詞、形容詞和名詞都可以活用作使動動詞,從而具有使動用法。

　　1. 及物動詞使動用法

　　古代漢語中,及物動詞用作使動動詞比較少見。及物動詞本來就可以帶賓語,在形式上和使動動詞帶賓語沒有區別,區別祇是在意義上。例如:

　　　　(1) 沛公旦日從百餘騎來見項王。(司馬遷《史記·項羽本紀》)
　　　　(2) 於是信、張耳詳棄鼓旗,走水上軍。水上軍開入之。(司馬遷《史記·淮陰侯列傳》)
　　　　(3) 夫精誠變天地,而信不諭兩主。(鄒陽《獄中上梁王書》)
　　　　(4) 能謗譏於市朝,聞寡人之耳者,受下賞。(《戰國策·齊策》)

　　以上各例都是普通及物動詞的使動用法。例(1)"從百餘騎"是使百餘騎跟從,例

(2)"入之"是使他們進入軍營,例(3)"諭兩主"是使兩主明白自己的忠信,例(4)"聞寡人之耳"是使寡人之耳聞謗譏。

同樣要注意的是,有些及物動詞活用為使動動詞後,會改變讀音。例如:

(5) 晉侯飲(yìn)趙盾酒。(《左傳·宣公二年》)
(6) 聖王在上,而民不凍飢者,非能耕而食(sì)之。(晁錯《論貴粟疏》)

例(5)、例(6)"飲"與"食"都改變了讀音,專門用於表達使動動詞的意義。詞是由讀音和意義構成的,讀音不同時,應該看作兩個不同的詞。及物動詞用作使動時在形式上和一般的動賓結構相同,二者的區別主要在於語意和上下文。例如:

(7) 武丁朝諸侯,有天下,猶運之掌也。(《孟子·公孫丑上》)
(8) 孟子將朝王。(《孟子·公孫丑下》)

例(7)句意為武丁使諸侯朝見,武丁是王,不可能去朝拜諸侯。例(8)句意為孟子將朝見齊宣王。孟子是一個學者,不可能使齊宣王朝見自己。

2. 不及物動詞使動用法

古代漢語中,不及物動詞常常有使動用法。不及物動詞本來不能帶賓語,當它活用作使動動詞後,就可以帶賓語了。例如:

(1) 求也退,故進之;由也兼人,故退之。(《論語·先進》)
(2) 買臣深怨(湯),常欲死之。(班固《漢書·朱買臣傳》)
(3) 我能起死人。(《呂氏春秋·別類》)
(4) 遠人不服,則修文德以來之。(《論語·季氏》)

例(1)至例(4)中的"進""退""死""起""來"都是不及物動詞,但句中都帶有賓語,從而臨時活用作使動動詞,具有"使+賓語+使動動詞"的意義,分別表示使之進、使之退、使之死、使死人起、使之來。

需要注意的是,不及物動詞活用作使動動詞,有時省略賓語,這時必須根據上下文仔細推敲,纔能作出準確的判斷。例如:

(5) 養備而動時,則天不能病……養略而動罕,則天不能使之全。(《荀子·天論》)
(6) 魏其謝病,屏居藍田南山之下數月,諸賓客辯士說之,莫能來。(司馬遷《史記·魏其武安侯列傳》)
(7) 操軍方連船艦,首尾相接,可燒而走也。(司馬光《資治通鑒·漢紀》)

(8) 今以鐘磬置水中，雖大風浪不能鳴也。（蘇軾《石鐘山記》）

　　例(5)不及物動詞"病"後面不帶賓語，參照下句"使之全"，則可以知道它省略了賓語"之"，意思是天不能使人病，是使動用法。同理，例(6)至例(8)，不及物動詞後賓語都被省略了，但仍活用爲使動動詞。意思分別是沒有人能使魏其來、可燒而使之走、大風浪不能使鐘磬鳴。

　　判斷不及物動詞是否用作使動，則看它是否帶了賓語。如果不及物動詞帶了賓語，那麼一般來說這個動詞就用作使動，有時雖然沒有帶賓語，但從上下文看是應該帶賓語，祇是賓語省略了，這也是使動用法。

　　3. 形容詞使動用法

　　形容詞的使動用法是指形容詞不但活用爲動詞，而且具有使動意義，即不是形容詞所表示的動作行爲去支配賓語，而是形容詞使得賓語發生該形容詞所表示的動作行爲。例如：

　　(1) 今媪尊長安君之位。（《戰國策·趙策》）
　　(2) 彊本而節用，則天不能貧。……本荒而用侈，則天不能使之富。（《荀子·天論》）
　　(3) 諸侯恐懼，會盟而謀弱秦。（賈誼《過秦論》）
　　(4) 至於殘害至親，傷恩薄厚。（班固《漢書·藝文志·諸子略》）
　　(5) 春風又綠江南岸。（王安石《泊船瓜洲》）

　　以上各例，形容詞活用作使動動詞一般都帶有賓語。形容詞後帶賓語是判斷形容詞使動用法的形式標記。例(1)形容詞"尊"用作使動，後面帶賓語"長安君之位"，意思是"使長安君之位尊"。例(2)"彊"和"貧"也都是形容詞用作使動，"彊本""不能貧"與下文"本荒""不能使之富"對比，就可以肯定"彊本"就是"使本彊"、"不能貧"就是"不能使之貧"。同樣，例(3)"弱秦"就是"使秦弱"，例(4)"薄厚"是"使厚者薄"，例(5)"又綠江南岸"就是"又使江南岸綠"。

　　形容詞活用作使動動詞有時也可不帶賓語，要作出準確判斷，還需要認真分析語言環境，仔細推敲上下文，沒有其他更好的途徑。例如：

　　(6) 君子易事而難説(悦)也。説之不以道，不説也。（《論語·子路》）

　　例(6)聯繫下文"説之不以道，不説也"，可以知道第一個"説"字是形容詞的使動用法，意思是君子容易侍奉但不容易使他高興。

　　4. 名詞使動用法

　　在古代漢語裏，名詞常活用作動詞，情況比較複雜，可以活用爲一般動詞、使動動詞、意動動詞。總體情況是活用作一般動詞的頻率比較高，活用作使動和意動的頻率比較低。名詞的使動用法，表示主語使賓語所代表的人或事物轉變爲這個名詞所代表的人或事物，或者使賓語發出與這個名詞意義相關的動作行爲。例如：

(1) 桓公解管仲之束縛而相之。(《韓非子·說難一》)
(2) 縱江東父兄憐而王我，我何面目見之？(司馬遷《史記·項羽本紀》)
(3) 吾見申叔，夫子所謂生死而肉骨也。(《左傳·襄公二十二年》)
(4) 然得而臘之以爲餌，可以已大風、攣踠、瘻、癘。(柳宗元《捕蛇者說》)

例(1)"相之"爲使之成爲國相，例(4)"臘之"意爲使之成爲乾肉，都是使賓語成爲該名詞所表示的人或事物。例(2)"王我"是"使我王"，即"使我成爲王"。例(3)是更典型的例子，句中"生死"和"肉骨"相對，兩者都不是並列結構，而是動賓結構。"生死"相當於遞繫結構"使死生"，即"使死者復生"；"肉骨"相當於遞繫結構"使骨肉"，即"使白骨生肉"，也就是"使死者復生"的意思。

有時候名詞活用爲使動動詞，賓語省略，例如：

(5) 天子不得而臣也，諸侯不得而友也。(劉向《新序·節士》)

例(5)"臣"和"友"都是名詞活用作使動動詞，但後面的賓語都沒有出現。"不得而臣"相當於不得使之爲臣，"不得而友"相當於不得使之爲友。這種情況，祇有根據上下文仔細體會文意，纔能確定。

方位名詞的使動用法，即方位名詞活用作動詞，使賓語所表示的人或事物向這個方位名詞所表示的方位移動。其翻譯格式是：使＋賓語＋向＋方位詞。例如：

(6) 趙王以爲然，因不西兵。(司馬遷《史記·陳涉世家》)
(7) 故王不如東蘇子，秦必疑齊而不信蘇子矣。(司馬遷《史記·蘇秦列傳》)

5. 數詞的使動用法

數詞的使動用法，即數詞活用作動詞，使賓語所表示的人或事物發生與這個數詞相關的數量上的變化。例如：

(1) 夫金鼓旌旗者，所以一人之耳目也。《孫子·軍爭》
(2) 國亡不能救，爲人臣者死有餘罪，況敢逃死而二其心乎？(《宋史·文天祥傳》)

二、意動用法

意動用法是主語主觀上認爲賓語具有某種性質，或者認爲賓語屬於某類人或事物。動詞本身沒有意動用法，祇有形容詞和名詞可以活用作意動動詞。

1. 形容詞的意動用法

形容詞的意動用法，是指形容詞不但活用爲動詞，而且含有意謂性的意義，也就是說，活用爲動詞的形容詞雖然帶有賓語，但是並不支配賓語，而是含有這樣的意義，即認爲賓語具備該形容詞所表示的性質和狀態。例如：

(1) 齊君弱吾君，歸弗來矣。(《左傳·昭公十二年》)
(2) 孔子登東山而小魯，登泰山而小天下。(《孟子·盡心上》)
(3) 士卒亦多樂從李廣而苦程不識。(司馬遷《史記·李將軍列傳》)
(4) 甘其食，美其服，安其居，樂其俗。(《老子》八十章)
(5) 今之縣令，一日身死，子孫累世絜駕，故人重之。(《韓非子·五蠹》)

例(1)"弱吾君"是認爲吾君弱，例(2)"小魯""小天下"意爲認爲魯國小、認爲天下小。例(3)"苦程不識"，意爲以跟從程不識爲苦。例(4)、例(5)句中的形容詞用法也是如此。意動用法的特點是突出主觀認識，未必與客觀事實相一致；使動用法的特點是使客觀情況發生改變，一般是既有的事實。例(1)"弱吾君"是"認爲吾君弱"，對比"使動用法"一節中"諸侯恐懼，會盟而謀弱秦"(賈誼《過秦論》)中的"弱秦"(使秦削弱)，可以看出二者的差異。

2. 名詞的意動用法

名詞的意動用法，是指名詞不但活用爲動詞，而且含有意謂性的意義，也就是說，活用爲動詞的名詞雖然帶有賓語，但並不支配賓語，而是含有這樣的意義，即認爲賓語是該名詞所表示的人或事物。例如：

(1) 夫人之，我可以不夫人之乎？(《穀梁傳·僖公八年》)
(2) 外黃富人女甚美，庸奴其夫。(班固《漢書·張耳陳餘列傳》)
(3) 諸侯用夷禮則夷之，進於中國則中國之。(韓愈《原道》)
(4) 天下乖戾，無君君之心。(柳宗元《封建論》)

例(1)"夫人之"是說把她當作夫人；例(2)"庸奴其夫"是說把自己的丈夫當作奴僕；例(3)是說把用夷禮的諸侯當作夷，把接受中原禮儀的夷人當作中原人；例(4)是說把國君當作國君。

名詞的意動用法也是突出主觀上的認識，當然有時主觀認識也符合客觀事實，比如例(4)，國君本來就是國君，"君君"是講把國君當作國君來對待，仍然是突出了主觀意識。

　　使動用法和意動用法的區别：使動用法是使賓語怎麽樣，敍述的是一種既成的或將成的客觀事實，側重於客觀行動，是客觀結果。意動用法是認爲賓語怎麽樣，敍述的則常常是一種主觀認識，這種主觀認識可以是事實，也可以不是事實。總之側重於心理意念的感受。如：

　　（5）匠人斲而小之，則王怒，以爲不勝其任矣。（《孟子·梁惠王下》）
　　（6）孔子登東山而小魯，登泰山而小天下。（《孟子·盡心上》）

　　例（5）中的"小"是形容詞的使動用法，是匠人斲木而使之"小"，是客觀的結果。例（6）中的"小"是形容詞的意動用法，孔子登東山主觀上認爲魯國小，登泰山時主觀上認爲天下小。

三、名詞活用爲動詞

　　在古代漢語中名詞活用作一般動詞的現象非常多。名詞活用作一般動詞，後面帶賓語，也可不帶賓語，詞義都會發生一些變化。例如：

　　（1）趙主之子孫侯者，其繼有在者乎？（《戰國策·趙策》）
　　（2）以其子妻之。（《論語·公冶長》）
　　（3）左右欲兵之。（《史記·伯夷列傳》）
　　（4）曹子手劍而從之。（《公羊傳·莊公十三年》）
　　（5）夫日兼燭天下，一物不能當也；人君兼燭一國，一人不能壅也。故將見人主者夢見日。（《韓非子·内儲説上》）
　　（6）因面峰腋寺，作爲草堂。（白居易《廬山草堂記》）

　　例（1）"侯"意爲封侯，例（2）"妻之"爲嫁給他，名詞活用爲動詞以後，原名詞在新的詞義中作賓語；例（3）"兵"爲用兵刃，例（4）"手"爲用手持，原名詞在新的詞義中表示工具；例（5）"燭"意爲照耀，例（6）"面"爲朝向、"腋"爲挾（在腋下），原名詞在新詞義中不再出現，衹是動詞意義同原名詞有一定的語義關係。

　　古代漢語的方位名詞經常活用作一般動詞，例如：

　　（7）平原君乃置酒……前，以千金爲魯仲連壽。（《戰國策·趙策》）
　　（8）沛公引兵過而西。（司馬遷《史記·高祖本紀》）
　　（9）秦師遂東。（《左傳·僖公三十二年》）
　　（10）漢敗楚，楚以故不能過滎陽而西。（司馬遷《史記·項羽本紀》）

　　例（7）"前"爲向前，例（8）"西"爲向西，例（9）"東"爲向東，例（10）"西"爲向西。名詞活用爲動詞以後，原名詞在新的詞義中作賓語。

此外，形容詞也有活用爲動詞的情況，例如：

(11) 卒使上官大夫短屈原於頃襄王。(司馬遷《史記·屈原賈生列傳》)
(12) 素善留侯張良。(司馬遷《史記·項羽本紀》)
(13) 吾妻之美我者，私我也。《戰國策·齊策》

形容詞活用爲動詞時多爲表示性質的形容詞，且是活用爲及物動詞。

四、名詞作狀語

現代漢語衹有時間名詞纔能作狀語，而普通名詞用作狀語，卻是古代漢語名詞的基本語法功能之一，也是古代漢語語法的一個重要特點。如果不瞭解古代漢語中普通名詞用作狀語的特點，極容易把它與後面的動詞誤解成主謂關係。古代漢語中除專有名詞外一般名詞都可以作狀語。名詞作狀語表示的意義是多種多樣的，有以下幾種類型：

1. 表示時間

例如：

(1) 旦日饗士卒，爲擊破沛公軍。(司馬遷《史記·項羽本紀》)
(2) 項伯乃夜馳之沛公軍。(司馬遷《史記·項羽本紀》)

名詞作時間狀語有時不是單純的時間修飾，而是表達更爲複雜的意義。例如：

(3) 吾日三省吾身。(《論語·學而》)
(4) 良庖歲更刀，割也；族庖月更刀，折也。(《莊子·養生主》)
(5) 吾困於此，旦暮望若來佐我。(司馬遷《史記·淮陰侯列傳》)
(6) 日，君以驪姬爲夫人。(《國語·晉語》)

例(3)"日"表示每日，例(4)"歲""月"分別表示每年、每月。因此，"日""月""歲"單用於動詞前，一般表示每日、每月、每年的意思。例(5)"旦暮"表示從早到晚，例(6)"日"表示從前。

2. 表示處所或方位

相當於有介詞"於"，例如：

(1) 君王宜郊迎。(司馬遷《史記·酈生陸賈列傳》)
(2) 徒多道亡。(班固《漢書·高帝紀》)
(3) 捨適嗣不立而外求君。(《左傳·文公七年》)

(4) 惠子曰:"田駟東慢齊侯,南欺荊王。"(《韓非子·説林上》)

例(1)和例(2)"郊""道"表示處所,例(3)和例(4)"外""東""南"表示方位。

3. 表示比喻

相當於有介詞"像……""如同……",例如:

(1) 經始勿亟,庶民子來。(《詩經·大雅·靈臺》)
(2) 豕人立而啼。(《左傳·莊公八年》)
(3) 天下之士雲合歸漢。(班固《漢書·梅福傳》)
(4) 嫂蛇行匍伏。(《戰國策·秦策》)
(5) 少時,一狼徑去。其一犬坐於前。(蒲松齡《聊齋志異·狼》)

名詞作表示比喻的狀語,都有"像……一樣"的意思。普通名詞作狀語和一般主謂結構形式上都是"名詞+動詞",但是句法成分之間的結構關係不同。偏正結構是前項修飾後項,主謂結構是後項陳述前項。以上五例在作狀語的名詞的前面都有一個主語出現,即"庶民""豕""士""嫂""其一(狼)",因而不會把作狀語的名詞"子""人""雲""蛇""犬"誤作主語。但是在古文中有時作狀語的名詞前面不出現主語。例如:

(6) 潭西南而望,斗折蛇行,明滅可見。(柳宗元《小石潭記》)
(7) 操刀挾盾,猱進鷙擊。(《清稗類鈔·馮婉貞勝英人於謝莊》)

例(6)和例(7)的名詞"斗""蛇""猱""鷙",前面都沒有出現主語,在這種情況下容易把"斗""蛇""猱""鷙"等名詞誤認爲主語。遇到這種情況,我們祇能根據上下文意來判斷語法關係。這類名詞作狀語的現象在現代漢語的成語中還有所保留,如"狼吞虎嚥""土崩瓦解""星羅棋布"等。

4. 表示對人的態度

表示對人的態度或行爲的身份,一般翻譯成"把…當作…"或"像對待……那樣地",例如:

(1) 今而後知君之犬馬畜伋。(《孟子·萬章下》)
(2) 學士皆師尊之。(班固《漢書·董仲舒傳》)
(3) 君爲我呼入,吾得兄事之。(司馬遷《史記·項羽本紀》)

例(1)意爲像對待犬馬一樣,例(2)、例(3)可以類推。需要注意的是,例(3)"兄事之",離開上下文有歧義,可理解爲像對待兄長那樣,也可理解爲像兄長(對待弟弟)那樣,兩者意思正相反。我們把前者歸入表示對人的態度,把後者歸入表示比喻。它們的不同點在於,表示對人的態度是説明賓語像什麽,而表示比喻是説明主語像什麽。

5. 表示動作行爲的依據或工具

相當於有介詞"依據……""按照……"的用法,例如:

(1) 失期,法皆斬。(司馬遷《史記·陳涉世家》)
(2) 孤與老賊勢不兩立。(陳壽《三國志·吴書·周瑜傳》)
(3) 箕畚運於渤海之尾。(《列子·湯問》)
(4) 伍子胥橐載而出昭關。(《戰國策·秦策》)

例(1)"法"意思是依據法令,例(2)"勢"是依據情勢,這兩例名詞作狀語都表示動作行爲的依據。例(3)"箕畚"意思是用箕畚,例(4)"橐"是用橐,這兩例名詞作狀語都表示動作行爲的工具。這一類名詞作狀語在現代漢語的成語裏仍有保留,如"禮賢下士""義不容辭""車載斗量""口誅筆伐""人不可貌相,海水不可斗量"等。

值得注意的是,用作狀語的名詞和用作主語的名詞一樣,其位置都在謂語動詞的前面;判斷名詞是否作狀語還要看名詞前是否另有主語;古漢語中兩個名詞連用在謂語動詞前,一般有一個名詞是用作狀語的;一般而言,靠近謂語動詞的名詞常活用作狀語。如:"嫂蛇行",動詞"行"前面有"嫂"和"蛇"兩個名詞,"嫂"是主語,那麼"蛇"祇能活用作狀語。

五、動詞的爲動用法

所謂爲(wèi)動用法,是指主語爲賓語或者向賓語施行動詞所表示的動作行爲,即賓語既不是動作行爲的受事者,也不是動作行爲的施事者,而是動作行爲的目的和對象。

1. 主語爲賓語施行動作行爲,可翻譯作:主語+爲了(因爲)+賓語+動詞

例如:

(1) 邴夏御齊侯,逢丑父爲右。(《左傳·成公二年》)
(2) 文嬴請三帥。(《左傳·僖公三十三年》)
(3) 君子死知己,提劍出燕京。(陶淵明《咏荆軻》)
(4) 伯氏苟出而圖吾君,申生受賜以至於死,雖死何悔?(《國語·晉語》)

2. 主語向賓語施行動作行爲,可翻譯作:主語+向(對)+賓語+動詞

例如:

(1) 請絶頸以白晏子。(劉向《説苑·復恩》)
(2) 遂寘姜氏於城潁,而誓之曰:"不及黄泉,無相見也。"(《左傳·隱公元年》)
(3) 君三泣臣矣,敢問誰之罪也?(《左傳·襄公二十二年》)

(4) 關羽、張飛等不悦,先主解之曰:"孤之有孔明,猶魚之有水也,願諸君勿復言。"(陳壽《三國志·蜀書·諸葛亮傳》)

及物動詞用作爲動,有時也會帶雙賓語,這時動詞後第一個賓語是動作行爲的目的和對象,第二個賓語是動作行爲的受事者。例如:

(5) 不如早爲之所,無使滋蔓。(《左傳·隱公元年》)
(6) 君子疾夫舍曰"欲之"而必爲之辭。(《論語·季氏》)
(7) 願歸丞相侯印,乞骸骨歸,避賢者路。(班固《漢書·萬石君傳》)
(8) 諸吕舉兵關中,欲危劉氏而自立。今我破齊還報,是益吕氏資也。(班固《漢書·高五王傳》)

第三節　古代漢語中的虛詞

虛詞一般不表示實在意義,不充當句子成分,在句中主要起關聯作用。古代漢語虛詞包括代詞、副詞、介詞、連詞、助詞、嘆詞、擬聲詞等。我們重點解釋前四種虛詞。

一、代詞

漢語中的代詞用來代替名詞或名詞詞組,以避免重複,使語言簡潔明了。代詞可以指示人、事物、時間、地點等,起到代替主語、賓語、定語等作用。古代漢語的代詞和現代漢語的代詞格局上相似,可分爲三類:人稱代詞、指示代詞、疑問代詞。除此之外,古代漢語中還有一種特殊的代詞即無定代詞。

(一) 人稱代詞

1. 第一人稱代詞

第一人稱代詞主要有"吾""我""予"(余)等,可以用作主語、賓語、定語。例如:

(1) 哀南夷之莫吾知兮。(屈原《楚辭·涉江》)
(2) 吾視其轍亂,望其旗靡。(《左傳·莊公十年》)
(3) 我非愛其財而易之以羊也。(《孟子·梁惠王上》)
(4) 三人行,必有我師焉。(《論語·述而》)
(5) 居,予語汝!(《莊子·達生》)
(6) 名余曰正則兮,字余曰靈均。(屈原《楚辭·離騷》)

"吾""我""予"(余)這三類人稱代詞出現的頻率和環境並不完全一樣,"吾"在先秦作品中一般作主語和定語,作賓語則通常出現在否定句中。先秦作品中"我"字應用普遍,可以充當主語、賓語、定語。"予"和"余"的用法一致,實際上是同一個詞的不同書寫形式,書寫有時代差別,但都可以作主語、賓語、定語。

需要注意的是,漢代以前,"吾"很少在動詞或介詞之後作賓語,一般祇能作前置賓語,而"我"可以作後置的賓語。魏晉以後"吾"纔可以放在動詞和介詞後面。例如:

  (7) 今人歸吾,吾何忍棄去。(陳壽《三國志·蜀書·先主傳》)
  (8) 與吾居十二年者,今其室十無四五焉。(柳宗元《捕蛇者説》)
  (9) 東野與吾書。(韓愈《祭十二郎文》)

除此之外,第一人稱代詞還有"朕"。在秦以前,"朕"是一個普通的第一人稱代詞。任何人都可用於自稱。例如:

  (10) 汝曷弗告朕。(《尚書·盤庚》)
  (11) 皋陶曰:朕言惠。(《尚書·皋陶謨》)
  (12) 朕皇考曰伯庸。(屈原《楚辭·離騷》)

在秦始皇統一六國後,他規定"朕"這個詞祇能用於帝王自稱,自此以後,歷代封建帝王都一直沿用這種用法。

2. 第二人稱代詞

有"女"(汝)"爾""若""而""乃"等。

這五個詞中,"女"(汝)"爾""若"可以作主語、賓語和定語。例如:

  (1) 五侯九伯,汝實征之(《左傳·僖公四年》)
  (2) 吾將殘汝社稷,滅汝宗廟(《國語·越語》)
  (3) 我無爾詐,爾無我虞。(《左傳·宣公十五年》)
  (4) 胡瞻爾庭有懸貆兮。(《詩經·魏風·伐檀》)
  (5) 若爲庸耕,何富貴也。(司馬遷《史記·陳涉世家》)
  (6) 吾語若。(《莊子·人間世》)

"乃"和"而"一般祇作定語。例如:

  (7) 高帝罵之曰:"乃公居馬上而得之,安事《詩》《書》。"(司馬遷《史記·酈生陸賈列傳》)
  (8) 欲利而身,先利而君。(《韓非子·外儲説右下》)

"乃"和"而"也有少量作主語的用例，但並不能作賓語。例如：

(9) 今欲發之，乃肯從我乎？（班固《漢書·翟義傳》）
(10) 夫差，而忘越王之殺而父乎？（《左傳·定公十四年》）

3. 第三人稱代詞

先秦漢語中嚴格來説並没有真正的第三人稱代詞，第三人稱的概念是後代纔産生的，在古代漢語中，第三人稱往往是借用指示代詞"之""其""彼"來表達的。

"之"大多時候作賓語，可以指代人、時間、地點、事物。例如：

(1) 愛共叔段，欲立之。（《左傳·隱公元年》）
(2) 馬逸不能止，師從之。（《左傳·成公二年》）

"其"指代第三人稱時，一般作定語，表示領屬關係，例如：

(3) 龍戰於野，其血玄黄。（《易經·坤上》）
(4) 北冥有魚，其名爲鯤。（《莊子·逍遥遊》）

"彼"指代第三人稱時，可以作主語、賓語和定語，例如：

(5) 彼，君之讎也，天或者將棄彼矣。（《左傳·襄公二十七年》）
(6) 彼，丈夫也；我丈夫也。吾何畏彼哉。（《孟子·滕文公上》）
(7) 孫子曰："今以君之下駟與彼上駟，取君上駟與彼中駟，取君中駟與彼下駟。"（司馬遷《史記·孫子吴起列傳》）

現代漢語中，人稱代詞的複數形式是通過在單個代詞後面加上"們"來表示的。然而，在古代漢語中，並没有數的語法範疇，因此古代漢語的人稱代詞在形式上没有單數和複數的區别。在古代漢語中，人稱代詞的單複數要根據上下文來判斷。例如：

(8) 齊師伐我。（《左傳·莊公十年》）
(9) 吾與汝畢力平險。（《列子·湯問》）
(10) 若皆罷去歸矣！（司馬遷《史記·滑稽列傳》）

但是古代漢語中也存在一些特殊構成複數的表達方式。例如，在第一、第二人稱代詞後面加上"儕""屬""曹"等詞，來表示複數。例如：

(11) 吾儕何知焉？（《左傳·昭公二十四年》）
(12) 若屬皆且爲所虜。（司馬遷《史記·項羽本紀》）
(13) 欲使汝曹不忘之耳。（範曄《後漢書·馬援傳》）

總的來看，古代漢語人稱代詞使用頻率比現代漢語低。主要原因包括：古代漢語省略主語的地方較多，且沒有真正意義上的第三人稱代詞；二是很多地方用謙稱和尊稱代替了人稱代詞。

(二) 指示代詞

古代漢語的指示代詞與現代漢語並不相同。古代漢語指示代詞可以分爲近指、遠指、旁指、特指、泛指、虛指等類型。

1. 近指

"此""是""斯"是近指，相當於現代漢語的"這"。可以充當主語、賓語和定語。例如：

(1) 彼一時，此一時也。（《孟子·公孫丑下》）
(2) 此車一人殿之，可以集事。（《左傳·成公二年》）
(3) 是鳥也，海運則將徙於南冥。（《莊子·逍遙遊》）
(4) 孔子謂季氏："八佾舞於庭，是可忍也，孰不可忍也？"（《論語·八佾》）
(5) 微斯人，吾誰與歸。（范仲淹《岳陽樓記》）
(6) 斯四戰之地，攻守之場也。（範曄《後漢書·馮衍傳》）

2. 遠指

"彼"和"夫"是遠指，相當於現代漢語的"那"。可以作主語、賓語和定語。例如：

(1) 挹彼注茲。（《詩經·大雅·泂酌》）
(2) 則夫二人者，魯國社稷之臣也。（《左傳·成公十六年》）
(3) 夫尚賢者，政之本也。（《墨子·尚賢》）

"彼"的指向性很強，而"夫"的指向性比較弱，尤其是放在句首時，在翻譯成現代漢語時往往不必譯出。

3. 旁指

"他"和"佗"是旁指。可以指事物，也可以指人。多作主語、賓語、定語。例如：

(1) 子不我思，豈無他人？（《詩經·鄭風·褰裳》）
(2) 請著功令。佗如律令。（司馬遷《史記·儒林列傳》）

上古"他"和"佗"不是第三人稱代詞,相當於現代漢語的"別的、旁的、其他"。魏晉以後,"他"用於專指某人,發展爲第三人稱代詞。例如:

(3) 某得此人大恩,性命昔在他手。(《太平廣記·豪俠三·義俠》)

4. 特指

"其"表示特指,含有特定的意義,指示一定的人或物,常作定語。大致翻譯爲現代漢語的"那個""那種",並不像一般代詞祇是指代前文出現過的名詞。例如:

(1) 晏子立於崔氏之門外,其人曰:"死乎?"(《左傳·襄公二十五年》)
(2) 至其時,西門豹往會之河上。(司馬遷《史記·滑稽列傳》)
(3) 藏之名山,傳之其人。(司馬遷《報任安書》)

5. 泛指

"之"和"茲"表示泛指。指示代詞"之"可以作定語和賓語。例如:

(1) 之二蟲又何知。(《莊子·逍遙遊》)
(2) 姜氏欲之,焉辟害?(《左傳·隱公元年》)

"茲"多作賓語,是較古的形式。例如:

(3) 念茲在茲。(《尚書·大禹謨》)
(4) 文王既没,文不在茲乎。(《論語·子罕》)

戰國以後,文中用"茲"往往是引古書或是仿古。例如:

(5) 揮手自茲去,蕭蕭班馬鳴。(李白《送友人》)

6. 虛指代詞

虛指代詞"某"常被用來指代那些説話人不知道、不願意或不屑於提及的人或事物。例如:

(1) 於是使勇士某者往殺之。(《公羊傳·宣公六年》)
(2) 某時某喪,使公主某事,不能辦,以故不任公。(班固《漢書·陳胜項籍傳》)

(三) 疑問代詞

古代漢語疑問代詞可分爲指人、事物、處所三類。指人常用的有"誰""孰";指事物常用的有"何""曷""奚";指處所常用的有"安""惡"。三類之間各有分工,但也存在相互交叉的現象。

1. 指人的疑問代詞

"誰"一般祇用於指人,用法與現代漢語基本相同,主要用於一般問句,可作主語、賓語、定語和判斷句的謂語。例如:

(1) 誰習計會,能爲文收責於薛者乎?(《戰國策·齊策》)
(2) 有慟乎?非夫人之爲慟而誰爲?(《論語·先進》)
(3) 虎兕出於柙,龜玉毀於櫝中,是誰之過與?(《論語·季氏》)
(4) 孟嘗君怪之曰:"此誰也?"(《戰國策·齊策》)

"孰"用於指人主要用於選擇問句,表示比較與選擇。例如:

(5) 父與夫孰親?(《左傳·桓公十五年》)
(6) 吾子與子路孰賢?(《孟子·公孫丑上》)

"孰"有時出現在非選擇問句裏,這時"孰"的意思與"誰"相似,但仍具有選擇的意味。例如:

(7) 王者孰謂?謂文王也。(《公羊傳·隱公元年》)
(8) 孰可以代之?(《左傳·襄公三年》)

"孰"常常和"與"構成"孰與"這種凝固形式,同"何如"意思相近,用在表示比較或選擇的問句中比較人物的高下或事情的得失。例如:

(9) 吾孰與徐公美?(《戰國策·齊策》)
(10) 我孰與皇帝賢?(司馬遷《史記·酈生陸賈列傳》)

2. 指事物的疑問代詞

"何"是出現頻率最高的用來指代事物的疑問代詞。在句子中可以作主語、賓語、定語和判斷句謂語。例如:

(1) 何貴何賤?(《左傳·昭公三年》)

(2) 大王來何操？（司馬遷《史記·項羽本紀》）
(3) 以此攻城，何城不克？（《左傳·僖公四年》）
(4) 星墜木鳴，國人皆恐，曰："是何也？"曰："無何也。"（《荀子·天論》）

"何"也可以作狀語，用來詢問原因和方法等。例如：

(5) 伐孔子之説，何逆於理？（《論衡·問孔》）
(6) 君美甚，徐公何能及君也？（《戰國策·齊策》）

"胡""曷""奚"作爲指代事物的疑問代詞使用範圍比"何"狹窄，一般常作狀語。例如：

(7) 胡不見我於王？（《墨子·公輸》）
(8) 時日曷喪？予及汝偕亡。（《尚書·湯誓》）
(9) 子奚哭之悲也？（《韓非子·和氏》）

除狀語外，"胡""曷"可作賓語、定語。例如：

(10) 懷哉懷哉，曷月予還歸哉？（《詩經·王風·揚之水》）
(11) 客胡爲若此？（《戰國策·齊策》）

"奚"可作賓語。用來指具體事物或處所。例如：

(12) 曰："奚冠？"曰："冠素。"（《孟子·滕文公上》）
(13) 彼且奚適也？（《莊子·逍遙遊》）

3. 指處所的疑問代詞

"焉""惡""安"是常用於指處所的疑問代詞，經常用作狀語。例如：

(1) 且焉置土石？（《列子·湯問》）
(2) 王攻楚將惡出兵？（司馬遷《史記·春申君列傳》）
(3) 臣在大夏時，見邛竹杖、蜀布。問曰："安得此？"（司馬遷《史記·大宛列傳》）

也可以作賓語，情況較少。例如：

(4) 泰山其頹,則吾將安仰?(《禮記·檀弓上》)
(5) 彼且惡乎待哉?(《莊子·逍遥遊》)
(6) 天下之父歸之,其子焉往?(《孟子·離婁上》)

"焉""惡""安"還可以在反問句裏作狀語,類似於現代漢語中的"哪裏",不表示疑問,而是加强反問語氣。例如:

(7) 姜氏欲之,焉辟害?(《左傳·隱公元年》)
(8) 從許子之道,相率而爲僞者也,惡能治國家?(《孟子·滕文公上》)
(9) 今弗愛其子,安能愛君。(《韓非子·難一》)

(四) 無定代詞

"或"和"莫"是古代漢語中特有的一類代詞,現代漢語中没有。因爲没有確定的指代對象被稱爲無定代詞,這些詞衹能作主語。

"或"是肯定性的無定代詞,相當於現代漢語的"有人""有的人""某人"。

"或"單用時一般都是指人,例如:

(1) 如或知爾,則何以哉?(《論語·先進》)
(2) 或勞心,或勞力。(《孟子·滕文公上》))

有時"或"前有先行詞,"或"指代其中某些人或某一個人。例如:

(3) 宋人或得玉。(《左傳·襄公十五年》)
(4) 項燕爲楚將,數有功,愛士卒,楚人憐之。或以爲死,或以爲亡。(司馬遷《史記·陳涉世家》)

"或"字還常常前後呼應,句中幾個"或"連用,表示列舉不同的情況。既可指人,又可指事物。例如:

(5) 或百步而後止,或五十步而後止。(《孟子·梁惠王上》)
(6) 夫物之不齊,物之情也。或相倍蓰,或相什伯,或相千萬。(《孟子·滕文公上》)
(7) 將有所止之,則千里雖遠,亦或遲,或速,或先,或後。(《荀子·修身》)

上三例中,"或"是"有的""有人",仍是無定代詞,不是表示選擇的連詞,因此不能理解成"或者"。

"莫"是否定性的無定代詞,意爲"沒有誰""沒有人"或"沒有什麼東西(事情)"。"莫"單用時一般指人,表示廣泛的否定。例如:

(8) 八世之後,莫之與京。(《左傳·莊公二十二年》)
(9) 吾有老父,身死莫之養也。(《韓非子·五蠹》)

有時"莫"前有先行名詞,"莫"表示強調在某一範圍内的否定,並且既可以指人,又可以指物。例如:

(10) 國人莫敢言,道路以目。(《國語·周語》)
(11) 天下之水,莫大於海。(《莊子·秋水》)

在先秦漢語裏,"莫"大致都可以解釋爲無定代詞。漢以後"莫"逐漸產生了新的用法,發展爲否定副詞,表示禁止性的否定,常用於祈使句表示禁止,相當於現代漢語中的"不要"。例如:

(12) 楚妃且勿嘆,齊娥且莫謳。(陸機《吴趨行》)
(13) 秦惠王車裂商君以徇,曰:"莫如商鞅反者。"(司馬遷《史記·商君列傳》)

有時也用在陳述句中,表示一般性的否定,相當於"不"。例如:

(14) 諸將皆莫信,詳應曰:"諾。"(司馬遷《史記·淮陰侯列傳》)

二、副詞

副詞表示行爲或狀態的各種特徵,具有修飾動詞和形容詞的作用,通常在句子中充當狀語。副詞擁有一定的詞彙含義,可以獨立作爲句子中的次要成分。這使得它在某種程度上與實詞相似。然而,副詞不能被單獨用來表示某種實物、情況或事件,同時也不能成爲句子的主要成分。在古代漢語中,副詞可以簡單分爲以下幾種類別:否定副詞、時間副詞、程度副詞、語氣副詞以及表敬副詞等。

(一) 否定副詞

古代漢語常用的否定副詞有"不""弗""毋""勿""未""莫""否"等。這幾個否定副詞雖然意義比較單純,但是用法比較複雜。

1. 不和弗

"不"和"弗"常表示一般性的否定。"不"的用法與現代漢語用法基本相同,可以否

定動詞性成分和形容詞性成分,例如:

(1) 若網在綱,有條而不紊。(《尚書·盤庚》)
(2) 廄焚。子退朝,曰:"傷人乎?"不問馬。(《論語·鄉黨》)
(3) 行至安陽,留四十六日不進。(司馬遷《史記·項羽本紀》)

"弗"字使用範圍較爲狹窄,一般祇用於否定及物動詞不帶賓語的句子中,這是否定副詞"弗"區別於"不"的典型用法。例如:

(4) 夫兵,猶火也。弗戢,將自焚也。(《左傳·隱公四年》)
(5) 仲子,不義與之齊國而弗受,人皆信之。(《孟子·盡心上》)
(6) 然則國亂將弗治與?(《荀子·不苟》)

秦漢以後"弗"用在動詞帶賓語的句子中的情況逐漸增多,且可以用來否定形容詞。例如:

(7) 今弗愛其子,安能愛君?(《韓非子·難一》)
(8) 今呂氏王,大臣弗平。(司馬遷《史記·呂后本紀》)

2. 毋和勿

"毋"和"勿"常常表示禁止性否定,可以翻譯成現代漢語中的"不要"。"毋"在古代漢語中也常常寫作"無"。這兩個否定副詞都用於否定動詞性成分,一般不用於否定形容詞。例如:

(1) 臨財毋苟得,臨難毋苟免。(《禮記·曲禮上》)
(2) 己所不欲,勿施於人。(《論語·衛靈公》)
(3) 百畝之田,勿奪其時。(《孟子·梁惠王上》)
(4) 信乃令軍毋斬廣武君,有生得之者,購千金。(班固《漢書·韓信傳》)

"毋"和"勿"二者用法上的區別近似於"不"和"弗"的區別。"勿"用在動詞不帶賓語的句子中的情況更多,"毋"則沒有這種限制。例如:

(5) 大毋侵小。(《左傳·襄公十九年》)
(6) 左右皆曰不可,勿聽;諸大夫皆曰不可,勿聽。(《孟子·梁惠王下》)

3. 未

"未"表示對尚未施行的某種動作或對過去某種情況的否定,翻譯爲現代漢語的意

思是"没有""還没有",常用在動詞或形容詞前。例如:

(1) 然而不王者,未之有也。(《孟子·梁惠王上》)
(2) 先帝創業未半,而中道崩殂。(諸葛亮《出師表》)

"未"有時祇表示一般的否定,相當於"不"。例如:

(3) 見兔而顧犬,未爲晚也;亡羊而補牢,未爲遲也。(《戰國策·楚策》)
(4) 人固不易知,知人亦未易也。(司馬遷《史記·范雎蔡澤列傳》)

否定副詞"未"常常與"嘗"連用,相當於"未曾",是一個凝固形式。例如:

(5) 臣未嘗聞也。(《戰國策·魏策》)
(6) 問其與飲食者,盡富貴也,而未嘗有顯者來。(《孟子·離婁下》)

4. 莫

"莫"除作否定性無定代詞外,還用作否定副詞。例如:

(1) 曰莫盜,莫爲殺人。(《莊子·則陽》)
(2) 秦惠王車裂商君以徇,曰:"莫如商鞅反者!"(司馬遷《史記·商君列傳》)
(3) 三人相視而笑,莫逆於心,遂相與爲友。(《莊子·大宗師》)

前兩例表示禁止性否定,後一例是一般性否定。

5. 否

"否"經常單用,構成獨詞句,對前面的事實加以否定;或者與動詞和形容詞連用,構成肯定與否定並列的短語。例如:

(1) "許子必織布而後衣乎?"曰:"否。許子衣褐。"(《孟子·滕文公上》)
(2) 宦三年矣,未知母之存否。(《左傳·宣公二年》)
(3) 晉人侵鄭,以觀其可攻與否。(《左傳·僖公三十年》)

(二) 時間副詞

時間副詞表示行爲發生的不同時間,先秦時期就已經出現。古代漢語的時間副詞豐富,數量很多,出現頻率較高。和現代漢語相比差別不大,祇是時間副詞各小類内部的具體成員有較大的差別。

1. 初 昔 向 鄉 故

"初""昔""向""鄉""故"等表示對往事的追溯。例如：

(1) 初，鄭武公娶於申，曰武姜。(《左傳·隱公元年》)
(2) 昔我往矣，楊柳依依。今我來思，雨雪霏霏。(《詩經·小雅·采薇》)
(3) 向吾見若眉睫之間，吾因以得汝矣。(《莊子·庚桑楚》)
(4) 鄉爲身死而不受，今爲宮室之美爲之。(《孟子·告子上》)
(5) 周故與秦國合而別，別五百歲復合，合十七歲而霸王出。(司馬遷《史記·秦本紀》)

2. 已 業 既 嘗 曾

"已""業""既""嘗""曾"等表示行爲已經發生。例如：

(1) 季子將入，遇子羔將出，曰："門已閉矣！"(《左傳·哀公十五年》)
(2) 良業爲取履，因長跪履之。(司馬遷《史記·留侯世家》)
(3) 及衛地，韓獻子將斬人，郤獻子馳，將救之。至，則既斬之矣。(《左傳·成公二年》)
(4) 俎豆之事則嘗聞之矣；軍旅之事，未之學也。(《論語·衛靈公》)
(5) 梁王以此怨盎，曾使人刺盎。(司馬遷《史記·袁盎晁錯列傳》)

3. 方 正 猶 尚

"方""正""猶""尚"等表示行爲動作正在發生或動作狀態正在持續。例如：

(1) 如今人方爲刀俎，我爲魚肉，何辭爲？(司馬遷《史記·項羽本紀》)
(2) 前日一男子詣闕，自謂故太子，長安中民趣鄉之，正讙不可止，大將軍恐，出兵陳之，以自備耳！(班固《漢書·武五子傳》)
(3) 今君雖終，言猶在耳。(《左傳·文公七年》)
(4) 秦師過周北門，左右免冑而下，超乘者三百乘。王孫滿尚幼，觀之，言於王曰："秦師輕而無禮，必敗。"(《左傳·僖公三十三年》)

4. 將 行 且 其 今 方

"將""行""且""其""今""方"等表示行爲動作將要發生。例如：

(1) 夏五月,楚師將去宋。(《左傳·宣公十五年》)
(2) 十畝之間兮,桑者閑閑兮,行與子還兮。(《詩經·魏風·十畝之間》)
(3) 大王且何以報魏。(《戰國策·魏策》)
(4) 晉楚治兵,遇於中原,其辟君三舍。(《左傳·僖公二十三年》)
(5) 奪項王天下者,必沛公也。吾屬今爲之虜矣!(司馬遷《史記·項羽本紀》)
(6) 信方斬,曰:"吾悔不用蒯通之計,乃爲兒女子所詐,豈非天哉!"(司馬遷《史記·淮陰侯列傳》)

5. 卒 終 竟
"卒""終""竟"等表示動作終於發生了。例如:

(1) 左右不明,卒從吏訊。(鄒陽《獄中上書》)
(2) 今足下雖自以與漢王爲厚交,爲之盡力用兵,終爲之所禽矣。(司馬遷《史記·淮陰侯列傳》)
(3) 主父偃盛言其便,上竟用主父計。(司馬遷《史記·平津侯主父列傳》)

6. 俄 旋 須臾
"俄""旋""須臾"等表示時間短暫。例如:

(1) 俄又置一石赤菽東門之外。(《韓非子·內儲說上》)
(2) 則刺其足心各三所,案之無出血,病旋已。(司馬遷《史記·扁鵲倉公列傳》)
(3) 道也者,不可須臾離也。(《禮記·中庸》)

(三) 程度副詞

程度副詞多修飾形容詞和一些表示心理活動的動詞,表示某種性質、狀態或動作的程度。古代漢語程度副詞大致可分爲四類:

1. 最 絕 至 極
"最""絕""至""極"主要是表示最高程度的副詞。例如:

(1) 群臣爭功,歲餘功不決。高祖以蕭何功最盛,封爲鄼侯。(司馬遷《史記·蕭相國世家》)
(2) 終踰絕險,曾是不意。(《詩經·小雅·正月》)
(3) 漢使至輕我。(班固《漢書·張騫傳》)

(4) 洪泉極深,何以寘之。(屈原《楚辭·天問》)

2. 太 尤 良 甚

"太""尤""良""甚"主要是表示較高程度的副詞。例如:

(1) 大臣太重,封君太衆,若此則上逼主而下虐民。(《韓非子·和氏》)
(2) 遼西單于蹋頓尤强,爲紹所厚。(陳壽《三國志·魏書·武帝紀》)
(3) 良多趣味。(酈道元《水經注·江水》)

3. 略 少 稍 微 頗

"略""少""稍""微""頗"主要是表示較低程度的副詞。例如:

(1) 遠者天下,近者境内,不可不略知也。(《荀子·君道》)
(2) 太后之色少解。(《戰國策·趙策》)
(3) 陛下素驕之,弗稍禁,以至此。(班固《漢書·爰盎傳》)

4. 彌 加 益 愈 兹(滋)

"彌""加""益""愈""兹"(滋)主要是表示程度加深的副詞。例如:

(1) 仰之彌高,鑽之彌堅。(《論語·子罕》)
(2) 鄰國之民不加少,寡人之民不加多,何也?(《孟子·梁惠王上》)
(3) 曷云其還,政事愈蹙。(《詩經·小雅·小明》)

(四) 情態副詞

情態副詞是指從方式、速度或某一時段内的頻率等方面來修飾動作行爲的副詞。

1. 間 微 竊 相

"間""微""竊""相"主要是表示動作行爲方式的副詞。表示動作行爲秘密進行,理解爲"秘密地""暗地""悄悄地""私下裏"。例如:

(1) 魏王使客將軍辛垣衍間入邯鄲。(《戰國策·趙策》)
(2) 與其客語,微察公子。(司馬遷《史記·信陵君列傳》)
(3) 臣竊觀君與蘇公談也,其辯過君。(《戰國策·趙策》)

"相"表示動作雙方互動。例如:

(4) 鄰國相望,雞犬之聲相聞;民至老死不相往來。(《老子》八十章)

有時"相"不表示互相,而是衹有一方施行動作或行爲,"相"有指代動作行爲對象的作用。例如:

(5) 公擁兵數萬,不肯相救。(班固《漢書·張耳陳餘傳》)
(6) 兒童相見不相識,笑問客從何處來。(賀知章《回鄉偶書》)

2. 遽 卒(猝) 暫 立 即 稍 漸

"遽""卒"(猝)"暫""立""即""稍""漸"主要是表示動作行爲速度的副詞。

"稍""漸"表示速度較慢,强調動作行爲的漸進過程。例如:

(1) 項王乃疑范增與漢有私,稍奪之權。(司馬遷《史記·項羽本紀》)
(2) 年齒漸長。(白居易《與元九書》)

"遽""卒(猝)""暫""立"表示速度很快,强調動作行爲突發,可以理解爲"馬上""立刻""一下子"等意思。例如:

(3) 僕人以告,公遽見之。(《左傳·僖公二十四年》)
(4) 卒有寇難之事,又望百姓之爲己死,不可得也。(《荀子·王霸》)

3. 復 數 累 亟

"復""數""累""亟"表示某一時間内動作行爲的頻率。

"復"表示某一勤作行爲的重複。例如:

(1) 久矣,吾不復夢見周公。(《論語·述而》)

數、累、亟表示多次進行某一動作行爲。例如:

(2) 朕承鴻業十有餘年,數遭水旱疾疫之災,黎民婁困於饑寒。(班固《漢書·成帝紀》)
(3) 亟請於武公,公弗許。(《左傳·隱公元年》)

(五) 語氣副詞

語氣副詞多用於修飾名詞性謂語和動詞性謂語,表達各種語氣。

1. 乃 即

"乃""即"表示確認語氣的副詞。例如：

  (1) 呂公女乃呂后也。(司馬遷《史記·高祖本紀》)
  (2) 此即武王之所以誅紂也。(《墨子·非攻下》)

2. 其 蓋

"其""蓋"表示測度、商榷語氣，意思是"大概""也許""恐怕"。例如：

  (1) 少長有禮，其可用也。(《左傳·僖公二十八年》)
  (2) 列禦寇蓋有道之士也。(《莊子·讓王》)

有時"蓋"位於句首，表示對所論不十分肯定，帶有商榷語氣。例如：

  (3) 蓋均無貧，和無寡，安無傾。(《論語·季氏》)
  (4) 蓋鍾子期死，伯牙終身不復鼓琴。(司馬遷《報任安書》)

3. 竟 曾

"竟""曾"表示驚訝語氣，意思是"竟然""居然"。例如：

  (1) 白起爲秦將……攻城略地，不可勝計，而竟賜死。(司馬遷《史記·項羽本紀》)
  (2) 吾以子爲異之問，曾由與求之問。(《論語·先進》)

4. 其

"其"可以表達一種比較委婉的命令語氣，在命令中帶有勸誡意味，意思是"還是""一定"。例如：

  (1) 君其勿復言！將令斯得罪。(司馬遷《史記·李斯列傳》)
  (2) 昭王之不復，君其問諸水濱。(《左傳·僖公四年》)

5. 豈 寧

"豈""寧"表示反問語氣，通常用在謂語的前面，意思是"難道""怎麼"。例如：

  (1) 晉，吾宗也，豈害我哉？(《左傳·僖公五年》)
  (2) 十人而從一人者，寧力不勝、智不若耶？(《戰國策·趙策》)

(六) 表敬副詞

在古代漢語中,表敬副詞是一類特殊的副詞,它們通常源於動詞的虛化,並且具有較爲具體的意義。表達敬意的方式有兩種:一種是通過使用敬語直接向對方表達尊重;另一種是通過使用謙詞來表達自己的謙遜,這種做法間接地顯示對對方的尊敬。在對話、書信和官方文件中,表敬副詞經常出現。

1. 敬辭

主要有"請""敬""謹""惠""辱""蒙"等。例如:

(1) 先生幸告之以便計,請奉教。(司馬遷《史記·滑稽列傳》)
(2) 徒屬皆曰:"敬受命!"(司馬遷《史記·陳涉世家》)
(3) 誠若先生之言,謹奉社稷而以從。(司馬遷《史記·平原君列傳》)
(4) 君若惠顧諸侯,矜哀寡人而賜之盟,則寡人之願也。(《左傳·成公十三年》)
(5) 君惠徼福於敝邑之社稷,辱收寡君,寡君之願也。(《左傳·僖公四年》)
(6) 故超萬里歸誠,自陳苦急,延頸踰望,三年於今,未蒙省錄。(範曄《後漢書·班超傳》)

2. 謙辭

主要有"敢""竊""忝""伏""猥"等。例如:

(1) 臣之見人甚衆,莫及,臣不如也。臣敢以聞。(司馬遷《史記·范雎蔡澤列傳》)
(2) 此楚莊王之所憂,而君説之,臣竊懼矣。(《吴子·圖國》)
(3) 臣忝備爪牙之任,不能早誅妖逆,至鑾輿再遷。(《舊唐書·李晟傳》)
(4) 臣伏計之,大王奉高祖宗廟最宜稱。(班固《漢書·文帝紀》)
(5) 猥以微賤,當侍東宫。(李密《陳情表》)

三、介詞

介詞是一種由及物動詞演變而來的詞類。它們保留了及物動詞的某些特性,通常需要搭配賓語使用。在某些語境下,及物動詞的賓語可以省略,但介詞的賓語較少出現省略情況。介詞常常出現在名詞、代詞或名詞性詞組之前,組成介詞結構,用來表示時間、地點、目的等。古代漢語和現代漢語中的介詞系統基本相同,但介詞的用法和介賓結構在句法位置上存在一些差異。

(一) 于(於)

在古代漢語中,作爲介詞的"于"和"於"在上古時期發音是不同的。這兩個介詞經歷了各自獨特的歷史演變。甲骨文中已經廣泛出現了介詞"于",而"於"作爲介詞使用則在西周金文中首次出現。在早期的上古文獻,如金文、《詩經》《尚書》中,"于"的使用頻率顯著高於"於"。但是,隨着時間的流逝,這兩個字的使用差別逐漸減少,到了《左傳》的時代,它們的出現頻率已經大致相同。隨後,"於"逐漸成爲主流,取代了"于"。在現代漢字簡化的過程中,"於"又簡化爲"于"。

介詞"于"(於)可以引入與動作行爲相關的處所、時間、原因等,還可以引入與性質和狀態相關的比較對象。

1. 引介處所和時間

例如:

(1) 宋公及楚人戰于泓。(《左傳·僖公二十二年》)
(2) 國人作亂,厲王出奔於彘。(司馬遷《史記·晉世家》)
(3) 朕即位十三年於今,賴宗廟之靈,社稷之福,方内艾安,民人靡疾。(司馬遷《史記·封禪書》)
(4) 宋祖生於丁亥,而建國於庚申。(陶宗儀《南村輟耕錄·正統辨》)

2. 引介涉及的對象

相當於現代漢語的"向""給""對"等,例如:

(1) 潁考叔爲潁谷封人,聞之,有獻於公。(《左傳·隱公元年》)
(2) 三公咸有功於民,故后有立。(司馬遷《史記·殷本紀》)
(3) 告紂之罪於天及殷民。(司馬遷《史記·魯周公世家》)

3. 表示比較

例如:

(1) 德之流行,速於置郵而傳命。(《孟子·公孫丑上》)
(2) 冰,水爲之,而寒於水。(《荀子·勸學》)
(3) 人固有一死,或重於泰山,或輕於鴻毛。(司馬遷《報任安書》)

這種表示比較的用法一般祇用"於"而少用"于",位置一般放在形容詞謂語後面,相當於現代漢語中的"比"。

4. 引介行爲動作的主動者

例如：

(1) 憂心悄悄，慍於群小。(《詩經·邶風·柏舟》)
(2) 勞心者治人，勞力者治於人；治於人者食人，治人者食於人。(《孟子·滕文公上》)
(3) 刑賞已諾，信於天下矣。(司馬光《資治通鑒·周紀·赧王》)

(二) 以

介詞"以"由動詞虛化而來，用法比較複雜，幾乎擁有介詞的所有用法，可以引介動作、行爲、憑藉、時間、原因等。主要用法有以下幾種：

1. 引介憑藉

相當於現代漢語的"用""拿"，其賓語所指代的既可以是具體事物，也可以是抽象事物，例如：

(1) 許子以釜甑爨，以鐵耕乎？(《孟子·滕文公上》)
(2) 蛇出於其下，以肱擊之。(《左傳·成公二年》)
(3) 齊使者如梁，孫臏以刑徒陰見。(司馬遷《史記·孫子吳起列傳》)

2. 引介時間

例如：

(1) 賞以春夏，刑以秋冬。(《左傳·襄公二十六年》)
(2) 武以始元六年春至京師。(班固《漢書·蘇武傳》)
(3) 始以彊壯出，及還，鬚髮盡白。(班固《漢書·蘇武傳》)

3. 引介行爲動作所涉及的對象

例如：

(1) 五畝之宅，樹之以桑。(《孟子·梁惠王上》)
(2) 天子不能以天下與人。(《孟子·萬章上》)
(3) 民，可以樂成，不可與慮始。(司馬遷《史記·滑稽列傳》)

4. 引介原因

例如：

(1) 紂以其大得人心而惡之。(《韓非子·難二》)
(2) 扶蘇以數諫故,上使外將兵。(司馬遷《史記·陳涉世家》)
(3) 所謂華山洞者,以其乃華山之陽名之也。(王安石《遊褒禪山記》)

以上介詞"以"的用法關係密切,各用法之間的界限有時並不明確,但基本意思是一致的。"以"字的用法還有兩點值得注意。一是"以"構成的介詞結構可以在謂語核心前,也可以在謂語核心後。但在表示時間時,就祗能放在謂語動詞之前。二是它的賓語位置。爲了強調"以"的賓語,可以把這個賓語放到"以"的前面。例如:

(4) 楚國方城以爲城,漢水以爲池。(《左傳·僖公四年》)
(5) 一以當十。(司馬遷《史記·項羽本紀》)

(三) 爲

"爲"在周代以後由動詞虛化發展爲介詞,其構成的介賓結構經常位於謂語核心之前作狀語,表示對象、目的、原因等。其主要用法如下:

1. 引介行爲動作有關的對象
例如:

(1) 及莊公即位,爲之請制。(《左傳·隱公元年》)
(2) 臣請爲王言樂。(《孟子·梁惠王下》)

2. 引介動作行爲的原因或目的
例如:

(1) 天行有常,不爲堯存,不爲桀亡。(《荀子·天論》)
(2) 天不爲人之惡寒也輟冬,地不爲人之惡遼遠也輟廣,君子不爲小人之匈匈也輟行。(《荀子·天論》)

3. 引介動作行爲的主動者
例如:

(1) 身體離散,爲天下戮。(《呂氏春秋·慎大覽》)
(2) 夫良馬固車,使臧獲御之則爲人笑。(《韓非子·難勢》)

介詞"爲"的這幾種用法都保留在現代漢語裏。

四、連詞

連詞與介詞一樣,在句子中都發揮聯結作用,但是它們並不相同。連詞是聯結詞、詞組和句子的虛詞。連詞位於構成同一組合的兩個直接成分之間,連接的兩項是並列關係或修飾與被修飾的關係。甲骨文中祇有少數連詞,使用範圍也比較狹窄。直至周秦時代,連詞的數量纔大大增加。連詞的功能可以分爲並列、承接、選擇、遞進、轉折、因果、假設、讓步等。

(一) 與

連詞"與"連接的兩項是並列關係,前後兩項可以是詞,也可以是詞組;可以用來連接並列的名詞、代詞或名詞性詞組。例如:

(1) 晉人以垂棘之璧與屈産之乘假道於虞以伐虢。(《孟子·萬章上》)
(2) 凡有爵者與七十者與未齔者,皆不爲奴。(班固《漢書·刑法志》)
(3) 有白頭如新,傾蓋如故。何則? 知與不知也。(班固《漢書·鄒陽傳》)

現代漢語中"與"如果連接三個以上的並列成分,一般祇在末尾前出現一次。

(二) 以

"以"是連接謂詞性成分的連詞,可以連接詞、詞組和句子,作用與連詞"而"相當。

1. "以"連接的兩項可以是並列關係

例如:

(1) 季康子問:"使民敬、忠以勸,如之何?"(《論語·爲政》)
(2) 余不聽豫之言以罹此難也。(《吕氏春秋·審己》)
(3) 屬予作文以記之。(范仲淹《岳陽樓記》)

2. 連接動詞或動詞性詞組,後面行爲是前一行爲的目的或結果

例如:

(1) 晉侯復假道於虞以伐虢。(《左傳·僖公五年》)
(2) 勞師以襲遠,非所聞也。(《左傳·僖公三十二年》)
(3) 回也聞一以知十,賜也聞一以知二。(《論語·公冶長》)

3. "以"用在複句之中表示分句間目的、假設、因果等不同關係

例如:

(1) 升彼虛矣，以望楚矣。(《詩經·鄘風·定之方中》)
(2) 五國以破齊秦，必南圖楚。(《戰國策·楚策》)
(3) 吾所以爲此者，以先國家之急而後私讎也。(司馬遷《史記·廉頗藺相如列傳》)

(三) 則

"則"是連接謂詞性成分的連詞，可以連接詞、詞組和分句。表示分句之間承接、假設、讓步等關係。

1. 表示兩類事情在時間上前後相承
例如：

(1) 今有一人，入人園圃，竊其桃李，衆聞則非之，上爲政者得則罰之。(《墨子·非攻上》)
(2) 登斯樓也，則有去國懷鄉，憂讒畏譏，滿目蕭然，感極而悲者矣。(范仲淹《岳陽樓記》)

2. 表示因果關係或情理之中的聯繫
例如：

(1) 風之積也不厚，則其負大翼也無力。(《莊子·逍遙遊》)
(2) 日與水居，則十五而得其道；生不識水，則雖壯，見舟而畏之。(蘇軾《日喻》)

3. 表示假設
例如：

(1) 大寇則至，使之持危城，則必畔。(《荀子·議兵》)
(2) 謹守成皋，則漢欲挑戰，慎勿與戰。(司馬遷《史記·項羽本紀》)

4. 表示讓步關係
例如：

(1) 多則多矣，抑君似鼠。夫鼠，晝伏夜動。(《左傳·襄公二十三年》)
(2) 仁則仁矣，恐不免其身。(《莊子·漁父》)

(四) 之

"之"作爲連詞,第一種作用是用在偏正結構中連接定語和中心語,表示領屬關係或修飾關係,大致相當於現代漢語裏的"的"。例如:

(1) 鵬之背不知其幾千里也。(《莊子·逍遥遊》)
(2) 今臣之刀十九年矣。(《莊子·養生主》)
(3) 今欲以先王之政治當世之民,皆守株之類也。(《韓非子·五蠹》)

但連詞"之"所連接的定語和中心語必須出現,"的"總是黏着於其他成分,是定語的附加成分。

"之"字第二種作用是放在主語和謂語之間,連接主語和謂語,以使得主謂結構變爲名詞性的偏正結構,成爲一個更大單元的一部分。例如:

(4) 貢之不入,寡君之罪也。(《左傳·僖公四年》)
(5) 不虞君之涉吾地也。(《左傳·僖公四年》)
(6) 大道之行也,天下爲公。(《禮記·禮運》)

這種用法在現代漢語中沒有相應的詞彙翻譯,反映出了古今語法的差別。

語法學延伸閱讀

王力:《漢語語法史》,中華書局,2014 年。
王力:《漢語史稿》(第 3 版),中華書局,2015 年。
向熹:《簡明漢語史》,商務印書館,2010 年。
楊伯峻、何樂士:《古漢語語法及其發展》,語文出版社,2001 年。
李佐豐:《上古漢語語法研究》,北京广播學院出版社,2003 年。

練習(三)

一、什麼是詞類活用?詞類活用與詞的兼類有什麼區別?
二、分析下列各句中的賓語前置現象。
1. 不吾知也。(《論語·先進》)
2. 驕而不亡者,未之有也。(《左傳·定公十三年》)
3. 出言不以禮,弗之信矣。(《禮記·禮器》)
4. 楚君之惠,未之敢忘。(《左傳·僖公二十八年》)
5. 三歲貫女,莫我肯顧。(《詩經·衛風·碩鼠》)

6. 吾誰欺？欺天乎？（《論語·子罕》）

7. 皮之不存，毛將安傅？（《左傳·僖公十四年》）

8. 彼且奚適也。（《莊子·逍遙遊》）

9. 臣實不才，又誰敢怨？（《左傳·成公三年》）

10. 子歸，何以報我？（《左傳·成公三年》）

三、指出並分析下列句子中的詞類活用現象。

1. 朝濟而夕設版焉。（《左傳·燭之武退秦師》）

2. 有席卷天下，包舉宇內，囊括四海之意。（賈誼《過秦論》）

3. 天下雲集響應，贏糧而景從。（賈誼《過秦論》）

4. 吾得兄事之。（司馬遷《史記·項羽本紀》）

5. 潭西南而望，斗折蛇行。（柳宗元《小石潭記》）

6. 寶珠玉者，殃必及身。（《孟子·盡心下》）

7. 范增數目項王。（司馬遷《史記·項羽本紀》）

8. 趙主之子孫侯者，其繼有在者乎？（《戰國策·趙策》）

9. 彼三晉之兵素悍勇而輕齊。（司馬遷《史記·孫子吳起列傳》）

10. 章將軍等詐吾屬降諸侯。（司馬遷《史記·項羽本紀》）

11. 欲潔其身而亂大倫。（《論語·微子》）

12. 豕人立而啼。（《左傳·莊公八年》）

13. 小子鳴鼓而攻之，可也。（《論語·先進》）

14. 夫人之，我可以不夫人之乎？（《穀梁傳·僖公八年》）

四、指出下列各句中加標記詞的詞性、用法和意義。

1. 楚雖有富大之名，而實空虛。（司馬遷《史記·張儀列傳》）

2. 後狼止，而前狼又至。（《蒲松齡《聊齋志異·狼》》）

3. 曹操比於袁紹，則名微而眾寡。（陳壽《三國志·蜀書·諸葛亮傳》）

4. 及晏子如晉，公更其宅，反則成矣。（《左傳·昭公三年》）

5. 謹守成皋，則漢欲挑戰，慎勿與戰。（司馬遷《史記·項羽本紀》）

6. 樊噲側其盾以撞。（司馬遷《史記·項羽本紀》）

7. 以身教者從，以言教者訟。（韓曄《後漢書·第五倫傳》）

8. 天大雷電以風，禾盡偃。（《尚書·金縢》）

9. 然則一羽之不舉，為不用力焉。（《孟子·梁惠王上》）

10. 天行有常，不為堯存，不為桀亡。（《荀子·天論》）

11. 德音莫違，及爾同死。（《詩經·邶風·谷風》）

12. 時日曷喪？予及汝皆亡。（《尚書·湯誓》）

13. 侯生視公子色終不變，乃謝客就車。（司馬遷《史記·信陵君列傳》）

14. 我將與楚人戰，彼眾我寡，為之奈何？（《韓非子·難一》）

15. 今由與求也，相夫子。（《論語·季氏》）

第四單元　古書的注解

第一節　古注的產生與發展

　　我們一般把清代以前（包含清代）對古籍進行的注釋稱爲古注。古書的注解是前人對各類古籍中的字、詞、句、篇章、章旨和名物制度、典章制度等方面的注釋和解讀，古人古注，去古未遠，尤其是古文家的注，他們的解釋多比較可靠。隨着時代的發展，語言文字發生了很大的變化，我們要讀懂古書往往都要依賴古人古注。因此古注是我們閱讀古書的階梯和橋梁，也是我們重新注釋古書和檢驗新注是否正確的重要依據。

　　先秦是古注的萌芽期。古書注釋的萌芽在先秦典籍中就已經產生，這一時期的注釋多存在於古籍正文中，或依形釋義，如《左傳·宣公十二年》"夫文，止戈爲武"；或隨文説解，如《孟子·梁惠王》"老而無妻曰鰥，老而無夫曰寡，老而無子曰獨，幼而無父曰孤"，《周易·繫辭》"形而上者謂之道，形而下者謂之器，化而裁之謂之變，推而行之謂之通，舉而錯之天下之民謂之事業"；或補充史實、闡發微言大義，如《左傳》《公羊傳》《穀梁傳》等，《左傳》主要是用史實擴張《春秋》的經文，《公羊傳》《穀梁傳》主要闡發《春秋》的微言大義。如：

　　(1)《春秋·文公五年》："秋，楚人滅六。"
　　(2)《左傳·文公五年》："六人叛楚，即東夷。秋，楚成大心、仲歸帥師滅六。"
　　(3)《春秋·隱公元年》："夏五月，鄭伯克段于鄢。"
　　(4)《公羊傳·隱公元年》："克之者何？殺之也。殺之則曷爲謂之克？大鄭伯之惡也。"

　　漢代是古注的興盛期。大規模地、系統性地爲古書作注始於漢代。如果説先秦是注釋的自覺萌芽期，那麽漢代則是真正古書注解的開始。先秦時期的典籍變得艱澀難懂，這促使漢人對先秦古籍進行了注解工作。再者，在漢武帝時期，國家實行"罷黜百家、獨尊儒術"的政策，所以漢人熱衷研究儒家典籍。由於以上原因，漢人對古籍的注解比較側重於儒家典籍字詞和名物訓詁。如：毛亨的《毛詩詁訓傳》、何休的《春秋公羊傳解詁》、鄭玄注"三禮"(《周禮》《儀禮》《禮記》)等，以及趙岐的《孟子章句》、馬融注《周易》《尚書》《毛詩》《三禮》《論語》等。除了對儒家典籍進行注釋之外，還有對其他典籍進行注釋的著作，如高誘的《战國策注》《呂氏春秋注》《淮南子注》，王逸的《楚辭章句》等都是這一時期的產物。這些注釋爲後人進一步解釋典籍、研究典籍，打下了堅實的基礎。

　　魏晉至隋唐是古注的發展期。這一時期，對典籍注釋的範圍擴大，其範圍已經囊括經、史、子、集和小學著作，如王弼的《老子注》，王弼、韓康伯的《周易注》，裴松之的《三國志注》，李善的《文選注》，酈道元的《水經注》，郭璞的《爾雅注》《方言注》等。這一時期還出現了既解經文又釋注文的"經注兼注"的新體式，即"疏"，又稱"正義"。唐代這一注解體式更爲盛行，如孔穎達的《五經正義》(《易》《書》《詩》《禮》《左》)；賈公彦的《周禮疏》《儀禮疏》，徐彦的《春秋公羊傳疏》，杨士勋的《春秋穀梁傳疏》等。唐人注疏講究釋詞解句，考證名物制度翔實，引證豐富。唐人還注解了經書以外的許多古書，如司馬貞的《史記索隱》、張守節的《史記正義》、裴駰的《史記集解》、顏師古的《漢書注》、李善的《文選注》、陸德明的《經典釋文》等。

　　宋代至明代是古注的中落期。宋明時期由於受理學影響較大，這一時期的古書注釋輕文字訓詁，重義理説。朱熹是這一時期注釋的集大成者，其著作有《四書章句集注》(《大學章句》《中庸章句》《論語集注》《孟子集注》)《楚辭集注》《詩集傳》等。此外還有孫奭的《孟子正義》、洪興祖的《楚辭補注》和邢昺的《論語注疏》《孝經注疏》《爾雅注疏》。

　　清代是古注的復興期。清代文字獄盛行，思想禁制嚴重，故而許多學者一門心思研究古代典籍。清儒反對宋明的空談之風，比較重視考據。加之前人文字學、音韻學、訓詁學的研究成果豐富，他們充分吸收了這些成果對重要古籍進行了注解。這一時期古書注本較多，如戴震《方言疏證》、王念孫《廣雅疏證》《讀書雜志》、孫詒讓《周禮正義》《墨子閒詁》、劉寶楠《論語正義》、王先謙《莊子集解》《荀子集解》《漢書補注》、梁玉繩《史記志疑》、王先慎《韓非子集解》、段玉裁《説文解字注》等。

　　古注是我們正確閱讀古書的重要依據。古今詞義、語法等發生了較大變化，並且今人對古代的社會文化缺乏瞭解等，導致今人閱讀古書較爲困難。古人的注解正好爲我們閱讀古籍架起了一座橋梁。古注的作者多爲當時的一些大學問家，他們知識淵博，去古未遠，所注內容大都可信。古注對我國文化傳承具有重要意義。試想，如果我們連古籍都讀不懂，我國的文化何以傳承？古注能够幫助我們讀懂古籍，對我國文化傳承具有重要意義。

第二節　古注的類別與內容

一、古注的類別

按其特點，古注可以分爲傳、箋、疏、章句、集解五類。

1. 傳

傳是解説儒家重要典籍的著作。傳主要解釋經文中的字詞，闡發經義。《毛詩詁訓傳》《春秋左傳》《春秋公羊傳》《春秋穀梁傳》等著作在注釋時都採用這種注釋方式，如：

(1) 毛亨《毛詩詁訓傳》。

《詩經·周南·關雎》："關關雎鳩，在河之洲。"《毛傳》："興也。關關，和聲也。雎鳩，王雎也，鳥摯而有別。水中可居者曰洲。后妃説樂君子之德，無不和諧，又不淫其色，慎固幽深，若關雎之有別焉，然後可以風化天下。夫婦有別則父子親，父子親則君臣敬，君臣敬則朝廷正，朝廷正則王化成。"

《詩經·召南·采蘩》："于以采蘩？于沼于沚。"《毛傳》："蘩，皤蒿也。于，於。沼，池。沚，渚也。公侯夫人執蘩菜以助祭，神饗德與信，不求備焉，沼沚谿澗之草，猶可以薦。王后則荇菜也。"

(2) 左丘明《左傳》①。

《春秋·隱公三年》："夏四月辛卯，君氏卒。"《左傳·隱公三年》："夏，君氏卒。聲子也。不赴于諸侯；不反哭于寢，不祔于姑，故不曰'薨'。不稱夫人，故不言葬，不書姓。爲公故，曰'君氏'。"

《春秋·僖公九年》："九年春王三月丁丑，宋公御説卒。夏，公會宰周公、齊侯、宋子、衛侯、鄭伯、許男、曹伯于葵丘。"《左傳·僖公九年》："九年春，宋桓公卒。未葬而襄公會諸侯，故曰'子'。凡在喪，王曰'小童'，公侯曰'子'。"

(3) 穀梁赤《穀梁傳》。

《春秋·隱公元年》："三月，公及邾儀父盟于眛。"《穀梁傳·隱公元年》："及者何？内爲志焉爾。儀，字也。父猶傅也，男子之美稱也。其不言邾子何也？邾之上古微，未爵命于周也。不日，其盟渝也。眛，地名也。"

《春秋·桓公十一年》："突歸于鄭。"《穀梁傳·桓公十一年》："曰突，賤之也。曰歸，易辭也。祭仲易其事，權在祭仲也。死君難，臣道也。今立惡而黜

---

① 《左傳》的作者，相傳爲左丘明，但是歷來説法不一。

正,惡祭仲也。"

(4) 公羊高《公羊傳》。

《春秋·隱公十一年》:"十有一年,春,滕侯、薛侯來朝。"《公羊傳·隱公十一年》:"其言朝何？諸侯來曰朝,大夫來曰聘。其兼言之何？微國也。"

《春秋·莊公十年》:"二月,公侵宋。"《公羊傳·莊公十年》:"曷爲或言侵,或言伐？觕者曰侵,精者曰伐。戰不言伐,圍不言戰,入不言圍,滅不言入,書其重者也。"

2. 箋

箋是對傳文進行補充或訂正的一種注釋方式。鄭玄曾就《毛傳》作過箋,後世稱爲《鄭箋》。《鄭箋》主要對《毛傳》中隱晦難懂的注釋,進一步加以申發,或將自己不同於《毛傳》的觀點也寫下來,以示區別,如:

(1)《詩經·衛風·氓》:"將子無怒,秋以爲期。"《毛傳》:"將,願也。"《鄭箋》:"將,請也。民欲爲近期,故語之曰:'請之無怒,秋以與子爲期。'"

(2)《詩經·周南·葛覃》:"言告師氏,言告言歸。"《毛傳》:"言,我也。師,女師也。古者,女師教以婦德、婦言、婦容、婦功。祖廟未毀,教于公宮三月。祖廟既毀,教于宗室。婦人謂嫁曰歸。"《鄭箋》:"我告師氏者,我見教告于女師也,教告我以適人之道。重言我者,尊重師教也。公宮、宗室,于族人皆爲貴。"

3. 正義(疏)

正義是對經書進行注解的一種方式,其爲奉詔官修。疏和正義的注釋在本質上相同,祇不過疏多爲私家注釋。後人摘引疏和正義,不加以區分,於是疏和正義便不再區別。疏和正義不僅注釋正文,還給前人的注解作注解。《十三經注疏》就是採用的這種注釋方式,《十三經注疏》即:

《周易正義》,魏王弼、晉韓康伯注,唐孔穎達等正義
《尚書正義》,舊題漢孔安國傳,唐孔穎達等正義
《毛詩正義》,漢毛亨傳,鄭玄箋,唐孔穎達等正義
《周禮注疏》,漢鄭玄注,唐賈公彥疏
《儀禮注疏》,漢鄭玄注,唐賈公彥疏
《禮記正義》,漢鄭玄注,唐孔穎達等正義
《春秋左傳正義》,晉杜預注,唐孔穎達等正義
《春秋公羊傳注疏》,漢何休注,唐徐彥疏
《春秋穀梁傳注疏》,晉范寧注,唐楊士勛疏

《孝經注疏》，唐玄宗注，宋邢昺疏
《論語注疏》，魏何晏集解，宋邢昺疏
《爾雅注疏》，晉郭璞注，宋邢昺疏
《孟子注疏》，漢趙岐注，宋孫奭疏

下面列舉幾例有關"疏"的例子，如：

(1)《詩經·齊風·南山》："葛屨五兩，冠緌雙止。魯道有蕩，齊子庸止。既曰庸止，曷又從止？"【疏】"葛屨"至"從止"。○《正義》曰："屨以兩隻爲具，五爲數之奇，言葛屨服之賤，雖有五兩，其數雖奇，以冠緌往配而雙止，則非其宜，以喻文姜是襄公之妹，雖與姪娣傅姆有五人矣，其數雖奇，以襄公往配而雙之，亦非其宜。襄公，兄也；文姜，妹也。兄妹相配，是非其宜。既云不宜相配，又責非理爲淫。魯之道路有蕩然平易，齊子文姜用此道以歸魯止，既曰用此道以歸魯止，彼自有夫，襄公何爲復從雙止？責其復從文姜爲淫泆之行。"

(2)《周易·乾卦》："九三：君子終日乾乾，夕惕若厲，無咎。"○注"處下體之極"至"免龍戰之災"。①《正義》曰："'處下體之極'者，極，終也。三是上卦之下，下體之極，故云'極'也。又云：'居上體之下'者，四、五與上是上體，三居四下，未入上體，但居上體之下，四則已入上體，但居其上體之下，故九四注云'居上體之下'，與此別也。云'履重剛之險'者，上下皆有陽爻，剛強好爲險難，故云'履重剛之險'。云'上不在天，未可以安其尊'者，若在天位，其尊自然安處，在上卦之下，雖在下卦之上，其尊未安，故云'未可以安其尊'也……"

(3)《孝經·諸侯章第三》："在上不驕，高而不危。制節謹度，滿而不溢。高而不危，所以長守貴也。滿而不溢，所以長守富也。富貴不離其身，然後能保其社稷，而和其民人。蓋諸侯之孝也。"【疏】"在上"至"孝也"。○《正義》曰："夫子前述天子行孝之事已畢，次明諸侯行孝也。言諸侯在一國臣人之上，其位高矣。高者危懼，若不能以貴自驕，則雖處高位，終不至於傾危也。積一國之賦税，其府庫充滿矣。若制立節限，慎守法度，則雖充滿而不至盈溢也。滿謂充實，溢謂奢侈。《書》稱'位不期驕，祿不期侈'，是知貴不與驕期而驕自至，富不與侈期而侈自來。言諸侯貴爲一國人主，富有一國之財，故宜戒之也。又覆述不危不溢之義，言居高位而不傾危，所以常守其貴；財貨充滿而不盈溢，所以長守其富。使富貴長久，不去離其身，然後乃能安其國之社稷，而協和所統之臣人。謂社稷以此安，臣人以此和也。言此上所陳，蓋是諸侯之行孝也。"

4. 章句

章句是古書注解的一種方式。章句不僅對古籍中的字詞進行逐一解釋，同時還會

---

① 此注爲魏王弼、晉韓康伯所作。

解釋句子和全章的意思、辨明篇章結構等。《孟子章句》《楚辭章句》等都採用了這種注釋方式，如：

(1)《孟子·梁惠王上》："孟子見梁惠王。王曰：'叟不遠千里而來，亦將有以利吾國乎？'"《章句》："曰，辭也。叟，長老之稱也，猶父也。孟子去齊，老而至魏，王尊禮之。曰：'父不遠千里之路而來至此，此亦將有以為寡人興利除害者乎？'"

(2)《孟子·公孫丑上》："孟子曰：'天時不如地利，地利不如人和。三里之城，七里之郭，環而攻之而不勝；夫環而攻之，必有得天時者矣，然而不勝者，是天時不如地利也。'"《章句》："天時謂時日支干五行旺相孤虛之屬也。地利，險阻城池之固也。人和，得民心之所和樂也。環城圍之必有得天時之善處者，然而城有不下，是不如地利。"

(3)《孟子·滕文公上》："有為神農之言者許行。"《章句》："章旨：言神農務本，教於凡民。許行蔽道，同之君臣。陳相倍師，降於幽谷；不理萬情，謂之敦樸。是以孟子博陳堯舜上下之敘以匡之也。"

5. 集解

集解，又稱為集注、集說、集釋等。集解大多將各家的解說彙集在一起，然後作者對諸家的意見再進行評論，或補充證據支持某一家觀點，或否定各家觀點，提出自己的新見解，如三國魏何晏的《論語集解》、清郭慶藩的《莊子集解》、清王先謙的《荀子集解》。如《荀子集解》：

(1)《勸學篇第一》：木直中繩，輮以為輪，其曲中規。雖有槁暴，不復挺者，輮使之然也。輮，屈。槁，枯。暴，乾。挺，直也。《晏子春秋》作"不復贏矣"。○盧文弨曰："暴"，舊本作"暴"，非。《說文》一作"暴"，晞也。一作暴，疾有所趣也。《顏氏家訓》分之亦極明。今此字注雖訓乾，然因乾而暴起，則下當從"本"。案《考工記·輪人》"槁"作"薂"鄭注云："薂，薂暴，陰柔後必橈減幬革暴起。"《釋文》步角反。劉步莫反，一音蒲報反。又注"贏"，舊本訛作"贏"。案贏，緩也今據《晏子雜上篇》改正，亦作贏。

(2)《勸學篇第一》：吾嘗終日而思矣，○先謙案：《大戴記》"吾"上有"孔子曰"三字。不如須臾之所學也。吾嘗跂而望矣，不如登高之博見也。跂，舉足也。登高而招，臂非加長也，而見者遠；順風而呼，聲非加疾也，而聞者彰。假輿馬者，非利足也，而致千里；假舟檝者，非能水也，而絕江河。能，善。絕，過。○王念孫曰："江河"本作"江海"，"海"與"里"為韻，下文"不積小流，無以成江海"，亦與"里"為韻。今本"海"作"河"，則失其韻矣。《文選》《海賦》注引此正作"絕江海"，《大戴記》《勸學篇》《說苑》《說叢篇》竝同。《文子·上仁篇》作"濟江海",文雖小異,作"江海"則同。俞樾曰:能,當讀爲耐。《漢書·食貨志》"能風與旱",《鼂錯傳》"其性能寒",趙充國傳"漢馬不能冬",師古注竝曰"能,讀曰耐"。此文"能"字正與彼同。

此外還有"音義",即爲古書的字詞注音釋義。如唐陸德明的《經典釋文》就是以注音爲主,是音義類注釋的代表。"補注"也是一種注解類型,又稱爲補疏、補釋、補正、補義等,即補充、訂正前人注釋的一種注釋。如宋洪興祖的《楚辭補注》、清王先謙的《漢書補注》等。

二、古注的內容與術語

(一) 古注的內容

古人對典籍進行注解,其內容主要分爲解釋詞義、疏通文意、標明讀音、補正史實等。下面就從這幾個方面,結合具體的例子,作一下簡單介紹。

1. 釋詞解句

即解釋古書中的疑難字詞及句子的含義。注音也屬於釋詞的內容。如:

(1)《詩經·邶風·凱風》:"有子七人,莫慰母心。"《毛傳》:"慰,安也。"

(2)《詩經·周南·卷耳》:"嗟我懷人,寘彼周行。"《毛傳》:"懷,思。寘,置。行,列也。"

(3)《禮記·大學》:"所謂誠其意者,毋自欺也。如惡惡臭,如好好色。"《釋文》:"惡惡,上烏路反,下如字。臭,昌救反。好好,上呼報反,下如字。"

(4)《楚辭·九歌·國殤》:"車錯轂兮短兵接。"王逸《楚辭章句》:"言戎車相迫,輪轂交錯,長兵不施,故用刀劍相接擊也。"

2. 疏通文意

即注家就典籍中語句進行解釋,將語句的意思說清楚,此外還概括篇章主旨,如:

(1)《荀子·勸學》:"君子之學也,入乎耳,著乎心,布乎四體,形乎動靜。"楊倞注:"入乎耳,著乎心,謂聞則志而不忘也。布乎四體,謂有威議潤身也。形乎動靜,謂知所措履也。"

(2)《詩經·齊風·南山》:"魯道有蕩,齊子由歸。"《鄭箋》:"言文姜既以禮從此道嫁於魯侯也。"

(3)《詩經·小雅·采薇》:"昔我往矣,楊柳依依,今我來思,雨雪霏霏。行道遲遲,載渴載饑,我心傷悲,莫知我哀。"鄭箋:"上三章言戍役,次二章言將率之行,故此章重序其往反之時,極言其苦以説之。"

3. 補正史實

即用注釋的内容來補充訂正史實,關於這一點,《左傳》有很多,如:

(1)《春秋·桓公四年》:"四年春正月,公狩于郎。夏,天王使宰渠伯糾來聘。"《左傳·桓公四年》多出了"秋,秦師侵芮,敗焉,小之也"。這是典型的補充無經的傳文。《左傳》中,這樣補充無經的傳文的例子還有很多。

(2)《春秋·襄公二十七年》:"十有二月乙卯朔,日有食之。"《左傳·襄公二十七年》:"十一月乙亥朔,日有食之。"日食發生在十一月,《春秋》記載成了十二月,《左傳》訂正了其錯誤。

4. 闡明典故、名物、典章制度

古人作文常引經據典,尤其是魏晉南北朝時用典成風,指出典故也是注釋的重要内容之一。時代不同,名物稱謂與典章制度也有別,歷代學者在注釋古文時也尤其注重這些内容的闡釋。如:

(1)《左傳·昭公十三年》:"諺曰:'臣一主二',吾豈無大國?"杜預注:"言一臣必有二主,道不合,得去事他國。"

(2)《詩經·小雅·苕之華》:"苕之華,芸其黃矣。心之憂矣,維其傷矣!"《爾雅·釋草》:"苕,陵苕。黄華蔈,白華茇。"毛傳:"苕,陵苕也,將落則黄。"鄭玄箋:"陵苕之華紫赤而繁。"孔穎達疏:"如《釋草》之文,則苕華本自有黄有白。將落則黄,是初不黄矣。箋云'陵苕之華紫赤而繁',陸璣疏亦言其華紫色,蓋就紫色之中有黄紫白紫耳,及其將落,則全變爲黄。"

(3)《淮南子·泰族訓》:"商鞅爲秦立相坐之法,而百姓怨矣。"高誘注:"相坐之法,一家有罪,三家坐之。"

此外,古注爲解釋詞句,有時還必須對句子的語法和修辭進行分析。例如:《詩經·周南·汝墳》:"既見君子,不我遐棄。"孔穎達《正義》:"不我遐棄,猶云不遐棄我也。古之人語多倒,《詩》之此類衆矣。"

(二) 古注的術語

要想正確理解古人給古籍作的注解,有必要熟悉古人注解時常用的術語。這些術語大體可分爲釋義術語、聲訓術語、注音術語、校勘術語等。下面結合具體的例子對這幾類術語進行簡單介紹。

1. 釋義術語

釋義術語有曰、爲、謂之、謂、貌、之貌、猶等。使用"曰、爲、謂之"這三個術語時,被釋的詞總是放在"曰""爲""謂之"的後面。這三個術語可翻譯爲"叫""叫作",常用來辨析同義詞和近義詞的差別。例如：

(1)《詩經·衛風·氓》："爾卜爾筮,體無咎言。"《毛傳》："龜曰卜,蓍曰筮。"
(2)《楚辭·離騷》："衆皆競進以貪婪兮,憑不厭乎求索。羌内恕己以量人兮,各興心而嫉妒。"王逸注："害賢爲嫉,害色爲妒。"
(3)《穀梁傳·襄公二十四年》："一穀不升謂之嗛,二穀不升謂之飢,三穀不升謂之饉,四穀不升謂之康。"

例(1)是將用烏龜占卜叫作"卜",將蓍草占卜叫作"筮"。例(2)將害賢叫作"嫉",將害色叫作"妒"。例(3)分別解釋了什麽是嗛、飢、饉、康。從以上三個例子,可以發現使用"曰、爲、謂之"三個術語時,有時候能起到辨別詞義的作用。

"謂"也是釋義術語,它和"謂之"有所不同,使用"謂"時,被釋的詞放在"謂"的前面。使用"謂"這個術語,大多爲以具體的事物解釋抽象的事物,用一般的事物解釋特殊的事物,相當於現代漢語的"指"。例如：

(4)《論語·子罕》："後生可畏。"何晏注："後生謂少年。"
(5)《楚辭·涉江》："陰陽易位,時不當兮。"朱熹注："陰謂小人,陽謂君子。"
(6)《孟子·滕文公上》："樹藝五穀。"趙岐注："五穀謂稻黍稷麥菽也。"

貌、之貌,這兩個術語主要用於注釋形容詞,一般放在動詞或形容詞的後面,用來說明被釋詞語的性質或狀態,例如：

(7)《詩經·鄭風·羔裘》："羔裘晏兮,三英粲兮。"《毛傳》："晏,鮮盛貌。"
(8)枚乘《七發》："沌沌渾渾,狀如奔馬。"李善注："沌沌渾渾,波相隨之貌也。"
(9)《莊子·逍遥遊》："夫列子禦風而行,泠然善也。"郭象注："泠然,輕妙之貌。"

猶,用這個術語作注解時,解釋詞和被解釋詞往往是近義詞,但二者的意義並不完全相同,相當於現代漢語的"等於説""等於"。例如：

(10)《詩經·小雅·黄鳥》："言旋言歸,復我諸父。"《毛傳》："諸父,猶諸兄也。"
(11)《孟子·梁惠王上》："老吾老以及人之老,幼吾幼以及人之幼。"趙岐注："老,猶敬也；幼,猶愛也。"

(12)《詩經·豳風·鴟鴞》:"鴟鴞鴟鴞,既取我子,無毀我室。"鄭箋:"室,猶巢也。"

2. 聲訓術語

之言、之為言,使用這兩個術語時多為聲訓,解釋的詞和被解釋詞之間或是同音關係,或是雙聲疊韻關係,表示釋詞和被釋詞因音相通而有意義的聯繫。例如:

(1)《論語·為政》:"為政以德,譬如北辰,居其所,而衆星共之。"朱熹注:"政之為言正也,所以正人之不正也。德之為言得也,得於心而不失也。"
(2)《論語·季氏》:"吾恐季孫之憂,不在顓臾,而在蕭墻之內也。"鄭玄注:"蕭之言肅也。墻謂屏也。君臣相見之禮至屏而加肅敬焉,是以謂之蕭墻。"
(3)《周禮·地官》:"媒氏:下士二人,史二人,徒十人。"鄭玄注:"媒之言謀也。"

3. 注音術語

讀為、讀曰、讀若、讀如,這四個術語均能够起到注音作用。其中讀若、讀如主要用於注音,而讀為、讀曰主要用於假借。如:

(1)《漢書·李廣傳》:"不識曰:'李將軍極簡易,然虜卒犯之,無以禁。'"顏師古注:"卒讀曰猝。"
(2)《禮記·大學》:"此之謂自謙。"鄭玄注:"謙讀為慊,慊之言厭也。"
(3)《儀禮·鄉飲酒禮》:"公升如賓。"鄭玄注:"如,讀若今之若。"
(4)《呂氏春秋·音律》:"修法飭刑。"高誘注:"飭讀如敕。"

直音和反切是古書注音的兩種重要方法。直音指的是用一個簡單的字給一個不常見的字注音,這兩個字的讀音相同。反切指的是用兩個字給一個字注音,第一個字取其聲母,第二字取其韻母和聲調,然後將其拼合起來給另外一個字注音,往往稱為"某某反"或"某某切"。如:

(5)《詩經·邶風·綠衣》:"我思古人,俾無訧兮。"陸德明《經典釋文》:"訧音尤。"
(6)《尚書·益稷》:"懋遷有無化居。"陸德明《經典釋文》:"懋,音茂。"
(7)康,苦岡切。
(8)狂,巨王切。

例(5)是用"尤"給"訧"注音。例(6)是用"茂"給"懋"注音。例(7)是用"苦岡"切出"康"的讀音。"苦"字取其聲母"k","岡"字取其聲母和聲調"āng",拼合在一起為

"kāng"。例(8)是用"巨王"切出"狂"的讀音,但是我們發現,"巨王"切出的讀音爲"juáng",切出來的讀音不是"狂"的讀音,這是古今語音的變化導致的,這種現象,林序達先生在《反切概説》一書中有詳述,可以參考。

如字,是古代注音的一個重要術語。有時候一個字有多個讀音,用"如字"就是指出這個字應該讀本音,如:

(9)《詩經·周南·卷耳》:"我姑酌彼金罍,維以不永懷。"陸德明《經典釋文》:"姑,如字。"

(10)《尚書·益稷》:"予欲聞六律、五聲、八音,在治忽,以出納五言,汝聽。"陸德明《經典釋文》:"出,如字。……納,如字。"

此外,"古字某某同""古聲某某同""某某義同""某與某字通"是解釋通假字的術語,如:《詩·大雅·文王》:"陳錫哉周。"毛傳:"哉、載。"孔疏:"哉與載古字通。"

4. 校勘術語

當爲、當作,是校改誤字誤讀,常表示作:某當爲某。

(1)《禮記·昏義》:"爲後服資衰。"注:"資當爲齊,聲之誤。"

或爲、或作、本作、本亦作、某本作,校勘文字異同。

(2)《禮記·曾子問》:"命毋哭。"陸德明《經典釋文》:"毋,本作無。"
(3)《周易·繫辭下》:"來者信也。"陸德明《經典釋文》:"信也,本又作伸。"

衍文、脱文,是重要的校勘術語。"衍文"又稱爲"衍字",指古籍中多出來的文字。"脱文"又稱爲"脱字",指古籍中脱落掉的文字。下面列舉幾例:

(4)《荀子·王霸》:"國者,天下之制利用也。"楊倞注:"制,衍字耳。"
(5)《論語·顏淵》:"雖有粟,吾得而食諸?"阮元《校勘記》:"皇本、高麗本'吾'下有'豈'字。"

古注有助於古文閲讀。清人阮元在《十三經注疏·重刻宋版注疏總目録》中指出:"竊謂士人讀書,當從經學始,經學當從注疏始。空疏之士,高明之徒,讀注疏不終卷而思臥者,是不能潜心研索,終身不知有聖賢諸儒經傳之學矣。至於注疏諸義,亦有是非,我朝經學最盛,諸儒論之甚詳,是又在好學深思、實事求是之士由注疏而推求尋覽之也。"阮元之言十分中肯,閲讀古書要依靠古注,但不能迷信古注,辨證地吸收古注觀點纔更有助於正確理解古文。

第三節　古代漢語常用工具書簡介

一、文字學工具書

（一）許慎《説文解字》

《説文解字》簡稱《説文》，東漢許慎著。《説文解字》是我國現存最早的字典，也是我國第一部系統完備的字典，對後世字典辭書的編纂產生了深遠的影響。

《説文解字》全書共十五卷，其中正文十四卷，第十五卷是《敘》《部首》和《後敘》。全書共收入9353字，重文1163字。《説文》首創以部首統率漢字的字典編纂法，每部立一字爲部首，所收之字，據形係聯，歸屬於540部首之下。540部首的次序，根據漢代陰陽五行家的"萬物生於一，畢終於亥"的思想，形成"始一終亥"的次序，部首之間則按照形體相近或意義相關的原則排列。

《説文》也是我國第一部以分析漢字字形、解釋漢字本義爲宗旨的字書。其正文列小篆字頭，並依據小篆説解字形本義，分析字形結構，有的字則列出重文，加注讀音、注解等。分析字形時，凡象形字則曰"象形""象某某之形"，指事字則曰"指事"，會意字則曰"从某，从某""从某，某"，形聲字則曰"从某，某聲"，若聲符或形符有省變者則曰"某省聲""某省"，若是會意兼形聲則曰"从某，从某，某亦聲"。如：

　　刀，兵也。象形。凡刀之屬皆从刀。
　　丄，高也。古文上，指事也。凡丄之屬皆从丄。丄，篆文丄。
　　則，等畫物也。从刀、从貝，貝，古之物貨也。𠛅，古文則。𠛁，亦古文則。鼎，籒文則，从鼎。
　　刉，劃傷也。从刀，气聲。一曰斷也。又讀若殪。一曰刀不利，於瓦石上刉之。

《説文》注音標記爲"讀若"，今本所見反切注音爲後人所加。南唐徐鍇《説文解字繫傳》（小徐本）中的反切是南唐朱翱所加。徐鍇之兄徐鉉校訂的《説文解字》（大徐本）中的反切是據唐代孫愐的《唐韻》所加。關於《説文》的研究，清代的"説文四大家"最爲著名，分別是：段玉裁的《説文解字注》、桂馥的《説文解字義證》、王筠的《説文句讀》《説文釋例》、朱駿聲的《説文通訓定聲》。

《説文解字》對後世影響極大。許慎第一次按文字學原則建立部首編排的方法，給後代的字書帶來了巨大的影響，這種方式直到現在還在使用。《説文解字》以小篆字形作爲分析的對象，同時把當時所見的古文、籒文等別體作爲重文，附列於後，保存了大量先秦漢字的字體,爲研究古文字提供了極其珍貴的比對資料,是溝通古今文字的橋梁。許慎首次對六書理論進行了具體說明和運用,這些直到今天仍然是我們分析漢字結構的基本依據。同時《説文解字》中還保存了漢以前的古音、古訓,爲我們研究上古漢語詞彙、鏈接先秦兩漢的名物、制度等提供了重要的參考資料。

(二)《康熙字典》

《康熙字典》是清康熙四十九年(1710)詔令陳延敬、張玉書等人以明代的《字彙》和《正字通》爲藍本編纂的,第一部用"字典"命名的字書,成書於康熙五十五年(1716),歷時6年,收字47 035個,是古代收錄漢字最多的字典。

《康熙字典》以部首法排列,分爲214部,將部首歸入以十二地支命名的12集,每集又分上中下三卷,同部首的字皆以筆畫多少爲序,並按韻母、聲調以及音節分類排列韻母表及其對應漢字。正文之前有序(附康熙"上諭")、凡例、等韻、總目、檢字、辨似。"凡例"共18條,闡述本書的編寫原則。"等韻"介紹字母切韻要法等,幫助讀者解決切音問題。"總目"是214部首按筆畫多寡排列的目錄。"檢字"是按筆畫列出讀者不易分別部首的難字以便檢查。"辨似"將筆畫相似的字列出並予以說明。

《康熙字典》釋字的體例是先列本音本義,再列別音別義。注音以羅列《唐韻》《廣韻》《集韻》《韻會》《洪武正韻》等古代韻書中的反切爲主,參以《玉篇》《類篇》《五音集韻》等書,有時還採用經傳、老、莊等書的音釋,輔以直音。釋義以引用古書及傳注中的解釋爲主,所引一般都屬於時代最早的用例,且標明書名和篇名,所舉實例依照經史子集等書的次序,而經史之中又注意年代的先後。凡別音別義均以"又"字標明。例如"土"部的"堅":

> 堅,《廣韻》古賢切,《集韻》《韻會》《正韻》:經天切,並音肩。實也,固也,勁也。《詩·大雅》:實堅實好。《禮·月令》:季冬之月,水澤腹堅。又將在中軍曰中堅。《後漢·光武紀》:衝其中堅。又姓。見《姓苑》。又《諡法》彰義掩過曰堅。又叶居銀切,音巾。《後漢·雷義傳》:鄉里語曰:膠黍自謂堅,不如雷與陳。

字有古體的,列在本字之下,如有所考辨,則於注末用"○"隔開,並加"按"字標明。如"信":

> 信,古文伈、訫……○按《正韻》云:韓王信本與淮陰侯同名,嫌誤讀作新。今《敘傳》韓信音新,是信本有平、去兩音,其讀平者亦音,而非叶矣。

在正文之後,還有"補遺"和"備考"。"補遺"羅列了正集沒有收錄的稍僻的字;"備考"則是收無可考據、有音無義或音義全無、不通用的字。

《康熙字典》是我國古代字書的集大成者,它收字多,字之別體、俗寫均錄;注音全面,搜羅字音完備,凡是韻書所載依序排列;釋義求古,義例多爲原始出處。《康熙字典》

問世後,社會影響巨大。它的文字、音義、書證被廣泛引用,它的體例也成爲後世出版字書的藍本,具有極高的研究價值。

(三)《漢語大字典》

《漢語大字典》成書於二十世紀八十年代,由川、鄂兩省三百多位專家、學者歷經十年編纂完成,首版八卷本於 1990 年出齊,其後又分別於 1992 年、1995 年、2001 年出版了縮印本、三卷本和四卷本。《漢語大字典》是一部以解釋漢字的形、音、義爲主要任務的大型語文工具書,共計收錄單字約 5.6 萬個,總字數 2 030 萬字,凡古今文獻、圖書資料中出現的漢字,幾乎都可以從中查出,是當今世界上規模最大、收集漢字單字最多、釋義最全的一部漢語字典。

《漢語大字典》按部首筆畫編排,所用部首共二百部。同部首的字按除去部首以外的筆畫數排列,同筆畫的字再按起筆一(橫)、丨(竪)、丿(撇)、丶(點)、乙(折)五種筆形的順序排列。各卷之首列有該卷的筆畫檢字表,末卷附有全書的筆畫檢字表。

《漢語大字典》對單字的說解一般包括解形、注音、釋義、引證四項。在字形方面,各字頭下列出了能反映字形源流演變關係的、有代表性的甲骨文、金文、小篆和隸書形體,接着引《説文》以說明其本義和構形。在注音方面,依次注字的今音、中古音和上古音,如一字多音則分列。今音用中文拼音字母標注;中古音用《廣韻》或《集韻》中的反切標注,同時標明聲、韻、調;上古音衹標韻部,採用的是近人考訂的古韻三十部。在釋義方面,其所分義項較細,一般按本義、引申義、假借義的順序排列義項,兼收一些生僻字的義項和常用字的生僻義項以及複音詞的詞素義,對義項的確定既注重繼承前人已有的成果,又重視吸收今人新的研究成果。在引證方面標明了書名、篇名和卷次,源流並重,重古而不輕今,古今貫通,便於查閱。

在訓解方面,《漢語大字典》的進步之處還在於廣泛吸收現代語言研究的新成果,從語法角度爲數詞、量詞、代詞、副詞以及其他虛詞標明了詞性,指明其用法。

二、詞彙學工具書

(一)《爾雅》

《爾雅》以往稱爲"義書",這是與稱《説文》爲"形書"、稱《廣韻》爲"音書"相對而言的。確切地説,《爾雅》是我國最早的一部纂集詞義訓釋材料的專著,也是我國最早的語義分類詞典。《爾雅》的作者,有託名爲周公的,有説是孔子門人的,現在多數人的看法是由秦漢間學者採集六經的訓釋特別是《詩》的訓釋增益而成。《爾雅》書名的含義,"爾"同"邇",是"近"的意思;"雅"是"正"的意思,這裏具體指雅言;"爾雅"即近正之義,是說用當時規範的標準語來解釋古語詞。

現存的《爾雅》分爲 19 篇,依次爲釋詁、釋言、釋訓、釋親、釋宫、釋器、釋樂、釋天、釋地、釋丘、釋山、釋水、釋草、釋木、釋蟲、釋魚、釋鳥、釋獸、釋畜,共收語詞 4 300 多個,分列條目 2 091 個。"釋詁"是解釋古代的語詞,基本方法是把若干個同義詞或同訓詞集中起來,用一個當時通行的語詞作解釋。"釋言"是以字作爲解釋對象,被訓釋詞大多祇有一兩個。"釋訓"專門解釋描寫事物情貌的疊音詞或聯綿詞。這三篇的解釋方式是把同義詞歸攏在一起,用一個通行語解釋。如:

  如、適、之、嫁、徂、逝,往也。(釋詁)
  濬、幽,深也。(釋言)
  祁祁、遲遲,徐也。(釋訓)

後十六篇是對指稱專門事物的語詞作解釋,這些名物詞的出處不限於經傳,《楚辭》《山海經》亦有,涉及天文、地理、生物、人事等方面的知識。這十六篇的解釋方式,多爲用一句話説明詞義,有的是以通名釋別名、以今釋古。如:

  山大而高,嵩。山小而高,岑。鋭而高,嶠。卑而大,扈。小而衆,巋。(釋山)
  泉一見一否爲瀸。(釋水)
  鯝,黑鰦。(釋魚)

《爾雅》匯集了先秦至漢代不同時期、不同地域的語詞及其解釋材料,對於閲讀先秦兩漢的經典文獻,研究上古漢語詞義及其發展都有重要價值。《爾雅》的注本最早最完整的是晉代郭璞的《爾雅注》,見於《十三經注疏》所收宋代邢昺的《爾雅疏》中。對《爾雅》注釋較爲詳備並揭示了《爾雅》體例的是清代邵晉涵的《爾雅正義》和郝懿行的《爾雅義疏》。

(二)《釋名》

《釋名》,東漢劉熙作,我國第一部語源學詞典,收録秦漢詞語1 500多條。《釋名》是一部從語言聲音的角度來推求字義由來的著作,它就音以説明事物得以如此稱名的緣由,並注意到當時的語音與古音的異同。

《釋名》對後代訓詁學因聲求義的影響很大,同時也是研究漢語語源學的要典,其體例仿照《爾雅》。《釋名》産生後長期無人整理,到明代,郎奎金將它與《爾雅》《小爾雅》《廣雅》《埤雅》合刻,稱《五雅全書》。因其他四書皆以"雅"名,於是改《釋名》爲《逸雅》。從此《釋名》又別稱《逸雅》。

《釋名》今本27篇分爲8卷。所釋爲天、地、山、水、丘、道、州國、形體、姿容、長幼、親屬、言語、飲食、綵帛、首飾、衣服、宫室、牀帳、書契、典藝、用器、樂器、兵、車、船、疾病、喪制。《釋名》所訓釋的對象不側重於文獻語言,而重於日常名物事類,因此它涉及社會生活面廣,從天文、地理到人事、習俗都有所反映。

《釋名》對研究訓詁學、語言學、社會學來説,都是極爲重要的著作。清人畢沅説:"其書參校方俗,考合古今,晰名物之殊,辨典禮之異,洵爲《爾雅》《説文》以後不可少之書。"(《釋名疏證·序》)這一評價是很中肯的。

(三)《經籍籑詁》

《經籍籑詁》由清代阮元主編,成書於嘉慶三年(1798)。參編者是阮元任浙江學政時所挑選的經生數十人,實際總編是臧鏞堂。它纂集了唐代以前經史子集各種經籍中的訓詁成說,以及漢晉以來字書、韻書、音義書中的訓釋材料,是唐代以前訓詁材料的總集。

全書共 106 卷,收錄 13 349 個單字,按平水韻分部,每一韻爲一卷,各卷單字略依《佩文韻府》次序編排。凡一字數體,"通作""或作"之類,依《集韻》置於一處。一字數讀的,依韻分入各部,單字不注音。此書所收爲單字,但注釋中也包括雙音詞。釋義一般先列本義,次列引申義,再列輾轉相訓與名物數象,各義項之間用"○"隔開,每個義項先説字義再列出處,被釋字用"—"代替。例如:

楓—櫏,櫏[《爾雅·釋木》] ○—樹厚葉弱莖大,風則鳴,故曰—[《爾雅·釋木》]舍人注 ○—香木也[《文選·西京賦》]梓械梗—薛注 ○—木即今—香樹[《山海經·大荒南經》]有木生山上,名曰—木注 ○—柙,皆香木名也[《文選·吴都賦》]木則—柙橡樟,劉注

編者在此書刊行後,作《補遺》106 卷,補充了此前未曾收錄的《説文》説解與其他訓釋材料。1936 年世界書局影印原刊本,將《補遺》的内容補錄到正編各字之下,又編了筆畫檢字索引置於書前。1982 年中華書局、成都古籍書店都曾出版該書的影印本。

《經籍籑詁》是我國唯一一部大型的彙輯古書中的文字訓釋編排而成的訓詁詞典,採用古書 100 多種。它取材宏富,排列有序,爲檢尋故訓和考察字義的發展提供了很大的方便,清代王引之便在該書序言中稱贊它"展一韻而衆字畢備,檢一字而諸訓皆存,尋一訓而原書可識"。

(四) 劉淇《助字辨略》

《助字辨略》是清代劉淇創作的字書著作,首次出版於 1711 年,是對虛字比較有系統研究的最早的著作。

《助字辨略》共五卷,共收助字(虛字)476 個,選自先秦至宋、元的經傳、諸子、詩詞、小説及俗語。依照平上去入四聲分部編次,按上平、下平、上聲、去聲、入聲編爲五卷,卷首有劉淇的自序,説明了著書的目的和體例。

劉淇把助字分爲重言、省文、助語、斷語、疑詞、詠歎詞、急詞、緩詞、發語詞、語已詞、設詞、別異之詞、繼事之詞、或然之詞、原起之詞、終竟之詞、頓挫之詞、承上、轉下、語辭、通用、專辭、僅辭、歎辭、幾辭、極辭、總括之辭、方言、例文、實字虛用,共三十類。釋義的方式共分正訓、反訓、通訓、借訓、互訓、轉訓六種。

本書取材廣泛,闡述明確,引證排比的材料相當豐富,而且對某些字辨析推論得也很

詳備精當,以方言俗語來解釋詩詞內的文字也是以前的字書少有的。它奠定了古漢語虛字研究的基礎,爲後人研究提供了豐富的資料,對後來我國語法書的編纂也有一定影響。

(五)《辭源》

《辭源》是商務印書館組織編撰出版的大型綜合性工具書,由陸爾奎、傅運森等人主編。始編於 1908 年,1915 年出版正編,1931 年出版續編,1939 年出版正、續編合訂本,1949 年又出版了簡編本。從 1958 年開始,有關部門着手組織修訂,根據與《辭海》《現代漢語詞典》分工的原則,將《辭源》修訂爲閱讀、研究古籍用的工具書,《辭海》修訂爲綜合性辭書。至 1983 年,修訂本《辭源》四册全部完成出版,共收單字 12 890 個,詞語 84 134 條,總字數 1 200 萬字。1988 年又出版了合訂本。

修訂本《辭源》全書使用繁體字,在編排上仍採用以字帶詞的方法。單字按部首排列,同部首的按筆畫多少排列,同筆畫的按起筆筆形、一(包括乛)丨(包括亅)丿(包括乀)依次排列。每個單字下的複詞按字數多少排列。字數相同的以第二字的筆畫多少和起筆筆形等爲序。單字下不僅用漢語拼音文字和注音字母注音,還加注《廣韻》中的反切,《廣韻》不收的字,採用《集韻》或其他韻書、字書的反切,標出聲紐。單字有幾個讀音的則分別注音。單字下的複詞不注音,複詞第一字的不同讀音按單字注音的次序加以注明。

《辭源》釋義比較簡單,體例是先解釋,後引書證,引例標注了作者、篇目和卷次等。多義詞的解釋一般是先釋本義,後釋引申義、假借義,分別用㊀、㊁、㊂……標號,如一義中還需分釋,則用 1、2、3……標號。內容近似的條目,一般祇在一條下詳細解釋,其他從略,而注明"詳'某某'";內容有關的條目,可以互相補充參考的,注明"參見'某某'";內容相同的條目,一般祇在一條下解釋,另一條下注明"見'某某'"。

爲適應時代需要,2007 年《辭源》(第 3 版)修訂工作啓動,集合全國近百所高校及科研院所的專業力量,耗費八年時間,於 2015 年底,正值《辭源》出版百年之際,第 3 版《辭源》問世。《辭源》(第 3 版)吸收借鑒了近百年來辭書編纂、古籍整理的優秀成果,系統整理了《辭源》文字系統和注音系統,標注上古音,改正顯誤,補足欠缺,共收單字 14 210 個,複音詞 92 646 個,插圖 1 000 餘幅,共 1 200 萬字。

(六)《辭海》

《辭海》是在中華書局陸費逵主持下於 1915 年啓動編纂,於 1936 年問世的漢語工具書,舒新城、張相等編。這是以字帶詞,兼有字典、語文詞典和百科詞典功能的大型綜合性辭典,是中國最大的綜合性辭典。"辭海"二字源於陝西漢中的漢代摩崖石刻《石門頌》,取"海納百川"之意。

《辭海》(第 1 版)總條目數 85 803 個,收單字條目 13 955 個;多字條目中的語詞條目 21 724 個,百科條目 50 124 個。在釋文方面,此書克服以往辭書的缺點,取長補短,詞語解釋確切;引證完善,並標出作者、書名和篇名,便於讀者查考。

1957 年,毛澤東主席正式決定修訂舊《辭海》,任命陳望道教授擔任主編。1962 年出版了《辭海·試行本》,後來進一步修改,於 1965 年出版《辭海·未定稿》。1972 年起在已有基礎上再次進行修訂。修訂本《辭海》共收單字 14 872 個,詞目 106 578 條,在辭書性質上近於百科性。

修訂本《辭海》的編排體例,仍然保留舊《辭海》的方式,即以字帶詞,單字按部首分部(部首分 250 部,與舊《辭海》稍不同),同部首單字按筆畫數排列,筆畫數相同的按起筆一丨丿、乛的順序排列。本書以簡化字爲正條,相應的繁體字和異體字附單字之後。每個單字先注音,後釋義,複詞詞目中的異讀字在單字中列爲第一音的不注,第二音以下的一般加注漢語拼音。

2020 年,上海辭書出版社出版《辭海》(第 7 版)彩圖本,總字數約 2 350 萬字,總條目近 13 萬條,圖片約 18 000 幅。其語詞條目約佔全書三分之一,百科條目約佔全書三分之二。字頭、詞目力求精當,釋文內容力求精確,堅持辭書內容的思想性、知識性、科學性和穩定性。2021 年,《辭海》網絡版發佈,收錄了 13 萬詞條、2 350 萬字的全部內容,並豐富數字檢索方式,建立詞條關聯和構建多層知識導圖,新增詞目注音和人聲配音、漢字規範筆順及源流、書法,是一款在電子設備上隨時隨地可以查閱,融合了音視頻、圖像和三維立體模型的"立體辭書"。

(七) 楊樹達《詞詮》

《詞詮》由近現代著名語言文字學家楊樹達著,1928 年商務印書館出版。它是在《助字辨略》《經傳釋詞》《馬氏文通》的基礎上編成的、收詞比較豐富的虛詞詞典。"詞"指虛詞,"詮"指"詳細解釋","詞詮"就是對虛詞的詳解。

《詞詮》收古書中常見的介詞、連詞、助詞、歎詞和一部分代詞、副詞,共 473 個,加上異體字 59 個,共 532 個,編爲十卷,按注音字母順序排列,附有《注音字母音序檢字表》和《部首檢字表》以供查閱。

《詞詮》的釋詞體例是:每詞先注音,次注詞類,再釋義,其後說明用法,列舉例證。用法分析很細密,有些虛字如"以""與""於"等,指出用法二十種以上;一般的也有三至十數種不同的用法,每種用法都標明詞類,略釋詞義並列舉例證,例證也往往有十數例,多選自先秦兩漢的重要古籍,又主要是經書,範圍較窄。《詞詮》吸收了清代學者的一些研究成果,在詞義的分析上有不少新的見解,特別是利用語法劃分虛詞。它採用注音字母注音和編排法,使這本書比以往一些講虛字的書有更大的實用價值。

1954 年中華書局重印《詞詮》,1965 年、1979 年印本末附有漢語拼音索引,便於使用。

(八) 何樂士等《古代漢語虛詞通釋》

《古代漢語虛詞通釋》由中國社會科學院語言研究所古漢語研究室的何樂士、敖鏡浩、王克仲、麥梅翹、王海棻五人編著,1985 年由北京出版社出版。他們於 1979 年曾編寫了《文言虛詞淺釋》一書,收虛詞 209 個,《古代漢語虛詞通釋》在《文言虛詞淺釋》的基礎上加以擴充修改,共收單音虛詞 549 個(含異體字和通用字則爲 639 個),複音虛詞和固定詞組 860 條,是當時國內收詞最多的一部古代漢語虛詞工具書。

《古代漢語虛詞通釋》收有副詞、介詞、連詞、助詞、語氣詞、助動詞、感歎詞、代詞、不定數詞等，收詞範圍較寬。其編寫體例是，所有虛詞均按漢語拼音字母順序排列（書後附有四角號碼檢字表及部首檢字表），每個虛詞都從所屬詞類、用法、意義、舉例等幾個部分加以說明，並以按語形式對某些與理解該虛詞有關的問題作適當說明。虛詞條目後用括號者，有的是標出複音虛詞或虛詞結構，有的如"才（纔、財、裁）"，表示這一虛詞有時寫作括號內的字，這些字有的是該虛詞的異體字，有的是在某些用法上可與該虛詞互相通用的字。詞條後注有漢語拼音。多數虛詞條目後均綴有"附"一節，介紹與該虛詞同形的實詞；有些不宜在正文中講述的內容，也放在"附"中作適當交代。

（九）《漢語大詞典》

由《漢語大詞典》編輯委員會和編纂處編纂，羅竹風主編。1975年開始編寫，1986年上海辭書出版社出版第一卷，1993年出版最後一卷。這是一部大型的歷史性的漢語語文詞典，全書十二卷，共收單字2.27萬個，詞目約37萬條，合計5 000餘萬字，它試圖對語詞的歷史演變過程加以闡述，古今兼收，源流並重。

《漢語大詞典》體例嚴密、統一。全書單字條目按部首筆畫編排，部首採用的是與《漢語大字典》商定的二百部。多字條目按"以字帶詞"的方式列於單字條目之下。採用繁體字、簡體字並用的排印方式，立目、引用古代書籍用繁體；釋義行文、引用現代書籍（1912年以後的）用簡體。單字注音分爲二段式：用中文拼音字母注現代音，用《廣韻》的反切標注中古音，同時標明聲調、韻部和聲母。凡產生於近代的字，一律依近代韻書、字書中的反切標音，衹標明聲調和韻部，不標聲母。

與《漢語大字典》不同的是，《漢語大字典》側重於漢字形音義方面的歷史演變和發展，《漢語大詞典》除了對單字本身的意義演變加以總結外，更側重於收列漢語的一般語詞，着重對語詞的歷史演變過程加以全面闡述。它的釋義確切，層次清楚，引例豐富，文字簡練，檢索方便，而其最大的特點還在於收詞多，是迄今爲止收詞最多的漢語語文詞典，古書中的詞語在這部詞典中一般都能找到。

《漢語大詞典》涵蓋的知識面廣泛，對古今習俗、中外文化、社會生活均有所涉及，因此，能適應各層次讀者的需要。

三、音韻學工具書

（一）陳彭年等《廣韻》

《廣韻》是現存最早、最完整的一部韻書。它的全名是《大宋重修廣韻》，由宋代陳彭年、丘雍等奉詔於大中祥符元年（1008）編定，爲增廣修訂《切韻》《唐韻》而作。《廣韻》共五卷，平聲因字多分上、下兩卷，上、去、入聲各一卷，收字26 194個，較陸法言《切韻》增加14 036字，注文191 692字，也較陸書爲詳。

全書分206韻，其中193韻從陸氏《切韻》而來，2韻（儼韻、釅韻）從《王韻》而來，11韻（諄、準、稕、術、桓、緩、換、末、戈、果、過韻）採自天寶本《唐韻》。每一聲調下分韻目，上平聲 28 韻,下平聲 29 韻,上聲 55 韻,去聲 60 韻,入聲 34 韻。每一韻目下收若干字,這些字按聲紐排列,聲紐相同的編爲一組,稱爲一"紐"或一"小韻"。一般來説一個韻目之下有多個紐,紐與紐之間用"○"分隔。每一紐包括若干字,在第一個字下先釋義,後注反切音,並標明本紐所轄字的字數。第一個字之後的字,分別釋義,不再注音。有異讀的,則在該字下注明"又某某切"或"又音某";有異體的,則在該字下舉出"又作某""亦作某""或作某"。

《廣韻》每卷的韻目下有一些"獨用""同用"的附注,如"東獨用""冬鍾同用""支、脂、之同用"等,是表示當時詩文押韻的用韻情況。"獨用"是祇有同韻的字可以相押;"同用"則是兩韻相似的字可以通押。這與研究《廣韻》音系和唐宋的實際語言以及後來韻書韻目的歸並都有關係。

使用《廣韻》檢字時,如不熟悉音韻,可利用《十韻彙編》所附的《廣韻》索引,它依照《康熙字典》部首排列,每字注明聲調、韻部、行數。沈兼士主編的《廣韻聲系》附索引,依部首排列,檢字也很方便。此外,丁聲樹編的《古今字音對照手册》便於查常用字。

《廣韻》有繁本、簡本兩種。繁本是原本,簡本是經元人删減了注釋的。原本徵引廣博,有的古書現已不存,而簡本將這類資料删節了。

《廣韻》是中國第一部官修韻書,其價值在於保存了南北朝至宋末的中古語音體系,是研究漢語語音史的重要語料。陳澧作《切韻考》依據的是《廣韻》。瑞典漢學家高本漢研究中國隋唐時期《切韻》所代表的中古音,依據的韻書也是《廣韻》。不僅如此,研究上古音和近代音也需要根據《廣韻》上推下演。在音韻學史上,《廣韻》一直起着承前啓後的作用。

(二) 周德清《中原音韻》

《中原音韻》是元代周德清創作的戲曲(北曲)曲韻著作,成書於元泰定元年(1324),是最早的一部曲韻韻書。

《中原音韻》分兩部分。前一部分爲"韻譜",後一部分爲附論,列"正語作詞起例"及作詞諸法。韻譜分十九韻,每韻以兩個字爲韻目,如:

一、東鍾　二、江陽　三、支思　四、齊微　五、魚模　六、皆來　七、真文　八、寒山　九、桓歡　十、先天　十一、蕭豪　十二、歌戈　十三、家麻　十四、車遮　十五、庚青　十六、尤侯　十七、侵尋　十八、監咸　十九、廉纖

其分韻的方法較以往的韻書不同,獨創性表現爲"平分陰陽,入派三聲",即一個韻内包括當時各聲調的字,四個聲調是陰平、陽平、上聲、去聲,入聲取消,因爲曲韻可以四聲通押。韻中的字都按聲調分類,每個聲調内的字,同音的歸爲一小韻,小韻的字没有反切注音,祇是用"○"隔開。全書單字都不釋義,體例比較簡略。

第二部分"正語作詞起例",詳述曲韻韻譜的編制、審音原則,以及宮調曲牌和作曲方法等。"作詞十法"包括知韻、造語、用事、用字、入聲作平聲、陰陽、務頭、對偶、末句和定格。

該書從實際口語和雜劇散曲作品的用韻中歸納音系,如實地記錄了元代的共同語語音,改變了唐宋以來因循官韻的傳統。明訥庵便稱贊道:"非但備作詞之用,蓋欲矯四方之弊,一歸於中州之正,可嘉也已。"它是漢語音韻學史上的經典著作之一,也是中國歷史上一部劃時代的音韻學著作。

(三) 郭錫良《漢字古音手册》

《漢字古音手册》於 1986 年由北京大學出版社出版。郭錫良先生從 2001 年著手進行增訂工作,持續近十年,在 2010 年 8 月由商務印書館正式出版《漢字古音手册》(增訂本)。

《漢字古音手册》(增訂本)修正了 1986 年初版中的一些失誤,增收了單字四千四百多個,收錄了《說文解字》的九千多字和《王力古漢語字典》《漢語大字典》中有東漢以前用例的字共一萬一千六七百個。郭先生"同時又把初版所收的東漢以後纔有用例的後起字刪去了,大約兩百個"(見增訂本前言,第 24 頁),進一步調整和完善了《手册》中字的歸部和擬音處理等。每字後面列出其上古和中古的音韻地位,以上古音爲主,並加注擬音。這是一部非常有用的古音查檢工具書,對上古音研究也有很大的價值。

(四) 周法高《新編上古音韻表》

1980 年出版的手寫影印本。本書根據周法高所擬的上古漢語音韻系統,以 1944 年董同龢《上古音韻表稿》爲藍本,囊括董表全部收字,又根據高本漢《修訂漢文典》增加數百字,補充彙編而成,共收字一萬有餘。

本表分古韻爲引部,分古聲母二十五個,以韻爲經,以聲爲緯,並附聲調,每韻中又分兩呼四等,以一等爲一單位,列成一表,每表中標明所屬"聲、韻、調、呼、等",並標出所擬上古音的聲、韻,以及與之相關的中古切韻音和《廣韻》韻目。書後附本表和董表在擬音上的對照表,還附有筆畫檢字表,便於查找。這是研究我國音韻學、訓詁學和古文字學的重要工具書。

古書注解延伸閱讀書目

1. 周大璞主編:《訓詁學初稿》,武漢大學出版社,2011 年。
2. 洪誠:《訓詁學》,鳳凰出版社,1984 年。
3. 郭在貽:《訓詁學》(修訂本),中華書局,2019 年。
4. 齊佩瑢:《訓詁學概論》,商務印書館,2015 年。
5. 王寧:《訓詁學原理》(增補本),中華書局,2023 年。

練習(四)

一、解釋下列注解體例的名稱:傳、正義、疏、箋、注、章句、集解。
二、古書注解中的"謂"和"謂之"有何不同?

三、古書注解中的"讀爲、讀曰"和"讀如、讀若"有何區別?
四、標點、閱讀下面古注,並回答問題。
(一)《文選》漢武帝《詔》一首(節選)

詔曰蓋有非常之功必待非常之人故馬或奔踶而致千里善曰言馬不良或奔或踶御之以道而致千里之塗聲類踶躍也杜計切**士或有負俗之累而立功名**善曰越絕書曰有高世之材者必有負俗之累也翰曰賢人或以小節犯負時譏而見棄累者則藏器於内可以立功名晉灼曰被世譏論也**夫泛**泛方奉切五臣無夫字**駕之馬跅弛之士亦在御之而已**善曰應劭曰泛覆也馬有餘氣力乃能敗駕如淳曰弛廢也士行卓異不入俗檢如見斥逐也跅或音天**其令州縣察吏民有茂才異等**善曰應劭曰舊言秀才避光武諱改稱茂才異等者越等軼群不與凡同也察觀也察審知然后薦之**可爲將相及使絕國者**桓子新論雍門周曰遠赴絕國無相見期也

1. 説明注釋體例。
2. 注釋中注明了哪幾個詞語的出處?

(二)閱讀下面古書的注解,並回答問題:

誰謂河廣,一葦杭之。杭,渡也。箋云:誰謂河水廣與?一葦加之,則可以渡之,喻狹也。今我之不渡,直自不往耳,非爲其廣。○葦,韋鬼反。杭,户郎反。與,音餘,下"遠"與"同"。狹,音洽。爲,于僞反。[疏]箋:"一葦"至"喻狹"。○正義曰:"言一葦者,謂一束也,可以浮之水上而渡,若桴栰然,非一根葦也。此假有渡者之辭,非喻夫人之嚮宋渡河也。何者? 此文公之時,衛已在河南,自衛適宋不渡河。"(《毛詩正義·衛風·河廣》)

1. 哪幾句話是毛傳?
2. 哪幾句話是鄭箋?
3. 哪些話是孔疏? 孔疏是解釋誰的話?
4. 哪些話是陸德明《經典釋文》中的?
5. "[疏]箋:'一葦'至'喻狹'"下面是誰的話? 是怎樣解釋"一葦"的?
6. "葦,韋鬼反"的反是什麼意思?

五、給下列古注標上恰當的標點符號。

(一)**狡兔死良狗亨**集解張晏曰狡猶猾索隱郊兔死郊音狡狡猾也吳越春秋作郊兔亦通漢書作狡戰國策曰東郭逡海内狡兔也(《史記·淮陰侯列傳》)

(二)**信能死刺我不能死出我袴下**集解徐廣曰袴一作胯胯股也音同又云漢書作胯同耳索隱袴漢書作胯胯股也音枯化反然尋此文作袴欲依字讀何爲不通袴下即胯下也亦何必須作胯(《史記·淮陰侯列傳》)

六、給下列文言文標點並翻譯成現代漢語。

(一)衛懿公有臣曰弘演有所於使翟人攻衛其民曰君之所予位禄者鶴也所貴富者宫人也君使宫人與鶴戰余焉能戰遂潰而去翟人至及懿公於榮澤殺之盡食其肉獨捨其肝弘演至報使於肝畢呼天而啼盡哀而止曰臣請爲襮因自殺先出其腹實内懿公之肝桓公聞之曰衛之亡也以爲無道也今有臣若此不可不存于是復立衛于楚丘弘演可謂忠矣殺身出

生以徇其君非徒徇其君也又令衛之宗廟復立祭祀不絕可謂有功矣(《呂氏春秋·仲冬紀》)

(二)古之聖王有義兵而無有偃兵夫有以饐死者欲禁天下之食悖有以乘舟死者欲禁天下之船悖有以用兵喪其國者欲偃天下之兵悖夫兵不可偃也譬之若水火然善用之則爲福不能用之則爲禍若用藥者然得良藥則活人得惡藥則殺人義兵之爲天下良藥也亦大矣(《呂氏春秋·孟秋紀》)

(三)先王之教莫榮於孝莫顯於忠忠孝人君人親之所甚欲也顯榮人子人臣之所甚願也然而人君人親不得其所欲人子人臣不得其所願此生於不知理義不知理義生于不學學者師達而有材吾未知其不爲聖人聖人之所在則天下理焉在右則右重在左則左重是故古之聖王未有不尊師者也尊師則不論其貴賤貧富矣若此則名號顯矣德行彰矣故師之教也不爭輕重尊卑貧富而爭於道其苟可其事無不可所求盡得所欲盡成此生於得聖人聖人生于疾學不疾學而能爲魁士名人者未之嘗有也(《呂氏春秋·孟夏紀》)

(四)秦攻趙平原君使人請救於魏信陵君發兵至邯鄲城下秦兵罷虞卿爲平原君請益地謂趙王曰夫不鬥一卒不頓一戟而解二國患者平原君之力也用人之力而忘人之功不可趙王曰善將益之地公孫龍聞之見平原君曰君無覆軍殺將之功而封以東武城趙國豪傑之士多在君之右而君爲相國者以親故夫君封以東武城不讓無功佩趙國相印不辭無能一解國患欲求益地是親戚受封而國人計功也爲君計者不如勿受便平原君曰謹受令乃不受封(《戰國策·趙策》)

(五)宋人有得玉者獻諸司城子罕子罕不受獻玉者曰以示玉人玉人以爲寶故敢獻之子罕曰我以不貪爲寶爾以玉爲寶若與我者皆喪寶也不若人有其寶故宋國之長者曰子罕非無寶也所寶者異也今以百金與摶黍以示兒子兒子必取摶黍矣以和氏之璧與百金以示鄙人鄙人必取百金矣以和氏之璧與道德之至言以示賢者賢者必取至言矣其知彌精其取彌精其知彌觕其取彌觕子罕之所寶者至矣(劉向《新序·節士》)

七、翻譯並理解許慎的《說文解字·敘》。

古者庖犧氏之王天下也,仰則觀象於天,俯則觀法於地,視鳥獸之文與地之宜,近取諸身,遠取諸物;於是始作易八卦,以垂憲象。及神農氏,結繩爲治,而統其事,庶業其繁,飾僞萌生。黃帝之史倉頡,見鳥獸蹏迒之迹,知分理之可相別異也,初造書契。百工以乂,萬品以察,蓋取諸夬。"夬,揚於王庭。"言文者,宣教明化於王者朝廷,"君子所以施祿及下,居德則(明)忌"也。

倉頡之初作書,蓋依類象形,故謂之文。其後形聲相益,即謂之字。文者,物象之本;字,言孳乳而浸多也。著於竹帛謂之書。書者,如也。以迄五帝三王之世,改易殊體,封於泰山者七十有二代,靡有同焉。

周禮:八歲入小學,保氏教國子,先以六書。一曰指事。指事者,視而可識,察而見意,"上、下"是也。二曰象形。象形者,畫成其物,隨體詰詘,"日、月"是也。三曰形聲。形聲者,以事爲名,取譬相成,"江、河"是也。四曰會意。會意者,比類合誼,以見指撝,"武、信"是也。五曰轉注。轉注者,建類一首,同意相受,"考、老"是也。六曰假借。假借者,本無其字,依聲託事,"令、長"是也。

及宣王太史籀，著大篆十五篇，與古文或異。至孔子書"六經"，左丘明述《春秋傳》，皆以古文，厥意可得而説。其後諸侯力政，不統於王。惡禮樂之害己，而皆去其典籍。分爲七國，田疇異畝，車涂異軌，律令異法，衣冠異制，言語異聲，文字異形。

秦始皇帝初兼天下，丞相李斯乃奏同之，罷其不與秦文合者。斯作《倉頡篇》，中車府令趙高作《爰歷篇》，大史令胡毋敬作《博學篇》。皆取史籀大篆，或頗省改，所謂小篆也。是時，秦燒滅經書，滌除舊典。大發吏卒，興役戍。官獄職務繁，初有隸書，以趣約易，而古文由此絶矣。

自爾秦書有八體：一曰大篆，二曰小篆，三曰刻符，四曰蟲書，五曰摹印，六曰署書，七曰殳書，八曰隸書。漢興有草書。尉律：學僮十七以上始試。諷籀書九千字，乃得爲吏。又以八體試之，郡移太史並課，最者以爲尚書史。書或不正，輒舉劾之。今雖有尉律，不課，小學不修，莫達其説久矣。

孝宣時，召通《倉頡》讀者，張敞從受之。涼州刺史杜業、沛人爰禮、講學大夫秦近，亦能言之。孝平時，徵禮等百餘人，令説文字未央廷中，以禮爲小學元士。黄門侍郎揚雄，採以作《訓纂篇》。凡《倉頡》以下十四篇，凡五千三百四十字，群書所載，略存之矣。

及亡新居攝，使大司空甄豐等校文書之部。自以爲應制作，頗改定古文。時有六書：一曰古文，孔子壁中書也。二曰奇字，即古文而異者也。三曰篆書，即小篆。四曰佐書，即秦隸書。秦始皇帝使下杜人程邈所作也。五曰繆篆，所以摹印也。六曰鳥蟲書，所以書幡信也。

壁中書者，魯恭王壞孔子宅，而得《禮記》《尚書》《春秋》《論語》《孝經》。又北平侯張蒼獻《春秋左氏傳》。郡國亦往往於山川得鼎彝，其銘即前代之古文，皆自相似。雖叵復見遠流，其詳可得略説也。

而世人大共非訾，以爲好奇者也，故詭更正文，鄉壁虛造不可知之書，變亂常行，以燿於世。諸生競説字，解經誼，稱秦之隸書爲倉頡時書，云："父子相傳，何得改易？"乃猥曰："馬頭人爲長，人持十爲斗，蟲者，屈中也。"廷尉説律，至以字斷法："苛人受錢，苛之字止句也。"若此者甚衆，皆不合孔氏古文，謬於史籀。俗儒鄙夫，翫其所習，蔽所希聞。不見通學，未嘗覩字例之條。怪舊蓺而善野言，以其所知爲秘妙，究洞聖人之微恉。又見《倉頡篇》中"幼子承詔"，因號："古帝之所作也，其辭有神仙之術焉。"其迷誤不諭，豈不悖哉。《書》曰："予欲觀古人之象。"言必遵修舊文而不穿鑿。孔子曰："吾猶及史之闕文，今亡矣夫。"蓋非其不知而不問。人用己私，是非無正，巧説邪辭，使天下學者疑。蓋文字者，經藝之本，王政之始。前人所以垂後，後人所以識古。故曰："本立而道生。"知天下之至嘖而不可亂也。今敍篆文，合以古籀，博採通人。至於小大，信而有證，稽譔其説。將以理群類，解謬誤，曉學者，達神恉。分別部居，不相雜厠。萬物咸覩，靡不兼載。厥誼不昭，爰明以諭。其稱《易》孟氏、《書》孔氏、《詩》毛氏、《禮》周官、《春秋》左氏、《論語》《孝經》，皆古文也。其於所不知，蓋闕如也。

下 編

文言文選讀

第一單元　先秦諸子散文

季氏將伐顓臾

《論語》

【説明】本文選自《論語·季氏》。顓臾是魯國的國中之國，季氏要吞併它，孔子從維護周朝的禮制出發，極力反對，並提出了他的一些治國安邦的主張。"不患寡而患不均，不患貧而患不安"，這在階級社會中雖然祗是空談，卻不無啓發。

　　季氏將伐顓臾[1]。冉有、季路見於孔子曰[2]："季氏將有事於顓臾[3]。"孔子曰："求！無乃爾是過與[4]？夫顓臾，昔者先王以爲東蒙主[5]，且在邦域之中矣[6]，是社稷之臣也[7]，何以伐爲[8]？"冉有曰："夫子欲之[9]，吾二臣者皆不欲也。"孔子曰："求！周任有言曰[10]：'陳力就列[11]，不能者止。'危而不持，顛而不扶，則將焉用彼相矣[12]？且爾言過矣，虎兕出於柙，龜玉毀於櫝中，是誰之過與[13]？"

【注釋】

〔1〕季氏："季"本是魯公子友的字，他的後代就以"季"爲氏。這裏的季氏指季康子，名肥。在魯哀公三年當權，二十七年卒。顓臾(zhuān yú)：據説是太皞氏的後裔，姓風，是魯的附庸國，在今山東費縣附近。

〔2〕冉有、季路：孔子的學生，當時都任季氏的家臣。見(xiàn)：謁見，求見。

〔3〕有事：指軍事行動。古代把祭祀和戰爭稱爲"國之大事"。

〔4〕無乃……與：古漢語中的固定格式，表示一種推測語氣，可譯爲"恐怕……吧"。爾是過，"爾"作"過"的賓語，前置。是，代詞，在這裏複指賓語"爾"。過，責備。用作動詞。全句意思是：恐怕應該責備你吧。

〔5〕先王：周之先王。東蒙主：指受封於東蒙。東蒙，山名，即蒙山。在今山東蒙陰縣南。主，主管祭祀的人。

〔6〕邦域之中：指在魯國國境之内。

〔7〕社稷之臣：國家的臣屬。

〔8〕何以……爲：古漢語中的固定格式，表示反問語氣，可譯爲："爲什麼要……呢""哪裏用得着……呢"。爲，語氣詞。

〔9〕夫子：指季康子。春秋時，長者、老師和大夫等都可以尊稱爲夫子。

〔10〕周任：古代的一位史官。

〔11〕陳力就列：(能)施展出才能，(就去)擔任職務。陳力，施展才力，這裏有量力的意思。陳，陳列，這裏是施展的意思。力，才能，力量。就，動詞，走向。這裏是擔任的意思。列，行列，特指百官的位次，引申爲官職、職位。

145

〔12〕這三句是比喻的説法。大意是,(瞎子)遇到了危險卻不去攙扶,將要跌倒卻不去扶住,那何必要用那個攙扶的人呢！危:危險,這裏指瞎子站不穩,要跌倒。顛:跌倒了。將:副詞,又,還。焉:疑問代詞,哪裏。相:攙扶盲人走路的人。

〔13〕過:前一個"過"爲形容詞,意爲錯;後一個"過"爲名詞,意爲過錯。兕(sì):獨角犀牛。柙(xiá):關猛獸的籠子。龜:指龜甲,用來占卜吉凶。玉:寶玉,用於祭祀。櫝(dú):匣子。

冉有曰:"今夫顓臾,固而近於費〔1〕。今不取,後世必爲子孫憂。"孔子曰:"求！君子疾夫舍曰欲之而必爲之辭〔2〕。丘也聞有國有家者〔3〕,不患寡而患不均,不患貧而患不安〔4〕。蓋均無貧,和無寡,安無傾〔5〕。夫如是,故遠人不服,則修文德以來之;既來之,則安之〔6〕。今由與求也,相夫子〔7〕,遠人不服,而不能來也;邦分崩離析〔8〕,而不能守也;而謀動干戈於邦内〔9〕。吾恐季孫之憂,不在顓臾,而在蕭牆之内也〔10〕"。

【注釋】

〔1〕今夫:句首語氣詞,表示要發議論。固:指城牆堅固。費(舊讀 bì):僖公元年,魯君賜給季友汶陽之田及費,於是費成爲季氏世代的采邑。其地在今山東費(fèi)縣。

〔2〕疾:動詞,痛恨,討厭,厭惡。夫:指示代詞,那個。舍曰:迴避説,避而不談。舍,同"捨",捨棄,避開。欲之:想要那樣。爲之辭:給它找個借口。"之""辭"作"爲"的雙賓語。之,指代顓臾。辭,這裏是託辭、理由、借口的意思。

〔3〕有國有家者:指諸侯(國)和大夫(家)。國,諸侯封地。家,卿大夫封地。

〔4〕這兩句文字互誤。俞樾《古書疑義舉例》卷六:"按:寡、貧二字,傳爲互易,此本作'不患貧而患不均,不患寡而患不安'。'貧'以財言,'不均'亦以財言？不均則不如無財矣,故'不患貧而患不均'也。'寡'以人言,'不安'亦以人言？不安則不如無人矣,故'不患寡而患不安'也。《春秋繁露·度制篇》引孔子曰:'不患貧而患不均',可據以訂正。"

〔5〕蓋:副詞,表委婉地論斷原因。和:和睦。安:安定。傾:傾覆。

〔6〕夫如是:依照這個道理。夫,語氣詞。如,依從,依照。是,代詞,指代上文所説的情況。遠人:遠方的人。這裏指本國以外的人。服:歸服。修:整治,完善。文德:指禮樂之類的德政教化。以:連詞。來之:使之來。使他們來歸附。來,不及物動詞,用作使動,使……來。安之:使之安。讓他們安定。安,使動用法,使……安。之,三個之字都是指遠人。

〔7〕也:句中語氣詞,表停頓。相(xiàng):動詞,輔佐。

〔8〕邦分崩離析:魯國當時不統一,有季孫、孟孫、叔孫三家的家臣作亂,四分魯國,季氏取其二,孟孫、叔孫各取其一。邦,國家。

〔9〕干戈:戰爭。干,盾。戈,戟。

〔10〕蕭牆之内:指魯國宫廷内部。魯哀公當時與專權的季孫氏之間存在很深的矛盾,所以孔子認爲季孫的憂患不在顓臾,而在於魯君。蕭墻,國君宫門内的照壁。

吾日三省吾身

《論語》

【説明】這一章選自《論語·學而》。曾子自述每天在辦事、交友、爲師方面所做的自我反省。

曾子曰〔1〕:"吾日三省吾身〔2〕:爲人謀而不忠乎〔3〕？與朋友交而不信乎〔4〕？傳不習乎〔5〕？"

【注釋】

〔1〕曾子：曾參，字子輿，孔子的學生，以孝行著稱。
〔2〕日：時間名詞作狀語，每日。三省(xǐng)：從三個方面反省。省，反省，檢查。也有人認爲"三"表示多次。身：本指人的軀體，引申爲自己。
〔3〕謀：謀劃事情，辦事。忠：忠誠，這裏有盡心的意思。朱注："盡己之謂忠。"
〔4〕信：本指言語真實，引申爲真誠，講信用，不虛僞，誠實，可靠。朱注："以實之謂信。"
〔5〕意思是所傳授的知識是不是都反復研究過，掌握得很熟練呢？傳(chuán)：傳授，指傳授給人的知識。習：講習，研究練習；復習，溫習。按：對此句有不同解釋，或以爲"傳"指老師傳授給自己的知識。此依《論語注疏》說。

不憤不啓

《論語》

【説明】這一章選自《論語·述而》。孔子自述他所採用的啓發式教學方法。

子曰："不憤不啓，不悱不發[1]。舉一隅不以三隅反，則不復也[2]。"

【注釋】

〔1〕意思是：不到學生想弄懂卻又弄不懂的時候，不開導他；不到學生想說卻又說不出來的時候，不啓發他。憤，憋悶，這裏是對事理想不通、弄不懂的意思。啓、發，同義。悱(fěi)：想說卻又說不出的樣子。
〔2〕講解一個方角，他卻不能推知其他三個方角，就不重複給他講解了。舉：舉出，指明。隅：方角。方形之物都有四個方角，比喻相類似的事理。反：類推。復：反復，重複。這裏指重複講解類似的事理。

大同

《禮記》

【説明】本文選自《禮記·禮運》，題目是後加的。這裏通過孔子參加祭禮之後的感慨，表現了對遠古美滿而公正的社會生活的追慕和嚮往。文中所描繪的美好"大同"社會，對後世的許多思想家、政治家都曾產生過影響。

昔者仲尼與於蜡賓，事畢，出遊於觀之上，喟然而嘆[1]。仲尼之嘆，蓋嘆魯也[2]。言偃在側[3]曰："君子何嘆[4]？"孔子曰："大道之行也，與三代之英，丘未之逮也，而有志焉[5]。

"大道之行也，天下爲公[6]。選賢與能，講信脩睦[7]。故人不獨親其親，不獨子其子[8]，使老有所終，壯有所用，幼有所長，矜、寡、孤、獨、廢、疾者皆有所養[9]，男有分，女有歸[10]。貨惡其棄於地也，不必藏於己[11]；力惡其不出於身也，不必爲己[12]。是故謀閉而不興，盜竊亂賊而不作，故外戶而不閉[13]，是謂大同[14]。

【注釋】

〔1〕與(yù):參加。蠟(zhà):祭名,古代國君年終祭祀叫蠟。賓:陪祭者。觀(guàn):宗廟門外兩旁的高臺建築,也叫"闕"。喟然:長嘆的樣子。

〔2〕蓋:句首語氣詞副詞,表測度,相當於"大概"。

〔3〕言偃:姓言名偃,字子游,孔子的弟子。

〔4〕何嘆:慨嘆什麼。何,疑問代詞作賓語前置。

〔5〕大道:指原始社會的那些準則。行:實行。也:句中語氣詞。與:和,同。三代:指夏、商、周。英:傑出的人物,指禹、湯、文、武。逮(dài):及,趕上。之:代詞,指"大道之行與三代之英"的時代,是"逮"的賓語,否定句中代詞賓語前置。志:記載,這裏指上古文獻(依鄭玄注、孔穎達疏)。焉:兼詞,於此。

〔6〕天下爲公:天下成爲衆人的。

〔7〕選:選拔。賢:賢人。與:通"舉",推舉選拔。能:有才能的人。講信:講求信用。脩睦:增進和睦。脩,通"修",培養,培育。這裏有"增進"的意思。

〔8〕親其親:以其親爲親。子其子:以其子爲子。第一個"親"和第一個"子"都是名詞的意動用法,意爲"把……當作雙親","把……當作子女"。

〔9〕有所終:意思是有養老的地方,即有善終。有所用:有發揮才能的地方。有所長(zhǎng):有成長的條件或環境。有所養:有供養之物。矜:通"鰥"(guān),老而無妻的人。寡:失去丈夫的婦女。孤:失去父親的孩子。獨:老而無子的人。廢:殘疾的人。疾:生病的人。

〔10〕分(fèn):職分,職務。歸:出嫁,這裏指夫家。

〔11〕貨:財物。惡:不喜歡,嫌惡,痛恨。棄:扔。必:一定。藏於己:指放在自己家中。

〔12〕力:氣力。身:自身。以上兩句中的"貨、力",都不是"惡"這個動作的施事。句中"惡"這個動作實際上的施事應該是隱含着的"人"。"貨、力"是這兩句話的話題,後面部分是說明。句中的兩個"其"是代詞,分別指代"貨"和"力"。

〔13〕謀:計謀,指奸詐之心,算計別人的壞主意。閉:閉塞,關閉,指被抑制、被扼制。興:興起,出現。盜:搶劫。亂:造反,內亂。賊:害人,殘害。作:興起,發生。外戶:特殊述賓結構,使動關係,使戶朝外。即門户朝外開着。閉:用門閂插門。

〔14〕是:指示代詞,此。大同:高度的和平,指和平、平等、沒有戰爭和動亂的美好社會。同,和、平。這是當時知識分子的社會理想。

"今大道既隱,天下爲家〔1〕。各親其親,各子其子,貨力爲己〔2〕;大人世及以爲禮,城郭溝池以爲固,禮義以爲紀〔3〕:以正君臣,以篤父子,以睦兄弟,以和夫婦,以設制度,以立田里,以賢勇知,以功爲己〔4〕。故謀用是作,而兵由此起〔5〕。禹、湯、文、武、成王、周公,由此其選也〔6〕。此六君子者,未有不謹於禮者也〔7〕。以著其義,以考其信,著有過,刑仁講讓,示民有常〔8〕。如有不由此者,在埶者去,衆以爲殃〔9〕。是謂小康〔10〕。"

【注釋】

〔1〕既隱:已經消逝。天下爲家:天下成爲一家所有。

〔2〕貨力爲己:貨物和力氣都是爲了自己。

〔3〕大人:指天子諸侯。世:父子相傳。及:兄弟相傳。"世及"作介詞"以"的前置賓語。下兩句同此。禮:禮制,制度。城:城牆,這裏專指內城。郭:外城。溝池:指護城河。固:指賴以防守的設施及工事。紀:綱紀,準則。

〔4〕以正君臣：用禮來規範君臣的關係。以，介詞，後面省略賓語"之"（指"禮"），下七句同。"正""篤""睦""和"，均爲使動用法，"使……正常""使……純厚""使……和睦""使……和諧"。設、立：同義對舉，都是設立、建立的意思。田里：指土地户籍制度。里，閭里，住處。賢勇知：把有勇有謀的當作賢人。賢，形容詞意動用法，認爲……爲賢明。知（zhì）：智慧，後來寫作"智"。以功爲己：立功做事，祇是爲了自己，不爲他人（依孔穎達説）。功，活用爲動詞，意動用法。

〔5〕用：介詞，由。是：和下句"此"字都是代詞，代上文"今大道既隱……以功爲己"所敘述的情況。作：產生。兵：指戰亂。

〔6〕由此其選也：因此成了被選拔出來的傑出人物。選，選拔出來的人物，即傑出人物。

〔7〕此六君子：指上文的禹、湯、文、武、成王、周公。謹：謹慎，認真，這裏是嚴格遵守、認真對待的意思。

〔8〕著：顯露，形容詞使動用法，"使……著"。下一個"著"同。其：代下面"示民有常"中的"民"。考：成全。信：誠信。著有過："以著其有過"的省略。刑仁講讓：把合乎仁的行爲定爲法則，提倡禮讓。刑：即"型"，本爲名詞，意爲法則、準則，這裏是意動用法，認爲……是規範，以……爲準則。講：提倡。讓：不爭，謙讓。示民有常："以示民有常"的省略。用（禮）向人民表示行爲要有規範。示，指示，顯示。常，常法，指那些永遠不變的原則、標準，即規則、規範。

〔9〕由：依照，遵循。此：指示代詞，代指禮。在執者：在位的人，執掌政權的人，指君主。執，勢力，權力，後來寫作"勢"。這裏指職位。去：離開，這裏指遭到廢黜。以爲：即"以之爲"，省略賓語"之"。殃：禍害。

〔10〕小康：小安，即不及大同，是和"大同"相對而言的局面。小康社會是明君以禮義統治的社會，這雖然比當時春秋時期"禮崩樂壞"的社會局面要好得多，但天下爲家，各私其私，人與人之間不平等，因此必須靠禮義來維持社會秩序。孔子認爲這與大同時代相比，要差很多，故這種社會雖然"康"（安），也祇能稱爲"小"。

學記

《禮記》

【説明】《學記》是中國最早的體系嚴整的教育專論，它系統而全面地闡明了教育的作用和任務、教育原則和方法、教師的地位和功能以及教育過程中師生關係和同學關係的重要作用。《學記》在總結先秦儒家教學經驗的基礎上提出教學原則和方法，以及尊師重道的思想，對中國教育學產生了重大影響，它是研究中國古代教育思想和實踐的寶貴資料。

發慮憲，求善良，足以謏聞，不足以動衆〔1〕。就賢體遠，足以動衆，未足以化民〔2〕。君子如欲化民成俗，其必由學乎〔3〕。

【注釋】

〔1〕發慮憲：引發思慮。發，引起，發出。慮，謀慮。憲，思慮。亦有一説認爲憲應解釋爲法，發慮憲之意爲發佈施政謀略和國家法令。善良：好人，指賢能的人。謏聞：小有名氣，小有名聲。謏（xiǎo），小。聞，名聲。動：指從事勞役或軍事活動，用作使動。亦有一説認爲動應解釋爲

感動。衆：百姓。

〔2〕就賢：屈尊地去接近賢者。就，動詞，接近，靠近。體遠：體察遠方之人；亦有一說認爲是體諒疏遠的人。化民：教化老百姓。

〔3〕君子：這裏指天子、諸侯，即執政者。化民成俗：教化民衆，形成良好的風俗。其：語氣詞，表揣測，可譯爲"大概、恐怕"。學：這裏指教育。

　　玉不琢，不成器[1]。人不學，不知道[2]。是故古之王者，建國君民[3]，教學爲先。《兌命》曰："念終始典於學[4]。"其此之謂乎。

【注釋】

〔1〕玉如果不經過打磨、琢磨，就不會成爲有形有狀的器物。

〔2〕道：道理，大學問。這裏指政治道理和道德規範。

〔3〕君民：統治人民。君，主宰，統治。名詞用作動詞，當君主。

〔4〕《兌命》：鄭玄注曰："兌，當爲'説（yuè）'，字之誤也。"《説命》：《尚書》佚篇名。念終始典於學：想法念頭始終以學習爲標準，也就是説要始終想着學習。典，動詞，作爲標準，經常。

　　雖有嘉肴，弗食，不知其旨也[1]；雖有至道[2]，弗學，不知其善也[3]。是故學然後知不足，教然後知困[4]。知不足，然後能自反也[5]；知困，然後能自強也。故曰教學相長也[6]。《兌命》曰："學學半[7]。"其此之謂乎[8]。

【注釋】

〔1〕雖：讓步連詞，即使，(未然)假設之後，再轉入讓步。如："雖我之死，有子存焉。"嘉，善，美。肴（yáo）：泛指魚肉等食物。《楚辭·招魂》"肴羞未通"，王逸注："魚肉爲肴。"旨：味美。

〔2〕至道：最好的學問、道理。至，極點。本義是到頂了，這裏是好到極點了。

〔3〕善：好處。

〔4〕是故：因此。知困：知道自己還有沒搞通的地方。困，阻塞不通，指不能通達的地方。

〔5〕自反：反省自己，自己反過來要求自己。

〔6〕自強：自己勉勵、鞭策自己、督促自己。相長：指互相促進。長（zhǎng），長益，增長。不及物動詞的使動用法，使（對方）有長進，發展。可譯爲"促進"。

〔7〕《兌命》：《説命》，是《尚書》中的一個篇名。(《説命》是關於殷高宗武丁任命傅説爲相的文件。)學學半：教別人，其中一半也是自己在學習。第一個"學"念 xiào，指教別人；後一個"學"即 xué，指學習。蔡沈《書經集傳》認爲，"學學半"可理解爲教佔學的一半：(1) 從教人者方面説，以前學，學到一半，後來教不清，再去學，又學到一半。(2) 從學習者方面説，領教時，祇學到一半；另一半靠自學。

〔8〕其：語氣副詞，大概。(心裏肯定，口氣委婉。)

　　古之教者，家有塾[1]，黨有庠[2]，術有序[3]，國有學。比年入學，中年考校[4]。一年視離經辨志[5]，三年視敬業樂群，五年視博習親師[6]，七年視論學取友，謂之小成[7]。九年知類通達，強立而不反，謂之大成[8]。夫然後足以化民易俗[9]，近者説服，而遠者懷之[10]，此大學之道也。《記》曰："蛾子時術之[11]。"其此之謂乎。

【注釋】

〔1〕家有塾(shú)：據《周禮》所載，百里之內二十五家爲閭，同居一巷，巷首有門，門邊有塾。"家有塾"即指民在家之時，朝夕出入，都能夠在塾中受教。塾，包括以下的"庠(xiáng)、序、學"，都是學校的名稱。

〔2〕黨：據《周禮》，上古五百家爲一黨。

〔3〕術：當爲"遂"。遂是古代統轄五縣的行政區劃。《周禮》稱一萬二千五百家爲一遂。

〔4〕比(bì)年：每年。中年：間隔一年。考校：考核。

〔5〕離經：指讀經斷句的能力。辨志：指辨別學生的志意趨向。

〔6〕樂群：與朋友友好相處。博習：廣博學習。親師：親愛其師。

〔7〕論學：論說學問，指議論所學知識的是非。取友：指是否能夠選擇善友。小成：小有成就。這是與下面"大成"相比較而言的。

〔8〕知類：知道義理事類。通達：指全部明白而沒有疑問。強立：明辨不疑，指有堅定不移的見解。反：違反，指違反老師的教導。大成：大的成就，指懂得聖賢之道，而不是小學技藝之類的學問。

〔9〕夫(fú)：句首語氣詞，表示要發議論。易俗：改變社會風氣。俗，風俗，風氣。

〔10〕說(yuè)：同"悅"。懷：歸附。

〔11〕《記》：記言記事的書。蛾(yǐ)子時術之：幼蟻時時學習銜土(也能造成土堆)。蛾子，幼蟻。陸德明《經典釋文》："蛾，魚起反。……本或作蟻。"術，學習，效法。

大學始教，皮弁祭菜〔1〕，示敬道也。《宵雅》肆三，官其始也〔2〕。入學，鼓篋，孫其業也〔3〕。夏、楚二物，收其威也〔4〕。未卜禘，不視學，遊其志也〔5〕。時觀而弗語，存其心也〔6〕。幼者聽而弗問，學不躐等也〔7〕。此七者，教之大倫也〔8〕。《記》曰："凡學，官先事，士先志〔9〕。"其此之謂乎。

【注釋】

〔1〕皮弁(biàn)：冠名，用白鹿皮制作。這裏用如動詞，指戴上皮弁。祭菜：禮名，是把菜放在先聖、先師的神位前進行祭祀的一種禮。

〔2〕大意是：(教學生)學習《小雅》中的三首詩以激勵學生一開始就以官事作爲自己學習的目標。《宵雅》：即《小雅》。鄭玄注："宵之言小也。"肆：習。三：指《鹿鳴》《四牡》《皇皇者華》三篇(依鄭玄注)，這三篇內容都與君臣燕樂相互慰勞有關。

〔3〕鼓：動詞，意思是擊鼓(招集學生)。篋(qiè)：箱子。這裏作動詞，意思是打開書箱(發給學生書籍)。孫(xùn)：即"遜"，恭順，這裏用作使動。

〔4〕夏：指榎木，這裏指用榎木做的體罰用具。楚：這裏指用荊條做的體罰用具。收其威：指整肅威儀。

〔5〕卜禘(dì)：占卜擇定禘祭的日期。禘，上古時代天子舉行的大祭。視學：指天子諸侯視察考核學生的學業。遊其志：指讓學生有充足的時間發揮自己的特長，確定自己的志向。

〔6〕此句大意是：教師應當時常觀察學生而不應當有過多的說教，這是爲了使學生心中存在疑難而多加思考(這樣，教師纔便於進行啓發教育)。時：時常。觀：觀察。存其心：指學生將疑難問題存於自己的心中。

〔7〕幼者：指幼小的學童。躐(liè)：超越，越級。等：等級。

〔8〕倫：道理。

〔9〕官先事:學做官要先學處理各種事情。士先志:做讀書人要先樹立自己的志向。

大學之教也時,教必有正業,退息必有居〔1〕。學,不學操縵,不能安弦〔2〕;不學博依,不能安詩〔3〕;不學雜服,不能安禮〔4〕;不興其藝,不能樂學〔5〕。故君子之於學也,藏焉,脩焉,息焉,遊焉〔6〕。夫然故,安其學而親其師,樂其友而信其道,是以雖離師輔而不反〔7〕。《兌命》曰:"敬孫,務時敏,厥脩乃來〔8〕。"其此之謂乎。

【注釋】

〔1〕大學之教也時:大學開始教育要有一定的時候。也,句中語氣詞,可不譯。正業:大學中規定的課業。退息:指事罷休息。居:常居之處。
〔2〕此句講學樂。操:拿,這裏指操作。縵(màn):琴弦。安弦:指彈好琴。
〔3〕此句講學詩。博依:广博的比喻(依鄭玄注),針對詩的比興而言。安詩:指學好詩。
〔4〕此句講學禮。雜服:指古代的各種服飾制度。安禮:指學好禮。
〔5〕興:喜歡。藝:指禮、樂、射、御、書、數這六個教學科目。樂學:好學,樂於學習。
〔6〕藏:指把所學的東西藏於心中。焉:指示代詞兼語氣詞,於此。脩:通"修",修習,學習,練習。息焉:意思是休息的時候也不忘記學業。息,休息。遊焉:意思是散步漫遊時也不忘記學習。遊,閒暇無事之時漫遊。
〔7〕夫(fú):句首語氣詞,表示將發議論。然故:由於這樣的原因。然,指示代詞,這,這樣。故,原因。師輔:師友。輔,友,指同學。同學之間經常切磋學問,能輔助自己的學業,故稱之爲輔(依孔穎達疏)。反:違反,指違反所學之道。
〔8〕敬孫:對學業認真嚴肅,謙遜遜順。敬,嚴肅。孫(xùn),順,順從。務:從事,致力於。時敏:指時時進步,從不懈怠。敏,勤勉。厥脩乃來:那所修習的學業就會來到。厥,指示代詞,其。脩,通"修",指所修習的學問。

今之教者,呻其佔畢,多其訊〔1〕。言及於數,進而不顧其安〔2〕。使人不由其誠〔3〕,教人不盡其材〔4〕。其施之也悖〔5〕,其求之也佛〔6〕。夫然故,隱其學而疾其師,苦其難而不知其益也〔7〕。雖終其業,其去之必速〔8〕。教之不刑,其此之由乎〔9〕。

【注釋】

〔1〕呻其佔畢:指經師不解經義,祗誦讀竹簡上文字教學生。呻,吟詠。佔(zhān),視,看。畢,竹簡。訊,訊問,提問。
〔2〕大意是:講課時祗顧急速向前進,指趕進度。安:指懂得義理。
〔3〕大意是:不用真心誠意來教導學生。使人:教人。由:用。誠:真誠。
〔4〕教學生不衡量學生的具體情況。盡:竭盡。材:指學生的資質。
〔5〕施:施教。也:句中語氣詞。悖:違背,指違反正確的教學原則。
〔6〕求:指求學。佛:通"拂",違逆。
〔7〕隱其學:(學生)學東西學得不清楚。隱,隱蔽。疾:怨恨。苦其難:(學生)苦於那些疑難的問題。益:好處。
〔8〕去之:離開它(學業),即忘記。速:迅速。
〔9〕刑:成,成功。由:由於,指原因。

大學之法,禁於未發之謂豫〔1〕,當其可之謂時〔2〕,不陵節而施之謂孫〔3〕,相觀而善之謂摩〔4〕。此四者,教之所由興也〔5〕。

【注釋】

〔1〕未發:指錯誤或惡念没有發生。豫:預防。
〔2〕可以教誨的時候加以教導就是合乎時宜。時:適時。
〔3〕陵節:超越一定的範圍。這裏指超越一定的年齡和接受能力。陵,越,超越。節,節度;亦有一説認爲節應解釋爲次序。施:指施教。孫(xùn)通"遜",順,順利。此指教學要按照受教育者的身份和現有程度有順序地進行。
〔4〕學生相互觀察切磋,學習他人的長處叫作"摩"。善:這裏指獲得益處。摩:觀摩,互相切磋。(現代漢語"觀摩"一詞,即出自這裏)。
〔5〕興:興盛。

發然後禁,則扞格而不勝〔1〕。時過然後學,則勤苦而難成。雜施而不孫,則壞亂而不脩〔2〕。獨學而無友,則孤陋而寡聞〔3〕,燕朋逆其師,燕辟廢其學〔4〕。此六者,教之所由廢也〔5〕。

【注釋】

〔1〕禁:止,禁止。扞格(hàn gé):抵觸抗拒,格格不入。扞,抵禦。格,堅硬難入。不勝(shēng):指不能成功施教。勝,能夠承擔,能夠承受。
〔2〕雜施:指教以過分龐雜的內容。亦有一説認爲指不按順序地施教。不孫(xùn):指教學不依照一定的順序。壞亂:這裏指頭腦混亂。脩:通"修",修治,指學有成效。
〔3〕孤陋:見聞少,學識淺陋。
〔4〕燕:褻(xiè),輕慢,不恭敬。亦有一説認爲燕朋指結交不正常的朋友(依王夫之説)。逆其師:違背老師大的教導。辟(pì):邪僻,不老實。亦有一説認爲燕辟指養成淫佚的習慣,辟後來寫作"嬖"。
〔5〕廢:衰敗。

君子既知教之所由興,又知教之所由廢,然後可以爲人師也〔1〕。故君子之教喻也,道而弗牽,強而弗抑,開而弗達〔2〕。道而弗牽則和,強而弗抑則易,開而弗達則思。和、易以思,可謂善喻矣〔3〕。

【注釋】

〔1〕所由興、所由廢:爲什麽興、爲什麽廢,即"興"和"廢"的緣由。爲:做,當。
〔2〕教喻:教導。喻:曉喻,使人明白。道(dǎo):即"導",動詞,引導。牽:牽制。強:鼓勵。抑:壓抑,這裏有强迫的意思。開:開導,啓發。達:通達,指教師把所有的知識或事理都非常詳細地講清楚。亦有一説認爲"弗達"在這裏指不代替學生作出結論。
〔3〕和:指師生關係和諧。易:指學生感到和悦。以:而。思:指學生獨立思考。喻:曉喻。

學者有四失〔1〕,教者必知之。人之學也,或失則多,或失則寡,或失則易,或失則止〔2〕。此四者,心之莫同也〔3〕。知其心,然後能救其失也。教也者,長善而救其失者也〔4〕。

【注釋】

〔1〕失:缺陷、缺點,失誤、過失。
〔2〕或:肯定性無定代詞,有的,有的人。則:此處意義與"之"同(據清劉淇《助字辨略》卷五"則"),相當於"於"。多:指貪多。寡:少,指見識少。易:輕忽,不重視。止:停,這裏指到一定程度就停止不前,半途而廢,或容易滿足不前。
〔3〕心:這裏指學生的心理狀態。莫:否定性無定代詞,沒有誰,沒有哪一個。
〔4〕長(zhǎng)善:增加美德。使學生的長處得以發揮。長,動詞的使動用法,使……生長。善,這裏指優點。

善歌者,使人繼其聲〔1〕。善教者,使人繼其志〔2〕。其言也約而達,微而臧,罕譬而喻〔3〕,可謂繼志矣。

【注釋】

〔1〕繼其聲:接着唱歌。繼,繼續。聲,指歌聲。
〔2〕志:心志,志向。
〔3〕也:句中語氣詞。約:簡約。達:暢達。微:幽微,指所說的道理非常微妙。臧:善。罕:少。譬:比喻。喻:明白,曉暢。

君子知至學之難易,而知其美惡,然後能博喻〔1〕。能博喻,然後能為師;能為師,然後能為長〔2〕;能為長,然後能為君。故師也者,所以學為君也〔3〕。是故擇師不可不慎也。《記》曰:"三王四代唯其師〔4〕。"此之謂乎。

【注釋】

〔1〕君子:這裏指優秀的教師。至學:進入學習之途。其:代詞,指代學生。美惡:長處和短處。博喻:指廣泛地教導。
〔2〕長(zhǎng):指官長。
〔3〕所以:用來……的人。
〔4〕三王四代唯其師:三王四代(的君主之所以聖明),就因為有好老師。三王,謂夏、商、周的開國之君。四代,指虞、夏、商、周。

凡學之道,嚴師為難〔1〕。師嚴然後道尊〔2〕,道尊然後民知敬學。是故君之所不臣於其臣者二〔3〕:當其為尸則弗臣也〔4〕,當其為師則弗臣也。大學之禮:雖詔於天子,無北面。所以尊師也〔5〕。

【注釋】

〔1〕嚴師為難:尊敬老師算是最難的。嚴,動詞,尊敬。為,這裏可譯作"算是"。
〔2〕然後:不同於現代漢語的連詞"然後"。然,指示代詞,這樣。後,以後。
〔3〕意思是:國君不敢把臣下當作臣下來對待的情況有兩種。之:連詞,連接定中結構。前一個"臣"字活用作動詞,意思是"把……當作臣下來看待"。二:作謂語,指有兩種(情況)。
〔4〕尸:主,祭主,指古代祭祀時代表死者受祭的人。
〔5〕詔:教導。無:毋,否定副詞。北面:面朝北。臣拜君、卑幼拜尊長,都面朝北面行禮。面:動詞,面向。所以:用來……的辦法。

善學者,師逸而功倍,又從而庸之[1]。不善學者,師勤而功半,又從而怨之[2]。善問者如攻堅木,先其易者,後其節目,及其久也,相説以解[3]。不善問者反此[4]。善待問者如撞鐘,叩之以小者則小鳴[5],叩之以大者則大鳴。待其從容,然後盡其聲[6]。不善答問者反此。此皆進學之道也[7]。

【注釋】

[1] 師逸而功倍:老師輕鬆而成效卻加倍地好。逸,安逸,輕鬆。功,這裏指教學效果。倍,作動詞,加倍。從:隨,接着。庸之:歸功於他(老師)。庸,功,功勞,作動詞,歸功。之,指代教師。
[2] 勤:勤苦。半:作動詞,一半,減半。怨:怨恨,埋怨責備。
[3] 善問者:善於提問的老師。堅:堅硬。節目:指樹木枝幹交接處堅硬而紋理糾纏不順的部分。相説以解:相脱而解,互相脱離分解開。説,通"脱"。亦有一説認爲説後來寫作"悦","解",應指理解。
[4] 反此:與此相反。反,這裏作動詞,與……相反。
[5] 善待問者:善於解答提問的人,善於回答問題的老師。待,對待,這裏有處理、解答的意思。叩:擊,敲擊。鳴:聲響。
[6] 等到他(問問題的人)不慌不忙地把問題全部提出來,在這之後老師纔給他作完全的回答。從容:舒緩,不急迫。這裏指等待質詢時從容不迫。盡其聲:指完全回答。鐘聲徐徐止歇,比喻把道理講透。
[7] 進學:增進學問,使學業有進步。

記問之學,不足以爲人師[1]。必也其聽語乎[2]!力不能問然後語之[3],語之而不知,雖舍之可也[4]。

【注釋】

[1] 記問:指誦詩書以待問或作爲談資。爲人師:做別人的老師。這兩句話的意思是:記誦古書以待學者之問的人,因其爲學無得於心,所知有限,所以不足以爲人師。
[2] 大意是:一定要聽到學生提問(然後纔根據學生的問題來進行教學)。其:語氣詞,表揣測。語:語言。乎:語氣詞,相當於"啊"。
[3] 力不能問:指學生因能力有限不能提出問題。語(yù)之:告訴他(學生)。語,告訴。
[4] 大意是:對學生解説了,但學生仍不理解,先放一放也行。舍之,這裏指暫時放棄指導他。

良冶之子,必學爲裘[1];良弓之子,必學爲箕[2];始駕馬者反之,車在馬前[3]。君子察於此三者,可以有志於學矣[4]。

【注釋】

[1] 良冶:精於冶煉鑄造的工匠。冶,冶煉。爲:製,做。裘:毛皮衣服。
[2] 良弓:擅長做弓的人。箕(jī):簸箕。這兩句話的大意是:冶煉和製毛皮有相通之處,製弓和做簸箕也有相通之處,所以其子弟比較容易學好其餘的兩種技藝。這兩個比喻是説,有些專業雖然並不一樣,但有相通之處,因此,掌握了一種專業之後,也就可以比較容易地學會另外的專業。
[3] 車在馬前:指開始讓馬駒學駕車時,先要讓成年的馬拉着馬車走在馬駒前面,這樣馬駒就慢

慢學會拉車了。這個比喻的意思是：學習時應當先有人帶領，漸漸熟悉，以後纔能獨立地學習。
〔4〕察：體察，體會。有志於學：在學習上立下志向。

古之學者比物醜類[1]。鼓無當於五聲，五聲弗得不和[2]。水無當於五色，五色弗得不章[3]。學無當於五官，五官弗得不治[4]。師無當於五服[5]，五服弗得不親。

【注釋】

〔1〕比物醜類：指以類相推，類比各種事物。比，類比，類推。醜，類。這裏與"比"的意思相同，指類比，類推。
〔2〕大意是：鼓所發出來的聲音，並不是宮商角徵羽五聲，但是在奏樂時，假如宮商角徵羽五聲沒有受到鼓聲的節制，其音樂就會不和諧。當：符合。五聲：宮、商、角、徵、羽。弗得：沒有得到（鼓聲）。
〔3〕水：此處指清水。五色：青、赤、黃、黑、白。章：鮮明。
〔4〕五官：泛指政府的各級官吏。治：指治理家、國、天下。
〔5〕五服：古代以親疏爲差等的五種喪服，即斬衰、齊衰、大功、小功、緦麻五服。

君子[1]："大德不官[2]，大道不器[3]，大信不約[4]，大時不齊[5]。"察於此四者，可以有志於學矣[6]。

【注釋】

〔1〕君子：下脱"曰"字，宋刊本及他本皆有"曰"字。
〔2〕大德：指德行高尚的人。不官：指不拘於一官之任。官，活用作動詞，指擔任一定的官職。
〔3〕大道：指最高的治世原則。不器：不拘於一器之用。器，活用作動詞，作爲一個器物。
〔4〕大信：指最高的誠信，即聖人之信。約：動詞，訂立誓約。
〔5〕大時：指天時，即春夏秋冬。不齊：不整齊，指春夏秋冬不會同時到來。
〔6〕大意是：仔細體察這四件事情，就可以憑藉這個道理而有志於學了。四者：指大德不官，而爲群官之本；大道不器，而爲群器之本；大信不約，而爲群約之本；大時不齊，而爲群齊之本。以此類推，學是一切的根本。

三王之祭川也，皆先河而後海，或源也，或委也[1]。此之謂務本。

【注釋】

〔1〕三王：夏、商、周的開國之君。祭川：祭祀河流。川，河流。河：黃河。或：肯定性無定代詞，有的。這裏，前一個"或"指河，後一個"或"指海。源：源頭，指河。委：水流所聚之處，下游，這裏指海。

中庸（節選）

《禮記》

【説明】中庸是儒家的政治哲學思想。"中"是恪守中道、不偏不倚，"庸"是恒常不變，"中庸"就是常守中道。本篇節選自《中庸》的第一章和第二十章。在此節選中，作者論述了性、道、教的關係。提出中、和爲天下之大本大道，提出"誠"是"天之道"，是人們努力修養、完善自我的最高境界。文章指出,要達到這一境界,其根本的方法就是要"擇善而固執之",刻苦努力,遵循博學、審問、慎思、明辨、篤行的次第纔能最終完成。

天命之謂性,率性之謂道,脩道之謂教[1]。道也者,不可須臾離也[2],可離非道也。是故君子戒慎乎其所不睹,恐懼乎其所不聞[3],莫見乎隱,莫顯乎微,故君子慎其獨也[4]。

【注釋】

〔1〕天命:天賦。性:指上天所賦予人的本性,如仁義、忠恕等善性。率:順着,隨着。道:道理,即"性"的外在表現形式。脩道之謂教:教化就是遵循本性修正過與不及,使一切都合於正道。教:教育,教化。
〔2〕須臾:時間副詞,頃刻,一會兒。
〔3〕"是故……不聞"兩句:大意是君子在沒人看見的時候更小心,在沒人聽見的時候更害怕。戒慎,警惕,謹慎。睹,見到。
〔4〕此句大意是最隱蔽的就是最容易顯現的(指隱藏在内心深處的東西,自己最容易感覺到),最細微的就是最容易顯露的,所以君子在一個人獨處時特别謹慎。見:即"現",顯露。隱:指隱藏在内心深處的東西。微:細微的事情。獨:指人所不知而祇有自己纔知道的境地。

喜怒哀樂之未發謂之中[1],發而皆中節謂之和[2]。中也者,天下之大本也[3];和也者,天下之達道也[4]。致中和,天地位焉,萬物育焉[5]。

【注釋】

〔1〕發:表現出來。中:指恰到好處,不偏不倚,這裏指心情平和。
〔2〕中(zhòng):符合。節:節度,指各種典章制度和道德規範。和:調和,諧和。
〔3〕大本:根本,最重要的基礎。
〔4〕達道:比喻天下人所共同遵循的準則、大道。
〔5〕致:達到。位:佔據其應有的位置。育:生育,生長。

哀公問政[1]。子曰:"文、武之政,布在方策[2]。其人存則其政舉,其人亡則其政息[3]。人道敏政,地道敏樹[4]。夫政也者,蒲盧也[5]。故爲政在人,取人以身[6],脩身以道,脩道以仁。仁者,人也,親親爲大;義者,宜也,尊賢爲大[7]。親親之殺,尊賢之等[8],禮所生也。(在下位不獲乎上,民不可得而治矣[9]。)故君子不可以不脩身,思脩身不可以不事親[10],思事親不可以不知人,思知人不可以不知天。天下之達道五,所以行之者三[11],曰:君臣也,父子也,夫婦也,昆弟也[12],朋友之交也。五者,天下之達道也。知、仁、勇三者,天下之達德也,所以行之者一也[13]。或生而知之,或學而知之,或困而知之。及其知之,一也[14]。或安而行之,或利而行之,或勉强而行之[15],及其成功一也。"

【注釋】

〔1〕哀公:魯哀公,姓姬名蔣。
〔2〕文、武:指周文王和周武王。布在方策:記載在周代的典册之中。布,動詞,記載。方策,簡册,典籍。
〔3〕舉:這裏是推行的意思。息:消亡。

〔4〕敏：敏於，有助於。此二句意為：人因有道（勇、仁、智、誠等）政易行；地因有道樹易植。（此譯文從王夫之）。
〔5〕蒲盧：鄭玄注認為是蜾蠃，也就是土蜂，亦稱細腰蜂，古人認為蒲盧自己不能生子，必取桑蟲之子去而變化之以為己子。朱熹認為"蒲盧"即"蒲葦"。程瑤田認為"蜾蠃""蒲盧"皆隸屬一轉語詞族，楊少涵據此進一步指出：其最早之原型乃系"葫蘆"，故以"葫蘆"訓"蒲盧"。
〔6〕人：指賢人，人才。身：指國君。自身修養。
〔7〕親親：親近親人。第一個"親"用作動詞，第二個"親"為名詞。宜：應該，指應該做的事情。尊賢：尊重賢人。
〔8〕殺(shài)：等差，差別。這裏指因親屬的遠近親疏不同，而其禮也有所差異。等：指不同的等級。
〔9〕"在下……"兩句：這兩句應當在下文，這裏誤重。
〔10〕事：動詞，侍奉。
〔11〕"天下……"兩句：意思是天下的通理有五條，用來實行這五條的原則有三德。
〔12〕昆弟：兄弟。昆，兄，哥哥。
〔13〕知：智。達德：通行的道德準則。所以行之者一也：清代學者王引之在其《經義述聞》中引其父王念孫的說法，認為這裏的"一"字是衍文。
〔14〕或：肯定性無定代詞，有的人。知：知道。一：一樣，相同。
〔15〕利而行之：大意是為了某種好處而去做。而，連詞，連接狀語和中心語，表行為的方式、狀態等。勉強(qiǎng)：努力，盡力而為。

子曰："好學近乎知，力行近乎仁[1]，知恥近乎勇。知斯三者，則知所以脩身；知所以脩身[2]，則知所以治人；知所以治人，則知所以治天下國家矣。

【注釋】
〔1〕近乎：近於。力行：努力實踐。
〔2〕所以：用來……的方法。所，輔助性代詞。以，介詞。

凡為天下國家有九經[1]，曰：脩身也，尊賢也，親親也，敬大臣也，體群臣也，子庶民也，來百工也，柔遠人也，懷諸侯也[2]。脩身則道立，尊賢則不惑，親親則諸父、昆弟不怨，敬大臣則不眩，體群臣則士之報禮重，子庶民則百姓勸，來百工則財用足，柔遠人則四方歸之，懷諸侯則天下畏之[3]。

【注釋】
〔1〕為：動詞，治理。經：原指織布機上的縱綫，這裏引申為"法則"。
〔2〕體：體貼，體諒。子：以……為子，把……當作兒女來看待，名詞的意動用法。庶民：平民，百姓。來百工：使百工來。來，不及物動詞的使動用法。百工，各種工匠。柔：懷柔，安撫。遠人：遠方的人，亦指其他國家的人。懷：安撫。
〔3〕諸父：父親的兄弟，即伯父、叔父。眩：迷，迷惑。士：指有知識、才能的人。報：回報。勸：鼓勵，努力。歸：歸順。畏：敬畏。

齊明盛服[1]，非禮不動，所以脩身也。去讒遠色，賤貨而貴德[2]，所以勸賢也。尊其位，重其祿，同其好惡[3]，所以勸親親也。官盛任使[4]，所以勸大臣也。忠信重祿，所以勸士也。時使薄斂[5],所以勸百姓也。日省月試,既稟稱事[6],所以勸百工也。送往迎來,嘉善而矜不能[7],所以柔遠人也。繼絕世,舉廢國,治亂持危,朝聘以時,厚往而薄來[8],所以懷諸侯也。

【注釋】

[1] 齊(zhāi):通"齋",即齋戒。古人在祭祀前沐浴更衣,整潔身心,以示虔誠。明:潔淨。盛服:整潔的禮服,指穿上整潔的衣服。
[2] 去:離開。讒:讒言。遠:遠離。色:美色。賤、貴:這裏都是形容詞的意動用法,以……爲賤(貴)。
[3] 尊其位,重其祿:使其位尊貴,使其祿厚重。尊、重,都是形容詞用作使動。同:動詞,共同擁有。
[4] 官盛:指屬官很多。盛,衆多。任使:使用,使喚。
[5] 時使:按照一定的季節使用(民力)。時,季節。這裏是名詞作狀語。使,使喚,役使。薄斂:減少賦稅。薄,減少,減輕。
[6] 省(xǐng):察看。試:考核。既稟稱事:授予的祿糧與事工相稱。既,通"餼"(xì),俸祿。稟:糧食。稱(chèn):相符合。事:指百工的工作、勞動。
[7] 嘉:嘉奬。矜:憐惜。
[8] 繼:延續。絕世:指中斷了世襲地位的貴族世家。舉:舉起,這裏有"使……恢復"的意思。廢國:指已經滅亡了的國家。治亂持危:治理亂國,扶持處於危亡的國家。持,扶持。朝(cháo)聘:古代諸侯親自或派使臣去朝見周天子。以時:按照一定的時間。《禮記·王制》:"諸侯之於天子也,比年(每年)一小聘,三年一大聘,五年一朝。"厚往:指厚禮相送。薄來:指薄收貢品。

凡爲天下國家有九經,所以行之者一也[1]。凡事豫則立[2],不豫則廢。言前定則不跲,事前定則不困,行前定則不疚,道前定則不窮[3]。

【注釋】

[1] 九經:九條常規。
[2] 豫:預備,準備。
[3] 跲(jiá):絆倒,這裏指言語不當,即失言。疚:病,指出差錯。窮:不通達,指走投無路。

在下位不獲乎上,民不可得而治矣[1]。獲乎上有道[2],不信乎朋友,不獲乎上矣。信乎朋友有道,不順乎親[3],不信乎朋友矣。順乎親有道,反諸身不誠[4],不順乎親矣。誠身有道[5],不明乎善,不誠乎身矣。

【注釋】

[1] 意思是:處於下級的地位,如果不能獲得上級的信任,就不可能使民衆從而治理民衆。獲:指獲得信任。乎:介詞,作用與"於"同。
[2] 道:方法。
[3] 順:孝順,順從。親:指父母。
[4] 反:即"返"。諸:"之於"的合音字。身:自身,自己。誠:真誠。《中庸》的作者認爲,"誠"是人

類最高的道德信念,是天所賦予人們的與生俱來的崇高品德。
〔5〕誠身:使自身誠。誠,用作使動。

　　誠者,天之道也;誠之者,人之道也[1]。誠者,不勉而中,不思而得,從容中道,聖人也[2]。誠之者,擇善而固執之者也[3]。

【注釋】

〔1〕"誠者……人之道也":意思是誠本身是天之道,而努力使自己達到誠的境界則是人之道。誠之,使之誠。誠,用作使動。之,指代自己、自身。
〔2〕"誠者……聖人也":意思是天生就有誠德的人,不用努力就能符合誠,不用思考就能獲得誠,自然而然就能符合於(至誠之)道,這就是聖人。誠者,指天生就具有誠德的人。勉,努力。中(zhòng),符合。從(cōng)容,不用費力,自然而然。
〔3〕誠之者:指要通過努力纔能達到誠的境界的人。固執:牢牢地把握住。

　　博學之,審問之,慎思之,明辨之,篤行之[1]。有弗學,學之弗能,弗措也[2]。有弗問,問之弗知,弗措也。有弗思,思之弗得,弗措也。有弗辨,辨之弗明,弗措也。有弗行,行之弗篤,弗措也。人一能之,己百之;人十能之,己千之[3]。果能此道矣,雖愚必明,雖柔必強[4]。

【注釋】

〔1〕這一段詳細講述"擇善而固執之"的方法。博:廣博,廣泛。之:代詞,以下分別指代"學、問、思、辨、行"的對象。審:詳細。慎:慎重。明:明白,清楚。篤:踏實。
〔2〕"有弗學……弗措也":大意是除非不學,學了就一定要學會,不學會就不罷休。有弗學,有不學的時候。這裏的實際意思是"不學則已"(依朱熹說)。措,放置,放棄。
〔3〕"一人能之……己千之":大意是別人付出一分努力能學會這事,自己就要對它付出百分的努力;別人付出十分努力能學會這事,自己就要對它付出千分的努力。
〔4〕果:副詞,果然,果真。能:能做到,能推行。道:方法。雖:表讓步的連詞,即使。

寡人之於國也

《孟子》

【說明】《孟子》是儒家的經典之一。孟子(前372?—前289),名軻,字子輿,鄒(今山東鄒城市東南)人,戰國時思想家、政治家、教育家,繼孔子之後的儒學大師,有"亞聖"之稱。受業於孔子之孫子思的門人,曾周遊列國。因主張不見用,退而與弟子萬章等著書立說。今存《孟子》七篇。

　　孟子主張"法先王""行仁政""尊賢授能",其"民爲貴,社稷次之,君爲輕"的民本思想影響尤爲深遠。哲學上,孟子主張"性善論""天命論",他強調的"萬事皆備於我"的主觀精神作用,對宋儒也有很大影響。《孟子》至宋而被編入"四書",奉爲經典。《孟子》的文章巧於論辯,語句流暢,富有感染力。《孟子》的通行注本有東漢趙岐《孟子章句》、宋朱熹《孟子集注》、清焦循《孟子正義》。今人楊伯峻的《孟子譯注》亦可參閱。

本篇選自《孟子·梁惠王上》。孟子認爲,梁惠王的移民移粟措施,比之鄰國之政,實乃五十步笑百步。惟有行仁政,纔能國泰民安,纔能"天下之民至"。孟子在文章中描繪了他的政治理想圖景。

梁惠王曰[1]:"寡人之於國也,盡心焉耳矣[2]。河內凶[3],則移其民於河東[4],移其粟於河內。河東凶亦然[5]。察鄰國之政[6],無如寡人之用心者。鄰國之民不加少[7],寡人之民不加多,何也?"

【注釋】

〔1〕梁惠王:魏惠王,姓魏名罃,即位後遷都大梁(今開封),故又稱梁惠王。"惠"是謚號。
〔2〕大意是:我對於(治理)國家,可算是盡心的啦! 寡人:諸侯對自己的謙稱。於國:介賓結構,照例應放在"盡心"的後面,這裏爲了強調而提前,並用"之"字與"寡人"聯繫起來,使"寡人之於國"形式上成了一個主語。也:句中語氣詞,用於主語後,表示句中停頓,表舒緩。焉耳矣:三個語氣詞連用,可譯作"的啦",表現出梁惠王那種以賢君自居的自傲神態。焉,實未完全虛化,有複指"於國"表強調的意味,表示提示注意的語氣,一般譯不出。耳,……的呢,也表強調,亦有認爲是表"不過如此"的限止語氣,耳矣相當於"已矣"。矣,表事情已發展到一定階段,表報導語氣。
〔3〕河內:魏地,指今黃河北岸河南省濟源市一帶。凶:荒年。饑荒,莊稼收成不好。
〔4〕其:那裏的。河東:魏地,指今黃河東面的山西省運城市一帶。
〔5〕然:代詞,這樣。
〔6〕察:觀察。
〔7〕加:副詞,更。

孟子對曰:"王好戰,請以戰喻[1]。填然鼓之[2],兵刃既接[3],棄甲曳兵而走[4],或百步而後止[5],或五十步而後止。以五十步笑百步[6],則何如?"曰:"不可,直不百步耳[7],是亦走也[8]。"

【注釋】

〔1〕請:表敬副詞,"請您允許我"之義。喻:比喻,打比方説明。
〔2〕咚咚地敲響戰鼓。填:形容鼓聲的象聲詞。然:形容詞詞尾。鼓:用如動詞,擊鼓。擊鼓是進軍的信號。之:助詞,用以湊足一個音節。
〔3〕兵刃既接:兵器的鋒刃已經交接,指雙方已經交鋒。既,已經。
〔4〕甲:盔甲。曳:拉,拖。走:奔跑,逃跑。
〔5〕或:有的人。百步:等於説"走百步","走"承上省。
〔6〕大意是:憑自己衹跑了五十步而恥笑別人跑了一百步。
〔7〕直:副詞,衹是,僅僅,不過。亦有一説認爲通"特",獨。耳:打消語氣,罷了。
〔8〕是:指示代詞,這,指這些"五十步而後止"的人。

曰:"王如知此,則無望民之多於鄰國也[1]。不違農時[2],穀不可勝食也[3]。數罟不入洿池[4],魚鼈不可勝食也。斧斤以時入山林[5],材木不可勝用也。穀與魚鼈不可勝食,材木不可勝用,是使民養生喪死無憾也[6]。養生喪死無憾[7],王道之始也[8]。五畝之宅[9],樹之以桑[10],五十者可以衣帛矣[11]。雞豚狗彘之畜[12],無失其時[13],七十者可

161

以食肉矣。百畝之田,勿奪其時[14],數口之家可以無飢矣。謹庠序之教[15],申之以孝悌之義[16],頒白者不負戴於道路矣[17]。七十者衣帛食肉,黎民不飢不寒[18],然而不王者[19],未之有也[20]。狗彘食人食而不知檢[21],塗有餓莩而不知發[22],人死,則曰:'非我也,歲也[23]。'是何異於刺人而殺之[24],曰:'非我也,兵也。'王無罪歲,斯天下之民至焉[25]。"

【注釋】

[1] 無:通"毋",不要。下文"無失其時"和"王無罪歲"中的"無"同。

[2] 違:違反,違背。此指耽誤。時:季節。

[3] 勝(shēng):副詞,盡。

[4] 數罟:密眼網。數(cù),密。罟(gǔ),網。古代規定,網眼在四寸(約合今二寸七分)以下的為密網,不許下池捕魚。洿池:池塘。洿(wū),大。一說為深(《廣雅·釋詁》)。亦有一說指窪下。"窊下之地,水所聚也。"(朱熹集注)

[5] 斧斤:同義詞連用,斧子。斤,一種斧。時:這裏指草木零落的季節。《禮記·王制》:"草木零落,然後入山林。"以時:適當的時機,按季節,按一定的時節。砍伐樹木,一般在秋冬季節。

[6] 養生喪(sāng)死:供養活着的人,殯葬死者。生、死,指生者、死者。喪,殯葬,為死者辦喪事。

[7] 憾:恨,不滿。亦有認為指遺憾。

[8] 王道:指以仁義治天下,與霸道相對立。

[9] 五畝之宅:古代丁壯農民一人所受住宅,在田野和在村莊各佔地二畝半,合為五畝(約合今天一畝二分多)。春天農事開始,農夫出居田野;冬天農事完畢,入居村莊。宅,宅地,住房及周圍的地面。一夫一婦受宅五畝,田五畝,這是當時儒家的理想。

[10] 樹:種植。之:指代宅地,在宅地上。以:介詞,把。

[11] 五十者:指五十歲的人。衣:用作動詞,穿。帛:絲織品的一種。上古國人一般衣麻,孟子的理想是,如果家家養蠶的話,五十歲的人就可以穿着絲織的衣物了。

[12] 豚(tún):小豬。彘(zhì):大豬,肥豬。畜(xù):養育,飼養。

[13] 時:指繁殖的季節、時間。《淮南子·主術訓》曰:"魚不長尺不得取,彘不期年不得食。"指不吃未長成的魚禽之類。

[14] 奪:奪去,指濫徵勞役而誤農時、錯過農時。

[15] 謹:謹慎,認真,恭敬,這裏用作動詞,指對待某事的態度,認真做好。庠(xiáng)序:古代的地方學校,殷商稱序,周代稱庠。教:教化。

[16] 在學校教育中把"孝悌之義"反覆講說。申:再三,反復做某事,此指反覆訓導。之:指代"庠序之教"。悌(tì):敬愛兄長。義:道理,內容。

[17] 頒白:同"斑白",頭髮花白。頒,通"斑"。負:背(bēi)。戴:用頭頂東西。

[18] 黎民:老百姓。黎,衆。

[19] 然而:這樣做卻。王(wàng):動詞,指以仁德政治統一天下。

[20] 未之有也:否定句中代詞賓語前置,即"未有之也",沒有過這種事。之,指代"然而不王者",在句中作"有"的賓語。

[21] (富貴人家的)豬狗吃人的食物却不知制止。檢:通"斂",約束,制止。亦有一說認為指收積,儲藏。

[22] 塗:道路。這個意義後來寫作"途"。莩(piǎo):原指花葉零落。通"殍",死屍,餓死的人。

〔23〕發:打開,指開倉濟民。
〔23〕歲:年成,指收成不好。下文"罪歲"指怪罪年成不好。
〔24〕是:這,指代上述做法。何:怎麽,有什麽,在句中作狀語,構成反問句。於:介詞,引進比較對象,與……相比。
〔25〕斯:連詞,則,那麽。至焉:到這裏來了。焉:於此。

孔子登東山而小魯

《孟子》

【説明】本篇選自《孟子·盡心上》。聖人之道,如海之波瀾,如日月之光輝。有志於此道的,要虛懷若谷,眼光遠大,纔能有所通達。

孟子曰:"孔子登東山而小魯[1],登泰山而小天下,故觀於海者難爲水,遊於聖人之門者難爲言[2]。觀水有術,必觀其瀾。日月有明,容光必照焉[3]。流水之爲物也,不盈科不行[4];君子之志於道也,不成章不達[5]。"

【注釋】

〔1〕東山:即今山東蒙陰縣南的蒙山,位於春秋時魯國的東面。小:意動用法,認爲(魯國)小。後文"小天下"中的"小"也是意動用法,認爲天下小。
〔2〕"觀於海者……難爲言"二句:對於看過海洋的人,別的水就難以吸引他了;對於曾在聖人之門學習過的人,別的議論就難以吸引他了。
〔3〕容光:指極微細的透光的縫隙。焦循《孟子正義》説:"苟有絲髮之際可以容納,則光必入而照焉。"
〔4〕科:空穴。
〔5〕成章:《説文》:"樂竟爲一章。"由此引申,事物達到一定階段,具有一定規模,便可稱作成章。達:通達。

許行

《孟子》

【説明】本文選自《孟子·滕文公上》,文中記録了孟子和許行的門徒陳相之間的一場辯論。許行反對剝削,主張人人勞動,人人平等,這反映了勞動人民的正義要求,他對剝削制度的批判是應當肯定的。但是,他主張一切東西能自己做的都自己做,除非萬不得已纔進行交易,否定了社會分工,這種主張是與社會發展相違背的。孟子抓住許行這一弱點對陳相進行批駁,論述了社會分工的必要性,提出了"勞心者治人,勞力者治於人"的理論。但是他把統治和被統治關係同腦力勞動、體力勞動的分工混淆起來,却是錯誤的。

有爲神農之言者許行[1],自楚之滕[2],踵門而告文公曰[3]:"遠方之人,聞君行仁政,願受一廛而爲氓[4]。"文公與之處[5]。其徒數十人[6],皆衣褐[7],捆屨織席以爲食[8]。

【注釋】

〔1〕爲:治,研究。神農之言:指農家學派的學説。戰國時的農家學派假託神農之言,主張人人都要從事農業勞動,國君也要和百姓"並耕而食"。許行就是屬於這一學派的。神農,傳說中教會人民耕作的遠古帝王。言,言論,主張。
〔2〕之滕:來到滕國。滕(téng),周代諸侯國,在今山東滕州市。
〔3〕踵(zhǒng)門:走到門前。踵,腳後跟,這裏用作動詞,登,走到。文公:指滕文公,滕國的國君。
〔4〕廛(chán):古代指一户人家所住的地方。氓(méng):從别國遷來的人。
〔5〕與之處:是雙賓語結構。與,給。之,指許行。處,處所,即指廛。
〔6〕徒:門徒,門人。
〔7〕衣:動詞,穿衣。褐(hè):粗布短衣,當時的貧苦人所穿。
〔8〕靠編鞋織席爲生。捆(kǔn):編。屨(jù):草鞋,麻鞋。以爲食:以此謀求衣食,即以此謀生。

陳良之徒陳相[1],與其弟辛[2],負耒耜而自宋之滕[3],曰:"聞君行聖人之政[4],是亦聖人也,願爲聖人氓。"

【注釋】

〔1〕陳良:楚國人,是儒家學派的。陳相、陳辛是陳良的弟子。
〔2〕與:連詞。
〔3〕耒(lěi):古代的農具,形狀像兩股叉。耜(sì):鍬一類的農具。戰國時已用犁耕種,不用耒耜了,這裏是泛指簡陋的農具。
〔4〕聖人之政:先代聖君所倡導實行的爲政之道,即仁政。

陳相見許行而大悦,盡棄其學而學焉[1]。陳相見孟子,道許行之言曰:"滕君,則誠賢君也[2];雖然[3],未聞道也[4]。賢者與民並耕而食[5],饔飧而治[6]。今也,滕有倉廩府庫[7],則是厲民而以自養也[8]。惡得賢[9]!"

【注釋】

〔1〕學:第一個是名詞,指原來向陳良學到的東西,第二個是動詞,學習。學焉:學於是,向許行學習。
〔2〕則:連詞,表轉折,倒是。
〔3〕雖然:固定結構,雖然如此。
〔4〕道:指許行所主張的治國之道。
〔5〕賢者:指古代的賢君。並耕:一起耕作。食:指吃自己種出的糧食。
〔6〕饔飧而治:指自己一面做飯,一面治理天下。饔(yōng)飧(sūn),都是熟食,早飯叫饔,晚飯叫飧。這裏都用作動詞,做飯。治:治國,治理天下。
〔7〕倉廩(lǐn):糧食倉庫。府庫:藏財帛的地方。
〔8〕是:代詞,這,指"滕有倉廩府庫"這種情況。則是:那麼這是。厲民:使人民困苦。厲,病。此指損害。農家學派認爲,如果一個成年人不勞動,那麼他的衣食就是侵奪了別人的勞動成果,必然使另一人受飢寒。
〔9〕哪裏算得上賢呢!惡(wū):疑問代詞,哪裏,怎麼。得:能够。賢:用作動詞,稱賢。

孟子曰："許子必種粟而後食乎?"曰："然。""許子必織布然後衣乎?"曰："否。許子衣褐[1]。""許子冠乎[2]?"曰："冠。"曰："奚冠[3]?"曰："冠素[4]。"曰："自織之與?"曰："否,以粟易之。"曰："許子奚爲不自織[5]?"曰："害於耕[6]。"曰："許子以釜甑爨、以鐵耕乎[7]?"曰："然。""自爲之與?"曰："否,以粟易之。"

【注釋】

〔1〕褐是未經紡織的麻做的衣服,所以不是"織布然後衣"。
〔2〕冠(guàn):動詞,戴帽子。冠是古代帽子的總稱。
〔3〕奚冠:戴什麼帽子? 奚,疑問代詞,什麼。作冠的賓語。下文"奚爲"是"爲什麼"。
〔4〕冠素:戴生絹做的帽子。素,生絲織成的絹帛,不染色。
〔5〕奚爲:爲什麼。
〔6〕害於耕:對耕種有妨礙。
〔7〕釜(fǔ):古代的一種鍋。甑(zèng):瓦製的蒸東西的炊具。爨(cuàn):炊。燒火做飯。鐵:指鐵製的農具。以原料代稱某物。

"以粟易械器者[1],不爲厲陶冶[2];陶冶亦以其械器易粟者,豈爲厲農夫哉? 且許子何不爲陶冶[3],舍皆取諸其宮中而用之[4]? 何爲紛紛然與百工交易[5]? 何許子之不憚煩[6]?"曰："百工之事,固不可耕且爲也[7]。""然則治天下[8],獨可耕且爲與[9]? 有大人之事,有小人之事[10]。且一人之身而百工之所爲備[11],如必自爲而後用之,是率天下而路也[12]。故曰:或勞心[13],或勞力。勞心者治人,勞力者治於人[14];治於人者食人,治人者食於人[15],天下之通義也[16]。

【注釋】

〔1〕械:兵器、工具都叫械。這裏指耒耜一類農具。器:指釜甑等器具。
〔2〕厲:危害。陶:燒製陶器。冶(yě):冶製鐵器。"陶冶"在這裏指製作陶器鐵器的匠人,下文"許子何不爲陶冶"是指陶冶之事。
〔3〕何:爲什麼。爲陶冶:做製陶冶鐵的事。
〔4〕一切東西衹是從自己家裏拿來用? 舍:何,什麼,齊地方言,舊注解釋爲"止"(衹)。諸:之於。其:指許行。宮:室,家。上古時"宮"還沒有用來專指帝王的宮殿。之:指器械。
〔5〕紛紛然:忙碌的樣子,忙忙亂亂地。百工:各種從事工藝生産的工人。
〔6〕不憚(dàn)煩:不怕麻煩。憚,怕。
〔7〕固:副詞,原本。且:連詞,表示並列,可譯爲"一邊……一邊……"。
〔8〕然則:既然如此,那麼。代詞"然"與連詞"則"的凝固組合。多用於對話。
〔9〕獨:表示疑問或反問的副詞,難道。按,孟子在這裏偷換了概念,把統治與被統治的關係和社會分工完全等同了起來。
〔10〕大人:和"君子"意義相似。"大人"("君子")和"小人"有時是指有地位和沒有地位的,有時是指有"道德"和沒有"道德"的。這裏是前一種意義,指統治者和被統治者。
〔11〕所爲:所做的東西、產品。備:具備、齊備,全有。這句意思是,一個人的生活,百工所製作的各種東西都要具備。
〔12〕率天下而路:帶著天下之人奔走在道路上。路,用作動詞,奔走於道路,引申爲疲勞、勞碌

受苦。

〔13〕或：無定代詞，有的人。

〔14〕治於人：被人治。於：介詞，引進施動者。

〔15〕食(sì)：給人東西吃，等於説"供養"。使動用法，養活。食於人：被別人養活。

〔16〕通義：一般的道理。孟子把奴隸社會和封建社會中的階級壓迫關係説成"天下之通義"，是爲了替階級壓迫尋找理論根據。

"當堯之時，天下猶未平[1]。洪水橫流[2]，氾濫於天下。草木暢茂[3]，禽獸繁殖[4]，五穀不登[5]，禽獸偪人[6]。獸蹄鳥迹之道[7]，交於中國[8]。堯獨憂之[9]，舉舜而敷治焉[10]。舜使益掌火[11]，益烈山澤而焚之[12]，禽獸逃匿。禹疏九河[13]，瀹濟漯[14]，而注諸海[15]；決汝漢[16]，排淮泗[17]，而注之江[18]；然後中國可得而食也[19]。當是時也，禹八年於外，三過其門而不入，雖欲耕，得乎[20]？

【注釋】

〔1〕堯：和下文所説的舜、禹，都是傳説中的古帝王，儒家把他們奉爲理想的"先聖"。平：安定，治理好。

〔2〕洪：大。橫流：不順水道亂流。

〔3〕暢茂：茂盛。

〔4〕繁殖：生殖得很多。繁，多，在句中作狀語。

〔5〕登：莊稼成熟，收穫。

〔6〕偪(bī)：同"逼"，這裏有威脅的意思。

〔7〕獸蹄鳥迹之道：指鳥獸所走的道路。蹄，蹄印。迹，同"跡"，腳印，足迹。道，道路。

〔8〕交：交錯。中國：指中原地帶。這兩句極言獸蹄鳥迹之多。

〔9〕獨：獨自。

〔10〕敷(fū)治：治理。敷，布，施行，也是治理的意思。

〔11〕益：傳説中舜的臣。掌火：管火。

〔12〕烈：動詞，放大火燒。焚之：燒林獵殺禽獸。焚，燒林捕獵。之，指代禽獸。

〔13〕疏：疏通。九河：古代黃河下游河道分爲九條，叫九河。

〔14〕瀹(yuè)：疏導。濟(jǐ)、漯(tà)：都是水名，故道都在今山東省。

〔15〕注諸海：使它們流入大海。注，這裏是"使……流入"的意思。諸，之於。

〔16〕決：排除水道壅塞。汝：汝水，在今河南省，東流入淮河。漢：漢水。

〔17〕排：指排除水道淤塞。淮：淮河。泗(sì)：泗水。古代泗水源出今山東省，在今江蘇淮陰附近入淮。

〔18〕注之江：雙賓結構，略等於"注之於江"。江，長江。按：汝漢淮泗四水，祇有漢水流入長江，這裏可能是記述的錯誤。

〔19〕可得而食：意思是指能够耕種並收穫糧食。可得，近義連用，能够。食，取食，指在中原的土地上耕種取食。

〔20〕得乎：等於説"行嗎""可能嗎"。

"后稷教民稼穡[1]，樹藝五穀[2]，五穀熟而民人育[3]。人之有道也[4]，飽食煖衣逸居而無教[5]，則近於禽獸。聖人有憂之[6]，使契爲司徒[7]，教以人倫[8]：父子有親，君臣有義⁽⁹⁾,夫婦有別⁽¹⁰⁾,長幼有敘⁽¹¹⁾,朋友有信。放勳曰⁽¹²⁾:'勞之來之⁽¹³⁾,匡之直之⁽¹⁴⁾,輔之翼之⁽¹⁵⁾,使自得之⁽¹⁶⁾,又從而振德之⁽¹⁷⁾。'聖人之憂民如此,而暇耕乎⁽¹⁸⁾?

【注釋】

〔1〕后稷(jì):名棄,周的始祖。"稷"本是主管農事的官,相傳堯命棄主管農事,周人因而稱棄爲"后稷"("后"是"君"的意思)。稼穡(sè):農業上種叫稼,收叫穡。這裏泛指農事。

〔2〕樹、藝:都是種植的意思。五穀:泛指莊稼。

〔3〕育:生養。這裏有得以生存、繁殖的意思。

〔4〕人之有道也:等於說"人之爲道也",意思是說人有做人的道理。之,助詞,取消句子獨立性,使它成爲引起下文的分句。

〔5〕吃飽,穿暖,住得安逸,却没有教育。煖:同"暖"。逸:安逸,舒適。

〔6〕聖人:指堯。有(yòu):通"又"。

〔7〕契(xiè):堯的臣子,相傳是商的始祖。司徒:主管教化的官。

〔8〕人倫:奴隸社會和封建社會中統治階級所規定的人與人之間的關係,即社會和家族內的等級關係。以下五句即所謂"五倫",是等級關係的具體體現。

〔9〕義:公正合理的道理或舉動。這裏指君臣間服從的關係。

〔10〕別:區别,實際指男尊女卑的不平等關係。

〔11〕敘:通"序",次序,等次。

〔12〕放勳:堯的號。下面是堯對契說的話。

〔13〕勞之來之:使民勞,使民來。來,這個意義後來寫作"徠"(lài),招徠的意思。亦有一說認爲勞(lào)、來(lài)都是勸勉、使人勤勞的意思。之,指民。

〔14〕匡:使……正,糾正。直:使動用法,使……正直。這裏與"匡"同義。這句意思是教育人民,使人民正直。

〔15〕翼:義同"輔"。輔、翼都是幫助的意思。這句意思是幫助人民(使人民向善)。

〔16〕使他們自己體會到爲人之道。自得:指自得其善性。之:指做人的規矩、道理。

〔17〕從而:隨着。振:救濟。這個意義後來寫作"賑"。德:用作動詞,指對人民施恩惠。之:指民。

〔18〕暇:空閒,有空閒。在句中作狀語。

"堯以不得舜爲己憂,舜以不得禹、皋陶爲己憂⁽¹⁾。夫以百畝之不易爲己憂者⁽²⁾,農夫也。分人以財謂之惠,教人以善謂之忠⁽³⁾,爲天下得人者謂之仁⁽⁴⁾。是故以天下與人易,爲天下得人難⁽⁵⁾。孔子曰⁽⁶⁾:'大哉,堯之爲君⁽⁷⁾!惟天爲大⁽⁸⁾,惟堯則之⁽⁹⁾,蕩蕩乎,民無能名焉⁽¹⁰⁾!君哉,舜也⁽¹¹⁾!巍巍乎,有天下而不與焉⁽¹²⁾!'堯舜之治天下,豈無所用其心哉⁽¹³⁾?亦不用於耕耳⁽¹⁴⁾!

【注釋】

〔1〕皋陶(gāo yáo):傳說是舜的司法官,相傳禹和皋陶曾幫助舜治理天下。

〔2〕夫:語氣詞。易:治。這裏指把田種好。

〔3〕善:指爲善的道理。

〔4〕得人:找到賢人。

〔5〕把天下讓給别人是容易的,爲天下找到(賢)人卻很難。

〔6〕以下幾句見《論語・泰伯》，但文字略有出入。

〔7〕偉大呀，堯做國君！這是主謂倒裝句。"堯之爲君"是主語，"大哉"是謂語，謂語放在前面，起加強作用。

〔8〕惟：通"唯"，唯有。

〔9〕則：法則，用作動詞，效法。

〔10〕蕩蕩乎：廣大遼闊的樣子。名：動詞，名狀，用言語表達出來，此指說出堯的好處。這句的意思是說，堯作爲君主，就像天一樣，施與人們恩德而又使人感覺不到。

〔11〕舜是真正的賢君哪！主謂倒裝句。君哉：指得君主之道。

〔12〕巍巍乎：高大的樣子。有天下而不與：指任用禹、皋陶等賢臣來治理，自己不一一過問。亦有一說認爲不與焉指不據爲私有。與(yù)，參與。

〔13〕無所用其心：沒有用他們心思的地方。

〔14〕亦：副詞，表限止，祇，祇不過。按：在氏族社會中，還沒有階級的區分，各部落的首領是爲部落全體成員服務的。古代關於堯舜的傳說，反映了這一氏族社會的情況。而孟子把堯舜作爲理想的君主，並以此來論證君主是爲人民而勞苦的，這却是虛假的。

"吾聞用夏變夷者，未聞變於夷者也[1]。陳良，楚產也[2]，悅周公、仲尼之道[3]，北學於中國，北方之學者，未能或之先也[4]。彼所謂豪傑之士也[5]。子之兄弟，事之數十年，師死而遂倍之[6]。昔者，孔子沒[7]，三年之外，門人治任將歸[8]，入揖於子貢[9]，相向而哭，皆失聲[10]，然後歸。子貢反，築室於場[11]，獨居三年，然後歸。他日，子夏、子張、子游以有若似聖人[12]，欲以所事孔子事之[13]，强曾子[14]。曾子曰：'不可，江漢以濯之[15]，秋陽以暴之[16]，皜皜乎不可尚已[17]。'今也，南蠻鴃舌之人[18]，非先王之道；子倍子之師而學之，亦異於曾子矣。吾聞出於幽谷，遷於喬木者[19]，未聞下喬木而入於幽谷者。《魯頌》曰：'戎狄是膺，荊舒是懲[20]。'周公方且膺之[21]，子是之學[22]，亦爲不善變矣[23]。"

【注釋】

〔1〕夏：華夏，指當時比較發達的中原各國的文化。變於夷：被夷改變。變，改變。夷，指中原以外的部族。

〔2〕楚產：楚國出生的人。

〔3〕周公：姓姬，名旦，周武王弟，先後輔佐武王、成王，封於魯。周公是儒家所推崇的聖賢。道：學說。

〔4〕學者：學習儒道的人。或：有人。之先：先之，超過他。之，賓語前置。

〔5〕彼：他，指陳良。豪傑：才德出衆。

〔6〕遂倍之：便背叛了他。倍，通"背"。

〔7〕沒：死。這個意義後來寫作"歿"。

〔8〕三年之外：當時按儒家規矩，學生爲老師守三年心喪(不穿孝服，祇在心中悼念)，所以三年之後，學生散去。治任：整理行裝。任，擔子，行李。

〔9〕子貢：姓端木，名賜，字子貢，孔子的學生。

〔10〕相向：相對。失聲：泣不成聲。

〔11〕場：墓前供祭祀用的空地。

〔12〕他日:後來。子夏:姓卜,名商。子張:姓顓孫,名師。子游:姓言,名偃。有若:即有子。以上四人都是孔子的學生。

〔13〕所事孔子:等於說"所以事孔子",侍奉孔子的禮節。

〔14〕強(qiǎng):勉強,勉強別人做。

〔15〕(好比)用長江、漢江的水洗濯過。以,介詞,用。"江漢"是"以"的賓語。之,指代孔子的思想道德。

〔16〕秋陽:秋天的太陽。這裏用的是周曆。周曆的七八月相當於夏曆的五六月,正是陽光最強的夏季。暴(pù):曬,後來寫作"曝"。

〔17〕皜皜(hào)乎:潔白光明的樣子。尚,通"上",在上,超越。

〔18〕南蠻:對中原以外南方部族的賤稱。戰國時代,楚國文化已相當發達,孟子仍稱之為"蠻""夷"。鴃(jué)舌:比喻說話難懂。鴃,伯勞鳥,鳴聲甚難聽。

〔19〕出於幽谷,遷於喬木:語出《詩經·小雅·伐木》原詩是說鳥,這裏用來比喻人改邪歸正。幽谷,幽暗的山谷。喬木:高大的樹木。

〔20〕引自《詩經·魯頌·閟(bì)宮》。戎狄:古代稱西方和北方的部族。膺:擊。荊舒:指南方部族。懲:懲罰。這兩句是賓語前置句。

〔21〕方且:近義副詞連用,將要、還要。

〔22〕是之學:學是,學習這種人。是,指楚國的許行。之,代詞,複指前置賓語"是"。

〔23〕善變:善於去改變別人。

"從許子之道,則市賈不貳〔1〕,國中無偽〔2〕;雖使五尺之童適市〔3〕,莫之或欺〔4〕。布帛長短同,則賈相若〔5〕;麻縷絲絮輕重同,則賈相若;五穀多寡同,則賈相若;屨大小同,則賈相若〔7〕。"

【注釋】

〔1〕市:集市。賈(jià):價錢。這一意義後來寫作"價"。貳:兩樣,不一致。

〔2〕國:國都。偽:欺詐。

〔3〕五尺:戰國時一尺約等於今天的三分之二尺強。五尺相當於今天的三尺四寸左右。適:到……去。

〔4〕沒有人欺騙他。"之"指"五尺之童",是"欺"的賓語。莫:無定代詞,沒有誰。之:指代"五尺之童",做"欺"的賓語。或:句中語氣詞,和否定性的無定代詞"莫"配合使用,加強"沒有一個人這樣做"的意思。

〔5〕相若:相像。這裏就是相同。

〔6〕縷(lǚ):綫。絲絮:絲棉。

〔7〕以上一段是陳相的話。

曰:"夫物之不齊〔1〕,物之情也〔2〕。或相倍蓰〔3〕,或相什伯,或相千萬。子比而同之,是亂天下也〔4〕。巨屨小屨同賈〔5〕,人豈為之哉?從許子之道,相率而為偽者也〔6〕,惡能治國家〔7〕!"

【注釋】

〔1〕不齊:不等,不同。

〔2〕情:指本性,自然之理。
〔3〕或:無定代詞,有的。蓰(xǐ):五倍。什:十倍。"十"在表示倍數或分數時常寫作"什"。伯:通"佰"。百倍。
〔4〕比:平列。同:等同。是:代詞,指"比而同之"。
〔5〕巨屨小屨:舊說巨屨是粗糙的鞋,小屨是精細的鞋。
〔6〕相率:彼此帶領着。相,副詞,兼有指代動詞"率"的對象的作用。爲僞者:成爲虛僞的人。
〔7〕惡(wū):哪裏,怎麼。

勸學(節錄)

《荀子》

【說明】本篇題爲《勸學》,意思是鼓勵學習。這裏選的是它的前半部分。文章用許多生動的事例闡述了學習的重要性,論證了人生來並無不同,人的智慧和品德主要取決於社會環境的影響,以及後天的學習和所受的教育;說明了祇要不間斷地堅持學習,"鍥而不舍",用心專一,就一定能夠取得很好的成績;並且提出了"青取之於藍而青於藍"的著名論斷。這些都反映了荀子的樸素唯物主義思想,今天我們讀起來仍然感到很有啓發。

君子曰[1]:學不可以已[2]。青,取之於藍而青於藍[3];冰,水爲之而寒於水。木直中繩,輮以爲輪,其曲中規[4],雖有槁暴,不復挺者,輮使之然也[5]。故木受繩則直,金就礪則利[6],君子博學而日參省乎己,則知明而行無過矣[7]。故不登高山,不知天之高也;不臨深谿[8],不知地之厚也;不聞先王之遺言[9],不知學問之大也。干越夷貉之子,生而同聲[10],長而異俗,教使之然也。

【注釋】

〔1〕君子:荀子以士、君子、聖人爲三等,認爲爲學是"始乎爲士,終乎爲聖人",因此君子當是指統治階級中"有道德"的人。
〔2〕已:停止。
〔3〕青:第一個青字指靛(diàn)青,一種染青色的染料。第二個青字的意思是形容詞"青"(顏色)。藍:草本植物,有蓼藍、馬藍、菘藍等多種,葉可製"靛青"。
〔4〕中(zhòng):符合,適合。繩:指木匠用來取直的墨線。輮(róu):通"煣",用微火煨木料,使它彎曲。規:圓規,木匠用來取圓的工具。
〔5〕槁(gǎo):枯乾。亦有一說認爲通"槀",收縮,亦作"耗"。暴(pù):曬乾,後來寫作"曝"。亦有一說認爲指突起,變形。挺:伸直。然:這樣。
〔6〕金:指金屬製成的刀斧等。就:湊近,這裏指放到磨刀石上磨。礪(lì):磨刀石。利:鋒利。
〔7〕博學:多方面地廣泛地學習。日參(cān)省(xǐng)乎己:天天檢查自己。參,檢驗。省,反省,檢查。乎,於。知(zhì):"智"字的古體,指見識或心智。行:行爲。過:過失。
〔8〕谿(xī):山谷。亦有一說認爲同"溪",山間的河溝。
〔9〕先王之遺言:這裏指周文王、周武王、孔子等人的儒家學說。先王,指前代的所謂聖明君主。
〔10〕干、越:等於說"吳越",這裏泛指當時我國南方各族。干,古代江淮流域的一個小國,後被吳

國滅掉。越,周代諸侯國,其地在今浙江省一帶。夷:古代中國境内東方的民族。貉(mò):又寫作"貊"。古代中國境内北方的民族。生而同聲:指各族的嬰兒生下來時,啼哭的聲音都相同。

《詩》曰[1]:"嗟爾君子,無恆安息[2]。靖共爾位,好是正直[3]。神之聽之,介爾景福[4]。"神莫大於化道,福莫長於無禍[5]。

【注釋】

〔1〕詩:指《詩經》。下面的引文見《詩經·小雅·小明》。
〔2〕嗟:感嘆詞。爾:代詞,你們。無恆安息:不要常常安然地歇着。無:通"毋"。恆:常。息:歇息。
〔3〕安心地供奉你的職位,喜愛這正直的人。靖:通"静"(據朱熹説),安,安心。共:通"供",指供職(據朱駿聲説)。亦有一説認爲指肅敬,後作"恭"。好(hào):喜愛。正直:指正直的人。
〔4〕神:指天神。之:前一個是連詞。後一個是代詞,指"靖共爾位,好是正直"。亦有一説認爲前一個"之"是插在主謂結構間的助詞。聽:聽察,聞知。介爾景福:賜給你們大福,雙賓語句。介,助,指給予。景,大。
〔5〕神:指精神修養。化道:等於説"化於道",指學有所得。化,變化,起變化。這裏是被動用法。道,指聖賢之道。長(cháng):意思與"大"相近。無禍:指自身修養。

吾嘗終日而思矣,不如須臾之所學也[1]。吾嘗跂而望矣[2],不如登高之博見也[3]。登高而招,臂非加長也,而見者遠[4];順風而呼,聲非加疾也,而聞者彰[5];假輿馬者,非利足也,而致千里[6];假舟楫者,非能水也,而絶江河[7]。君子生非異也,善假於物也[8]。

【注釋】

〔1〕須臾(yú):片刻,一會兒,極短的時間。
〔2〕跂(qì):提起腳後跟站着。亦有一説認爲通"企",提起腳後跟。
〔3〕博見:見得廣。
〔4〕招:招手。見者遠:意思是别人可以在很遠的地方看得見。
〔5〕疾:急速,這裏指疾勁、有力。亦有一説認爲疾指大。《爾雅·釋言》:"疾,壯也。"又《釋詁》:"壯,大也。"彰:明顯,清楚。這裏指聽得清楚。
〔6〕假:借,憑藉。輿馬:車馬。利足:捷足,指善於走路。利,便利。致千里:能遠行千里。致,使達到,使……至。
〔7〕舟楫:這裏泛指船。楫(jí),同"楫",船槳。能水:指會游泳。"水"在這裏用作動詞,指游泳。絶:橫渡。
〔8〕生:通"性"(據王念孫説),指先天的條件。這句的意思是,君子的先天條件和一般人並没有什麽不同,祇是善於借用外物罷了。

南方有鳥焉,名曰蒙鳩[1],以羽爲巢,而編之以髮,繫之葦苕[2]。風至苕折,卵破子死。巢非不完也,所繫者然也[3]。西方有木焉,名曰射干[4],莖長四寸,生於高山之上,而臨百仞之淵[5],木莖非能長也,所立者然也。蓬生麻中,不扶而直[6];白沙在涅,與之俱黑[7]。蘭槐之根是爲芷[8],其漸之滫,君子不近,庶人不服[9]。其質非不美也,所漸者然也。故君子居必擇鄉,遊必就士,所以防邪僻而近中正也[10]。

【注釋】

〔1〕蒙鳩：鳥名，又叫鷦鷯(jiāo liáo)，也叫巧婦鳥。
〔2〕編之以髮：用髮絲把它(巢)編結起來。在古漢語裏，介詞"以"和它的賓語可以放在謂語前面作狀語，如"以羽爲巢"，也可以放在謂語後作補語。繫之葦苕(tiáo)：把巢繫在蘆葦的穗上。葦，蘆葦。苕，蘆葦的穗。
〔3〕完：完善，完備。所繫者然：所繫的地方就是這樣。意思是巢所繫的地方造成這樣的惡果。
〔4〕射(yè)干：多年生草本植物，根可入藥，莖長，開白花，生於高處。
〔5〕臨：下臨。仞：垂直距離七尺。淵：深水，潭。
〔6〕蓬：多年生草本植物，又叫飛蓬，莖高一尺左右，開小白花。麻：即大麻，莖長而粗，挺直而堅韌。
〔7〕沙：細絹，後作"紗"。孫詒讓《周禮正義》云："沙、紗，古今字。……呂飛鵬云：'古無紗字，至漢時始有之。'"(呂飛鵬，清人，有《周禮補注》。)涅(niè)：一種黑色染料。以上兩句今本《荀子》沒有，這是據王念孫的意見補的。
〔8〕蘭槐：香草名。芷(zhǐ)：白芷。是：指示代詞，複指根。
〔9〕如果把它浸泡在臭水裏，君子就不接近它，老百姓也不佩帶它。其：語氣副詞，表示假設。王引之《經傳釋詞》卷五："其，猶若也。"漸之滫：等於說"漸之於滫"。服：佩帶。古人把鮮花香草佩帶在身上作爲一種裝飾。漸(jiān)，浸。之，指芷。滫(xiǔ)，臭水。
〔10〕遊：同"游"，出外旅行，交往，有目的的旅行。古人常用來指出外求官或求學。就：接近，這裏指結交。士：指所謂的賢士。所以：用來……的(方法或手段)。"所"是代詞，"以"是介詞，與現代連詞"所以"的語法意義不同。僻：也是"邪"的意思。這句是說，君子居住一定選擇鄉土，出外一定結交賢士，這是用來防止邪僻而接近正直的方法。

物類之起，必有所始[1]；榮辱之來，必象其德[2]。肉腐出蟲，魚枯生蠹[3]；怠慢忘身，禍災乃作[4]。強自取柱，柔自取束[5]；邪穢在身，怨之所構[6]。施薪若一，火就燥也[7]；平地若一，水就濕也[8]。草木疇生，禽獸羣居[9]，物各從其類也。是故質的張而弓矢至焉[10]；林木茂而斧斤至焉[11]；樹成蔭而衆鳥息焉；醯酸而蚋聚焉[12]。故言有召禍也[13]，行有招辱也。君子慎其所立乎[14]！

【注釋】

〔1〕物類：泛指各種事物。這句是說，世界上各種事物的發生，一定有它開始的原因。
〔2〕象：像，相似。亦有人解釋爲依照，後作"像"。德：德行。這句是說，人們招致的榮譽或恥辱，必然跟他的德行相適應。
〔3〕枯：乾。這裏指魚離開水死了。蠹(dù)：蛀蝕器物的蠹子。
〔4〕怠慢：懈怠，疏忽，即放鬆警惕的意思，怠惰傲慢。身：自身。忘身：等於說忘乎所以。作：起，發生。
〔5〕堅硬的東西自己招致折斷，柔軟的東西自己招致約束。取：得到，招致。柱：通"祝"，折斷。(依王念孫《讀書雜志》卷十所采王引之說。)束：約束。
〔6〕構：集結，結成。
〔7〕施：鋪陳。薪：柴火。若一：如一，同樣的。這句是說，柴放的是一樣的，火總是向乾燥的地方燒去。
〔8〕平地：與"施薪"一樣均爲支配式，平整土地。水就濕：指水向潮濕的地方流。

〔9〕疇生:指同類的草木生長在一起。疇:同類,這裏用作動詞,按類別。亦有一説認爲疇通"稠",疇生指叢生。(參于省吾《雙劍誃荀子新證》説)羣居:指同類的禽獸成羣居住在一起。"居",今本作"焉",據王念孫説改。

〔10〕質:箭靶。的(dì):箭靶正中的圓心。張:張設,張掛。

〔11〕斧斤:斧子。

〔12〕醯(xī):醋。蚋(ruì):同"蚋",蚊子一類的昆蟲。

〔13〕召:引來。

〔14〕立:指立身行事。

積土成山,風雨興焉[1];積水成淵,蛟龍生焉[2];積善成德,而神明自得,聖心備焉[3]。故不積跬步,無以至千里[4];不積小流,無以成江海。騏驥一躍,不能十步[5];駑馬十駕,功在不舍[6]。鍥而舍之[7],朽木不折;鍥而不舍,金石可鏤[8]。螾無爪牙之利,筋骨之強,上食埃土,下飲黃泉,用心一也[9]。蟹六跪而二螯,非蛇蟺之穴無可寄托者,用心躁也[10]。是故無冥冥之志者,無昭昭之明[11];無惛惛之事者,無赫赫之功[12]。行衢道者不至,事兩君者不容[13]。目不能兩視而明,耳不能兩聽而聰[14]。螣蛇無足而飛,梧鼠五技而窮[15]。詩曰[16]:"尸鳩在桑,其子七兮[17]。淑人君子,其儀一兮[18]。其儀一兮,心如結兮[19]。"故君子結於一也[20]。

【注釋】

〔1〕這句是用"積土成爲高山,風雨會從那山上興起"來比喻學習必須積少成多,然後纔能見出成效。下句"積水成淵,蛟龍生焉"也是這個意思。興:興起。焉:兼詞,相當於"於是"。

〔2〕蛟:古代傳説中一種能發洪水的龍。

〔3〕善:指善行,做好事。神明:指智慧。而:則,因而。神明:指高度的智慧。得:獲得。聖心:聖人的思想。備:具備。

〔4〕跬(kuǐ):同"䞨",半步。古人以邁一腿爲半步,等於現代的一步。

〔5〕騏(qí)驥(jì):駿馬。騏,一種有青黑色斑紋的馬。驥,千里馬。步:長度單位,先秦以六尺爲一步。

〔6〕駑(nú)馬:劣馬。駕:馬拉車一天叫一駕,十駕就是積十天的路程。舍(shě):舍棄,中止。以上四個分句是説,駿馬雖然一天能走千里,但是它騰躍一下也不到十步;劣馬雖然跑不快,但是積十天路程,也能達到千里,功效在於不停止地努力。

〔7〕鍥(qiè):用刀子刻。

〔8〕鏤(lòu):雕刻。

〔9〕螾(yǐn):同"蚓",蚯蚓。埃(āi):塵土。黃泉:指地下的泉水。用心一也:這是用心專一的緣故。一,專一。

〔10〕六跪:六條腿。蟹是八條腿,這裏的"六"應是"八"之誤(依盧文弨説)。螯(áo):節肢動物的前面的一對鉗夾。蛇(shé):同"蛇"。蟺(shàn):通"鱔",鱔魚。躁:浮躁,不專一。

〔11〕冥冥之志:堅毅深沉的志向。冥冥,昏暗不明的樣子,這裏有精誠專一,埋頭苦幹,深入思索的意思。昭昭之明:指智慧豁然通達,洞察事理的聰明。昭昭,明顯的樣子,洞察的樣子,明白。明,這裏是智慧的意思。

〔12〕惛惛(hūn hūn)之事:指專心致志埋頭苦幹,艱苦卓絕的努力。惛惛,意義略等於"冥冥",埋

頭苦幹的樣子,默默無聞的意思。赫赫之功:指輝煌鉅大的功績,顯著的成功。赫赫,顯赫,顯著盛大的樣子。

〔13〕衢(qú)道:指交叉錯雜、四通八達的路,即歧路。不至:指走不到目的地。不容:不被雙方所寬容。

〔14〕兩視:同時看兩樣東西。明:看得清楚。聰:聽得清楚。

〔15〕螣(téng)蛇:傳說中一種能飛的蛇。梧鼠:鼫(shí)鼠。"鼫"形近誤爲"鼯","鼯"又誤爲"梧"(據楊倞說)。五技而窮:《說文》:"鼫,五技鼠也,能飛不能過屋,能緣(爬樹)不能窮木(爬到樹頂),能游不能渡谷,能穴(挖洞)不能掩身,能走不能先人。此之謂五技。"鼫鼠雖有五種技能,但都不大行,所以說"五技而窮"。窮,窮困,沒有辦法。

〔16〕詩:《詩經》。下面的引文見《詩經·曹風·鳲鳩》。

〔17〕尸鳩:布穀鳥。《毛傳》說,布穀鳥養育七隻小鳥,它餵小鳥,早晨從上開始依次往下餵,晚上從下開始往上餵,"平均如一",天天如此。這裏取其用心專一的意思。

〔18〕淑人:善良的人。淑,善。其儀一:態度始終如一。儀,儀表,態度,指人的行爲舉止。

〔19〕心如結:心裏像打的結一樣,不會散開。比喻專心致志。

〔20〕這句意思是說,所以君子學習的時候總是把精神集中在一點上。

信言不美

《老子》

【說明】本章係《老子》的第八十一章。老子認爲言語應當"信"和"善",主張返璞歸真。然後指出聖人之道,無非是爲他人多作貢獻,這種"爲而不爭"是與"天道"的"利而不害"完全吻合的。

信言不美,美言不信[1]。善者不辯,辯者不善[2]。知者不博[3],博者不知。聖人不積[4]。既以爲人己愈有,既以與人己愈多[5]。天之道,利而不害[6];聖人之道,爲而不爭。

【注釋】

〔1〕信言:真話,由衷之言。信,言語真實。美言:華美之言。

〔2〕辯:巧言。

〔3〕知:即"智"。博:淵博。

〔4〕積:藏,積聚。

〔5〕爲人:這裏指幫助人。與:動詞,給予。

〔6〕利:施利,給好處。害:妨害。

大成若缺

《老子》

【說明】本章係《老子》的第四十五章。本章體現了老子的辯證法思想,同時也體現了他清靜治國的方法。

　　大成若缺,其用不弊[1]。大盈若沖,其用不窮[2]。大直若屈,大巧若拙,大辯若訥[3]。躁勝寒,靜勝熱,清靜爲天下正[4]。

【注釋】
〔1〕缺:缺損,殘缺。弊:衰敗。
〔2〕盈:滿,充實。沖:空虛。窮:盡。
〔3〕屈:彎曲。拙:笨拙。訥:語言遲鈍。
〔4〕躁:擾動。正:模範,楷模。

第二單元　先秦歷史散文

鄭伯克段于鄢

《左傳》

【説明】本文選自《左傳·隱公元年》。《左傳》原無篇題，篇題是後加的。《左傳》按魯國紀元編年，隱公元年即公元前722年。本文記述了鄭莊公的胞弟段在母親姜氏的支持下起兵篡位，而最終被鄭莊公擊敗的歷史事件。文章表面上寫太叔段的貪婪愚蠢、鄭莊公的寬宏大量，實際表現了鄭莊公的陰險虛僞，反映出春秋初期鄭國統治者母子兄弟之間爾虞我詐，互相傾軋的激烈鬥爭。鄭伯：指鄭莊公。古代諸侯爵位分公、侯、伯、子、男五等，鄭屬伯爵，故稱鄭伯。克：戰勝。鄢（yān）：春秋時鄭邑，在今河南省鄢陵縣。

初，鄭武公娶于申，曰武姜[1]，生莊公及共叔段[2]。莊公寤生[3]，驚姜氏，故名曰寤生，遂惡之[4]。愛共叔段，欲立之[5]。亟請於武公[6]，公弗許。

【注釋】

[1] 初：當初。追述往事的習慣用詞。鄭武公：姓姬，名掘突，"武"是其謚號，"公"是諸侯的通稱，鄭國第二代君主，公元前770—前744年在位。申：春秋國名，姜姓，在今河南省南陽市。武姜：武公妻姜氏。"武"是丈夫謚號，"姜"是娘家姓。

[2] 莊公：名寤生，謚莊，公元前743—701年在位。共（gōng）叔段：莊公的弟弟段。古代用"伯、仲、叔、季"表示排行，段比莊公小三歲，故稱叔段。"共"是國名，在今河南省輝縣市。叔段逃亡到共，故稱共叔段。

[3] 寤生：倒生，胎兒出生時腳先出，屬難產。寤，通"牾"，逆，倒。

[4] 遂（suì）：副詞，就，於是。惡（wù）：厭惡。

[5] 欲立之：想立他爲太子。

[6] 亟（qì）：副詞，屢次。

及莊公即位，爲之請制[1]。公曰："制，巖邑也[2]，虢叔死焉[3]。佗邑唯命[4]。"請京，使居之，謂之京城大叔[5]。祭仲曰[6]："都城過百雉，國之害也[7]。先王之制：大都不過參國之一[8]，中五之一，小九之一。今京不度，非制也[9]，君將不堪。"公曰："姜氏欲之，焉辟害[10]？"對曰："姜氏何厭之有[11]？不如早爲之所[12]，無使滋蔓[13]，蔓難圖也[14]。蔓草猶不可除，況君之寵弟乎[15]？"公曰："多行不義，必自斃，子姑待之[16]。"

【注釋】

[1] 請制：請求把制給段作爲封邑。制，地名，又名虎牢，在今河南滎義市東；原屬東虢（guó）國，

公元前778年鄭滅東虢,遂領有其地。

〔2〕制是個險要的城邑。巖:險要。

〔3〕虢叔:東虢國君。焉:兼詞,指示代詞兼語氣詞,於此。

〔4〕佗:同"他",別的,另外的。唯命:"唯命是聽"的省略。

〔5〕京:鄭邑名,在今河南省滎陽市東南。大(tài):後來寫作"太"。

〔6〕祭(zhài)仲:鄭大夫,字足。

〔7〕都邑的城牆超過三百丈,是國家的禍害。都:諸侯之子及大夫的封邑稱"都"。城:城牆。雉:量詞,城牆長三丈高一丈爲一雉。由於城牆的高度一般較固定,因而雉在這裏主要表示長度。

〔8〕参(sān)國之一:三分國之一,即國都的三分之一。参,三。國,國都。按周代制度,侯、伯國的城牆爲三百雉,其三分之一即爲一百雉。

〔9〕不度:不合法度。度,這裏用作動詞。非制:不是先王的制度。

〔10〕姜氏要這樣,怎麼能躲避禍害呢?焉:哪裏,怎麼。辟:這個意義後來寫作"避"。

〔11〕何厭之有:"有何厭",有什麼滿足。"何……之有"是古漢語中一種表示反問的固定格式,其中"何……"是動詞"有"的前置賓語,"之"是復指賓語的代詞。厭,滿足,後來寫作"饜"。

〔12〕早爲之所:早點給他安排個地方。爲,動詞,這裏是安排的意思,後邊帶雙賓語。之,指代叔段。

〔13〕不要讓段的勢力滋長蔓延。無,通"毋",不要。

〔14〕圖:謀劃,這裏指設法對付。

〔15〕蔓延的野草還不能除掉,何況你的地位尊崇的弟弟呢?

〔16〕不義:指不合道義的事,壞事。斃:倒下,垮臺。子:您,古代對男子的尊稱。之:指代叔段自斃的結果。

既而大叔命西鄙、北鄙貳於己〔1〕。公子呂曰〔2〕:"國不堪貳〔3〕,君將若之何〔4〕?欲與大叔,臣請事之〔5〕;若弗與,則請除之。無生民心〔6〕。"公曰:"無庸,將自及〔7〕。"大叔又收貳以爲己邑,至于廩延〔8〕。子封曰:"可矣,厚將得衆〔9〕。"公曰:"不義不暱,厚將崩〔10〕。"

【注釋】

〔1〕既而:不久。鄙:邊邑。貳於己:兼屬於自己,即讓原屬於鄭莊公的西北邊邑也同時臣屬於己。貳,兩屬,這裏用作動詞。

〔2〕公子呂:鄭大夫,字子封,鄭莊公的叔父。

〔3〕國家承受不了兼屬兩主的局面。

〔4〕若之何:把它怎麼辦。"若……何"是表示疑問的固定格式。之,指代鄭國。

〔5〕打算把鄭國讓給大叔段,請讓我去侍奉他。請,表敬副詞。事,侍奉。

〔6〕無生民心:不要使百姓產生二心。無,通"毋",不要。生,動詞的使動用法,使……產生。

〔7〕無庸:不用,他自己將走到毀滅的地步。庸,用。及,達到。

〔8〕廩延:鄭地名,在今河南省延津縣北。

〔9〕厚:指土地廣大。得衆:獲得民衆,擁有的民衆多。

〔10〕不義不暱:這是個緊縮句,前後主語分別是段和衆,意思是"段行不義,衆不親附"。暱(nì),同"昵",親近。崩:垮臺。

大叔完聚[1]，繕甲兵，具卒乘[2]，將襲鄭。夫人將啓之[3]。公聞其期，曰："可矣。"命子封帥車二百乘以伐京[4]。京叛大叔段，段入于鄢，公伐諸鄢[5]。五月辛丑，大叔出奔共[6]。

【注釋】

〔1〕完：修葺(qì)，指修築城郭。聚：聚集民衆。
〔2〕繕：修理，修造。甲兵：鎧甲、兵器。具：準備。卒乘(shèng)：軍隊。卒，步兵。乘，戰車。
〔3〕啓之：爲之啓，"啓"是爲動用法。爲他(段)開城門。啓，開門。
〔4〕帥車二百乘(shèng)：率領二百輛戰車的兵力。帥，通"率"。二百乘，二百輛戰車連同配備的馬匹和戰士。春秋時代一輛戰車配四匹馬，車上甲士三人，車下步兵七十二人(依毛傳)。二百乘共有甲士六百人，步兵一萬四千四百人。以：連詞，表示"師車"的目的是"伐京"。
〔5〕伐諸鄢：伐之於鄢，到鄢去討伐段。諸，"之於"的合音字。
〔6〕五月辛丑：魯隱公元年五月二十三日。出奔：逃亡到國外。奔，快跑，逃跑。

書曰[1]："鄭伯克段于鄢。"段不弟，故不言弟[2]；如二君，故曰克；稱鄭伯，譏失教也：謂之鄭志[3]。不言出奔，難之也[4]。

【注釋】

〔1〕書：指《春秋》。
〔2〕不弟：不像弟弟。弟，即"悌"，順從和敬愛兄長。這裏指對兄長不恭順。
〔3〕失教：失於教誨，有失教誨。鄭志：鄭莊公的意圖，指蓄意要殺死共叔段。
〔4〕難之：認爲這件事困難，指史官難以對這件事下筆。難，形容詞的意動用法。"出奔"爲有罪之詞，史官此處如果用"出奔"，即斷定叔段有罪，其實莊公也有罪過，所以史官難於下筆。

遂寘姜氏于城潁[1]，而誓之曰[2]："不及黃泉，無相見也[3]。"既而悔之[4]。

【注釋】

〔1〕寘(zhì)：同"置"，安放，安排，這裏有放逐的意思。城潁：鄭邑名，在今河南省臨潁縣西北。
〔2〕誓之：對她發誓。
〔3〕意思是不到死後我們母子倆不再相見。黃泉：黃土下的泉水，指墓穴。
〔4〕悔之：對這種做法感到後悔。

潁考叔爲潁谷封人[1]，聞之，有獻於公[2]，公賜之食[3]，食舍肉[4]。公問之，對曰："小人有母，皆嘗小人之食矣，未嘗君之羹[5]，請以遺之[6]。"公曰："爾有母遺，繄我獨無[7]！"潁考叔曰："敢問何謂也[8]？"公語之故，且告之悔[9]。對曰："君何患焉[10]？若闕地及泉，隧而相見[11]，其誰曰不然[12]？"公從之。公入而賦[13]："大隧之中，其樂也融融[14]。"姜出而賦："大隧之外，其樂也洩洩[15]。"遂爲母子如初[16]。

【注釋】

〔1〕潁考叔：鄭大夫，在潁谷任職，遂以潁爲氏。潁谷：鄭邊邑，在今河南省登封市西南。封人：官名，負責邊疆管理。
〔2〕有獻：有所獻，即有東西進獻。

〔3〕賜之食:雙賓語結構,賞賜給他吃的東西,下文"語之故""告之悔"也是這類結構。
〔4〕舍肉:把肉放在一邊。舍,同"捨",放置。
〔5〕小人:自我謙稱。嘗:品嘗,吃到。羹:帶湯的肉食。
〔6〕請以遺之:請讓我把這些肉留給我母親。請,表敬副詞。以,介詞,後面省略賓語。遺(wèi),送給。
〔7〕爾:你。繄(yī):句首語氣詞,起提示作用。獨:副詞,偏偏。
〔8〕敢:表敬副詞,大膽。何謂:謂何,說的什麼意思。"何"是"謂"的前置賓語。
〔9〕語(yù):告訴。故:緣故。悔:後悔。
〔10〕您在這件事上憂慮什麼? 何患,憂慮什麼,"何"是"患"的前置賓語。焉:於此,在這方面。
〔11〕闕(jué):通"掘"。隧(suì):名詞活用作動詞,挖隧道。
〔12〕難道誰說不是這樣呢? 其:語氣詞,加強反問語氣。然:這樣,指黃泉相見。
〔13〕入:指進入隧道,與下文"出"互文見義,意義互相補足,即莊公與姜氏進入隧道見面後出來。
賦:賦詩,吟詩。
〔14〕其樂也融融:那歡樂呀,多麼溫暖。也,語氣詞,用在主語後表示提頓。融融:叠音詞,歡樂的樣子。
〔15〕洩(yì)洩:叠音詞,也表示歡樂的樣子。
〔16〕於是恢復母子關係像當初那樣。

君子曰[1]:"穎考叔,純孝也[2],愛其母,施及莊公[3]。《詩》曰:'孝子不匱,永錫爾類[4]。'其是之謂乎[5]!"

【注釋】

〔1〕君子曰:作者的假托,是《左傳》作者藉以發表評論的一種方式。
〔2〕純孝:至孝。純,篤厚。
〔3〕施及莊公:影響到莊公。施(yì),延及,延伸。
〔4〕引自《詩經·大雅·既醉》,意思是:孝子的孝心不會窮盡,永久地把孝心給與你(指孝子)的同類。匱,盡。錫,賜。
〔5〕大概說的就是這種情況吧。其:語氣詞,表委婉推測。是:代詞,這,作動詞"謂"的前置賓語。之:代詞,復前置賓語"是"。

齊桓公伐楚

《左傳》

【說明】本文選自《左傳·僖公四年》。本文記敘了春秋初年齊國和楚國之間的一場鬥爭。魯僖公四年(前656),齊桓公已執政三十年,在管仲輔佐下,齊已稱霸中原,想向南方發展勢力,便尋找藉口向楚國進軍。楚國則以武力爲後盾,展開了針鋒相對的外交鬥爭,終使齊國訂立盟約。文章很簡潔地表述了外交上的辭令應對。

四年春,齊侯以諸侯之師侵蔡[1]。蔡潰,遂伐楚。楚子使與師言曰[2]:"君處北海,寡人處南海[3],唯是風馬牛不相及也[4]。不虞君之涉吾地也[5],何故?"管仲對曰[6]:"昔召康公命我先君大公曰[7]:'五侯九伯,女實征之,以夾輔周室[8]。'賜我先君履[9]:東至于海,西至于河,南至于穆陵,北至于無棣[10]。爾貢包茅不入[11],王祭不共,無以縮酒[12],寡人是徵[13];昭王南征而不復[14];寡人是問[15]。"對曰:"貢之不入,寡君之罪也,敢不共給[16]?昭王之不復,君其問諸水濱[17]!"

【注釋】

〔1〕齊侯:指齊桓公。齊屬侯爵,故稱齊侯。齊桓公,名小白,公元前685—前645年在位。以:介詞,用,憑藉,這裏相當於説"率領"。諸侯之師:有魯、宋、陳、衛、鄭等國派兵參加了這次軍事行動。蔡:國名,姬姓,在今河南省汝南、上蔡、新蔡一帶,當時爲楚國盟國。

〔2〕楚子:指楚成王,因楚屬子爵,故稱。使:派使者。

〔3〕北海、南海:指相距遥遠的北方、南方。齊臨渤海(古人稱北海),楚並未到南海。寡人:謙詞,君王自稱,意爲"寡德之人"。

〔4〕這種情況好像是兩國發情狂奔的馬和牛永遠也不可能接觸到,意思是兩國相隔遥遠,互不相干。唯:語氣詞,加強確認語氣。風:禽獸牝牡相誘。及:達到,接近。

〔5〕不虞:不料。之:助詞,用於主謂結構之間,使其充當句子成分。涉:蹚水過河,這裏指進入。

〔6〕管仲:名夷吾,字仲,齊國大夫,春秋初期著名政治家。他在齊國實行改革,使齊國强盛起來,成爲霸主。

〔7〕召(shào)康公:周成王時太保(官名)召公奭(shì),封於召(今陝西歧山縣),故稱召公。"康"是他的謚號。大公:即姜太公,名尚,齊國始祖。

〔8〕五侯九伯:泛指所有的諸侯。五侯,公、侯、伯、子、男五等爵;九伯,九州之長。女:第二人稱代詞,後來寫作"汝"。實:語氣詞,表示祈使或命令。夾輔:同義連用,輔佐。

〔9〕履:踐踏。這裏用作名詞,指履踐的地方,即征討的範圍。

〔10〕海:指黄海、渤海。河:黄河。穆陵:地名,即今山東臨朐(qú)縣的穆陵關。無棣(dì):地名,在今山東無棣縣附近。

〔11〕包茅:包裹成束的青茅。茅,青茅,即有刺的茅,楚地特産。

〔12〕王:周王。共(gōng):供應。無以:一種凝固結構,没有用來……的。縮酒:古代祭祀時,把青茅捆成束狀立放着,用酒從上往下澆,酒漸漸滲透下去,表示鬼神飲酒享用。縮,收縮,這裏是滲入之意。

〔13〕寡人是徵:等於説"寡人徵是"。徵:問,責問。是,指示代詞,指包茅不入的事,是"徵"的前置賓語。下文"寡人是問"結構同此句。

〔14〕昭王:周昭王,名瑕,康王之子,成王之孫。征:行,巡行。復:返回。"昭王南征而不復"一事,《史記·周本紀》云:"昭王南巡狩不返,卒於江上。"張守節正義引《帝王世紀》云:"昭王德衰,南征,濟于漢,船人惡之,以膠船進王,王御船至中流,膠液船解,王及祭公俱没于水中而崩。"此事在召陵之盟三百年以前,當時漢水一帶也不屬楚國,管仲的責備顯然是"欲加之罪"的藉口,所以楚使答復"君其問諸水濱"。

〔15〕問:責問。

〔16〕寡君:臣子對他國人謙稱本國國君。敢:謙詞,怎敢,豈敢。

〔17〕您還是到水邊去問這件事吧!其:語氣詞,表委婉的祈使語氣。諸:"之於"的合音字,其中"之"指代"昭王南征而不復"這件事。

師進,次于陘[1]。

【注釋】
〔1〕次:軍隊臨時駐紮。陘(xíng):楚地名,在今河南郾城縣南。

夏,楚子使屈完如師[1]。師退,次于召陵[2]。

【注釋】
〔1〕屈完:楚大夫。如:往,到……去。
〔2〕召(shào)陵:楚地名,在今河南郾城縣東。

齊侯陳諸侯之師[1],與屈完乘而觀之。齊侯曰:"豈不穀是爲?先君之好是繼[2]!與不穀同好[3],如何?"對曰:"君惠徼福於敝邑之社稷,辱收寡君;寡君之願也[4]。"齊侯曰:"以此衆戰,誰能禦之[5];以此攻城,何城不克!"對曰:"君若以德綏諸侯[6],誰敢不服?君若以力,楚國方城以爲城,漢水以爲池[7],雖衆,無所用之[8]!"

【注釋】
〔1〕陳諸侯之師:把諸侯的軍隊排列開來,有示威之意。
〔2〕豈不穀是爲:難道是爲了我?不穀,不善,諸侯的謙稱。是,代詞,起復指前置賓語的作用。
〔3〕同好:共同友好。
〔4〕您向我國的土神、穀神求福(指不滅掉楚國),收容我國國君,這是我國國君的願望。惠:表敬副詞,意思是給予恩惠。徼(yāo):求。敝邑:謙稱自己的國家。社:土神。稷:穀神。辱:表敬副詞,意思是這使您蒙受恥辱。
〔5〕衆:指衆將士。禦:抵擋。
〔6〕綏(suí):安撫。
〔7〕方城以爲城:把方城山作爲城墻。方城,山名,在今河南葉縣南。在句中,"方城"是介詞"以"的前置賓語。漢水以爲池:把漢水當作護城河。池,護城河。
〔8〕雖:即使。無所用之:沒有用他們的地方。

屈完及諸侯盟[1]。

【注釋】
〔1〕盟:訂立盟約,結盟。

齊晉鞌之戰

《左傳》

【説明】本文選自《左傳·成公二年》。鞌(ān)之戰是春秋時期的一次著名戰役。魯成公二年(前589),齊國爲了稱霸中原,首先向晉的同盟國魯、衛進攻,魯、衛戰敗,向晉國求救。晉國爲了捍衛自己的霸主地位,藉口魯、衛與晉國同姓,與齊在鞌地開戰。文中生動表現了戰爭雙方主要人物的思想性格,如齊軍高固的驕傲,齊頃公的輕敵,晉軍郤克的頑強,張侯等人的齊心協力,從而揭示了驕兵必敗的道理。鞌:齊地名,即歷下,今濟南市西邊。

六月壬申,師至于靡笄之下[1]。齊侯使請戰[2],曰:"子以君師辱於敝邑[3],不腆敝賦[4],詰朝請見[5]。"對曰:"晉與魯、衛,兄弟也[6]。來告曰:'大國朝夕釋憾於敝邑之地[7]。'寡君不忍,使群臣請於大國,無令輿師淹於君地[8]。能進不能退,君無所辱命[9]。"齊侯曰:"大夫之許,寡人之願也;若其不許,亦將見也[10]。'"

【注釋】

[1] 六月壬申:成公二年六月十六日。師:指晉軍。靡笄(jī):靡笄山,在齊境內,即今山東濟南市千佛山。

[2] 齊侯:指齊頃公,桓公之孫,名無野。使:派使者。請戰:挑戰。

[3] 以:介詞,用,憑藉,相當於"率領"。君師:國君的軍隊。辱於敝邑:光臨我國。辱,敬詞,意謂有辱身份。

[4] 不腆敝賦:我國兵力有限。腆,豐厚。敝賦,敝國的軍賦。古代按田賦出兵出車,所以用"賦"指代軍隊、兵力。

[5] 詰朝:明天早晨。請見:指交戰。以上齊使所言是委婉的外交辭令。

[6] 晉、魯、衛都是姬姓,所以稱"兄弟"。

[7] 朝夕:早晚,經常。釋憾:發洩不滿,指入侵、進攻。

[8] 請於大國:向大國請求。無令輿師淹於君地:不要讓衆多的軍隊長時間滯留在您的國土上。無,通"毋",不要。輿,衆。淹,久留。這是外交辭令,實際意思是:要我們迅速解決戰鬥,一下子打敗齊軍。

[9] 無所辱命:沒有辱沒命令的事,即您要交戰的命令不會落空,就是接受挑戰。

[10] 若其:連詞"若"和語氣詞"其"的凝固組合,表示"假如"。

齊高固入晉師[1],桀石以投人[2],禽之而乘其車[3],繫桑本焉,以徇齊壘[4],曰:"欲勇者,賈余餘勇[5]!"

【注釋】

[1] 高固:齊大夫。入晉師:指徒步闖進晉軍。

[2] 桀:通"揭",舉起。投:擊,打。

[3] 禽之:擒獲他(晉軍的人)。禽,後來寫作"擒"。

[4] 桑本:桑樹根。焉:代詞,在車上。按:高固在車上綁桑樹根是故意讓人注意,炫耀自己的成績。徇:遍行。壘:軍營。

[5] 想要勇敢的,買我剩下的勇氣!賈(gǔ):買。余:代詞,我。

癸酉,師陳于鞌[1]。邴夏御齊侯[2],逢丑父為右[3]。晉解張御郤克[4],鄭丘緩為右[5]。齊侯曰:"余姑翦滅此而朝食[6]!"不介馬而馳之[7]。郤克傷於矢[8],流血及屨,未絕鼓音[9]。曰:"余病矣[10]!"張侯曰[11]:"自始合,而矢貫余手及肘[12];余折以御,左輪朱殷[13]。豈敢言病?吾子忍之[14]。"緩曰:"自始合,苟有險[15],余必下推車。子豈識之?然子病矣。"張侯曰:"師之耳目,在吾旗鼓[16],進退從之。此車一人殿之,可以集事[17]。若之何其以病敗君之大事也[18]?擐甲執兵,固即死也[19];病未及死,吾子勉之[20]!"左並轡,右援枹而鼓[21],馬逸不能止[22],師從之,齊師敗績[23]。逐之,三周華不注[24]。

【注釋】

〔1〕癸酉:六月十七日,即上文"壬申"第二天。陳:擺開陣勢。這個意義後來寫作"陣"。鞌:同"鞍",齊地名,在今山東濟南市附近。

〔2〕邴夏:齊大夫。御齊侯:爲齊侯駕車。御,駕車。

〔3〕逢(páng)丑父(fǔ):齊大夫。右:車右,又叫驂乘。古代軍制,主帥居兵車之中,掌旗鼓,御者居左,車右居右。

〔4〕解(xiè)張:晉臣,名侯,字張,故又稱張侯。郤(xì)克:晉卿,名克,謚號獻子,是這次戰爭中晉軍的主帥(中軍將)。

〔5〕鄭丘緩:晉臣,鄭丘氏,名緩。

〔6〕姑:姑且。翦滅:消滅。翦,通"剪",剪除。朝食:早飯,這裏用作動詞,喫早飯。

〔7〕不介馬:不給馬披甲衣。介,杜預注:"介,甲也。"這裏用作動詞,給……披甲。馳之:驅馬進擊。之,指代馬。

〔8〕傷於矢:被箭射傷。

〔9〕屨(jù):鞋。未絕鼓音:沒有停止擊鼓。絕,中斷。按:古代車戰,主帥自掌旗鼓,指揮戰鬥。

〔10〕病:這裏指傷勢很重。一般的病叫"疾",重病叫"病"。

〔11〕張侯:即解張,古人有字、名連稱的習慣。

〔12〕合:交戰。貫:射穿。及:連詞,和。

〔13〕折:折斷(箭桿)。左輪朱殷(yān):左邊車輪染成深紅色(主帥車上御者在左)。殷,紅中帶黑的顏色。

〔14〕吾子:比"子"親熱的尊稱。相當於"您"。

〔15〕苟:連詞,如果,一旦。險:地勢阻礙難行。

〔16〕全軍的眼睛和耳朵,都集中在我們的旗和鼓上。旗指示進攻方向,鼓爲進軍信號。

〔17〕殿:鎮守。集事:成事。集,成,成就。

〔18〕怎麼能因爲受傷而壞了國君的大事呢? 若之何:若何,怎麼。其:語氣詞,加強反問語氣。敗:壞。大事:指戰爭。

〔19〕擐(huàn):穿。兵:兵器。固即死也:意思是說,就已經抱定了必死的決心。固,本來。即,接近,走向。

〔20〕勉之:努力指揮戰鬥。勉,努力去做。之,指代指揮之事。

〔21〕把韁繩並握在左手,用右手(從郤克手中)拿過鼓槌來敲鼓。左、右,都是名詞作狀語,用左手、用右手。轡:韁繩。援:拉,拿過來。枹(fú):鼓槌,也寫作"桴"。鼓:動詞,擊鼓。按:解張原用兩手持轡,這時他把右手裏的轡並到左手裏,騰出右手來替郤克敲鼓指揮進攻。

〔22〕逸:奔逸,狂奔。不能止:(因單手持轡)不能控制。

〔23〕敗績:軍隊大敗。

〔24〕三周華不注:繞着華不注山轉了三圈。周,動詞,圍繞。華不注,山名,在今濟南市東北。

韓厥夢子輿謂己曰[1]:"旦辟左右[2]。"故中御而從齊侯[3]。邴夏曰:"射其御者,君子也[4]。"公曰:"謂之君子而射之,非禮也[5]。"射其左,越于車下[6];射其右,斃于車中[7]。綦毋張喪車[8],從韓厥曰:"請寓乘[9]。"從左右,皆肘之[10],使立於後。韓厥俛定其右[11]。

【注釋】

〔1〕(昨夜)韓厥夢見子輿對自己説。這是插敘。韓厥：晉大夫，在這次戰爭中任司馬(掌軍法)。子輿：韓厥父，此時已死。

〔2〕旦：早晨。辟：避開。左右：指兵車左右兩側。

〔3〕中御：在中間駕車。按：韓厥不是主帥，位置應該在左，"中御"是代替御者。從：追趕。

〔4〕君子：地位高的人。古代亦稱貴族爲"君子"。

〔5〕謂：認爲。非禮：不合乎"禮"。按：這表現了齊頃公的迂腐。杜預注："齊侯不知戎禮。"孔穎達正義："戎事以殺敵爲禮。齊侯謂射君子爲非禮者，乃是齊侯不知戎禮也。"

〔6〕越：墜落。

〔7〕斃：倒下。

〔8〕綦毋(qí wú)張：晉大夫，姓綦毋，名張。喪：喪失，丟失。

〔9〕請：謙敬副詞，請允許。寓乘(shèng)：搭車。寓，寄託。

〔10〕肘：名詞用作動詞，用肘碰撞。

〔11〕俛：同"俯"，彎身。定：安置。其右：指倒在車中的驂乘。

逢丑父與公易位〔1〕。將及華泉〔2〕，驂絓於木而止〔3〕。丑父寢於轏中〔4〕，蛇出於其下〔5〕，以肱擊之〔6〕，傷而匿之〔7〕，故不能推車而及〔8〕。韓厥執縶馬前〔9〕，再拜稽首〔10〕，奉觴加璧以進〔11〕，曰："寡君使羣臣爲魯、衛請，曰：'無令輿師陷入君地〔12〕。'下臣不幸〔13〕，屬當戎行〔14〕，無所逃隱〔15〕，且懼奔辟而忝兩君〔16〕。臣辱戎士，敢告不敏，攝官承乏〔17〕。"丑父使公下，如華泉取飲〔18〕。鄭周父御佐車〔19〕，宛茷爲右〔20〕，載齊侯以免〔21〕。韓厥獻丑父，郤獻子將戮之〔22〕。呼曰："自今無有代其君任患者〔23〕，有一於此，將爲戮乎〔24〕？"郤子曰："人不難以死免其君〔25〕，我戮之，不祥。赦之，以勸事君者〔26〕。"乃免之〔27〕。

【注釋】

〔1〕逢丑父與齊頃公交換位置。易位：交換位置。在戰鬥的時候齊頃公本來居中，逢丑父居右。古代的兵服，國君與將佐相同，分辨主從是從其在兵車上的位置決定的。韓厥以前没有見過這兩個人，不能分辨他們的面貌。所以逢丑父與齊頃公交換位置以蒙騙對方，其後齊頃公因此得以逃脱。

〔2〕華泉：泉名，在華不注山下。

〔3〕因驂馬被樹絆住而停車。驂(cān)：驂馬。古代一車四馬，夾着車轅中間的稱"服"，左右兩旁的稱"驂"。絓(guà)：糾纏，牽絆，後來寫作"掛"。

〔4〕轏(zhàn)：棧車，一種睡覺用的棚車。

〔5〕蛇出現在他的身旁。下：指所在位置，等於説身邊。

〔6〕肱(gōng)：從肩到肘的部分，用以泛稱手臂。

〔7〕匿之：隱瞞受傷的事。

〔8〕及：追上，這裏指被韓厥追上，俘獲。

〔9〕韓厥手持絆馬索站在齊侯馬前。縶(zhí)：絆馬索。

〔10〕再拜：拜了兩次。稽(qǐ)首：下跪，頭低至地。

〔11〕奉：捧。觴，一種飲酒器。璧：一種中間有圓孔的圓形玉器。進：獻，獻上。以上動作是韓厥在向齊侯行"殞命"之禮(俘獲敵國君主時的禮儀)。古代人際間等級森嚴，即使敵國君主被

俘了,也仍然要用國君的禮節對待他。
〔12〕陷入:深入。
〔13〕下臣:韓厥自稱。
〔14〕屬(zhǔ):恰好。當:對着,碰上。戎行:軍隊的行列。
〔15〕没有逃避躲藏的地方。這幾句話的意思是:我既然參加了這次戰爭,就不能不盡我作爲戰士的職責。
〔16〕而且害怕(因)逃跑躲避而給兩國的國君帶來恥辱。忝:辱。
〔17〕我不稱職地當了個戰士,冒昧向您禀告,臣下不才,祗是在缺乏人才的時候代理這個官職。敏,聰明,敏捷。攝官,代理官職。承乏,由於乏人而承擔職務。韓厥這番話是委婉的外交辭令,意思是:我要履行職責,要俘虜你齊侯。
〔18〕丑父使公下:丑父假冒齊侯,指令處在車右位置上的齊侯下車,有意讓他逃脱。如:往,到……去。飲:用作名詞,水。
〔19〕鄭周父:齊臣。佐車:副將所乘的車。
〔20〕宛茷(fèi):齊臣。
〔21〕免:免於被俘,逃脱。
〔22〕郤獻子將戮之:郤克要殺丑父。按:韓厥把逢丑父當齊頃公俘虜了,而郤克三年前出使齊國,見過齊頃公,很快就識破了丑父的把戲。
〔23〕自今:自古至今。代其君任患者:代替他的國君承擔禍難的人。
〔24〕爲戮:被殺。
〔25〕難:以……爲難,意動用法。以死免其君:用自己的死來使自己的國君免於禍難。
〔26〕勸:鼓勵。事君者:侍奉君主的人。
〔27〕就赦免了他。免:赦,釋放。

燭之武退秦師[1]

《左傳》

【説明】本篇選自《左傳·僖公三十年》。魯僖公三十年(前630),秦晉圍鄭,鄭國危急。鄭大夫燭之武巧妙地利用秦晉之間的矛盾,終於説服了秦穆公,秦與鄭訂立和盟,解除了對鄭國的圍困。本篇中燭之武用簡短的話語把種種利害關係剖析得十分透徹,是《左傳》中又一段寫得非常出色的外交辭令。

九月甲午[2],晉侯、秦伯圍鄭,以其無禮於晉,且貳於楚也[3]。晉軍函陵,秦軍汜南[4]。佚之狐言於鄭伯曰[5]:"國危矣。若使燭之武見秦君,師必退。"公從之。辭曰[6]:"臣之壯也,猶不如人[7];今老矣,無能爲也已[8]。"公曰:"吾不能早用子,今急而求子,是寡人之過也[9]。然鄭亡,子亦有不利焉[10]。"許之[11]。

【注釋】

〔1〕燭之武:鄭大夫。
〔2〕九月甲午:九月十日。甲午:干支記日,指本年九月十日。
〔3〕晉侯:指晉文公。秦伯:指秦穆公。以:因。其:指代鄭。無禮於晉:晉文公重耳爲公子時,因

晉國內亂而流亡經過鄭，鄭文公没有以禮相待。事見《左傳·僖公二十三年》。貳：動詞，懷有二心。兩屬，屬二主。"貳於楚"的意思是鄭國傾向於楚，因而對晉國懷有二心。一説"貳"有"助"義。據《史記·鄭世家》記載，鄭文公四十一年時，鄭國曾經幫助楚國攻打晉國。此次晉文公會同秦穆公圍鄭，即爲討伐鄭兩年前助楚擊晉和當年未以禮相待之罪。

〔4〕軍：用作動詞，駐軍。函陵：在今河南新鄭市北。氾(fán)：氾水，此指東氾水，今已消失，故道在今河南中牟縣南。氾南與函陵相距甚近。

〔5〕佚(yì)之狐：鄭國大夫。鄭伯：這裏指鄭文公。

〔6〕辭：推辭。

〔7〕意思是：當我壯年的時候，尚且不如其他的人(有才能)。壯：壯年。猶：尚且。

〔8〕無能爲：没有能力做(這樣的事情)。也已：略等於"矣"。也，語氣詞，表示確認。已，語氣詞，相當於"了"。通"矣"。

〔9〕子：古代對男子的尊稱。是：指示代詞，這裏指上文"吾不能早用子，今急而求子"，作句子主語。先秦典籍中，"是"一般應當視爲指示代詞，而非判斷動詞。這個句子中"也"是一個語氣詞，表示判斷的語氣。

〔10〕然：轉折連詞，然而。

〔11〕許之：(燭之武)答應了鄭文公。許，答應。

夜縋而出〔1〕。見秦伯曰："秦晉圍鄭，鄭既知亡矣〔2〕。若亡鄭而有益於君，敢以煩執事〔3〕。越國以鄙遠〔4〕，君知其難也〔5〕；焉用亡鄭以陪鄰〔6〕？鄰之厚，君之薄也。若舍鄭以爲東道主〔7〕，行李之往來〔8〕，共其乏困〔9〕，君亦無所害。且君嘗爲晉君賜矣〔10〕，許君焦、瑕〔11〕，朝濟而夕設版焉〔12〕，君之所知也。夫晉何厭之有〔13〕？既東封鄭，又欲肆其西封〔14〕；若不闕秦，將焉取之〔15〕？闕秦以利晉，唯君圖之〔16〕。"

【注釋】

〔1〕縋(zhuì)：用繩懸物，這裏指用繩子把燭之武從城牆上送下來。

〔2〕既：已經。

〔3〕冒昧地拿"亡鄭"這件事麻煩您。敢：表謙副詞，斗膽地，冒昧地。以：介詞，後面省略了指代賓語"亡鄭之事"的代詞"之"。煩：麻煩。執事：辦事人員。這裏是委婉的説法，實指秦伯本人。

〔4〕越過晉國這個國家，把遥遠的鄭國作爲自己的邊邑。秦在西，鄭在東，晉在二者之間，故言"越國"。越：超過，超越。以：表目的的連詞，連接一前一後的兩個動作，後一個動作是前一個動作的目的，這裏可以譯爲"來"。鄙：邊邑，這裏用作動詞，意思是把……作爲自己的邊邑。遠：遥遠。這裏指遥遠的鄭國。

〔5〕其：代詞，指代"越國以鄙遠"這件事情。

〔6〕焉用：哪裏用得着。焉，疑問代詞，哪裏。陪：增加，這裏指增加土地。通"倍"，增加(土地)。使……增加土地。鄰：鄰國。這裏指晉國。

〔7〕舍(shě)：即"捨"，捨棄，即不滅掉。以：介詞，後面省略了賓語"鄭"。東道主：東方(鄭在秦的東邊)道上的主人。

〔8〕行李：行吏，外交使節。

〔9〕共(gōng)：即"供"，供應。乏困：缺少。本來行而無資叫乏，居而無食叫困，這裏指使者往來時資糧館舍等的不足。

〔10〕嘗：曾經。爲晉君賜：雙賓語句。有賜於晉君，指秦穆公接納晉惠公夷吾的事情。爲賜，等

於説施恩。爲，動詞，這裏可以譯成"給予"。賜，名詞，恩惠。
〔11〕許：答應，答應給予。焦、瑕：二地名，都在今河南陝州区附近。焦，本爲封國，姬姓，後被晉國吞併，成爲晉邑，在今河南三門峽市西郊。瑕，晉邑，在今山西芮城縣南。
〔12〕濟：渡河。指晉惠公（文公之弟，比文公先爲晉君）從秦國渡過黃河回國到晉國繼承君位。版：打土牆用的夾板。這裏指版築的土牆，防禦工事。先秦時代夯土築牆，用兩版相夾，稱爲版築。晉惠公依靠秦國的力量回國爲君，曾經答應給秦國焦、瑕兩邑作爲報答，但回國後不但不承認，而且修築版牆防禦秦國。朝、夕：比喻兩事相距極近。
〔13〕何厭之有：賓語前置的句式，等於"有何厭"。之，指示代詞，複指前置賓語"何厭"。
〔14〕東封鄭：把鄭作爲東邊的疆界。封，疆界。這裏用作動詞。肆：伸展，擴張。
〔15〕（晉）如果不使秦受到虧損，將從哪裏得到它所要取得的土地呢？闕：使……受到虧損。焉：疑問代詞，哪裏。
〔16〕唯：句首語氣詞，表示希望。圖：考慮。之：指"闕秦以利晉"。

秦伯説，與鄭人盟，使杞子、逢孫、楊孫戍之〔1〕，乃還。

【注釋】
〔1〕説（yuè）：喜悦，高興，後來寫作"悦"。盟：動詞，訂立盟約。杞子、逢孫、楊孫：三人都是秦大夫。戍：駐扎，防守。之：代鄭國。

子犯請擊之〔1〕。公曰："不可。微夫人之力不及此〔2〕。因人之力而敝之，不仁〔3〕；失其所與，不知〔4〕；以亂易整，不武〔5〕。吾其還也〔6〕。"亦去之〔7〕。

【注釋】
〔1〕子犯：狐偃，晉文公的舅父。之：指示代詞，指代秦。
〔2〕微：帶有假設語氣的否定副詞，用於事後的假設，略同於"非"，等於説："假如不是……""如果沒有……"夫人：那人，指秦穆公。重耳是依靠秦穆公的支持得以返回晉國即位的，所以這樣説。夫（fú）：指示代詞，那。及：達到，得到。
〔3〕因：憑藉，依靠。敝：壞，敗。這裏指損害。
〔4〕與：聯合。所與：同盟者。知（zhì）：明智，後來寫作"智"。
〔5〕以亂易整：用混亂代替整齊。晉攻秦爲亂，秦、晉和爲整，指盟國之間步調一致。武：和上文的"仁"都是上古抽象的道德觀念。
〔6〕其：語氣詞，表示委婉的語氣，可譯爲"還是"。
〔7〕去：離開。之：指示代詞，代鄭國。

句踐滅吳

《國語》

【説明】本篇選自《國語·越語上》。春秋末年，吳越爭霸，勢不兩立。句踐三年，吳大敗越。越王句踐委曲求和，卑事夫差，忍辱負重，準備復仇。句踐深刻反省自己的過錯，禮賢下士，團結國內各種力量，鼓勵人口增殖，明恥教戰，上下一心。經過二十年的準備，終於在句踐二十四年（前473）滅掉吳國。吳王夫差由於親小人，遠賢臣，驕傲輕敵,剛愎自用,並且在戰略決策上根本失誤,終於導致國破身亡。本文記敘了吳越興亡的歷史,富有深刻的教訓意義。

越王句踐棲於會稽之上[1],乃號令於三軍曰[2]:"凡我父兄昆弟及國子姓,有能助寡人謀而退吳者,吾與之共知越國之政[3]。"大夫種進對曰[4]:"臣聞之,賈人夏則資皮,冬則資絺,旱則資舟,水則資車,以待乏也[5]。夫雖無四方之憂,然謀臣與爪牙之士,不可不養而擇也[6]。譬如蓑笠,時雨既至必求之[7]。今君王既棲於會稽之上,然後乃求謀臣,無乃後乎[8]?"句踐曰:"苟得聞子大夫之言,何後之有[9]?"執其手而與之謀。

【注釋】

〔1〕句踐:亦作"勾踐""鳩淺"(見 1965 年出土的越王句踐所用青銅劍銘文)。春秋時越王,公元前 497 年即位,卒於公元前 465 年。句踐即位三年,吳王夫差為報父仇,興兵大敗越兵。句踐率餘部退守會稽。棲:居住,停留。這裏指駐兵山上。山處曰棲。會(kuài)稽:山名,在今浙江省紹興市東南。

〔2〕三軍:泛指軍隊。

〔3〕昆弟:兄弟。國子姓:國君的同姓,這裏泛指百姓。國子指與國君同姓的人,即與國君同姓的貴族子弟。知:主持,掌管。

〔4〕大夫種:姓文名種,字子禽,楚國郢人。曾任楚國宛(今河南省南陽市)令,後任越國大夫。與范蠡同事句踐,出計滅吳,成功之後被句踐賜劍自殺。

〔5〕賈(gǔ)人:商人。資:囤積。皮:指皮貨。絺(chī):細葛布。旱:指旱災。水:指水災。待:準備。乏:短缺,缺乏。

〔6〕四方之憂:指四鄰各國的進攻侵擾。爪牙之士:勇猛的將士。得力幹將,這裏指武將。勇敢的將士和得力的助手。養:培養,蓄養。擇:選拔。

〔7〕蓑(suō)笠:蓑衣和斗笠。時雨:應時而下的雨。

〔8〕無乃:副詞性固定結構,相當於"恐怕""豈不"。多用在反問句中,與"乎"字相配合,表推測語氣。後:遲,晚。

〔9〕苟:連詞,相當於"假如、如果"。得:能夠。子大夫:指文種。"子"是古代對男子的尊稱,在"大夫"之前加上"子"也是表示敬稱。何後之有:"有何後"的倒裝形式。代詞"之"複指動詞"有"前面的賓語"何後"。

遂使之行成於吳[1]。曰:"寡君句踐乏無所使,使其下臣種[2],不敢徹聲聞於天王[3],私於下執事曰[4]:'寡君之師徒不足以辱君矣[5],願以金玉、子女賂君之辱[6],請句踐女女於王[7],大夫女女於大夫,士女女於士。越國之寶器畢從[8],寡君帥越國之眾,以從君之師徒,唯君左右之[9]。若以越國之罪為不可赦也[10],將焚宗廟,係妻孥,沈金玉於江[11],有帶甲五千人將以致死,乃必有偶[12]。是以帶甲萬人事君也,無乃即傷君王之所愛乎[13]?與其殺是人也,寧其得此國也,其孰利乎[14]?'"

【注釋】

〔1〕之:指大夫文種。行成:求和。成,和解,媾和。

〔2〕乏:缺乏。這裏指缺乏合適的人才。無所使:沒有可派遣的人。所:輔助性代詞,和後面的動詞"使"構成名詞性結構。使:派遣。下臣:文種在吳王面前對自己的謙稱。

〔3〕徹聲:傳達意見,指傳達越王句踐的意思。徹,通、達。聞:這裏有告知的意思。天王:指吳王夫差。
〔4〕意思是:不敢直接向吳王表達意見,祇能向吳王的下屬私下裏説,以此表達對吳王威望的一種尊重。這些都是外交辭令。私:動詞,私下交談。下執事:下面管事之人,指吳王的下屬。這是春秋時代常用的表敬辭,並非實指。
〔5〕師徒:這裏指軍隊。不足以辱君:韋昭注:"不足以屈辱君親來討也。"意思是不值得夫差親自來討伐。
〔6〕賂君之辱:酬謝您吳王的辱臨。賂,贈送人禮物。辱,表敬副詞,這裏的意思是我們用金玉、女子贈送給大王您,這是對您的辱没。
〔7〕請:表敬副詞,請允許。女(nǜ)於王:作吳王的婢妾。女,名詞活用作動詞,意思是作婢妾。下文"女於大夫、女於士"中的"女"用法相同。
〔8〕畢從:全部隨同(進獻給吳國)。
〔9〕帥:動詞,率領。唯:語氣詞,在這裏表示期望語氣。左右:支配、使唤。活用爲動詞。意爲任憑調遣。用如動詞,處置。
〔10〕赦:赦免。
〔11〕宗廟:古代帝王或諸侯祭祀祖宗的處所。係妻孥:把妻子兒女捆綁起來。表示生死同命,决不做吳國的俘虜。係:繫、捆綁。孥(nú):兒女。沈(chén):同"沉",沉没。這裏用作使動。
〔12〕帶甲:披甲的將士。致死:拼命。乃必有偶:於是一定有加倍的勇氣,意思是一個人當兩個人用,所以下文説"帶甲萬人"。
〔13〕是:此,指示代詞,指前文若不許和,越軍將决一死戰的情况。事君:侍奉您(吳王)。這也是外交辭令,實際上指前文的"致死",即拼死一戰。即:副詞,就要。傷君王之所愛:傷害吳王您所喜愛的東西。所愛,喜歡的東西,指金玉、女子等。
〔14〕與其……,寧其……:連詞,表示在兩件事中間進行選擇。聯合複句的關係詞語,表示在衡量兩項事物得失時加以選擇。"與其"的内容是説話人認爲應該捨棄的;"寧其"即寧可、寧肯,表示應該選取的意思。是人:這些人。即上文所言"帶甲五千人"。孰:疑問代詞,相當於"哪一個"。

夫差將欲聽與之成[1]。子胥諫曰:"不可。夫吳之與越也,仇讎敵戰之國也[2]。三江環之,民無所移[3],有吳則無越,有越則無吳,將不可改於是矣[4]。員聞之,陸人居陸,水人居水。夫上黨之國[5],我攻而勝之,吾不能居其地,不能乘其車[6]。夫越國,吾攻而勝之,吾能居其地,吾能乘其舟。此其利也,不可失也已,君必滅之。失此利也,雖悔之,必無及已[7]。"

【注釋】

〔1〕與之成:跟越人媾和。
〔2〕子胥:伍子胥,名員(yún)。楚人。其父兄被楚平王殺害,逃到吳國,成爲吳王的重要謀臣。吳封之於申,又名申胥。讎(chóu):仇敵。
〔3〕三江:指吳淞江、錢塘江、浦陽江。長江、吳淞江、浙江(錢塘江)。《水經注》引郭璞曰:"三江者,岷江、松江、浙江也。"環:繞。之:代吳、越兩國。無所移:没有可遷移的地方。這兩句的意思是:三江環繞吳越兩國,兩國的人民不能向外遷移。
〔4〕不可改於是:對於這種局面是不能改變的。是,指示代詞,指前面所舉的情况,即"三江環之,民無所移,有吳則無越,有越則無吳"。

〔5〕上黨之國:指中原各國。《釋名·釋州國》:"上黨:黨,所也。在山上,其所最高,故曰上也。"上,高。黨,處所,地方。當時的中原各國,陸多水少,相對吳越水多陸少而言,地勢較高,故稱"上黨之國"。

〔6〕不能居其地:因吳國與中原地區的人習俗不同,水土不服,故即使佔有其地也不能居處。不能乘其車:吳人習於水戰,不長於車戰,故云。

〔7〕大意是:錯過這種有利形勢,將來就算後悔都來不及了。

越人飾美女八人,納之太宰嚭[1],曰:"子苟赦越國之罪,又有美於此者將進之[2]。"太宰嚭諫曰:"嚭聞古之伐國者,服之而已[3]。今已服矣,又何求焉?"夫差與之成而去之[4]。

【注釋】

〔1〕飾:修飾,打扮。納:獻,貢獻,致送。太宰:官名,爲天官之長,輔佐帝王治理國家。嚭(pǐ):姓伯名嚭,本爲楚人,公元前551年因內亂逃奔吳。《左傳·定公四年》:"楚之殺郤宛也,伯氏之族出。伯州犁之孫嚭爲吳大宰以謀楚。"

〔2〕美於此:比這(些美女)更美的。於,介詞,引進比較的對象。進:進獻。

〔3〕服之:使之降服。服,降服。

〔4〕何求:求何,求什麼。何,疑問代詞作賓語,前置。去之:離開它(越國)。

句踐説於國人曰[1]:"寡人不知其力之不足也[2],而又與大國執讎[3],以暴露百姓之骨於中原[4],此則寡人之罪也。寡人請更[5]。"於是葬死者,問傷者,養生者,弔有憂,賀有喜,送往者,迎來者,去民之所惡[6],補民之不足。然後卑事夫差[7],宦士三百人於吳[8],其身親爲夫差前馬[9]。

【注釋】

〔1〕説於國人:向國人解釋。説,解説。於,介詞,引進動詞"説"的對象。

〔2〕其:這裏指代句踐自己。

〔3〕大國:指吳國。執讎:結仇。

〔4〕大意是:使越國百姓屍骨暴露在荒野之中。暴(pù):暴露。中原:即"原中",指原野之中。

〔5〕更(gēng):更改,指改正錯誤。

〔6〕問:慰問。弔:弔唁。有憂:指有喪事的人。有喜:指有喜慶的人。送往者,迎來者:兩句是説對於別國來往越國的人以禮迎送。所惡:不喜歡的事情。惡(wù),厭惡。

〔7〕卑事:降低自己的身份去服侍。卑,低賤。謙卑地。用作狀語。事,侍奉,服侍。

〔8〕派三百名士人到吳國去做他們的臣僕。宦:宮中服役的小臣。這裏用作使動,使(士)做宦豎、小臣。用如動詞,做奴隸,"若宦豎然"(韋昭注)。

〔9〕前馬:馬前卒,前驅開道的人。即先(xiān)馬,馬前卒。一本作"先馬",也作"洗馬",馬夫。"前驅在馬前也。"(韋昭注)

句踐之地,南至於句無,北至於禦兒,東至於鄞,西至於姑蔑,廣運百里[1]。乃致其父兄昆弟而誓之曰[2]:"寡人聞古之賢君,四方之民歸之,若水之歸下也。今寡人不能,將帥二三子夫婦以蕃[3]。"令壯者無取老婦,令老者無取壯妻[4]。女子十七不嫁,其父母有罪;丈夫二十不取,其父母有罪。將免者以告,公令醫守之[5]。生丈夫,二壺酒,一犬;

生女子,二壺酒,一豚[6]。生三人,公與之母[7];生二人,公與之餼[8]。當室者死,三年釋其政[9];支子死,三月釋其政[10]。必哭泣葬埋之,如其子[11]。令孤子、寡婦、疾疹、貧病者,納宦其子[12]。其達士,絜其居,美其服,飽其食,而摩厲之於義[13]。四方之士來者,必廟禮之[14]。句踐載稻與脂於舟以行[15],國之孺子之遊者,無不餔也,無不歠也[16],必問其名。非其身之所種則不食,非其夫人之所織則不衣[17],十年不收於國,民俱有三年之食[18]。

【注釋】

〔1〕句(gōu)無:山名,在今浙江諸暨市南,今諸暨有句無亭。禦兒(ní):地名,今浙江嘉興禦兒鄉。在今浙江桐鄉市西南。鄞(yín):地名,在今浙江寧波市。姑蔑:地名,今浙江衢州市龍遊北有姑蔑城。廣運:指土地面積。東西爲廣,南北爲運。

〔2〕致:招致,召集。誓之:對他們發誓。

〔3〕帥:動詞,率領。二三子:春秋時代表示複數的習慣用語,大致相當於"你們、諸位",具體所指據上下文而定,這裏指前文的"父兄昆弟"。蕃:繁殖。

〔4〕取:即"娶"。

〔5〕將免者:將要分娩的人。免,通"娩",分娩。公:官府。守:看護。

〔6〕丈夫:這裏特指男孩。豚(tún):小豬。官府給酒、給犬、給豚,都是爲了鼓勵生育。

〔7〕生三人,生二人:指一胎生三個,一胎生兩個。母:指乳母。

〔8〕餼(xì):糧食。

〔9〕當室者:指嫡子。釋:免除。政:通"征",指賦稅徭役。

〔10〕支子:指庶子。

〔11〕意思是:埋葬、哭泣都一定要像嫡子那樣(不得有所差別)。必哭泣:國君必致哀悼。如其子:像對待自己的兒子一樣。如,如同,像。其,表示特指的代詞,可以譯爲"那個"。

〔12〕疾疹(chèn):疾病。疹,通"疢",病。納宦其子:官府收納他們的兒子,並且讓這些孩子到官府服務。"納""宦"兩個動詞共帶一個賓語"其子"。"納其子"是官府收納養活他們的兒子,"宦其子"是讓他們的兒子到官府學習。《說文》:"宦:仕也。"朱駿聲注:"猶今試用學習之官也。"韋昭注:"宦,仕也。仕其子而教,以廩食之也。"

〔13〕達士:通達之士,指知名人物。絜其居:使他們的居處潔净。絜,即"潔",在句中爲使動用法。下文"美、飽"也是使動用法。摩厲之於義:在義理方面磨礪他們。摩厲,即"磨礪"。

〔14〕廟禮之:在廟堂上接待他們。廟,名詞作狀語。在廟堂上。禮,名詞活用作動詞,禮遇,以禮相待。

〔15〕稻:大米,這裏指粥。脂:肥肉,這裏泛指肉類。

〔16〕孺子:年輕人。遊者:未仕而遊學的人。遊,本亦作"游"。《周禮・地官・師氏》:"凡國之貴遊子弟學焉。"《疏》:"言遊者,以其未仕而在學。"餔(bǔ):(給食物)吃。歠(chuò):(給水)喝。

〔17〕兩句是說句踐本人和他的夫人都參加生產勞動,衣食自給自足。身:親自。衣(yì):穿(衣)。

〔18〕不收於國:不在國內徵收賦稅。俱:都。三年之食:古有耕三餘一的制度。《禮記・王制》:"三年耕,必有一年之食;九年耕,必有三年之食。"

國之父兄請曰:"昔者夫差恥吾君於諸侯之國,今越國亦節矣,請報之[1]。"句踐辭曰:"昔者之戰也,非二三子之罪也,寡人之罪也。如寡人者,安與知恥[2]？請姑無庸戰[3]。"父兄又請曰:"越四封之內,親吾君也,猶父母也[4]。子而思報父母之仇,臣而思報君之仇,其有敢不盡力者乎[5]？請復戰[6]。"句踐既許之,乃致其眾而誓之曰[7]:"寡人聞古之賢君,不患其眾之不足也,而患其志行之少恥也[8]。今夫差衣水犀之甲者億有三千[9],不患其志行之少恥也,而患其眾之不足也。今寡人將助天滅之。吾不欲匹夫之勇也,欲其旅進旅退也[10]。進則思賞,退則思刑,如此則有常賞。進不用命,退則無恥,如此則有常刑[11]。"果行,國人皆勸[12]。父勉其子,兄勉其弟,婦勉其夫。曰:"孰是君也,而可無死乎[13]？"是故敗吳於囿,又敗之於沒,又郊敗之[14]。

【注釋】

[1] 恥吾君:使我們國君蒙受恥辱。恥,使動用法。節:在副詞"亦"後面活用作動詞,有節度,這裏指恢復了常規。報之:向它(吳國)報仇。

[2] 如寡人者,安與知恥:這是句踐自謙之辭。意思是:像我這樣的人,哪裏懂得什麼叫作蒙受恥辱呢？安:疑問代詞,哪裏。與:介詞,後面省掉賓語"之"。

[3] 姑:姑且,暫且。無庸:不用。

[4] 這幾句話的意思是:越國境內的百姓,都親近(愛戴)我們的君主,把他看成是自己的父母。四封:四境,指(越國的)東西南北四境。封,疆界。

[5] 意思是:兒子就會想着爲父母報仇,臣子就會想着爲君主報仇,難道還會有敢不盡力的嗎？而:連詞,相當於"則"。兩"而"字均用於主從複句中從句主語和謂語之間,有表假設的作用,可譯爲"如果"。其:語氣詞,加強反問語氣。

[6] 復:再次。

[7] 致其眾:召集將士。致,召集。眾,指將士,軍隊。

[8] 志行:志向和行爲。少恥:"謂進不念功,臨難苟免。"(韋昭注)

[9] 衣(yì)水犀之甲者:穿水犀皮鎧甲的(將士)。億有三千:十萬三千。億,十萬,秦以前十萬爲億。有,通"又"。

[10] 匹夫之勇:個人的勇猛。旅進旅退:一起前進一起後退,意即行動統一聽指揮。《禮記·樂記》:"今夫古樂,旅進旅退。"鄭玄注:"旅猶俱也。俱進俱退,言齊一也。"

[11] 常賞:固定的賞賜,這裏指國家規定的賞賜。常刑:固定的刑罰,這裏指國家規定的刑罰。《周禮·地官·大司徒》:"其有不正,則國有常刑。"常,固定的。

[12] 果行:果真實行(誓言)。勸:勉勵。

[13] 孰是君也:誰像這樣的國君呀。韋昭注:"孰,誰也。誰有恩惠如是君者,可不爲之死乎？"無死:不爲他而死,"死"後面承前省略了賓語"之"。

[14] 囿(yòu):水名。韋昭注:"笠澤也。"在今吳淞江一帶。一說即今太湖。沒:吳地,所在不詳。郊敗之:在城郊打敗它(吳國)。郊,名詞作狀語,表處所。吳都城在姑蘇,即今江蘇省蘇州市。

　　夫差行成[1],曰:"寡人之師徒,不足以辱君矣[2]。請以金玉、子女賂君之辱。"句踐對曰:"昔天以越予吳,而吳不受命;今天以吳予越,越可以無聽天之命[3],而聽君之令乎！吾請達王甬、句東,吾與君爲二君乎[4]！"夫差對曰:"寡人禮先壹飯矣[5],君若不忘周室[6],而爲弊邑宸宇,亦寡人之願也[7]。君若曰:'吾將殘汝社稷[8],滅汝宗廟。'寡人請死,余何面目以視於天下乎[9]！越君其次也[10]。"遂滅吳[11]。

【注釋】

〔1〕行成:指去和句踐講和。
〔2〕師徒:軍隊。辱:辱没,恥辱。這裏是外交辭令,表示對句踐的尊敬。
〔3〕昔:以前。予:給,給予。不受命:不接受天命,指没有滅掉越國。無:通"毋",不。
〔4〕達王甬、句(gōu)東:把您(吳王)送到甬、句以東去。達,到達,這裏用作使動,使……到達,即遣送的意思。甬,甬江。句,句章,今浙江慈溪市西南。《左傳》和《史記》都記作"甬東",近人徐元誥認爲,甬東即今浙江定海東北海中之舟山(見《國語集解》卷二十)。吾與君爲二君:大意是我和你一起做越國的兩個國君(這顯然是不可能的,祇是句踐要滅吳的委婉説法)。
〔5〕禮先壹飯:按禮節(吳)先(對越)有壹飯之恩。禮,名詞用作狀語,表依據禮節。先,動詞,先有。壹飯,壹飯之恩,小小的恩惠,指夫差曾經没有滅越國一事。
〔6〕不忘周室:吳是泰伯之後,是周之同姓。越是周所始封,所以夫差希望句踐看在周王朝的分上,與自己講和。
〔7〕意思是:吳國願意被越國保護,即以越國爲吳國的宗主國。爲弊邑宸(chén)宇:做我國的屋霤與屋檐(保護者)。宸,屋霤。宇,屋檐。宸宇有庇護作用。
〔8〕殘:使……殘,形容詞用作使動。用如動詞,滅。社:土地神。稷(jì):穀神。古之國君祭祀時必祭土地神和穀神,社、稷滅則國滅,故古代常用"社稷"代稱國家。
〔9〕余何面目以視於天下乎:我憑什麽臉面去面對天下人呢? 這是"余以何面目視於天下乎"的倒置形式。"何面目"作介詞"以"的前置賓語。於,介詞,引進動作"視"的對象。
〔10〕其:語氣詞,表示委婉語氣,可譯爲"還是"。次:舍,進駐,指進駐到吳國的領土上。
〔11〕遂:副詞,於是。

邵公諫厲王弭謗

《國語》

【説明】本篇選自《國語·周語上》,篇題爲編者所加。周厲王暴虐無道,不准民衆批評指責,不聽大臣邵公的勸告,終於激起民憤,被驅逐到邊遠之地。文章生動地記録了邵公進諫的言辭。整個諫言説理層層推進,有忠告,有警言,有理由,有辦法,富於邏輯性。用水來比喻人民,形象貼切,表現了樸素的民主思想。

厲王虐,國人謗王[1]。邵公告曰[2]:"民不堪命矣[3]！"王怒,得衛巫[4],使監謗者。以告[5],則殺之。國人莫敢言,道路以目[6]。

【注釋】

〔1〕厲王:周天子,名胡。公元前878—前842年在位。虐:殘暴。國人:住在國都内的人。國人基本上是周人,有參與議論國事的權利。謗:公開議論,批評。
〔2〕邵(shào)公:即邵穆公,名虎,周王卿士。邵,一作召。
〔3〕堪:能忍受,經得起。命:使令,差使。這裏指周厲王暴虐的政令。

〔4〕衛巫：衛國的巫師。衛，周的諸侯國，故地在今河北省南部和河南省北部。巫，古代以事鬼神爲業的人。

〔5〕以告："以之告"的省略。把謗者報告給厲王。

〔6〕莫：否定性的無定代詞，没有人，没有誰。道路以目：在路上相遇，祇能用目光示意。指敢怒而不敢言。以，用。

　　王喜，告邵公曰："吾能弭謗矣，乃不敢言。[1]"邵公曰："是障之也[2]。防民之口，甚於防川。[3]川壅而潰，傷人必多，民亦如之[4]。是故爲川者決之使導，爲民者宣之使言[5]。故天子聽政[6]，使公卿至於列士獻詩[7]，瞽獻曲[8]，史獻書[9]，師箴[10]，瞍賦[11]，矇誦[12]，百工諫[13]，庶人傳語[14]，近臣盡規[15]，親戚補察[16]，瞽、史教誨[17]，耆、艾修之[18]，而後王斟酌焉[19]，是以事行而不悖[20]。民之有口，猶土之有山川也[21]，財用於是乎出[22]；猶其有原隰衍沃也[23]，衣食於是乎生。口之宣言也，善敗於是乎興[24]。行善而備敗[25]，其所以阜財用衣食者也[26]。夫民慮之於心而宣之於口，成而行之，胡可壅也[27]？若壅其口，其與能幾何[28]？"

　　王不聽，於是國人莫敢出言。三年，乃流王於彘[29]。

【注釋】

〔1〕弭(mǐ)：止，消除。乃：副詞，就。

〔2〕是：代詞，這。障：本義爲防水堤。作動詞用，意爲堵塞、阻擋。

〔3〕防民之口：堵塞百姓的口，指限制言論。防，本義是堤壩，這裏用作動詞，堵塞。甚：超過，勝過。防川：在河道上築壩堵水。川，河流。

〔4〕壅(yōng)：堵塞。潰：水破堤而出。

〔5〕爲川：治理河道。爲，動詞，這裏可譯爲"治理"。決：排除壅塞，引導水流。導：疏通。爲民：治理百姓。宣之：使之宣洩，使之發洩。宣，放開，使通暢。

〔6〕聽政：處理政事。聽，處理。

〔7〕公卿：指三公和卿。三公太師、太傅、太保，是周代的最高官職。卿爲最高的執政官員，分上、中、下三級。列士：周代士分爲上、中、下三等，天子之上士稱列士或元士，以區別於諸侯之士。士的職位次於大夫。

〔8〕瞽(gǔ)：眼睛看不見的盲藝人。古代多以瞽者爲樂官，因而也指樂官。獻曲：獻呈民間樂曲。曲，指反映民情的樂曲。

〔9〕史獻書：史官獻書籍於王，使知過去的歷史，作爲借鑑。史，史官，主管文書、典籍。書，指歷史典籍。

〔10〕師箴：少師進箴言於王，以規諫王之得失。師，少師，次於太師的樂官。箴(zhēn)，一種以規誡爲主題的文體。這裏指用箴告誡、規諫。

〔11〕瞍(sǒu)：眼中没有瞳仁的盲人。賦：公卿列士所獻的詩，這裏指朗誦這些詩。

〔12〕矇(méng)：有眸子而不能見物的盲人。誦：指配樂的朗誦，這裏指朗誦規誡的文辭。

〔13〕百工：各種手藝人。諫：下對上規勸。

〔14〕庶人：平民百姓。傳語：通過官吏向上傳遞自己的意見。

〔15〕近臣：王之左右，如宦官、御者、驂乘等。盡規：盡力規諫。

〔16〕親戚：指父母兄弟等家人。補：指彌補過失。察：指明察是非。

〔17〕樂師用樂曲、史官用典籍來教導天子。
〔18〕耆、艾修之：老臣警誡天子。耆、艾：指元老重臣。耆，六十歲的老人。艾，五十歲的老人。修：整治，勸導。
〔19〕斟酌焉：對以上各方面的意見考慮取捨。斟酌，考慮取捨。焉，指示代詞兼語氣詞，相當於"於此"，"此"是指上述各種意見。
〔20〕是以：因此。事行：指政令通行。悖(bèi)：逆，違背。
〔21〕猶：猶如，等於是。
〔22〕財用：財物。於是乎出：從這裏產出。是，代詞，這，指代山川。乎，句中語氣詞，可以不譯。
〔23〕其：指代土地。原：寬闊平坦之地。隰(xí)：低下潮濕的土地。衍(yǎn)：低下而平坦的土地。沃：有河流可資灌溉的土地。
〔24〕由於人民用口發表各種言論，國家政事的好或壞纔能體現出來。宣言：發表議論。善敗：政事的好壞、成敗。興：興起，這裏指體現、表現。
〔25〕行善：施行大家認爲好的(政令)。備敗：防範大家認爲不好的(政令)。
〔26〕所以阜財用、衣食者：所字結構，指用來使財用衣食增多的辦法。所：輔助性代詞，用在介詞或動詞的前面構成一個名詞性的結構。以：介詞，表示憑藉或方式。阜(fù)：厚，多。這裏是形容詞用作使動，使……增加、豐富。衣食：指吃穿用度等生活資料。
〔27〕夫(fú)：句首語氣詞，表示要發議論。成而行之：考慮成熟纔把它發表出來。成，指考慮成熟。行，運行，流動，流露。施行，這裏指發表言論。胡：疑問代詞，怎麽。
〔28〕其與能幾何：那擁護你的人能有幾個？與，黨與，同盟者。幾何，多少。
〔29〕三年：指過了三年。流：放逐。彘(zhì)：地名，在今山西省霍州市境内。

觸龍説趙太后[1]

《戰國策》

【説明】本文選自《戰國策・趙策四》，題目是後加的。戰國時期，由於世卿世禄制度的廢除，統治階級中的成員已經不能依靠單純的血緣關係來保持自己的禄位了。即使長安君這樣高貴的寵兒，如"不及今令有功於國"，也無法"自託於趙"。這種情況的產生，是由當時的社會經濟條件決定的，是不以人們的意志爲轉移的。

這篇文章具體地反映了這一社會現實，敍述了觸龍在秦兵壓境之時，針對趙太后自私心理，巧妙地説服她，讓她同意長安君爲質於齊的故事，生動刻畫了一個忠於國事、循循善誘的老臣形象。文章對觸龍和趙太后的情緒變化作了繪聲繪色的描述，語言簡潔，情節曲折生動，表現力强，是一篇富有文學色彩的歷史散文。

趙太后新用事[2]，秦急攻之[3]。趙氏求救於齊[4]。齊曰："必以長安君爲質，兵乃出[5]。"太后不肯，大臣强諫[6]。太后明謂左右[7]："有復言令長安君爲質者，老婦必唾其面[8]。"

【注釋】
〔1〕觸龍：趙國的左師(官名)。"龍"戰國策原作"讋"，是"龍言"二字連寫之誤，今按 1973 年長沙馬王堆三號漢墓出土的帛書《戰國縱横家書》及《史記・趙世家》改正。説(shuì)：用話勸説別

人,使對方聽從自己的意見、主張。趙太后:趙威后,趙惠文王的妻子,趙孝成王的母親。

〔2〕趙太后新用事:趙太后剛開始執掌政事。用事,指當權。公元前266年,趙惠文王死,孝成王年幼,趙太后管理國政。

〔3〕秦急攻之:孝成王元年(前265)秦國加緊進攻趙國,攻佔了三座城市,趙國形勢危急。

〔4〕趙氏:趙國。趙的祖先造父於周繆王時封於趙城,因此以趙爲氏。周幽王時,叔帶始建趙氏於晉國,事晉文侯。趙烈侯六年(前403),趙國正式立爲諸侯。

〔5〕長安君:趙太后幼子的封號,長安是當時趙國地名,今無可考。質:人質,抵押品。乃:副詞,纔。

〔6〕強諫:極力進諫。強(qiǎng),極力,竭力。

〔7〕明謂:明白地告訴。左右:指太后身邊的人。

〔8〕老婦:太后自稱。唾(tuò)其面:朝他臉上吐唾沫。

　　左師觸龍言願見太后[1]。太后盛氣而揖之[2]。入而徐趨,至而自謝[3],曰:"老臣病足[4],曾不能疾走,不得見久矣。竊自恕[5],而恐太后玉體之有所郄也[6],故願望見太后[7]。"太后曰:"老婦恃輦而行[8]。"曰:"日食飲得無衰乎[9]?"曰:"恃鬻耳[10]。"曰:"老臣今者殊不欲食[11],乃自強步,日三四里,少益耆食,和於身也[12]。"太后曰:"老婦不能。"太后之色少解[13]。

【注釋】

〔1〕左師:趙國官名。觸龍:趙國大夫。願:希望,要。

〔2〕盛氣:怒氣沖沖。揖:拱手禮。《史記·趙世家》中"揖"作"胥"。"胥"通"須",等待的意思。

〔3〕徐趨:慢慢地趨走。古代臣見君時,按禮節規定應當快步往前走,但觸龍病足,不能快走,祇能徐趨。徐,慢。趨,快步走。謝:道歉,告罪。

〔4〕病足:腳有了毛病。曾(zēng):副詞,起加強語氣的作用,意爲竟然。疾走:快跑。

〔5〕竊:表謙副詞,私自,私下。自恕:自己原諒自己。

〔6〕玉體:敬詞,即"貴體"。之:用於主謂之間,改變該主謂結構的語法地位。有所郄:有缺陷,這裏指身體有毛病。這是一種比較委婉的説法。郄:本是"郤"的異體字,是"空隙"的意思,引申爲有毛病。

〔7〕望見:這是一種謙恭的説法,表示不敢走近對方面前,祇敢遠遠地望望。望,仰視,敬仰,含尊敬意。

〔8〕恃輦(niǎn)而行:乘輦車走路。恃,依仗,依靠,這裏指乘坐。輦,古時用人拉着走的車子,後來多指國君乘的車。

〔9〕日食飲得無衰乎:每天飯量大概沒有減少吧？日,每日。食飲,吃的喝的,指飲食量。得無,常與"乎"字相呼應,表示推測,表示"該不會……吧"。

〔10〕鬻:同"粥"。耳:語氣詞,罷了。

〔11〕今者:近來,這一向。殊:副詞,特別,很。

〔12〕乃:副詞,便,就。強(qiǎng)步:勉強散散步。少益:兩個副詞連用,稍微漸漸地。耆:通"嗜",喜愛。和於身:身上覺得舒適。和,安適,舒服的意思。

〔13〕太后之色少解:太后的怒色稍稍消退了一些。色,臉色。解,消解、消退、和緩的意思。太后先是板起面孔,現在臉色稍微和緩一些了,所以叫"解"。

左師公曰[1]:"老臣賤息舒祺,最少,不肖[2];而臣衰,竊愛憐之[3]。願令得補黑衣之數,以衛王宮[4]。沒死以聞[5]。"太后曰:"敬諾。年幾何矣[6]?"對曰:"十五歲矣。雖少,願及未填溝壑而託之[7]。"太后曰:"丈夫亦愛憐其少子乎[8]?"對曰:"甚於婦人[9]。"太后笑曰:"婦人異甚[10]。"對曰:"老臣竊以爲媼之愛燕后賢於長安君[11]。"曰:"君過矣!不若長安君之甚[12]。"左師公曰:"父母之愛子,則爲之計深遠[13]。媼之送燕后也,持其踵爲之泣[14],念悲其遠也,亦哀之矣[15]。已行,非弗思也,祭祀必祝之[16],祝曰:'必勿使反[17]。'豈非計久長,有子孫相繼爲王也哉[18]?"太后曰:"然。"

【注釋】

〔1〕左師公:左師觸龍。加"公",表示尊敬。
〔2〕賤息:對別人謙稱自己的兒子,相當於今天所説的"犬子"。息,子。舒祺:觸龍幼子之名。不肖:原意是不像父親,後來泛指兒子不成材,或用於自我謙稱(多用於父母死後)。
〔3〕衰:衰老。愛憐:喜愛,疼愛。愛、憐,同義。
〔4〕令:使(他)。得:能。補黑衣之數:補充侍衛的數目。意思是在王宮當一名侍衛。黑衣,當時王宮的衛士穿黑色衣服,故稱衛士爲"黑衣"。
〔5〕沒死:冒死。冒昧而犯死罪的意思。沒,通"冒",冒着,頂着。《史記·趙世家》作"昧"。以:介詞,把,後面省略賓語"之"。聞:使動用法,使聞,即稟告的意思。
〔6〕敬諾:好吧! 敬,表敬副詞,表示客氣。諾,應對詞,表示答應,同意。幾何:多少。這裏是問年齡有多大了。
〔7〕及:介詞,趕上,達到。填溝壑:這是對自己死亡的謙虛説法,意思是死後無人埋葬,屍體被扔在山溝裡。託:託付。之:指代舒祺。
〔8〕丈夫:古代對男子的通稱。
〔9〕甚於婦人:比婦人(愛得)厲害。於,介詞,比。
〔10〕異:副詞,特異,特別。
〔11〕此句意爲:我以爲您愛燕后比愛長安君厲害。媼(ǎo):對老年婦女的稱呼。之:連詞。燕后:燕國的王后,這裏指趙威后的嫁給燕王爲妻子的女兒。賢:勝,超過。
〔12〕過:錯。不若:不如,不像。
〔13〕爲之計深遠:替他考慮得很長遠。爲(wèi),介詞,替。計,計算,考慮。
〔14〕此句意爲:您送燕后出嫁的時候,握着她的腳後跟爲她哭泣。前一個"之":助詞,用於主謂之間,使這個主謂結構表示下面行爲的時間。踵(zhǒng):腳後跟。
〔15〕念悲其遠:惦念感傷她要嫁到遠方去。哀之:哀憐她。
〔16〕祝之:爲她禱告。
〔17〕必勿使反:一定別讓她回來。古代諸侯的女兒出嫁到别國,除非被廢黜或亡國是不能回到母家的,所以趙太后怕女兒回來。反,後來寫作"返"。
〔18〕此句意爲:難道不是爲她從長遠打算,希望她有子孫後代相繼爲王嗎?豈:反詰副詞,表示反問,難道。也哉:語氣詞連用,"也"表判斷,"哉"表反問,語氣重點在"哉"上。

左師公曰:"今三世以前,至於趙之爲趙[1],趙主之子孫侯者,其繼有在者乎[2]?"曰:"無有。"曰:"微獨趙,諸侯有在者乎[3]?"曰:"老婦不聞也[4]。""此其近者禍及身,遠者及其子孫[5]。豈人主之子孫則必不善哉?位尊而無功,奉厚而無勞,而挾重器多也[6]。今媪尊長安君之位,而封之以膏腴之地[7],多予之重器,而不及今令有功於國,一旦山陵崩,長安君何以自託於趙[8]?老臣以媪爲長安君計短也[9],故以爲其愛不若燕后[10]。"太后曰:"諾,恣君之所使之[11]。"於是爲長安君約車百乘,質於齊,齊兵乃出[12]。

【注釋】

〔1〕世:代,父子相繼爲一代。趙之爲趙:趙氏建立趙國的時候。趙氏原是晉國大夫,春秋晚期,韓、趙、魏三家瓜分了晉國土地,先後稱侯。趙烈侯五年(前403年),周威烈王承認趙、韓、魏三家爲諸侯,趙正式建國。

〔2〕侯者:封爲侯的人。侯,用作動詞,封侯。繼:用作名詞,繼承者,指繼承侯位的人。

〔3〕微獨:不單,不僅。諸侯:指其他諸侯國。"諸侯"二字之下承上文省去"之子孫侯者,其繼"等字。全句的大意是,不祇是趙國沒有,就是其他諸侯國(也上推三代,甚至推算到這些諸侯國立國的時候,他們的子孫封侯的,他們的後代)現在還有在的嗎?

〔4〕不聞:沒有聽説。

〔5〕此:指示代詞,指代前面所論之事。"此"字之前省略一個"曰"字,這是古文中常見的一種表達方式。其:代詞,指趙主和諸侯之子孫侯者。近者:距離禍患近一點的。遠者:距離禍患遠一點的。

〔6〕奉:俸祿,這一意義的"奉"後來寫作"俸"。勞:功勞。挾(xié):挾持,擁有。重器:象徵國家權力的貴重器皿,如鐘鼎之類。

〔7〕尊長安君之位:讓長安君居於尊貴的地位。尊,形容詞用作使動,使……尊貴。膏腴(yú):肥沃。

〔8〕及今:趁現在。山陵崩:古代把國君的死比喻爲"山陵崩",這是委婉語。這裏指趙太后去世。自託於趙:在趙國託身。就是在趙國站住腳的意思。

〔9〕以:動詞,認爲。爲(wèi):介詞,給,替。短:短淺。

〔10〕其愛:對他(長安君)的愛。

〔11〕恣(zì):任憑。所使之:等於説"所以使之","所"是指示代詞,指代"使之"的方式。之,指長安君。全句的意思是,隨便你怎麼支使他。

〔12〕約車:套車,準備車。乘(shèng):四馬一車爲一乘。質於齊:到齊國做人質。質,用作動詞,做人質。乃:於是,就。

子義聞之[1],曰:"人主之子也,骨肉之親也,猶不能恃無功之尊[2],無勞之奉,而守金玉之重也[3],而況人臣乎。"

【注釋】

〔1〕子義:趙國賢士。
〔2〕猶:副詞,還,尚且。尊:用作名詞,尊位。
〔3〕金玉之重:金玉這樣的重器。

燕昭王求士

《戰國策》

【説明】本文選自《戰國策·燕策一》，題目爲後來所加。在諸侯競相爭雄的戰國時代，人才問題是關係着國家命運的大事。燕國的盛衰就很能説明這一點。燕昭王即位時，內外交困，國勢衰弱。他聽取了郭隗的決策，廣泛招賢納士，於是"士爭湊燕"，樂毅、鄒衍、劇辛等人都來到燕國。從此，燕國由弱變強。樂毅率領五國聯軍，一舉破齊七十餘城。昭王去世後，樂毅被迫降趙，七十餘城得而復失。

本文講述了如何"求士"的道理，燕昭王"禮賢下士"的做法成爲流傳千古的佳話。

燕昭王收破燕後，即位[1]，卑身厚幣，以招賢者，欲將以報讎[2]。故往見郭隗先生曰[3]："齊因孤國之亂而襲破燕。孤極知燕小力少，不足以報。然得賢士與共國，以雪先王之恥，孤之願也。敢問以國報讎者奈何[4]？"郭隗先生對曰："帝者與師處，王者與友處，霸者與臣處，亡國與役處[5]。詘指而事之，北面而受學，則百己者至[6]。先趨而後息，先問而後嘿，則什己者至[7]。人趨己趨，則若己者至[8]。馮几據杖，眄視指使，則廝役之人至[9]。若恣睢奮擊，呴籍叱咄，則徒隸之人至矣[10]。此古服道致士之法也[11]。王誠博選國中之賢者而朝其門下，天下聞王朝其賢臣，天下之士必趨於燕矣[12]。"

【注釋】

[1] 燕昭王：名職。燕王噲之子。公元前311年即位，卒於公元前279年，在位三十三年。收破燕：公元前316年，燕王噲讓位於燕相子之，燕國演成大亂。公元前314年，齊宣王乘機攻打燕國，"五旬而舉之"(《孟子·梁惠王下》)，燕王噲和子之死亡。公元前311年公子職依靠趙國自立爲王。"收破燕"即指燕昭王復國一事。

[2] 卑身：降低自己的身份。厚幣：(用)貴重的禮物。幣，本爲繒帛，古時以束帛爲贈禮，稱爲幣。欲將：打算。報讎：指報齊之仇。讎，同"仇"。

[3] 郭隗(wěi)：燕國賢士。

[4] 孤：王侯謙稱。襲：偷襲，襲擊。報：報仇。與共國：與(之)共同治理國家。敢：冒昧地。謙詞。奈何：怎麼辦。

[5] 這四句意爲，成就帝業的國君與賢者像對待老師一樣相處；成就王業的國君與賢者像對待朋友一樣相處；成就霸業的國君與賢者像對待臣子一樣相處；而亡國之君與賢者像對待僕役之人一樣相處。

[6] 詘(qū)指：屈旨。能抑制甚至放棄自己的旨意(意圖、想法)。事：侍奉。之：指賢者。北面：面向北。古人尊師，師位坐北面南，弟子面北。百己者：超過自己百倍的人。

[7] 趨：快步走。古代見了尊長要快步向前，表示尊敬，這是一種禮節。息：止息，休息。問：慰問，指對人親善。嘿(mò)：同"默"。什己者：超過自己十倍的人。這幾句是説：能謙恭友善，禮賢下士，那麼，超過自己十倍的人就會來幫助自己。

[8] 人趨己趨：指人家講禮節自己跟着講禮節。若己者：能力跟自己相仿的人。

[9] 馮几(píng jī)：靠着几案。馮，通"憑"。據杖：拄着手杖。眄(miǎn)視：斜視。指使：意爲指手畫腳使喚別人。指，名詞用作狀語。廝役之人：服役打雜的僕人。

〔10〕恣睢(zì suī)：疊韻聯綿詞。放縱暴戾。奮擊：奮力擊人，指打人。呴籍：《戰國策》吳師道補注："呴籍，義亦不類，當是'跔藉'。見《韓策》。釋爲跳躍。此爲跳躍蹈藉也。按吳注，"籍"亦當作"藉"。跔(jū)藉：腳蹈地跳躍的樣子，形容態度粗暴。叱咄(chì duō)：大聲呵斥，指責。徒隸之人：本指罪犯奴隸，這裏指那些唯唯諾諾、唯命是從的人。
〔11〕服道：服事有道者。服，行。致士：招納賢士。
〔12〕誠：副詞，果真。博選：廣泛選擇。朝：朝見，拜見。國君拜見賢者，這是尊賢的重要表現。趨：奔赴，歸向。

　　昭王曰："寡人將誰朝而可[1]？"郭隗先生曰："臣聞古之君人[2]，有以千金求千里馬者，三年不能得。涓人言於君曰[3]：'請求之。'君遣之。三月得千里馬，馬已死，買其首五百金，反以報君[4]。君大怒曰：'所求者生馬，安事死馬而捐五百金[5]？'涓人對曰：'死馬且買之五百金，況生馬乎？天下必以王爲能市馬，馬今至矣[6]。'於是不能期年，千里之馬至者三[7]。今王誠欲致士，先從隗始；隗且見事，況賢於隗者乎？豈遠千里哉[8]？"

【注釋】
〔1〕誰朝：朝見誰。疑問代詞"誰"作賓詞，前置。
〔2〕君人：人君，國君。
〔3〕涓人：也作"銷人"，又稱中涓。宮中主灑掃清潔的人，也泛指國君親近的內侍。
〔4〕買其首：買死馬的頭骨。反：返回。在這個意義上後來寫作"返"。以：介詞。後面賓語"之"（指代用五百金買的馬首）省略。
〔5〕安事：何用，哪裏用得着。捐：捐棄。在這裏是浪費的意思。
〔6〕市：買。今：表示事情即將發生。可譯爲"很快"。
〔7〕不能期年：不足一年。不能，不到的意思。期(jī)年，周年。三：表多數，非實指。在句中作謂語。
〔8〕見事：被侍奉。見，表被動。遠千里：以千里爲遠。遠，形容詞用作意動。這句大意是：難道會因路程太遠而不來嗎？

　　於是昭王爲隗築宮而師之[1]。樂毅自魏往，鄒衍自齊往，劇辛自趙往，士爭湊燕[2]。燕王弔死問生，與百姓同其甘苦。二十八年，燕國殷富，士卒樂佚輕戰[3]。於是遂以樂毅爲上將軍，與秦、楚、三晉合謀以伐齊[4]。齊兵敗，閔王出走於外[5]。燕兵獨追北，入至臨淄[6]，盡取齊寶，燒其宮室宗廟。齊城之不下者，唯獨莒、即墨[7]。

【注釋】
〔1〕築宮：建造館舍。師之：以之爲師。師，用作動詞，作爲老師。
〔2〕樂毅：魏人。爲魏昭王出使燕國，燕昭王以客禮待之，任爲亞卿。後任上將軍，領兵破齊，封昌國君。燕昭王死，惠王立，信齊反間，罷免樂毅，樂毅乃奔趙，封望諸君。鄒衍：齊人。陰陽家。周遊列國，頗受尊重。赴燕，燕昭王擁彗(掃帚)先驅，"築碣石宮，身親往師之"（《史記·孟子荀卿列傳》）。劇辛：趙人，後投奔燕。公元前242年與趙將龐煖戰，被殺。湊：輻湊(輳)，車輻集中於軸心。比喻人聚集到一處來。
〔3〕二十八年：指燕昭王二十八年，即公元前284年。樂佚(lè yì)：生活安樂舒適。輕戰：輕視戰爭，即不怕戰爭。

〔4〕三晉:指韓、魏、趙。關於這次合謀伐齊的國,史書記載不一。《史記》的《秦本紀》《魏世家》《趙世家》都説是燕、秦、三晉伐齊,《樂毅列傳》有楚無秦;《戰國策・燕策》載《樂毅報燕惠王書》也没提到秦。此處提出合謀伐齊的包括六國,但實際出兵的祇有燕、趙、楚、魏四國。攻破齊國都城臨淄以後,楚又反過來派淖(zhuō)齒領兵救齊。

〔5〕閔王:一作"湣王",宣王之子,名地(一作"遂"),公元前300至前284年在位。臨淄被燕將樂毅攻破,閔王奔莒,不久被殺。

〔6〕追北:追擊敗逃的敵軍。北,指敗北之敵,此指齊之敗軍。臨淄:齊之國都。在今山東省淄博市東北。

〔7〕莒:地名,在今山東莒縣。周時爲莒國,公元前431年爲楚所滅,後又屬齊。即墨:地名,在今山東平度市東南,燕昭王去世後,由於樂毅罷官,逃往趙國,齊將田單以即墨爲據點,大舉反攻,收復七十餘城。

蘇秦始將連橫説秦

《戰國策》

【説明】本篇選自《戰國策・秦策》,主要敘述了蘇秦先以連橫之策説秦,被秦惠王拒絶,經一番艱苦琢磨後,又以合縱之策遊説趙國等,大獲成功。本篇在表現蘇秦對於各國政治洞若觀火的同時,也揭示了社會世態炎涼以及缺失了良知的典型説客的嘴臉。

蘇秦始將連橫,説秦惠王曰[1]:"大王之國,西有巴、蜀、漢中之利[2],北有胡貉、代馬之用[3],南有巫山、黔中之限[4],東有肴、函之固[5]。田肥美,民殷富,戰車萬乘,奮擊百萬,沃野千里,蓄積饒多,地勢形便,此所謂天府,天下之雄國也[6]。以大王之賢,士民之衆,車騎之用,兵法之教,可以併諸侯,吞天下,稱帝而治[7]。願大王少留意,臣請奏其效[8]。"

【注釋】

〔1〕蘇秦:生年不詳,約卒於公元前284年,字季子,東周洛陽(今河南洛陽)人。戰國中期縱橫家的代表人物。主要從事合縱抗秦的事業,最顯赫的時候曾以一人之身佩六國相印。連橫:西方的秦國聯合山東的個別國家,採取各個擊破的方針,最終實現消滅六國、統一中國的一種外交、政治和軍事策略。反之,山東六國,由北到南結成統一的陣綫,共同對付秦國的蠶食,叫"合縱"。從地理上看,東西方向爲橫,南北方向爲縱,故當時這兩種軍事外交政策,分别稱爲"連橫"和"合縱"。説(shuì):遊説,勸説。秦惠王:秦國國君,姓嬴,名駟,秦孝公之子,公元前337年至前311年在位。

〔2〕巴:地名,指今重慶市及四川東部一帶。蜀:地名,指今以成都爲中心的四川西部一帶。巴、蜀都是古代的國家名稱,當時已經被秦國兼併。漢中:地名,在今陝西省南部。利:可資利用的東西,與下文中的"用"義近。

〔3〕胡貉、代馬:指胡、代的産出。胡,指當時北方少數民族所居之地。貉,音hé。代,地名,在今山西省東北部和河北蔚縣一帶。用:可用的東西。

〔4〕巫山:地名,今重慶市與湖北省之間的山脈,北接大巴山,長江穿流其中,形成著名的三峽。黔中:地名,在今湖北、湖南、貴州交界處。限:阻隔,指險阻之地。

〔5〕肴：崤（xiáo）山，在今河南省西部，當時此山以西爲秦國，以東爲中原各國。函：函谷關，在今河南省靈寶市東北，戰國時秦置。此關東自崤山，西至潼津，地形十分險要，爲當時秦國東邊的重要門戶和戰略要地。固：堅固，指堅固的險要之地。

〔6〕殷：富。"殷富"即富裕，同義連用。乘：四馬一車爲一乘。奮擊：指奮力作戰的士兵。饒：多。"饒多"即多、豐富，同義連用。地勢形便："攻之不可得，守之不可壞，故曰形便也。"（古注）地理上佔優勢，地形上有便利。天府：天然的倉庫，指物產豐富的地區。府，府庫，倉庫。雄國：強國。雄，強。

〔7〕以：介詞，憑，憑藉。騎（jì）：騎兵。教：練習。可以：可以用來。"以"後面省略介詞賓語"之"。併：兼併。吞：吞併。稱帝而治：帝的本義是神，戰國時各國已稱王，更高的就得稱帝了。而：順接連詞，可不譯。治：治理，指治理天下。

〔8〕少（shāo）：程度副詞，稍微。請：表敬副詞。奏：陳述，特指向君主進言。效：效用，效果。

秦王曰："寡人聞之，毛羽不豐滿者不可以高飛[1]，文章不成者不可以誅罰[2]，道德不厚者不可以使民[3]，政教不順者不可以煩大臣[4]。今先生儼然不遠千里而庭教之[5]，願以異日[6]。"

【注釋】

〔1〕可以：可以用來。"以"後面省略介詞賓語"之"。後面三個"可以"與此相同。

〔2〕文章：指法令規章。誅罰：懲罰。誅，指責。

〔3〕厚：廣大。使：役使。

〔4〕政教：政令教化。順：遵從。煩：勞，使……辛勞。

〔5〕儼然：莊嚴的樣子。不遠千里：不以千里爲遠。遠，形容詞的意動用法。庭：通"廷"，朝廷，名詞作狀語，意思是"在朝廷上"。之：指示代詞，這裏代秦王自己。

〔6〕願以異日：婉拒，猶今言"改日再說"。以，介詞，引進時間，可以譯成"在"。異日，他日。

蘇秦曰："臣固疑大王之不能用也[1]。昔者神農伐補遂[2]，黃帝伐涿鹿而禽蚩尤[3]，堯伐驩兜[4]，舜伐三苗[5]，禹伐共工[6]，湯伐有夏[7]，文王伐崇[8]，武王伐紂[9]，齊桓任戰而伯天下[10]。由此觀之，惡有不戰者乎[11]？古者使車轂擊馳[12]，言語相結[13]，天下爲一[14]；約從連橫，兵革不藏[15]；文士並飭，諸侯亂惑[16]；萬端俱起，不可勝理[17]。科條既備，民多偽態[18]；書策稠濁，百姓不足[19]；上下相愁，民無所聊[20]；明言章理，兵甲愈起[21]。辯言偉服，戰攻不息[22]；繁稱文辭，天下不治[23]；舌弊耳聾[24]，不見成功；行義約信，天下不親[25]。於是，乃廢文任武，厚養死士[26]，綴甲厲兵，效勝於戰場[27]。夫徒處而致利，安坐而廣地[28]，雖古五帝、三王、五伯[29]，明主賢君，常欲坐而致之，其勢不能，故以戰續之[30]。寬則兩軍相攻，迫則杖戟相撞[31]，然後可建大功。是故兵勝於外，義強於內[32]；威立於上，民服於下。今欲併天下，凌萬乘[33]，詘敵國，制海內，子元元，臣諸侯，非兵不可[34]！今之嗣主，忽於至道[35]，皆惛於教，亂於治，迷於言，惑於語，沈於辯，溺於辭[36]。以此論之，王固不能行也[37]。"

【注釋】

〔1〕固：情態副詞，本來。

〔2〕神農：傳說中的遠古帝王，傳說他製作農具，教民耕作，使先民由採集漁獵時代過渡到農耕時

代。補遂:遠古部落名。又寫作"輔遂"。

〔3〕黃帝:傳說中我國中原華夏民族的共同祖先,號軒轅氏。涿(zhuō)鹿:山名,在今河北省涿鹿縣。禽:即"擒",捕獲,俘獲。蚩尤:傳說中南方九黎部落的首領。

〔4〕堯:古帝名,名放勳,即陶唐氏。驩(huān)兜:堯時的惡臣。

〔5〕舜:古帝名,繼堯而立,名重華,即有虞氏,後來傳位給禹。三苗:亦稱有苗,古代南方的部落名。

〔6〕禹:古帝名,傳說中平治洪水的英雄,奉舜之命繼其父鯀(gǔn)治理洪水。治水成功後,繼承帝位,從而建立夏朝。共(gōng)工:水官,名康回。一說爲遠古時代的部落首領。

〔7〕湯:商湯王,商朝開國君主。有夏:夏朝,此指夏朝的末代暴君桀。

〔8〕文王:周文王,姬姓,名昌,號西伯。崇:諸侯國名,在今陝西省西安市鄠邑區東,其君主崇侯虎助紂爲虐,被文王所滅。

〔9〕武王:名發,周文王的兒子,西周開國君主。紂:殷朝末代暴君殷紂王。

〔10〕齊桓:齊桓公,姜姓,名小白,春秋五霸之一。任:用。伯:通"霸"。

〔11〕惡(wū):疑問代詞,哪裏。

〔12〕車轂擊馳:應當理解爲"車馳轂擊",意思是:車輛奔馳,車轂互相撞擊,形容各諸侯國的外交使節頻繁地奔馳在道路上。轂(gǔ):車輪的中心部分,外以承輻,中有圓孔用以插軸。這裏用"轂"來指代整個車輪。

〔13〕言語:這裏指外交協定。相結:互相結爲盟友。

〔14〕此句意爲:天下成爲一個統一的整體。

〔15〕約從:合縱。從:"縱"。兵革不藏:兵器和鎧甲不收藏起來,指戰爭不斷。

〔16〕文士:辯士。並:都,紛紛。飭:"飾",一作"飭"(chì),巧的意思,即巧飾言辭。亂惑:指思想混亂,不知所從。惑,疑,疑惑。

〔17〕萬端俱起:就是所謂的"百家爭鳴"。萬端,指各種各樣的事情。俱,副詞,一起。起,產生,發生。勝(shēng)理:全部處理好。勝,盡,全部。理,治理,處理。

〔18〕科條既備:指各種規定都已完全。科條,法律條文。科,法律,法令。僞態:下位的對策。僞,假,虛假。態,態度,行爲。

〔19〕書策:指法令文書。策,通"册"。稠:多。濁:亂。不足:貧困。足,富裕。

〔20〕上下相愁:指君臣上下爲上述情況感到憂愁。上下,這裏指君臣。民無所聊:指人民沒有所依靠的生活資料。聊,賴,依靠。

〔21〕明言章理:話講得明白,道理講得清楚。言、理,指法令。章,"彰",彰顯,明白。章、明,這裏都用作使動。兵甲:兵器和鎧甲,這裏指戰爭。

〔22〕辯言偉服:指遊說之士使其辭令雄辯,使其服裝華美。辯、偉,在這裏都用作使動。息:休,停。

〔23〕繁稱文辭:"明言者,教令;辯言者,遊說;文辭者,書策。明言章理,即科條既備;辯言偉服,即言語相結;繁稱文辭,即書策稠濁。"(古注)繁稱文辭指外交上的辭令紛繁華麗。繁,紛繁,多。稱,稱引,引用。文,文采,這裏有"修飾"的意思。繁、文,在這裏都用作使動。不治:治理得不好。

〔24〕此句意爲:說話者說得舌弊,聽話者聽得耳聾,即說的人與聽的人都受累。這是一種誇張的說法。弊,敗,壞,磨破。

〔25〕行義約信:實行道義,以誠信相約束。約信,約之以信。約,約束。信,誠信。不親:不親近。

〔26〕任武:用武力。任,使用。死士:敢於效死之士。

〔27〕綴甲厲兵:製備甲冑,磨礪兵器。綴,連。厲,"礪",磨刀石,這裏用作動詞,磨礪。效勝:取勝。效,致,取得,得到。

〔28〕夫(fú):句首語氣詞,表示要發議論。徒:副詞,白白地,指什麼事情也不做。處:坐。致:得到。廣地:擴大土地。廣,使動用法。

〔29〕雖:即使。五帝、三王、五伯:古之聖王賢君。五帝,我國上古時期的五個帝王,有不同的說法,一般指黃帝、顓頊、帝嚳(kù)、唐堯、虞舜。三王,指夏、商、周三朝的開國君主。五伯(bà),五霸,指春秋時的五個霸主,其說不一,一般指齊桓公、晉文公、秦穆公、楚莊王、宋襄公。

〔30〕勢:形勢。續:繼續,延續。

〔31〕寬:指兩軍的距離較遠。迫:近,指兩軍的距離較近。杖戟相橦:短兵相交。杖戟(jǐ),持戟。杖,這裏用作動詞。戟,古代兵器,在長柄的一端裝有青銅或鐵製的槍尖,旁邊附有月牙形鋒刃。橦(chōng):當作"撞",撞擊。

〔32〕是故:因此。外:國外。義:道義。内:國內。

〔33〕凌萬乘(shèng):凌駕擁有萬乘兵車的大國。凌,超越。

〔34〕詘:通"屈",這裏用作使動,使……屈服。制:控制。子元元:以元元爲子,即統治天下的百姓。子,名詞活用作使動。元元,指百姓。臣:名詞活用作使動,臣服。

〔35〕嗣主:繼任的君主。嗣,繼承。忽:忽視,忽略。至道:最高的道理。

〔36〕惛(hūn):不明,糊塗。教:教習。言、語、辯、辭:說客的言論。

〔37〕固:情態副詞,當然。行:實行,指實行霸事。

　　説秦王書十上而説不行[1]。黑貂之裘弊,黃金百斤盡,資用乏絕,去秦而歸[2]。羸縢履蹻,負書擔橐[3],形容枯槁,面目犂黑,狀有歸色[4]。歸至家,妻不下紝,嫂不爲炊[5],父母不與言。蘇秦喟歎曰:"妻不以我爲夫,嫂不以我爲叔,父母不以我爲子,是皆秦之罪也[6]。"乃夜發書,陳篋數十[7],得《太公陰符》之謀,伏而誦之,簡練以爲揣摩[8]。讀書欲睡,引錐自刺其股,血流至足[9]。曰:"安有説人主不能出其金玉錦繡[10],取卿相之尊者乎?"期年[11],揣摩成,曰:"此真可以説當世之君矣!"

【注釋】

〔1〕説(shuì):遊説,勸説。書:指進獻給秦王的書奏。十上:指進獻了十次。説不行:蘇秦之言論不見用。說(shuō),指蘇秦的言論、主張。

〔2〕裘:毛皮衣。弊:壞。資用:財物。乏絕:缺少,耗盡。去:離開。

〔3〕羸縢:打着裹腿。羸(léi),通"累"或"縲"、"纍",纏繞。縢,綁腿布。履蹻(jué):穿着草鞋。蹻,"屩"(jué),草鞋。橐(tuó):一種較小的口袋。

〔4〕形容:體態,身體。枯槁:憔悴。犂:通"黧",黑色。狀:狀態,指樣子,表情。歸(kuì):通"愧",慚愧。

〔5〕妻不下紝:其妻不下織機相見。紝(rèn),同"紝"(rèn),織布帛的絲縷,這裏指織機。炊:煮飯。

〔6〕喟(kuì):一本作"喟然",嘆息的樣子。是:指示代詞,此。

〔7〕發:打開。陳:擺出。篋(qiè):書箱。

〔8〕《太公陰符》:指《陰符經》,相傳是周武王的軍師姜太公呂望著的一部兵書。簡練:指淘汰洗

204

練,選取精要。揣摩:反復琢磨。
〔9〕睡:打瞌睡。引:拿過來。股:大腿。足:依王念孫説當作"踵"。
〔10〕安:疑問代詞,哪裏。説(shuì):遊説,勸説。出:這裏用作使動,使……出來。
〔11〕期(jī)年:一年,指整整一年。

於是乃摩燕烏集闕[1],見説趙王於華屋之下,抵掌而談[2]。趙王大悦,封爲武安君,受相印[3]。革車百乘,錦繡千純[4],白璧百雙,黄金萬溢[5],以隨其後,約從散横[6],以抑强秦。

【注釋】
〔1〕摩:迫近,走到。燕烏集闕:趙國的宫闕名。闕,宫殿前面兩邊的樓臺。
〔2〕華屋:"夏屋",大房屋,這裏指宫殿。"華""夏"二字古音相近,意義相通。夏:大。抵掌而談:形容談得非常投機、高興。抵掌,拍掌。姚宏本和鮑彪本此處都作"抵",《説文·手部》:"抵,側擊也。從手氏聲。"段玉裁注:"按抵字今多訛作抵,其音義皆殊。"可見,此處抵當作"抵"(zhǐ),意思是拍擊。"抵(抵)掌而談"的意思是談得投機的時候,高興地拍起手來了。
〔3〕武安:趙地名,今河北省武安市。受:"授",授予。
〔4〕革車:一種兵車。乘(shèng):輛。純(tún):量詞,束,匹。
〔5〕璧:通"璧",古代一種玉器,扁平,圓形,中間有小孔。溢:通"鎰",量詞,二十兩爲一鎰。
〔6〕從(zòng):合縱。散:使動用法,使……解散。横:連横。

故蘇秦相於趙而關不通[1]。當此之時,天下之大,萬民之衆,王侯之威,謀臣之權,皆欲決蘇秦之策[2]。不費斗糧,未煩一兵,未戰一士,未絶一絃,未折一矢,諸侯相親,賢於兄弟[3]。夫賢人在而天下服,一人用而天下從[4]。故曰:式於政,不式於勇;式於廊廟之内,不式於四境之外[5]。當秦之隆,黄金萬溢爲用[6],轉轂連騎,炫熿於道[7],山東之國,從風而服,使趙大重[8]。且夫蘇秦特窮巷掘門、桑户棬樞之士耳[9],伏軾撙銜,横歷天下[10],廷説諸侯之王,杜左右之口,天下莫之能伉[11]。

【注釋】
〔1〕相於趙:在趙任相。相,名詞活用作動詞,擔任相。關不通:指六國結成合縱陣綫,將秦兵堵在函谷關以西。關,這裏指函谷關。
〔2〕決:取決(於),言用之不疑。策:謀略。
〔3〕戰:這裏用作使動,使……作戰。絶:斷。絃:弓弦。折:損失。矢(shǐ):箭。賢於:勝過。賢,一説指情誼之厚。
〔4〕在:指在位。用:被任用。
〔5〕式:用。政:政治。勇:勇力,武力。廊廟:指朝廷。
〔6〕隆:隆盛,指蘇秦飛黄騰達之時。爲用:爲蘇秦所用,"爲"後面省略代詞"之"。
〔7〕轉轂連騎:形容車騎之盛。轉轂,指車輪轉動。轂,這裏代指車輪。連騎,指蘇秦的騎從一個接着一個地跟隨着。騎(jì),騎士。炫熿:同"炫煌",炫耀。
〔8〕從風而服:像草隨風(而倒)那樣服從。重:尊。
〔9〕且夫(fú):連詞,提起下文。特:範圍副詞,衹,衹是。窮巷:走不通的小巷,即一般所謂的半節巷。窮,堵塞不通。掘門:"窟門",挖掘墻洞爲門。掘,通"窟"。桑户:以桑枝做門户。棬

(quān)樞:以彎木做門軸。棬,彎曲的木頭。樞,固定門扇的軸。這些都是説蘇秦本是一個貧窮潦倒的人。

〔10〕伏軾撙銜:意思是乘車。伏軾,雙手伏在車軾上面。軾,古代車廂前面作扶手的橫木。撙(zǔn)銜,勒住馬嚼子。撙,勒住。銜,馬嚼子。橫歷:遍歷,走遍。橫,遍。歷,行,經歷。

〔11〕廷:名詞作狀語,在朝廷上。杜:塞。莫之能伉:"莫能伉之"的倒置形式。伉,通"抗",抗衡,匹敵。

將説楚王,路過洛陽,父母聞之,清宮除道,張樂設飲,郊迎三十里[1]。妻側目而視,傾耳而聽[2];嫂蛇行匍伏,四拜自跪而謝[3]。蘇秦曰:"嫂何前倨而後卑也[4]?"嫂曰:"以季子之位尊而多金[5]。"蘇秦曰:"嗟乎!貧窮則父母不子,富貴則親戚畏懼[6]。人生世上,勢位富貴,蓋可忽乎哉[7]?"

【注釋】

[1] 清宮:清潔房屋。除道:修治道路。除,修整,打掃。張樂:安排樂隊。設飲:備辦酒宴。郊迎:到郊外迎接。郊,名詞作狀語,表處所。

[2] 側目而視:不敢正視。側耳而聽:也是極其恭敬的樣子。

[3] 蛇行:像蛇那樣爬行。蛇,同"蛇",這裏是名詞作狀語。匍伏:匍匐,聯綿詞,趴倒在地。四拜:拜了四次。謝:道歉。

[4] 倨(jù):傲慢。卑:謙恭。

[5] 季子:蘇秦字季子。一説季子是嫂子對小叔的稱呼。

[6] 不子:不把(自己)當作兒子。子,這裏活用作動詞。親戚:指父母兄弟妻嫂等家中親屬,與後世的含義不同。

[7] 蓋:通"盍"(hé),怎麼。忽:忽視。

第三單元　兩漢至宋代散文

孫臏

《史記》

【説明】戰國時期，我國古代的軍事科學發展到了一個新的階段，出現了不少傑出的軍事家和系統的軍事著作。司馬遷在這篇傳記中，對戰國中期齊國軍事家孫臏的事迹和才能作了生動的描寫。作者先通過賽馬這件小事，顯示了孫臏的智慧，然後又通過"桂陵之役"和"馬陵之役"兩大著名戰役，寫出了孫臏卓越的軍事思想。這是《史記》通過典型事件刻畫人物的一例。

孫臏的兵法久已失傳。1972年，在山東臨沂銀雀山發掘的西漢早期墓葬中，發現了《孫臏兵法》的部分竹簡，它反映了孫臏軍事思想的某些方面。

本篇選自《史記·孫子吳起列傳》，題目是後加的。

孫武既死[1]，後百餘歲有孫臏[2]。臏生阿、鄄之間[3]，臏亦孫武之後世子孫也。孫臏嘗與龐涓俱學兵法。龐涓既事魏[4]，得爲惠王將軍，而自以爲能不及孫臏。乃陰使召孫臏[5]。臏至，龐涓恐其賢於已，疾之[6]，則以法刑斷其兩足而黥之[7]，欲隱勿見[8]。齊使者如梁[9]，孫臏以刑徒陰見[10]，説齊使。齊使以爲奇[11]，竊載與之齊[12]。齊將田忌善而客待之[13]。

【注釋】

〔1〕孫武：春秋時期著名的軍事家，著有《孫子兵法》。
〔2〕臏(bìn)：古代的一種刑罰，挖去膝蓋骨。周代改臏刑爲刖(yuè)刑，砍斷兩足；但典籍中仍常用"臏"來指刖刑。孫臏的名字不傳於後世，因爲受過刖刑，所以稱之爲"孫臏"。
〔3〕阿(ē)：齊國地名，在今山東陽谷縣附近。鄄(juàn)：齊國地名，在今山東鄄城縣。
〔4〕事魏：爲魏國做官。
〔5〕惠王：武侯之子，名罃，前369—前319年在位。陰：暗地裏，秘密地。使：派人，派遣。
〔6〕疾：妒忌。這個意義後來寫作"嫉"。
〔7〕以法刑斷其兩足：指對他實行刖刑。以法刑，根據法律用刑。黥(qíng)：古代的一種刑罰，刺面后塗上墨，又稱"墨刑"。
〔8〕隱：這裏是使動用法，"使……隱"，"使……不顯露"的意思。見(xiàn)：出現。這句是説，想使孫臏不能露面。
〔9〕如：到……去。梁：魏國從遷都大梁(今河南開封市)後，又稱爲"梁"。魏惠王三十一年(前339)自安邑(在今山西省夏縣西北)遷都至此，從此魏亦稱梁，但此時魏尚未稱梁。

207

〔10〕以：以……的身份。刑徒：受過刑的罪犯。陰見：暗中求見。
〔11〕奇：指有特別的才能。
〔12〕竊載：偷偷地用車載着。與之齊：和他一起到齊國去。"與"後面省略代詞賓語"之"（他），文中的"之"是動詞，"到……去"的意思。
〔13〕田忌：齊國的宗室，此時任齊國的將軍。善：意思是認爲他有才能。客待之：把他當作客人對待。"客"是名詞作狀語。

　　忌數與齊諸公子馳逐重射[1]。孫子見其馬足不甚相遠，馬有上、中、下輩[2]，於是孫子謂田忌曰："君弟重射，臣能令君勝[3]。"田忌信然之[4]，與王及諸公子逐射千金[5]，及臨質[6]，孫子曰："今以君之下駟與彼上駟[7]，取君上駟與彼中駟，取君中駟與彼下駟。"既馳三輩畢，而田忌一不勝而再勝[8]，卒得王千金。於是忌進孫子於威王[9]，威王問兵法，遂以爲師。

【注釋】

〔1〕數（shuò）：屢次。諸公子：指諸侯的不繼承君位的各個兒子。馳逐：駕馬比賽。重（zhòng）射：下大的賭注。射，打賭。
〔2〕孫子：古代孫武和孫臏皆稱孫子，此處爲孫臏。馬足：指馬的足力。輩：等級。
〔3〕弟：但，祇管。臣：古人對人講話時常謙稱自己爲臣，並非祇對君纔能稱臣。
〔4〕信然之：相信孫臏的話，認爲孫臏的話對。這句中"信""然"共一個賓語"之"。
〔5〕逐射千金：下千金的賭注賭駕馬比賽的勝負。千金，金是古代的貨幣單位，秦以一鎰（音 yì，重二十四兩）爲一金。
〔6〕及：等到。臨質：指臨比賽的時候。質，雙方找人評定是非。這裏指比賽。
〔7〕駟：古代稱同駕一車的四馬爲"駟"。與：對付。
〔8〕再勝：勝兩次。
〔9〕進：推薦。威王：名因齊，前356—前320年在位。

　　其後魏伐趙，趙急，請救於齊。齊威王欲將孫臏[1]，臏辭謝曰："刑餘之人不可[2]。"於是乃以田忌爲將，而孫子爲師[3]，居輜車中[4]，坐爲計謀。田忌欲引兵之趙，孫子曰："夫解雜亂紛糾者不控捲[5]，救鬪者不搏撠[6]。批亢擣虛[7]，形格勢禁[8]，則自爲解耳。今梁趙相攻，輕兵銳卒必竭於外[9]，老弱罷於內[10]。君不若引兵疾走大梁[11]，據其街路，衝其方虛[12]，彼必釋趙而自救，是我一舉解趙之圍而收獘於魏也[13]。"田忌從之。魏果去邯鄲[14]，與齊戰於桂陵[15]。大破梁軍[16]。

【注釋】

〔1〕將（jiàng）：名詞用作動詞，以……爲將。
〔2〕謝：婉言推辭。刑餘之人：受過刑的人。
〔3〕師：此處指軍師，和上文"遂以爲師"的"師"不同。
〔4〕輜車：古代有帷的車，既可載物，又可作臥車。
〔5〕大意是，解亂絲不能整團地抓住了去拉。雜亂紛糾：指亂絲。控：引，拉。捲：指捲起來的亂絲。
〔6〕大意是，勸解打架不能在雙方相持很緊的地方去搏擊。撠（jǐ）：彎起胳膊去拉東西。這裏指

打架的人互相揪住。

〔7〕批亢(gāng)：指打擊要害處。批，擊。亢，喉嚨。這裏指要害之處。擣虛：指攻擊敵人的空虛之處。擣，後來寫作"搗"。

〔8〕形格勢禁：是兩個並列的主謂結構，指形勢禁止相鬭。格，止。

〔9〕輕兵：輕裝的士兵。另一說爲：輕便的武器。外：國外。

〔10〕罷(pí)：通"疲"。內：國內。

〔11〕走：趨向，奔向。大梁：魏的國都，在今河南開封市。

〔12〕街路：指要道，四通八達的戰略要地。衝：同"衝"（現簡化爲"冲"）。方虛：正當空虛之處。

〔13〕是：這樣。收獘於魏：對魏可以收到使它疲憊的效果。獘，通"弊"，疲憊，指力量削弱。

〔14〕邯鄲：趙的國都。在今河北邯鄲市。

〔15〕桂陵：魏地。在今山東菏澤市東北。"圍魏救趙"的事發生於魏惠王十七年（前353）。

〔16〕銀雀山出土的《孫臏兵法》記載，在桂陵之戰中龐涓被擒。

後十三歲，魏與趙攻韓，韓告急於齊〔1〕。齊使田忌將而往，直走大梁。魏將龐涓聞之，去韓而歸，齊軍既已過而西矣〔2〕。孫子謂田忌曰："彼三晉之兵素悍勇而輕齊〔3〕，齊號爲怯〔4〕；善戰者因其勢而利導之〔5〕。兵法，百里而趣利者蹶上將，五十里而趣利者軍半至〔6〕。使齊軍入魏地爲十萬竈，明日爲五萬竈，又明日爲三萬竈〔7〕。"龐涓行三日，大喜，曰："我固知齊軍怯，入吾地三日，士卒亡者過半矣。"乃棄其步軍，與其輕銳倍日兼行逐之〔8〕。孫子度其行，暮當至馬陵〔9〕，馬陵道陿〔10〕，而旁多阻隘，可伏兵。乃斫大樹白而書之曰〔11〕："龐涓死於此樹之下。"於是令齊軍善射者萬弩〔12〕，夾道而伏，期曰："暮見火舉而俱發〔13〕。"龐涓果夜至斫木下，見白書，乃鑽火燭之〔14〕。讀其書未畢，齊軍萬弩俱發，魏軍大亂相失〔15〕。龐涓自知智窮兵敗，乃自剄〔16〕，曰："遂成豎子之名！"齊因乘勝盡破其軍，虜魏太子申以歸〔17〕。孫臏以此名顯天下，世傳其兵法。

【注釋】

〔1〕馬陵之戰發生在魏惠王二十八至二十九年（前342—前341）。關於這次戰役，《史記·魏世家》說是"魏伐趙，趙告急齊"，《史記·田敬仲完世家》的記載是"魏伐趙，趙與韓親，共擊魏，趙不利……韓氏請救於齊"，和這裏不一樣。

〔2〕齊軍已經越過（國境）而向西進了。將(jiàng)：帶兵。過而西：越過（國境）而向西進。

〔3〕三晉之兵：指魏軍。三晉，指魏、趙、韓。晉是春秋時一個強大的諸侯國，後來它的三家大夫分晉，成了魏、趙、韓三國。

〔4〕號爲怯：被稱爲膽小的。

〔5〕因其勢：根據客觀情勢。利導之：順著有利的方向加以引導。

〔6〕趣利：跑去爭利。趣(qū)：通"趨"，趨向。蹶(jué)：跌，挫折。這裏是使動用法，"使……受挫折"的意思。上將：即上將軍。戰國以來，上將軍是最高的軍事統帥。軍半至：軍隊祇有一半能到達，意思是在行軍途中軍隊損耗過半。這些話見《孫子·軍爭》，文字不盡相同。

〔7〕竈：俗寫作"灶"。逐日減竈是爲了造成齊軍逐日逃亡的假象，引誘魏軍"倍日兼行"，使之處於"百里而趣利"的不利地位。

〔8〕亡者：逃跑的人。輕銳：輕兵銳卒。倍日兼行：兩天的路程併作一天走。

〔9〕度(duó)其行：估量其行程。馬陵：魏地，在今山東鄄城縣。

〔10〕陜:狹窄,"狹"的本字,與"陝(陕)"不同。
〔11〕斫(zhuó)大樹白:把大樹砍白了。指把樹皮砍掉。斫,砍。白,指削去樹皮露出白木。這裏是使動用法,使……露出白木。書:寫。
〔12〕善射者萬弩:善射箭的弩手一萬人。弩,一種用機械力量射箭的弓,泛指弓。這裏指弓弩手。
〔13〕期:約定。發:(箭)射出去。
〔14〕見白書:見到樹白上的字。書,字。鑽火:鑽木取火,這裏指取火。燭:火把,這裏用作動詞,照,用火把照。
〔15〕相失:彼此失去聯繫。
〔16〕剄(jǐng):用刀割脖子。《史記·魏世家》説龐涓是被殺的。
〔17〕太子申:魏惠王的太子,名申。馬陵之役,魏以太子申爲上將軍,以龐涓爲將。以:而。

韓信破趙之戰

《史記》

【説明】韓信(?—前196),秦末淮陰(今江蘇省淮安市淮陰區東南)人。初從項羽,後歸劉邦,拜爲大將,幫助劉邦打敗項羽,統一中國,戰功卓著,與蕭何、張良合稱漢興三傑。漢四年(前203)立爲齊王,明年徙爲楚王,漢六年降爲淮陰侯,十一年被呂后殺害。

韓信破趙之戰,顯示了韓信卓越的軍事才能和虛心求教的大將風度。按照兵法的規定,不宜背水爲陣。但韓信根據具體的地形條件,根據敵方的心理狀態,根據己方的士兵素質,靈活運用軍事理論知識,背水爲陣,使人自爲戰,不終朝就破趙二十萬衆。

趙之所以失敗,是因爲不聽廣武君的計謀,而韓信親自"解其縛",待之以師禮,虛心求教。終以廣武君之策,順利平定燕齊。

本文選自《史記·淮陰侯列傳》,題目後後加的。

信與張耳以兵數萬,欲東下井陘擊趙〔1〕。趙王、成安君陳餘聞漢且襲之也〔2〕,聚兵井陘口,號稱二十萬。廣武君李左車説成安君曰〔3〕:"聞漢將韓信涉西河,虜魏王,禽夏説,新喋血閼與〔4〕,今乃輔以張耳,議欲下趙〔5〕,此乘勝而去國遠鬥,其鋒不可當。臣聞千里餽糧〔6〕,士有飢色;樵蘇後爨,師不宿飽〔7〕。今井陘之道,車不得方軌,騎不得成列〔8〕,行數百里,其勢糧食必在其後。願足下假臣奇兵三萬人,從閒道絕其輜重〔9〕;足下深溝高壘,堅營勿與戰〔10〕。彼前不得鬥,退不得還,吾奇兵絕其後,使野無所掠,不至十日,而兩將之頭可致於戲下〔11〕。願君留意臣之計〔12〕。否,必爲二子所禽矣。"成安君,儒者也,常稱義兵不用詐謀奇計〔13〕,曰:"吾聞兵法'十則圍之,倍則戰之〔14〕。'今韓信兵號數萬,其實不過數千。能千里而襲我,亦已罷極〔15〕。今如此避而不擊,後有大者,何以加之〔16〕!則諸侯謂吾怯,而輕來伐我〔17〕。"不聽廣武君策,廣武君策不用。

【注釋】

〔1〕信:韓信。張耳:秦末農民起義將領之一,被項羽封爲常山王。漢二年(前205)爲陳餘所敗,投奔漢王劉邦。井陘(xíng):漢縣名,今河北井陘縣之井陘口。

〔2〕趙王:指趙歇。漢二年陳餘迎代王趙歇爲趙王。成安君:陳餘的封號。趙王歇曾立陳餘爲代王,但陳餘留傅趙王,不之國。陳餘、張耳原本是摯友,在反秦戰爭中雙方產生矛盾。秦亡後,矛盾激化,終於成爲仇敵。且:將。

〔3〕廣武君:趙國謀士李左車的封號。

〔4〕西河:這裏指陝西東部與山西交界的一段黃河。魏王:指西魏王魏豹,封地在河東(今山西境內)。魏豹本與劉邦一起擊楚,漢二年六月,他請求回封地省親,回封地後叛劉邦,與楚約和。八月,劉邦派韓信擊魏,虜魏王豹。禽:擒獲。在這個意義上後來寫作"擒"。夏說(yuè):代王陳餘的相國。陳餘立爲代王後,仍留在趙地,派夏說以相國守代。喋(dié)血:踩着血行走。這裏指血戰。閼與(yù yǔ):在今山西和順縣西北。韓信破代在漢二年閏九月。

〔5〕輔以張耳:用張耳輔助(他)。議欲下趙:決定要攻下趙國。

〔6〕千里餽(kuì)糧:從千里之外運送糧食(給軍隊吃)。餽,通"饋"。送。

〔7〕樵:打柴。蘇:打草。爨(cuàn):做飯。宿:常,久。

〔8〕方軌:兩車並行。方,並。軌,車轍。《戰國策·齊策一》:"徑亢父之險,車不得方軌,馬不得並行。"井陘爲太行八陘之一,多險阻,故戰車不能並排行進,騎兵也不能排成行列。

〔9〕假:暫時付與。奇兵:出奇制勝的軍隊。奇,軍事術語,與"正"相反。指不常見的,出人意料的軍事行動。閒(jiàn)道:小道。輜重:軍用物資。

〔10〕深溝:把護營的壕溝挖深。高壘:把兵營的圍牆加高。堅營:堅守營壘。深、高、堅都用作使動。

〔11〕致於戲(huī)下:送到將軍的大旗之下。戲,通"麾",主將的大旗。

〔12〕留意:考慮。

〔13〕儒者:儒生,書生。義兵:正義之師。

〔14〕十:指兵力十倍於敵軍。之:指敵軍。倍:指兵力倍於敵軍。戰:對陣。這兩句話出自《孫子兵法·謀攻》。文字略有不同。

〔15〕罷(pí):通"疲"。

〔16〕大者:大敵。加:這裏是"勝"的意思。

〔17〕輕:輕易。

韓信使人閒視[1],知其不用,還報,則大喜,乃敢引兵遂下[2]。未至井陘口三十里,止舍[3]。夜半傳發,選輕騎二千人[4],人持一赤幟,從閒道萆山而望趙軍[5],誡曰:"趙見我走,必空壁逐我[6],若疾入趙壁,拔趙幟,立漢赤幟[7]。"令其裨將傳飱[8],曰:"今日破趙會食[9]!"諸將皆莫信,詳應曰[10]:"諾。"謂軍吏曰[11]:"趙已先據便地爲壁[12],且彼未見吾大將旗鼓,未肯擊前行[13],恐吾至阻險而還。"信乃使萬人先行,出,背水陳[14]。趙軍望見而大笑[15]。平旦,信建大將之旗鼓,鼓行出井陘口[16]。趙開壁擊之,大戰良久。於是信、張耳詳棄鼓旗,走水上軍[17]。水上軍開入之,復疾戰[18]。趙果空壁爭漢鼓旗,逐韓信、張耳。韓信、張耳已入水上軍,軍皆殊死戰[19],不可敗。信所出奇兵二千騎,共候趙空壁逐利[20],則馳入趙壁,皆拔趙旗,立漢赤幟二千。趙軍已不勝,不能得信等,欲還歸壁,壁皆漢赤幟,而大驚,以爲漢皆已得趙王將矣[21]。兵遂亂,遁走,趙將雖斬之,不能禁也。於是漢兵夾擊，大破虜趙軍，斬成安君泜水上[22]，禽趙王歇。

【注釋】

〔1〕閒(jiàn)視：秘密偵察。

〔2〕遂：徑直。

〔3〕止舍：停下來住宿。舍，軍隊住一宿。《左傳·莊公三年》："凡師一宿曰舍，再宿曰信，過信爲次。"

〔4〕傳發：傳令出發。輕騎(jì)：輕裝的騎兵。

〔5〕萆(bì)山：在山上隱蔽。萆，隱蔽。

〔6〕走：逃跑。空壁：使壁空。意思是軍營都空了，傾巢而出。壁，營壘。逐：追趕。

〔7〕若：你們。疾：急速。立：建，插上。

〔8〕裨(pí)將：副將。傳：送，分發。飧(cān)：通"湌"（餐）。《史記·淮陰侯列傳》注引如淳曰："小飯曰湌。"意謂非正餐，祇進點小吃。

〔9〕會食：(正式)聚餐。

〔10〕莫：否定副詞。不。詳：通"佯"。

〔11〕軍吏：部下的執勤軍官。

〔12〕據便地：佔據有利地形。

〔13〕前行(háng)：先頭部隊。

〔14〕出：指出井陘口。背水陳(zhèn)：背向河水擺開陣勢。

〔15〕背水結陣，爲兵家所忌，故趙軍笑之。

〔16〕平旦：天亮。鼓行：擂鼓而行。

〔17〕走水上軍：退逃至水邊的軍陣。

〔18〕開入之：指打開營門放他們進去。疾：猛烈。

〔19〕殊死戰：拼命作戰。殊死，用作狀語。

〔20〕逐利：爭奪戰利品。

〔21〕得趙王將：俘獲趙王的將領。得，俘獲。

〔22〕泜(chí)水：在井陘口附近。

信乃令軍中毋殺廣武君，有能生得者購千金[1]。於是有縛廣武君而致戲下者，信乃解其縛，東鄉坐，西鄉對，師事之[2]。

諸將效首虜，休，畢賀[3]，因問信曰："兵法'右倍山陵，前左水澤[4]。'今者將軍令臣等反背水陳[5]，曰'破趙會食'，臣等不服。然竟以勝，此何術也[6]？"信曰："此在兵法，顧諸君不察耳[7]。兵法不曰'陷之死地而後生，置之亡地而後存'[8]？且信非得素拊循士大夫也，此所謂'驅市人而戰之'[9]，其勢非置之死地，使人人自爲戰[10]；今予之生地，皆走，寧尚可得而用之乎[11]！"諸將皆服曰："善。非臣所及也。"

【注釋】

〔1〕生得：活捉。購：懸賞徵求。

〔2〕東鄉坐：(讓廣武君)面朝東坐。漢初以東向爲尊。鄉，向。西鄉對：(韓信)面向西對著。師事之：像對待老師一樣事奉他。師，名詞用作狀語。

〔3〕效首虜：獻首級和俘虜。休：結束。畢賀：全都祝賀。

〔4〕右倍山陵：右面、背面要靠山。倍，通"背"。背面。前左水澤：前面、左面要靠水。《孫子兵法·行軍》杜牧注："太公曰：軍必左川澤而右丘陵。"
〔5〕反：反而。
〔6〕以勝：以此取勝。以，介詞。賓語省略。術：戰術。
〔7〕顧：連詞。表示轉折。可譯爲"祇是"。
〔8〕這兩句話見《孫子兵法·九地》。原文是："投之亡地然後存，陷之死地然後生。"
〔9〕素：平日。拊循：撫愛、撫慰。士大夫：指衆將士。市人：集市上的人。意謂烏合之衆。
〔10〕非："非……不可"的意思。自爲戰：爲自己（的生存）而戰。自爲，介詞結構作狀語。自作介詞爲的賓語，前置。
〔11〕今：表示假設。走：逃跑。寧：難道。尚：還。

於是信問廣武君曰："僕欲北攻燕，東伐齊，何若而有功[1]？"廣武君辭謝曰[2]："臣聞'敗軍之將，不可以言勇；亡國之大夫，不可以圖存。'今臣敗亡之虜，何足以權大事乎[3]！"信曰："僕聞之，百里奚居虞而虞亡，在秦而秦霸[4]，非愚於虞而智於秦也，用與不用，聽與不聽也。誠令成安君聽足下計，若信者亦已爲禽矣[5]。以不用足下，故信得侍耳[6]。"因固問曰[7]："僕委心歸計，願足下勿辭[8]。"廣武君曰："臣聞'智者千慮，必有一失；愚者千慮，必有一得[9]'。故曰'狂夫之言，聖人擇焉[10]'。顧恐臣計未必足用，願效愚忠。夫成安君有百戰百勝之計，一旦而失之，軍敗鄗下[11]，身死泜上。今將軍涉西河，虜魏王，禽夏說閼與，一舉而下井陘，不終朝破趙二十萬衆[12]，誅成安君。名聞海內，威震天下。農夫莫不輟耕釋耒，褕衣甘食，傾耳以待命者[13]。若此，將軍之所長也。然而衆勞卒罷，其實難用。今將軍欲舉倦獘之兵，頓之燕堅城之下[14]，欲戰恐久，力不能拔[15]，情見勢屈，曠日糧竭[16]，而弱燕不服，齊必距境以自彊也[17]。燕齊相持而不下，則劉項之權未有所分也[18]。若此者，將軍所短也。臣愚，竊以爲亦過矣[19]。故善用兵者不以短擊長，而以長擊短。"韓信曰："然則何由[20]？"廣武君對曰："方今爲將軍計，莫如案甲休兵，鎮趙，撫其孤[21]，百里之內，牛酒日至，以饗士大夫醳兵[22]。北首燕路[23]，而後遣辯士奉咫尺之書，暴其所長於燕[24]，燕必不敢不聽從。燕已從，使諠言者東告齊[25]，齊必從風而服，雖有智者，亦不知爲齊計矣。如是，則天下事皆可圖也。兵固有先聲而后實者[26]，此之謂也。"韓信曰："善。"從其策。發使使燕，燕從風而靡[27]。乃遣使報漢，因請立張耳爲趙王，以鎮撫其國。漢王許之，乃立張耳爲趙王。

【注釋】

〔1〕僕：謙詞。燕：項羽封燕將臧荼爲燕王。都薊，在今北京市西南。齊：齊王田廣。都臨淄，今屬山東淄博市。何若：何如，怎麼樣。
〔2〕辭謝：表示謙讓。
〔3〕權：權衡。這裏是計量、策劃的意思。
〔4〕百里奚：春秋時楚國人，曾爲虞國大夫。晉滅虞，百里奚被俘，並且作爲陪嫁奴僕送往秦國。後來相秦穆公，七年而秦富強。
〔5〕若信者：像我韓信這樣的人。爲禽：被擒。
〔6〕得侍：得以侍奉（足下）。指李左車被擒，韓信師事之。

213

〔7〕固:堅決。

〔8〕委心:把心交給你。即傾心。歸計:聽從你的計謀。歸,順從,依從。

〔9〕這是當時的成語。《晏子春秋·内篇雜下第六》也有類似的話。

〔10〕這是當時的成語。狂夫:愚鈍之人。擇:選擇。《漢書·鼂錯傳》作"傳曰:狂夫之言,而明主擇焉"。

〔11〕鄗(hào):地名。在今河北高邑縣。

〔12〕不終朝:不到一個下午。

〔13〕農夫們沒有誰不是停止耕作、放下農具,穿好的、吃好的,側耳靜聽而等待命令的。意思是農夫們擔心戰亂臨頭,無心生產,祇顧眼前享受,等待韓信的下一步行動。輟(chuò):停止。釋耒:放下農具。偷:美好。

〔14〕倦獘:疲倦,困乏。頓之:使之(軍隊)困頓。頓,用作使動。

〔15〕恐久:恐怕拖延時日。拔:攻取。

〔16〕情見(xiàn):真情暴露(給敵方)。勢屈:意爲戰爭的態勢不利於己。屈,虧。曠日:耗費時日。

〔17〕距境以自彊:拒守於邊境而使自己強盛。距,通"拒"。彊,後來多寫作"強"。

〔18〕下:投降。權:秤錘。用權以知輕重,這裏指勝負。兩句意思是燕國、齊國長期跟韓信的軍隊相對抗而不投降,那劉邦和項羽之間的勝負是不能見分曉的。

〔19〕我雖愚昧,私下也認爲(攻燕伐齊的計劃)錯了。過:錯。

〔20〕何由:該走哪條路。即該怎麼辦。

〔21〕案假休兵:即按兵不動。案,通"按"。甲,兵,在這裏同義,都是指軍隊。鎮趙:鎮守趙國。撫其孤:撫恤趙國陣亡者的遺孤。

〔22〕饗士大夫:用酒食犒賞將士。醳(yì)兵:給士卒飲酒,即犒賞士卒的意思。醳,醇酒。名詞用作使動,醉酒的意思。

〔23〕首:向。這句意思是作出北向燕國的態勢。

〔24〕咫尺之書:一封書信。《漢書·韓信傳》顏師古注:"八寸曰咫。咫尺者,言其簡牘或長咫,或長尺,喻輕率也。今俗言尺書,或言尺牘,蓋其遺語耳。" 暴(pù)其所長:顯示自己的長處。

〔25〕諠(xuān)言者:長於詭辯的人。諠,通"諼",詭詐。

〔26〕先聲而後實:先虛張聲勢而後採取行動。

〔27〕發使:派出使者。使燕:出使燕國。從風而靡:像隨着風一樣倒下。意思是很快就投降了。靡,倒下。這裏是歸順、投降的意思。

司馬相如列傳(節錄)

《史記》

【説明】《司馬相如列傳》是西漢史學家司馬遷創作的文言文,收錄於《史記》卷一百一十七。作者採用"以文傳人"(見章學誠《文史通義·詩教下》)的寫法,簡練地記述了司馬相如一生遊梁、娶卓文君、通西南夷等事。選文略去原著中司馬相如的辭賦和文章部分。文章中記述司馬相如與卓文君婚戀的故事,寫得宛轉濃麗,極富新奇的故事情趣,頗似生動的小説,所以清人吳見思在其《史記論文》裏,稱其爲"唐人傳奇小説之祖"。

它給後世文學藝術作品的創作提供了範例和原始的素材。

司馬相如者[1]，蜀郡成都人也，字長卿。少時好讀書，學擊劍，故其親名之曰犬子[2]。相如既學，慕藺相如之爲人[3]，更名相如。以貲爲郎，事孝景帝，爲武騎常侍，非其好也[4]。會景帝不好辭賦，是時梁孝王來朝，從游説之士齊人鄒陽、淮陰枚乘、吳莊忌夫子之徒，相如見而説之，因病免[5]，客遊梁。梁孝王令與諸生同舍，相如得與諸生遊士居數歲，乃著《子虛之賦》[6]。

【注釋】

[1] 司馬相如(前179—前118)：西漢蜀郡成都人。一説四川蓬安縣人，梁武帝天監六年(507)在當地置相如縣，有相如故宅、琴臺、相如坪等遺迹。《史記》《漢書》皆有傳。《史記·司馬相如列傳》採用"以文傳人"(見章學誠《文史通義·詩教下》)的寫法，記述司馬相如一生中的幾件大事。本篇祇選取其中記敘部分，略去原著中司馬相如的辭賦和文章部分。

[2] 成都：今四川省成都市。擊劍：以劍擊刺的技術。親：指父母。犬子：司馬相如的小名。

[3] 既學：指完成學業。藺相如：戰國趙人，當時因完璧歸趙、澠池之會等事立功而爲上卿，位在功臣廉頗之上，引起廉頗不滿。藺相如以國家利益爲重，退讓再三，最後廉頗負荊請罪，傳下將相和的佳話。

[4] 貲(zī)：通"資"，財物，錢財。郎：官名，爲侍從之職。漢律，家財超過四萬的良家子弟，可以被選爲郎，稱"貲郎"。孝景帝：漢景帝劉啟(前188—前141)。武騎常侍：官名，常當侍從搏殺猛獸。好：愛好。

[5] 會：恰巧，適逢。梁孝王：西漢文帝之子劉武，立爲代王，徙淮陽(今河南淮陽)，又徙梁(漢代的國名，治所在睢陽，即今河南商丘，作曜華宮及兔園，招延四方豪傑，山東遊士多歸依他。從：使……跟隨。鄒陽：漢臨淄人，以文辯知名。《史記》《漢書》有傳。枚乘：漢淮陰人，善辭賦，好詼諧，據傳有賦一百二十篇，今多不傳。《漢書》附有傳。莊忌：漢會稽吳人，善辭賦，與鄒陽、枚乘同爲梁孝王的上客。莊忌名望頗高，被稱作夫子。説(yuè)：即"悦"。因：趁，借。免：辭官。

[6] 諸生：衆生，指門客弟子。同舍：同住。遊士：從事遊説活動的人。《子虛之賦》：《子虛賦》，借三個假想人物子虛、烏有先生、無是公的相互詰難和議論，推言天子諸侯苑囿之盛，最後歸於節儉，用以諷刺。此賦"不師故轍，自擄妙才，廣博閎麗，卓絕漢代"(魯迅《漢文學史綱要》)，對後來的大賦很有影響。

會梁孝王卒，相如歸，而家貧，無以自業[1]。素與臨邛令王吉相善，吉曰："長卿久宦遊不遂，而來過我[2]。"於是相如往，舍都亭[3]。臨邛令繆爲恭敬，日往朝相如[4]。相如初尚見之，後稱病，使從者謝吉，吉愈益謹肅[5]。臨邛中多富人，而卓王孫家僮八百人，程鄭亦數百人，二人乃相謂曰："令有貴客，爲具召之[6]。"並召令。令既至，卓氏客以百數。至日中，謁司馬長卿[7]，長卿謝病不能往，臨邛令不敢嘗食，自往迎相如。相如不得已，彊往，一坐盡傾[8]。酒酣，臨邛令前奏琴曰："竊聞長卿好之，願以自娛。"相如辭謝，爲鼓一再行[9]。是時卓王孫有女文君新寡，好音，故相如繆與令相重，而以琴心挑之[10]。相如之臨邛，從車騎，雍容閒雅甚都[11]；及飲卓氏，弄琴，文君竊從戶窺之，心悅而好之，恐不得當也[12]。既罷，相如乃使人重賜文君侍者通殷勤[13]。文君夜亡奔相如[14]，相如乃與馳歸成都。家居徒四壁立[15]。卓王孫大怒曰："女至不材[16]，我不忍殺,不分一錢也。"人或謂王孫,王孫終不聽。文君久之不樂,曰:"長卿第俱如臨邛,從昆弟假貸猶足爲生[17],何至自苦如此!"相如與俱之臨邛,盡賣其車騎,買一酒舍酤酒,而令文君當鑪[18]。相如身自著犢鼻褌,與保庸雜作,滌器於市中[19]。卓王孫聞而恥之,爲杜門不出[20]。昆弟諸公更謂王孫曰[21]:"有一男兩女,所不足者非財也。今文君已失身於司馬長卿,長卿故倦遊[22],雖貧,其人材足依也,且又令客,獨奈何相辱如此!"卓王孫不得已,分予文君僮百人,錢百萬,及其嫁時衣被財物。文君乃與相如歸成都,買田宅,爲富人。

【注釋】

[1] 自業:指自以爲生。

[2] 素:向來,舊時。臨邛:縣名,即今四川邛崍。宦遊:外出求官任職。遂:成,指官運通達。過:拜訪,探望。

[3] 舍:住宿。都亭:古代城郭附近的亭舍。

[4] 繆(miù):通"謬",詐偽,假裝。朝:拜訪。

[5] 謝:推辭。謹肅:恭敬。

[6] 卓王孫、程鄭:二人皆爲臨邛大富豪。令:指縣令。爲具:準備酒席。爲,動詞,這裏可譯爲"準備"。具,酒肴,酒席。召:召喚,這裏的意思是"請"。

[7] 日中:中午。謁:請。

[8] 彊(qiǎng):勉強。傾:傾倒,指被司馬相如的談吐風度所傾倒。

[9] 辭謝:謙讓,推辭。一再行:一兩曲。行,指樂章。

[10] 相重:相敬重。琴心:琴聲所蘊之情。挑:挑逗,打動。

[11] 之:往,到。從(zòng):使……相從,使……跟隨。車騎(jì):指車輛和跟隨的騎士。雍容:指容儀溫文。閒(xián)雅:從容高雅。都:優雅。

[12] 竊:偷偷地。戶:門。窺:偷看。恐不得當:擔心自己不能與他匹配。當,相當,指匹配。一說通"黨",知。擔心相如不瞭解自己的心情。《方言》卷一:"黨、曉、哲,知也。"

[13] 通:傳達。殷勤:親切的情意。

[14] 亡奔:指私下逃走。

[15] 家居徒四壁立:家中空無所有,祇有四壁而已。王念孫認爲"家"爲衍文,"居"即"家",其義相同。見《讀書雜誌·史記第六》。徒,空,指一無所有。

[16] 至:極。不材:不長進,不成器。

[17] 第:但,且。俱:一同。如:往。從:介詞,相當於"向"。昆弟:兄弟。假貸:借貸。

[18] 酤酒:賣酒。鑪:古時酒店前安放酒甕酒壇的土臺,借指酒店。當鑪即賣酒的代稱。

[19] 犢鼻褌:有襠的短褲。一說圍裙。保庸:雇工,僕役。雜:俱,一同。作:勞作。滌:洗滌。市:市場。

[20] 杜門:閉門。

[21] 諸公:指父輩長者。更:交替,交相。

[22] 故:本來。遊:宦遊。

居久之,蜀人楊得意爲狗監,侍上[1]。上讀《子虛賦》而善之,曰:"朕獨不得與此人同時哉!"得意曰:"臣邑人司馬相如自言爲此賦。"上驚,乃召問相如。相如曰:"有是。

然此乃諸侯之事,未足觀也。請爲天子遊獵賦,賦成奏之[2]。"上許,令尚書給筆劄[3]。相如以"子虚",虚言也,爲楚稱;"烏有先生"者,烏有此事也,爲齊難;"無是公"者,無是人也,明天子之義[4]。故空藉此三人爲辭[5],以推天子諸侯之苑囿。其卒章歸之於節儉,因以風諫[6]。奏之天子,天子大説。……

【注釋】

〔1〕狗監:漢代掌管皇帝獵犬的官。上:指漢武帝。

〔2〕奏:進獻。

〔3〕劄:木簡。

〔4〕子虚、烏有先生、無是公是司馬相如在《子虚賦》中虚構的三個人物。稱:稱説,陳述。難:詰難,指詰難楚事。明天子之義:闡明做天子的道理。

〔5〕藉:假借。

〔6〕卒章:結束章。風諫:微言勸諫。風,通"諷"。

賦奏,天子以爲郎。……相如爲郎數歲,會唐蒙使略通夜郎西僰中,發巴蜀吏卒千人,郡又多爲發轉漕萬餘人,用興法誅其渠帥[1],巴蜀民大驚恐。上聞之,乃使相如責唐蒙,因喻告巴蜀民以非上意[2]。……

【注釋】

〔1〕唐蒙:漢武帝時爲番陽令,任中郎將,於建元六年(前135)奉命赴夜郎,使夜郎侯多同歸漢。夜郎、僰:皆西南夷。發:徵發。轉:用車運糧食。漕:從水路運糧食。用興法:《漢書》作"用軍興法",可見,此處脱一"軍"字。渠帥:大帥,魁首,首領。

〔2〕責:責備,詰問。喻:曉喻,開導。上意:指皇帝的旨意。

相如還報。唐蒙已略通夜郎,因通西南夷道,發巴、蜀、廣漢卒,作者數萬人。治道二歲,道不成,士卒多物故,費以巨萬計[1]。蜀民及漢用事者多言其不便[2]。是時邛、筰之君長聞南夷與漢通,得賞賜多,多欲願爲内臣妾,請吏,比南夷[3]。天子問相如,相如曰:"邛、筰、冄、駹者近蜀,道亦易通,秦時嘗通爲郡縣,至漢興而罷[4]。今誠復通,爲置郡縣,愈於南夷[5]。"天子以爲然,乃拜相如爲中郎將,建節往使[6]。副使王然于、壺充國、吕越人馳四乘之傳,因巴蜀吏幣物以賂西夷[7]。至蜀,蜀太守以下郊迎,縣令負弩矢先驅,蜀人以爲寵[8]。於是卓王孫、臨邛諸公皆因門下獻牛酒以交驩[9]。卓王孫喟然而嘆,自以得使女尚司馬長卿晚,而厚分與其女財,與男等同[10]。司馬長卿便略定西夷,邛、筰、冄駹、斯榆之君皆請爲内臣[11]。除邊關,關益斥,西至沫、若水,南至牂柯爲徼,通零關道,橋孫水以通邛都[12]。還報天子,天子大説。

【注釋】

〔1〕物故:死亡。巨萬:萬萬。

〔2〕漢用事者:指漢代朝廷中掌權的人,如公孫弘等人。

〔3〕爲内臣妾:指成爲漢朝的臣下、百姓。請吏:請求爲他們設置官吏。吏,官員。比:比照,與……相同。南夷:指牂柯、夜郎(今貴州及廣西的部分地區)這些民族。

〔4〕罷:撤銷。

〔5〕愈:勝,超過。
〔6〕建節:執持符節,古代使臣執持符節以爲徵信。節,符節。
〔7〕傳(zhuàn):官家使用的車輛。因:由。幣物:禮物,這裏指準備禮物。賂:贈送財物。
〔8〕郊迎:到郊外去迎接。負弩矢:背着弩和箭。這是一種禮節,表示作爲僕從,爲他服務。先驅:騎馬走在前面,表示爲他清道開路。寵:榮耀。
〔9〕交驩:相互都感到快樂。驩,通"歡"。
〔10〕喟(kuì)然:嘆息的樣子。尚:配。男:這裏指兒子。
〔11〕便:《漢書·司馬相如傳》作"使"。使,派遣。略定:巡視並安撫。略,巡視。斯榆:一作"斯俞",古代西南民族名,在邛都。一說即徙。
〔12〕除:取消。斥:廣,開廣。沫水:指今大渡河。若水:指今雅礱江及與金沙江合流後的金沙江。徼(jiào):邊界。零關道:古道路名,指從大渡河南岸通向西昌平原的道路。"零"亦作"靈"。橋:用如動詞,架橋。孫水:今四川境内的安寧河。相傳司馬相如橋孫水處在今冕寧縣西。

　　相如使時,蜀長老多言通西南夷不爲用,唯大臣亦以爲然[1]。相如欲諫,業已建之,不敢,乃著書,籍以蜀父老爲辭,而已詰難之,以風天子,且因宣其使指[2],令百姓知天子之意。……

【注釋】

〔1〕長老:年高者之通稱。唯:通"雖",即使。
〔2〕業已:已經。建:公布,古時布告以帛書樹立於竿上。籍:通"藉",借。因:趁機。宣:宣示,顯示。使指:指出使西南夷的旨意。

　　其後人有上書言相如使時受金,失官。居歲餘,復召爲郎。
　　相如口吃而善著書。常有消渴疾[1]。與卓氏婚,饒於財。其進仕宦,未嘗肯與公卿國家之事[2],稱病閒居,不慕官爵。常從上至長楊獵,是時天子方好自擊熊彘[3],馳逐野獸,相如上疏諫之。……

【注釋】

〔1〕消渴:病名,今稱糖尿病。
〔2〕與(yù):參與。
〔3〕常:通"嘗",曾經。長楊:漢行宫長楊宫,因宮有長楊樹而得名。彘(zhì)豬。

　　相如拜爲孝文園令[1]。天子既美《子虛》之事,相如見上好僊道,因曰:"上林之事未足美也,尚有靡者。臣嘗爲《大人賦》,未就,請具而奏之[2]。"相如以爲列僊之傳居山澤閒,形容甚臞[3],此非帝王之僊意也,乃遂就《大人賦》。……

【注釋】

〔1〕孝文:漢孝文皇帝,即漢文帝劉恒。園令:陵園令,職責是守護陵園。
〔2〕僊:同"仙"。上林:苑名,苑中養禽獸,供皇帝春秋打獵。靡:美好,靡麗。就:完成。具:準備,這裏指寫好。
〔3〕傳(chuán):相傳,傳說。形容:形體容貌。臞(qú):清瘦。

相如既奏《大人之頌》[1],天子大説,飄飄有凌雲之氣,似遊天地之間意。

相如既病免,家居茂陵[2]。天子曰:"司馬相如病甚,可往從悉取其書[3];若不然,後失之矣。"使所忠往,而相如已死,家無書。問其妻,對曰:"長卿固未嘗有書也。時時著書,人又取去,即空居。長卿未死時,為一卷書,曰有使者來求書,奏之。無他書。"其遺劄書封禪事[4],奏所忠。忠奏其書,天子異之[5]。……

【注釋】

〔1〕《大人之頌》:即《大人賦》。
〔2〕茂陵:縣名,漢初為茂鄉,後來漢武帝葬於此,因置縣,今屬陝西興平。
〔3〕甚:厲害。後:《漢書·司馬相如傳》作"從"。悉:盡,全部。
〔4〕封禪:帝王祭天地的典禮。在泰山上築土為壇祭天,報天之功,稱"封"。在泰山下梁父山上祭地,報地之功,稱"禪"。秦漢以後,歷代封建王朝都把封禪作為國家的大典。
〔5〕異:形容詞的意動用法,認為……奇異。

司馬相如既卒五歲,天子始祭后土[1]。八年而遂先禮中岳,封於太山,至梁父禪肅然[2]。

【注釋】

〔1〕后土:土地神。
〔2〕遂:終於。禮:指行祭祀之禮。中岳:指嵩山,在今河南登封北,古名嵩高,為五岳之一。太山:泰山。梁父:山名,在泰山腳下東北方。肅然:山名,泰山東麓,在山東萊蕪東北。

相如他所著,若《遺平陵侯書》《與五公子相難》《草木書》篇不采[1],采其尤著公卿者云。……

【注釋】

〔1〕遺(wèi):送,給。平陵侯:蘇建,因從衛青擊匈奴有功,封平陵侯。采:收錄。

張騫傳(節錄)

《漢書》

【説明】本篇選自《漢書·張騫李廣利傳》,記載了我國古代傑出的外交家張騫(?—前114)兩次出使西域的情況,為我們研究西漢初年的民族問題以及中外關係問題,提供了珍貴的資料。張騫通西域,對後來形成"絲綢之路"起了開創作用,發展了我國和中亞、西亞許多國家的友好關係,促進了東西方經濟文化的交流。

張騫,漢中人也[1],建元中為郎[2]。時匈奴降者言匈奴破月氏王,以其頭為飲器[3],月氏遁而怨匈奴,無與共擊之[4]。漢方欲事滅胡[5],聞此言,欲通使,道必更匈奴中[6],乃募能使者。騫以郎應募[7],使月氏,與堂邑氏奴甘父俱出隴西[8]。徑匈奴[9],匈奴得之,傳詣單于[10]。單于曰:"月氏在吾北,漢何以得往使?吾欲使越,漢肯聽我乎[11]?"留騫十餘歲,予妻,有子,然騫持漢節不失[12]。

【注釋】

〔1〕漢中:漢郡名,今陝西省漢中市南鄭區。

〔2〕建元:漢武帝劉徹第一個年號(前140—前135)。郎:官名,漢代屬光禄勛,主管皇帝侍衛,隨從皇帝出行。

〔3〕月氏(ròu zhī):西域國名,也作月支。以:用。飲器:飲酒的器具。

〔4〕没有人援助他們(月氏)一起攻打匈奴。

〔5〕事:從事。

〔6〕更:經過。

〔7〕募:徵募,招募。

〔8〕堂邑氏奴甘父:堂邑氏的奴僕甘父。堂邑氏,漢人,姓堂邑。隴西:郡名,今甘肅省臨洮縣。

〔9〕徑:經過,取道。名詞用作動詞。

〔10〕傳詣單于:用傳(zhuàn)車傳遞到單于那裏。傳,名詞作狀語,用傳車送。單于,匈奴最高首領的稱號。

〔11〕月氏在吾北:月氏實際在匈奴西。越:指當時的南越(在五嶺以南,包括今廣西、廣東等地)。

〔12〕漢節:漢朝的符節。符節是古代使者所持的憑證,用竹做竿,上面飾以羽或毛。

居匈奴西,騫因與其屬亡鄉月氏〔1〕,西走數十日,至大宛〔2〕。大宛聞漢之饒財,欲通不得,見騫,喜,問欲何之〔3〕。騫曰:"爲漢使月氏,而爲匈奴所閉道,今亡,唯王使人道送我〔4〕。誠得至,反漢,漢之賂遺王財物,不可勝言〔5〕。"大宛以爲然,遣騫,爲發譯道,抵康居〔6〕。康居傳致大月氏。大月氏王已爲胡所殺,立其夫人爲王〔7〕。既臣大夏而君之〔8〕,地肥饒,少寇,志安樂,又自以遠遠漢,殊無報胡之心〔9〕。騫從月氏至大夏,竟不能得月氏要領〔10〕。留歲餘,還,並南山,欲從羌中歸〔11〕,復爲匈奴所得。留歲餘,單于死,國内亂〔12〕,騫與胡妻及堂邑父俱亡歸漢。拜騫太中大夫〔13〕,堂邑父爲奉使君。

騫爲人彊力,寬大信人〔14〕,蠻夷愛之。堂邑父胡人,善射,窮急射禽獸給食〔15〕。初,騫行時百餘人,去十三歲,唯二人得還。

【注釋】

〔1〕屬:一同出使的人。亡:逃。鄉:向。

〔2〕大宛(yuān):西域國名,在大月氏東北,今烏兹別克斯坦費爾干納盆地,以產汗血馬著稱。

〔3〕通:交往,聯繫。之:動詞,往,到。

〔4〕閉:阻塞。唯:句首語氣詞,表示希望、祈求的意思。道(dǎo):引導。

〔5〕誠:果真,表示未定事實的假設。反:返回。後來寫作"返"。遺:送。勝:盡。

〔6〕發:派遣。譯道:翻譯和向導。康居:西域國名,在今中亞細亞錫爾河北哈薩克斯坦東南部。

〔7〕夫人:《史記·大宛列傳》作"太子"。

〔8〕臣:使……臣服。大夏:西域國名,位於今阿姆河以南至阿富汗境内。

〔9〕第一個"遠"字是地處遠方的意思,第二個"遠"字用作動詞,遠離的意思。殊無:全没有。

〔10〕竟:終,終於。要領:關鍵所在。這裏指談判得不到結果。

〔11〕並(bàng):傍的古字,沿着。南山:指今天山南諸山,一説崑崙山。羌中:我國古代西部羌族居住的地方,在今甘肅一帶。

〔12〕内亂:内部發生動亂。公元前126年,匈奴軍臣單于死,其弟左谷蠡王伊穉斜(前126—前

114在位)攻敗軍臣單于太子於單,自立爲單于。
〔13〕太中大夫:官名,掌管議論。
〔14〕彊力:做事堅强有毅力。信人:對人誠實守信。
〔15〕窮急:窮困,急迫。給食:供應食用。

騫身所至者,大宛、大月氏、大夏、康居,而傳聞其旁大國五六,具爲天子言其地形所有。語皆在《西域傳》[1]。

騫曰:"臣在大夏時,見邛竹杖、蜀布,問安得此[2]。大夏國人曰:'吾賈人往市之身毒國[3]。身毒國在大夏東南可數千里。其俗土著,與大夏同,而卑溼暑熱。其民乘象以戰[4]。其國臨大水焉。'以騫度之[5],大夏去漢萬二千里,居西南。今身毒又居大夏東南數千里,有蜀物,此其去蜀不遠矣。今使大夏,從羌中,險,羌人惡之;少北,則爲匈奴所得[6];從蜀,宜徑,又無寇[7]。"天子既聞大宛及大夏、安息之屬皆大國,多奇物,土著,頗與中國同俗,而兵弱,貴漢財物;其北則大月氏、康居之屬,兵彊,可以賂遺設利朝也[8]。誠得而以義屬之[9],則廣地萬里,重九譯[10],致殊俗,威德徧於四海[11]。天子欣欣以騫言爲然。乃令因蜀、犍爲發間使[12],四道並出:出駹,出莋,出徙、邛,出僰[13],皆各行一二千里。其北方閉氐、莋,南方閉巂、昆明[14]。昆明之屬無君長,善寇盜,輒殺略漢使[15],終莫得通。然聞其西可千餘里,有乘象國,名滇越,而蜀賈間出物者或至焉,於是漢以求大夏道始通滇國[16]。初,漢欲通西南夷,費多,罷之。及騫言可以通大夏,乃復事西南夷。

【注釋】

〔1〕語皆在《西域傳》:(張騫當時對漢武帝所説的)話都記載在《漢書·西域傳》(見《漢書》卷九十六)中。
〔2〕邛竹杖:邛峽産的竹子的手杖。邛峽的竹子高節、中間實心,堅固美觀可以作手杖。蜀布:蜀郡産的布,也稱蜀錦,名聞天下。安得此:從哪裏得到這些東西。
〔3〕市:動詞,買。身毒(yuān dú):印度的古譯名。
〔4〕可:大約。土著:古代遊牧民族定居某地後,不再遷徙的稱爲"土著"。卑溼(shī):地勢低濕。暑:熱。
〔5〕度:忖度,推測。
〔6〕少:稍微。北:名詞作動詞使用,偏向北面。得:得到,這裏是抓住的意思。
〔7〕徑:直。
〔8〕安息:西域國名,在今伊朗北境。屬:類。賂遺:贈送財物。設利:施之以利。朝:使……朝見、歸附、稱臣。
〔9〕得:能夠。屬:動詞的使動用法,使……歸附。之:指上述大宛等國。
〔10〕遠道的國家,言語不通,需經多次輾轉的翻譯,方能彼此相通。重:重疊。九:表示多數。
〔11〕致殊俗:使不同習俗的人到來。致,招引,使到來。徧:遍及,通"遍"。
〔12〕因:由。蜀:郡名,在今四川省成都市。犍爲:郡名,在今四川省宜賓市。間使:求間隙而行的使者。
〔13〕駹(máng):今四川茂縣。莋(zuó):今四川漢源縣東南。徙:在今四川天全縣東。邛:今四川省西昌市東南。僰(bó):在今四川南部和雲南東北部。上述幾個名稱都是當時西南夷的

國名。

〔14〕閉：被阻攔。氐：今甘肅省東南及陝西一部分。巂（xī）：四川省西昌地區。

〔15〕殺略：殺戮搶劫。

〔16〕滇越：古國名，即滇國，故地在今雲南東部滇池附近地區。一說滇國在今雲南大理市，那是雲南西部。間出物：私自運出貨物。

騫以校尉從大將軍擊匈奴，知水草處，軍得以不乏，乃封騫爲博望侯[1]。是歲，元朔六年也。後二年，騫爲衛尉，與李廣俱出右北平擊匈奴[2]。匈奴圍李將軍，軍失亡多，而騫後期，當斬，贖爲庶人[3]。是歲驃騎將軍破匈奴西邊[4]，殺數萬人，至祁連山。其秋，渾邪王率衆降漢，而金城、河西並南山至鹽澤[5]，空，無匈奴。匈奴時有候者到，而希矣[6]。後二年，漢擊走單于於幕北[7]。

【注釋】

〔1〕校尉：武官名，略次於將軍，掌管屯兵。大將軍：最高武官名，掌統兵征戰。指衛青。博望：今河南南陽市東北。

〔2〕衛尉：官名，掌管宮門衛屯兵，負責保衛宮城。右北平：漢郡名，今河北平泉市。

〔3〕後期：因行軍遲緩未按期到達。當：判罪。贖爲庶人：根據漢朝的法律，犯死罪的可以用錢贖罪免死，有爵位的可以削爵，免爲庶人，以此贖罪。

〔4〕驃騎將軍：武官名，地位僅次於大將軍，掌征伐。這裏指霍去病。

〔5〕渾邪：漢朝時匈奴西部的部落名，居住在今甘肅武威、張掖一帶。金城：郡名，今甘肅省蘭州市西北。河西：今甘肅省黃河以西祁連山峽谷地帶。南山：祁連山。鹽澤：又名蒲昌海，今新疆吐魯番西南的羅布泊。

〔6〕候者：偵察敵情的人。希：稀少。

〔7〕幕北：指大戈壁沙漠以北。幕，後來寫作"漠"。

天子數問騫大夏之屬。騫既失侯，因曰："臣居匈奴中，聞烏孫王號昆莫。昆莫父難兜靡本與大月氏俱在祁連、焞煌間，小國也[1]。大月氏攻殺難兜靡，奪其地，人民亡走匈奴。子昆莫新生，傅父布就翎侯抱亡[2]，置草中，爲求食，還，見狼乳之，又烏銜肉翔其旁，以爲神，遂持歸匈奴，單于愛養之[3]。及壯，以其父民衆與昆莫，使將兵，數有功。時，月氏已爲匈奴所破，西擊塞王[4]。塞王南走遠徙[5]，月氏居其地。昆莫既健，自請單于報父怨，遂西攻破大月氏。大月氏復西走，徙大夏地。昆莫略其衆，因留居，兵稍彊。會單于死，不肯復朝事匈奴[6]。匈奴遣兵擊之，不勝，益以爲神而遠之。今單于新困於漢，而昆莫地空[7]。蠻夷戀故地，又貪漢物，誠以此時厚賂烏孫，招以東居故地，漢遣公主爲夫人，結昆弟，其勢宜聽[8]，則是斷匈奴右臂也。既連烏孫，自其西大夏之屬皆可招來而爲外臣[9]。"天子以爲然，拜騫爲中郎將，將三百人，馬各二匹，牛羊以萬數，齎金幣帛直數千鉅萬[10]，多持節副使，道可便遣之旁國[11]。騫既至烏孫，致賜諭指，未能得其決[12]。語在《西域傳》[13]。騫即分遣副使使大宛、康居、月氏、大夏。烏孫發譯道送騫，與烏孫使數十人，馬數十匹，報謝，因令窺漢，知其廣大[14]。

【注釋】
〔1〕烏孫:西域國名。原居甘肅西北,被匈奴所迫,西遷新疆伊犁河東南源特克斯河畔。昆莫:烏孫王的號,名獵驕靡,生於漢文帝時期,死於漢武帝元封年間。
〔2〕傅父:古代負責保養教導貴族子女的老年男女。布就翖(xī)侯:傅父的官號。布就,烏孫的官名,表示翖侯中的職位分別,就好像漢族的將軍有左右分別一樣。翖侯,烏孫的官名,相當於漢朝的將軍。
〔3〕單(chán)于:匈奴的君主。
〔4〕塞:西域國名,在今新疆伊犁河流域。
〔5〕塞王南走遠徙:據《漢書·西域傳》載,塞王南遷到了罽賓(古西域國名,在今阿富汗喀布爾河下游及克什米爾一帶)。
〔6〕朝事:入朝侍奉。
〔7〕昆莫地空:昆莫父親時代,烏孫族本在祁連、敦煌一帶,後爲月氏所奪,月氏又被匈奴擊破,這一帶即爲匈奴所有。公元前121年,漢擊敗匈奴,匈奴降漢,這一帶爲漢所有。所以說昆莫地(指烏孫故地)空。
〔8〕估計會事事聽從漢朝的安排。
〔9〕外臣:古代士大夫對別國君主的稱呼。這裏指沒有正式的君臣關係,但臣服於漢朝。
〔10〕齎(jī):帶着。直:值。數千鉅萬:數千萬萬。
〔11〕任命很多持符節的副使。持節:拿着使節(憑證)。表示有代表國家的權力。道可便遣之旁國:大意是,如果道路可以通行,就派遣他的副使到附近的國家去。
〔12〕致賜:把漢武帝賞賜的東西交給烏孫王。諭指:把漢武帝的意旨告訴烏孫王。諭,告知。指,通"旨",意圖。未能得其決:沒能得到烏孫的決定(指是否東遷的決定)。
〔13〕語在《西域傳》:《漢書·西域傳》載,烏孫離匈奴近,長期以來都服從匈奴,又不知漢之大小,烏孫大臣都不願遷回祁連、敦煌間。
〔14〕與:介詞,和。報謝:報答謝恩。因:乘機會。

　　騫還,拜爲大行[1]。歲餘,騫卒。後歲餘,其所遣副使通大夏之屬者皆頗與其人俱來[2],於是西北國始通於漢矣。然騫鑿空[3],諸後使往者皆稱博望侯,以爲質於外國[4],外國由是信之。其後,烏孫竟與漢結婚[5]。

【注釋】
〔1〕大行:大行令,九卿之一,職掌外交及處理國內少數民族事務。
〔2〕張騫所派遣的出使大夏等國的那些副使,都有很多外國人跟他們一起回來。
〔3〕鑿空:鑿開孔道。指張騫開闢了通西域的道路。
〔4〕質:誠信。
〔5〕結婚:指通婚。

揚雄傳(節錄)

《漢書》

【説明】揚雄,字子雲,西漢蜀郡成都人,著名文學家、哲學家、語言學家。著有歷史上第一部方言專著《輶軒使者絶代語釋别國方言》。

　　揚雄字子雲,蜀郡成都人也。其先出自有周伯僑者,以支庶初食采於晉之揚,因氏焉,不知伯僑周何别也[1]。揚在河、汾之間[2],周衰而揚氏或稱侯,號曰揚侯。會晉六卿爭權,韓、魏、趙興而范、中行、知伯弊[3]。當是時,偪揚侯,揚侯逃於楚巫山[4],因家焉。楚漢之興也,揚氏遡江上,處巴江州[5]。而揚季官至廬江太守[6]。漢元鼎間避仇復遡江上,處岷山之陽曰郫,有田一廛,有宅一區[7],世世以農桑爲業。自季至雄,五世而傳一子,故雄亡它揚於蜀[8]。

【注釋】

〔1〕有周:周代。有,名詞詞頭,多用於朝代名、部族名之前。支庶:宗族旁出支派。采:采邑。氏:上古時代姓的分支,用以區别子孫的支派。這裏指以揚爲氏。别:支派。

〔2〕河:黄河。汾:汾水,黄河支流。

〔3〕春秋末年,晉由趙、韓、魏、知(zhī)、范、中行等六卿專權,晉國國君形同傀儡。公元前490年,趙氏擊敗范、中行氏,范、中行氏出奔。公元前458年,四家分范、中行地。公元前453年,趙聯合韓、魏滅知氏,分其地。公元前376年,趙、韓、魏三家分晉,晉亡。弊:衰落。

〔4〕偪:同"逼"。巫山:戰國時楚巫郡,治所在今重慶市巫山縣。

〔5〕遡:逆流而上。江:長江。江州:古縣名,原巴國國都,後爲巴郡治所,在今重慶市區。

〔6〕廬江:郡名,治所在舒(今安徽廬江西南)。

〔7〕元鼎:漢武帝年號,公元前116—前111年。岷山:岷山,在今四川省北部。陽:山的南面。郫:郫縣,今屬四川省成都市。廛:"廛",一家所居之地。區:地域,有一定界限的地方。

〔8〕雄亡它揚於蜀:揚雄這一支在蜀中没有其他支派。亡(wú),没有。

　　雄少而好學,不爲章句,訓詁通而已[1],博覽無所不見。爲人簡易佚蕩,口吃不能劇談,默而好深湛之思,清静亡爲,少耆欲,不汲汲於富貴,不戚戚於貧賤,不修廉隅以徼名當世[2]。家産不過十金,乏無儋石之儲,晏如也[3]。自有大度[4],非聖哲之書不好也;非其意,雖富貴不事也[5]。顧嘗好辭賦[6]。

【注釋】

〔1〕章句:漢代注家以分章析句方式來解說古書意義的一種著作體。訓詁:亦稱訓故、詁訓、故訓,解釋古書中詞句的意義。

〔2〕簡易:簡略輕忽,即爲人隨和,不拘禮節。佚(dié)蕩:一寫作"佚宕",舒緩,悠閒自在。劇談:流暢地談話。劇,迅速。深湛:深沉。湛,通"沉"。耆欲:即嗜欲,嗜好與欲望。耆:通"嗜"。汲汲:急切的樣子。戚戚:憂懼。廉隅:棱角,比喻人的行爲品性端正不阿。徼名:求名。徼,通"邀",求,求取。

〔3〕儋(dān)石:儋容一石,故稱儋石。儋,通"甔",一種陶製罌類容器。晏如:安然。

〔4〕大度:度量闊達,不拘小節。

〔5〕意:意願。事:做。

〔6〕顧:反而。

　　先是時,蜀有司馬相如,作賦甚弘麗温雅,雄心壯之,每作賦,常擬之以爲式[1]。又怪屈原文過相如,至不容[2],作《離騷》,自投江而死,悲其文,讀之未嘗不流涕也。以爲君子得時則大行,不得時則龍蛇,遇不遇命也,何必湛身哉[3]!乃作書,往往摭《離騷》文而反之,自崏山投諸江流以弔屈原[4],名曰《反離騷》;又旁《離騷》作重一篇[5],名曰《廣騷》;又旁《惜誦》以下至《懷沙》一卷[6],名曰《畔牢愁》。……

【注釋】

〔1〕弘麗:弘大華麗。擬:模仿。式:標準,模範。
〔2〕不容:不爲時人所容。
〔3〕得時:指得到適當的機遇。大行:指自己的政治理想能夠大行於世。龍蛇:《易》有"龍蛇之蟄,以存身也",後因以"龍蛇"喻隱退。湛身:指投水而死。湛,通"沈"。
〔4〕摭(zhí):拾取。諸:"之於"的合音字。江:指岷江,古代以岷江爲長江正源。弔:哀悼。
〔5〕旁(bàng):依,仿照。
〔6〕《惜誦》《懷沙》均是屈原所作《九章》中的篇名。

孝成帝時,客有薦雄文似相如者,上方郊祠甘泉泰畤、汾陰后土,以求繼嗣,召雄待詔承明之庭[1]。正月,從上甘泉,還奏《甘泉賦》以風[2]。……

【注釋】

〔1〕孝成帝:漢成帝劉驁。郊:古代皇帝每年冬至在南郊祭天。甘泉:甘泉宮,一名雲陽宮,故址在今陝西淳化縣西北甘泉山。泰畤(zhì,又音 shì):古天子祭天地五帝之處。汾陰:縣名,以在汾水之南而得名,屬河東郡,治所在今山西萬榮。漢武帝時於此得寶鼎。后土:土地神。承明:承明殿,在未央宮。
〔2〕上:皇上。風:通"諷",用含蓄的話暗示或勸告。

其三月,將祭后土,上乃帥群臣橫大河,湊汾陰[1]。既祭,行遊介山,回安邑,顧龍門,覽鹽池,登歷觀,陟西岳以望八荒,迹殷周之虛,眇然以思唐虞之風[2]。雄以爲臨川羡魚不如歸而結罔[3],還,上《河東賦》以勸。……

【注釋】

〔1〕橫:橫渡。大河:古指黃河。湊:趕,奔赴。
〔2〕介山:山名,在山西聞喜縣。安邑:縣名,今屬山西運城。顧:回望。龍門:山名,在今陝西韓城與山西河津之間,因在安邑以北偏西,故稱"顧龍門"。鹽池:解(xiè)池,在今山西運城境内,以其地出鹽池而名。歷觀:漢代樓觀名。顏師古注:"舜耕歷山,故云然。"陟:登上。西岳:華山。八荒:八方荒遠的地方。迹:追蹤。虛:墟,指故地。眇然:高遠貌。
〔3〕臨川羡魚:比喻祇空想而無行動。結罔:織網。罔,"網"。

其十二月羽獵[1],雄從。以爲昔在二帝三王,宮館臺榭沼池苑囿林麓藪澤財足以奉郊廟,御賓客,充庖厨而已,不奪百姓膏腴穀土桑柘之地[2]。女有餘布,男有餘粟,國家殷富,上下交足,故甘露零其庭,醴泉流其唐,鳳皇巢其樹,黃龍遊其沼,麒麟臻其囿,神爵棲其林[3]。昔者禹任益虞而上下和,屮木茂[4];成湯好田而天下用足;文王囿百里,民以爲尚小;齊宣王囿四十里,民以爲大:裕民之與奪民也[5]。武帝廣開上林,南至宜春、鼎胡、禦宿、昆吾,旁南山而西,至長楊、五柞,北繞黃山,濒渭而東,周袤數百里[6]。穿昆明池象滇、河,營建章、鳳闕、神明、馺娑,漸臺、泰液象海水周流方丈、瀛洲、蓬萊[7]。遊觀侈靡,窮妙極麗[8]。雖頗割其三垂以贍齊民,然至羽獵田車戎馬器械儲偫禁御所營,尚泰奢麗誇詡,非堯、舜、成湯、文王三驅之意也[9]。又恐後世復修前好,不折中以泉臺,故聊因《校獵賦》以風[10]。……

【注釋】

〔1〕羽獵:帝王狩獵,士卒負羽箭隨從,故稱羽獵。

〔2〕二帝:指堯、舜。三王:指夏禹、商湯、周文王和武王。臺榭:積土高起者爲臺,臺上所蓋之屋爲榭。後泛指高地所建供遊觀的建築物。苑囿:畜養禽獸的圈地。林麓:山林。藪:大澤。財:通"纔"。奉:供應。御:侍奉。充:供應。膏腴:土地肥沃。柘(zhè):樹名,葉可養蠶。

〔3〕零:落。醴泉:甘美的泉水。唐:宗廟門内的道路。巢:以……爲巢。臻:至。神爵:"神雀",鳳凰一類的神鳥。

〔4〕益:舜、禹時的人。虞:古時掌管山澤的官。上:指山上。下:指平地。中:草。

〔5〕田:田獵,打獵。齊宣王(?—前301):戰國時齊國的國君。裕:形容詞用作使動,使……富裕。

〔6〕上林:苑名。本爲秦舊苑,漢武帝擴建,周圍至三百里。宜春:縣名,屬汝南郡,在今河南省汝南縣西南。鼎胡:宮名,故址在今陝西藍田。禦宿:漢宮苑名,故址在今陝西西安市南。昆吾:山名。旁(bàng):依傍。南山:指終南山,屬秦嶺山脈,在今陝西西安市南。長楊、五柞:漢行宮名。黃山:又名黃麓山,在陝西興平市北。瀕:靠近。渭:渭水。周袤(mào):周長。

〔7〕昆明池:湖澤名。漢武帝欲通身毒,爲越嶲、昆明所阻,元狩三年於長安近郊仿昆明滇池挖地作昆明池,以習水戰。池周圍四十里,廣三百餘頃。建章、鳳闕、馺(sà)娑:均是宮殿的名稱。神明:臺名,在建章宮内,臺上立銅人,有承露盤。漸臺:臺名,在泰液池中。泰液:池名,漢武帝時建於建章宮北,又叫太液池,中起三山,象徵瀛洲、蓬萊、方丈三神山。故址在今陝西西安市西。方丈、瀛洲、蓬萊:傳説中的三座神山。

〔8〕遊觀(guàn):供遊樂的宮殿。侈靡:奢侈浪費。窮:極、盡。

〔9〕三垂:猶三邊。李善注:"三垂,謂西方、南方、東方。"贍:供給,供養。齊名:平民。儲偫:存儲。偫(zhì):儲備。禁禦:同"禁籞",禁苑周圍的藩籬,指禁苑。泰:太,過甚。誇詡:誇大。三驅:古代帝王田獵之制,田獵時須讓開一面,從三面驅趕獵物,以示好生之德。一説"三驅"是古射獵之等,一爲籩豆,二爲賓客,三爲充君之庖(見顔師古《漢書注》)。

〔10〕折中:調和,取其中正,無所偏頗。泉臺:臺名,春秋時魯莊公所築,後爲魯文公所毀。聊因:借助,憑藉。

明年,上將大誇胡人以多禽獸,秋,命右扶風發民入南山,西自褒、斜,東至弘農,南敺漢中,張羅罔置罘,捕熊羆豪豬虎豹狖玃狐菟麋鹿,載以檻車,輸長楊射熊館[1]。以罔爲周阹,縱禽獸其中[2],令胡人手搏之,自取其獲,上親臨觀焉。是時,農民不得收斂[3]。雄從至射熊館,還,上《長楊賦》,聊因筆墨之成文章,故藉翰林以爲主人,子墨爲客卿以風[4]。……

【注釋】

〔1〕誇胡人:向胡人誇耀。誇,誇耀。右扶風:漢郡名,治所在今陝西省西安市長安區以西。褒、斜:終南山兩個山谷名。弘農:漢縣名,弘農郡治。故城在今河南靈寶市北。毆:驅,驅趕。漢中:漢郡名,故治在今陝西省漢中市南鄭區。羅罔:"羅網",捕鳥的工具。罔,即"網"。罝罘(jū fú):泛指捕獸的網。罝,捕獸的網。罘,捕兔的網。羆(pí):獸名,又叫人熊。豪豬:獸名,也稱箭豬。狖(yòu):長尾猿猴。玃(jué):一種體型較大的猿猴。菟:通"兔"。麋鹿:獸名,俗稱四不像。檻(jiàn)車:裝猛獸(或囚禁犯人)的有柵欄的車。輸:運送。
〔2〕周阹(qū):圍禽獸的圈子。縱:放。
〔3〕收斂:收藏,指收穫農作物。
〔4〕藉:借,假借。翰林、子墨:都是《長楊賦》中的人名。

雄以爲賦者,將以風也,必推類而言,極麗靡之辭,閎侈鉅衍,競於使人不能加也,既乃歸之於正[1],然覽者已過矣。往時武帝好神仙,相如上《大人賦》,欲以風,帝反縹縹有陵雲之志[2]。繇是言之[3],賦勸而不止,明矣。又頗似俳優淳于髡、優孟之徒,非法度所存,賢人君子詩賦之正也,於是輟不復爲[4]。

【注釋】

〔1〕麗靡:華美。閎侈:文辭繁富。鉅:通"巨",大。衍:豐富。競:強,強勁。正:指宗旨。
〔2〕相如:司馬相如。縹縹:"飄飄",輕舉的樣子。陵雲:駕雲飛升。
〔3〕繇:通"由"。
〔4〕俳(pái)優:古代以樂舞作諧戲的藝人。俳,表演雜戲、滑稽戲的人。優,演戲的人。淳于髡、優孟:滑稽人物,事見《史記·滑稽列傳》。輟:停止。

雄見諸子各以其知舛馳,大氐詆訾聖人,即爲怪迂。析辯詭辭,以撓世事,雖小辯,終破大道而或衆[1],使溺於所聞而不自知其非也。及太史公記六國,歷楚漢,訖麟止,不與聖人同,是非頗謬於經[2]。故人時有問雄者,常用法應之,譔以爲十三卷[3],象《論語》,號曰《法言》。……

【注釋】

〔1〕舛(chuǎn):相違背。大氐:大抵。氐,通"抵"。詆訾(zǐ):詆毀。迂:迂遠。析辯詭辭:巧辯異辭。撓:擾亂。或:通"惑"。
〔2〕歷:經過,經歷。訖:止。麟止:指漢武帝至雍獲白麟,後鑄金幣爲麟止(趾)。《史記·太史公自序》:"於是卒述陶唐以來,至於麟止。"《史記》記事起於傳說中的黃帝,迄於漢武帝。謬:乖錯。
〔3〕法:禮法。後面的《法言》主要就是用儒家的禮儀批判先秦諸子及讖緯迷信,所以稱"法言"。譔(zhuàn):撰述。

贊曰:雄之自序云爾。初,雄年四十餘,自蜀來至遊京師,大司馬車騎將軍王音奇其文雅,召以爲門下史,薦雄待詔[1]。歲餘,奏《羽獵賦》,除爲郎,給事黃門,與王莽、劉歆並[2]。哀帝之初,又與董賢同官[3]。當成、哀、平間,莽、賢皆爲三公,權傾人主,所薦莫不拔擢[4],而雄三世不徙官。及莽篡位,談說之士用符命稱功德獲封爵者甚衆,雄復不侯,以耆老久次轉爲大夫,恬於勢利乃如是[5]。實好古而樂道,其意欲求文章成名於後世,以爲經莫大於《易》,故作《太玄》;傳莫大於《論語》,作《法言》;史篇莫善於《倉頡》[6],作《訓纂》;箴莫善於《虞箴》[7],作《州箴》;賦莫深於《離騷》,反而廣之;辭莫麗於相如,作四賦。皆斟酌其本,相與放依而馳騁云[8]。用心於內,不求於外,於時人皆曶之[9];唯劉歆及范逡敬焉,而桓譚以爲絕倫[10]。

【注釋】

[1] 贊:《漢書》中紀、傳後面的結尾,相當於一個總評。門下:門庭之下。待詔:漢代以才技徵召未有正官者,使之待詔。詔,皇帝詔書。

[2] 除:拜官授職。給事:供職。黃門:官署名。王莽(前45—23):新莽王朝建立者。王莽是漢元帝皇后之侄,平帝時爲大司馬,以外戚掌朝政,公元8年,改國號爲"新"。劉歆:劉向之子,繼承父業,整理六藝群書,編成《七略》,對經籍目錄學作出了很大的貢獻。曾任新政權的國師,後因參與謀殺王莽事件,事敗自殺。並:並列。

[3] 董賢:漢雲陽人,漢哀帝時因貌美、巧言而得寵倖,遷爲光祿大夫,封高安侯,官至大司馬衛將軍。後爲王莽所劾,畏罪自殺。

[4] 三公:西漢以大司馬、大司徒、大司空爲三公。拔擢:提升,提拔。

[5] 符命:敘述祥瑞徵兆爲帝王歌功頌德的文章。侯:封侯。耆老:年老。次:停留。轉:遷職。恬:安然。勢利:權勢與財利。

[6] 《倉頡》:《倉頡篇》,古字書名。

[7] 箴:文體名,以規誡爲主題。《虞箴》:周武王的太史辛甲命百官各爲箴辭,虞人因以田獵爲箴,後稱《虞箴》。

[8] 四賦:指揚雄所獻《甘泉賦》《河東賦》《羽獵賦》《長楊賦》。放依:仿效。

[9] 曶:同"忽",輕視。

[10] 桓譚(前23?—50):漢沛國相人,官至議郎。好音樂,善鼓琴,遍習五經,精天文,主張渾天說,著《新論》29篇。絕倫:不可類比。絕,無,沒有。倫,類,類別。

王莽時,劉歆、甄豐皆爲上公,莽既以符命自立,即位之後,欲絕其原以神前事,而豐子尋、歆子棻復獻之[1]。莽誅豐父子,投棻四裔,辭所連及,便收不請[2]。時雄校書天祿閣上,治獄使者來,欲收雄,雄恐不能自免,乃從閣上自投下,幾死[3]。莽聞之曰:"雄素不與事[4],何故在此?"間請問其故,乃劉棻嘗從雄學作奇字,雄不知情[5]。有詔勿問[6]。然京師爲之語曰:"惟寂寞,自投閣;爰清靜,作符命[7]。"

【注釋】

[1] 上公:漢制,太傅位在三公之上,稱上公。符命:古代謂天賜祥瑞與人君,以爲受命的憑証。王莽篡漢時假托漢高祖劉邦傳命以王莽爲真天子,以示其稱帝順應天意。欲絕其原:想要摒棄根除符命之說(王莽篡位後,當初利用符命幫助他登上帝位的甄豐等人不斷利用假造的符命爲自己撈取實際利益,讓王莽十分惱火而又無奈,因此不願再用符命)。棻:音 fēn。

[2] 四裔:東西南北四邊的荒野地區。裔,邊遠的地方。辭:言辭,指告發的言語。連及:牽連。收:拘捕。請:奏請。

[3] 校(jiào):校讎。天祿閣:漢宮中的藏書閣,在未央宮內,收藏各地所獻的秘書。幾:幾乎。

〔4〕素：平素，平常。與(yù)事：指參與世事。
〔5〕間：乘間，私下。奇字：漢王莽時有六體書，其一曰古文，其二曰奇字，古文指孔子壁中書，奇字即古文而異者。見許慎《說文解字·敘》。情：實情，指劉棻獻符命之事。
〔6〕問：審問。
〔7〕這是以揚雄《解嘲》中的話來譏諷他。

雄以病免，復召爲大夫。家素貧，耆酒，人希至其門。時有好事者載酒肴從遊學，而鉅鹿侯芭常從雄居[1]，受其《太玄》《法言》焉。劉歆亦嘗觀之，謂雄曰："空自苦！今學者有禄利，然尚不能明《易》，又如《玄》何？吾恐後人用覆醬瓿也[2]。"雄笑而不應。年七十一，天鳳五年卒，侯芭爲起墳，喪之三年[3]。

【注釋】
〔1〕耆：通"嗜"。希：少。鉅鹿：縣名，在今河北平鄉。
〔2〕空自：白白，徒勞。自：詞尾。瓿(bù)：古代盛醃醬之類的瓦器。
〔3〕天鳳：王莽年號，公元14—19年。喪：指服喪。

時大司空王邑、納言嚴尤聞雄死[1]，謂桓譚曰："子嘗稱揚雄書，豈能傳於後世乎？"譚曰："必傳。顧君與譚不及見也[2]。凡人賤近而貴遠，親見揚子雲禄位容貌不能動人，故輕其書。昔老聃著虛無之言兩篇[3]，薄仁義，非禮學，然後世好之者尚以爲過於《五經》，自漢文景之君及司馬遷皆有是言。今揚子之書文義至深，而論不詭於聖人，若使遭遇時君，更閱賢知，爲所稱善，則必度越諸子矣[4]。"諸儒或譏以爲雄非聖人而作經，猶春秋吳楚之君僭號稱王[5]，蓋誅絕之罪也。自雄之沒至今四十餘年，其《法言》大行，而《玄》終不顯，然篇籍具存[6]。

【注釋】
〔1〕納言：官名，掌出納王命。
〔2〕顧：祇不過，祇是。不及：來不及。
〔3〕指老子《道德經》，《道德經》分上、下二篇。
〔4〕詭：違背。時：應時，合時。更(gēng)：經過。度越：超過。
〔5〕僭(jiàn)號：超越本分的稱號。春秋吳、楚之君本爲諸侯，但自稱王，故稱"僭號"。
〔6〕篇籍：書籍。具：皆，全都。

華佗傳

范曄

【說明】《華佗傳》選自《後漢書·方術列傳》。這篇傳記生動地記述了古代傑出的醫學家華佗的生平事蹟和醫學上的卓越成就。華佗在治療内科、婦科、兒科疾病方面具有豐富的經驗。他首創麻醉術，精通針灸，創立"五禽戲"，提倡醫療體育，還培養了一批優秀學生。他熱愛人民，蔑視權貴，但在封建社會中最後卻慘遭殺身之禍。

華佗，字元化，沛國譙人也[1]，一名旉[2]。遊學徐土[3]，兼通數經[4]。曉養性之術，年且百歲而猶有壯容,時人以爲仙。沛相陳珪舉孝廉[5],太尉黃琬辟[6],皆不就。精於方藥,處劑不過數種。心識分銖,不假稱量[7]。針灸不過數處,裁七八九[8]。若疾發結於内,針藥所不能及者,乃令先以酒服麻沸散[9],既醉無所覺,因刳破腹背[10],抽割積聚。若在腸胃,則斷截湔洗,除去疾穢,既而縫合,傅以神膏[11],四五日創愈,一月之間皆平復。

【注釋】

〔1〕沛國:東漢諸侯國,在今安徽省宿州市西北一帶。譙(qiáo):今安徽省亳(bó)州市。
〔2〕勇:同"敷"。
〔3〕徐土:今江蘇省徐州市一帶。
〔4〕經:指《周易》《尚書》《詩經》《周禮》《春秋》等儒家經典著作。
〔5〕沛相:沛國行政長官。漢朝由中央直轄的行政區稱"郡",郡的長官叫太守。諸侯王的行政區稱"國"。諸侯國除諸侯王外,相是最高行政官,由中央政府委派。
〔6〕太尉:官名,漢代掌握全國軍權的最高官職。辟:徵召,任用。
〔7〕"心識……"二句:能辨别判定極細小的分量,(給病人抓藥時)不借助秤量。漢制十黍爲一銖,六銖爲一分,四分爲一兩,十六兩爲一斤。分銖,言分量細小。稱,同"秤"。
〔8〕裁七八九:指針灸時取穴不多。裁,通"纔"。七八九,《三國志》作"七八壯"。壯,量詞,艾絨灸灼一次叫一壯。
〔9〕麻沸散:華佗發明的麻醉劑。
〔10〕因:於是。刳(kū):剖開。
〔11〕傅:通"敷",塗。神膏:神奇靈驗的藥膏。

佗嘗行道,見有病咽塞者,因語之曰:"向來道隅有賣餅人[1],萍齏甚酸[2],可取三升飲之,病自當去。"即如佗言,立吐一蛇,乃懸於車而候佗。時佗小兒戲於門中,逆見[3],自相謂曰:"客車邊有物,必是逢我翁也。"及客進,顧視壁北,懸蛇以十數[4],乃知其奇。

【注釋】

〔1〕向來道隅(yú):剛纔經過的路旁。向,剛纔。
〔2〕萍齏:用萍(田字草)切碎製作的醃菜。
〔3〕逆見:迎見,對面看見。
〔4〕懸蛇以十數(shǔ):掛着形狀似蛇的寄生蟲要用十位來數,形容其多。數,計算。

又有一郡守篤病久,佗以爲盛怒則差[1],乃多受其貨而不加功[2]。無何棄去[3],又留書罵之。太守果大怒,命人追殺佗,不及,因瞋恚[4],吐黑血數升而愈。

【注釋】

〔1〕差:通"瘥",病愈。
〔2〕不加功:没有進一步給他治療。
〔3〕無何:不多時。棄去:離去,不告而别。
〔4〕瞋恚(chēn huì):怒目忿恨,憤怒。

又有疾者,詣佗求療[1]。佗曰:"君病根深,應當剖破腹,然君壽亦不過十年,病不能相殺也⁽²⁾。"病者不堪其苦,必欲除之。佗遂下療,應時愈,十年竟死。

【注釋】

〔1〕詣:往,到。
〔2〕相殺:傷害你。指疾病不會影響其壽命。相,這裏有代稱"你"的作用。

廣陵太守陳登忽患匈中煩懣⁽¹⁾,面赤不食。佗脉之曰:"府君胃中有蟲⁽²⁾,欲成內疽⁽³⁾,腥物所爲也。"即作湯二升,再服,須臾吐出三升許蟲⁽⁴⁾,頭赤而動,半身猶是生魚膾,所苦便愈。佗曰:"此病後三朞當發⁽⁵⁾,遇良醫可救也。"登至期疾動,時佗不在,遂死。

【注釋】

〔1〕廣陵:漢代郡名,今江蘇省揚州市。煩懣:煩悶。
〔2〕府君:漢代稱太守爲府君,這裏指陳登。
〔3〕內疽:指腸胃腫塊。
〔4〕許:表約數,左右。
〔5〕三朞(jī):三周年。朞,同"期"。

曹操聞而召佗,常在左右。操積苦頭風眩⁽¹⁾,佗針,隨手而差。

有李將軍者,妻病,呼佗視脉。佗曰:"傷身而胎不去⁽²⁾。"將軍言:"聞實傷身⁽³⁾,胎已去矣。"佗曰:"案脉,胎未去也。"將軍以爲不然。妻稍差,百餘日復動,更呼佗。佗曰:"脉理如前,是兩胎。先生者去血多⁽⁴⁾,故後兒不得出也。胎既已死,血脉不復歸,必燥著母脊⁽⁵⁾。"乃爲下針,並令進湯。婦因欲産而不通。佗曰:"死胎枯燥,勢不自生。"使人探之,果得死胎,人形可識,但其色已黑。

佗之絕技,皆此類也。

【注釋】

〔1〕積苦:久患。
〔2〕傷身:傷胎。身,身孕。
〔3〕聞實:近來確實。
〔4〕先生者:首先生下來的胎兒。
〔5〕燥著母脊:乾枯而緊附於母脊。

爲人性惡⁽¹⁾,難得意,且恥以醫見業。又去家思歸,乃就操求還取方⁽²⁾。因託妻疾,數期不反。操累書呼之,又勅郡縣發遣⁽³⁾。佗恃能厭事⁽⁴⁾,猶不肯至。操大怒,使人廉之⁽⁵⁾,知妻詐疾,乃收付獄訊,考驗首服⁽⁶⁾。荀彧請曰⁽⁷⁾:"佗方術實工⁽⁸⁾,人命所懸,宜加全宥。"操不從,竟殺之。佗臨死,出一卷書與獄吏曰:"此可以活人。"吏畏法不敢受,佗不强與,索火燒之。

【注釋】

〔1〕性惡:脾氣不好,性情壞。
〔2〕求還取方:要求回家拿方藥。
〔3〕勅:命令。
〔4〕恃能厭事:憑藉自己有本領,不願意侍候曹操。
〔5〕廉:察看。
〔6〕考驗:用刑逼供。首服:招供,服罪。
〔7〕荀彧(yù):三國時曹操的謀士。
〔8〕實工:確實高明。

初,軍吏李成苦欬,晝夜不寐。佗以爲腸癰,與散兩錢服之,即吐二升濃血[1],於此漸愈。乃戒之曰:"後十八歲,疾當發動,若不得此藥,不可差也。"復分散與之。後五六歲,有里人如成先病,請藥甚急。成愍而與之,乃故往譙[2],更從佗求,適值見收[3],意不忍言。後十八年,成病發,無藥而死。

【注釋】

〔1〕濃:通"膿"。
〔2〕故:特地。
〔3〕適值見收:恰巧碰上華佗被拘捕。

廣陵吳普、彭城樊阿皆從佗學[1]。普依準佗療,多所全濟[2]。佗語普曰:"人體欲得勞動,但不當使極耳。動搖則穀氣得銷,血脉流通,病不得生。譬如戶樞[3],終不朽也。是以古之仙者[4],爲導引之事[5],熊經鴟顧[6],引挽腰體,動諸關節,以求難老。吾有一術,名五禽之戲[7]:一曰虎,二曰鹿,三曰熊,四曰猨,五曰鳥。亦以除疾,兼利蹏足,以當導引。體有不快,起作一禽之戲,怡而汗出,因以著粉,身體輕便而欲食。"普施行之,年九十餘,耳目聰明,齒牙完堅。

【注釋】

〔1〕彭城:漢代郡名,今江蘇省徐州市銅山區一帶。
〔2〕濟:成功。
〔3〕樞:門的轉軸。
〔4〕古之仙者:古代長壽的人。
〔5〕導引:一種使四肢關節得到運動,流通氣血,保持身體健康的鍛煉方法。
〔6〕熊經鴟(chī)顧:模仿熊直立和鴟鳥左顧右盼的運動。鴟,鷂鷹。
〔7〕五禽之戲:指模仿五種禽獸活動姿態,運動頭身四肢,以鍛煉身體,防治疾病的方法。古代鳥獸通稱禽。

阿善針術。凡醫咸言背及匃藏之間不可妄針,針之不可過四分。而阿針背入一二寸,巨闕匃藏乃五六寸[1],而病皆瘳[2]。阿從佗求方可服食益於人者,佗授以漆葉青黏散[3]:漆葉屑一斗,青黏十四兩,以是爲率[4]。言:"久服去三蟲[5],利五藏,輕體,使人頭不白。"阿從其言,壽百餘歲。漆葉處所而有[6],青黏生於豐、沛、彭城及朝歌閒[7]。

【注釋】

〔1〕巨闕:穴位名,在臍上六寸。
〔2〕瘳(chōu):病愈。
〔3〕漆葉青黏(nián)散:藥方名。漆葉,漆樹葉,能殺蟲,治虛勞。青黏,黃精的別名,又稱黃芝,益精氣,補脾滋腎潤肺。
〔4〕率(lǜ):比率。
〔5〕三蟲:泛指人體內的多種寄生蟲。
〔6〕處所而有:到處都有。
〔7〕豐、沛、彭城:今江蘇省徐州市一帶。朝歌:今河南省淇縣。

陳情表

李 密

【說明】本篇選自《昭明文選》,是李密以奉養祖母為由,不肯應召就官而上奏的表章,是中國古代散文的名篇。全文抓住"聖朝以孝治天下"的主張,在自己不得不盡孝的選擇上大做文章,情意誠摯真切,令人感受到作者心中的殷殷之情,使人不能不同情作者的處境,也難以否定作者的選擇。文章前兩段側重在敘事之中動之以情,後兩段側重在陳情之中喻之以義,條理清晰,結構嚴密。文筆委婉簡約,語言駢散結合,生動形象而富感染力,讀來朗朗上口。

臣密言:臣以險釁,夙遭閔凶[1]。生孩六月,慈父見背[2];行年四歲,舅奪母志[3]。祖母劉愍臣孤弱,躬親撫養[4]。臣少多疾病,九歲不行;零丁孤苦,至於成立[5]。既無伯叔,終鮮兄弟[6],門衰祚薄,晚有兒息[7]。外無期功強近之親,內無應門五尺之僮[8],煢煢獨立,形影相弔[9]。而劉夙嬰疾病,常在牀蓐[10]。臣侍湯藥,未曾廢離[11]。

【注釋】

〔1〕險釁:指所走的道路坎坷,罪孽深重。險,坎坷。釁(xìn),罪過。夙:早,這裏指幼年。閔:憂患,後寫作"憫"。凶:不幸之事。
〔2〕生孩六月:出生六個月剛剛會笑的時候。孩,小兒笑的聲音。見背:拋棄我。是死的委婉表達。見,這裏相當於"我"。背,背棄。
〔3〕奪母志:強行改變了母親守節的願望。指母親改嫁。
〔4〕愍(mǐn):憐憫。孤:失去父母。弱:年幼,弱小。
〔5〕不行:不會走路。成立:成人自立。
〔6〕鮮(xiǎn):少。這裏指沒有。
〔7〕門衰:門庭衰落。祚(zuò):福。息:子女。
〔8〕期功:古喪服名。期,服喪一年。功,大功服喪九個月,小功服喪五個月。古代以親屬關係的遠近來確定居喪的服飾和期限。強近:勉強接近。僮:童子。
〔9〕煢煢(qióng qióng):孤單的樣子。獨立:孤立。弔:慰問。
〔10〕嬰:纏繞。蓐:草席,草墊子,這裏指褥子。
〔11〕廢離:停止(服侍),離開。

逮奉聖朝[1]，沐浴清化[2]。前太守臣逵[3]，察臣孝廉[4]，後刺史臣榮[5]，舉臣秀才[6]。臣以供養無主[7]，辭不赴命。詔書特下，拜臣郎中；尋蒙國恩[8]，除臣洗馬[9]。猥以微賤[10]，當侍東宮[11]，非臣隕首所能上報[12]。臣具以表聞[13]，辭不就職。詔書切峻[14]，責臣逋慢[15]；郡縣逼迫，催臣上道；州司臨門[16]，急於星火[17]。臣欲奉詔奔馳，則劉病日篤[18]；欲苟順私情，則告訴不許[19]。臣之進退，實爲狼狽[20]。

【注釋】

〔1〕逮：等到。聖朝：指晉朝，這是對當時朝廷的敬詞。

〔2〕這句話的大意是：沉浸在清明的教化之中。沐浴：比喻浸潤在祥和的環境氛圍中，如同說遇到。清化：清明的教化。

〔3〕太守：官名，隋唐時縣以上行政單位是郡（或稱州），郡的行政長官叫太守。逵：郡太守的名。

〔4〕察：察舉，考察並推舉。孝廉：指孝敬父母、品行賢良的人。漢武帝開始詔令各郡每年推舉孝、廉各一人，魏晉時仍循漢制，由地方察舉孝廉。

〔5〕刺史：官名。負責州的監察、軍事以及行政的長官叫刺史。榮：益州刺史的名。

〔6〕秀才：由地方推舉的人才。漢武帝開始令州每年推舉秀才一人。東漢因避光武帝劉秀的名諱，曾改稱茂才。三國魏後復稱秀才。晉時尤重此科。這與後代經考試入選的秀才不同。

〔7〕無主：沒有主持的人，等於說沒有人管。主，主持，這裏指主持的人。

〔8〕尋：旋即，不久。

〔9〕除：任命，授職。洗(xiǎn)馬：官名，太子的屬官，掌管圖籍、講經等，太子出行則爲先導。

〔10〕猥：鄙，謙詞。

〔11〕當：擔當，擔任。東宮：指太子，因爲太子居住在東宮。

〔12〕隕首：掉腦袋，指死的意思。隕，墜落。

〔13〕表聞：寫奏章報告皇上。

〔14〕切峻：急切嚴厲。

〔15〕逋(bū)慢：指故意逃避，怠慢命令。逋，逃避。

〔16〕州司：州裏的官吏。

〔17〕星火：指流星墜落時發出的光。比喻急迫。

〔18〕篤：重。这里指病情重。

〔19〕告訴：報告，申訴。不許：不被答應。許，許可。

〔20〕狼狽：形容進退兩難的處境。困頓窘迫。

伏惟聖朝以孝治天下[1]，凡在故老[2]，猶蒙矜育[3]，況臣孤苦，特爲尤甚。且臣少仕僞朝[4]，歷職郎署[5]，本圖宦達[6]，不矜名節[7]。今臣亡國賤俘，至微至陋，過蒙拔擢[8]，寵命優渥[9]，豈敢盤桓[10]，有所希冀。但以劉日薄西山[11]，氣息奄奄[12]，人命危淺[13]，朝不慮夕。臣無祖母，無以至今日；祖母無臣，無以終餘年。母孫二人，更相爲命[14]，是以區區不能廢遠[15]。

【注釋】

〔1〕伏惟：伏在地上想，敬詞。

〔2〕故老：遺老，指舊臣。又一說：指年高而有德的人。

〔3〕矜育：憐憫撫育。矜，憐憫，同情。
〔4〕偽朝：指蜀漢。
〔5〕李密仕蜀漢，初在尚書臺任職郎中，後由郎中升遷尚書郎，所以稱歷職郎署。郎署，指尚書臺。
〔6〕宦達：做官顯達。
〔7〕矜：自負，自誇。
〔8〕過：過度，過分。拔擢：提拔，提升。
〔9〕寵命：恩命，指授太子洗馬之事。優渥：優厚。
〔10〕盤桓：逗留不前的樣子。這裏指故意不肯應詔做官。
〔11〕薄：迫近。
〔12〕奄奄（yǎn yǎn）：氣息微弱將斷的樣子。
〔13〕危淺：危急不久，指活不長了。淺，短，（時間）不長。
〔14〕更相為命：意思是說，輪流更替着維持對方的生命，即相依為命。更，交替。
〔15〕區區：等於說區區之心，指供養祖母的私衷。廢遠：棄置不顧對祖母的奉養而遠離。

臣密今年四十有四，祖母今年九十有六，是臣盡節於陛下之日長，報養劉之日短也。烏鳥私情〔1〕，願乞終養。臣之辛苦〔2〕，非獨蜀之人士及二州牧伯所見明知〔3〕，皇天后土〔4〕，實所共鑒〔5〕。願陛下矜愍愚誠〔6〕，聽臣微志。庶劉僥倖保卒餘年，臣生當隕首，死當結草〔7〕。臣不勝犬馬怖懼之情，謹拜表以聞〔8〕。

【注釋】
〔1〕烏鴉反哺之情。烏鳥：烏鴉。據說烏鴉是孝鳥，有反哺其親的習性，人們常以比喻人的孝道。
〔2〕辛苦：辛酸苦難。
〔3〕二州：指梁州和益州。牧伯：原本指州牧、方伯，這裏指州的長官，即上文所說的刺史榮、太守逵。所見明知：所看見的、清清楚楚知道的。明，明明白白。
〔4〕皇天后土：指天地神靈。
〔5〕鑒：察，見。
〔6〕愚誠：對別人說自己誠意的謙詞。
〔7〕結草：指報恩。《左傳·宣公十五年》載，晉國魏武子有個寵妾，沒有孩子。武子病了，吩咐他兒子魏顆說：“我死之後，一定要把她嫁出去。”武子病重後，又說死後要寵妾殉葬。武子死後，魏顆認為人病重了思維就昏亂，應該遵從父親神志清醒時的話，就把她嫁出去了。後來魏顆與秦國交戰，看見一個老人把草打成結，把秦國的大力士杜回絆倒在地。於是俘獲了杜回。夜裏夢見老人托夢自稱是魏顆嫁出去的寵妾的父親，是特意來報答不殺其女之恩的。所以，後代就以“結草”表示死後報恩。
〔8〕不勝：不堪，承受不了。謹：敬詞。拜表：上表。聞：使動用法，使……知曉。

答李翊書

韓愈

【説明】本文選自《韓昌黎文集》。韓愈寫給李翊的這封回信,是一篇具有代表性的文論。在信中,韓愈總結了自己學習古文和從事寫作的經驗,闡述了在創作中的諸多重要見解。其一,他主張"氣盛言宜",強調學習古文必須從道德修養入手,文章的形式要服從於内容。其二,他提出"惟陳言之務去"的主張,強調創造融通語言與思想實際的新文學語言。這正是韓愈古文理論的兩個方面:前者是韓愈的文學創作觀,主張文道兼備而以道爲主;後者是韓愈的文體改革論,力求創造一種融化古人語言材料而又適合反映現實、表達思想的新文學語言。這種主張對於古文運動的發展,對於反對六朝以來的形式主義的綺靡文風,是具有重要作用的。

六月二十六日,愈白[1]。李生足下[2]:生之書辭甚高,而其問何下而恭也[3]。能如是,誰不欲告生以其道[4]?道德之歸也有日矣[5],況其外之文乎[6]?抑愈所謂望孔子之門牆而不入於其宮者[7],焉足以知是且非邪[8]?雖然,不可不爲生言之。

【注釋】

〔1〕六月二十六日:指唐德宗貞元十七年(801)六月二十六日。白:禀告,陳述。古時書信開頭的習慣用語。
〔2〕李生:李翊(yì),中唐時人,唐德宗貞元十八年(802)中進士。生,前輩對年輕讀書人的稱呼。
〔3〕其問:指李翊來信中向韓愈請教問題的態度。下:謙下。
〔4〕其道:指"文以明道"之道,即儒家的仁義之道。
〔5〕歸:回歸,返回,指重新被重視、被倡導。有日:有日可待,即時間不長了。
〔6〕其外之文:道德外在表現形式的文章。其,指道德。文,文章。
〔7〕抑:連詞,表示輕微轉折。相當於現代漢語的"不過""可是"。望孔子之門牆而不入於其宮:語出《論語·子張》,"譬之宮牆……夫子之牆數仞,不得其門而入,不見宗廟之美,百官之富"。宮,室,房舍。韓愈用此典故,是自謙之辭,是説自己的造詣還很不深,祇能在門外望,還未達到"登堂入室"的境界。
〔8〕且:連詞,還是,或。

生所謂立言者,是也[1];生所爲者與所期者[2],甚似而幾矣[3]。抑不知生之志,蘄勝於人而取於人邪[4]?將蘄至於古之立言者邪?蘄勝於人而取於人,則固勝於人而可取於人矣;將蘄至於古之立言者,則無望其速成[5],無誘於勢利,養其根而竢其實[6],加其膏而希其光[7]。根之茂者其實遂[8],膏之沃者其光曄[9]。仁義之人,其言藹如也[10]。

【注釋】

〔1〕你説的"立言"這句話,是正確的。立言:著書立説,流傳後代。《左傳·襄公二十四年》:"太上有立德,其次有立功,其次有立言,雖久不廢,此之謂不朽。"

〔2〕所爲者:所做的事情,指寫的文章。所期者:所期望達到的,指立言。
〔3〕幾:近,接近。
〔4〕蘄(qí):通"祈",求。勝於人:勝過人。取於人:被人取用,即被人學習傚法。
〔5〕無:通"毋",不要。下文"無誘於勢利"之"無",同此。
〔6〕竢:通"俟",等待。實:果實。這裏以種植爲喻,説明根基的重要。
〔7〕膏:脂肪,油脂。古人用來點燈。光:光亮。這裏以點燈爲喻,以"膏"喻道,以"光"喻言。
〔8〕遂:成,指順利地成熟。
〔9〕沃:肥美,這裏指油脂多而好。曄(yè):光明燦爛。
〔10〕藹如:和順可親的樣子。

抑又有難者。愈之所爲,不自知其至猶未也[1]。雖然,學之二十餘年矣。始者,非三代兩漢之書不敢觀[2],非聖人之志不敢存[3]。處若忘[4],行若遺[5],儼乎其若思[6],茫乎其若迷[7],當其取於心而注於手也[8],惟陳言之務去[9],戛戛乎其難哉[10]!其觀於人[11],不知其非笑之爲非笑也[12]。如是者亦有年,猶不改[13]。然後識古書之正僞[14],與雖正而不至焉者[15],昭昭然白黑分矣[16],而務去之[17],乃徐有得也。當其取於心而注於手也,汩汩然來矣[18]。其觀於人也,笑之則以爲喜[19],譽之則以爲憂[20],以其猶有人之説者存也[21]。如是者亦有年,然後浩乎其沛然矣[22]。吾又懼其雜也,迎而距之[23],平心而察之,其皆醇也[24],然後肆焉[25]。雖然,不可以不養也[26],行之乎仁義之途,游之乎《詩》《書》之源[27]。無迷其途,無絶其源,終吾身而已矣。

【注釋】

〔1〕猶:還是。
〔2〕三代:指夏、商、周。
〔3〕聖人之志:指孔孟之道,儒家的思想。
〔4〕處若忘:閒待着的時候像是忘掉了什麼。處,居住。
〔5〕行若遺:行走的時候好像丢失了什麼。
〔6〕儼乎:儼然,莊重的樣子。
〔7〕茫乎:等於説"茫茫然",不清晰的樣子。迷:迷惑,昏迷。
〔8〕大意是:當自己把心中思考的寫出來的時候。注:灌注。
〔9〕惟:語氣詞。陳言:陳腐的言辭,這裏是前置賓語。之:複指前置賓語。
〔10〕戛戛(jiá jiá)乎:非常吃力的樣子。
〔11〕其觀於人:指文章被人閲讀。
〔12〕非:非難,指責。笑:譏笑。
〔13〕猶不改:還是不改變自己學習古文的方法和對别人非難譏笑所持的態度。
〔14〕正僞:指古書中所載之道的是非真假。正,指符合"聖人之志",即符合儒家思想。僞,指不符合"聖人之志",背離儒家思想。這裏指以儒家標準衡量文章的好壞。
〔15〕不至:没有達到完美的境界。
〔16〕昭昭然:清楚明晰的樣子。
〔17〕之:代詞,指"古書之正僞,與雖正而不至焉者"。
〔18〕汩汩(gǔ gǔ)然:水急流的樣子。這裏用來比喻文思敏捷,有如泉涌。

〔19〕譏笑我的文章就因此高興。之:指自己寫的文章。
〔20〕稱贊我的文章就因此憂慮。
〔21〕大意是:因爲文章中還有當時人的見解存在。
〔22〕浩乎:水勢浩大的樣子。沛然:水勢洶湧的樣子。"浩乎""沛然"都是用水勢浩大比喻思路開闊,文筆奔放。
〔23〕迎着洶湧而來的文思阻擋它。距:通"拒",阻止。
〔24〕醇:精純不雜,指思想純正。
〔25〕肆:放縱,這裏指放手去寫。
〔26〕養:修養,指繼續學習充實自己。
〔27〕詩書:本指《詩經》《尚書》,這裏泛指儒家經典著作。

　　氣[1],水也;言,浮物也。水大而物之浮者大小畢浮。氣之與言猶是也,氣盛則言之短長與聲之高下者皆宜[2]。雖如是,其敢自謂幾於成乎[3]?雖幾於成,其用於人也,奚取焉[4]?雖然,待用於人者,其肖於器邪[5]?用與舍屬諸人[6]。君子則不然。處心有道[7],行己有方[8],用則施諸人[9],舍則傳諸其徒[10],垂諸文而爲後世法[11]。如是者,其亦足樂乎[12]?其無足樂也?

【注釋】
〔1〕氣:指作家的思想修養。
〔2〕意思是:作家思想修養强盛,文章語句的長短、聲調的抑揚就會都恰當。
〔3〕幾於成:接近於成功。
〔4〕(人家)從中吸取什麼呢?焉:代詞,於之。
〔5〕大概就像器物吧?其:語氣詞。肖:像。
〔6〕用與不用都取決於別人。屬:歸屬,這裏是取決的意思。
〔7〕大意是:使自己的思想不離開仁義之道。處心:支配自己的思想。處,安排。心,思想。
〔8〕大意是:讓自己的行爲有正確的方向(符合仁義之道的原則)。方:準則,原則。
〔9〕諸:合音詞,相當於"之於"。之,指代自己的道德學問。下同。
〔10〕其徒:自己的弟子。
〔11〕垂:流傳下去。法:做法。
〔12〕其:語氣詞。

　　有志乎古者希矣[1],志乎古必遺乎今[2],吾誠樂而悲之[3]。亟稱其人[4],所以勸之,非敢褒其可褒而貶其可貶也。問於愈者多矣,念生之言不志乎利,聊相爲言之[5]。愈白。

【注釋】
〔1〕希:稀少,後來寫作"稀"。
〔2〕遺乎今:被今人所遺棄。遺,棄。
〔3〕樂而悲之:爲有志於古的人高興,又爲他們悲憤。之,指有志於古的人。
〔4〕屢次稱贊那些有志於古的人。
〔5〕聊:姑且。相爲:爲你。相,指代性副詞。之:指復信中所講的道理。

賈誼論[1]

蘇軾

【説明】這是宋仁宗嘉祐六年(1061)作者的應詔之作,是一篇史論。作者認爲賈誼的悲劇在於"不能自用其才"。指出賈誼"志大而量小,才有餘而識不足",由於他不能"默默以待其變",終至夭絶。文中大量引用歷史,層層論證,自成一家之言。

非才之難,所以自用者實難[2]。惜乎賈生,王者之佐,而不能自用其才也。夫君子之所取者遠,則必有所待;所就者大,則必有所忍。古之賢人,皆負可致之才[3],而卒不能行其萬一者,未必皆其時君之罪,或者其自取也。愚觀賈生之論,如其所言,雖三代何以遠過?得君如漢文[4],猶且以不用死,然則是天下無堯舜,終不可有所爲耶?

【注釋】

〔1〕賈誼(前201—前169):洛陽人,曾提出一系列改革時政的主張,遭到大臣們的打擊和誣陷,貶謫爲長沙王太傅。後遷梁懷王太傅,梁懷王墮馬而死,賈誼乃過度憂傷而亡。
〔2〕"非才……"句:有才並不難,難在怎樣適當地發揮自己的才能。
〔3〕可致之才:能够盡情發揮的才能。致,盡,極。
〔4〕漢文:漢文帝劉恒(前202—前157)。在位時執行"與民休息"的政策,提倡農耕,減輕地税和刑獄,使生產得以發展,政治得到穩定。歷史上把他與其子景帝兩代並稱爲"文景之治"。

仲尼聖人,歷試於天下[1]。苟非大無道之國,皆欲勉强扶持,庶幾一日得行其道。將之荆,先之以子夏,申之以冉有[2]。君子之欲得其君,如此其勤也。孟子去齊,三宿而後出晝[3],猶曰:"王其庶幾召我[4]。"君子之不忍棄其君,如此其厚也。公孫丑問曰:"夫子何爲不豫[5]?"孟子曰:"方今天下,舍我其誰哉,而吾何爲不豫[6]?"君子之愛其身,如此其至也。夫如此而不用,然後知天下果不足與有爲,而可以無憾矣。

【注釋】

〔1〕孔子在魯國没能實行自己的政治主張,先後到齊、陳、蔡、衛等國,到處碰壁。
〔2〕荆:楚國的别稱。申:重(chóng)。《禮記·檀弓上》:"昔者夫子失魯司寇,將之荆,蓋先之以子夏,又申之以冉有。"
〔3〕三宿:歇宿三夜。晝:齊地名,在今山東省淄博市臨淄區西北。
〔4〕"王其……"句:事見《孟子·公孫丑下》。
〔5〕豫:快樂。
〔6〕"方今……"句:事見《孟子·公孫丑下》。據《孟子》,問"夫子何爲不豫"者,是充虞而不是公孫丑。

若賈生者,非漢文之不能用生,生之不能用漢文也。夫絳侯親握天子璽而授之文帝[1],灌嬰連兵數十萬[2],以決劉呂之雌雄,又皆高帝之舊將,此其君臣相得之分,豈特父子骨肉手足哉!賈生洛陽之少年,欲使其一朝之間,盡棄其舊,而謀其新,亦已難矣。爲賈生者,上得其君,下得其大臣,如絳、灌之屬,優游浸漬而深交之[3]。使天子不疑,大臣不忌,然後舉天下而唯吾之所欲爲,不過十年,可以得志,安有立談之間而遽爲人痛哭哉〔4〕!觀其過湘,爲賦以弔屈原,縈紆鬱悶〔5〕,趯然有遠舉之志〔6〕,其後卒以自傷哭泣,至於夭絕,是亦不善處窮者也。夫謀之一不見用,則安知終不復用也?不知默默以待其變,而自殘至此。嗚呼!賈生志大而量小,才有餘而識不足也。

【注釋】

〔1〕絳侯:周勃,佐漢高祖劉邦定天下,以功大封絳侯。呂后死後,與陳平等平諸呂之亂,奉天子璽授代王,尊立爲天子,是爲文帝。文帝時周勃爲右丞相,後又免相。

〔2〕灌嬰:從漢高祖平天下有戰功,封潁陰侯。呂后死後,諸呂派灌嬰率兵擊齊,灌嬰反與齊連兵平諸呂。文帝時先後任太尉、丞相。

〔3〕優游:曲意相從。浸漬:互相親附。

〔4〕"安有……"句:賈誼上文帝《治安策》:"臣竊惟事勢,可爲痛哭者一,可爲流涕者二,可爲長太息者六。"

〔5〕縈紆(yíng yū):指愁思纏繞。

〔6〕趯(tì)然:飄然遠引貌。遠舉之志:向高處遠逝的想法。《弔屈原賦》云:"歷九州而相其君兮,何必懷此都也?鳳皇翔於千仞兮,覽德輝而下之。見細德之險徵兮,遙增擊而去之。"這幾句詩寄託着作者自身要遠離細德之君的心情。蘇軾言其"趯然有遠舉之志",大概指此。

　　古之人有高世之才,必有遺俗之累〔1〕,是故非聰明睿智不惑之主,則不能全其用。古今稱苻堅得王猛於草茅之中〔2〕,一朝盡斥去其舊臣,而與之謀。彼其匹夫,略有天下之半,其以此哉?愚深悲賈生之志,故備論之,亦使人君得如賈生之臣,則知其有狷介之操〔3〕,一不見用,則憂傷病沮〔4〕,不能復振。而爲賈生者,亦謹其所發哉。

【注釋】

〔1〕遺俗:爲世人所不容。

〔2〕苻堅(338—385):十六國時期的前秦皇帝。王猛(325—375):前秦的大臣。出身貧寒,史書稱其以鬻畚爲業。後受到苻堅的重用,累遷至司徒,錄尚書事,後又拜丞相、中書監、尚書令、太子太傅、司隸校尉,對整肅政治、發展生產、加強中央集權起了很大的作用。苻堅常比之爲諸葛亮,始終信任不疑。草茅之中:言其出身貧賤。

〔3〕狷(juàn)介:有操守,不願隨俗。

〔4〕病沮(jǔ):愁苦沮喪。

第四單元　唐詩宋詞選

春江花月夜

張若虛

【說明】張若虛,生卒年、字號均不詳,唐揚州人,曾任兗州兵曹。中宗神龍(705—707)年間,張若虛與賀知章、張旭、包融並稱"吳中四士",以文詞俊秀馳名於京師。他的詩僅存二首於《全唐詩》中,而"《春江花月夜》用《西洲》格調,孤篇橫絕,竟爲大家"(見陳兆奎輯《王誌》卷二。王,指清末王闓運)。

這首七言古詩沿用陳隋樂府舊題,憑藉清新優美的語言和婉轉悠揚的韻律,生動細膩地描繪了春江花月夜的幽美景色,並由此生發出對宇宙無窮、人生短暫的思索和對遊子、思婦在明月今宵裏天各一方的惋惜。詩中雖有美景常在而人生不再、明月長圓而人情難圓的傷感,但也蘊含着對重逢的美好企盼,並引起"人生代代無窮已"的富有哲理意味的感慨。作者以明月初升到墜落的過程爲綫索,使整首詩顯得渾然一體。聞一多先生稱這首膾炙人口的千古名作爲"詩中的詩,頂峰上的頂峰"。

　　春江潮水連海平,海上明月共潮生。
　　灔灔隨波千萬里[1],何處春江無月明!
　　江流宛轉繞芳甸,月照花林皆似霰[2];
　　空裏流霜不覺飛,汀上白沙看不見[3]。
　　江天一色無纖塵,皎皎空中孤月輪。
　　江畔何人初見月?江月何年初照人?
　　人生代代無窮已,江月年年祇相似;
　　不知江月待何人,但見長江送流水。
　　白雲一片去悠悠,青楓浦上不勝愁[4]。
　　誰家今夜扁舟子?何處相思明月樓[5]?
　　可憐樓上月徘徊,應照離人妝鏡臺。
　　玉户簾中捲不去,擣衣砧上拂還來[6]。
　　此時相望不相聞,願逐月華流照君[7]。
　　鴻雁長飛光不度,魚龍潛躍水成文[8]。
　　昨夜閒潭夢落花,可憐春半不還家[9]。
　　江水流春去欲盡,江潭落月復西斜。
　　斜月沉沉藏海霧,碣石瀟湘無限路[10]。

不知乘月幾人歸,落月搖情滿江樹[11]。

【注釋】

〔1〕灩灩:微波蕩漾的樣子,這裏指月光隨波蕩漾。

〔2〕芳甸:花草叢生的原野。霰(xiàn):細密的雪珠。

〔3〕"空裏"句:月光皎潔柔和如流霜在空中飛泄。汀,水中或水邊平地,這裏指江畔沙灘。

〔4〕白雲:喻指遊子。青楓浦:一名雙楓浦,故址在今湖南瀏陽境內。浦,本指大江、大河與其支流的交匯處,因而古人常用來指離別的場所。

〔5〕"誰家"二句:月夜之中,許多遊子舟行江上,在外漂泊;許多思婦佇立樓頭,思念丈夫。"誰家""何處"為互文。

〔6〕玉戶:思婦居室。捲不去、拂還來:這裏指月光引起思婦煩惱,卻趕不走。

〔7〕逐:追隨。月華:月光。

〔8〕"鴻雁"二句:鴻雁遠飛,飛不出無邊的月光,飛也徒勞;鯉魚躍動,祇激起陣陣的波紋,躍也無用。這兩句指遊子、思婦彼此之間難通音信。鴻雁,這裏指信使。《蘇武傳》"昭帝即位數年"一節記有鴻雁傳遞書信之事。魚龍,鯉魚。漢樂府詩《飲馬長城窟行》有"呼兒烹鯉魚,中有尺素書"句。

〔9〕"昨夜"句:意謂春天將盡,暗喻美人遲暮之感。閒潭,幽靜的潭水。可憐:可惜。

〔10〕碣石:山名,在今河北樂亭西南。瀟湘:水名,瀟水和湘水在今湖南。這裏以"碣石""瀟湘"表示一南一北,相距遙遠。

〔11〕"落月"句:落月的餘輝灑落在江邊樹林中,水中的樹影和著離人的情思一起搖漾。

宿建德江

孟浩然

【説明】孟浩然(689—742),唐襄州襄陽(今湖北襄陽)人,世稱孟襄陽。因其未曾入仕,故又稱孟山人。孟浩然生當盛世,早年曾有用世之志,中年前離家遠遊。四十歲遊長安,所賦詩名動公卿,一座為之擱筆。應進士試落第後以"不才明主棄,多病故人疏"的心態在吳越一帶漫遊多年,到過許多山水名勝之地。開元二十五年(737),張九齡貶荆州刺史,孟浩然曾應辟入幕,不久辭歸家鄉。孟浩然在盛唐詩人中年輩較高,雖政治上困頓失意,但自甘澹泊,不樂趨承逢迎,其節操人品深得時人的贊賞。李白《贈孟浩然》詩云:"吾愛孟夫子,風流天下聞。……高山安可仰?徒此揖清芬。"景仰之情可見一斑。

孟浩然是唐代第一個傾大力寫作山水詩的詩人。今存詩二百餘首,大部分是寫山水田園和隱居逸興的五言短篇。自然平淡、清新暢達是其山水田園詩的風格。有《孟浩然集》。

建德江,即今流經建德的新安江。這首詩寫旅途愁懷,以舟泊暮宿為背景,寫煙渚、日暮、曠野、清江等景物,寫"天低樹""月近人"的感受,白描出一幅秋江夜泊圖。天地的蒼茫更添客子的歸思,唯清江明月給人些許慰藉。全詩抒寫羈旅之思,淡而有味。此詩被選入《唐詩三百首》,清陳婉俊作注稱三、四句"十字十層,咀詠不盡"。

> 移舟泊煙渚[1],日暮客愁新。
> 野曠天低樹,江清月近人[2]。

【注釋】

[1] 煙渚:煙霧籠罩的洲島。渚,水中陸地。
[2] "野曠"二句:原野空曠,遠處天空低垂,好像比樹還低;江水清澈,月影映入水中,顯得離人更近。

山居秋暝

王維

【説明】王維(701—761),字摩詰,原籍太原府祁州(今山西祁縣)人,其父遷居於蒲(今山西永濟市)。開元九年(721)進士,官至給事中。安祿山陷長安,王維被迫接受安祿山授予的官職,安史之亂後,因此貶官。爲了遠禍全身,詩人吃齋念佛,隱逸山林。後來官至尚書右丞,所以人又稱之爲"王右丞"。

王維早年寫過一些抨擊權貴、不滿現實的政治詩和具有豪情壯志的邊塞詩;後期的作品大多是反映閒適的生活和自然景物的山水田園詩。他的山水詩清新明麗,含蓄有致,在我國古代詩歌發展史上有很高的地位。有《王右丞集》,清趙殿成作注。

這首山水詩描繪了秋日傍晚一場新雨過後的山間景色。首聯點題,寫山中秋日傍晚雨後之景。中間兩聯同是寫景而各有側重:頷聯側重於物,以物芳而明志潔;頸聯側重於人。兩聯寫景還注意動靜相襯,視聽結合。尾聯抒情,洋溢着詩人陶醉其間的愉悦之情。詩人寫景全用白描,整幅畫面清新、優美、恬靜而頗有生氣。詩中表現了詩人對山村純樸生活的喜悅,也暗襯出他對汙濁官場的厭惡。

> 空山新雨後,天氣晚來秋[1]。
> 明月松間照,清泉石上流。
> 竹喧歸浣女,蓮動下漁舟[2]。
> 隨意春芳歇,王孫自可留[3]。

【注釋】

[1] 空山:幽靜的山。秋:這裏用作動詞,指呈現出秋天的景色。
[2] 竹喧:竹林裏傳來喧鬧聲。浣(huàn)女:洗衣服的女子。蓮動:荷葉搖動。這兩句用散文句式表達,應是"浣女歸而竹喧,漁舟下而蓮動"。
[3] 隨意:任隨,任憑。春芳:春天的花草。歇:消逝,凋謝。王孫:本指貴族公子,此指詩人自己。這兩句是説春草任其凋枯,如此秋景,王孫亦可自留。《楚辭·招隱士》:"王孫遊兮不歸,春草生兮萋萋。""王孫兮歸來,山中兮不可以久留。"王維反用其意。

送別

王維

【説明】這是一首送友歸隱的詩,表現了對朋友的深切關懷和安慰。

下馬飲君酒[1],問君何所之?
君言不得意,歸臥南山陲[2]。
但去莫復問,白雲無盡時[3]。

【注釋】

[1] 飲:使動用法,"使……飲"。
[2] 陲:邊境。
[3] "但去……"兩句:你儘管去吧,我不再發問了。那山中的白雲是没有窮盡的,它足以與你爲伴。

送友人

李白

【説明】李白(701—762),字太白,祖上是隴西成紀(今甘肅天水市附近)人,後來遷居安西都督府碎葉城(今吉尔吉斯斯坦境内托克瑪克)。李白就在那裏出生,幼年時隨父遷居綿州昌隆縣(今四川江油市)青蓮鄉。李白年輕時曾遊歷長江流域和河南、山東等地。天寶元年(742)應詔入長安任翰林供奉,不到三年就因受權貴排擠而離開長安,又一次到各地漫遊。安史之亂爆發後,李白參加了永王李璘的幕府,李璘兵敗被殺,李白也因而入獄,被判長流夜郎(今貴州桐梓縣一帶),後來在途中遇赦。寶應元年(762)病死在當塗(今安徽當塗縣)。

李白是我國古代偉大的浪漫主義詩人。他的詩歌反映了他對理想政治的追求和對黑暗現實的不滿,表現了他對王侯權貴的高度蔑視和反抗,也反映了他對祖國命運的深切關懷和對大好河山的無比熱愛。題材多樣化,反映的生活面很廣,有深刻的社會内容和進步意義。李白受儒家、道家、遊俠的思想影響很深,他的詩歌中自然也存在着一定的消極成分,主要表現在描寫求仙訪道、煉丹服藥的道教迷信以及宣揚人生若夢和及時行樂的頹廢思想方面。在藝術上,李白的詩歌想象奇特,感情奔放,語言清新優美,在我國古典詩歌發展史上達到了浪漫主義藝術的頂峰,影響極其深遠。比較完善的注本有清代王琦的《李太白全集》。今人瞿蜕園、朱金城有《李白集校注》。

這首描述送別友人的詩,情景交融,語言流暢,全無雕琢之跡,寫得豪放雄闊,氣吞萬里,表現了雙方依戀不捨的惜別之情。

青山橫北郭[1],白水繞東城[2]。
此地一爲別,孤蓬萬里征[3]。
浮雲遊子意[4],落日故人情[5]。
揮手自茲去,蕭蕭班馬鳴[6]。

【注釋】

〔1〕郭:外城。
〔2〕白水:清澈的流水。
〔3〕孤蓬:隨風飛旋的蓬草。蓬,草名,枯死之後隨風到處飛揚,所以又叫"飛蓬""轉蓬"。這裏以孤蓬喻指孤身遠行、漂泊無定的友人。征:遠行。
〔4〕《古詩十九首》有"浮雲蔽白日,遊子不顧返",這裏是以天上的浮雲飄忽不定來比喻"遊子"別後的處境與惜別之情。遊子:指友人。
〔5〕以即將落山的太陽與大地依依難捨,來比喻自己與友人分別時的惜別之情。故人:指自己。
〔6〕你我的坐騎在分別之時也蕭蕭長鳴。蕭蕭:馬鳴聲。班馬:離別之馬。《左傳·襄公十八年》:"有班馬之聲。"杜預注:"班,別也。"

旅夜書懷

杜甫

【説明】杜甫(712—770),字子美,生於河南鞏縣(今河南省鞏義市)。他35歲以前讀書並在各地遊歷。後到長安,困居10年,纔獲得右衛率府胄曹參軍的小職。因曾居長安城南少陵,故自稱"少陵野老",世稱"杜少陵"。"安史之亂"的第二年(756),他被任爲左拾遺,不久因觸怒唐肅宗而被貶。乾元二年(759),他攜家人西行,定居於成都,依附於劍南節度使嚴武,一度任檢校工部員外郎,故後人又稱其"杜工部"。晚年舉家東遷,沿長江而下,漂泊在鄂、湘一帶,最後死在耒陽(今湖南耒陽市)江面的一條船上。

杜甫是中國古代詩歌發展史上偉大的現實主義詩人。他生活在唐朝由盛轉衰的歷史時期,他的詩具有豐富的社會内容、强烈的時代色彩和鮮明的政治傾向。他熱愛祖國,同情人民,相對較低的社會地位和長期漂泊不定的生活使他疾惡如仇,對朝廷的腐敗、社會生活中的黑暗現象都給予揭露和批評。他的詩歌表現了當時的社會矛盾和人民疾苦,真實深刻地反映了"安史之亂"前後的政治時事和廣闊的社會生活,成爲時代的一面鏡子,因而被譽爲"詩史"。

杜甫古詩、律詩兼長,詩風以"沉鬱頓挫"爲主。他的詩語言和篇章結構富於變化,講求煉字煉句,藝術表現手法多樣,尤其是他的五言和七言長篇古詩,亦詩亦史,代表了我國詩歌藝術的最高成就。764年,杜甫攜家人回到成都,給嚴武做節度參謀。唐代宗永泰元年(765),嚴武忽然去世,他在成都失去依靠,不得不離蜀東下,在岷江、長江一帶漂泊。這首詩大約是杜甫乘舟行經渝州(今重慶市)、忠州(今重慶市忠縣)的途中,夜晚在舟中感懷而寫。詩人經過長期漂泊不定的生活,對仕途已經絕望,在詩中描寫了長江的夜景,把自己比作一隻孤獨漂泊的沙鷗,深刻地表現了其內心漂泊無依的感傷。

    細草微風岸,危檣獨夜舟[1]。
    星垂平野闊,月涌大江流[2]。
    名豈文章著[3]?官應老病休[4]。
    飄飄何所似[5]?天地一沙鷗。

【注釋】

[1] 危檣:高高的桅杆。獨夜舟:意思是説一隻孤獨的小船在那裏過夜。
[2] 月涌:江中的月影隨着江水一起涌動。這兩句的意思是,因爲原野開闊,所以覺得羣星低垂;因爲大江奔流,所以江中月影也隨之涌流。
[3] 文章著:因文章而顯著。這句詩的大意是:名聲難道是因爲文章寫得好纔顯赫的嗎?
[4] 老病休:因年老多病而罷休。休,這裏指不再做官。這句詩的意思是:做官應該因爲年老和多病而辭職。
[5] 飄飄:飄零的樣子,隨處漂泊。

登高

杜甫

【説明】杜甫晚年離蜀東下,停留夔州(今重慶奉節縣)兩年,這是他大曆二年(767)在夔州重陽節登高所作。面對剛走出安史叛亂陰影、滿目瘡痍的國家,想想自己客居異鄉,已年老力衰,窮困潦倒,心有餘而力不足,詩人的内心複雜而痛苦。杜甫此時登高抒懷,抒的是身世之悲、家國之恨。這首七律格律精嚴,形式上的主要特徵是通體對仗,甚至一句之中還自相對偶。難怪有人稱此詩是"杜集七言律詩第一",更有人將其稱爲"曠代之作"。

    風急天高猿嘯哀,渚清沙白鳥飛迴[1]。
    無邊落木蕭蕭下[2],不盡長江滾滾來。
    萬里悲秋常作客[3],百年多病獨登臺[4]。
    艱難苦恨繁霜鬢[5],潦倒新停濁酒杯[6]。

【注釋】

[1] 渚(zhǔ):水中小塊陸地。鳥飛迴:鳥兒盤旋飛翔。迴,迴旋,盤旋。
[2] 落木:落葉。蕭蕭:象聲詞,這裏形容樹葉飄落的聲音。
[3] 萬里:這裏指離家萬里。作客:指客居異鄉。
[4] 百年:指自己一生。
[5] 艱難:兼指時勢和生活的雙重艱難。苦恨:特別怨恨。繁:多,增多。霜鬢:頭髮花白。
[6] 潦倒:衰頹失意的樣子。新停濁酒杯:當時杜甫因肺病而戒酒。新停,近來停止。

前 言

　　语言是人类最重要的沟通和交流工具。普通话是我国法定的国家通用语言。推广普通话是我国的基本语言政策。从 1956 年国务院发布《关于推广普通话的指示》以来，我国推广普通话工作已经走过了半个多世纪。随着我国政治经济的迅速发展，党和政府对普通话的推广工作越来越重视，普通话的社会交际功能也大大提高。1982 年，《中华人民共和国宪法》规定"国家推广全国通用的普通话"，把推广普通话工作以法律的形式确定下来。1992 年，国家将推普工作方针由原来的"大力提倡，重点推行，逐步普及"调整为"大力推行，积极普及，逐步提高"，进一步加大了普通话的推广力度。1994年，国家颁布《关于开展普通话水平测试工作的决定》，将推普工作逐步科学化、制度化、规范化，并从 1995 年起对一些特定岗位的工作人员逐步实行普通话持证上岗制度。2001 年颁布实施的《中华人民共和国国家通用语言文字法》明确规定："国家通用语言文字是普通话和规范汉字"，进一步明确了普通话的法律地位和使用范围。

　　我国是一个统一的多民族国家，大力推广和积极普及普通话，有利于消除语言隔阂，促进社会交往，维护国家统一，增强中华民族的凝聚力。普通话水平测试是贯彻《国家通用语言文字法》，推广和普及普通话的重要组成部分。随着社会的发展、科技的进步，普通话水平测试的手段也在不断创新。从 2007 年起，全国开始逐步实行计算机辅助普通话水平测试。该系统的运用使得普通话培训内容、测试形式都产生了较大变化。为了使参加普通话水平测试的应试人员能尽快适应计算机辅助普通话水平测试的模式，更好地提高普通话应试水平和能力，我们编写了这本《新编普通话水平测试教程》。

　　参与本书编写的老师，都是长期工作在培训测试一线的国家级和省级普通话水平测试员，在《现代汉语》和《普通话训练》等课程教学和普通话水平测试中积累了丰富的经验。本着科学、实用的原则，我们博采众长，并结合自己的教学心得，围绕应试人员学习普通话的重点和难点编写，形式新颖，内容丰富。希望能为参加普通话水平测试的应试人员提供实用、好用的考试指导用书，同时也为普通话水平测试员提供一本方便、实用的普通话测试培训教材。

　　本教程具有以下特点：(1) 详细阐释了计算机辅助普通话水平测试流程；(2) 精心编排相关字词训练，并分类整理，增强了训练的针对性；(3) 增加作品朗读的分析内容，进行全文注音,同时采用上下对照的排版模式,方便应试人员查找和练习;(4)分析列举命题说话中常见问题及相应对策,并结合30个应试话题列举了话题提纲,做了详细的思路分析;(5)附录中提供了实用的训练资料和模拟试卷。包括:《普通话水平测试用儿化词语表》《普通话水平测试用必读轻声词语表》《普通话字词练习》《普通话水平测试模拟试卷》等,方便应试人员进行查找和专项练习。

  本书在编写过程中,参考了部分语言学专著和普通话培训教程,同时得到了各大院校各普通话水平测试考点及测试员的大力协助,再次表示衷心感谢。同时,由于编者水平有限,书中难免有疏忽错误之处,恳请专家、读者批评指正。

编 者
2018 年 12 月

目 录

第一章 普通话和普通话水平测试 ·········· 1

第一节 普通话和推普工作 ·········· 1
一、什么是普通话 ·········· 1
二、普通话和方言 ·········· 1
三、推广普通话的意义 ·········· 3

第二节 普通话水平测试 ·········· 3
一、普通话水平测试的性质和方式 ·········· 3
二、普通话水平测试的内容和范围 ·········· 3
三、普通话水平测试的试卷构成和评分标准 ·········· 4
四、普通话水平测试的等级划分 ·········· 6
五、计算机辅助普通话水平测试流程 ·········· 7

附录 普通话水平测试样卷分析（人工拟卷） ·········· 15

第二章 普通话语音知识概述 ·········· 18

第一节 语音的性质 ·········· 18
一、语音的物理属性 ·········· 18
二、语音的生理属性 ·········· 19
三、语音的社会属性 ·········· 20

第二节 语音的基本概念 ·········· 21
一、音节 ·········· 21
二、音素 ·········· 21
三、声母、韵母、声调 ·········· 21

第三节 汉语拼音方案 ·········· 22
一、字母表 ·········· 22
二、声母表 ·········· 22

1

三、韵母表 ··· 23

　　四、声调符号 ··· 24

　　五、隔音符号 ··· 24

第三章　普通话字词训练 ·· 25

第一节　普通话声母训练 ·· 25

　　一、声母的分类 ··· 25

　　二、声母的发音 ··· 27

　　三、声母辨正 ··· 32

第二节　普通话韵母训练 ·· 43

　　一、韵母的结构 ··· 43

　　二、韵母的分类 ··· 44

　　三、韵母的发音 ··· 45

　　四、韵母辨正 ··· 57

第三节　普通话的声调训练 ··· 65

　　一、声调的性质和作用 ·· 65

　　二、调值和调类 ··· 65

　　三、普通话四声训练 ·· 66

　　四、声调辨正 ··· 67

第四节　普通话的语流音变 ··· 70

　　一、什么是语流音变 ·· 70

　　二、普通话中的语流音变 ··· 70

　　附录一　普通话水平测试用必读轻声词语表 ················· 77

　　附录二　普通话水平测试用儿化词语表 ························ 83

　　附录三　普通话字词练习 ·· 87

　　附录四　普通话水平测试模拟试卷 ······························· 90

第四章　朗读短文测试指导 ·· 95

第一节　朗读短文的要求 ·· 95

　　一、字词的准确发音 ·· 95

　　二、语调的准确把握 ·· 95

　　三、朗读的自然流畅 ·· 97

第二节　朗读短文 60 篇 ·· 97

第五章 命题说话测试指导 ············ 174

第一节 命题说话的要求 ············ 174
一、命题说话的测试目的 ············ 174
二、命题说话的要求 ············ 174

第二节 命题说话中常见问题及其对策 ············ 176
一、语音不标准 ············ 176
二、词汇语法不规范 ············ 177
三、语料不充足，说话不流畅 ············ 180
四、偏离话题，引用雷同 ············ 182

第三节 命题说话话题思路分析 ············ 183
一、话题归类 ············ 183
二、话题提纲 ············ 184
附录 普通话水平测试用话题 ············ 190

参考文献 ············ 191

在我国各民族之间普遍使用。现代汉民族既有共同语,也有不同的方言。方言是民族语言的地理分支,是局部地区人们使用的语言。方言是普通话的基础,普通话的语音、词汇和语法都有其所依据的方言基础。在方言区推广普通话,并不是不许讲方言,更不是要消灭方言。十七届六中全会决议中明确提出:"大力推广和规范使用国家通用语言文字,科学保护各民族语言文字。"推广普通话主要是为了消除不同方言造成的隔阂,更有利于社会交际。

现代汉语的方言大体可分为七大方言。七大方言的概况如下:

(一) 北方方言

北方方言是普通话的基础方言,以北京话为代表,内部一致性较强。在汉语各方言中分布地域最广,使用人口占汉族总人口的73%。

北方方言包括四个次方言:(1) 华北、东北方言,分布在京、津两市,河北、河南、山东、东北三省,还有内蒙古的一部分地区。(2) 西北方言,分布在山西、陕西、甘肃等省和青海、宁夏、新疆、内蒙古的一部分地区。(3) 西南方言,分布在四川、云南、贵州等省及湖北大部分(东南角咸宁地区除外),广西西北部,湖南西北角等。(4) 江淮方言,分布在安徽、江苏两省的长江以北地区(徐州、蚌埠一带属华北、东北方言,除外),镇江以西,九江以东的长江南岸沿江一带。

(二) 吴方言

以苏州话为代表。分布在上海市,江苏省长江以南、镇江以东地区(不包括镇江),南通的小部分和浙江省的大部分。使用人口约占汉族总人口的7.2%。

(三) 湘方言

以长沙话为代表。分布在湖南省除西北角以外的大部分地区。使用人口约占汉族总人口的3.2%。

(四) 赣方言

以南昌话为代表。分布在江西省除东北沿长江地带和南部以外的大部分地区。使用人口约占汉族总人口的3.3%。

(五) 客家方言

以广东梅县话为代表。分布在广东、福建、台湾、江西、广西、湖南、四川等省。使用人口约占汉族总人口的3.6%。

(六) 闽方言

现代闽方言主要分布区域跨越六省,包括福建和海南的大部分地区、广东东部潮汕地区、雷州半岛部分地区、浙江南部温州地区的一部分、广西的少数地区、台湾省的大多数汉人居住区。闽方言使用人口约占汉族总人口的5.7%。

闽方言可分为闽东、闽南、闽北、闽中、莆仙五个次方言。

(七) 粤方言

以广州话为代表。分布在广东中部、西南部和广西东部、南部的约一百来个县。它也是香港、澳门同胞的主要交际工具。使用人口占汉族总人口的4%。

就与普通话的差别来说,上述七大方言中,闽、粤方言与普通话差距最大,吴方言次之,湘、赣、客家等方言与普通话差距相对较小。

三、推广普通话的意义

推广普通话是法律赋予我们的神圣使命。《中华人民共和国宪法》第十九条规定:"国家推广全国通用的普通话。"《中华人民共和国国家通用语言文字法》第二条规定:"国家通用语言文字是普通话和规范汉字。"

推广普通话是国家统一和民族团结的需要。大力推广国家通用语言文字是我国的一项基本国策。一个国家、一个民族是否拥有统一、规范的语言,是关系到国家独立和民族凝聚力的具有政治意义的大事。我国是多民族、多语言、多方言的大国,推广、普及普通话有利于增进各民族各地区的交流,有利于维护国家统一,增强中华民族凝聚力。

推广普通话有利于克服语言隔阂,促进社会交往,对社会经济、政治、文化建设具有重要意义,是建设高度民主、高度文明的社会主义强国不可缺少的一项措施。

推广普通话和推行《汉语拼音方案》有利于推动中文信息技术处理的应用和发展。

第二节 普通话水平测试

一、普通话水平测试的性质和方式

普通话水平测试(PUTONGHUA SHUIPING CESHI,缩写为PSC)是在教育部、国家语言文字工作委员会领导下,根据《普通话水平测试大纲》规定的统一标准和要求,在全国范围内开展的一项测试。普通话水平测试主要测查应试人的普通话规范程度、熟练程度,认定其普通话水平等级,属于标准参照性考试。它为应试人提供全国通用的普通话水平测试等级证书,是应试人入学、求职时普通话水平的评价依据。

普通话水平测试全部以口试方式进行。

二、普通话水平测试的内容和范围

普通话水平测试的内容包括普通话的语音、词汇和语法。

普通话水平测试的范围是国家测试机构编制的《普通话水平测试用普通话词语表》《普通话水平测试用普通话与方言词语对照表》《普通话水平测试用普通话与方言常见

语法差异对照表》《普通话水平测试用朗读作品》《普通话水平测试用话题》。

三、普通话水平测试的试卷构成和评分标准

国家普通话水平测试包括五个部分：读单音节字词、读多音节词语、朗读短文、选择判断、命题说话，满分为100分。

（一）读单音节字词：100个音节，限时3.5分钟，共10分。

测试中，每读错一个音节（含漏读音节）扣0.1分。读音有缺陷每个音节扣0.05分。

超时1分钟以内扣0.5分，超时1分钟以上（含1分钟）扣1分。（人工测试）

计算机辅助测试：超时，未完成章节按错误扣分。

（二）读多音节词语：总计100个音节，限时2.5分钟，共20分。

测试中，每读错一个音节（含漏读音节）扣0.2分。读音有缺陷每个音节扣0.1分。

超时1分钟以内扣0.5分，超时1分钟以上（含1分钟）扣1分。（人工测试）

计算机辅助测试：超时，未完成章节按错误扣分。

（三）选择判断：包括词语判断、量名词搭配、语序或表达形式判断三项内容，限时3分钟，共10分。

测试中，每错误判断一组扣0.25分，每搭配错误一组扣0.5分，每读错一个音节（含漏读音节）扣0.1分。答题时，如判断错误已扣分，不再重复扣分。

选择判断项合计超时1分钟以内扣0.5分；超时1分钟以上（含1分钟）扣1分。

（四）朗读短文：朗读一段总计400个音节的文章，限时4分钟，共30分。

测试中，每读错一个音节（含漏读音节）扣0.1分；声母或韵母的系统性语音缺陷，视程度扣0.5分、1分；语调偏误，视程度扣0.5分、1分、2分；停连不当，视程度扣0.5分、1分、2分；朗读不流畅，视程度扣0.5分、1分、2分；超时扣1分。（人工测试）

计算机辅助测试：超时，未完成章节按错误扣分。

（五）命题说话：根据选定的话题说一段话，限时3分钟，共30分。

应试人从两个可选话题中选定一个话题，按照选定的题目连续说一段话，应试人3分钟内所说的音节均为评分依据。

命题说话包括三项评分内容：

1. **语音标准程度**，共20分。分六档：

一档：语音标准，或极少有错误。扣0分、0.5分、1分。

二档：语音错误在10次以下，有方音但不明显，扣1.5分、2分。

三档：语音错误在10次以下，但方音比较明显，或语音错误在10～15次之间，有方音但不明显，扣3分、4分。

四档：语音错误在10～15次之间，方音比较明显，扣5分、6分。

五档：语音错误超过15次，方音明显，扣7分、8分、9分。

六档：语音错误多，方音重，扣10分、11分、12分。

2. 词汇、语法规范程度，共5分。分三档：

一档：词汇、语法规范，扣0分。

二档：词汇、语法偶有不规范的情况，扣0.5分、1分。

三档：词汇、语法屡有不规范的情况，扣2分、3分。

3. 自然流畅程度，共5分。分三档：

一档：语言自然流畅，扣0分。

二档：语言基本流畅，口语化较差，类似背稿子，扣0.5分、1分。

三档：语言不连贯，语调生硬，扣2分、3分。

说话不足3分钟，酌情扣分。缺时1分钟以内（含1分钟），扣1分、2分、3分；缺时1分钟以上，扣4分、5分、6分；说话不满30秒（含30秒），本测试项成绩计为0分。

说明：各省、自治区、直辖市语言文字工作部门可以根据测试对象或本地区的实际情况，决定是否免测"选择判断"测试项。如免测此项，"命题说话"测试项的分值由30分调整为40分。评分档次不变。

江苏省普通话水平测试中取消了"选择判断"测试项，"命题说话"分值调整为40分。具体分值调整如下：

1. 语音标准程度，共25分。分六档：

一档：没有语音错误，扣0分；错误1次、2次，扣1分；错误3次、4次，扣2分。

二档：语音错误在5～7次之间，有方音但不明显，扣3分；语音错误8次、9次，有方音但不明显，扣4分。

三档：语音错误在5～7次之间，但方音明显，扣5分；语音错误8次、9次，但方音明显，扣6分。语音错误在10～15次之间，有方音但不明显，扣5分、6分。

四档：语音错误在10～15次之间，方音比较明显，扣7分、8分。

五档：语音错误在16～30次之间，方音明显，扣9分、10分、11分。

六档：语音错误超过30次，方音重，扣12分、13分、14分。

语音错误（包括同一音节反复出错），按出现次数累计。

2. 词汇、语法规范程度，共10分。

词汇、语法不规范指：使用了典型的方言词语、典型的方言语法以及明显的病句。

词汇、语法不规范，每出现1次，扣0.5分。最多扣4分。

3. 自然流畅程度，共5分。分三档：

一档：语言自然流畅，扣0分。

二档：语言基本流畅，口语化较差，类似背稿子。有所表现，扣0.5分；明显，扣1分。

三档：语言不连贯，语调生硬。程度一般的，扣2分；严重的，扣3分。

4. 说话时间不足3分钟，视程度扣1～6分。

缺时15秒以下，不扣分；缺时16秒～30秒，扣1分；缺时31秒～45秒，扣2分；缺时46秒~1分钟,扣3分;缺时1分01秒~1分30秒,扣4分;缺时1分31秒~2分钟,扣5分;缺时2分01秒~2分29秒,扣6分。

说话时间不足30秒(含30秒),本测试项成绩记为0分。

5. 离题、内容雷同,视程度扣4分、5分、6分。

离题是指应试人所说内容完全不符合或基本不符合规定的话题。完全离题,扣6分;基本离题,视程度扣4分、5分。

直接或变相使用《普通话水平测试纲要》中的60篇朗读短文,扣6分;其他内容雷同情况,视程度扣4分、5分。

6. 无效话语,酌情扣1~6分。

无效话语一般包括:(1)简单重复,语言含混不清;(2)经常重复相同语句;(3)口头禅过多。

无效话语在三分之一以内,视程度扣1、2、3分;无效话语在三分之一以上,视程度扣4、5、6分。

有效话语不足30秒(含30秒),本测试项成绩记为0分。

四、普通话水平测试的等级划分

《普通话水平测试实施办法(试行)》第四条规定:"普通话水平等级分为三级六等,级和等实行量化评分。"其中一级是标准的普通话,二级是比较标准的普通话,三级是一般水平的普通话。每个级别内又分为甲、乙两个等级。具体要求和标准如下:

一级

甲等 朗读和自由交谈时,语音标准,词语、语法正确无误,语调自然,表达流畅。测试总失分率在3%以内,即97分以上(含97分)。

乙等 朗读和自由交谈时,语音标准,词语、语法正确无误,语调自然,表达流畅。偶然有字音、字调失误。测试总失分率在8%以内,即92分~96.9分。

二级

甲等 朗读和自由交谈时,声韵调发音基本标准,语调自然,表达流畅。少数难点音(平翘舌音、前后鼻尾音、边鼻音等)有时出现失误。词语、语法极少有误。测试总失分率在13%以内,即87分~91.9分。

乙等 朗读和自由交谈时,个别调值不准,声韵母发音有不到位现象。难点音(平翘舌音、前后鼻尾音、边鼻音、送气不送气音、f-h、j-z、i-ü不分,保留浊塞音和浊塞擦音,丢介音,复韵母单音化等)失误较多。方言语调不明显。有使用方言词、方言语法的情况。测试总失分率在20%以内,即80分~86.9分。

三级

甲等 朗读和自由交谈时，声韵母发音失误较多，难点音超出常见范围，声调调值多不准。方言语调较明显。词语、语法有失误。测试总失分率在30%以内，即70分～79.9分。

乙等 朗读和自由交谈时，声韵调发音失误多，方音特征突出。方言语调明显。词语、语法失误较多。外地人听其谈话有听不懂的情况。测试总失分率在40%以内，即60分～69.9分。

五、计算机辅助普通话水平测试流程

普通话水平测试完全以口试方式进行。考试形式有完全人工测试和计算机辅助测试两种。

2006年之前，普通话水平测试都是采用人工评测来完成。2006年1月，国家语言文字应用"十五"重点课题项目——计算机辅助普通话水平测试项目通过了国家语委科研规划领导小组的鉴定。2006年，国家语用司批准13个省市开展计算机辅助测试普通话试点工作；2009年，国家语委开始在全国开展计算机辅助测试的全面铺开工作；2010年，国家语言文字测试中心出台了《计算机辅助测试普通话评分试行办法》，对普通话水平测试试题中计算机无法进行比较辨识、需要通过人工进行评测的第四题出现的问题进行了规范。

现阶段，我国大部分省、市、自治区已采用计算机辅助测试方式进行测试，只有少部分地区以及一级甲等、特殊人群（视障人士等）采用全人工测试方式。

计算机辅助普通话水平测试是通过计算机语音识别系统，部分或全部代替人工评测，对普通话水平测试中应试人的语音标准程度进行辨识的测试模式。

（一）普通话测试流程

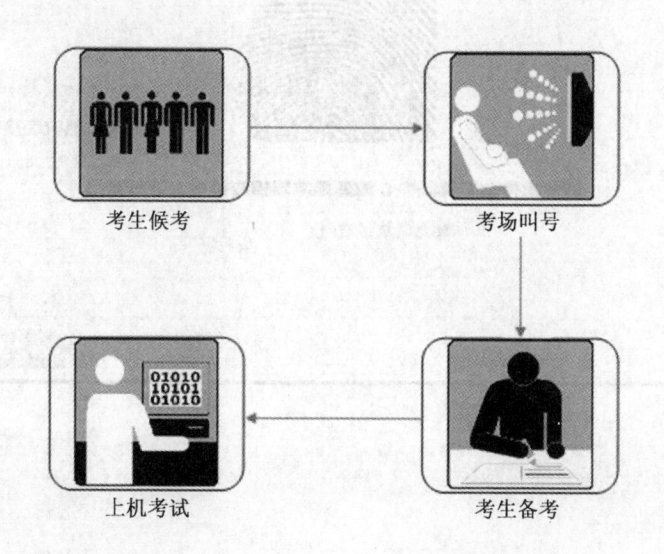

考生候考 → 考场叫号 → 考生备考 → 上机考试

最新升级的指纹登录版本,需在候测时现场采集考生指纹、图像,验证身份证。

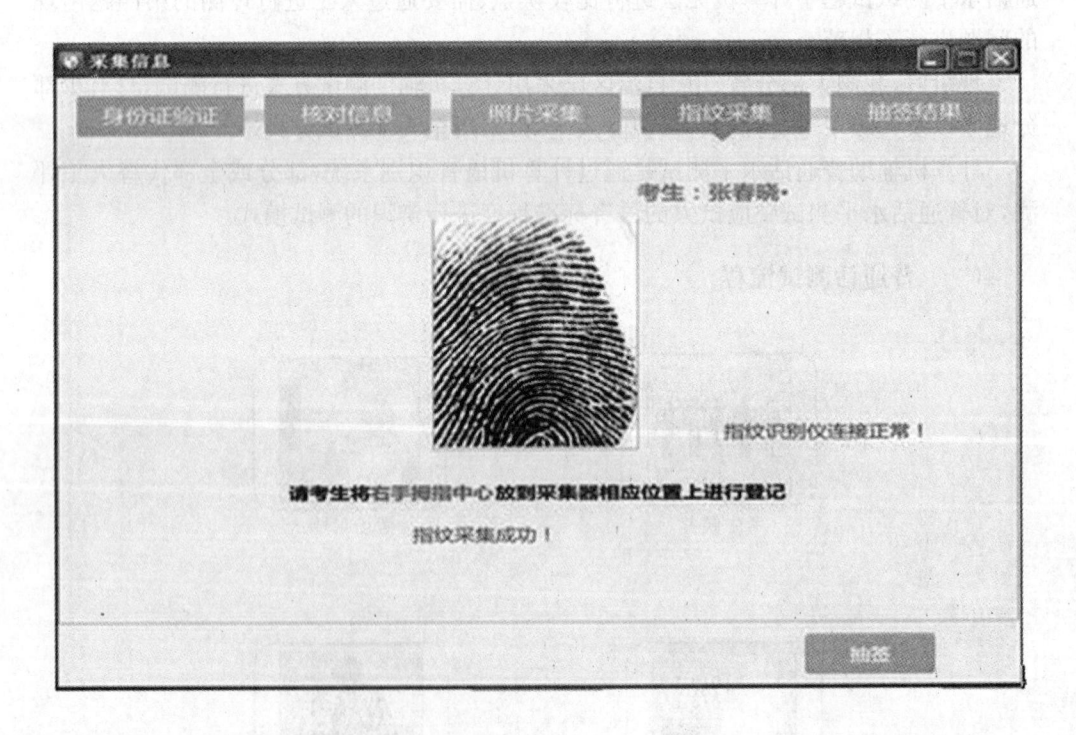

（二）计算机辅助普通话测试上机测试操作流程

1. 登录机测页面

正确佩戴好耳麦，然后点击"下一步"登录考试系统。

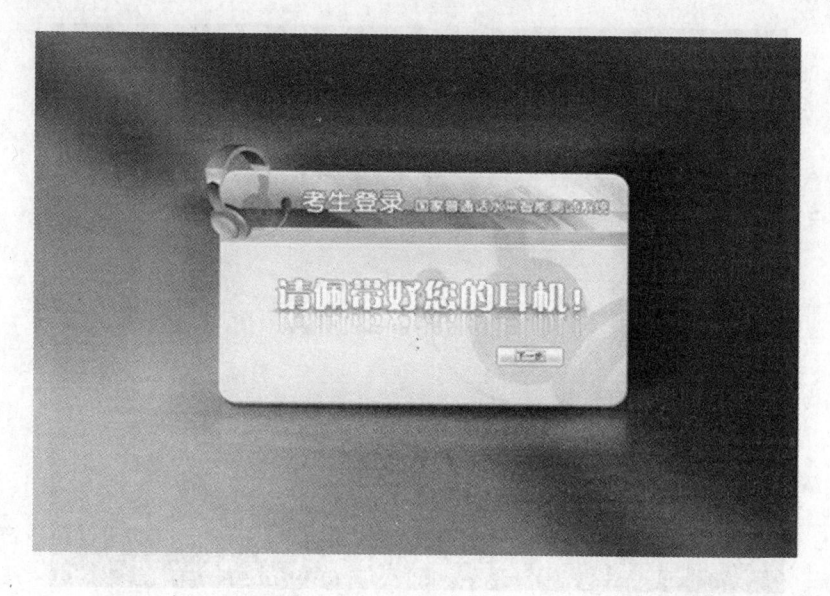

2. 输入考生信息

考生根据计算机提示，输入准考证号的后 4 位数字，输入完成后，点击"进入"按钮。

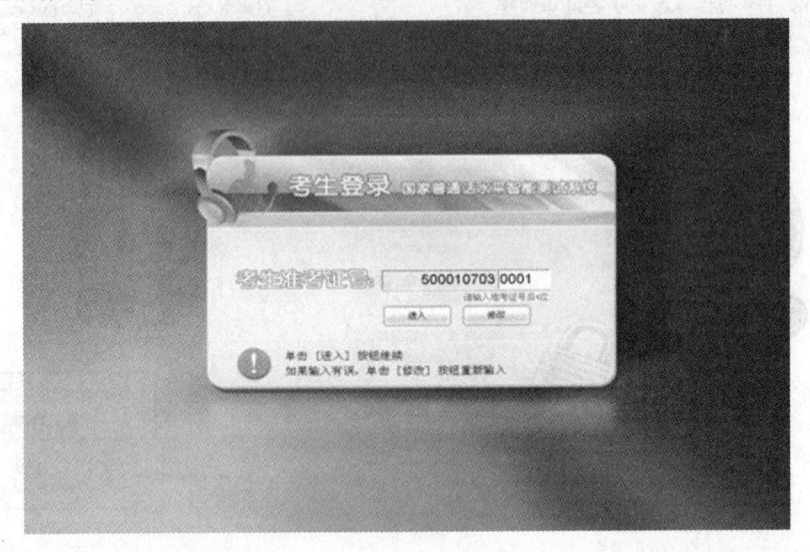

使用指纹登录系统登录时，无须输入准考证号后四位，只需在指纹仪上验证指纹即可登录。

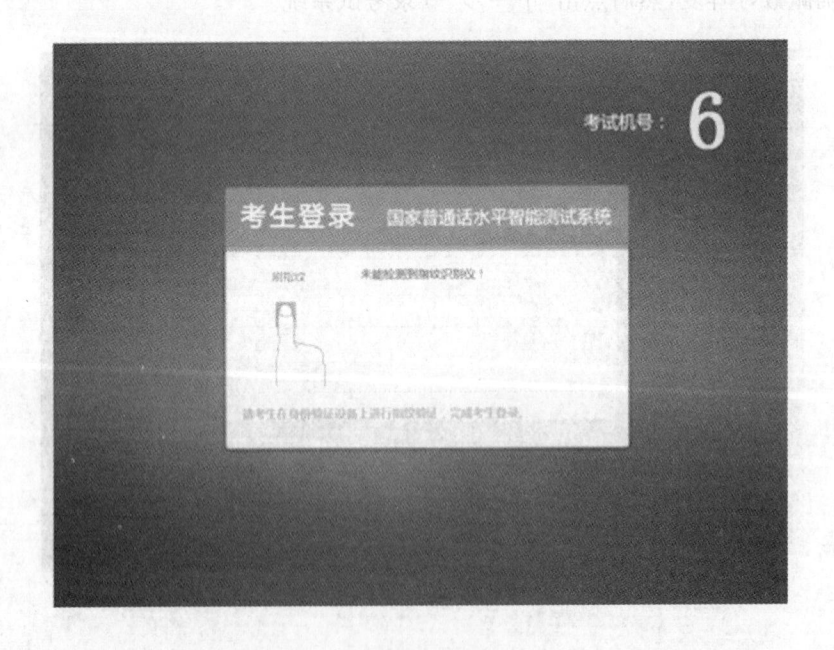

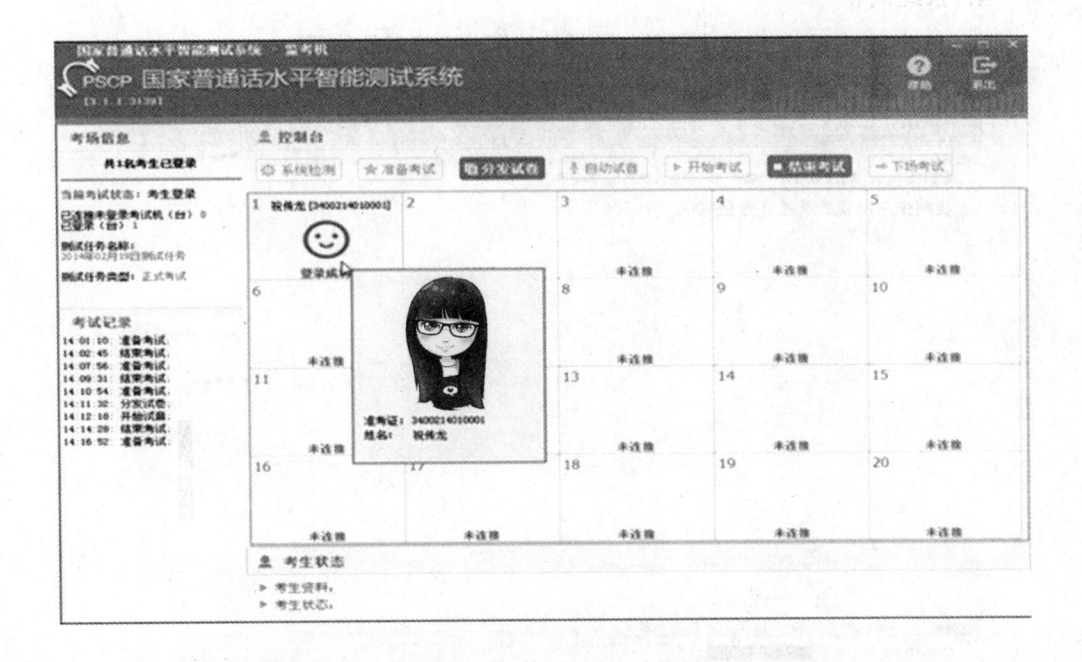

3. 核对确认信息

考生核对计算机屏幕自动显示的考生报名信息，如准确无误，点击"确认"按钮，如信息存在问题，点击"返回"按钮，重新输入。

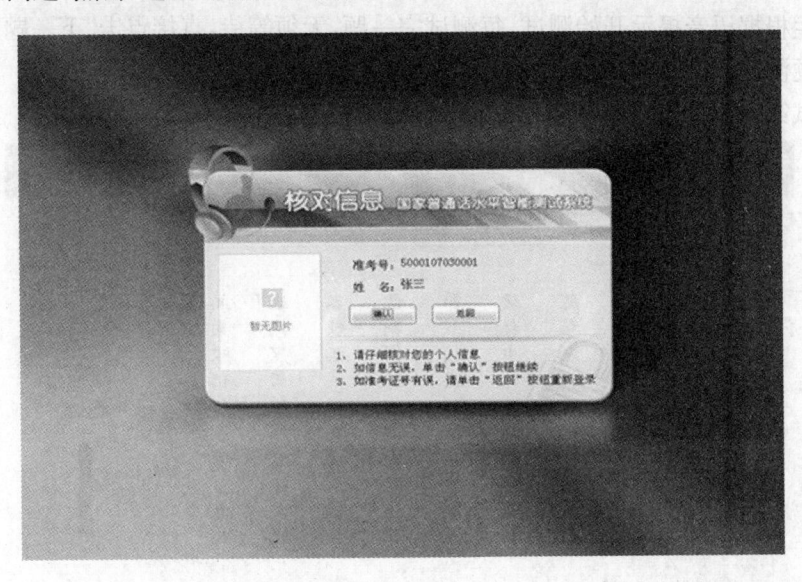

4. 系统试音

考生根据语音提示，以适中音量朗读计算机屏幕上显示的句子。

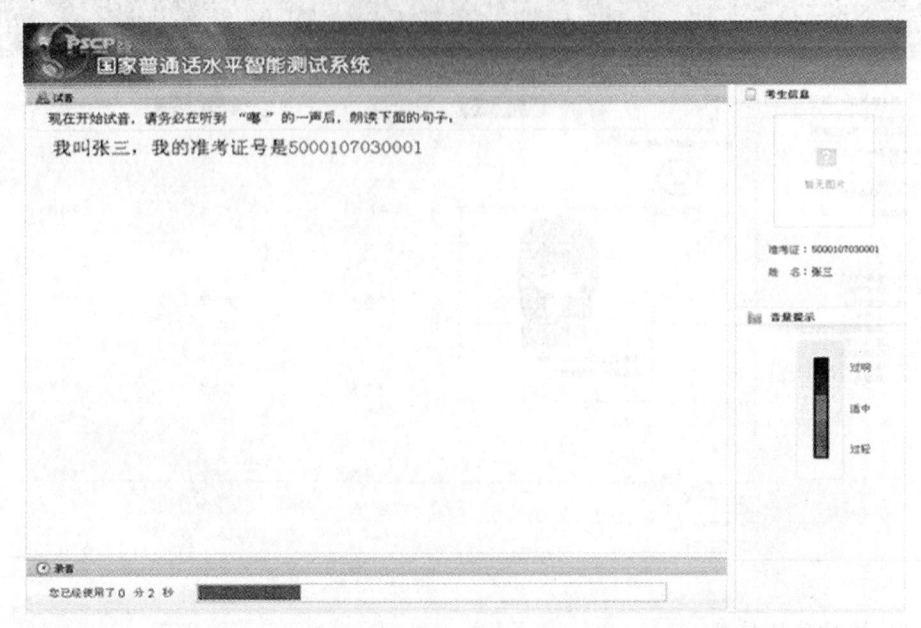

5. 测试

考生根据语音提示开始测试，每测试完一题，无须等待，直接点击"下一题"按钮，进入下一题测试。

测试第一项

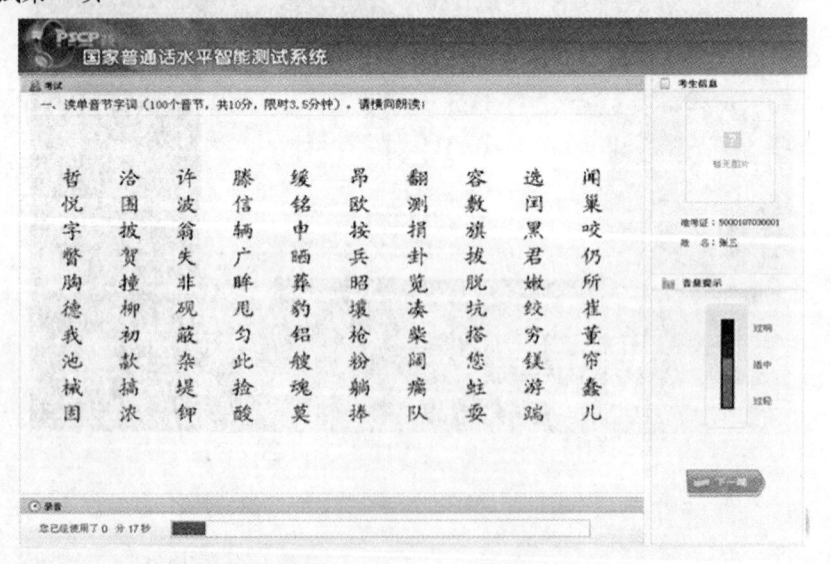

测试第二项

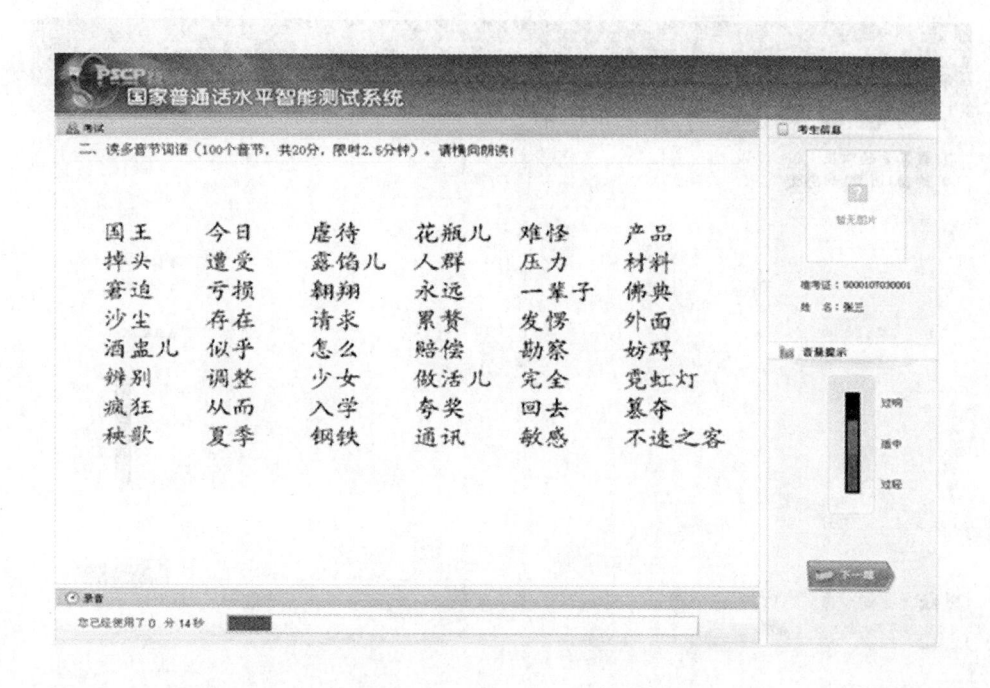

国家普通话水平智能测试系统

二、读多音节词语（100个音节，共20分，限时2.5分钟），请横向朗读！

国王	今日	虐待	花瓶儿	难怪	产品
掉头	遭受	露馅儿	人群	压力	材料
窘迫	亏损	翱翔	永远	一辈子	佛典
沙尘	存在	请求	累赘	发愣	外面
酒盅儿	似乎	怎么	赔偿	勘察	妨碍
辨别	调整	少女	做活儿	完全	霓虹灯
疯狂	从而	入学	夸奖	回去	篡夺
秧歌	夏季	钢铁	通讯	敏感	不速之客

您已经使用了 0 分 14 秒

测试第三项

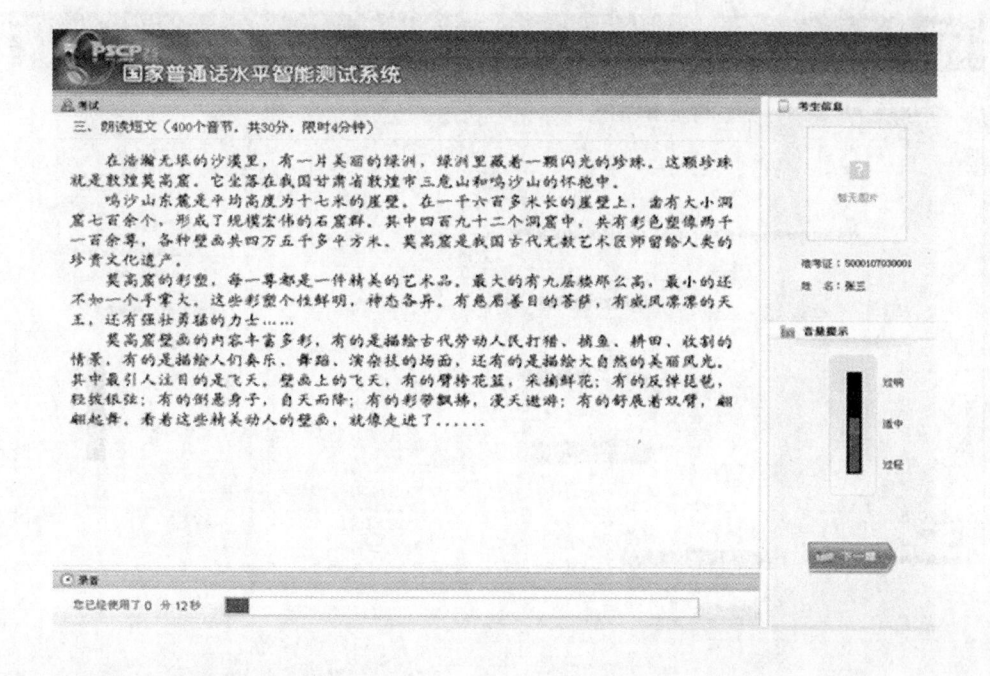

国家普通话水平智能测试系统

三、朗读短文（400个音节，共30分，限时4分钟）

　　在浩瀚无垠的沙漠里，有一片美丽的绿洲，绿洲里藏着一颗闪光的珍珠。这颗珍珠就是敦煌莫高窟。它坐落在我国甘肃省敦煌市三危山和鸣沙山的怀抱中。
　　鸣沙山东麓是平均高度为十七米的崖壁。在一千六百多米长的崖壁上，凿有大小洞窟七百余个，形成了规模宏伟的石窟群。其中四百九十二个洞窟中，共有彩塑像两千一百余尊，各种壁画共四万五千多平方米。莫高窟是我国古代无数艺术匠师留给人类的珍贵文化遗产。
　　莫高窟的彩塑，每一尊都是一件精美的艺术品。最大的有九层楼那么高，最小的还不如一个手掌大。这些彩塑个性鲜明，神态各异。有慈眉善目的菩萨，有威风凛凛的天王，还有强壮勇猛的力士……
　　莫高窟壁画的内容丰富多彩，有的是描绘古代劳动人民打猎、捕鱼、耕田、收割的情景，有的是描绘人们奏乐、舞蹈、演杂技的场面，还有的是描绘大自然的美丽风光。其中最引人注目的是飞天，壁画上的飞天，有的臂挎花篮，采摘鲜花；有的反弹琵琶，轻拨银弦；有的倒悬身子，自天而降；有的彩带飘拂，漫天遨游；有的舒展着双臂，翩翩起舞。看着这些精美动人的壁画，就像走进了……

您已经使用了 0 分 12 秒

13

测试第四项

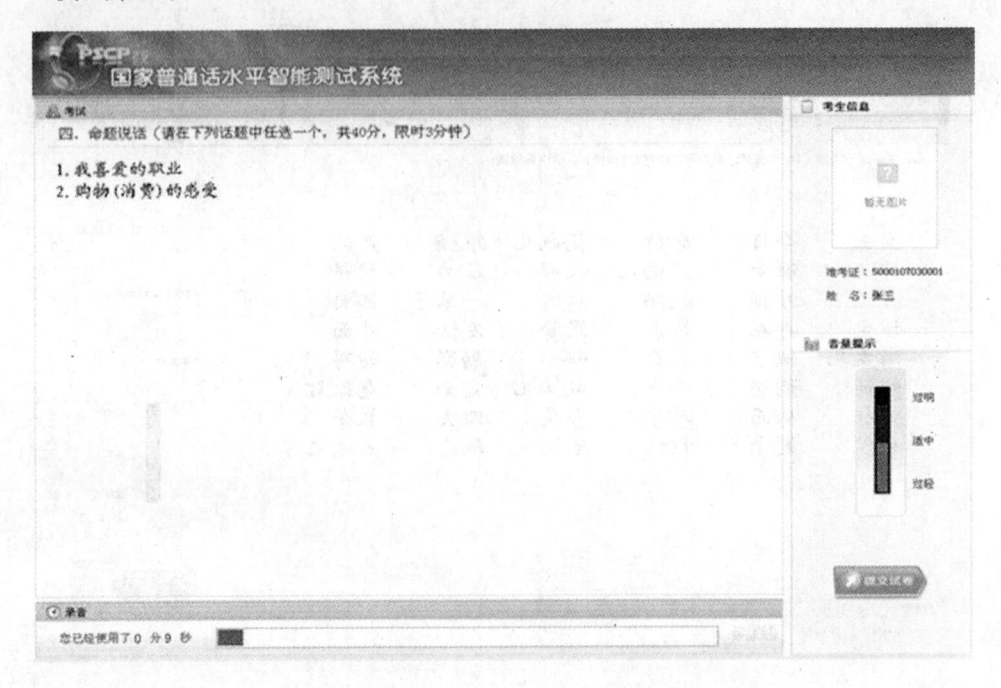

最新升级版本中，第四项"命题说话"，增加了话题内容选择功能。考生在答题前，需用鼠标选择话题内容，超过10秒不做选择，系统默认为第一个话题。

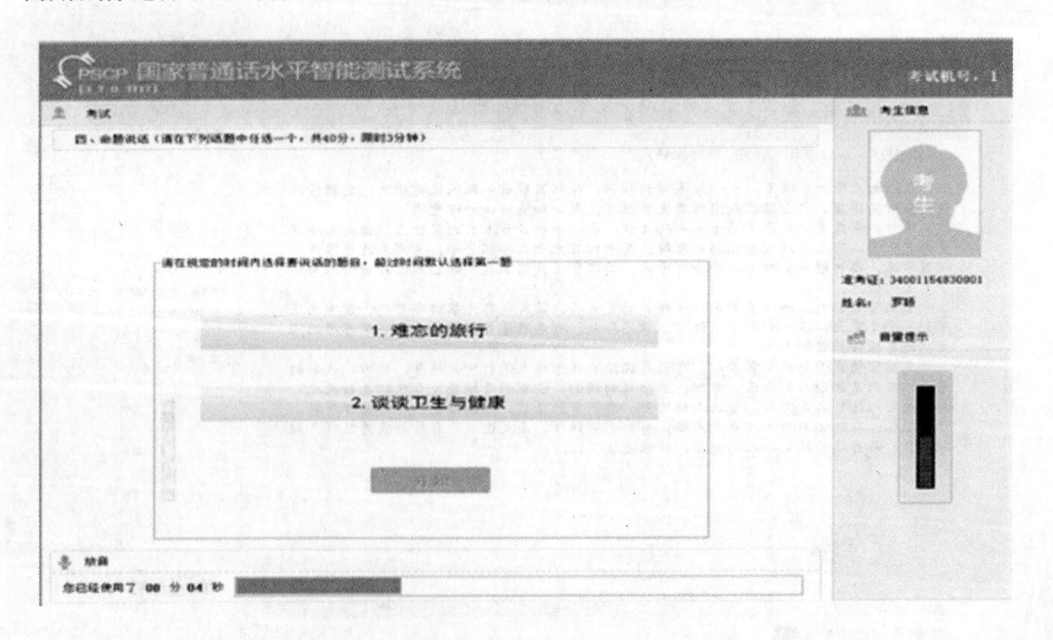

6. 测试结束

第四题测试结束,系统自动提交试卷。考生即可结束考试,离开考场。

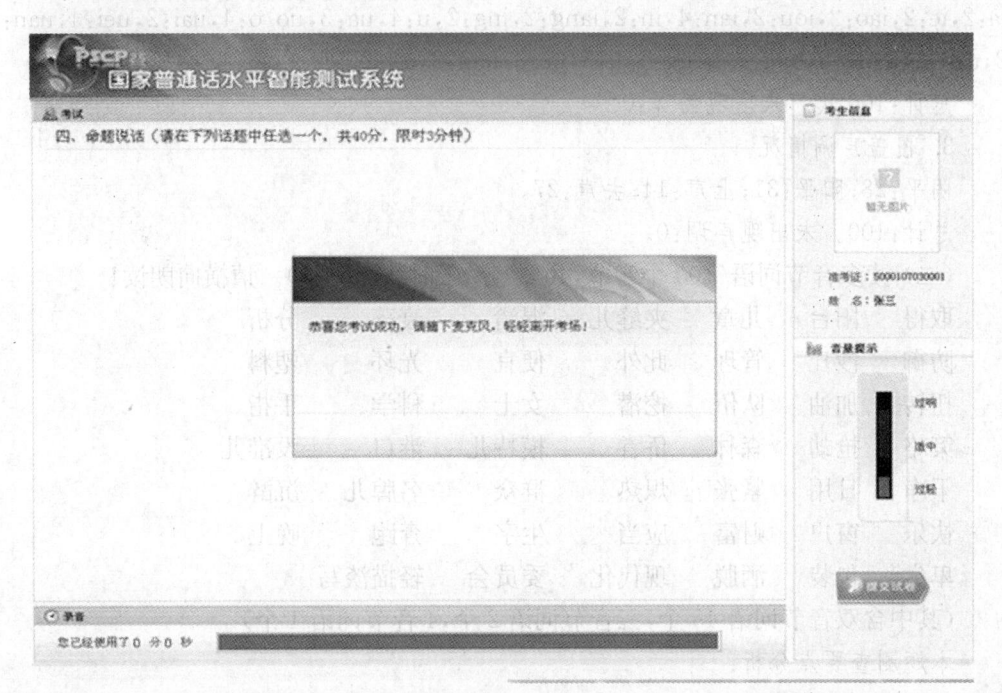

附录　普通话水平测试样卷分析(人工拟卷)

(一)读单音节字词(100个音节,共10分,限时3.5分钟)。请横向朗读!

昼	八	迷	先	毡	皮	幕	美	彻	飞
鸣	破	锤	风	豆	蹲	霞	掉	桃	定
宫	铁	翁	念	劳	天	旬	沟	狼	口
靴	娘	嫩	机	蕊	家	跪	绝	趣	全
瓜	穷	屡	知	狂	正	裹	中	恒	社
槐	事	轰	竹	掠	茶	肩	常	概	虫
皇	水	君	人	伙	自	滑	早	绢	足
炒	次	渴	酸	勤	鱼	筛	院	腔	爱
鳖	袖	滨	竖	搏	刷	瞟	帆	彩	愤
司	滕	寸	峦	岸	勒	歪	尔	熊	妥

本题测查要点分析:

1. 覆盖声母情况

b:4,p:3,m:4,f:4,d:4,t:5,n:3,l:6,g:5,k:3,h:6,j:6,q:6,x:6,zh:6,ch:6,sh:6,r:2,z:3,c:3,s:2,零声母:7。
总计:100次。未出现声母:0。

2. 覆盖韵母情况

a:2,e:4,-i(前):3,-i(后):2,ai:4,ei:2,ao:4,ou:4,an:3,en:3,ang:3,eng:4,i:3, ia:2,ie:2,iao:2,iou:2,ian:4,in:2,iang:2,ing:2,u:4,ua:3,uo/o:4,uai:2,uei:4,uan:2,uen:2,uang:2,ong:4,ueng:1,ü:3,üe:3,üan:2,ün:2iong:2,er:1。

总计:100次。未出现韵母:0。

3. 覆盖声调情况

阴平:28;阳平:31;上声:14;去声:27。

总计:100。未出现声调:0。

(二) 读多音节词语(100个音节,共20分,限时2.5分钟)。请横向朗读！

取得	阳台	儿童	夹缝儿	混淆	衰落	分析
防御	沙丘	管理	此外	便宜	光环	塑料
扭转	加油	队伍	挖潜	女士	科学	手指
策略	抢劫	森林	侨眷	模特儿	港口	没准儿
干净	日用	紧张	炽热	群众	名牌儿	沉醉
快乐	窗户	财富	应当	生字	奔跑	晚上
卑劣	包装	洒脱	现代化	委员会	轻描淡写	

(其中含双音节词语45个,三音节词语2个,4音节词语1个)

本题测查要点分析:

1. 覆盖声母情况

b:4,p:3,m:4,f:3,d:6,t:4,n:2,l:7,g:4,k:3,h:5,j:6,q:7,x:5,zh:6, ch:3,sh:6,r:2,z:2,c:3,s:3,零声母:13。

总计:100次。未出现声母:0。

2. 覆盖韵母情况

a:2,e:6,—i(前):2,—i(后):4,ai:4,ei:2,ao:2,ou:2,an:4,en:4,ang:5,eng:2 i:3,ia:1,ie:3,iao:4,iou:3,ian:3,in:2,iang:2,ing:4,u:4,ua:2,uo/o:3, uai:2,uei:4,uan:3,uen:2,uang:3,ong:2,uang:3,ong:2,ü:3,üe:2,üan:2,ün:1 iong:1,er:1。

总计:100次。未出现韵母:ueng。

其中儿化韵母4个:-engr(夹缝儿),-uenr(没准儿),er(模特儿),-air(名牌儿)。

3. 覆盖声调情况

阴平:22;阳平:26;上声:19;去声:28;轻声:5。

总计:100次。未出现声调:0。

其中上声和上声相连的词语4条:管理,扭转,手指,港口。

轻声5条:队伍,便宜,窗户,晚上,洒脱

总计:100。

(三) 朗读短文(400个音节,共30分,限时4分钟)

朗读作品9号(本书第108页),此处略

本题测查要点分析：

1. 测查普通话声韵调是否准确。本篇作品易误读的词语有：风筝（zheng），编扎（zā），削（xiāo），系（jì），嗡嗡（wēng），尽（jǐn）管等。

2. 测查连读音变是否正确、自然，包括轻声、儿化、变调等。轻声"风筝"出现多次，以及"的、们、了"等，儿化：美人儿、胡同儿、线头儿等。

3. 测查朗读语气语调是否得体，停连是否恰当，是否流畅自然。

（四）命题说话（请在下列话题中任选一个，共40分，限时3分钟）

1. 我的愿望（或理想）
2. 我的朋友

本题测查要点分析：

1. 是否扣题讲述，内容充实。
2. 语音是否标准，自然流畅。
3. 条理是否清楚，用语规范。

微信扫描二维码，可获取：
《关于普通话水平测试工作的决定》
《普通话水平测试规程》
《普通话水平测试管理规定》

第二章　普通话语音知识概述

第一节　语音的性质

语音是语言的物质外壳。它是由人的发音器官发出的具有一定意义的声音。语音和自然界的其他声音一样，产生于物体的振动，具有物理属性，形成语音的振动体是人体的声带；语音的产生离不开人体的发声构音器官，又具有生理属性；更为重要的是，语音是表达一定意义的声音，这是它和自然界其他声音的本质区别，语音所承载的意义，是使用该语言的全体社会成员约定俗成的，所以语音具有社会属性。社会属性是语音的本质属性。

一、语音的物理属性

语音和自然界中的声音一样，是由于物体振动而产生的声波，同样具有音高、音强、音长、音色四种声音的要素。

1. 音高

是指声音的高低，它决定于发音体振动的快慢，即一定时间里振动的次数（频率）。语音的音高和人体声带的长短、厚薄、松紧有关，一般男女声带厚薄松紧不同，音高存在明显差异，成年男子声带长而厚，所以声音低沉；成年女子声带短而薄，所以声音高亢。老人和孩子的音高不同也是这个道理。音高在汉语中起着十分重要的作用，普通话中的声调主要是由音高构成的，声调的变化具有区别意义的作用。

2. 音强

是指声音的强弱，它决定于发声体振动的幅度，和说话时气息量的大小有关。音强和普通话中的语调和轻声相关。

3. 音长

是指声音的长短，它决定于发声体振动持续时间的久暂。音长在英语中具有区别意义的作用，在汉语中也和语调及轻声相关。

4. 音色

是指声音的特色，又叫"音质"，是一个声音区别于另一个声音的本质特征。音色主要取决于以下三种条件：（1）发声体不同。（2）发音方法不同。（3）共鸣器不同。音色在任何语言中都起着区别意义的重要作用。

二、语音的生理属性

语音是由人的发音器官发出来的,人体的发音器官及其活动对发准声音起着决定作用。人体的发音器官可分为三个部分:

1. 肺和气管

这是为发音提供动力的系统,气息冲击声带使其产生振动从而形成语音。科学的发声方法是用气发声而不是用力发声。

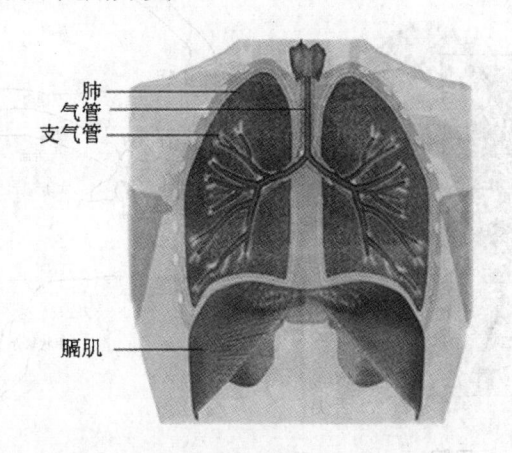

(肺、气管、支气管、膈肌)

2. 喉头和声带

这是产生语音的发声体。声带附着在甲状软骨上,后端分别跟两块杓状软骨相连接。不发声时,两片声带之间形成空隙,即声门,可供气息顺畅通过;发声时,声门闭合,气息通过闭合的声门使声带振动发出声音,人们可通过控制声带的松紧发出高低不同的声音。

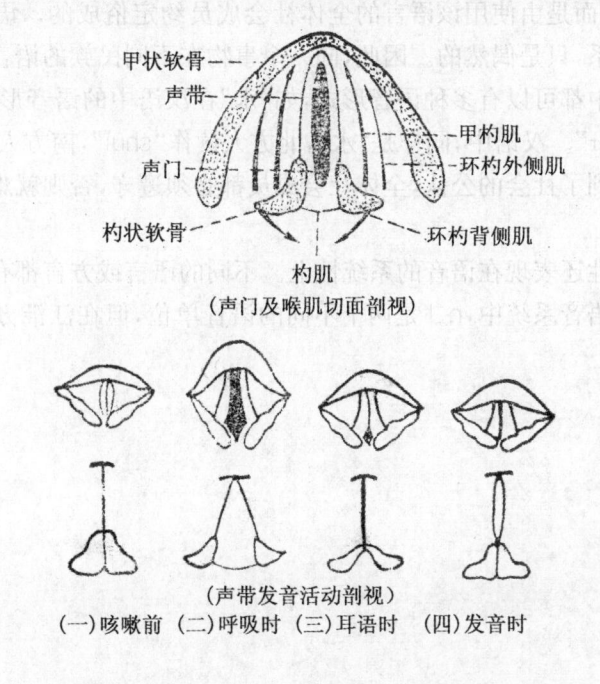

(甲状软骨、声带、声门、杓状软骨、甲杓肌、环杓外侧肌、环杓背侧肌、杓肌)

(声门及喉肌切面剖视)

(声带发音活动剖视)
(一)咳嗽前 (二)呼吸时 (三)耳语时 (四)发音时

3. 口腔和鼻腔

这是语音的构音和共鸣系统。口腔中多个器官的共同活动可加工生成不同的音色，如唇、齿、上颚（硬腭、软腭）、小舌（悬雍垂）、舌（舌尖、舌面、舌根）、下颚等，口腔是声音的制造厂。咽腔、口腔、鼻腔的共鸣不仅增大了音量，同时也美化了音色。参与构音活动的器官见下图：

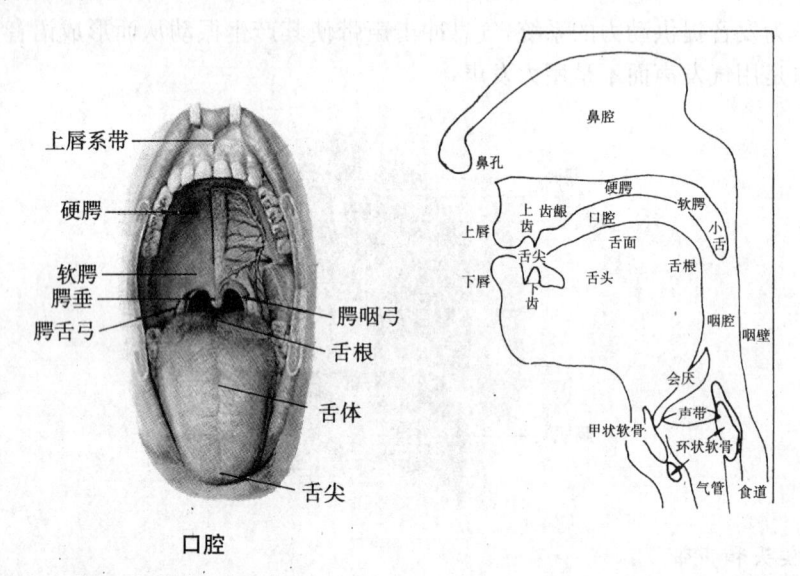

口腔

三、语音的社会属性

语音是表达一定意义的声音。用什么样的声音表达什么意义，不是由某个人或国家机构来决定的，而是由使用该语言的全体社会成员约定俗成的。语音形式和意义之间没有必然的联系，只是偶然的。因此，同一个事物在不同民族的语言中甚至在同一种语言的不同方言中都可以有多种语音形式，如"水"在汉语中的语音形式是"shuǐ"，在英语中却读作"water"。汉语中，同样是"水"，北方人读作"shuǐ"，南方人却读作"suǐ"。约定俗成的语音得到了社会的公认，全体社会成员都必须遵守，否则就难以跟其他人员进行交际。

语音的社会性还表现在语音的系统性上。不同的语言或方言都有着不同的语音系统。如在普通话语音系统中，n、l 是两个不同的语音单位，但在江淮方言区中却是没有差别的。

第二节　语音的基本概念

一、音节

音节是语音的基本单位,是人们在语言活动中听感上自然感知到的最小的语音片段。人的发音器官肌肉(主要是喉头的肌肉)的紧张从增强到减弱的一个过程,就形成一个音节。在汉语中,一般一个汉字对应一个音节,如"我们一起学习普通话"就由9个音节组成。但是汉语中的儿化却是两个汉字表示一个音节,如"小鱼儿"读作"xiǎoyúr",这是汉语中的特殊情况。

二、音素

听觉上感知到的最小的语音片段并不是最小的语音单位,音节还可以从音色的角度进行进一步的切分。音素就是从音色的角度划分出来的最小的语音单位。如"花"(huā)这个音节就可以从音色的角度进一步切分为"h、u、a"三个音素。普通话中共有32个音素。

根据声源特征不同,音素又可分为辅音和元音两大类。气流在口腔或咽腔中受到阻碍而形成的声音叫辅音,又叫子音。辅音发音时形成阻碍的部位特别紧张,气流较强,声带一般不振动,声音一般不响亮。普通话中有22个辅音。发音时,气流振动声带,在口腔、咽腔中不受阻碍而形成的声音叫元音,又叫母音。元音发音时,气流在口腔或咽腔内不受阻碍,发音器官保持均衡的紧张状态,气流较弱,声带振动,声音响亮。普通话中有10个元音。

三、声母、韵母、声调

汉语音韵学传统的分析方法,是从音节结构的角度把一个音节分为声母、韵母和声调三个部分。

声母,是指音节开头的辅音。如"普"(pǔ)这个音节中,辅音p就是它的声母。有些音节开头没有辅音,如"安"(ān)这样的音节,我们称之为零声母音节,它的声母叫零声母。普通话中共有22个声母,其中21个为辅音声母,1个为零声母。

韵母,是指音节中声母后面的部分。如"花"(huā)这个音节中,"ua"就是它的韵母。普通话中共有39个韵母。韵母主要由元音构成,如"a、ei、iao",也可以由元音加辅音构成,辅音在韵母中只能充当韵尾,能够和元音组合构成韵母的辅音只有"n"和"ng"两个鼻辅音,如"en"、"ing"。

声调,是音节中具有区别意义作用的音高的高低升降的变化。声调贯通于整个音节。普通话共有四个声调,分别是阴平、阳平、上声、去声。

第三节　汉语拼音方案

汉语拼音方案是记录现代汉语语音的方案，它的主要作用是给汉字注音。汉语拼音方案共分五个部分：字母表、声母表、韵母表、声调符号、隔音符号。

一、字母表

字母	名称	字母	名称
Aa	ㄚ	Ff	ㄝㄈ
Bb	ㄅㄝ	Gg	ㄍㄝ
Cc	ㄘㄝ	Hh	ㄏㄚ
Dd	ㄉㄝ	Ii	ㄧ
Ee	ㄜ	Jj	ㄐㄧㄝ
Kk	ㄎㄝ	Ss	ㄝㄙ
Ll	ㄝㄌ	Tt	ㄊㄝ
Mm	ㄝㄇ	Uu	ㄨ
Nn	ㄋㄝ	Vv	ㄪㄝ
Oo	ㄛ	Ww	ㄨㄚ
Pp	ㄆㄝ	Xx	ㄒㄧ
Qq	ㄑㄧㄡ	Yy	ㄧㄚ
Rr	ㄚㄦ	Zz	ㄗㄝ

V 只用来拼写外来语、少数民族语言和方言。字母的手写体依照拉丁字母的一般书写习惯。

二、声母表

b	p	m	f	d	t	n	l
ㄅ玻	ㄆ坡	ㄇ摸	ㄈ佛	ㄉ得	ㄊ特	ㄋ讷	ㄌ勒

g	k	h	j	q	x
ㄍ哥	ㄎ科	ㄏ喝	ㄐ基	ㄑ欺	ㄒ希

zh	ch	sh	r	z	c	s
ㄓ知	ㄔ蚩	ㄕ诗	ㄖ日	ㄗ资	ㄘ雌	ㄙ思

在给汉字注音的时候，为了使拼式简短，zh ch sh 可以省作 ẑ ĉ ŝ。

三、韵母表

	i 丨 衣	u ㄨ 乌	ü ㄩ 迂
a 丫 啊	ia 丨丫 呀	ua ㄨ丫 蛙	
o ㄛ 喔		ou ㄨㄛ 窝	
e ㄜ 鹅	ie 丨ㄝ 耶		üe ㄩㄝ 约
ai ㄞ 哀		uai ㄨㄞ 歪	
ei ㄟ 欸		uei ㄨㄟ 威	
ao ㄠ 熬	iao 丨ㄠ 腰		
ou ㄡ 欧	iou 丨ㄡ 忧		
an ㄢ 安	ian 丨ㄢ 烟	uan ㄨㄢ 弯	üan ㄩㄢ 冤
en ㄣ 恩	in 丨ㄣ 因	uen ㄨㄣ 温	ün ㄩㄣ 晕
ang ㄤ 昂	iang 丨ㄤ 央	uang ㄨㄤ 汪	
eng ㄥ 亨的韵母	ing 丨ㄥ 英	ueng ㄨㄥ 翁	
ong （ㄨㄥ）轰的韵母	iong ㄩㄥ 雍		

（1）"知、蚩、诗、日、资、雌、思"等七个音节的韵母用 i，即：知、蚩、诗、日、资、雌、思等字拼作 zhi，chi，shi，ri，zi，ci，si。

（2）韵母 儿 写成 er，用作韵尾的时候写成 r。例如："儿童"拼作 ertong，"花儿"拼作 huar。

（3）韵母 ㄝ 单用的时候写成 ê。

（4）i 行的韵母，前面没有声母的时候，写成 yi(衣)，ya(呀)，ye(耶)，yao(腰)，you(忧)，yan(烟)，yin(因)，yang(央)，ying(英)，yong(雍)。

u 行的韵母，前面没有声母的时候，写成 wu(乌)，wa(蛙)，wo(窝)，wai(歪)，wei(威)，wan(弯)，wen(温)，wang(汪)，weng(翁)。

23

ü行的韵母,前面没有声母的时候,写成 yu(迂),yue(约),yuan(冤),yun(晕);ü上两点省略。

ü行的韵母跟声母 j,q,x 拼的时候,写成 ju(居),qu(区),xu(虚),ü上两点也省略;但是跟声母 n,l 拼的时候,仍然写成 nü(女),lü(吕)。

(5) iou,uei,uen 前面加声母的时候,写成 iu,ui,un。例如 niu(牛),gui(归),lun(论)。

(6) 在给汉字注音的时候,为了使拼式简短,ng 可以省作 ŋ。

四、声调符号

阴平	阳平	上声	去声
ˉ	ˊ	ˇ	ˋ

声调符号标在音节的主要母音上。轻声不标。例如:

妈 mā	麻 má	马 mǎ	骂 mà	吗 ma
阴平	阳平	上声	去声	轻声

五、隔音符号

a,o,e 开头的音节连接在其他音节后面的时候,如果音节的界限发生混淆,用隔音符号(')隔开,例如 pi'ao(皮袄)。

第三章　普通话字词训练

　　普通话水平测试第一项和第二项分别为读单音节字词和读多音节词语,主要目的是考查应试人普通话声母、韵母和声调的发音是否正确和规范。

　　读单音节字词项共有 100 个音节,不包括轻声、儿化音节,限时 3.5 分钟,共 10 分。测试时要求每个音节的声韵调发音必须饱满。音节中的声母、韵母或声调三者中任意一个读错,叫语音错误;音节中的声母、韵母或声调三者中任意一个读音不标准,叫语音缺陷。

　　读多音节词语项共有 100 个音节,限时 2.5 分钟,共 20 分。除了继续考查应试人普通话声母、韵母和声调的发音是否正确和规范外,还要测查应试人上上变调、轻声、儿化的读音。其中上上相连的词语不少于 4 个,轻声词语不少于 4 个,儿化词语不少于 4 个。

　　读单音节字词和读多音节词语是普通话水平测试中最基础的部分。这两项考核虽然分值较小,但对整个测试起着至关重要的作用。"好的开头是成功的一半",应试人如果做了充分的准备,开头读得流畅、准确,将会给整个测试带来积极影响。因此,字词训练中,普通话声母、韵母、声调的训练十分重要。

第一节　普通话声母训练

　　声母指音节开头的辅音。普通话中有 21 个辅音声母,即:b、p、m、f、d、t、n、l、g、k、h、j、q、x、zh、ch、sh、r、z、c、s。

　　因为声母是由辅音构成的,所以研究声母的发音也就是研究构成声母的辅音的发音。辅音发音时,气流通过口腔或鼻腔时受到阻碍,通过克服阻碍而发出声音。因此,我们可以从两个方面来研究声母的发音:(1)发音部位,就是气流受到阻碍的部位。(2)发音方法,就是气流克服阻碍发出声音的方法。

一、声母的分类

(一) 按发音部位

按照声母的发音部位可分为以下七类:

1. 双唇音

由上唇和下唇构成阻碍而形成的音,有 b、p、m 3 个。

2. 唇齿音

由下唇和上齿构成阻碍而形成的音,只有 1 个 f。

3. 舌尖前音

由舌尖和上齿背构成阻碍而形成的音,有 z、c、s 3 个。

4. 舌尖中音

由舌尖和上齿龈构成阻碍而形成的音,有 d、t、n、l 4 个。

5. 舌尖后音

舌尖翘起和硬腭构成阻碍而形成的音,有 zh、ch、sh、r 4 个。

6. 舌面音

由舌面和硬腭构成阻碍而形成的音,有 j、q、x 3 个。

7. 舌根音

由舌根和软腭构成阻碍而形成的音,有 g、k、h 3 个。

下面是声母发音部位的示意图:

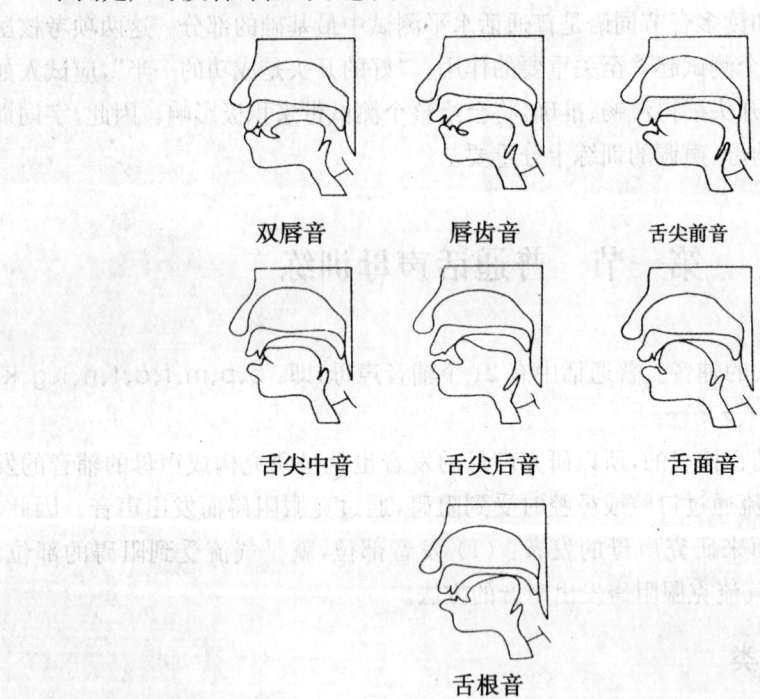

双唇音　　　唇齿音　　　舌尖前音

舌尖中音　　舌尖后音　　舌面音

舌根音

(二) 按发音方法

发音器官阻碍气流的方式、气流克服阻碍的方式就叫发音方法。发音方法包括阻碍方式、气流强度、声带振动三种情况。

按照发音时气流克服阻碍的方式,普通话的声母可分为五类:

(1) 塞音。构成阻碍的两个部位完全闭塞。软腭上升,堵塞通向鼻腔的通路。气流经过口腔时冲破阻碍迸裂而出,爆发成声。塞音有 b、p、d、t、g、k 6 个。

　　(2) 擦音。构成阻碍的两个部位非常接近,留下窄缝。软腭上升,堵塞通向鼻腔的通路。气流经过口腔时从窄缝挤出,摩擦成声。擦音有 f、h、x、sh、r、s 6 个。

　　(3) 塞擦音。构成阻碍的两个部位完全闭塞。软腭上升,堵塞通向鼻腔的通路。气流经过口腔先把阻塞部位冲开一条窄缝,从窄缝中挤出,摩擦成声。先破裂,后摩擦,结合成一个音。塞擦音有 j、q、zh、ch、z、c 6 个。

　　(4) 鼻音。口腔里构成阻碍的两个部位完全闭塞。软腭下垂,打开通向鼻腔的通路。气流振动声带,从鼻腔通过。鼻音有 m 和 n 两个。

　　(5) 边音。舌尖与齿龈相接构成阻碍,舌头两边留有空隙。软腭上升,堵塞通向鼻腔的通路。气流经过口腔,振动声带,从舌头的两边通过。边音只有 1 个 l。

　　按照发音时呼出的气流的强弱,普通话声母中的塞音和塞擦音分为两类,就是不送气音和送气音。

　　(1) 不送气音。发音时,呼出的气流较弱。有 6 个,分别是 b、d、g、j、zh、z。
　　(2) 送气音。发音时,呼出的气流较强。有 6 个,分别是 p、t、k、q、ch、c。
　　按照发音时声带是否振动,普通话的声母分为两类,就是清音和浊音。
　　(1) 清音。气流呼出时,声门打开,声带不振动,发出的音不响亮。清音有 17 个,分别是 b、p、f、d、t、g、k、h、j、q、x、zh、ch、sh、z、c、s。
　　(2) 浊音。气流呼出时,振动声带,发出的音比较响亮。浊音有 4 个,分别是 m、n、l、r。

二、声母的发音

　　把上面讲的声母的发音部位和发音方法结合起来,就可以对普通话 21 个声母的发音进行如下描述:

　　b [p] 双唇、不送气、清、塞音(是双唇音、不送气音、清音、塞音的简称。以下类推)。发音时,双唇闭合,软腭上升,堵塞鼻腔通路,声带不振动,较弱的气流冲破双唇的阻碍,迸裂而出,爆发成声。

　　字词发音练习:

八 bā	白 bái	报 bào	办 bàn	棒 bàng
北 běi	本 běn	迸 bèng	宾 bīn	并 bìng
白布 báibù	摆布 bǎibù	宝贝 bǎobèi	辨别 biànbié	
奔波 bēnbō	包办 bāobàn	标兵 biāobīng	帮办 bāngbàn	

　　p [pʻ] 双唇、送气、清、塞音。发音情况和 b 基本相同,只是有一股较强的气流冲开双唇。

　　字词发音练习:

趴 pā	牌 pái	跑 pǎo	盘 pán	旁 páng
陪 péi	盆 pén	朋 péng	拼 pīn	凭 píng
偏旁 piānpáng	品牌 pǐnpái	铺平 pūpíng	澎湃 péngpài	

批评 pīpíng　　　　匹配 pǐpèi　　　　拼盘 pīnpán　　　　评聘 píngpìn

m [m] 双唇、浊、鼻音。发音时，双唇闭合，软腭下降，鼻腔畅通。气流振动声带，从鼻腔通过形成鼻音；阻碍解除时，气流冲破双唇的阻碍，发出轻微的塞音。

字词发音练习：

妈 mā　　　　买 mǎi　　　　毛 máo　　　　没 méi　　　　卖 mài
美 měi　　　　忙 máng　　　名 míng　　　　母 mǔ　　　　迈 mài
麦苗 màimiáo　　面貌 miànmào　　美妙 měimiào　　密码 mìmǎ
眉目 méimù　　　明媚 míngmèi　　牧民 mùmín　　　埋没 máimò

f [f] 唇齿、清、擦音。发音时，下唇接近上齿，形成窄缝，软腭上升，堵塞鼻腔通路，气流不振动声带，从唇齿间的窄缝中挤出，摩擦成声。

字词发音练习：

发 fā　　　　非 fēi　　　　风 fēng　　　　房 fáng　　　　分 fēn
费 fèi　　　　翻 fān　　　　福 fú　　　　　凤 fèng　　　　否 fǒu
方法 fāngfǎ　　奋发 fènfā　　　反复 fǎnfù　　　芬芳 fēnfāng
肺腑 fèifǔ　　　丰富 fēngfù　　非凡 fēifán　　　犯法 fànfǎ

d [t] 舌尖中、不送气、清、塞音。发音时，舌尖抵住上齿龈，软腭上升，堵塞鼻腔通路，声带不振动，较弱的气流冲破舌尖的阻碍，迸裂而出，爆发成声。

字词发音练习：

大 dà　　　　地 dì　　　　叠 dié　　　　多 duō　　　　等 děng
点 diǎn　　　定 dìng　　　短 duǎn　　　掉 diào　　　洞 dòng
道德 dàodé　　电灯 diàndēng　　淡定 dàndìng　　导弹 dǎodàn
大地 dàdì　　　单调 dāndiào　　当代 dāngdài　　顶端 dǐngduān

t [t'] 舌尖中、送气、清、塞音。发音的情况和 d 基本相同，只是气流较强。

字词发音练习：

踏 tà　　　　碳 tàn　　　　滔 tāo　　　　太 tài　　　　天 tiān
听 tīng　　　题 tí　　　　　谈 tán　　　　汤 tāng　　　图 tú
团体 tuántǐ　　忐忑 tǎntè　　　铁塔 tiětǎ　　　探讨 tàntǎo
滩涂 tāntú　　　淘汰 táotài　　　天堂 tiāntáng　推脱 tuītuō

n [n] 舌尖中、浊、鼻音。发音时，舌尖抵住上齿龈，软腭下降，打开鼻腔通路，气流振动声带，从鼻腔通过发音；阻碍解除时，气流冲破舌尖的阻碍，发出轻微的塞音。

字词发音练习：

那 nà　　　　乃 nǎi　　　　捏 niē　　　　闹 nào　　　　能 néng
弄 nòng　　　南 nán　　　　念 niàn　　　凝 níng　　　暖 nuǎn
牛奶 niúnǎi　　能耐 néngnài　　男女 nánnǚ　　　农奴 nóngnú
牛腩 niúnán　　恼怒 nǎonù　　　泥泞 nínìng　　　拿捏 nániē

l [l] 舌尖中、浊、边音。发音时，舌尖抵住上齿龈，软腭上升，堵塞鼻腔通路，气流振动声带，从舌头两边或一边通过。

字词发音练习：

拉 lā	来 lái	捞 lāo	里 lǐ	鲁 lǔ
领 lǐng	论 lùn	乱 luàn	六 liù	聊 liáo
理论 lǐlùn	轮流 lúnliú	流利 liúlì		连累 liánlèi
老练 lǎoliàn	来历 láilì	嘹亮 liáoliàng		玲珑 línglóng

g[k]　舌根、不送气、清、塞音。发音时，舌面后部抵住软腭，软腭后部上升，堵塞鼻腔通路，声带不振动，较弱的气流冲破阻碍，爆发成声。

字词发音练习：

个 gè	盖 gài	桂 guì	尬 gà	跟 gēn
刚 gāng	高 gāo	古 gǔ	搞 gǎo	挂 guà
改革 gǎigé	国歌 guógē	公共 gōnggòng		广告 guǎnggào
巩固 gǒnggù	古怪 gǔguài	更改 gēnggǎi		光顾 guānggù

k[k']　舌根、送气、清、塞音。发音的情况和 g 基本相同，只是气流较强。

字词发音练习：

课 kè	慨 kǎi	挎 kuà	看 kàn	开 kāi
考 kǎo	快 kuài	空 kōng	狂 kuáng	哭 kū
开口 kāikǒu	可靠 kěkào	空旷 kōngkuàng		开阔 kāikuò
刻苦 kèkǔ	开课 kāikè	慷慨 kāngkǎi		困苦 kùnkǔ

h[x]　舌根、清、擦音。发音时，舌面后部接近软腭，留出窄缝，软腭上升，堵塞鼻腔通路，声带不振动，气流从舌面后部和软腭形成的窄缝中挤出，摩擦成声。

字词发音练习：

花 huā	号 hào	活 huó	好 hǎo	后 hòu
胡 hú	换 huàn	黄 huáng	货 huò	鸿 hóng
皇后 huánghòu	呼唤 hūhuàn	悔恨 huǐhèn		回话 huíhuà
后悔 hòuhuǐ	火花 huǒhuā	混合 hùnhé		行货 hánghuò

j[tɕ]　舌面、不送气、清、塞擦音。发音时，舌面前部抵住硬腭前部，软腭上升，堵塞鼻腔通路，声带不振动，较弱的气流把舌面前部的阻碍冲开一道窄缝，并从中挤出，摩擦成声。

字词发音练习：

记 jì	街 jiē	竟 jìng	家 jiā	见 jiàn
将 jiāng	叫 jiào	姐 jiě	均 jūn	距 jù
积极 jījí	解救 jiějiù	将军 jiāngjūn		家具 jiājù
解决 jiějué	纠结 jiūjié	拒绝 jùjué		简介 jiǎnjiè

q[tɕ']　舌面、送气、清、塞擦音。发音的情况和 j 基本相同，只是气流较强。

字词发音练习：

| 恰 qià | 期 qī | 秋 qiū | 前 qián | 七 qī |
| 强 qiáng | 全 quán | 枪 qiāng | 亲 qīn | 群 qún |

29

亲戚 qīnqi　　　　请求 qǐngqiú　　　　确切 quèqiè　　　　牵强 qiānqiǎng
欠缺 qiànquē　　　齐全 qíquán　　　　轻巧 qīngqiǎo　　　气球 qìqiú

x[ɕ]　舌面、清、擦音。发音时,舌面前部接近硬腭前部,留出窄缝,软腭上升,堵塞鼻腔通路,声带不振动,气流从舌面前部和硬腭前部形成的窄缝中挤出,摩擦成声。

字词发音练习：

下 xià　　　　　绣 xiù　　　　　凶 xiōng　　　　想 xiǎng　　　　先 xiān
校 xiào　　　　 新 xīn　　　　　写 xiě　　　　　需 xū　　　　　修 xiū
学校 xuéxiào　　信息 xìnxī　　　细心 xìxīn　　　想象 xiǎngxiàng
相信 xiāngxìn　　休闲 xiūxián　　新鲜 xīnxiān　　形象 xíngxiàng

z[ts]　舌尖前、不送气、清、塞擦音。发音时,舌尖轻轻抵住上齿背,软腭上升,堵塞鼻腔通路,声带不振动,较弱的气流把舌尖与上齿背的阻碍冲开一道窄缝,并从中挤出,摩擦成声。

字词发音练习：

杂 zá　　　　　在 zài　　　　　走 zǒu　　　　　早 zǎo　　　　　字 zì
租 zū　　　　　宗 zōng　　　　增 zēng　　　　资 zī　　　　　　坐 zuò
祖宗 zǔzong　　曾祖 zēngzǔ　　栽赃 zāizāng　　藏族 zàngzú
自尊 zìzūn　　　枣子 zǎozi　　　造作 zàozuò　　罪责 zuìzé

c[ts']　舌尖前、送气、清、塞擦音。发音的情况和 z 基本相同,只是气流较强。

字词发音练习：

擦 cā　　　　　才 cái　　　　　从 cóng　　　　错 cuò　　　　　催 cuī
次 cì　　　　　惨 cǎn　　　　　此 cǐ　　　　　侧 cè　　　　　凑 còu
层次 céngcì　　猜测 cāicè　　　仓促 cāngcù　　催促 cuīcù
草丛 cǎocóng　苍翠 cāngcuì　　粗糙 cūcāo　　　从此 cóngcǐ

s[s]　舌尖前、清、擦音。发音时,舌尖接近上齿背,形成窄缝,软腭上升,堵塞鼻腔通路,声带不振动,气流从舌尖和上齿背的窄缝中擦出而成声。

字词发音练习：

洒 sǎ　　　　　塞 sè　　　　　送 sòng　　　　算 suàn　　　　四 sì
所 suǒ　　　　 岁 suì　　　　　松 sōng　　　　苏 sū　　　　　散 sàn
色素 sèsù　　　琐碎 suǒsuì　　速算 sùsuàn　　思索 sīsuǒ
四岁 sìsuì　　　松散 sōngsǎn　诉讼 sùsòng　　搜索 sōusuǒ

zh[tʂ]　舌尖后、不送气、清、塞擦音。发音时,舌尖上翘,抵住硬腭前部,软腭上升,堵塞鼻腔通路,声带不振动,较弱的气流把舌尖的阻碍冲开一道窄缝,并从中挤出,摩擦成声。

字词发音练习：

支 zhī　　　　　真 zhēn　　　　住 zhù　　　　诈 zhà　　　　眨 zhǎ
中 zhōng　　　 长 zhǎng　　　　抓 zhuā　　　赚 zhuàn　　　撞 zhuàng
专职 zhuānzhí　 正直 zhèngzhí　 政治 zhèngzhì　招展 zhāozhǎn

住宅 zhùzhái　　茁壮 zhuózhuàng　　纸质 zhǐzhì　　主张 zhǔzhāng

ch[tṣ'] 舌尖后、送气、清、塞擦音。发音的情况和 zh 基本相同,只是气流较强。

字词发音练习:

岔 chà　　　　池 chí　　　　穿 chuān　　　掣 chè　　　冲 chōng
初 chū　　　　唱 chàng　　　抄 chāo　　　垂 chuí　　　醇 chún
车床 chēchuáng　　橱窗 chúchuāng　　　　长城 chángchéng
出产 chūchǎn　　　超产 chāochǎn　　　　出差 chūchāi

sh[ṣ] 舌尖后、清、擦音。发音时,舌尖上翘,接近硬腭前部,形成窄缝,软腭上升,堵塞鼻腔通路,声带不振动,气流从舌尖和硬腭前部形成的窄缝中挤出,摩擦成声。

字词发音练习:

诗 shī　　　　晒 shài　　　设 shè　　　说 shuō　　　上 shàng
省 shěng　　　收 shōu　　　睡 shuì　　　山 shān　　　爽 shuǎng
舒适 shūshì　　　山水 shānshuǐ　　　硕士 shuòshì　　　施舍 shīshě
事实 shìshí　　　身世 shēnshì　　　师生 shīshēng　　　实施 shíshī

r[ʐ] 舌尖后、浊、擦音。发音的情况和 sh 相近,只是摩擦比 sh 弱,同时声带振动,气流带音。

字词发音练习:

日 rì　　　　绕 rào　　　扔 rēng　　　让 ràng　　　热 rè
肉 ròu　　　荣 róng　　　软 ruǎn　　　润 rùn　　　蕊 ruǐ
柔软 róuruǎn　　柔弱 róuruò　　仍然 réngrán　　忍让 rěnràng
荏苒 rěnrǎn　　容忍 róngrěn　　融入 róngrù　　如若 rúruò

除了以上 21 个辅音声母外,还有一些音节开头没有辅音充当声母,而是以元音开头,也就是说,它们的声母是"零",习惯上称它们为"零声母"。例如 ān(安)、ēn(恩)、áo(熬)、ōu(欧)、áng(昂)等。汉语拼音的 y 和 w 只出现在零声母音节的开头,它们的作用主要是使音节界限清楚。例如,yī(衣)、压(yā)、叶(yè)、yū(迂)、yān(烟)、yuān(冤)、yāng(央)、wāng(汪)、wēng(翁)、yōng(雍)等。

声母的发音部位和发音方法可以综合为下列总表。

发音方法 发音部位	塞音		塞擦音		擦音		鼻音	边音
	清音		清音		清音	浊音	浊音	浊音
	不送气	送气	不送气	送气				
双唇音	b	p					m	
唇齿音					f			
舌尖中音	d	t					n	l
舌根音	g	k			h			
舌面音			j	q	x			
舌尖后音			zh	ch	sh	r		
舌尖前音			z	c	s			

31

三、声母辨正

（一）平舌音 z、c、s 和翘舌音 zh、ch、sh

普通话里 zh、ch、sh 和 z、c、s 能区别意义，而吴方言、闽方言、粤方言，以及北方方言的部分地区，都没有 zh、ch、sh 这套声母。北方方言里有些地区虽然有这两套声母，但是分合情况和普通话也不完全相同。

1. 掌握平舌音 z、c、s 和翘舌音 zh、ch、sh 的发音

方言区的人学习普通话时首先要掌握这两类声母的发音要领。z、c、s 是舌尖前音，发音时舌尖平伸，抵住或接近上齿背，故又称为"平舌音"。zh、ch、sh 是舌尖后音，发音时舌尖翘起，抵住或接近硬腭前部，故又称为"翘舌音"。练习的时候可以先发 z、c、s，然后把舌尖翘起来，抵住或接近硬腭前部，这时候发出的音就是 zh、ch、sh。

比较下列各组词语：

鱼刺 yúcì　　　　　　　　　　鱼翅 yúchì

私人 sīrén　　　　　　　　　　诗人 shīrén

脏嘴 zāngzuǐ　　　　　　　　张嘴 zhāngzuǐ

阻力 zǔlì　　　　　　　　　　主力 zhǔlì

2. 平翘舌音的辨音练习

（1）单音节对比练习

z—zh

| 杂—闸 | 早—找 | 则—哲 | 自—治 | 栽—摘 |
| 紫—纸 | 邹—周 | 暂—站 | 怎—枕 | 脏—张 |

c—ch

| 词—池 | 擦—插 | 才—柴 | 岑—臣 | 凑—臭 |
| 操—超 | 惨—产 | 次—赤 | 测—掣 | 从—重 |

s—sh

| 寺—是 | 艘—收 | 三—山 | 森—身 | 扫—少 |
| 色—设 | 鳃—筛 | 撒—杀 | 僧—生 | 赛—晒 |

（2）双音节对比练习

z—zh

| 自愿—志愿 | 仿造—仿照 | 姿势—知识 | 宗旨—中止 |
| 物资—物质 | 资源—支援 | 资助—支柱 | 自动—制动 |

c—ch

| 粗布—初步 | 新村—新春 | 鱼刺—鱼翅 | 木材—木柴 |
| 乱草—乱吵 | 从来—重来 | 不存—不纯 | 辞藻—池沼 |

s—sh

| 私人—诗人 | 近似—近视 | 搜集—收集 | 桑叶—商业 |

申诉—申述　　　　五岁—午睡　　　　三顶—山顶　　　　肃立—树立

（3）交叉对比练习

杂志 zázhì　　　　栽种 zāizhòng　　　　增长 zēngzhǎng

差错 chācuò　　　　陈醋 chéncù　　　　成材 chéngcái

哨所 shàosuǒ　　　深思 shēnsī　　　　生死 shēngsǐ

（4）短文对比练习

每天在学校的操场上一圈儿又一圈儿地跑着,跑得累倒在地上,扑在草坪上痛哭。(c/ch)[作品14号]

不过这些柱子并未与天花板接触,只不过是装装样子。(zh/z)[作品19号]

她从来不吃肉,一再说自己是素食者。(s/sh)[作品42号]

（5）绕口令练习

四是四,十是十,十四是十四,四十是四十,不要把四十念成戏习,也不要把十四念成习戏。

这是蚕,那是蝉。蚕常在叶里藏,蝉藏在叶里唱。

红砖堆,青砖堆,砖堆旁边蝴蝶追,蝴蝶绕着砖堆飞,飞来飞去蝴蝶钻砖堆。

3. 掌握记忆的方法

在发音准确的基础上,还要能准确判断普通话里哪些字的声母是 zh、ch、sh,哪些字的声母是 z、c、s。可采用以下方法帮助记忆：

（1）记少不记多

在普通话的常用字中,平舌音字占平翘舌音字总和的 30%,翘舌音字占平翘舌音字总和的 70%。本着记少不记多的原则,我们只要重点记忆数量较少的平舌音字,也就相应地记住了较多的翘舌音字。

（2）声旁类推

形声字中的声旁具有表音功能,声旁相同的字读音相同或相近。我们只要记住声旁,即可推出同声旁的形声字的读音。例如：

子——仔　籽　字　孜　　　　尊——遵　樽　鳟　撙
曾——赠　增　憎　甑　　　　采——彩　踩　睬　菜
桑——嗓　搡　颡　磉　　　　四——泗　驷　牺　柶
采——彩　踩　睬　菜　　　　昌——猖　娼　倡　唱
申——伸　婶　神　审　　　　式——试　拭　轼　弑
中——种　钟　忠　仲　　　　主——住　驻　注　珠

但要注意,这种规律也有例外的情况：

宗(z)——崇(ch)　　　　叟(s)——瘦(sh)

则(z)——侧(zh)　　　　朔(sh)——溯(s)

责(z)——债(zh)　　　　才(c)——豺(ch)

仓(c)——创(ch)　　　　差(ch)——搓(c)

此(c)——柴(ch)　　　　参(c)——渗(sh)

33

（3）记拼合规律

从音节的拼合规律看，普通话声母 z、c、s 绝不和韵母 ua、uai、uang 相拼，反之，韵母是 ua、uai、uang 的字，其声母一定是 zh、ch、sh；韵母 ong 不能和声母 sh 构成音节，如松（sōng）不能读成 shōng。

z、c、s 与 zh、ch、sh 偏旁类推字表

z 声母代表字

匝——砸

赞——攒

澡——燥 噪 躁 藻

则——厕 侧 测 恻 （铡 zhá）

责——啧 帻 （债 zhài）

曾——增 赠 憎

资——咨 姿 恣

兹——滋 孳

子——籽 仔 孜 字

宗——综 棕 踪 鬃 粽（琮、淙的声母为 c，崇 chóng）

卒——醉

组——祖 租 组 诅 阻（粗 cū）

尊——遵 樽 鳟 撙

c 声母代表字

才——财 材 （豺 chái）

采——菜 踩 彩 睬 採

曹——槽 嘈 漕 蜡

参——惨

仓——舱 沧 苍 伧（创、疮的声母为 ch）

崔——摧 催 璀

慈——磁 糍 鹚

此——疵 呲 雌 （柴 chái）

从——丛 苁

萃——悴 淬 翠 粹 瘁

寸——村 存

s 声母代表字

散——傘 撒 糁

桑——嗓 搡 槡

思——腮 鳃

司——嗣 伺（词、祠的声母为 c）

斯——撕 厮 澌 嘶

四——泗 驷 牺
素——愫 嗦
孙——荪 狲
叟——搜 艘 馊 溲 嗖 飕
遂——隧 邃 燧

zh 声母代表字

占——沾 毡 粘 战 站（钻 zuān）
长——张 帐 涨 账
章——樟 彰 瘴 障 漳 璋
丈——仗 杖
召——昭 招 沼 照
者——诸 猪 煮 箸
折——哲 浙 蜇
真——镇 缜
贞——帧 侦 桢
争——挣 睁 等 铮 峥
正——证 征 政 怔 症
之——芝 汁 肢
支——枝 肢
知——蜘 智
直——植 殖 值 置
止——址 趾 致
旨——指 脂
只——织 职 帜
至——窒 致
朱——珠 株 蛛 诛
主——注 蛀 住 柱 驻 拄
中——忠 盅 钟 衷
爪——抓
专——砖 转 传
庄——桩 装
卓——桌 倬
中——肿 种 仲 衷 忠 钟
州——洲

ch 声母代表字

产——铲
昌——猖 娼 倡 唱

长——伥 怅
常——嫦
尝——偿
朝——潮 嘲
辰——晨 宸 榐
成——诚 城 盛
呈——程 逞
丞——蒸 拯
尺——迟
出——础 黜
厨——橱 蹰
垂——锤 捶 陲 棰
春——椿 蠢

sh 声母代表字

山——汕 疝 舢 讪
扇——煽 骟
善——膳 缮 鳝
尚——赏 裳
少——纱 沙 砂 鲨 裟
申——神 审 伸 绅 砷
生——胜 牲 苼 甥
师——狮 筛
史——使 驶
市——柿 铈
式——试 拭 弑
守——狩
受——授 绶
叔——淑 菽
刷——涮
率——摔 蟀
疏——蔬
署——薯 曙

（二）鼻音 n 和边音 l

1. 掌握鼻音 n 和边音 l 的发音

普通话里的 n 和 l 能区别意义，而闽方言、北方方言里的西南方言和部分江淮方言中 n 和 l 是不分的。有的有 n 没有 l，有的有 l 没有 n，有的 n、l 混用。例如"男制服"和

"蓝制服"不分,"女客"和"旅客"不分。因此,这些方言区的人学习普通话时首先要掌握这两类声母的发音要领。n 是鼻音,发音时气流通过鼻腔,由鼻孔呼出,不由口腔呼出。l 是边音,发音时气流从舌头的两边呼出,不从鼻腔呼出。

比较下列各组词语:

你想 nǐxiǎng——理想 lǐxiǎng　　　水牛 shuǐniú——水流 shuǐliú
年代 niándài——连带 liándài　　　无奈 wúnài——无赖 wúlài

2. 鼻、边音的字词发音练习

(1) 单音节对比练习

n—l

| 那—辣 | 讷—乐 | 耐—赖 | 内—类 | 脑—老 |
| 男—蓝 | 囊—狼 | 能—棱 | 你—里 | 聂—列 |

(2) 双音节对比练习

n—l

| 鸟雀—了却 | 鲇鱼—鲢鱼 | 河南—荷兰 | 黄泥—黄鹂 |
| 水牛—水流 | 浓重—隆重 | 怒容—鹿茸 | 扭腰—柳腰 |

l—n

| 老子—脑子 | 褴褛—男女 | 无赖—无奈 | 陨落—允诺 |
| 大梁—大娘 | 泪腺—内线 | 流毒—牛犊 | 连带—年代 |

(3) 交叉对比练习

哪里 nǎlǐ	纳凉 nàliáng	脑力 nǎolì	内涝 nèilào
来年 láinián	冷暖 lěngnuǎn	流脑 liúnǎo	留念 liúniàn
牛奶 niúnǎi	恼怒 nǎonù	扭捏 niǔniē	能耐 néngnài
履历 lǚlì	联络 liánluò	流露 liúlù	老练 lǎoliàn

(4) 短文对比练习

可是一段时间后,叫阿诺德的那个小伙子青云直上,而那个叫布鲁诺的小伙子却仍在原地踏步。(l/n)[作品 2 号]

在里约热内卢的一个贫民窟里,有一个男孩子,他非常喜欢足球。(n/l)[作品 41 号]

大家喜欢涉及的话题之一,就是古长安和古奈良。(n/l)[作品 24 号]

(5) 绕口令练习

念一念,练一练,n l 的发音要分辨,l 是边音软腭升,n 是鼻音舌靠前。你来练,我来念,不怕累,不怕难,齐努力,攻难关。

蓝教练是女教练,吕教练是男教练,蓝教练不是男教练,吕教练不是女教练。蓝南是男篮主力,吕楠是女篮主力,吕教练在男篮训练蓝南,蓝教练在女篮训练吕楠。

3. 掌握记忆的方法

除了要学会 n 和 l 的发音外,还要记住在普通话里哪些字的声母是 n,哪些字的声母是 l。可采用以下方法帮助记忆:

(1) 记少不记多

普通话中 n 声母的字很少,只有 80 多个,而 l 声母的字较多。本着记少不记多的原则,我们只要重点记忆数量较少的n声母字,也就相应地记住了较多的l声母字。

有些韵母与l相拼的音节多,与n相拼的音节却很少。例如n和ü相拼的只有"女"(nǚ),n和ang相拼的只有"囊"(náng),n和iang相拼的只有"娘"(niáng)、"酿"(niàng),n和in相拼的只有"您"(nín)。

(2) 声旁类推

声旁声母读g、h、j、q、x的字,整个形声字声母读l。例如:

g——裸 洛 落
h——芦 炉 庐
j——蓝 凉 谅
q——脸 敛
x——腊 特例

声旁声母读边音l的字,整个形声字声母读l;声旁声母读鼻音n的字,整个形声字声母读n。例如:

兰——烂 拦 栏　　　龙——笼 聋 垄
立——粒 笠 拉　　　乃——奶 氖 艿
奴——怒 努 弩　　　尼——泥 妮 呢

但要注意,这种规律也有例外的情况,如:

良(liáng)—娘(niáng)

(3) 记拼合规律

普通话中,韵母ou、uen不和n相拼,只和l相拼。如楼、论、漏、轮等。

n与l偏旁类推字表

n声母代表字

那——哪 挪 娜
乃——奶 耐 氖 鼐
奈——捺 萘 柰
南——喃 楠 腩
内——呐 纳 讷
尼——呢 泥 妮 昵 伲
念——捻 埝
聂——蹑 镊 镍
宁——拧 柠 咛 佞
农——浓 脓
奴——努 怒

l声母代表字

拉——啦
兰——栏 拦 烂
阑——谰 澜
览——揽 榄 缆

郎——廊 啷 榔 螂
劳——捞 唠 痨 涝
老——姥 佬
雷——擂 镭 蕾
离——漓 篱 璃
里——理 鲤 厘 狸
利——犁 梨 蜊 俐
立——粒 笠 苙
厉——励
力——历 沥 荔
连——莲 链 涟
廉——镰
良——粮 踉
两——俩 辆 魉
列——烈 裂 冽 洌 咧
令——龄 伶 蛉 铃 玲 羚 聆 岭 领
林——淋 琳 霖
龙——咙 聋 笼 垄 拢 陇
娄——喽 楼 搂 篓 镂
留——溜 瘤 遛 榴
卢——轳 颅
鲁——橹 撸 噜
路——鹭 露 璐
录——禄 绿
鹿——辘 麓
罗——萝 逻 箩 锣
洛——落
仑——抡 伦 沦 轮 论
吕——侣 铝

（三）唇齿音 f 和舌根音 h

1. 掌握 f 和 h 的发音

f 是唇齿音，发音时下唇和上齿构成阻碍。h 是舌根音，发音时舌根和软腭构成阻碍。南方有些方言没有 f 这个声母，普通话的 f 在闽方言中多数读成 b、p 或 h，湘方言有些地区把 f 读成 hu，而粤方言则相反，把普通话里一些读 h 的字（大都是和 u 结合的字，如虎 hu、花 hua）也读作 f。

比较下列各组词语：

发生 fāshēng　　花生 huāshēng　　废话 fèihuà　　会话 huìhuà
公费 gōngfèi　　工会 gōnghuì　　三伏 sānfú　　三壶 sānhú

2. f-h 的字词发音练习

(1) 单音节练习

f—h

发—花　　番—欢　　方—荒　　非—灰　　分—昏
风—轰　　夫—呼　　佛—活　　坟—魂　　放—晃

(2) 双音节对比练习

f—h

防空—航空　　幅度—弧度　　佛像—活象　　翻腾—欢腾
风干—烘干　　公费—工会　　废话—会话　　富丽—互利

h—f

缓冲—反冲　　欢悦—翻阅　　烘干—风干　　花市—发誓
花环—发凡　　互利—富丽　　绘制—废置　　西湖—西服

(3) 交叉对比练习

发话 fāhuà　　发慌 fāhuāng　　绯红 fēihóng　　反悔 fǎnhuǐ
繁华 fánhuá　　混纺 hùnfǎng　　花粉 huāfěn　　后方 hòufāng

(4) 绕口令练习

粉红墙上画凤凰,凤凰画在粉红墙,红凤凰,黄凤凰,粉红凤凰花凤凰。
风吹花飞,灰飞花上花堆灰。风吹花灰灰飞去,灰在风里飞又飞。

3. 掌握记忆的方法

除了学会 f 和 h 的发音外,还要记住在普通话里哪些字的声母是 f,哪些字的声母是 h。可主要采用声旁类推的方法进行记忆。

例:

凡——帆 梵 钒 矾　　　　方——放 房 防 仿
分——纷 芬 粉 份　　　　风——疯 枫 讽 砜
户——护 沪 戽 扈　　　　皇——蝗 惶 徨 煌
胡——湖 糊 葫 蝴　　　　奂——唤 换 涣 焕

f 与 h 偏旁类推字表

f 声母代表字

伐——伐 阀 筏
发——废
乏——泛
番——翻
凡——帆 矾
反——返 饭 贩
方——芳 房 妨 防 肪 访 纺 仿 放

非——菲 啡 扉 诽 匪 痱
分——纷 吩 芬 粉 忿 份
风——枫 疯 讽
夫——麸 肤 芙 扶
弗——拂 佛 沸 费
孚——孵 俘 浮
伏——茯 袱
甫——敷 辅 傅 缚
复——腹 馥 覆
父——斧 釜
付——符 府 俯 腑 腐 附 咐

h 声母代表字

禾——和
忽——惚
胡——湖 葫 糊 蝴
虎——唬 琥
户——沪 护 扈
化——花 哗 华 铧 桦
荒——慌 谎
皇——煌 惶 徨 凰 蝗
黄——璜 簧
晃——恍 幌
奂——涣 换 唤 焕 痪
灰——恢 诙
会——绘 荟 烩
惠——蕙
回——茴 蛔 徊
火——伙
或——惑
昏——阍 婚

（四）翘舌音 r 和边音 l

1. 掌握 r 和 l 的发音

声母 r 的发音和 sh 相近，只是摩擦比 sh 弱，同时声带振动，气流带音。r 和 l 发音部位比较接近，而且都是浊声母，音色比较近似，有些方言区人容易把 r 发成 l，或两者混用。要分清这两个声母，首先要摆正它们的发音部位：发 l 时，舌尖接触的地方要比发 r 略前一点；而发 r 时，舌尖要向上翘，略向后移。主要采用声旁类推的方法进行记

41

忆。例如：

劳——捞 唠 捞 涝　　　　里——理 鲤 厘 狸
容——蓉 榕 溶 熔　　　　刃——忍 韧 仞 纫

2. r、l 的字词发音练习

(1) 单音节练习

热—乐　　肉—漏　　润—论　　荣—龙　　然—兰
劳—饶　　落—弱　　卵—软　　鲁—乳　　路—入

(2) 双音节对比练习

r—l
求饶—囚牢　　乳汁—卤汁　　肉馅—露馅　　红润—宏论
l—r
收录—收入　　衰落—衰弱　　娱乐—余热　　碧蓝—必然

(3) 交叉对比练习

锐利 ruìlì　　　　人力 rénlì　　　　烈日 lièrì　　　　日历 rìlì
扰乱 rǎoluàn　　利刃 lìrèn　　　　礼让 lǐràng　　　落日 luòrì

(4) 绕口令练习

夏日无日日亦热，冬日有日日亦寒，春日日出天渐暖，秋日天高复云淡，遥看红日迫西山。

（五）舌面音 j、q、x 和舌尖前音 z、c、s

北方方言、湘方言、吴方言区中常常会将 j、q、x 发成 z、c、s，如把"飞机"读成"菲姿"，把团音(即声母 j、q、x 跟 i、ü 或以 i、ü 起头的韵母相拼)发成尖音(即声母 z、c、s 跟 i、ü 或以 i、ü 起头的韵母相拼)。如把"奖 jiǎng"读成"ziǎng"，其实在普通话语音系统里，齐齿呼、撮口呼的韵母只同舌面前音 j、q、x 相拼，不同 z、c、s 相拼。也就是说，普通话中，i、ü 前的声母只可能是 j、q、x，而不可能是 z、c、s。

字词发音练习：

架子　　　家族　　　就在　　　抉择　　　叫作
青菜　　　器材　　　清脆　　　憔悴　　　其次
习俗　　　潇洒　　　迅速　　　消散　　　心思

对比辨读：

基金—资金　　西夏—私下　　计划—字画　　细胞—四包
气候—伺候　　局长—族长　　细想—思想　　细席—四十

（六）舌面音 j、q、x 和舌尖后音 zh、ch、sh

粤方言、闽方言、吴方言以及湘方言区会出现声母 j、q、x 和 zh、ch、sh 混用的情况，如把"知道"读成"机道"、"少数"读成"小数"等。

j、q、x 是舌面前音，发音时舌尖要下垂抵下门齿背，以利于舌面前部向上隆起贴紧

(j、q)或靠近(x)硬腭前部。zh、ch、sh 是舌尖后音,发音时舌尖上翘,抵住(zh、ch)或靠近(sh)硬腭前部。

字词发音练习：

紧张	精装	建筑	局长	进展
清纯	汽车	清晨	全程	清澈
显示	享受	学生	销售	先生

对比辨读：

| 几条—纸条 | 嬉戏—事事 | 稀饭—示范 | 百起—百尺 |
| 几度—指肚 | 嫉妒—制度 | 骑到—迟到 | 拳头—船头 |

第二节　普通话韵母训练

韵母是音节中声母后面的部分。韵母大多是由元音构成。如 a、ei、iao,但也有元音加辅音构成,n 和 ng 两个鼻辅音可以充当韵尾,如 an、eng。普通话中共有 39 个韵母。

一、韵母的结构

韵母的结构可分为韵头、韵腹、韵尾三个部分。

韵头是韵母发音的起点,介于声母和主要元音韵腹之间,又叫介音或介母。由高元音 i、u、ü 充当,它的发音轻短模糊,很快就向另一个元音滑动。如 ia、uei 中的 i、u。

韵腹是韵母中声音最响亮,开口度最大,持续时间最长的元音,是主要元音,如 ai、ua 中的 a。普通话中的十个元音都可以充当韵腹。

韵尾是韵母中韵腹后面的部分,又叫尾音,表示韵母发音时滑动的方向。由元音 i、u(o)和辅音 n、ng 充当,如 ai、ang 中的 i、ng。

一个韵母可以没有韵头和韵尾,但必须有韵腹。韵母中只有一个元音时,这个元音就是韵腹,如 a、ao、i、iao、ing、ie。

韵母结构表

韵母	韵头(介音)	韵腹(主要元音)	韵尾 元音	韵尾 辅音
a		a		
ai		a	i	
iao	i	a	o(u)	
uo	u	o		
eng		e		ng
üan	ü	a		n

二、韵母的分类

（一）按韵母内部结构分类

1. 单韵母：由一个元音构成的韵母，又叫单元音韵母。普通话中共有 10 个单韵母：a、o、e、ê、i、u、ü、—i(前)、—i(后)、er。

2. 复韵母：由两个或三个元音构成的韵母，又叫复元音韵母。普通话中共有 13 个复韵母：ai、ei、ao、ou、ia、ie、ua、uo、üe、iao、iou、uai、uei。

3. 鼻韵母：由一个或两个元音带上鼻辅音 n 或 ng 构成的韵母，又叫鼻音尾韵母。普通话中共有 16 个鼻韵母：an、en、in、ün、ian、uan、üan、uen、ang、eng、ing、ong、iong、iang、uang、ueng。

（二）按韵母发音时开头元音的唇形分类（传统分类）

开口呼：韵母不是 i、u、ü 或不以 i、u、ü 开头的韵母，如 ao、ei、ou。
齐齿呼：i 或以 i 开头的韵母，如 ia、in。
合口呼：u 或以 u 开头的韵母，如 ui、ua。
撮口呼：ü 或以 ü 开头的韵母，如 üe、üan。

普通话韵母表

按结构＼按口形	开口呼	齐口呼	合口呼	撮口呼
单韵母	—i	i	u	ü
	a	ia	ua	
	o		uo	
	e			
	ê	ie		üe
	er			
复韵母	ai		uai	
	ei		uei	
	ao	iao		
	ou	iou		
鼻韵母	an	ian	uan	üan
	en	in	uen	ün
	ang	iang	uang	
	eng	ing	ueng	
	ong	iong		

三、韵母的发音

下面根据韵母内部结构特点,分析说明韵母的发音情况。

(一) 单韵母

单韵母是由一个元音构成的韵母,共有 10 个。其中 7 个舌面元音(a、o、e、i、u、ü、ê),发音时舌面起主要作用。2 个舌尖元音(-i[前]、-i[后]),发音时舌尖起主要作用。1 个卷舌元音(er),发音时带有卷舌色彩。

单韵母发音时主要受舌位和唇形的影响。"舌位"是指发音时舌面隆起部分的所在位置,舌位可通过调节口腔的开合程度,抬高或降低,也可前伸或后缩,唇形可圆可展。

单韵母发音的特点是:发音时,舌位、唇形及开口度始终保持不变。如有一点变化,就不是纯正的单韵母了,所以,发音时要保持固定的口形。

1. 舌面元音

影响发音的要素主要有:

舌位的高低:指舌面紧张点与上腭的距离,它与开口度有关。开口度小,舌面与上颚的距离近,叫舌位高,如 i、ü;开口度大,舌面与上颚的距离远,叫舌位低,如 a。一般可分为高、半高、半低、低四度。

舌位的前后:指舌头的前伸和后缩。舌头前伸,叫舌位前,如 i、ü;舌头后缩,叫舌位后,如 e、u;舌头不前伸也不后缩,舌位居中,叫舌位央,如 a。

唇形的圆展:指唇形的变化。嘴唇拢圆叫圆唇音,如 o、u;嘴唇向两边展开或呈自然状态叫不圆唇音,如 a、e。

描写舌面元音发音条件可以用元音舌位图来表示。

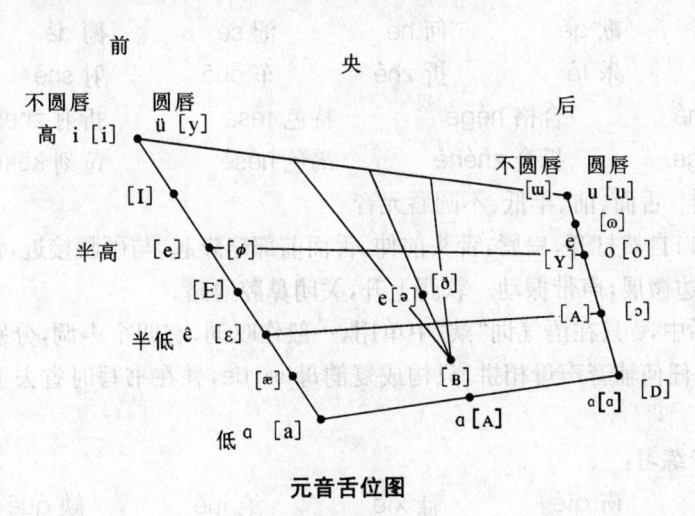

元音舌位图

(1) a[A] 舌面、央、低、不圆唇元音

发音时,口自然大开,舌头居中央(不前伸也不后缩),舌部自然放松至口腔最低处,舌面中部略隆起,舌尖置下齿龈,唇形不圆,呈自然开合状,声带振动。软腭上升,关闭

鼻腔通路。

字词发音练习：

答 dá	杀 shā	码 mǎ	罚 fá	纳 nà
查 chá	辣 là	爬 pá	她 tā	炸 zhà
打靶 dǎbǎ	大厦 dàshà	发达 fādá	喇叭 lǎba
妈妈 māma	打蜡 dǎlà	沙发 shāfā	拉萨 lāsà

(2) o[o] 舌面、后、半高、圆唇元音

发音时，口半闭，圆唇，舌头后缩，舌面后部略隆起，与软腭接近，舌尖置下齿龈后，声带振动。软腭上升，关闭鼻腔通路。

单韵母 o 发音时易出现动程，发成 uo 或 ou，要找准发音位置，保持舌位唇形始终不变。

字词发音练习：

拨 bō	破 pò	窝 wō	磨 mò	泼 pō
博 bó	佛 fó	魔 mó	剥 bō	我 wǒ
伯伯 bóbo	婆婆 pópo	默默 mòmò	泼墨 pōmò
薄膜 bómó	馍馍 mómo	勃勃 bóbó	磨破 mópò

(3) e[ɤ] 舌面、后、半高、不圆唇元音

发音时，口半闭，扁唇，舌头后缩，舌面后部略隆起，与软腭接近，舌面两边微卷，舌面中部稍凹，舌尖置于下齿龈后，嘴角向两边微展，声带振动。软腭上升，关闭鼻腔通路。

e 发音时的舌位与 o 相同，只是唇形自然展开。

字词发音练习：

课 kè	歌 gē	何 hé	涩 sè	德 dé
特 tè	乐 lè	折 zhé	车 chē	射 shè
隔阂 géhé	合格 hégé	特色 tèsè	折射 zhéshè
哥哥 gēge	折合 zhéhé	褐色 hèsè	苛刻 kēkè

(4) ê[ɛ] 舌面、前、半低、不圆唇元音

发音时，口自然打开，扁唇，舌头前伸，舌面前部略隆起，与硬腭接近，舌尖抵住下齿背，嘴角向两边微展，声带振动。软腭上升，关闭鼻腔通路。

在普通话中，ê 只在语气词"欸"中单用，一般作叹词，有四个声调，分别表示不同的意义。ê 不与任何辅音声母相拼，只构成复韵母 ie、üe，并在书写时省去上面的附加符号"^"。

字词发音练习：

姐 jiě	窃 qiè	鞋 xié	绝 jué	缺 quē
穴 xué	掠 lüè	鳖 biē	铁 tiě	聂 niè
告别 gàobié	感谢 gǎnxiè	夜晚 yèwǎn	消灭 xiāomiè
坚决 jiānjué	决绝 juéjué	确切 quèqiè	诀别 juébié

(5) i[i] 舌面、前、高、不圆唇元音

发音时，口微开，扁唇，上下齿相对，舌头前伸，舌面前部略隆起，与硬腭接近，舌尖抵住下齿背，嘴角向两边微展，声带振动。软腭上升，关闭鼻腔通路。

i 发音时不带摩擦音。

字词发音练习：

鸡 jī	器 qì	洗 xǐ	离 lí	替 tì
易 yì	米 mǐ	笔 bǐ	皮 pí	你 nǐ
笔记 bǐjì	激励 jīlì	基地 jīdì		习题 xítí
吉利 jílì	击毙 jībì	利益 lìyì		汽笛 qìdí

(6) u[u] 舌面、后、高、圆唇元音

发音时，口微开，圆唇，舌头后缩，舌面后部高度隆起和软腭接近，舌尖置下齿龈后，声带振动。软腭上升，关闭鼻腔通路。

字词发音练习：

不 bù	普 pǔ	幕 mù	夫 fū	独 dú
图 tú	怒 nù	卢 lú	书 shū	如 rú
补助 bǔzhù	辜负 gūfù	瀑布 pùbù		入伍 rùwǔ
疏忽 shūhu	露骨 lùgǔ	朴素 pǔsù		读书 dúshū

(7) ü[y] 舌面、前、高、圆唇元音

发音时，口微开，圆唇（近椭圆）略向前突，舌头前伸，舌面前部略隆起接近硬腭，舌尖抵住下齿背，声带振动。软腭上升，关闭鼻腔通路。

ü 的发音与 i 基本相同，只是唇形圆拢。

字词发音练习：

绿 lǜ	局 jú	娶 qǔ	需 xū	女 nǚ
许 xǔ	鱼 yú	距 jù	去 qù	驴 lǘ
聚居 jùjū	区域 qūyù	序曲 xùqǔ		语序 yǔxù
絮语 xùyǔ	语句 yǔjù	女婿 nǚxu		渔具 yújù

2. 舌尖元音

舌尖元音是发音时舌尖起主要作用的元音。有 2 个，－i(前)和－i(后)。

(1) －i[ɿ]（前） 舌尖、前、高、不圆唇元音

发音时，口微开，扁唇，嘴角向两边展开，舌头平伸，舌尖靠近上齿背，声带振动。发音时气流通道狭窄，但不发生摩擦。软腭上升，关闭鼻腔通路。

－i(前)不能独立运用，只出现在 z、c、s 的后面，可把 zi、ci、si 发音拉长，音节后面的部分即是－i(前)的读音。

字词发音练习：

紫 zǐ	词 cí	四 sì	死 sǐ	自 zì
刺 cì	私 sī	姿 zī	撕 sī	次 cì
私自 sīzì	此次 cǐcì	次子 cìzǐ		字词 zìcí

自私 zìsī　　　　孜孜 zīzī　　　　刺字 cìzì　　　　自此 zìcǐ

(2) -i[ɿ]（后）　舌尖、后、高、不圆唇元音

发音时，口微开，扁唇，嘴角向两边展开，舌尖上翘，靠近硬腭前部，声带振动。发音时气流通道狭窄，但不发生摩擦。软腭上升，关闭鼻腔通路。

-i（后）不能独立运用，只出现在 zh、ch、sh、r 的后面，可把 zhi、chi、shi、ri 的发音拉长，音节后面的部分即是-i（后）的读音。

字词发音练习：

只 zhī　　　　时 shí　　　　迟 chí　　　　至 zhì　　　　日 rì
师 shī　　　　纸 zhǐ　　　　吃 chī　　　　事 shì　　　　尺 chǐ
实施 shíshī　　支持 zhīchí　　知识 zhīshi　　制止 zhìzhǐ
值日 zhírì　　　实质 shízhì　　志士 zhìshì　　史诗 shǐshī

3. 卷舌元音

er[ɚ]　卷舌、央、中、不圆唇元音

er[ɚ]是在[ə]的基础上加上卷舌动作而成。发音时，口腔自然打开（是 a[A]的开口度的一半），扁唇，舌头居中央，舌尖向硬腭中部上卷（但不接触），声带振动。软腭上升，关闭鼻腔通路。

字词发音练习：

儿 ér　　　　二 èr　　　　而 ér　　　　尔 ěr　　　　贰 èr
而且 érqiě　　儿歌 érgē　　耳朵 ěrduo　　二胡 èrhú
二十 èrshí　　儿童 értóng　　耳机 ěrjī　　儿女 érnǚ

（二）复韵母

复韵母是由两个或三个元音组成的韵母，普通话中共有13个复韵母。复韵母发音的特点：

一是元音之间没有明显的界线，整个发音过程是从一个元音滑向另一个元音，而不是几个元音的简单相加。在滑动过程中，舌位的前后、高低和唇形的圆展都在逐渐变动，不是跳跃变化，中间有一连串过渡音，同时气流不中断，形成一个发音整体。如发 ai 时，从 a 到 i，舌位逐渐升高、前移，嘴唇逐渐展开，其间包括 a 和 i 之间的许多过渡音；二是各元音的发音响度、强度、长短不一，其中只有一个元音（韵腹）声音较响亮、清晰，韵头、韵尾则念得较轻、较短、较弱，如 ia。主要元音的发音口腔开口度最大，声音最响亮，持续时间最长，其他元音发音轻短或含混模糊。

根据韵腹所在的位置，复韵母可分为前响复韵母、中响复韵母、后响复韵母三类。

1. 前响复韵母

前响复韵母指主要元音（韵腹）处在前面的复韵母，普通话前响复韵母有四个：ai、ei、ao、ou。发音时，开头的元音清晰响亮，时间较长，后头的元音轻短模糊，音值不太固定，只表示舌位滑动的方向。

(1) ai[ai]

发音时,a[a]是比单元音 a[A]舌位靠前的前低不圆唇元音。发 a[a]时,口大开,扁唇,舌面前部略隆起,舌尖抵住下齿背,声带振动。发 ai[ai]时,a[a]清晰响亮,后头的元音 i[i]含混模糊,只表示舌位滑动的方向。

字词发音练习:

白 bái	载 zài	台 tái	鳃 sāi	窄 zhǎi
晒 shài	该 gāi	踩 cǎi	海 hǎi	歪 wāi
爱戴 àidài	采摘 cǎizhāi	海带 hǎidài	开采 kāicǎi	
拍卖 pāimài	灾害 zāihài	外来 wàilái	拆开 chāikāi	

(2) ei[ei]

发音时,起点元音是前半高不圆唇元音 e[e],实际发音舌位略靠后靠下,接近央元音[ə]。发 ei[ei]时,开头的元音 e[e]清晰响亮,舌尖抵住下齿背,使舌面前部隆起与硬腭中部相对。从 e[e]开始舌位升高,向 i[i]的方向往前高滑动,i[i]的发音含混模糊,只表示舌位滑动的方向。

| 被 bèi | 陪 péi | 美 měi | 背 bēi | 位 wèi |
| 磊 lěi | 黑 hēi | 飞 fēi | 北 běi | 累 lèi |

字词发音练习:

| 肥美 féiměi | 妹妹 mèimei | 蓓蕾 bèilěi | 黑莓 hēiméi |
| 每每 měiměi | 北非 běifēi | 贝类 bèilèi | 配备 pèibèi |

(3) ao[au]

发音时,a[a]是比单元音 a[A]舌位靠后的后低不圆唇元音。发 a[a]时,口大开,扁唇,舌头后缩,舌面后部略隆起,声带振动。发 ao[au]时,a[a]清晰响亮,后头的元音 o[u]舌位状态接近单元音 u[u](拼写作 o,实际发音接近 u),但舌位略低,只表示舌位滑动的方向。

字词发音练习:

报 bào	跑 pǎo	猫 māo	到 dào	逃 táo
闹 nào	老 lǎo	搞 gǎo	糙 cāo	绕 rào
懊恼 àonǎo	操劳 cāoláo	高潮 gāocháo	骚扰 sāorǎo	
逃跑 táopǎo	报道 bàodào	糟糕 zāogāo	牢靠 láokào	

(4) ou[ou]

发音时,起点元音 o 比单元音 o[o]的舌位略高、略前,唇形略圆。开头的元音 o[o]清晰响亮,舌位向 u 的方向滑动,u[u]的发音含混模糊,只表示舌位滑动的方向。ou 是普通话复韵母中动程最短的复合元音。

字词发音练习:

谋 móu	否 fǒu	斗 dòu	头 tóu	首 shǒu
漏 lòu	沟 gōu	猴 hóu	愁 chóu	肉 ròu
丑陋 chǒulòu	兜售 dōushòu	漏斗 lòudǒu	收购 shōugòu	

喉头 hóutóu　　　守候 shǒuhòu　　　抖擞 dǒusǒu　　　瘦猴 shòuhóu

2. 后响复韵母

后响复韵母是指主要元音（韵腹）处在后面的复韵母。普通话后响复韵母有5个：ia、ie、ua、uo、üe。它们发音的特点是舌位由高向低滑动，收尾的元音响亮清晰，在韵母中处在韵腹的位置。而开头的元音都是高元音 i、u、ü，由于它处于韵母的韵头位置，发音轻短模糊，只表示舌位滑动的方向。

(1) ia[iA]

发音时，从前高元音 i[i]开始，舌位滑向央低元音 a[A]结束。i[i]的发音较短，a[A]的发音响亮而且时间较长。

字词发音练习：

家 jiā　　　　洽 qià　　　　　瞎 xiā　　　　雅 yǎ　　　　俩 liǎ
侠 xiá　　　　佳 jiā　　　　　掐 qiā　　　　崖 yá　　　　卡 qiǎ
假牙 jiǎyá　　恰恰 qiàqià　　压价 yājià　　下家 xiàjiā
加价 jiājià　　贾家 jiǎjiā　　加压 jiāyā　　掐架 qiājià

(2) ie[iɛ]

发音时，从前高元音 i[i]开始，舌位滑向前半低元音 ê[ɛ]结束。i[i]发音较短，ê[ɛ]发音响亮而且时间较长。

字词发音练习：

鳖 biē　　　　姐 jiě　　　　　铁 tiě　　　　窃 qiè　　　　鞋 xié
聂 niè　　　　跌 diē　　　　　烈 liè　　　　杰 jié　　　　灭 miè
结业 jiéyè　　贴切 tiēqiè　　铁屑 tiěxiè　　谢谢 xièxie
爹爹 diēdie　铁鞋 tiěxié　　爷爷 yéye　　歇业 xiēyè

(3) ua[uA]

发音时，从后高圆唇元音 u[u]开始，舌位滑向央低元音 a[A]结束。唇形由最圆逐步展开到不圆。u[u]发音较短，a[A]的发音响亮而且时间较长。

字词发音练习：

话 huà　　　　瓜 guā　　　　划 huá　　　　挖 wā　　　　寡 guǎ
挎 kuà　　　　刷 shuā　　　　抓 zhuā　　　耍 shuǎ　　　花 huā
挂花 guàhuā　耍滑 shuǎhuá　娃娃 wáwa　　画画 huàhuà
花袜 huāwà　呱呱 guāguā　刷花 shuāhuā　搜刮 sōuguā

(4) uo[uo]

由圆唇后元音复合而成。发音时，从后高元音 u[u]开始，舌位向下滑到后半高元音 o[o]结束。发音过程中，唇形保持圆唇，开头最圆，结尾圆唇度略减。u[u]发音较短，o[o]的发音响亮而且时间较长。

字词发音练习：

多 duō　　　　驼 tuó　　　　所 suǒ　　　　硕 shuò　　　浊 zhuó
廓 kuò　　　　糯 nuò　　　　错 cuò　　　　国 guó　　　火 huǒ

错落 cuòluò　　　硕果 shuòguǒ　　　脱落 tuōluò　　　阔绰 kuòchuò
骆驼 luòtuo　　　懦弱 nuòruò　　　国货 guóhuò　　　蹉跎 cuōtuó

(5) üe[yɛ]

由前元音复合而成。发音时,从圆唇的前高元音 ü[y]开始,舌位下滑到前半低元音 ê[ɛ],唇形由圆到不圆。ü[y]的发音时间较短,ê[ɛ]的发音响亮而且时间较长。

字词发音练习:

绝 jué　　　　　缺 quē　　　　　穴 xué　　　　　掠 lüè　　　　　月 yuè
疟 nüè　　　　　掘 jué　　　　　雀 què　　　　　雪 xuě　　　　　约 yuē
雀跃 quèyuè　　　约略 yuēlüè　　　决绝 juéjué　　　缺略 quēlüè
戏谑 xìxuè　　　缺月 quēyuè　　　吸血 xīxiě　　　疟疾 nüèji

3. 中响复韵母

中响复韵母是指主要元音(韵腹)处在中间的复韵母。普通话中的中响复韵母共有4个:iao、iou、uai、uei。这些韵母发音的特点是舌位由高向低滑动,再从低向高滑动。开头的元音发音不响亮、较短促,只表示舌位滑动的开始,中间的元音清晰响亮,收尾的元音轻短模糊,音值不太固定,只表示舌位滑动的方向。

(1) iao[iau]

发音时,由前高不圆唇元音 i[i]开始,舌位降至后低元音 a[a],然后再向后高圆唇元音 u[u]的方向滑升。发音过程中,舌位先降后升,由前到后。唇形从中间的元音 a[a]开始由不圆唇变为圆唇。

字词发音练习:

表 biǎo　　　　　漂 piāo　　　　　苗 miáo　　　　　调 diào　　　　　挑 tiāo
鸟 niǎo　　　　　笑 xiào　　　　　角 jiǎo　　　　　敲 qiāo　　　　　渺 miǎo
疗效 liáoxiào　　　巧妙 qiǎomiào　　　调料 tiáoliào　　　逍遥 xiāoyáo
苗条 miáotiao　　　萧条 xiāotiáo　　　叫嚣 jiàoxiāo　　　教条 jiàotiáo

(2) iou[iou]

发音时,由前高不圆唇元音 i[i]开始,舌位后移且降至后半高元音[o],然后再向后高圆唇元音 u[u]的方向滑升。发音过程中,舌位先降后升,由前到后。唇形由不圆唇开始到后元音[o]时,逐渐圆唇。

字词发音练习:

球 qiú　　　　　旧 jiù　　　　　优 yōu　　　　　牛 niú　　　　　酒 jiǔ
流 liú　　　　　绣 xiù　　　　　由 yóu　　　　　揪 jiū　　　　　秋 qiū
久留 jiǔliú　　　求救 qiújiù　　　绣球 xiùqiú　　　优秀 yōuxiù
悠久 yōujiǔ　　　牛油 niúyóu　　　琉球 liúqiú　　　舅舅 jiùjiu

(3) uai[uai]

发音时,由圆唇的后高元音 u[u]开始,舌位向前滑降到前低不圆唇元音 a[a](即"前 a"),然后再向前高不圆唇元音 i[i]的方向滑升。舌位动程先降后升,由后到前。唇形从最圆开始,逐渐减弱圆唇度,至发前元音 a[a]始渐变为不圆唇。

51

字词发音练习：

乖 guāi	衰 shuāi	坏 huài	外 wài	怀 huái
筷 kuài	淮 huái	揣 chuāi	拽 zhuài	崴 wǎi
外快 wàikuài	怀揣 huáichuāi	乖乖 guāiguai	摔坏 shuāihuài	
徘徊 páihuái	外拐 wàiguǎi	外踝 wàihuái	衰败 shuāibài	

（4）uei[uei]

发音时，由后高圆唇元音 u[u]开始，舌位向前向下滑到前半高不圆唇元音 e[e]的位置，然后再向前高不圆唇元音 i[i]的方向滑升。发音过程中，舌位先降后升，由后到前。唇形从最圆开始，随着舌位的前移，渐变为不圆唇。

字词发音练习：

椎 zhuī	推 tuī	锤 chuí	微 wēi	对 duì
汇 huì	醉 zuì	毁 huǐ	尾 wěi	归 guī
垂危 chuíwēi	归队 guīduì	悔罪 huǐzuì	荟萃 huìcuì	
推诿 tuīwěi	回味 huíwèi	汇兑 huìduì	追随 zhuīsuí	

《汉语拼音方案》规定，iou、uei 两个韵母和辅音声母相拼时，受声母与声调的影响，中间的元音弱化，写作 iu、ui。例如"牛"写作 niú，不作 nióu；"归"写作 guī，不作 guēi。

（三）鼻韵母

鼻韵母指带有鼻辅音的韵母，又叫作鼻音尾韵母。鼻韵母的发音有两个特点：一是元音同后面的鼻辅音不是简单相加，而是和复韵母发音一样，由元音向鼻辅音滑动。发音时，元音逐渐向鼻辅音过渡，渐渐增加鼻音色彩，最后形成鼻辅音。二是作韵尾的鼻辅音除阻阶段不发音，最后发音部位闭塞，所以又叫唯闭音。鼻韵母的发音不是以鼻辅音为主，而是以元音为主，元音清晰响亮，鼻辅音重在做出发音状态，发音不太明显。

发鼻辅音时需要先后用到两个气流通道，一是口腔，二是鼻腔。但是不是同时，而是先后。发元音时，口腔通道畅通，发辅音时气流通过鼻腔，如果发元音时鼻腔通道也开启，就会形成鼻化元音。

1. 前鼻音韵母

前鼻音韵母指的是鼻韵母中以－n 为韵尾的韵母。普通话中的前鼻音尾韵母有 8 个：an、en、in、un、ian、uan、üan、uen。韵尾－n 的发音部位比声母 n－的位置略微靠后，一般是舌面前部向硬腭接触。前鼻音尾韵母的发音中，韵头的发音比较轻短，韵腹的发音清晰响亮，韵尾的发音只做出发音状态。

（1）an[an]

发音时，起点元音是前低不圆唇元音 a[a]，舌尖抵住下齿背，舌位降到最低，软腭上升，关闭鼻腔通路。从"前 a"开始，舌面升高，舌面前部抵住硬腭前部，当两者将要接触时，软腭下降，打开鼻腔通路，紧接着舌面前部与硬腭前部闭合，使在口腔受到阻碍的气流从鼻腔里透出。口形由开到合，舌位移动较大。

字词发音练习：

斑 bān	坦 tǎn	燃 rán	懒 lǎn	淡 dàn
看 kàn	含 hán	展 zhǎn	甘 gān	伞 sǎn
参战 cānzhàn	反感 fǎngǎn	烂漫 lànmàn	谈判 tánpàn	
坦然 tǎnrán	赞叹 zàntàn	悍然 hànrán	战乱 zhànluàn	

(2) en[ən]

发音时，起点元音是央元音 e[ə]，舌位中性（不高不低不前不后），舌尖接触下齿背，舌面隆起部位受韵尾影响略靠前。从央元音 e[ə]开始，舌面升高，舌面前部抵住硬腭前部，当两者将要接触时，软腭下降，打开鼻腔通路，紧接着舌面前部与硬腭前部闭合，使在口腔受到阻碍的气流从鼻腔里透出。口形由开到闭，舌位移动较小。

字词发音练习：

本 běn	神 shén	门 mén	人 rén	问 wèn
真 zhēn	愤 fèn	奔 bēn	怎 zěn	森 sēn
根本 gēnběn	门诊 ménzhěn	人参 rénshēn	认真 rènzhēn	
深沉 shēnchén	振奋 zhènfèn	妊娠 rènshēn	粉尘 fěnchén	

(3) in[in]

发音时，起点元音是前高不圆唇元音 i[i]，舌尖抵住下齿背，软腭上升，关闭鼻腔通路。从舌位最高的前元音 i[i]开始，舌面升高，舌面前部抵住硬腭前部，当两者将要接触时，软腭下降，打开鼻腔通路，紧接着舌面前部与硬腭前部闭合，使在口腔受到阻碍的气流从鼻腔透出。开口度几乎没有变化，舌位动程很小。

字词发音练习：

民 mín	进 jìn	宾 bīn	品 pǐn	新 xīn
林 lín	芹 qín	信 xìn	印 yìn	殡 bìn
近邻 jìnlín	拼音 pīnyīn	信心 xìnxīn	引进 yǐnjìn	
濒临 bīnlín	贫民 pínmín	殷勤 yīnqín	亲信 qīnxìn	

(4) ün[yn]

发音时，起点元音是前高圆唇元音 ü[y]。与 in 的发音过程基本相同，只是唇形变化不同。从圆唇的前元音 ü 开始，唇形从圆唇逐步展开，而 in 的唇形始终是展唇。

字词发音练习：

寻 xún	君 jūn	云 yún	裙 qún	允 yǔn
训 xùn	俊 jùn	逡 qūn	熏 xūn	蕴 yùn
军训 jūnxùn	均匀 jūnyún	芸芸 yúnyún	菌群 jūnqún	
循循 xúnxún	军勋 jūnxūn	晕晕 yūnyūn	熏晕 xūnyūn	

(5) ian[iɛn]

发音时，从前高不圆唇元音 i[i]开始，舌位向前低元音 a[a]（前 a）的方向滑降，舌位只降到半低前元音，ê[ɛ]的位置就开始升高。发 ê[ɛ]后，软腭下降，逐渐增强鼻音色彩，舌尖迅速移到上齿龈，最后抵住上齿龈做出发鼻音-n 的状态。

53

字词发音练习：

联 lián	添 tiān	钱 qián	险 xiǎn	间 jiān
棉 mián	篇 piān	填 tián	电 diàn	骈 pián
艰险 jiānxiǎn	简便 jiǎnbiàn	连篇 liánpiān	前天 qiántiān	
浅显 qiǎnxiǎn	电线 diànxiàn	艰险 jiānxiǎn	腼腆 miǎntiǎn	

(6) uan[uan]

发音时，由圆唇的后高元音 u[u]开始，口形迅速由合口变为开口状，舌位向前迅速滑降到不圆唇的前低元音 a[a]（前 a）的位置就开始升高。发 a[a]后，软腭下降，逐渐增强鼻音色彩，舌尖迅速移到上齿龈，最后抵住上齿龈做出发鼻音-n 的状态。

字词发音练习：

晚 wǎn	赚 zhuàn	暖 nuǎn	酸 suān	罐 guàn
断 duàn	阮 ruǎn	川 chuān	团 tuán	卵 luǎn
贯穿 guànchuān	软缎 ruǎnduàn	酸软 suānruǎn	转弯 zhuǎnwān	
婉转 wǎnzhuǎn	专款 zhuānkuǎn	专断 zhuānduàn	缓缓 huǎnhuǎn	

(7) üan[yɛn]

发音时，由圆唇的后高元音 ü[y]开始，向前低元音 a[a]的方向滑降。舌位只降到前半低元音 ê[ɛ]略后的位置就开始升高。发[ɛ]后，软腭下降，逐渐增强鼻音色彩，舌尖迅速移到上齿龈，最后抵住上齿龈做出发鼻音-n 的状态。

字词发音练习：

捐 juān	权 quán	轩 xuān	元 yuán	倦 juàn
犬 quǎn	绚 xuàn	卷 juǎn	选 xuǎn	苑 yuàn
源泉 yuánquán	轩辕 xuānyuán	涓涓 juānjuān	圆圈 yuánquān	
渊源 yuānyuán	全权 quánquán	全院 quányuàn	远远 yuǎnyuǎn	

(8) uen[uən]

发音时，由圆唇的后高元音 u[u]开始，向央元音 e[ə]的位置滑降，然后舌位升高。发 e[ə]后，软腭下降，逐渐增强鼻音色彩，舌尖迅速移到上齿龈，最后抵住上齿龈做出发鼻音-n 的状态。唇形由圆唇在向中间折点元音滑动的过程中渐变为展唇。

字词发音练习：

准 zhǔn	温 wēn	笋 sǔn	顺 shùn	论 lùn
坤 kūn	存 cún	文 wén	轮 lún	蠢 chǔn
昆仑 kūnlún	温存 wēncún	温顺 wēnshùn	论文 lùnwén	
馄饨 húntun	谆谆 zhūnzhūn	伦敦 lúndūn	春笋 chūnsǔn	

汉语拼音方案规定，韵母 uen 和辅音声母相拼时，受声母和声调的影响，中间的元音（韵腹）产生弱化，写作 un。例如"论"写作 lùn，不作 luèn。

2. 后鼻音尾韵母

后鼻音尾韵母指的是鼻韵母中以-ng 为韵尾的韵母。普通话中的后鼻音尾韵母有 8 个：ang、eng、ing、ong、iang、uang、ueng、iong。ng[ŋ]是舌面后、浊、鼻音，在普通话中只作韵尾不作声母。发音时,软腭下降,关闭口腔,打开鼻腔通道,舌面后部后缩,并抵住软腭,气流振动声带,从鼻腔通过。在鼻韵母中,同一n的发音一样,—ng除阻阶段也不发音。后鼻音尾韵母的发音中,韵头的发音比较轻短,韵腹的发音清晰响亮,韵尾的发音只做出发音状态。

(1) ang[aŋ]

发音时,起点元音是后低不圆唇元音 ɑ[ɑ](后ɑ),口大开,舌尖离开下齿背,舌头后缩。从"后ɑ"开始,舌面后部抬起,当贴近软腭时,软腭下降,打开鼻腔通路,紧接着舌根与软腭接触,封闭了口腔通路,气流从鼻腔里透出。

字词发音练习:

钢 gāng	邦 bāng	狼 láng	舱 cāng	糖 táng
放 fàng	章 zhāng	茫 máng	荡 dàng	嗓 sǎng
帮忙 bāngmáng		当场 dāngchǎng		沧桑 cāngsāng
昂扬 ángyáng		刚刚 gānggāng		商场 shāngchǎng

(2) eng[əŋ]

发音时,起点元音是央元音 e[ə]。从 e[ə]开始,舌面后部抬起,贴向软腭。当两者将要接触时,软腭下降,打开鼻腔通路,紧接着舌面后部抵住软腭,使在口腔受到阻碍的气流从鼻腔里透出。

字词发音练习:

冷 lěng	峰 fēng	僧 sēng	郑 zhèng	萌 méng
声 shēng	城 chéng	瞪 dèng	层 céng	能 néng
承蒙 chéngméng		更正 gēngzhèng		萌生 méngshēng
整风 zhěngfēng		声称 shēngchēng		冷风 lěngfēng

(3) ing[iŋ]

发音时,起点元音是前高不圆唇元音 i[i],舌尖接触下齿背,舌面前部隆起。从 i[i]开始,舌面隆起部位不降低,一直后移,舌尖离开下齿背,逐步使舌面后部隆起,贴向软腭。当两者将要接触时,软腭下降,打开鼻腔通路,紧接着舌面后部抵住软腭,封闭口腔通路,气流从鼻腔透出。口形没有明显变化。

字词发音练习:

清 qīng	英 yīng	鸣 míng	净 jìng	腥 xīng
庭 tíng	定 dìng	赢 yíng	另 lìng	凝 níng
叮咛 dīngníng		经营 jīngyíng		命令 mìnglìng		评定 píngdìng
清静 qīngjìng		英明 yīngmíng		姓名 xìngmíng		明星 míngxīng

(4) ong[uŋ]

发音时,起点元音是后高圆唇元音 u[u],但比 u 的舌位略低一点,舌尖离开下齿背,舌头后缩,舌面后部隆起,软腭上升,关闭鼻腔通路。从 u[u]开始,舌面后部贴向软腭,当两者将要接触时,软腭下降,打开鼻腔通路,紧接着舌面后部抵住软腭,封闭口腔通路,气流从鼻腔里透出。唇形始终拢圆。

《汉语拼音方案》规定，为避免字母相混，以 o 表示开头元音[u]，写作 ong。

字词发音练习：

冻 dòng　　　　共 gòng　　　　融 róng　　　　丛 cóng　　　　浓 nóng
重 zhòng　　　 同 tóng　　　　拢 lǒng　　　　松 sōng　　　　宠 chǒng
共同 gòngtóng　　　　轰动 hōngdòng　　　　空洞 kōngdòng
隆重 lóngzhòng　　　　通融 tōngróng　　　　从容 cóngróng

(5) iang[iaŋ]

发音时，由前高不圆唇元音 i[i]开始，舌位向后滑降到后低元音 a[a]（后 ɑ），然后舌位升高。从后低元音 a[a]开始，舌面后部贴向软腭。当两者将要接触时，软腭下降，打开鼻腔通路，紧接着舌面后部抵住软腭，封闭口腔通路，气流从鼻腔里透出。

字词发音练习：

香 xiāng　　　　样 yàng　　　　强 qiáng　　　　杨 yáng　　　　酿 niàng
两 liǎng　　　　呛 qiàng　　　　姜 jiāng　　　　辆 liàng　　　　像 xiàng
两样 liǎngyàng　　　　洋相 yángxiàng　　　　响亮 xiǎngliàng
长江 chángjiāng　　　　强抢 qiángqiǎng　　　　踉跄 liàngqiàng

(6) uang[uaŋ]

发音时，由圆唇的后高元音 u[u]开始，舌位滑降至后低元音 a[a]（后 ɑ），然后舌位升高。从后低元音 a[a]开始，舌面后部贴向软腭。当两者将要接触时，软腭下降，打开鼻腔通路，紧接着舌面后部抵住软腭，封闭口腔通路，气流从鼻腔里透出。唇形从圆唇在向折点元音的滑动中渐变为展唇。

字词发音练习：

光 guāng　　　　筐 kuāng　　　　爽 shuǎng　　　　撞 zhuàng　　　　望 wàng
黄 huáng　　　　框 kuàng　　　　逛 guàng　　　　疮 chuāng　　　　霜 shuāng
狂妄 kuángwàng　　　　双簧 shuānghuáng　　　　状况 zhuàngkuàng
装潢 zhuānghuáng　　　　张狂 zhāngkuáng　　　　惶惶 huánghuáng

(7) ueng[uəŋ]

发音时，由圆唇的后高元音 u[u]开始，舌位滑降到央元音 e[ə]的位置，然后舌位升高。从央元音 e[ə]开始，舌面后部贴向软腭。当两者将要接触时，软腭下降，打开鼻腔通路，紧接着舌面后部抵住软腭，封闭口腔通路，气流从鼻腔里透出。唇形从圆唇在向中间折点元音滑动过程中渐变为展唇。

在普通话里，韵母 ueng 只有一种零声母的音节形式 weng。

字词发音练习：

翁 wēng　　　 蓊 wěng　　　 嗡 wēng　　　 瓮 wèng　　　 蕹 wèng　　　 滃 wěng
水瓮 shuǐwèng　　　　蓊郁 wěngyù　　　　老翁 lǎowēng
嗡嗡 wēngwēng　　　　蕹菜 wèngcài　　　　渔翁 yúwēng

(8) iong[yŋ]

发音时，起点元音是舌面前高圆唇元音 ü[y]，发 ü[y]后，软腭下降，打开鼻腔通路，紧接着舌面后部抵住软腭,封闭口腔通路,气流从鼻腔里透出。

为避免字母相混,《汉语拼音方案》规定,用字母 io 表示起点元音 ü[y],写作 iong。

字词发音练习:

用 yòng	熊 xióng	穷 qióng	囧 jiǒng	琼 qióng
窘 jiǒng	凶 xiōng	涌 yǒng	兄 xiōng	炅 jiǒng
炯炯 jiǒngjiǒng	汹涌 xiōngyǒng		茕茕 qióngqióng	
囧囧 jiǒngjiǒng	使用 shǐyòng		熊熊 xióngxióng	

四、韵母辨正

(一)前后鼻音韵母的辨正

由于受方言的影响,除北方方言区的东北、华北次方言区外,其他各方言区都存在前后鼻韵母不分或混读的情况,主要表现为以下两种情况:

第一,前后鼻韵母不分。一般比较多的是 en—eng、in—ing 不分,如江淮方言区及大部分南方方言区;有些地区 an—ang 也不分,如西南方言区、闽方言、粤方言。有些方言区只有前鼻音,有些只有后鼻音,有些两个都有,但是混读。即使前后鼻音不分,也很少出现所有前后鼻音都混淆的情况,一般只有几对不分,大部分是 en—eng、in—ing 两组不分。

第二,鼻化元音。部分方言区的人发鼻韵母时,习惯发元音时气流就通过鼻腔,使元音鼻化,鼻韵母整体带有很重的鼻音色彩。主要表现为西北方言区,南方的闽方言、粤方言也有部分地区有鼻化音。有鼻化音地区的人常常会把前鼻音 en、in、uen、ün 韵尾发成像后鼻音韵尾的鼻化音,且 uen—ong、ün—iong 两组不分,如"馄饨"读成"hóngtong","军人"读成"jiōngrén"。

1. 掌握前后鼻韵母的发音要领

(1) 发前鼻韵母时先发元音,同时舌头逐渐向前伸,最后舌尖上贴于上齿龈,阻塞气流,使声音和气息从鼻腔发出,发出前鼻音。整个发音过程中,舌头较为放松,略向前运动。

(2) 发后鼻音时先发元音,同时舌头后缩,舌根逐渐隆起与软腭接触形成阻塞,使声音和气息从鼻腔通过,发出后鼻韵母。整个发音过程中,舌头整体比较紧张,向后拖动、后缩。

2. 前后鼻韵母辨音练习

(1) 鼻韵母发音动程练习

a→n＝an(漫谈)　　　　　e→n＝en(深圳)　　　　　i→n＝in(殷勤)
a→ng＝ang(商场)　　　　e→ng＝eng(丰盛)　　　　i→ng＝ing(宁静)

(2) 单音节对比练习

an—ang

安—肮　　　班—帮　　　判—胖　　　燃—瓤　　　含—航
谈—糖　　　饭—放　　　淡—荡　　　蛮—忙　　　蓝—狼
ian—iang
严—扬　　　练—亮　　　念—酿　　　线—向　　　见—将
前—强　　　贤—祥　　　检—讲　　　签—枪　　　显—想
uan—uang
船—床　　　官—光　　　换—晃　　　砖—装　　　穿—窗
碗—网　　　宽—筐　　　栓—双　　　赚—撞　　　环—黄
en—eng
笨—迸　　　盆—棚　　　门—盟　　　分—风　　　扽—凳
嫩—能　　　跟—耕　　　肯—坑　　　痕—衡　　　真—睁
uen—ueng
温—翁　　　问—瓮　　　吻—蓊　　　瘟—螉　　　汶—瓮
in—ing
宾—兵　　　贫—平　　　民—名　　　您—凝　　　林—灵
近—竟　　　亲—清　　　新—星　　　音—鹰　　　金—精
uen—ong
炖—冻　　　吞—通　　　孙—松　　　尊—宗　　　存—从
准—种　　　春—冲　　　润—荣　　　论—弄　　　村—葱
ün—iong
运—用　　　群—穷　　　寻—熊　　　晕—拥　　　裙—穹

(3) 双音节对比练习
an—an
灿烂　　　肝胆　　　泛滥　　　展览　　　汗衫　　　反叛
单产　　　蛮干　　　栏杆　　　翻案　　　难看　　　寒颤
an—ang
单方　　　繁忙　　　赞赏　　　山羊　　　赶场　　　玩赏
返航　　　担当　　　擅长　　　反常　　　胆囊　　　站岗
ang—an
浪漫　　　当晚　　　长叹　　　帮办　　　盎然　　　防寒
杠杆　　　商贩　　　伤感　　　钢板　　　畅谈　　　商谈
ang—ang
苍茫　　　蟑螂　　　往常　　　商场　　　荡漾　　　盲肠
账房　　　烫伤　　　上场　　　党章　　　沧桑　　　帮忙
en—en
珍本　　　愤懑　　　认真　　　深沉　　　振奋　　　本分
沉闷　　　粉尘　　　愤恨　　　人文　　　审慎　　　门诊

en—eng

| 真诚 | 本能 | 深层 | 奔腾 | 真正 | 神圣 |
| 门缝 | 人称 | 人生 | 晨风 | 分封 | 纷争 |

eng—en

| 成本 | 登门 | 承认 | 诚恳 | 正文 | 生根 |
| 省份 | 缝纫 | 能人 | 胜任 | 横亘 | 憎恨 |

eng—eng

| 风声 | 吭声 | 冷风 | 萌生 | 升腾 | 声称 |
| 增生 | 争锋 | 省城 | 更正 | 整风 | 丰盛 |

in—in

| 濒临 | 尽心 | 紧邻 | 民心 | 拼音 | 贫民 |
| 亲临 | 殷勤 | 辛勤 | 临近 | 薪金 | 近亲 |

in—ing

| 心情 | 禁令 | 新兴 | 民警 | 品行 | 聘请 |
| 进行 | 隐形 | 心境 | 尽情 | 拼命 | 心病 |

ing—in

| 听信 | 灵敏 | 清新 | 挺进 | 平民 | 迎新 |
| 警民 | 精心 | 病因 | 轻信 | 京津 | 倾心 |

ing—ing

| 英明 | 姓名 | 情形 | 命令 | 蜻蜓 | 情境 |
| 兵营 | 经营 | 精明 | 聆听 | 评定 | 轻盈 |

(4) 交叉对比练习

an—ang

| 烂漫—浪漫 | 反问—访问 | 赞颂—葬送 | 开饭—开放 |
| 担心—当心 | 心烦—心房 | 散失—丧失 | 产房—厂房 |

en—eng

| 陈旧—成就 | 真理—争理 | 申明—声明 | 木盆—木棚 |
| 清真—清蒸 | 瓜分—刮风 | 绅士—声势 | 人参—人生 |

in—ing

| 亲生—轻生 | 金质—精致 | 人民—人名 | 信服—幸福 |
| 频繁—平凡 | 民心—明星 | 禁止—静止 | 寝室—请示 |

ian—iang

| 鲜花—香花 | 简历—奖励 | 试验—式样 | 燕子—样子 |
| 廉价—粮价 | 老年—老娘 | 坚硬—僵硬 | 仙姑—香菇 |

uan—uang

| 船上—床上 | 机关—激光 | 不欢—不慌 | 环节—黄杰 |
| 金环—金黄 | 专车—装车 | 晚年—往年 | 手腕—守望 |

uen—ong

| 伦敦—隆冬 | 馄饨—宏通 | 昆仑—恐龙 | 大屯—大同 |
| 矛盾—猫洞 | 孙子—松子 | 抡起—隆起 | 炖豆腐—冻豆腐 |

ün—iong

| 运费—用费 | 寻衅—雄性 | 晕倒—拥倒 | 寻机—雄鸡 |
| 因循—英雄 | 人群—人穷 | 运力—用力 | 勋章—胸章 |

(5) 绕口令练习

扁担长,板凳宽,板凳没有扁担长,扁担没有板凳宽。扁担要绑在板凳上,板凳偏不让扁担绑在板凳上。

高高山上一根藤,青青藤条挂金铃。风吹藤动金铃响,风停藤静铃不鸣。

陈是陈,程是程,姓陈不能说成姓程,姓程不能说成姓陈,陈程不分就会认错人。

你会炖炖冻豆腐,你来炖我的冻豆腐;你不会炖炖冻豆腐,别胡炖乱炖,炖坏了我的冻豆腐。

3. 掌握记忆的方法

发准前后鼻韵母,还需要记住哪些字是前鼻韵母,哪些字是后鼻韵母,这样才能真正掌握前后鼻韵母。

(1) 利用普通话声韵拼合规律

普通话中 d、t、n、l 不和前鼻韵母 en 相拼("扽"、"嫩"例外),故方言中相拼的都改为后鼻韵母。如"等、灯、疼、腾、冷、愣"的韵母一定是 eng。

普通话中 d、t、n 不和前鼻韵母 in 相拼("您"例外),故方言中相拼的都改为后鼻韵母。如"顶、钉、听、挺"的韵母一定是 ing。

普通话中 z、c、s、d、t、n、l 不和韵母 uang 相拼,故方言中相拼的都改为韵母 uan。如"钻、窜、酸、段、团、暖、乱"的韵母是 uan。

(2) 利用形声字声旁类推

分(n):份 芬 粉 纷 忿 盆	申(n):伸 婶 神 审 绅 砷
正(ng):整 征 怔 证 政 症	成(ng):盛 城 诚 惩 晟
林(n):淋 霖 琳 森	青(ng):请 清 情 晴 蜻

由于在汉字演变过程中有些声旁的表音作用失去,在运用声旁类推法记住前后鼻音时,要注意记住少数例外的字。如:"并(ng)"声旁中"拼"、"姘"念为"pīn","令 ng"声旁中"邻"、"拎"读作前鼻音 in。

(3) 利用记少数的方法

普通话中有些声母和某一个鼻韵母拼合的字很少,记住这些少数的字,就可推出其他的。如:和 en 相拼字数较少的有:zen(怎) cen(参、岑、涔) sen(森) nen(嫩) gen(跟、根、亘);和 in 相拼字数较少的有 nin(您);和 eng 相拼字数较少的有 reng(仍、扔)。记住这些字,其他相对应的字也就可以推断出来了。

常用普通话前后鼻音韵母声旁字

en 韵母

贲——喷愤

本——笨

参——参(参差)参(人参)渗

辰——振赈震晨娠蜃

分——盆芬昐纷氛汾粉份忿

艮——根跟垦恳痕很狠恨

肯——啃

门——闷们扪焖

壬——任荏饪妊

刃——忍仞纫韧轫

申——伸呻绅砷神审婶

甚——斟葚

贞——侦祯桢帧

珍——诊疹趁

真——缜镇嗔慎

枕——忱沈

eng 韵母

丞——蒸拯

成——诚城盛

呈——程酲逞

乘——剩嵊

登——橙蹬凳磴镫瞪澄

风——枫疯讽

峰——蓬篷烽蜂逢缝

奉——捧俸

更——埂绠哽梗鲠

庚——赓

亨——烹哼

塄——楞愣

蒙——礞檬朦蠓

孟——猛锰蜢

朋——崩绷蹦棚硼鹏

彭——澎膨

生——牲甥笙胜

誊——腾滕藤
曾——憎增缯赠蹭僧
争——挣峥狰睁铮筝诤
正——怔征症整证政惩

in 韵母

宾——傧滨缤槟镔摈殡鬓嫔("槟"又念 bīng)
今——衿矜妗衾琴芩吟
斤——近靳芹忻欣新薪("听"读作 tīng)
堇——谨馑瑾槿勤鄞
尽——烬
禁——襟噤
林——彬淋琳霖
嶙——邻(鄰)粼遴磷辚鳞
民——岷泯抿
侵——浸寝
禽——擒噙
心——沁芯
辛——亲莘(莘庄)锌("莘"又念 shēn,"莘莘学子";"亲"又念 qìng,"亲家")
因——茵姻氤铟
阴——荫

ing 韵母

丙——炳柄病
并——饼屏瓶("拼"、"姘"念 pīn,"骈"、"胼"念 pián)
丁——仃疔盯钉酊顶订厅汀
定——腚碇锭
京——惊鲸黥
茎——泾经到颈劲胫径痉轻氢("劲"又念 jìn,"干劲";"颈"又念 gěng,"脖颈子")
景——憬影
竟——境镜
敬——儆警擎
凌——陵菱峻绫
令——伶泠苓玲瓴铃聆蛉翎零龄岭领("邻(鄰)"念 lín,"拎"念 līn)
名——茗铭
冥——溟螟暝
宁——拧咛狞柠泞
平——评苹坪枰萍

青——菁睛精靖静清蜻鲭情晴氰请
廷——庭蜓霆挺梃铤艇
亭——停葶婷
形——荆刑邢型
英——英瑛
婴——撄嘤缨樱鹦
营——莺荥莹萤萦

（二）圆唇音与不圆唇音的辨正

有些方言中 i、ü 及以 i、ü 开头的韵母不分，主要表现在西南方言、客家方言、闽方言、粤方言的部分地区；有些方言中 o、e 不分，或者把 eng 发成 ong。这几组韵母发音的差异主要在开头元音的口形上，一个是圆唇音，如 ü、o，一个是不圆唇音，如 i、e。圆唇音发音时，嘴唇需慢慢拢圆，不圆唇音发音时嘴唇自然展开。发音时可进行对比训练，先展开嘴唇发不圆唇的 i，然后舌位不动，慢慢聚拢嘴唇，发出圆唇音 ü。以此类推，练习 o、e 的发音。

圆唇音与不圆唇音辨音训练：

1. 分辨 i—ü

(1) 单音节对比练习

拟—女　　利—率　　寄—聚　　起—取　　斜—穴
逸—豫　　聂—虐　　列—略　　节—决　　窃—确

(2) 双音节对比练习

抑郁—寓意　　崎岖—娶妻　　意见—预见　　小姨—小鱼
移民—渔民　　白银—白云　　通信—通讯　　起义—曲艺

(3) 绕口令练习

一头驴，驮筐梨，驴一跑，滚了梨。驴跑梨滚梨绊驴，梨绊驴蹄驴踢梨。

2. 分辨 ian—üan

(1) 单音节对比练习

严—元　　建—眷　　厌—怨　　烟—渊　　先—宣
兼—捐　　钱—权　　眼—远　　严—圆　　弦—玄

(2) 双音节对比练习

怨言　　捐献　　田园　　厌倦　　健全
眷恋　　权限　　线圈　　宣言　　边远

(3) 绕口令练习

山前住着阎圆眼，山后住着阎眼圆，二人山前来比眼，不知是阎圆眼比阎眼圆的眼圆，还是阎眼圆比阎圆眼的眼圆。

3. 分辨 e—o

(1) 单音节对比练习

破—可　　　播—歌　　　格—婆　　　和—佛　　　膜—河　　　博—格

(2) 双音节对比练习

破格—合格　　　大佛—大河　　　婆婆—哥哥　　　破费—社会

(3) 绕口令练习

坡上立着一只鹅,坡下就是一条河。宽宽的河,肥肥的鹅,鹅要过河,河要渡鹅。不知是鹅过河,还是河渡鹅。

4. 分辨 eng—ong

eng—ong 的差异比较大,很容易分辨。首先发音时要注意韵母开头元音的口形,有圆唇和不圆唇的分别;其次运用声韵配合规律记住方言中错发的音应该改为哪一个:普通话声母 b、p、m、f 不能和 ong 构成音节,凡错读为 bong、pong、mong、fong 的音节,它们的韵母都应该是 eng。另外有些方言中还会把零声母音节 ueng 读为 ong,如"老翁"读作"lǎo ōng"。只要记住普通话中 ong 不能构成零声母音节,而 ueng 只能构成零声母音节,就可以解决问题了。

(1) 单音节对比练习

疼—铜　　　冷—拢　　　正—重　　　能—农　　　更—公
瞪—冻　　　成—虫　　　挣—种　　　藤—童　　　棱—弄

(2) 双音节对比练习

腾空　　　冷冻　　　正宗　　　赠送　　　正中
统称　　　重逢　　　耕种　　　水瓮　　　蓊郁

(3) 绕口令练习

走如风,站如松,坐如钟,睡如弓。风、松、钟、弓,弓、钟、松、风,连念七遍口齿清。

一条裤子七道缝,横缝上面缝竖缝,缝了横缝缝竖缝,缝了竖缝缝横缝。

(三) 分清单韵母和复韵母,注意复(鼻)韵母的出字与归音

1. 单韵母与复韵母误读

有些方言区习惯把单韵母误读为复韵母,如 o、e 误读为 ou 或 uo,"社会"读作"shòu huì"。只要记住单韵母发音时没有动程,舌位唇形始终不变,一旦发生动程变化,就变成复韵母了。

词语对比练习:

车子—绸子　　　舍身—守身　　　个头—过头　　　乐土—落土
隔音—国音　　　客气—阔气　　　合力—活力　　　盒子—活字

2. 丢失韵头或韵尾,动程不足或归音不全

有些方言区发音时会丢失韵头,主要是 i、u、ü,把韵母念成开口呼,如"腿"念成"těi","电"念成"dài"。还有些方言区丢失韵尾,或韵尾发不到位置,造成归音不全,形成语音错

误或缺陷。如"黑"读作"hē","踹"读作"chuà"。纠正的方法就是通过放慢几个元音(元音和辅音)的合音过程,体会复(鼻)韵母的发音动程,做到吐字清晰,归音完整。

(1) 词语练习

黑白	栽培	悲哀	暧昧	海内
招收	矛头	高手	好受	壕沟
酬劳	柔道	手稿	首脑	头号
漂流	调酒	郊游	娇羞	校友
留校	柳条	扭腰	求教	油条
踹腿	怪味	坏水	衰微	歪嘴
毁坏	腿快	追怀	嘴快	最坏

(2) 绕口令练习

清早上街走,走到周家大门口,门里跳出一只大黄狗,朝着我哇哇吼。我拾起石头打黄狗,黄狗跳起来就咬我的手。

山前住着梅粗腿,山后住着梅腿粗,二人山前来比腿,不知是梅粗腿比梅腿粗的腿粗,还是梅腿粗比梅粗腿的腿粗。

第三节　普通话的声调训练

汉语是有声调的语言,声调反映着汉语语音的基本特征。因此,声调作为能区别意义的音高变化,它在汉语语音系统中具有特殊的重要地位。

一、声调的性质和作用

声调是指音节中具有区别意义作用的音高变化,是汉语音节中不可缺少的组成部分。声调是音节的高低升降形式,它主要是由音高决定的。比如"八、拔、把、爸"四个音节的差异,就在于音调高低升降的变化不同。

声调的主要作用是区别意义。相同的音节组合,音高变化不同决定了它们的意义不同。比如"事实—逝世"、"天才—甜菜"这两组词语虽声母、韵母相同,但语义有别,就是靠声调来区别的。此外,汉语声调还使音节界限分明,高低有致。如"风调雨顺"、"妙手回春"。

二、调值和调类

汉语的声调一般可以从调值和调类两个方面来分析。

调值是指音节的高低、升降、曲折、长短的变化形式,即声调的实际读法。例如"天"(tiān)这个音节读高平调,"好"(hǎo)这个音节读先降后升的曲折调,这里的"高平"、"曲折"就是指声调的调值。普通话的调值有四种,即平调、升调、降调、曲折调。

描写普通话的调值一般采用"五度标记法"。先用一根竖线作为比较线,均分为四格,分别表示"高、半高、中、半低、低"五度,依次用"5、4、3、2、1"来代表。然后在比较线的左边用曲线或直线表示音节的相对音高变化形式和升降幅度。用五度标记法来标记普通话的四声,如图所示:

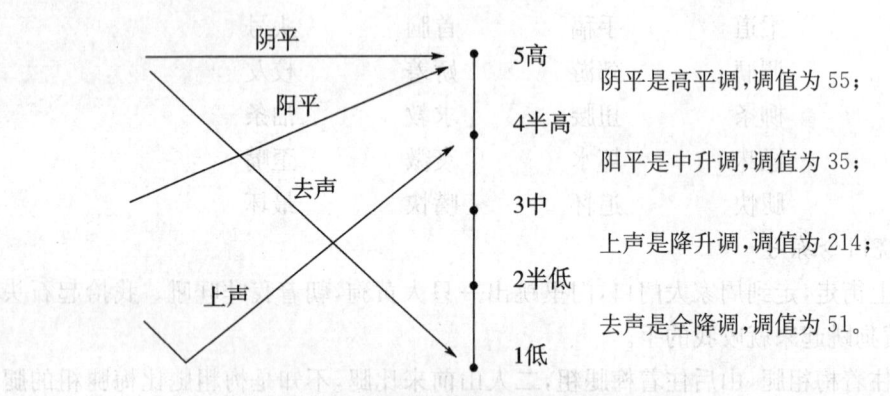

```
        阴平
                        5高
        阳平
                        4半高
                            阴平是高平调,调值为55;
         去声
                        3中
                            阳平是中升调,调值为35;
                        2半低
                            上声是降升调,调值为214;
         上声
                        1低
                            去声是全降调,调值为51。
```

调类:是声调的种类,把调值相同的字归在一起所建立的类。从上图可以看出普通话语音有四种调类,传统的名称是:阴平(55)、阳平(35)、上声(214)、去声(51),也可简单地称为:一声、二声、三声、四声。

三、普通话四声训练

(一)阴平(第一声)

高平调,发音时高而平直,基本没有升降变化,即由5度到5度,调值为55。
字词发音练习:

拉 lā	天 tiān	掐 qiā	中 zhōng	吹 chuī
辉 huī	间 jiān	七 qī	高 gāo	音 yīn
春天 chūntiān	花开 huākāi	新屋 xīnwū	出租 chūzū
江山 jiāngshān	多娇 duōjiāo	公司 gōngsī	通知 tōngzhī

(二)阳平(第二声)

中升调,发音时由中音升到高音,即由3度上升到5度,调值为35。
字词发音练习:

还 hái	阳 yáng	程 chéng	名 míng	全 quán
橱 chú	情 qíng	留 liú	元 yuán	扛 káng
人民 rénmín	团结 tuánjié	圆形 yuánxíng	循环 xúnhuán
连年 liánnián	和平 hépíng	农民 nóngmín	犁田 lítián

(三) 上声(第三声)

降升调,发音时由半低音先降到低音再升到半高音,即由 2 度降到 1 度再升到 4 度,调值为 214。

字词发音练习:

好 hǎo	场 chǎng	里 lǐ	演 yǎn	晓 xiǎo
可 kě	远 yuǎn	酒 jiǔ	许 xǔ	柳 liǔ
远景 yuǎnjǐng	美好 měihǎo	彼此 bǐcǐ		理解 lǐjiě
理想 lǐxiǎng	美满 měimǎn	把柄 bǎbǐng		饱满 bǎomǎn

(四) 去声(第四声)

全降调,发音时由高音降到低音,即由 5 度降到 1 度,调值为 51。

字词发音练习:

饿 è	付 fù	去 qù	顺 shùn	案 àn
现 xiàn	派 pài	数 shù	正 zhèng	庆 qìng
下次 xiàcì	注意 zhùyì	胜利 shènglì		在望 zàiwàng
报告 bàogào	抱歉 bàoqiàn	路线 lùxiàn		正确 zhèngquè

四、声调辨正

普通话语音和汉语方言的主要区别在于声调的不同。学习普通话必须突破声调关。方言声调与普通话声调的差异主要表现在三个方面:一是声调种类的多少不同;二是声调的调值不同;三是方言跟普通话之间各类声调所包含的字不尽相同。方言区的人学习普通话声调应当注意以下四个方面的问题:

(一) 分清普通话调类

普通话有阴平、阳平、上声、去声四种声调,也就是四种调类。这个声调系统是从中古汉语中的阴平、阳平、阴上、阳上、阴去、阳去、阴入、阳入八类声调分合演变而来。方言调类与普通话相比,有的比普通话调类少,有的比普通话调类多。一般北方方言区的声调类别较少,多为 3~5 个;南方方言区的声调类别较多,一般在 6~8 个,多的甚至达到 10 个,而且多有入声字。学习时应注意方言声调和普通话声调的对应关系,具体可参考以下的《汉语方言声调对照表》。

汉语方言声调对照表

方言区	古调类	平声		上声		去声		入声				声调数
	例字	天	平	古	老	近	放	大	急	各	六	杂	
	地名	调值和调类											
北方方言区	普通话（北京）	阴平 55	阳平 35	上声 214		去声 51		入声分别归阴、阳、上、去				4
	沈阳	阴平 44	阳平 35	上声 213		去声 41		入声分别归阴、阳、去				4
	济南	阴平 213	阳平 42	上声 55		去声 31		同上				4
	滦县	平声 11		上声 213		去声 55		入声分别归平、上、去				3
	烟台	平声 31		上声 214		去声 55		同上				3
	徐州	阴平 313	阳平 55	上声 35		去声 51		入声分别归阴、阳				4
	南京	阴平 31	阳平 13	上声 22		去声 44		入声 5				4
	成都	阴平 44	阳平 41	上声 52		去声 13		入声分别归平				4
吴方言区	苏州	阴平 44	阳平 13	上声 52	归阳去	阴去 412	阳去 31	24阴入 5		阳入 2		7
	无锡	阴平 55	阳平 14	阴上 324	阳上 33	阳去 35	阳去 213	阴入 5		阳入 2		8
	上海	阴平 54	阳平 24	上声 33	归上声	归阳平		阴入 5		阳入 2		5
湘方言区	长沙	阴平 33	阳平 13	上声 41		阴去 55	阳去 11	入声 24				6
赣方言区	南昌	阴平 43	阳平 24	上声 213		阳去 55	阴去 31	入声 5				6
客家方言区	梅县	阴平 44	阳平 11	上声 31		去声 42		阴入 21		阳入 4		6
闽方言区	福州	阴平 44	阳平 52	上声 31		阳去 242	阴去 213	阳去 242	阴入 23		阳入 4		7
	厦门	阴平 55	阳平 24	上声 51		阳去 33	阴去 11	阳去 33	阴入 32		阳入 5		7
粤方言区	广州	阴平 55 53	阳平 21 11	阴上 35	阳上 13	阴去 33	阳去 22	上阴入 55		上阴入 33	阳入 22	9
	玉林	阴平 54	阳平 32	阴上 33	阴上 23	阴去 52	阳去 21	上阴入 55		上阴入 33	上阳入 12	下阳入 11	10

（二）读准普通话调值

同一调类的调值在不同方言中也存在着很大的差别。因此，读准普通话四声的调值显得十分重要。可尝试采用不同声调组合的词语来加以练习。

1. 双音节词语练习

阴平—阴平	师专	春风	听说	书桌	天空
阴平—阳平	新闻	平凡	青年	非常	清纯
阴平—上声	声母	争取	高考	褒奖	温暖
阴平—去声	声调	飞快	师范	专业	编译
阳平—阴平	年轻	来宾	长江	国家	农村
阳平—阳平	人才	同学	排球	惩罚	残存
阳平—上声	俗语	毛笔	原子	形体	活体
阳平—去声	同志	群众	白菜	旋律	神态
上声—阴平	首都	导师	北方	补充	礼花
上声—阳平	厂房	狠毒	导游	满足	品德
上声—上声	粉笔	把柄	理想	矮小	美好
上声—去声	把握	柏树	保证	比较	本质
去声—阴平	四肢	画家	拜托	上升	窒息
去声—阳平	大梁	募集	灭绝	性急	怅然
去声—上声	呐喊	不久	懊恼	寄予	画笔
去声—去声	胖瘦	遏制	闭塞	目录	任意

2. 四字格短语练习

阴平调	居安思危	挖空心思	息息相关	声东击西	休戚相关
阳平调	文如其人	急于求成	严格执行	名存实亡	民族团结
上声调	永远美好	主演小品	岂有此理	领导小组	美好理想
去声调	日夜奋战	背信弃义	自怨自艾	万籁俱寂	胜利在望
四声顺序	光明磊落	兵强马壮	花红柳绿	阴阳上去	心明眼亮
四声逆序	逆水行舟	寿比南山	叫苦连天	破釜沉舟	一举成名
四声无序	风雨同舟	自怨自艾	烈日当空	兵临城下	彬彬有礼

3. 绕口令练习

兜里装豆,豆装满兜,兜破漏豆。倒出豆,补破兜,补好兜,又装豆,装满兜,不漏豆。
娃挖瓦,娃挖蛙,娃挖瓦挖蛙,挖蛙挖出瓦。娃挖蛙,娃挖瓦,娃挖蛙挖瓦,挖瓦挖出蛙。

（三）辨别容易误读声调的词语

在普通话的词语中,有不少声调存在习惯性误读现象。因此,要对这些容易误读的词语进行识别,加以记忆。

声调容易误读的词语练习：

白桦(huà)	褒(bāo)贬	笨拙(zhuō)	卑鄙(bǐ)
匕(bǐ)首	比较(jiào)	边框(kuàng)	剽(piāo)窃
撇(piē)开	漂(piǎo)白粉	勉强(qiǎng)	氛(fēn)围

69

符(fú)合	档(dàng)案	档(dàng)次	宁(nìng)愿
载(zài)体	载(zài)重	憎(zēng)恨	走穴(xué)
粗糙(cāo)	从(cóng)容	挫(cuò)折	召(zhào)开
脂(zhī)肪	质(zhì)量	乘(chéng)机	惩(chéng)罚
处(chǔ)理	狩(shòu)猎	甲(jiǎ)板	脊(jǐ)髓(suǐ)
尽(jǐn)量	尽(jǐn)管	绢(juàn)花	潜(qián)伏
悄(qiǎo)然	鲜血(xuè)	情不自禁(jīn)	胸脯(pú)
穴(xué)位	号召(zhào)	围绕(rào)	骨(gǔ)髓(suǐ)
因为(wèi)	友谊(yì)	晕(yùn)车	成绩(jì)
勾(gòu)当(dàng)			

第四节 普通话的语流音变

一、什么是语流音变

发准普通话声母、韵母、声调并不表示说的就是标准、地道的普通话，因为人们在使用语言进行交际时，并不是孤立地发出一个个音节，而是把多个音节连续说出，形成表意的语流。在语流中，音节和音节、音素和音素、声调和声调之间相互影响，或多或少地发生语音变化，这些变化就是普通话中的语流音变。

普通话中的语流音变主要包括变调、轻声、儿化、语气词"啊"的音变等。

普通话水平测试中，"读多音节词语"测试项中开始出现音节连读，对考生语流音变中的变调、轻声、儿化等运用能力进行考察。

二、普通话中的语流音变

（一）变调

变调，顾名思义就是几个音节连续发音时，有些音节的声调互相影响，调值发生变化的音变现象，一般指多音节词语中前面音节受后面音节的影响，基本调值发生变化。

变调主要包括上声变调，"一"、"不"的变调。

1. 上声变调

上声的调值是214，其音高的变化形式是先降后升，四个声调中上声的音长最长，在与其他声调音节连续发音时显得不和谐，因此人们在口语中习惯变调。上声在单念或者出现在词语、句子的末尾时不发生变调，其他情况下，都会受到其后一个音节声调的影响发生音变。

上声的变调规则主要有：

（1）非上前面念半上。即上声在非上声（阴平、阳平、去声、轻声）前面，它就读为原

调值的一半,丢掉原调值中上升的后半部分,调值由 214 变为 211,也就是先从 2 降到 1,再平拉。例如:

礼花　　导师　　北方　　补充　　首都　（上声＋阴平→半上＋阴平）
厂房　　狠毒　　导游　　满足　　旅行　（上声＋阳平→半上＋阳平）
柏树　　保证　　比较　　本质　　采购　（上声＋去声→半上＋去声）
喜欢　　嘴巴　　老爷　　老实　　脊梁　（上声＋轻声→半上＋轻声）

(2) 两上相连前上变阳平。两个上声相连,前一个上声变为阳平,调值由 214 变为 35,后一个上声调值不变,仍为 214。例如:

理想　　美好　　永远　　野草　　可口　（上声＋上声→阳平＋上声）
岛屿　　好久　　稿纸　　广场　　采访　（上声＋上声→阳平＋上声）

(3) 三上相连分两种情况:

① 双单格:即"双音节＋单音节"的格式。如:展览/馆、洗脸/水、手表/厂、演讲/稿,前两个上声变阳平,调值为 35,后一个不变,调值为 214。

双＋单→阳平＋阳平＋上声

选举法　　　表演场　　　蒙古语　　　洗脸水　　　勇敢者
跑马表　　　水彩笔　　　虎骨酒　　　手表厂　　　手写体

② 单双格:即"单音节＋双音节"的格式。例如:纸/老虎、柳/厂长、纸/雨伞、孔/乙己,第一个上声念半上,调值为 211,第二个上声念阳平,调值为 35,第三个上声不变,调值为 214。

单＋双→半上＋阳平＋上声

小老虎　　　柳厂长　　　党小组　　　纸雨伞　　　老保守
小两口　　　米老鼠　　　孔乙己　　　李小姐　　　冷处理

(4) 一串上声相连,先要按语意切分(两字组或三字组),然后再按上面几条规律变调。例如:

我有/几把/纸雨伞。
请你/给我/找找/纸雨伞。

2. "一"、"不"的变调

(1) "一"的变调

"一"的原调是阴平 55,在单念、句子末尾、表时间、序数时念原调,例如:"一"最好写、九九归一、1919 年 1 月 1 日、我住一号楼。其他情况下都念变调。

① 非去声前面念去声 51。即"一"在非去声(阴平、阳平、上声)前面,念成去声 51。例如:

一端　　一边　　一根　　一张　　一腔　（一＋阴平→去声＋阴平）
一旁　　一流　　一条　　一来　　一同　（一＋阳平→去声＋阳平）
一体　　一早　　一碗　　一盏　　一捆　（一＋上声→去声＋上声）

② 去声前面念阳平 35。即"一"在去声前面,念成阳平调。例如:

一定　　一度　　一贯　　一面　　一个　（一＋去声→阳平＋去声）

③ 夹在重叠式动词之间,"一"读得近乎轻声。例如:

尝一尝　　　看一看　　　想一想　　　听一听　　　写一写
试一试　　　谈一谈　　　走一走　　　摸一摸　　　舔一舔

(2)"不"的变调

"不"的原调是去声51,其变调规则和"一"基本相同。

① 非去声前面念去声51。即"一"在非去声(阴平、阳平、上声)前面,念原调51。例如:

不光　　不禁　　不惜　　不屈　　不甘　（不＋阴平→去声＋阴平）
不曾　　不妨　　不服　　不合　　不能　（不＋阳平→去声＋阳平）
不管　　不仅　　不满　　不免　　不好　（不＋上声→去声＋上声）

② 去声前面念阳平35。即"不"在去声前面,念成阳平调。例如:

不定　　不快　　不料　　不论　　不但（不＋去声→阳平＋去声）

③ 夹在重叠式动词、形容词之间或者动补式词语中间,"不"读得近乎轻声。例如:

吃不吃　　走不走　　穿不穿　　买不买　（夹在重叠动词之间）
苦不苦　　甜不甜　　油不油　　稀不稀　（夹在形容词之间）
完不成　　做不好　　打不开　　起不来　（夹在动补式词语之间）

(3)"一"、"不"变调综合练习

① 成语练习

一生一世　　一阴一阳　　一上一下　　一五一十　　一字一句
不自量力　　不胫而走　　不耻下问　　不言而喻　　不屑一顾

② 儿歌练习

一个大,一个小,一件衣服一顶帽。一边多,一边少,一打铅笔一把刀。一个大,一个小,一只西瓜一棵枣。一边多,一边少,一盒饼干一块糕。

不怕不会,就怕不学,一回学不会再来一回,一直到学会,我就不信学不会。

③ 作品朗读中的"一、不"练习

这是虽在北方的风雪的压迫下却保持着倔强挺立的一种树!(作品1号)
土豆质量很不错,他带回来一个让老板看看。(作品2号)
莫高窟的彩塑,每一尊都是一件精美的艺术品。(作品29号)
有一年的春天,我因病被迫在家里休息数周。(作品43号)
衣食住行,在北平的秋天,是没有一项不使人满意的。(作品58号)

注意:变调只在口语中出现。

(二) 轻声

1. 什么是轻声

普通话中有些音节在词语或句子中失去原来的声调,而读成既轻又短的调子,这种现象就是轻声。轻声是一种特殊的音变现象。普通话中的轻声不是第五个调类,它们都是从阴平、阳平、上声、去声四个声调中变化而来,单念时都有原调。轻声音节的读音不能独立存在,只体现在词语或句子中,且轻声音节没有固定的调值,其实际调值需要依靠前一个音节的声调来确定。

2. 轻声的作用

首先,轻声可以区别词义和词性。例如:

瞎子 xiāzi(眼瞎的人)　　　　　虾子 xiāzǐ(虾卵)

兄弟 xiōngdi(弟弟)　　　　　　兄弟 xiōngdì(哥哥和弟弟)

地道 dìdao(真正纯粹的)　　　　地道 dìdào(地下的通道)

对头 duitou(冤家,名词)　　　　对头 duìtóu(正确,形容词)

厉害 lihai(程度深,副词或形容词)　厉害 lìhài(利和弊,名词)

其次,轻声可以调节语言的节奏,形成抑扬顿挫的美感。

轻声的变化还可以使朗读或说话的节奏趋于变化,节奏明晰,在语流中形成轻重缓急的变化。

3. 轻声的调值

轻声的调值依靠前一个音节的声调来确定,主要有两种形式,《普通话水平测试大纲》中描述为:

(1)当前面一个音节的声调是阴平、阳平、去声的时候(阴平、阳平、去声+轻声),后面一个轻声音节的调形是短促的低降调,调值为31(调值下加短横线表示音长短)。例如:

阴平+轻声　　先生　　桌子　　哥哥　　姑娘　　休息

阳平+轻声　　房子　　婆婆　　萝卜　　红的　　头发

去声+轻声　　丈夫　　困难　　骆驼　　吓唬　　豆腐

(2)当前面一个音节的声调是上声的时候(上声+轻声),后面一个轻声音节是短促的半高平调,调值为44。

上声+轻声　　斧子　　脊梁　　口袋　　使唤　　喇叭

4. 轻声的规律

从口语实践来看,多数轻声和词汇、语法有关,具有一定的规律性。一般可分为两类:

(1)有规律的轻声词。主要包括以下几类词语:

① 单音节的语气词"吗、呢、啊、吧"等。例如:行吗?好吧!他呀!

② 助词"的、地、得、着、了、过"等。例如:看了、好得很、吃着、我的、静静地。

③ 词的后缀"子、头、么、们、巴"等。例如:桌子、馒头、我们、尾巴、多么。

④ 方位词后缀,如"上、下、面、里、边"等。例如:上面、屋里、地下、外头、箱子里。

⑤ 动词、形容词后面的趋向动词。例如:做起来、躺下去、爬上来、回来、滚出去、取回来。

⑥ 单音节名词、动词重叠形式的后一个字。例如:爸爸、妈妈、星星、娃娃、看看、尝尝、摸摸。

以上这些有规律的轻声词大都缺乏独立性,具有附着性。

(2) 必读轻声词，即没有规律性的轻声词。根据具体情况可分为两类，一类是有语境的必读轻声词，如："地道、精神、东西"之类，读不读轻声，词义或词性不同，只要放在具体的语境中，就可以确定是否读轻声。一类是无语境的必读轻声词，如："豆腐、女婿、刺猬、队伍、脊梁"等，不管在任何语境中都习惯读轻声。这一类轻声词是普通话中最缺乏规范性的部分，也是普通话水平测试中较难把握的部分，需要加强记忆。

5. 普通话轻声练习

(1) 词语对比练习（非轻声—轻声）

包含—包涵　　鄙视—比试　　报仇—报酬　　兑付—对付
服气—福气　　服饰—服侍　　核子—盒子　　手势—首饰

(2) 轻声词语练习

霸道　摆设　队伍　本事　避讳　差使　裁缝　大方
大人　大夫　地下　地道　地方　对头　东西　多少
德行　包袱　告诉　脊梁

(3) 语句练习

天上日头，嘴里舌头，地上石头，桌上纸头。大腿骨头，小腿趾头，树上枝头，集上市头。

伙计，你搞什么名堂？别那么冒失，免得惹麻烦。有那凑热闹的功夫，还不如老实点学点儿东西呢！

(4) 作品朗读中的轻声词语练习

假日，到河滩上转转，看见许多孩子在放风筝。（作品9号）

读小学的时候，我的外祖母去世了。（作品14号）

可爱的小鸟和善良的水手结成了朋友。（作品22号）

无疑，陶行知是要好好教育这个"顽皮"的学生。（作品39号）

在它沉默的劳动中，人便得到相应的收成。（作品57号）

（三）儿化

普通话中的儿化现象主要是由词尾变化而来。卷舌韵母不与声母相拼，只能自成音节，常用的也只有少数的几个字，如二、而、耳、儿、尔等。但是er经常处于词尾的位置，在口语中常常轻读，渐渐地就和前面的音节连读而产生音变，使"儿"(er)失去了其原有的独立性，"化"到前一个音节上去，只保留一个卷舌动作，使两个音节融合为一个音节，前面音节里的韵母由于附加了一个卷舌动作，或多或少地发生了变化，带有卷舌色彩，称为"儿化韵"，这种语音现象就叫"儿化"。

汉语中，儿化词语是两个汉字表示一个音节，儿化音节的拼写是在原音节韵母后面加写一个表示卷舌动作的符号"r"，例如：

蒜瓣儿 suànbànr　　脸盘儿 liǎnpánr　　脸蛋儿 liǎndànr
收摊儿 shōutānr　　栅栏儿 zhàlanr　　包干儿 bāogānr

1. 儿化的作用

儿化在表达词汇意义、语法意义和修辞色彩上都具有积极的意义。

(1) 儿化可以区别词义和词性

有些词儿化不儿化意义差别很大,如:"信"是指信息,"信儿"是指消息;"有门"指的是进出的门,"有门儿"指的是希望;"眼"指的是眼睛,"眼儿"指的是小洞。

名词、动词、形容词、量词等加上"儿"后,词性就明显发生了变化,这类词不儿化就是方言的味道,会影响普通话规范的度。如:"盖"是动词,指由上而下地遮盖、蒙上,"盖儿"是名词,指器物上部有遮蔽作用的东西;"个"是量词,指人或事物的个数,"个儿"是名词,指身体或物体的大小;"尖"是形容词,指末端细小、尖锐,"尖儿"是名词,指物体锐利的末端或细小的头儿。

(2) 儿化具有修辞色彩

儿化词可以形容细、小、轻、微的状态和性质。如米粒儿、小孩儿、一点儿、小鱼儿、一会儿、门缝儿、针鼻儿、丁点儿。体积较大的物体一般不能儿化,如"一头大象"就不能说成"一头大象儿"。

儿化词还具有表示温和、喜爱、亲切的感情色彩。如:老伴儿、脸蛋儿、儿媳妇儿、红花儿、小孩儿、小曲儿。

2. 儿化韵的发音

普通话中除 er 韵外,其他韵母均可儿化。韵母儿化后,读音也随之发生变化。儿化韵的基本特征就是卷舌,但在具体的儿化韵中,因受前面音节音素的影响,而使儿化韵各不相同。儿化韵的音变受前一个韵母最后一个音素的影响,其基本原则是便于卷舌的直接卷舌,不便于卷舌的通过变化使其便于卷舌。

儿化韵的音变规则可以概括为以下五条:

(1) a、o、e、ê、u 收尾的韵母,儿化时主要元音基本不变,韵母直接卷舌。

| 泪花儿 | 刀把儿 | 月牙儿 | 耳膜儿 | 粉末儿 |
| 被窝儿 | 贝壳儿 | 台阶儿 | 字帖儿 | 旦角儿 |

(2) 韵尾是 i、n 的韵母,韵尾脱落,主要元音卷舌。

| 糖块儿 | 滋味儿 | 配对儿 | 小菜儿 | 小孩儿 |
| 手绢儿 | 赔本儿 | 病根儿 | 脚印儿 | 费劲儿 |

(3) 韵母是 i、ü 的,韵腹不变,原韵母后加 er。

| 垫底儿 | 玩意儿 | 小鸡儿 | 米粒儿 | 针鼻儿 |
| 金鱼儿 | 毛驴儿 | 小曲儿 | 痰盂儿 | 肚脐儿 |

(4) 韵母是舌尖前韵母-i(前)和舌尖后韵母-i(后)的,将韵母改成 er。

| 挑刺儿 | 瓜子儿 | 树枝儿 | 顶事儿 | 没事儿 |
| 石子儿 | 没词儿 | 墨汁儿 | 锯齿儿 | 急事儿 |

(5) 韵尾是 ng 的,丢韵尾、韵腹鼻化,并卷舌。

| 树秧儿 | 模样儿 | 天窗儿 | 镜框儿 | 抽空儿 |
| 酒盅儿 | 图钉儿 | 小熊儿 | 水瓮儿 | 小葱儿 |

注意：普通话中有些特殊词语儿化后读音会发生变化，需要进行记忆。

普通话中有的词语后面加上了"er"以后，不仅韵母出现了卷舌现象，其声、韵、调也发生了变化。如：

  早早(zǎozǎo)——早早儿(zǎozāor)
  慢慢(mànmàn)——慢慢儿(mànmānr)
  桑葚(sāngshèn)——桑葚儿(sāngrènr)
  相片(xiàngpiàn)——相片儿(xiàngpiānr)
  中间(zhōngjiān)——中间儿(zhōngjiànr)
  本色(běnsè)——本色儿(běnshǎir)

还有一些儿化词语是我们经常念错的，也需要加强记忆。如：

  刀把儿 dāobàr 脖颈儿 bógěngr 旦角儿 dànjuér
  一会儿 yīhuìr 梨核儿 líhúr 小瓮儿 xiǎowèngr

3. 绕口令练习

小女孩儿，红脸蛋儿，红头绳儿，扎小辫儿，黑眼珠儿，滴溜溜儿转，手儿巧，心眼儿好，会做袜子会做鞋儿。能开地儿，能种菜儿，又会浇花儿又做饭儿。

4. 作品朗读中的儿化词语练习

一群群孩子在雪地里堆雪人，掷雪球儿。（作品5号）

我每天辛苦工作，没时间和你玩儿小孩子的游戏。（作品7号）

响亮的天气，反有点儿叫人害怕。（作品17号）

走近细看，他不就是被大家称为"乡巴佬"的卡廷吗？（作品28号）

小男孩儿得到足球后踢得更卖劲了。（作品41号）

（四）语气词"啊"的音变

普通话中的"啊"有两种用法，一种是独立性很强，常常出现在句首的叹词"啊"，它不会产生语流音变现象。一种是出现在句子末尾的语气词"啊"，它缺乏独立性，处于语流的末尾，读音常常受到前边音节末尾音素的影响而发生变化。

1. 语气词"啊"的音变规则

（1）"啊"前面一个音节末尾的音素是 a、o、e、ê、i、ü 时，"啊"读作 ya，书面上可以写作"呀"。例如：

  关系重大啊！ 你倒是说啊！ 多漂亮的家啊！
  是你哥哥啊！ 注意啊！ 好大的鱼啊！

（2）"啊"前面一个音节末尾的音素是 u 或韵母是 ao、iao 时，"啊"读作 wa，书面上可以写作"哇"。例如：

  看书啊！ 唱得多好啊！ 真好笑啊！

（3）"啊"前面一个音节末尾的音素是 n 时，"啊"读作 na，也可以写作"哪"。例如：

  我的天啊！ 小心啊！ 现如今啊！ 真是鲜润啊！

（4）"啊"前面一个音节末尾的音素是 ng 时，"啊"读作 nga。例如：

花儿好香啊！　　　　行啊！　　　　真狂啊！　　　衣服真红啊！

（5）"啊"前面一个音节末尾的音素是-i[前]时，"啊"读作[za]。例如：

什么字啊？　真自私啊！　三思啊！　几次啊？　投资啊！

（6）"啊"前面一个音节末尾的音素是-i[后]、er时，"啊"读作ra。例如：

什么事啊　窗台儿啊　快吃啊！　唐诗啊！　是老师啊！

注意："啊"的音变主要是受前一个音节最后一个音素的影响，发音时是和前一个音节的末尾音素连读，即前一个音节韵尾与"啊"迅速拼合在一起，形成合音。

2．"啊"的音变练习

（1）词语练习

回家啊	活跃啊	金鱼啊	可爱啊	快写啊
保守啊	参军啊	好人啊	弹琴啊	很凶啊
完成啊	一样啊	写字啊	工资啊	价值啊

（2）语句练习

　　一块来啊

鸡啊，鸭啊，猫啊，狗啊，

一块儿水里游啊！

牛啊，羊啊，马啊，骡啊，

一块儿进鸡窝啊！

狼啊，虫啊，虎啊，豹啊，

一块儿街上跑啊！

兔啊，鹿啊，鼠啊，孩儿啊，

一块儿上窗台儿啊！

（3）作品朗读中的语气词"啊"的练习

这又怪又丑的石头，原来是天上的啊！（作品3号）

家乡的桥啊，我梦中的桥！（作品18号）

它便敞开美丽的歌喉，唱啊唱，嘤嘤有韵，宛如春水淙淙。（作品22号）

仿佛融了一块在里面似的，这才这般的鲜润啊。（作品25号）

这都是千金难买的幸福啊。（作品40号）

附录一　普通话水平测试用必读轻声词语表

说　明

1．本表根据《普通话水平测试用普通话词语表》编制。

2．本表供普通话水平测试第二项——读多音节词语（100个音节）测试使用。

3．本表共收词545条（其中"子"尾词206条），按汉语拼音字母顺序排列。

4．条目中的非轻声音节只标本调，不标变调；条目中的轻声音节，注音不标调号，如："明白 míngbai"。

　　1 爱人 àiren　　　　　2 案子 ànzi　　　　　3 巴掌 bāzhang

4 把子 bǎzi	5 把子 bàzi	6 爸爸 bàba
7 白净 báijing	8 班子 bānzi	9 板子 bǎnzi
10 帮手 bāngshou	11 梆子 bāngzi	12 膀子 bǎngzi
13 棒槌 bàngchui	14 棒子 bàngzi	15 包袱 bāofu
16 包涵 bāohan	17 包子 bāozi	18 豹子 bàozi
19 杯子 bēizi	20 被子 bèizi	21 本事 běnshi
22 本子 běnzi	23 鼻子 bízi	24 比方 bǐfang
25 鞭子 biānzi	26 扁担 biǎndan	27 辫子 biànzi
28 别扭 bièniu	29 饼子 bǐngzi	30 拨弄 bōnong
31 脖子 bózi	32 簸箕 bòji	33 补丁 bǔding
34 不由得 bùyóude	35 不在乎 bùzàihu	36 步子 bùzi
37 部分 bùfen	38 裁缝 cáifeng	39 财主 cáizhu
40 苍蝇 cāngying	41 差事 chāishi	42 柴火 cháihuo
43 肠子 chángzi	44 厂子 chǎngzi	45 场子 chǎngzi
46 车子 chēzi	47 称呼 chēnghu	48 池子 chízi
49 尺子 chǐzi	50 虫子 chóngzi	51 绸子 chóuzi
52 除了 chúle	53 锄头 chútou	54 畜生 chùsheng
55 窗户 chuānghu	56 窗子 chuāngzi	57 锤子 chuízi
58 刺猬 cìwei	59 凑合 còuhe	60 村子 cūnzi
61 耷拉 dāla	62 答应 dāying	63 打扮 dǎban
64 打点 dǎdian	65 打发 dǎfa	66 打量 dǎliang
67 打算 dǎsuan	68 打听 dǎting	69 大方 dàfang
70 大爷 dàye	71 大夫 dàifu	72 带子 dàizi
73 袋子 dàizi	74 耽搁 dānge	75 耽误 dānwu
76 单子 dānzi	77 胆子 dǎnzi	78 担子 dànzi
79 刀子 dāozi	80 道士 dàoshi	81 稻子 dàozi
82 灯笼 dēnglong	83 提防 dīfang	84 笛子 dízi
85 底子 dǐzi	86 地道 dìdao	87 地方 dìfang
88 弟弟 dìdi	89 弟兄 dìxiong	90 点心 diǎnxin
91 调子 diàozi	92 钉子 dīngzi	93 东家 dōngjia
94 东西 dōngxi	95 动静 dòngjing	96 动弹 dòngtan
97 豆腐 dòufu	98 豆子 dòuzi	99 嘟囔 dūnang
100 肚子 dǔzi	101 肚子 dùzi	102 缎子 duànzi
103 对付 duìfu	104 对头 duìtou	105 队伍 duìwu
106 多么 duōme	107 蛾子 ézi	108 儿子 érzi
109 耳朵 ěrduo	110 贩子 fànzi	111 房子 fángzi

112 份子 fènzi	113 风筝 fēngzheng	114 疯子 fēngzi
115 福气 fúqi	116 斧子 fǔzi	117 盖子 gàizi
118 甘蔗 gānzhe	119 杆子 gānzi	120 杆子 gǎnzi
121 干事 gànshi	122 杠子 gàngzi	123 高粱 gāoliang
124 膏药 gāoyao	125 稿子 gǎozi	126 告诉 gàosu
127 疙瘩 gēda	128 哥哥 gēge	129 胳膊 gēbo
130 鸽子 gēzi	131 格子 gézi	132 个子 gèzi
133 根子 gēnzi	134 跟头 gēntou	135 工夫 gōngfu
136 弓子 gōngzi	137 公公 gōnggong	138 功夫 gōngfu
139 钩子 gōuzi	140 姑姑 gūgu	141 姑娘 gūniang
142 谷子 gǔzi	143 骨头 gǔtou	144 故事 gùshi
145 寡妇 guǎfu	146 褂子 guàzi	147 怪物 guàiwu
148 关系 guānxi	149 官司 guānsi	150 罐头 guàntou
151 罐子 guànzi	152 规矩 guīju	153 闺女 guīnü
154 鬼子 guǐzi	155 柜子 guìzi	156 棍子 gùnzi
157 锅子 guōzi	158 果子 guǒzi	159 蛤蟆 háma
160 孩子 háizi	161 含糊 hánhu	162 汉子 hànzi
163 行当 hángdang	164 合同 hétong	165 和尚 héshang
166 核桃 hétao	167 盒子 hézi	168 红火 hónghuo
169 猴子 hóuzi	170 后头 hòutou	171 厚道 hòudao
172 狐狸 húli	173 胡琴 húqin	174 糊涂 hútu
175 皇上 huángshang	176 幌子 huǎngzi	177 胡萝卜 húluóbo
178 活泼 huópo	179 火候 huǒhou	180 伙计 huǒji
181 护士 hùshi	182 机灵 jīling	183 脊梁 jǐliang
184 记号 jìhao	185 记性 jìxing	186 夹子 jiāzi
187 家伙 jiāhuo	188 架势 jiàshi	189 架子 jiàzi
190 嫁妆 jiàzhuang	191 尖子 jiānzi	192 茧子 jiǎnzi
193 剪子 jiǎnzi	194 见识 jiànshi	195 毽子 jiànzi
196 将就 jiāngjiu	197 交情 jiāoqing	198 饺子 jiǎozi
199 叫唤 jiàohuan	200 轿子 jiàozi	201 结实 jiēshi
202 街坊 jiēfang	203 姐夫 jiěfu	204 姐姐 jiějie
205 戒指 jièzhi	206 金子 jīnzi	207 精神 jīngshen
208 镜子 jìngzi	209 舅舅 jiùjiu	210 橘子 júzi
211 句子 jùzi	212 卷子 juànzi	213 咳嗽 késou
214 客气 kèqi	215 空子 kòngzi	216 口袋 kǒudái
217 口子 kǒuzi	218 扣子 kòuzi	219 窟窿 kūlong

220 裤子 kùzi	221 快活 kuàihuo	222 筷子 kuàizi
223 框子 kuàngzi	224 困难 kùnnan	225 阔气 kuòqi
226 喇叭 lǎba	227 喇嘛 lǎma	228 篮子 lánzi
229 懒得 lǎnde	230 浪头 làngtou	231 老婆 lǎopo
232 老实 lǎoshi	233 老太太 lǎotàitai	234 老头子 lǎotóuzi
235 老爷 lǎoye	236 老子 lǎozi	237 姥姥 lǎolao
238 累赘 léizhui	239 篱笆 líba	240 里头 lǐtou
241 力气 lìqi	242 厉害 lìhai	243 利落 lìluo
244 利索 lìsuo	245 例子 lìzi	246 栗子 lìzi
247 痢疾 lìji	248 连累 liánlei	249 帘子 liánzi
250 凉快 liángkuai	251 粮食 liángshi	252 两口子 liǎngkǒuzi
253 料子 liàozi	254 林子 línzi	255 翎子 língzi
256 领子 lǐngzi	257 溜达 liūda	258 聋子 lóngzi
259 笼子 lóngzi	260 炉子 lúzi	261 路子 lùzi
262 轮子 lúnzi	263 萝卜 luóbo	264 骡子 luózi
265 骆驼 luòtuo	266 妈妈 māma	267 麻烦 máfan
268 麻利 máli	269 麻子 mázi	270 马虎 mǎhu
271 码头 mǎtou	272 买卖 mǎimai	273 麦子 màizi
274 馒头 mántou	275 忙活 mánghuo	276 冒失 màoshi
277 帽子 màozi	278 眉毛 méimao	279 媒人 méiren
280 妹妹 mèimei	281 门道 méndao	282 眯缝 mīfeng
283 迷糊 míhu	284 面子 miànzi	285 苗条 miáotiao
286 苗头 miáotou	287 名堂 míngtang	288 名字 míngzi
289 明白 míngbai	290 蘑菇 mógu	291 模糊 móhu
292 木匠 mùjiang	293 木头 mùtou	294 那么 nàme
295 奶奶 nǎinai	296 难为 nánwei	297 脑袋 nǎodai
298 脑子 nǎozi	299 能耐 néngnai	300 你们 nǐmen
301 念叨 niàndao	302 念头 niàntou	303 娘家 niángjia
304 镊子 nièzi	305 奴才 núcai	306 女婿 nǚxu
307 暖和 nuǎnhuo	308 疟疾 nüèji	309 拍子 pāizi
310 牌楼 páilou	311 牌子 páizi	312 盘算 pánsuan
313 盘子 pánzi	314 胖子 pàngzi	315 狍子 páozi
316 盆子 pénzi	317 朋友 péngyou	318 棚子 péngzi
319 脾气 píqi	320 皮子 pízi	321 痞子 pǐzi
322 屁股 pìgu	323 片子 piānzi	324 便宜 piányi
325 骗子 piànzi	326 票子 piàozi	327 漂亮 piàoliang

328 瓶子 píngzi	329 婆家 pójia	330 婆婆 pópo
331 铺盖 pùgai	332 欺负 qīfu	333 旗子 qízi
334 前头 qiántou	335 钳子 qiánzi	336 茄子 qiézi
337 亲戚 qīnqi	338 勤快 qínkuai	339 清楚 qīngchu
340 亲家 qìngjia	341 曲子 qǔzi	342 圈子 quānzi
343 拳头 quántou	344 裙子 qúnzi	345 热闹 rènao
346 人家 rénjia	347 人们 rénmen	348 认识 rènshi
349 日子 rìzi	350 褥子 rùzi	351 塞子 sāizi
352 嗓子 sǎngzi	353 嫂子 sǎozi	354 扫帚 sàozhou
355 沙子 shāzi	356 傻子 shǎzi	357 扇子 shànzi
358 商量 shāngliang	359 上司 shàngsi	360 上头 shàngtou
361 烧饼 shāobing	362 勺子 sháozi	363 少爷 shàoye
364 哨子 shàozi	365 舌头 shétou	366 身子 shēnzi
367 什么 shénme	368 婶子 shěnzi	369 生意 shēngyi
370 牲口 shēngkou	371 绳子 shéngzi	372 师父 shīfu
373 师傅 shīfu	374 虱子 shīzi	375 狮子 shīzi
376 石匠 shíjiang	377 石榴 shíliu	378 石头 shítou
379 时候 shíhou	380 实在 shízai	381 拾掇 shíduo
382 使唤 shǐhuan	383 世故 shìgu	384 似的 shìde
385 事情 shìqing	386 柿子 shìzi	387 收成 shōucheng
388 收拾 shōushi	389 首饰 shǒushi	390 叔叔 shūshu
391 梳子 shūzi	392 舒服 shūfu	393 舒坦 shūtan
394 疏忽 shūhu	395 爽快 shuǎngkuai	396 思量 sīliang
397 算计 suànji	398 岁数 suìshu	399 孙子 sūnzi
400 他们 tāmen	401 它们 tāmen	402 她们 tāmen
403 台子 táizi	404 太太 tàitai	405 摊子 tānzi
406 坛子 tánzi	407 毯子 tǎnzi	408 桃子 táozi
409 特务 tèwu	410 梯子 tīzi	411 蹄子 tízi
412 挑剔 tiāoti	413 挑子 tiāozi	414 条子 tiáozi
415 跳蚤 tiàozao	416 铁匠 tiějiang	417 亭子 tíngzi
418 头发 tóufa	419 头子 tóuzi	420 兔子 tùzi
421 妥当 tuǒdang	422 唾沫 tuòmo	423 挖苦 wāku
424 娃娃 wáwa	425 袜子 wàzi	426 晚上 wǎnshang
427 尾巴 wěiba	428 委屈 wěiqu	429 为了 wèile
430 位置 wèizhi	431 位子 wèizi	432 蚊子 wénzi
433 稳当 wěndang	434 我们 wǒmen	435 屋子 wūzi

436 稀罕 xīhan	437 席子 xízi	438 媳妇 xífu
439 喜欢 xǐhuan	440 瞎子 xiāzi	441 匣子 xiázi
442 下巴 xiàba	443 吓唬 xiàhu	444 先生 xiānsheng
445 乡下 xiāngxia	446 箱子 xiāngzi	447 相声 xiàngsheng
448 消息 xiāoxi	449 小伙子 xiǎohuǒzi	450 小气 xiǎoqi
451 小子 xiǎozi	452 笑话 xiàohua	453 谢谢 xièxie
454 心思 xīnsi	455 星星 xīngxing	456 猩猩 xīngxing
457 行李 xíngli	458 性子 xìngzi	459 兄弟 xiōngdi
460 休息 xiūxi	461 秀才 xiùcai	462 秀气 xiùqi
463 袖子 xiùzi	464 靴子 xuēzi	465 学生 xuésheng
466 学问 xuéwen	467 丫头 yātou	468 鸭子 yāzi
469 衙门 yámen	470 哑巴 yǎba	471 胭脂 yānzhi
472 烟筒 yāntong	473 眼睛 yǎnjing	474 燕子 yànzi
475 秧歌 yāngge	476 养活 yǎnghuo	477 样子 yàngzi
478 吆喝 yāohe	479 妖精 yāojing	480 钥匙 yàoshi
481 椰子 yēzi	482 爷爷 yéye	483 叶子 yèzi
484 一辈子 yíbèizi	485 衣服 yīfu	486 衣裳 yīshang
487 椅子 yǐzi	488 意思 yìsi	489 银子 yínzi
490 影子 yǐngzi	491 应酬 yìngchou	492 柚子 yòuzi
493 冤枉 yuānwang	494 院子 yuànzi	495 月饼 yuèbing
496 月亮 yuèliang	497 云彩 yúncai	498 运气 yùnqi
499 在乎 zàihu	500 咱们 zánmen	501 早上 zǎoshang
502 怎么 zěnme	503 扎实 zhāshi	504 眨巴 zhǎba
505 栅栏 zhàlan	506 宅子 zháizi	507 寨子 zhàizi
508 张罗 zhāngluo	509 丈夫 zhàngfu	510 帐篷 zhàngpeng
511 丈人 zhàngren	512 帐子 zhàngzi	513 招呼 zhāohu
514 招牌 zhāopai	515 折腾 zhēteng	516 这个 zhège
517 这么 zhème	518 枕头 zhěntou	519 镇子 zhènzi
520 芝麻 zhīma	521 知识 zhīshi	522 侄子 zhízi
523 指甲 zhǐjia(zhījia)	524 指头 zhǐtou(zhítou)	
525 种子 zhǒngzi	526 珠子 zhūzi	527 竹子 zhúzi
528 主意 zhǔyi(zhúyi)	529 主子 zhǔzi	530 柱子 zhùzi
531 爪子 zhuǎzi	532 转悠 zhuànyou	533 庄稼 zhuāngjia
534 庄子 zhuāngzi	535 壮实 zhuàngshi	536 状元 zhuàngyuan
537 锥子 zhuīzi	538 桌子 zhuōzi	539 字号 zìhao
540 自在 zìzai	541 粽子 zòngzi	542 祖宗 zǔzong
543 嘴巴 zuǐba	544 作坊 zuōfang	545 琢磨 zhuómo

附录二　普通话水平测试用儿化词语表

说　明

1. 本表参照《普通话水平测试用普通话词语表》及《现代汉语词典》编制，加 ＊ 的是以上二者未收，根据测试需要而酌增的条目。

2. 本表仅供普通话水平测试第二项——读多音节词语（100个音节）测试使用。本表儿化音节，在书面上一律加"儿"，但并不表明所列词语在任何语用场合都必须儿化。

3. 本表共收词189条，按儿化韵母的汉语拼音顺序排列。

4. 本表列出原形韵母和所对应的儿化韵，用＞表示条目中儿化音节的注音，只在基本形式后面加 r，如"一会儿 yīhuìr"，不标语音上的实际变化。

一

a＞ar	刀把儿 dāobàr	号码儿 hàomǎr
	戏法儿 xìfǎr	在哪儿 zàinǎr
	找茬儿 zhǎochár	打杂儿 dǎzár
	板擦儿 bǎncār	
ai＞ar	名牌儿 míngpáir	鞋带儿 xiédàir
	壶盖儿 húgàir	小孩儿 xiǎoháir
	加塞儿 jiāsāir	
an＞ar	快板儿 kuàibǎnr	老伴儿 lǎobànr
	蒜瓣儿 suànbànr	脸盘儿 liǎnpánr
	脸蛋儿 liǎndànr	收摊儿 shōutānr
	栅栏儿 zhàlanr	包干儿 bāogānr
	笔杆儿 bǐgǎnr	门槛儿 ménkǎnr

二

ang＞ar(鼻化)	药方儿 yàofāngr	赶趟儿 gǎntàngr
	香肠儿 xiāngchángr	瓜瓤儿 guāràngr

三

ia＞iar	掉价儿 diàojiàr	一下儿 yīxiàr
	豆芽儿 dòuyár	
ian＞iar	小辫儿 xiǎobiànr	照片儿 zhàopiānr
	扇面儿 shànmiànr	差点儿 chàdiǎnr
	一点儿 yīdiǎnr	雨点儿 yǔdiǎnr
	聊天儿 liáotiānr	拉链儿 lāliànr
	冒尖儿 màojiānr	坎肩儿 kǎnjiānr

    牙签儿 yáqiānr   露馅儿 lòuxiànr
    心眼儿 xīnyǎnr

四
iang>iar(鼻化)
    鼻梁儿 bíliángr   透亮儿 tòuliàngr
    花样儿 huāyàngr

五
ua>uar
    脑瓜儿 nǎoguār   大褂儿 dàguàr
    麻花儿 máhuār   笑话儿 xiàohuar
    牙刷儿 yáshuār
uai>uar 一块儿 yīkuàir
uan>uar
    茶馆儿 cháguǎnr   饭馆儿 fànguǎnr
    火罐儿 huǒguànr   落款儿 luòkuǎnr
    打转儿 dǎzhuànr   拐弯儿 guǎiwānr
    好玩儿 hǎowánr   大腕儿 dàwànr

六
uang>uar(鼻化)
    蛋黄儿 dànhuángr   打晃儿 dǎhuàngr
    天窗儿 tiānchuāngr

七
üan>üar 烟卷儿 yānjuǎnr   手绢儿 shǒujuànr
    出圈儿 chūquānr   包圆儿 bāoyuánr
    人缘儿 rényuánr   绕远儿 ràoyuǎnr
    杂院儿 záyuànr

八
ei>er 刀背儿 dāobèir   摸黑儿 mōhēir
en>er 老本儿 lǎoběnr   花盆儿 huāpénr
    嗓门儿 sǎngménr   把门儿 bǎménr
    哥们儿 gēmenr   纳闷儿 nàmènr
    后跟儿 hòugēnr   高跟儿鞋 gāogēnrxié
    别针儿 biézhēnr   一阵儿 yīzhènr
    走神儿 zǒushénr   大婶儿 dàshěnr
    小人儿书 xiǎorénrshū 杏仁儿 xìngrénr
    刀刃儿 dāorènr

九

eng＞er(鼻化)　钢镚儿 gāngbèngr　　　夹缝儿 jiāfèngr
　　　　　　　脖颈儿 bógěngr　　　　提成儿 tíchéngr

十

ie＞ier　　半截儿 bànjiér　　　小鞋儿 xiǎoxiér
üe＞üer　　旦角儿 dànjuér　　　主角儿 zhǔjuér

十一

uei＞uer　　跑腿儿 pǎotuǐr　　　一会儿 yīhuìr
　　　　　　耳垂儿 ěrchuír　　　墨水儿 mòshuǐr
　　　　　　围嘴儿 wéizuǐr　　　走味儿 zǒuwèir
uen＞uer　　打盹儿 dǎdǔnr　　　胖墩儿 pàngdūnr
　　　　　　砂轮儿 shālúnr　　　冰棍儿 bīnggùnr
　　　　　　没准儿 méizhǔnr　　开春儿 kāichūnr
ueng＞uer(鼻化)
　　　　　　＊小瓮儿 xiǎowèngr

十二

-i(前)＞er　　瓜子儿 guāzǐr　　　石子儿 shízǐr
　　　　　　没词儿 méicír　　　挑刺儿 tiāocìr
-i(后)＞er　　墨汁儿 mòzhīr　　　锯齿儿 jùchǐr
　　　　　　记事儿 jìshìr

十三

i＞i:er　　针鼻儿 zhēnbír　　　垫底儿 diàndǐr
　　　　　肚脐儿 dùqír　　　　玩意儿 wányìr
in＞i:er　　有劲儿 yǒujìnr　　　送信儿 sòngxìnr
　　　　　脚印儿 jiǎoyìnr

十四

ing＞i:er(鼻化)
　　　　　花瓶儿 huāpíngr　　　打鸣儿 dǎmíngr
　　　　　图钉儿 túdīngr　　　　门铃儿 ménlíngr
　　　　　眼镜儿 yǎnjìngr　　　蛋清儿 dànqīngr
　　　　　火星儿 huǒxīngr　　　人影儿 rényǐngr

十五

ü＞ü:er　　毛驴儿 máolǘr　　　小曲儿 xiǎoqǔr
　　　　　痰盂儿 tányúr
üe＞ü:er　　合群儿 héqúnr

十六

e＞er　　模特儿 mótèr　　　　逗乐儿 dòulèr

		唱歌儿 chànggēr	挨个儿 āigèr
		打嗝儿 dǎgér	饭盒儿 fànhér
		在这儿 zàizhèr	

十七
u＞ur　　碎步儿 suìbùr　　　没谱儿 méipǔr
　　　　　儿媳妇儿 érxífur　　梨核儿 líhúr
　　　　　泪珠儿 lèizhūr　　　有数儿 yǒushùr

十八
ong＞or(鼻化)果冻儿 guǒdòngr　　门洞儿 méndòngr
　　　　　胡同儿 hútòngr　　　抽空儿 chōukòngr
　　　　　酒盅儿 jiǔzhōngr　　小葱儿 xiǎocōngr
iong＞ior(鼻化)＊小熊儿 xiǎoxióngr

十九
ao＞aor　红包儿 hóngbāor　　灯泡儿 dēngpàor
　　　　　半道儿 bàndàor　　　手套儿 shǒutàor
　　　　　跳高儿 tiàogāor　　　叫好儿 jiàohǎor
　　　　　口罩儿 kǒuzhàor　　　绝着儿 juézhāor
　　　　　口哨儿 kǒushàor　　　蜜枣儿 mìzǎor

二十
iao＞iaor　鱼漂儿 yúpiāor　　火苗儿 huǒmiáor
　　　　　跑调儿 pǎodiàor　　面条儿 miàntiáor
　　　　　豆角儿 dòujiǎor　　开窍儿 kāiqiàor

二十一
ou＞our　衣兜儿 yīdōur　　　老头儿 lǎotóur
　　　　　年头儿 niántóur　　小偷儿 xiǎotōur
　　　　　门口儿 ménkǒur　　纽扣儿 niǔkòur
　　　　　线轴儿 xiànzhóur　　小丑儿 xiǎochǒur
　　　　　加油儿 jiāyóur

二十二
iou＞iour　顶牛儿 dǐngniúr　　抓阄儿 zhuājiūr
　　　　　棉球儿 miánqiúr

二十三
uo＞uor　火锅儿 huǒguōr　　做活儿 zuòhuór
　　　　　大伙儿 dàhuǒr　　　邮戳儿 yóuchuōr
　　　　　小说儿 xiǎoshuōr　　被窝儿 bèiwōr
(o)＞or　耳膜儿 ěrmór　　　粉末儿 fěnmòr

附录三　普通话字词练习

一、读单音节字词

贼	列	枕	次	聋	饼	日	谨	裙	绢	值	冯	炯	咸	呆	陌
卤	僧	扭	肾	抓	盆	战	耳	基	丑	凝	免	外	穷	滑
春	昂	喘	滨	娘	方	购	仍	睡	跟	环	浮	擦	快	床
渺	疆	台	醒	秘	坑	善	允	逛	甩	照	拨	叠	翁	谈
舜	肿	俗	腭	牌	骚	雪	批	洒	锌	瑞	锅	垒	休	席
目	犬	榻	窝	举	纵	黑	瘸	掏	挪	惹	贝	哑	奏	黏
捎	榆	餐	字	考	编	滚	叼	法	破	匀	鸟	匣	攻	内
体	材	若	雕	却	砖	磁	搜	短	洼	蜜	午	棍	本	怎
窘	盆	鬃	吼	晶	狂	啐	徐	齿	状	我	麻	鲁	翔	孽
枪	拐	抓	塔	秦	闯	邱	粉	崩	阻	篇	隶	书	陪	特
咱	宣	笛	搬	简	乏	日	嗓	二	旅	辈	昂	拨	裙	柳
床	用	擦	雅	唯	曰	跌	逃	坤	惩	改	凝	靠	街	奉
黑	破	禹	鸥	害	盲	括	丝	仍	夸	顶	聊	碳	艘	爽
帅	宠	策	飘	晋	族	瞟	谬	蕊	儿	颇	忙	许	踹	嫩
荐	窄	攥	耍	赏	擦	整	孔	忘	搏	舱	涌	端	允	恰
窘	如	谎	侵	腊	宣	肥	娘	陈	夺	返	尊	奉	憋	挫
推	型	找	隋	闯	剩	缓	赛	卵	钳	日	弥	怒	瓮	青
衰	懂	竹	劣	恩	灌	总	哭	兵	雅	定	心	栽	特	鸥
持	办	罚	日	黑	撅	形	刁	卧	死	趋	绺	恒	雷	摇
男	君	逾	构	蜜	羽	滚	狼	户	阁	蹬	河	钩	脱	词	死
鬓	曹	逛	迟	奎	珠	灭	女	七	登	喘	遍	软	格	猎
实	比	劫	破	田	画	刁	囊	歪	倦	政	左	培	青	辨
匪	楼	此	丢	快	疲	窘	笋	儿	卖	罚	申	盾	昌	擒
粮	听	哑	迅	暖	先	刷	挥	掐	政	玄	热	根	踩	胸
喊	步	沙	蛮	厌	怎	宅	景	粗	寡	端	装	荣	袜	阅
诊	犯	朽	抄	蛋	拷	姜	揕	陵	娘	拢	纬	爵	汪	陇	梅
癣	充	稿	冯	鳌	列	感	侵	寡	窘	澈	此	疼	因	八
瞥	语	助	坤	窘	拷	麦	丑	道	拢	波	筒	白	吊	缩
床	怎	丝	雷	蔫	麦	怪	沾	热	倪	池	旗	塌	堂	曰
耳	搭	甩	抓	黄	列	鞋	歪	扰	酸	回	亩	内	碍	裙
赚	纺	辖	绺	菊	也	鞋	靠	日	戳	租	倦	我	鸟	谬	抬	肯
栓	袜	存	遣	破	凶							旗	枫	驱	后
第	孤													商

87

二、读多音节词语

倘使	苍翠	强求	旋转	从而	品种	钢铁	比赛	牛皮癣	粉末儿
情怀	合同	财产	手脚	灭亡	推算	躲闪	盗贼	本色儿	蒙古包
挂念	佛经	柴火	亏损	犯罪	褂子	随便	眉头	打鸣儿	古兰经
耽误	增加	作用	难怪	少女	方略	模型	喇叭	猫头鹰	砂轮儿
危害	荒谬	斥责	撤开	原料	昨天	红娘	恶化	维生素	大多数
侵略	思想	本子	状况	柔软	亏损	抓紧	后悔	钢镚儿	蒜瓣儿
药品	政党	定律	英雄	人均	然而	痛快	牌楼	小葱儿	一目了然
党委	奇怪	完全	大量	起草	消灭	虐待	窘迫	收音机	不约而同

采访	效率	桥梁	上面	荒谬	大娘	热爱	全面	火罐儿	方兴未艾
评价	战略	内容	政权	外在	暗中	因而	鲁莽	留声机	蛋清儿
篡改	脑髓	僧尼	衣服	如此	云彩	场所	群体	主人翁	有的放矢
收藏	迅速	作坊	价值	旺盛	批准	拒绝	夸耀	蜜枣儿	唱歌儿
总之	崩溃	烧饼	功能	下面	不用	讲学	上下	周而复始	安居乐业
创造	亏损	石油	从而	新娘	持续	放松	号码儿	来不及	口哨儿
纯粹	打扰	尊重	专程	帮手	范围	作品	然而	墨汁儿	与日俱增
思想	懒得	奔跑	央求	群体	率领	喇叭	挂钩	旦角儿	做活儿
全体	运输	定额	怀念	承受	抚摸	荒谬	诚恳	服务员	汗流浃背
学生	因而	喷射	角色	卤水	发展	疲倦	矛盾	蛋黄儿	不可思议
特别	纵队	创立	白净	能量	清楚	尊重	傀儡	耳垂儿	被窝儿
红娘	富翁	双方	帐篷	旅馆	给予	懊丧	累赘	脸盘儿	国务院
系统	率领	未曾	穷人	傲然	勘察	秧歌	骨髓	合作社	瓜子儿
鲁莽	扩散	恩情	白昼	叫唤	胸脯	悄声	关卡	青霉素	开玩笑
柔软	麻利	贫穷	穷苦	昂贵	外面	妇女	热爱	石子儿	加塞儿
客厅	稳产	恰巧	收藏	造句	喷洒	翱翔	研究	线轴儿	纽扣儿
分化	从而	医院	撒谎	简直	定额	扭转	核算	传染病	一筹莫展
队伍	磁场	随便	眉毛	日趋	侵略	遵守	国王	自来水	奋不顾身
诈骗	寻找	别扭	灯光	夸张	繁荣	白桦	外面	拧螺丝	落款儿
洗澡	适用	暗中	人群	春天	费用	天下	诋毁	在这儿	扎小辫儿
作战	凉快	全身	爽快	轰响	丢掉	平分	寨子	送信儿	跳高儿
均匀	博士	宣传	叙述	东欧	戒指	农村	未遂	加塞儿	小朋友
相似	挫折	台子	竞赛	军人	朝廷	玩耍	军队	神经质	名牌儿
热闹	穷尽	解剖	男女	紧缺	增加	柔和	长官	哥们	指南针
挎包	规律	拼凑	全体	决策	定额	祖宗	条约	小瓮儿	层出不穷
低洼	丢人	冷水	装备	瘦弱	创作	犹豫	原理	黄鼠狼	大相径庭
眼睛	广场	综合	航空	亏损	佛寺	穷人	财会	叫好儿	海市蜃楼
匪帮	推翻	栅栏	完美	恰当	温暖	抓获	喜庆	拈阄儿	出其不意
病榻	做梦	摈除	揣度	痤疮	肖像	血泊	给以	后跟儿	奋不顾身
当作	堵塞	氛围	风靡	附和	殷红	甬道	翌日	辩证法	被窝儿
盥洗	果脯	横财	即日	夹克	停泊	拓本	戏谑	酒盅儿	开窍儿
家畜	尽量	矩形	框子	连累	细菌	鹞子	隐蔽	太阳能	工程师
卤水	落汗	马匹	模糊	模样	佣金	字帖	称职	心眼儿	出类拔萃
暖和	毗邻	剽窃	摒弃	搪塞	舌苔	友谊	审判	天窗儿	体育场
状态	脚跟	濒临	循环	平原	上下	训练	确凿	大气层	风驰电掣
编纂	打算	疟疾	纯真	军事	吹牛	穷苦	通讯	图钉儿	诸如此类
苍穹	离子	另外	佛经	症状	丧葬	串联	吵嘴	大伙儿	逗乐儿

衰老	杯子	通讯	涅槃	恶化	水鸟	操纵	挖潜	包干儿	年头儿
仍然	亲家	强求	强劲	叵测	巴掌	篡改	翱翔	花瓶儿	高跟儿鞋
繁殖	围剿	按钮	波纹	口吻	土壤	测量	断层	鼻梁儿	不速之客
鬼脸	铁锹	所以	咱们	重叠	森林	吆喝	干燥	霓虹灯	得天独厚
棒槌	缅怀	警犬	女郎	铁匠	簇拥	障碍	日渐	南半球	八仙桌

附录四 普通话水平测试模拟试卷

普通话水平测试模拟试卷（一）

（一）读单音节字词（100个音节，共10分，限时3.5分钟）。请横向朗读！

甩	动	囊	浸	卵	困	钾	顾	雅	愣
朽	菊	缩	柔	丝	迷	纷	卒	欠	蒸
槽	座	吻	升	德	喘	疲	三	巡	叮
齐	挂	斜	登	袍	闰	绝	拍	炯	缫
莫	桶	拙	嫩	刚	扯	报	马	吠	刷
环	仿	日	汪	用	诸	罢	岭	播	二
取	洲	水	盒	犬	射	砍	鬓	姚	滩
眠	表	煤	劣	恩	乃	丢	按	日	烫
墙	次	团	捏	贼	广	荣	癣	仪	怕
梁	崔	怎	榻	宠	君	苦	怀	翁	纸

（二）读多音节词语（100个音节，共20分，限时2.5分钟）。请横向朗读！

撒谎	胸脯	程序	翅膀	农村	在这儿	外力
红火	迫使	油田	群体	上课	贫穷	牛顿
猫头鹰	完备	快艇	叛变	灰色	皎洁	功能
状元	然而	彼此	恰如	培育	丰硕	酒盅儿
为了	森林	篡改	夸张	华贵	手绢儿	舞女
大娘	底子	命运	爱国	展览	刀刃儿	缺乏
侵略	创造性	翱翔	描述	撇开	情不自禁

（三）朗读短文（400个音节，共30分，限时4分钟）
朗读作品4号

（四）命题说话（请在下列话题中任选一个，共40分，限时3分钟）
1. 难忘的旅行
2. 我的朋友

90

普通话水平测试模拟试卷(二)

(一)读单音节字词(100个音节,共10分,限时3.5分钟)。请横向朗读!

粉	狼	抄	锦	绳	窘	驻	撅	或	揉
锥	百	瞥	逆	添	壤	究	群	法	残
揩	末	厅	裂	宣	耳	瞎	瘦	温	揍
歪	进	篇	尝	坎	鳌	筛	本	绫	勉
总	徐	粗	随	奉	汝	劝	黑	定	皆
谬	夺	享	杂	捞	滑	死	德	坏	此
墙	换	女	戳	告	庄	陕	控	娃	段
瞧	晚	察	冻	鸟	奶	比	砂	扯	逛
硼	悦	连	吞	持	藕	味	孙	日	脖
冢	晚	连	新	牙	藕	蕴	贴	吾	永

(二)读多音节词语(100个音节,共20分,限时2.5分钟)。请横向朗读!

浅显	加速	所有制	疲倦	标准	佛教	红娘
底子	难怪	小鞋儿	麻醉	篡改	穷人	富翁
跳蚤	力量	胡同儿	蜗牛	昂贵	仍然	原因
双方	明确	军队	未来	四周	挨个儿	英雄
飞船	恰好	夸张	配套	扎实	藏身	快乐
背后	特别	冲刷	战略	农民	胆固醇	馒头
雨点儿	遵循	何况	上层	陡坡	轻而易举	

(三)朗读短文(400个音节,共30分,限时4分钟)

朗读作品 23 号

(四)命题说话(请在下列话题中任选一个,共40分,限时3分钟)

1. 我的业余生活
2. 谈谈美食

普通话水平测试模拟试卷(三)

(一)读单音节字词(100个音节,共10分,限时3.5分钟)。请横向朗读!

达	算	班	惹	波	纳	甲	裴	虎	筐
收	雄	怎	淘	抓	洽	龄	朽	攫	迁
允	春	曹	段	批	肺	因	肠	矮	刷
穷	或	矩	募	广	囊	坑	齿	偏	迷
讽	字	氛	样	头	告	饱	群	窄	日
摸	疗	薛	姜	此	谬	嘴	鹅	爹	南
跳	而	歉	歇	笨	偻	踹	妆	缰	锁
选	翁	底	钩	绢	灯	蹄	庞	栓	桌
类	我	壁	罕	困	捞	庞	栓	盆	桌

91

您　窜　魂　洒　仍　松　拐　凝　卖　皇

(二) 读多音节词语(100个音节,共20分,限时2.5分钟)。请横向朗读!

拥有　棉花　妇女　街坊　财产　饭盒儿　傍晚
冠军　深层　铁丝　仇恨　柔软　夏季　虐待
人民　追随　生存　小巧　八卦　牛仔裤　太空
典雅　窘迫　骆驼　权力　明年　没谱儿　黑暗
干脆　茧子　动员　文章　戏法儿　颓丧　正好
衰老　偶尔　佛像　寻找　听众　肚脐儿　失去
王国　月亮　创作　商品　蛋白质　海市蜃楼

(三) 朗读短文(400个音节,共30分,限时4分钟)

朗读作品58号

(四) 命题说话(请在下列话题中任选一个,共40分,限时3分钟)

1. 我所在的集体(学校、机关、公司等)
2. 谈谈对环境保护的认识

普通话水平测试模拟试卷(四)

(一) 读单音节字词(100个音节,共10分,限时3.5分钟)。请横向朗读!

腔　循　驾　泥　蒸　跪　歪　胁　抓　仍
瑟　盯　此　用　谨　昂　柳　袜　肥　悦
蕨　日　鸡　水　床　东　遗　谬　炉　雁
仿　辛　桶　瓣　驶　峡　构　活　踹　聊
取　书　算　拖　凤　膜　屋　恨　蕊　刀
擦　袋　披　存　砍　盆　洒　该　怎　材
嘘　愁　允　旁　啃　兽　北　僧　偶　捐
舔　债　孔　亭　主　翁　鸟　穷　党　泽
饼　而　桩　另　瞥　喂　波　舜　巢　滤
犬　缩　码　官　闹　满　隔　自　烘　酿

(二) 读多音节词语(100个音节,共20分,限时2.5分钟)。请横向朗读!

局面　钢铁　传说　人群　逗乐儿　摧毁　爱国
从中　暖瓶　深化　难怪　灯泡儿　温柔　内在
佛寺　照相　亲切　返青　耻辱　幼儿园　爽快
挫折　篱笆　报答　随后　盼望　提成儿　螺旋桨
修养　明白　英雄　军阀　的确　公民　拉链儿
调和　总得　恰好　完善　眉头　夸张　学习
窘迫　毽子　典雅　妇女　标准　不速之客

(三) 朗读短文(400个音节,共30分,限时4分钟)

朗读作品25号

(四) 命题说话(请在下列话题中任选一个,共40分,限时3分钟)

1. 我的成长之路

2. 谈谈科技发展与社会生活

普通话水平测试模拟试卷(五)

(一)读单音节字词(100个音节,共10分,限时3.5分钟)。请横向朗读!

娶	摘	炯	室	比	洽	油	方	盆	擦
口	浪	吃	统	颇	订	搔	扩	墙	酥
冗	握	凝	判	拐	臣	耍	编	柳	酱
等	二	初	进	惨	巡	哑	王	此	赛
跳	旁	斟	表	安	准	厥	癣	佩	双
法	婚	特	胸	暖	门	黑	瞒	赖	帘
瘸	允	绝	赏	农	亏	槐	薪	迈	协
某	耕	竖	枣	注	谜	锯	凹	缘	歌
倪	撑	腿	犁	冰	罪	冯	润	德	蕊
拨	演	花	肉	蝶	奢	丸	吊	醇	字

(二)读多音节词语(100个音节,共20分,限时2.5分钟)。请横向朗读!

无穷	军营	下列	外界	专款	舷窗	拱手
从中	刚才	牛顿	小伙子	状态	疲倦	墨水儿
挎包	疟疾	孙女	拼命	衰老	憎恨	碎步儿
费用	找茬儿	富翁	南北	佛学	而且	人群
思索	牵制	行走	概率	饭盒儿	全面	回头
马虎	大娘	爱国	加以	染色体	未曾	矿产
谬论	东欧	日夜	党章	瓜分	风驰电掣	

(三)朗读短文(400个音节,共30分,限时4分钟)

朗读作品9号

(四)命题说话(请在下列话题中任选一个,共40分,限时3分钟)

1. 谈谈个人修养
2. 我喜欢的明星(或其他知名人士)

普通话水平测试模拟试卷(六)

(一)读单音节字词(100个音节,共10分,限时3.5分钟)。请横向朗读!

舌	潘	蕊	朱	材	剃	除	岛	佟	顺
寡	焉	棍	谎	坑	染	鳖	审	熊	止
城	亚	返	瘟	媚	声	忌	专	测	赏
日	昂	懂	辽	嗓	栽	窘	秧	醒	控
您	颇	无	邱	逛	窄	麻	变	垮	婚
磁	译	波	敌	狗	放	推	而	外	梢
篾	薪	段	瘸	绢	柄	帘	擦	渺	夏
裙	日	女	爬	跟	钱	黑	袄	郑	贼
揉	酸	纳	腐	丝	左	渠	抛	嫩	铃

俊　栏　错　凝　扯　宋　柳　江　踹　选

(二)读多音节词语(100个音节,共20分,限时2.5分钟)。请横向朗读!

利用	壶盖儿	化肥	健全	村庄	掠夺	搜罗
能耐	遵循	国王	配合	安慰	最终	土壤
对象	家庭	衰老	伴随	耳膜儿	允许	勤快
撒开	蒙古包	聪明	如此	汉子	喘息	张贴
恰巧	疯狂	片刻	撒手	红娘	翅膀	牛顿
长臂猿	优待	小瓮儿	佛教	抓紧	定律	玩耍
讴歌	公式	你们	绝着儿	穷人	层出不穷

(三)朗读短文(400个音节,共30分,限时4分钟)

朗读作品17号

(四)命题说话(请在下列话题中任选一个,共40分,限时3分钟)

1. 我的学习生活
2. 我喜爱的书刊

第四章　朗读短文测试指导

"朗读短文"是普通话水平测试的一个重要测试项。主要考查应试者在有文字凭借情况下运用普通话的规范程度和熟练程度。包括声、韵、调的准确发音；轻声、儿化、变调、语气词"啊"的变读等语流音变的运用；停顿、重音、语速、语调等朗读技巧的把握。

第一节　朗读短文的要求

朗读是把文字作品转化成有声语言的创作活动，是朗读者在理解作品内涵的基础上对作品进行再创造的过程，是对应试者普通话运用能力的一种综合检测形式。普通话水平测试共有 60 篇短文。下面就这项测试谈谈练习的方法，希望对应试者把握测试要求、减少失误丢分有所帮助。

一、字词的准确发音

朗读短文项测试要求应试者完全按照作品原文朗读，发音准确，不能错字、漏字、增字，因此在平时练习时一定要注意严格按照作品朗读，不要随意改动，从而形成准确的作品印象，避免考试时失分。

1. 读准字音

朗读短文项考察的是作品前 400 个音节，包括 400 个音节的声母、韵母和声调。所以，应试者在平时练习中要准确把握每一个音节，自身不能区分的音要反复练习，直到能准确发音。

2. 注意语流音变

在朗读的过程中要注意音变的情况："一"、"不"的变调，上声变调，轻声、儿化、"啊"的变读。其中尤其要注意助词、语气词、方位名词、趋向动词等轻声词的朗读，如助词"着、了、过、的、地、得"，后缀"子、头、么、巴"等，这样才能较好地把握作品的轻重音格式，使朗读节律准确自然。

二、语调的准确把握

朗读短文还要注意语调，语调包括重音、句调、停连、语速等朗读要素。

1. 重音

重音是运用轻重对比手段加以强调突出的音，是朗读的要素之一。同一句子，不同的重音，可以表达不同的意思。如：

有一次我偷了一块糖果。（区别于"你"、"他"）
有一次我偷了一块糖果。（区别于"买"）
有一次我偷了一块糖果。（区别于"橡皮"）

所以，朗读短文时一定要注意句子的重音，否则语句的意思就会表达不清，甚至表达错误。下面句子的画线部分常常处理为重音，才能准确表达文章的意思。

这就是白杨树，西北极普通的一种树，然而绝不是平凡的树！（作品1号）
大雪整整下了一夜。（作品5号）
为什么你已经有钱了还要？（作品7号）
是的，智力可以受损，但爱永远不会。（作品51号）
那醉人的绿呀！仿佛一张极大极大的荷叶铺着，满是奇异的绿呀（作品25号）

2. 句调

句调是指全句语音高低升降的变化，句调也是朗诵的要素之一。声调只关乎单字的调子，句调则指整个句子的调子。句调的变化往往取决于句子所表达的语气或情感。
陈述句常用平直调。如：
两个同龄的年轻人同时受雇于一家店铺，并且拿同样的薪水。（作品2号）
感叹句、祈使句、表肯定的句子常用降调。如：
盲老人叹息着回答："我，我什么也没有得到"（作品53号）
疑问句、带讽刺夸张语气的句子常用升调或曲调。如：
爸听了便叫嚷道："你以为这是什么车？旅游车？"（作品10号）

3. 停连

朗读的另一个要素是停连，主要指停顿和连接。恰当的停连可以使语义表达正确鲜明，停连不当则容易造成语义表达的错误。如：
向老板汇报说‖到现在为止只有一个农民在卖土豆。（恰当的停连）
向老板汇报说到‖现在为止只有一个农民在卖土豆。（停连不当）

4. 语速

语速即朗读的速度，在朗读中起着重要的作用。语速的快慢使语句形成不同的节奏，用以表达不同的语义和情感。
欢快、紧张的情感往往使语速加快，沉重、悲伤的情感则使语速变慢。如：
大街上的积雪足有一尺多深，……把树枝上的雪都震落下来了。（作品5号）
朗读的时候要用轻快明丽的语速，才能传达出下雪给人们带来的欢快心情。
这里，逼人的朴素……最伟大的人物。（作品35号）
朗读时，宜用沉重缓慢的语速，这样才能表达出作者对托尔斯泰的崇敬之情。
因此，朗读短文时，必须准确把握文章的思想感情，正确的运用语速，才能恰当地再现作者的意图。

三、朗读的自然流畅

1. 自然

准确把握短文的朗读基调。如说明文的朗读一般比较平缓,如作品13号、29号等。论说文的朗读感情比较充沛,或激昂,如作品1号;或优美,如作品18号;或深沉,如作品6号。记叙文的朗读需要根据故事情节的变化和人物的特点而变化,如作品7号中有父亲和儿子的大段对话,朗读中要注意角色的特点,父亲是威严的,儿子是期盼的、委屈的。但即使是"父亲",也是经历了"不耐烦—生气—发怒—平缓—疑惑"的转变过程,朗读的时候要注意揣摩,这样才能贴近作品表达的需要。

2. 流畅

朗读短文要求准确流畅地通读全文,以下就应试者常出现的影响流畅度的几个问题略作分析:

(1) 回读

朗读短文要注意不能回读的评分要求,如果在考试过程中不慎读错了音,不要停顿,继续往下读,把失误扣分降到最少。因为60篇朗读作品是公开发布的,所以应试者平时应多加练习,增加熟练度,在考试时避免回读,从而达到流畅的程度。

(2) 停顿过多

停顿是指语句或词语之间声音的间歇。停顿是保持发音的自然生理需要,同时也是语法语意表达的需求。在朗读过程中,应试者应根据作品语句表达需求做到自然停顿。朗读过程中停顿过多的主要原因有两类:一是对作品不熟悉,二是语音精准度不够。停顿过多会造成朗读的不连贯,导致扣分。

(3) 按音节崩读

有些应试者因为自身语音系统中存在较多区分困难的音,为了保证语音的准确,往往采取一个字一个字崩读的方法,这样虽然能够发好每个音,但是却大大影响了朗读的流畅,使语句语意支离破碎从而导致扣分。此外,按音节崩读作品也可能导致因超时而扣分。

第三节　朗读短文60篇

为了方便应试者练习,我们对60篇朗读短文进行了全文注音。需要说明的是:

(1) 每篇短文前加注[作品分析],并用下划线标注文中难读的字词。

(2) 轻声不标调,如"消息"xiāo xi;可轻可不轻的加间隔号,后一个音节标调,如"望见"wàng·jiàn。

(3) 在需要儿化的音节后加"r",朗读时须按照儿化的音变规律发音。

(4) "一"、"不"变调按变调后的读音标调,如"一种"yì zhǒng、

微信扫描二维码
可听朗读短文60篇范读

"不怕"bú pà;上声变调标原调,朗读时须按变调规律朗读。

(5)语气词"啊"的音变中,后鼻音后的"啊"未标注,需按音变规律发音,其他"啊"的音变按实际发音标注。

作品1号 《白杨礼赞》

【作品分析】

作品节选自茅盾先生在1941年写的《白杨礼赞》,作品通过对西北极普通的白杨树的赞美,讴歌了北方农民"朴质"、"严肃"、"坚强不屈"的精神。因茅盾当时身处国统区,故作品用语含蓄,但充满激情。总体来说,作品的书面语色彩比较浓厚。

Nà shì lì zhēng shàng yóu de yì zhǒng shù bǐ zhí de gàn bǐ zhí de zhī tā de gàn ne
那是力争上游的一种树,笔直的干,笔直的枝。它的干呢,
tōng cháng shì zhàng bǎ gāo xiàng shì jiā yǐ rén gōng shì de yí zhàng yǐ nèi jué wú páng zhī
通常是丈把高,像是加以人工似的,一丈以内,绝无旁枝;
tā suǒ yǒu de yā zhī ne yí lǜ xiàng shàng ér qiě jǐn jǐn kào lǒng yě xiàng shì jiā yǐ rén gōng
它所有的桠枝呢,一律向上,而且紧紧靠拢,也像是加以人工
shì de chéng wéi yí shù jué wú héng xié yì chū tā de kuān dà de yè zi yě shì piàn piàn xiàng
似的,成为一束,绝无横斜逸出;它的宽大的叶子也是片片向
shàng jī hū méi yǒu xié shēng de gèng bú yòng shuō dào chuí le tā de pí guāng huá ér yǒu
上,几乎没有斜生的,更不用说倒垂了;它的皮,光滑而有
yín sè de yùn quān wēi wēi fàn chū dàn qīng sè zhè shì suī zài běi fāng de fēng xuě de yā pò xià
银色的晕圈,微微泛出淡青色。这是虽在北方的风雪的压迫下
què bǎo chí zhe jué jiàng tǐng lì de yì zhǒng shù nǎ pà zhǐ yǒu wǎn lái cū xì ba tā què nǔ lì
却保持着倔强挺立的一种树!哪怕只有碗来粗细罢,它却努力
xiàng shàng fā zhǎn gāo dào zhàng xǔ liǎng zhàng cān tiān sǒng lì bù zhé bù náo duì
向上发展,高到丈许、两丈,参天耸立,不折不挠,对
kàng zhe xī běi fēng
抗着西北风。

Zhè jiù shì bái yáng shù xī běi jí pǔ tōng de yì zhǒng shù rán'ér jué bú shì píng fán de shù
这就是白杨树,西北极普通的一种树,然而决不是平凡的树!
Tā méi•yǒu pó suō de zī tài méi•yǒu qū qū pán xuán de qiú zhī yě xǔ nǐ yào shuō tā bù
它没有婆娑的姿态,没有屈曲盘旋的虬枝,也许你要说它不
měi lì rú guǒ měi shì zhuān zhǐ pó suō huò héng xié yì chū zhī lèi ér yán nà me
美丽,——如果美是专指"婆娑"或"横斜逸出"之类而言,那么
bái yáng shù suàn•bu•dé shù zhōng de hǎo nǚ zǐ dàn shì tā què shì wěi'àn zhèng zhí pǔ zhì
白杨树算不得树中的好女子;但是它却是伟岸,正直,朴质,
yán sù yě bù quē fá wēn hé gèng bú yòng tí tā de jiān qiáng bù qū yǔ tǐng bá tā shì shù
严肃,也不缺乏温和,更不用提它的坚强不屈与挺拔,它是树
zhōng de wěi zhàng fu dāng nǐ zài jī xuě chū róng de gāo yuán shàng zǒu guò kàn•jiàn píng
中的伟丈夫!当你在积雪初融的高原上走过,看见平
tǎn de dà dì•shàng ào rán tǐng lì zhè me yì zhū huò yì pái bái yáng shù nán dào nǐ jiù zhǐ jué•de
坦的大地上傲然挺立这么一株或一排白杨树,难道你就只觉得
shù zhǐ shì shù nán dào nǐ jiù bù xiǎng dào tā de pǔ zhì yán sù jiān qiáng bù qū zhì shǎo yě
树只是树,难道你就不想到它的朴质,严肃,坚强不屈,至少也

象征了北方的农民；难道你竟一点儿也不联想到，在敌后的广大土//地上，到处有坚强不屈，就像这白杨树一样傲然挺立的守卫他们家乡的哨兵！难道你又不更远一点儿想到这样枝枝叶叶靠紧团结力求上进的白杨树，宛然象征了今天在华北平原纵横决荡用血写出新中国历史的那种精神和意志。

——节选自茅盾《白杨礼赞》

作品2号 《差别》

【作品分析】

  这篇作品讲述了两个年轻人在一家店铺工作的故事。作品朗读的注意点有三处：一是n和l比较多，如"阿诺德、布鲁诺、同龄、耐心、老板"；二是前后鼻音的字比较多，后鼻音字有"龄、青、并、仍、正、清、样、请、听、生、农"等，前鼻音字有"薪、心、您、民、看"等；三是轻声词比较多，如"小伙子、盘算、清楚、什么、看看"等。

  两个同龄的年轻人同时受雇于一家店铺，并且拿同样的薪水。

  可是一段时间后，叫阿诺德的那个小伙子青云直上，而那个叫布鲁诺的小伙子却仍在原地踏步。布鲁诺很不满意老板的不公正待遇。终于有一天他到老板那儿发牢骚了。老板一边耐心地听着他的抱怨，一边在心里盘算着怎样向他解释清楚他和阿诺德之间的差别。

  "布鲁诺先生，"老板开口说话了，"您现在到集市上去一下，看看今天早上有什么卖的。"

  布鲁诺从集市上回来向老板汇报说，今早集市上只有一个农民拉了一车土豆在卖。

"有多少？"老板问。

布鲁诺赶快戴上帽子又跑到集上，然后回来告诉老板一共四十袋土豆。

"价格是多少？"

布鲁诺又第三次跑到集上问来了价格。

"好吧，"老板对他说，"现在请您坐到这把椅子上一句话也不要说，看看阿诺德怎么说。"

阿诺德很快就从集市上回来了。向老板汇报说到现在为止只有一个农民在卖土豆，一共四十口袋，价格是多少多少；土豆质量很不错，他带回来一个让老板看看。这个农民一个钟头以后还会弄来几箱西红柿，据他看价格非常公道。昨天他们铺子的西红柿卖得很快，库存已经不//多了。他想这么便宜的西红柿，老板肯定会要进一些的，所以他不仅带回了一个西红柿做样品，而且把那个农民也带来了，他现在正在外面等回话呢。

此时老板转向了布鲁诺，说："现在您肯定知道为什么阿诺德的薪水比您高了吧！"

——节选自张健鹏、胡足青主编《故事时代》中的《差别》

作品3号 《丑石》

【作品分析】

作品节选自贾平凹的《丑石》，通过对丑石的前后认识的转变，说明我们不能仅凭事物的外表来衡量它的价值。这是一篇借物说理的散文，书面语色彩浓厚，朗读时要注意书面词语的准确读音。

我常常遗憾我家门前那块丑石：它黑黝黝地卧在那里，

牛似的模样；谁也不知道是什么时候留在这里的，谁也不去理会它。只是麦收时节，门前摊了麦子，奶奶总是说：这块丑石，多占地面呀，抽空把它搬走吧。

它不像汉白玉那样的细腻，可以刻字雕花，也不像大青石那样的光滑，可以供来浣纱捶布。它静静地卧在那里，院边的槐阴没有庇覆它，花儿也不再在它身边生长。荒草便繁衍出来，枝蔓上下，慢慢地，它竟锈上了绿苔、黑斑。我们这些做孩子的，也讨厌起它来，曾合伙要搬走它，但力气又不足；虽时时咒骂它，嫌弃它，也无可奈何，只好任它留在那里了。

终有一日，村子里来了一个天文学家。他在我家门前路过，突然发现了这块石头，眼光立即就拉直了。他再没有离开，就住了下来；以后又来了好些人，都说这是一块陨石，从天上落下来已经有二三百年了，是一件了不起的东西。不久便来了车，小心翼翼地将它运走了。

这使我们都很惊奇！这又怪又丑的石头，原来是天上的啊！它补过天，在天上发过热、闪过光，我们的先祖或许仰望过它，它给了他们光明、向往、憧憬；而它落下来了，在污土里，荒草里，一躺就//是几百年了！

我感到自己的无知，也感到了丑石的伟大，我甚至怨恨它这么多年竟会默默地忍受着这一切！而我又立即深深地感到它那种不屈于误解、寂寞的生存的伟大。

——节选自贾平凹《丑石》

101

作品 4 号 《达瑞的故事》

【作品分析】

作品讲述了一个叫达瑞的小男孩通过自己的努力获得成功的故事。作品语音分配较为平均，语句简短，需要注意的是一些轻声词的朗读，如：爸爸、妈妈、时候、孩子、管子、篱笆、主意、麻烦、什么等。

在达瑞八岁的时候，有一天他想去看电影。因为没有钱，他想是向爸妈要钱，还是自己挣钱。最后他选择了后者。他自己调制了一种汽水，向过路的行人出售。可那时正是寒冷的冬天，没有人买，只有两个人例外——他的爸爸和妈妈。

他偶然有一个和非常成功的商人谈话的机会。当他对商人讲述了自己的"破产史"后，商人给了他两个重要的建议：一是尝试为别人解决一个难题，二是把精力集中在你知道的、你会的和你拥有的东西上。这两个建议很关键。因为对于一个八岁的孩子而言，他不会做的事情很多。于是他穿过大街小巷，不停地思考：人们会有什么难题，他又如何利用这个机会。

一天，吃早饭时父亲让达瑞去取报纸。美国的送报员总是把报纸从花园篱笆的一个特制的管子里塞进来。假如你想穿着睡衣舒舒服服地吃早饭和看报纸，就必须离开温暖的房间，冒着寒风，到花园去取。虽然路短，但十分麻烦。

当达瑞为父亲取报纸的时候，一个主意诞生了。当天他就按响邻居的门铃，对他们说，每个月只需付给他一美元，他就每天早上把报纸塞到他们的房门底下。大多数人都同意了，很

102

快他就有//了七十多个顾客。一个月后,当他拿到自己赚的钱时,觉得自己简直是飞上了天。

很快他又有了新的机会,他让他的顾客每天把垃圾袋放在门前,然后由他早上运到垃圾桶里,每个月加一美元。之后他还想出了许多孩子赚钱的办法,并把它集结成书,书名为《儿童挣钱的二百五十个主意》。为此,达瑞十二岁时就成了畅销书作家,十五岁有了自己的谈话节目,十七岁就拥有了几百万美元。

——节选自[德]博多·舍费尔《达瑞的故事》,刘志明译

作品5号 《第一场雪》

【作品分析】

作品描写了胶东半岛入冬以来第一场雪的美景。作品朗读的难点是儿化韵比较多,共有8处,如:一阵儿、一会儿、银条儿、雪球儿、雪末儿等。

这是入冬以来,胶东半岛上第一场雪。雪纷纷扬扬,下得很大。开始还伴着一阵儿小雨,不久就只见大片大片的雪花,从彤云密布的天空中飘落下来。地面上一会儿就白了。

冬天的山村,到了夜里就万籁俱寂,只听得雪花簌簌地不断往下落,树木的枯枝被雪压断了,偶尔咯吱一声响。

大雪整整下了一夜。今天早晨,天放晴了,太阳出来了。推开门一看,嗬!好大的雪啊!山川、河流、树木、房屋,全都罩上了一层厚厚的雪,万里江山,变成了粉妆玉砌的世界。落光了叶子的柳树上挂满了毛茸茸亮晶晶的银条儿;而那些冬夏常青的松树和柏树上,则挂满了蓬

松松沉甸甸的雪球儿。一阵风吹来，树枝轻轻地摇晃，美丽的银条儿和雪球儿簌簌地落下来，玉屑似的雪末儿随风飘扬，映着清晨的阳光，显出一道道五光十色的彩虹。

大街上的积雪足有一尺多深，人踩上去，脚底下发出咯吱咯吱的响声。一群群孩子在雪地里堆雪人，掷雪球儿。那欢乐的叫喊声，把树枝上的雪都震落下来了。

俗话说，"瑞雪兆丰年"。这个话有充分的科学根据，并不是一句迷信的成语。寒冬大雪，可以冻死一部分越冬的害虫；融化了的水渗进土层深处，又能供应//庄稼生长的需要。我相信这一场十分及时的大雪，一定会促进明年春季作物，尤其是小麦的丰收。有经验的老农把雪比做是"麦子的棉被"。冬天"棉被"盖得越厚，明春麦子就长得越好，所以又有这样一句谚语："冬天麦盖三层被，来年枕着馒头睡。"

我想，这就是人们为什么把及时的大雪称为"瑞雪"的道理吧。

——节选自峻青《第一场雪》

作品6号 《读书人是幸福人》

【作品分析】

作品节选自谢冕的《读书人是幸福人》，阐释了读书带给人的种种幸福。作品前后鼻音的字分布较多，尤其是后鼻音，朗读的过程中要加以注意。

我常想读书人是世间幸福人，因为他除了拥有现实的世界之外，还拥有另一个更为浩瀚也更丰富的世界。现实的世界是人人都有的，而后一个世界却为读书人所独有。由此我想，那些失去或不能阅读的人是多么的不幸，他们的丧失是不可补偿的。世间有诸多的不平等，财富的不平等，权力的不平等，而阅读能力的拥有或丧失却体现为精神的不平等。

一个人的一生，只能经历自己拥有的那一份欣悦，那一份苦难，也许再加上他亲自闻知的那一些关于自身以外的经历和经验。然而，人们通过阅读，却能进入不同时空的诸多他人的世界。这样，具有阅读能力的人，无形间获得了超越有限生命的无限可能性。阅读不仅使他多识了草木虫鱼之名，而且可以上溯远古下及未来，饱览存在的与非存在的奇风异俗。

更为重要的是，读书加惠于人们的不仅是知识的增广，而且还在于精神的感化与陶冶。人们从读书学做人，从那些往哲先贤以及当代才俊的著述中学得他们的人格。人们从《论语》中学得智慧的思考，从《史记》中学得严肃的历史精神，从《正气歌》中学得人格的刚烈，从马克思学得人世//的激情，从鲁迅学得批判精神，从托尔斯泰学得道德的执着。歌德的诗句刻写着睿智的人生，拜伦的诗句呼唤着奋斗的热情。一个读书人，一个有机会拥有超乎个人生命体验的幸运人。

——节选自谢冕《读书人是幸福人》

作品7号 《二十美金的价值》

【作品分析】

作品讲述了五岁的儿子希望能和父亲吃晚餐而引发的故事。作品语句比较简短，朗读难度不大，需要注意的是轻声词比较多，如：爸爸、儿子、什么、小孩子、父亲、想想、东西、谢谢、枕头等。

一天，爸爸下班回到家已经很晚了，他很累也有点儿烦，他发

105

现五岁的儿子靠在门旁正等着他。

"爸,我可以问您一个问题吗?"

"什么问题?""爸,您一小时可以赚多少钱?""这与你无关,你为什么问这个问题?"父亲生气地说。

"我只是想知道,请告诉我,您一小时赚多少钱?"小孩哀求道,"假如你一定要知道的话,我一小时赚二十美金。"

"哦,"小孩儿低下了头,接着又说,"爸,可以借我十美金吗?"父亲发怒了:"如果你只是要借钱去买毫无意义的玩具的话,给我回到你的房间睡觉去。好好想想为什么你会那么自私。我每天辛苦工作,没时间和你玩儿小孩子的游戏。"

小孩儿默默地回到自己的房间关上门。

父亲坐下来还在生气。后来,他平静下来了。心想他可能对孩子太凶了——或许孩子真的很想买什么东西,再说他平时很少要过钱。

父亲走进孩子的房间:"你睡了吗?""爸,还没有,我还醒着。"孩子回答。

"我刚才可能对你太凶了,"父亲说,"我不应该发那么大的火儿——这是你要的十美金。""爸,谢谢您。"孩子高兴地从枕头下拿出一些被弄皱的钞票,慢慢地数着。

"为什么你已经有钱了还要?"父亲不解地问。

"因为原来不够,但现在凑够了。"孩子回答:"爸,我现在有//二十美金了,我可以向您买一个小时的时间吗?明天请早一点儿回家——我想和您一起吃晚餐。"

——节选自唐继柳编译《二十美金的价值》

作品8号 《繁星》

【作品分析】

作品节选自巴金的《繁星》，讲述了作者对星天的热爱。朗读过程中要注意两方面的语音：一是后鼻音，高频词为"星"，二是轻声词，如"似的、地方、认得、朋友、模糊、认识"等。

我爱月夜，但我也爱星天。从前在家乡七八月的夜晚在庭院里纳凉的时候，我最爱看天上密密麻麻的繁星。望着星天，我就会忘记一切，仿佛回到了母亲的怀里似的。

三年前在南京我住的地方有一道后门，每晚我打开后门，便看见一个静寂的夜。下面是一片菜园，上面是星群密布的蓝天。星光在我们的肉眼里虽然微小，然而它使我们觉得光明无处不在。那时候我正在读一些天文学的书，也认得一些星星，好像它们就是我的朋友，它们常常在和我谈话一样。

如今在海上，每晚和繁星相对，我把它们认得很熟了。我躺在舱面上，仰望天空。深蓝色的天空里悬着无数半明半昧的星。船在动，星也在动，它们是这样低，真是摇摇欲坠呢！渐渐地我的眼睛模糊了，我好像看见无数萤火虫在我的周围飞舞。海上的夜是柔和的，是静寂的，是梦幻的。我望着许多认识的星，我仿佛看见它们在对我眨眼，我仿佛听见它们在小声说话。这时我忘记了一切。在星的怀抱中我微笑着，我沉睡着。我觉得自己是一个小孩子，现在睡在母亲的怀里了。

有一夜，那个在哥伦波上船的英国人指给我看天上的巨人。他用手指着：//那四颗明亮的星是头，下面的几颗是身子，这几颗是手，那几颗是腿和脚，还有三颗星算是腰带。经他这一番指点，我果然看清楚了那个天上的巨人。看，那个巨人还在跑呢！

——节选自巴金《繁星》

作品9号 《风筝畅想曲》

【作品分析】

作品描写了自己儿时放风筝的趣事以及与之有关的美好回忆，朗读中易错的高频词有：风筝（zheng）、绷（bēng）、编扎（zā）。

假日到河滩上转转，看见许多孩子在放风筝。一根长长的引线，一头系在天上，一头系在地上，孩子同风筝都在天与地之间悠荡，连心也被悠荡得恍恍惚惚了，好像又回到了童年。

儿时的放风筝，大多是自己的长辈或家人编扎的，几根削得很薄的篾，用细纱线扎成各种鸟兽的造型，糊上雪白的纸片，再用彩笔勾勒出面孔与翅膀的图案。通常扎得最多的是"老雕"、"美人儿"、"花蝴蝶"等。

我们家前院就有位叔叔，擅扎风筝，远近闻名。他扎的风筝不只体形好看，色彩艳丽，放飞得高远，还在风筝上绷一叶用蒲苇削成的膜片，经风一吹，发出"嗡嗡"的声响，仿佛是风筝的歌唱，在蓝天下播扬，给开阔的天地增添了无尽的韵味，给驰荡的童心带来几分疯狂。

我们那条胡同儿的左邻右舍的孩子们放的风筝几乎都是

叔叔编扎的。他的风筝不卖钱,谁上门去要,就给谁,他乐意自己贴钱买材料。后来,这位叔叔去了海外,放风筝也渐与孩子们远离了。不过年年叔叔给家乡写信,总不忘提起儿时的放风筝。香港回归之后,他在家信中说到,他这只被故乡放飞到海外的风筝,尽管飘荡游弋,经沐风雨,可那线头儿一直在故乡和//亲人手中牵着,如今飘得太累了,也该要回归到家乡和亲人身边来了。

是的。我想,不光是叔叔,我们每个人都是风筝,在妈妈手中牵着,从小放到大,再从家乡放到祖国最需要的地方去啊!

——节选自李恒瑞《风筝畅想曲》

作品10号 《父亲的爱》

【作品分析】

作品描写了一位在孩子眼中不会表达爱的父亲的故事。作品语句简短,朗读起来比较容易,需要注意的是轻声词比较多,如:告诉、妈妈、明白、孩子、什么、爸爸、时候、鼻子。

爸不懂得怎样表达爱,使我们一家人融洽相处的是我妈,他只是每天上班下班,而妈则把我们做过的错事开列清单,然后由他来责骂我们。

有一次我偷了一块糖果,他要我把它送回去,告诉卖糖的说是我偷来的,说我愿意替他拆箱卸货作为赔偿。但妈妈却明白我只是个孩子。

我在运动场打秋千跌断了腿,在前往医院途中一直抱着我的,是我妈,爸把汽车停在急诊室门口,他们叫他驶开,说那

109

空位是留给紧急车辆停放的。爸听了便叫嚷道："你以为这是什么车？旅游车？"

在我生日会上，爸总是显得有些不大相称。他只是忙于吹气球，布置餐桌，做杂务。把插着蜡烛的蛋糕推过来让我吹的，是我妈。

我翻阅照相册时，人们总是问："你爸爸是什么样子的？""天晓得！他老是忙着替别人拍照。妈和我笑容可掬地一起拍的照片，多得不可胜数。

我记得妈有一次叫他教我骑自行车。我叫他别放手，但他却说是应该放手的时候了。我摔倒之后，妈跑过来扶我，爸却挥手要她走开。我当时生气极了，决心要给他点儿颜色看。于是我马上爬上自行车，而且自己骑给他看。他只是微笑。

我念大学时，所有的家信都是妈写的。他//除了寄支票外，还寄过一封短柬给我，说因为我不在草坪上踢足球了，所以他的草坪长得很美。

每次我打电话回家，他似乎都想跟我说话，但结果总是说："我叫你妈来接。"

我结婚时，掉眼泪的是我妈，他只是大声擤了一下鼻子，便走出房间。

我从小到大都听他说："你到哪里去？什么时候回家？汽车有没有汽油？不，不准去。"爸完全不知道怎样表达爱。除非……

会不会是他已经表达了，而我却未能察觉？

——节选自[美]艾尔玛·邦贝克《父亲的爱》

作品11号 《国家荣誉感》

【作品分析】

作品讲述了作者对世界杯为何具有巨大吸引力的思考。朗读时要注意文中多音字的读法，如"有血有肉""血缘""热血沸腾"。

一个大问题一直盘踞在我脑袋里：世界杯怎么会有如此巨大的吸引力？除去足球本身的魅力之外，还有什么超乎其上而更伟大的东西？

近来观看世界杯，忽然从中得到了答案：是由于一种无上崇高的精神情感——国家荣誉感！

地球上的人都会有国家的概念，但未必时时会有国家的感情。往往人到异国，思念家乡，心怀故国，这国家概念就变得有血有肉，爱国之情来得非常具体。而现代社会，科技昌达，信息快捷，事事上网，世界真是太小太小，国家的界限似乎也不那么清晰了。再说足球正在快速世界化，平日里各国球员频繁转会，往来随意，致使越来越多的国家联赛都具有国际的因素。球员们不论国籍，只效力于自己的俱乐部，他们比赛时的激情中完全没有爱国主义的因子。

然而，到了世界杯大赛，天下大变。各国球员都回国效力，穿上与光荣的国旗同样色彩的服装。在每一场比赛前，还高唱国歌以宣誓对自己祖国的挚爱与忠诚。一种血缘情感开始在全身的血管里燃烧起来，而且立刻热血沸腾。

在历史时代，国家间经常发生对抗，好男儿戎装卫国。

111

国家的荣誉往往需要以自己的生命去//换取。但在和平时代，唯有这种国家之间大规模对抗性的大赛，才可以唤起那种遥远而神圣的情感，那就是：为祖国而战！

——节选自冯骥才《国家荣誉感》

作品12号 《海滨仲夏夜》

【作品分析】

　　作品描写了海滨仲夏夜的美景。朗读过程中要注意的高频词有：霞光、明灯、星星。

　　夕阳落山不久，西方的天空，还燃烧着一片橘红色的晚霞。大海，也被这霞光染成了红色，而且比天空的景色更要壮观。因为它是活动的，每当一排排波浪涌起的时候，那映照在浪峰上的霞光，又红又亮，简直就像一片片霍霍燃烧着的火焰，闪烁着，消失了。而后面的一排，又闪烁着，滚动着，涌了过来。

　　天空的霞光渐渐地淡下去了，深红的颜色变成了绯红，绯红又变为浅红。最后，当这一切红光都消失了的时候，那突然显得高而远了的天空，则呈现出一片肃穆的神色。最早出现的启明星，在这蓝色的天幕上闪烁起来了。它是那么大，那么亮，整个广漠的天幕上只有它在那里放射着令人注目的光辉，活像一盏悬挂在高空的明灯。

　　夜色加浓，苍空中的"明灯"越来越多了。而城市各处的真的灯火也次第亮了起来，尤其是围绕在海港周围山坡上的那一片灯光，从半空倒映在乌蓝的海面上，随着波浪，晃动着，闪烁着，像一串流动着的珍珠，和那一片片密布在苍穹里的星斗互相辉映，煞是好看。

在这幽美的夜色中，我踏着软绵绵的沙滩，沿着海边，慢慢地向前走去。海水，轻轻地抚摸着细软的沙滩，发出温柔的// 刷刷声。晚来的海风，清新而又凉爽。我的心里，有着说不出的兴奋和愉快。

夜风轻飘飘地吹拂着，空气中飘荡着一种大海和田禾相混合的香味儿，柔软的沙滩上还残留着白天太阳炙晒的余温。那些在各个工作岗位上劳动了一天的人们，三三两两地来到这软绵绵的沙滩上，他们浴着凉爽的海风，望着那缀满了星星的夜空，尽情地说笑，尽情地休憩。

——节选自峻青《海滨仲夏夜》

作品13号 《海洋与生命》

【作品分析】

作品阐释了海洋为什么是原始生命的摇篮。文章是说明文，语句简洁，需要注意的是专业名词的朗读，如"氯化钠、氯化钾、碳酸盐、磷酸盐、溶解氧"等词语。文中后鼻音词语较多，朗读时要注意识记。

生命在海洋里诞生绝不是偶然的，海洋的物理和化学性质，使它成为孕育原始生命的摇篮。

我们知道，水是生物的重要组成部分，许多动物组织的含水量在百分之八十以上，而一些海洋生物的含水量高达百分之九十五。水是新陈代谢的重要媒介，没有它，体内的一系列生理和生物化学反应就无法进行，生命也就停止。因此，在短时期内动物缺水要比缺少食物更加危险。水对今天的生命是如此重要，它对脆弱的原始生命，更是举足轻重了。生命在海

113

洋里诞生，就不会有缺水之忧。

水是一种良好的溶剂。海洋中含有许多生命所必需的无机盐，如氯化钠、氯化钾、碳酸盐、磷酸盐，还有溶解氧，原始生命可以毫不费力地从中吸取它所需要的元素。

水具有很高的热容量，加之海洋浩大，任凭夏季烈日曝晒，冬季寒风扫荡，它的温度变化却比较小。因此，巨大的海洋就像是天然的"温箱"，是孕育原始生命的温床。

阳光虽然为生命所必需，但是阳光中的紫外线却有扼杀原始生命的危险。水能有效地吸收紫外线，因而又为原始生命提供了天然的"屏障"。

这一切都是原始生命得以产生和发展的必要条件。//

——节选自童裳亮《海洋与生命》

作品14号 《和时间赛跑》

【作品分析】

作品讲述了作者因外祖母去世而带来的对于时间和生命的思考，以及由此引发的与时间赛跑的故事。

读小学的时候，我的外祖母去世了。外祖母生前最疼爱我，我无法排除自己的忧伤，每天在学校的操场上一圈儿又一圈儿地跑着，跑得累倒在地上，扑在草坪上痛哭。

那哀痛的日子，断断续续地持续了很久，爸爸妈妈也不知道如何安慰我。他们知道与其骗我说外祖母睡着了，还不如对我说实话：外祖母永远不会回来了。

"什么是永远不会回来呢？"我问着。

"所有时间里的事物，都永远不会回来。你的昨天过去，它

114

就永远变成昨天,你不能再回到昨天。爸爸以前也和你一样小,现在也不能回到你这么小的童年了;有一天你会长大,你会像外祖母一样老;有一天你度过了你的时间,就永远不会回来了。"爸爸说。

爸爸等于给我一个谜语,这谜语比课本上的"日历挂在墙壁,一天撕去一页,使我心里<u>着急</u>"和"一寸光阴一寸金,寸金难买寸光阴"还让我感到可怕;也比作文本上的"<u>光阴似箭</u>,日月如梭"更让我觉得有一种说不出的滋味。

时间过得那么飞快,使我的<u>小心眼儿</u>里不只是着急,还有悲伤。有一天我放学回家,看到太阳快落山了,就下决心说:"我要比太阳更快地回家。"我狂奔回去,站在庭院前喘气的时候,看到太阳//还露着半边脸,我高兴地跳跃起来,那一天我跑赢了太阳。以后我就时常做那样的游戏,有时和太阳赛跑,有时和西北风比快,有时一个暑假才能做完的作业,我十天就做完了;那时我三年级,常常把哥哥五年级的作业拿来做。每一次比赛胜过时间,我就快乐得不知道怎么形容。

如果将来我有什么要教给我的孩子,我会告诉他:假若你一直和时间比赛,你就可以成功!

——节选自(台湾)林青玄《和时间赛跑》

作品15号　《胡适的白话电报》

【作品分析】

作品讲述了胡适与学生之间因文言与白话哪个更为省字而引发的有趣故事。比较难读的词语有"才疏学浅""恐难胜任""不堪从命"等。

三十年代初,胡适在北京大学任教授。讲课时他常常对

115

白话文大加称赞，引起一些只喜欢文言文而不喜欢白话文的学生的不满。

一次，胡适正讲得得意的时候，一位姓魏的学生突然站了起来，生气地问："胡先生，难道说白话文就毫无缺点吗？"胡适微笑着回答说："没有。"那位学生更加激动了："肯定有！白话文废话太多，打电报用字多，花钱多。"胡适的目光顿时变亮了，轻声地解释说："不一定吧！前几天有位朋友给我打来电报，请我去政府部门工作，我决定不去，就回电拒绝了。复电是用白话写的，看来也很省字。请同学们根据我这个意思，用文言文写一个回电，看看究竟是白话文省字，还是文言文省字？"胡教授刚说完，同学们立刻认真地写了起来。十五分钟过去，胡适让同学举手，报告用字的数目，然后挑了一份用字最少的文言电报稿，电文是这样写的：才疏学浅，恐难胜任，不堪从命。白话文的意思是：学问不深，恐怕很难担任这个工作，不能服从安排。

胡适说，这份写得确实不错，仅用了十二个字。但我的白话电报却只用了五个字："干不了，谢谢！"

胡适又解释说："干不了"就有才疏学浅、恐难胜任的意思；"谢谢"既//对朋友的介绍表示感谢，又有拒绝的意思。所以，废话多不多，并不看它是文言文还是白话文，只要注意选用字词，白话文是可以比文言文更省字的。

——节选自陈灼主编《实用汉语中级教程》(上) 中
《胡适的白话电报》

作品16号 《火光》

【作品分析】

作品节选自柯罗连科的《火光》，通过对黑夜中火光的描写，阐释了生活中火光虽然遥远，但却指引着人们不断向前的道理。

很久以前，在一个漆黑的秋天的夜晚，我泛舟在西伯利亚一条阴森森的河上。船到一个转弯处，只见前面黑黢黢的山峰下面一星火光蓦地一闪。

火光又明又亮，好像就在眼前……

"好啦，谢天谢地！"我高兴地说，"马上就到过夜的地方啦！"

船夫扭头朝身后的火光望了一眼，又不以为然地划起桨来。

"远着呢！"

我不相信他的话，因为火光冲破朦胧的夜色，明明在那儿闪烁。不过船夫是对的，事实上，火光的确还远着呢。

这些黑夜的火光的特点是：驱散黑暗，闪闪发亮，近在眼前，令人神往。乍一看，再划几下就到了……其实却还远着呢！……

我们在漆黑如墨的河上又划了很久。一个个峡谷和悬崖，迎面驶来，又向后移去，仿佛消失在茫茫的远方，而火光却依然停在前头，闪闪发亮，令人神往——依然是这么近，又依然是那么远……

现在，无论是这条被悬崖峭壁的阴影笼罩的漆黑的河流，还是那一星明亮的火光，都经常浮现在我的脑际，在这以前

117

和在这以后,曾有许多火光,似乎近在咫尺,不止使我一人心驰神往。可是生活之河却仍然在那阴森森的两岸之间流着,而火光也依旧非常遥远。

因此,必须加劲划桨……

然而,火光啊……毕竟……毕竟就//在前头!……

——节选自(俄)柯罗连科《火光》,张铁夫译

作品17号 《济南的冬天》

【作品分析】

作品节选自老舍的《济南的冬天》,描写了济南慈善而美丽的冬天。朗读中要注意两个方面：一是儿化韵,如"有点儿、圈儿、口儿、这儿、树尖儿、一髻儿"等。二是后鼻音字,如"平、风、声、晴、请、睛、等、醒、静、明、青"等。

对于一个在北平住惯的人,像我,冬天要是不刮风,便觉得是奇迹；济南的冬天是没有风声的。对于一个刚由伦敦回来的人,像我,冬天要能看得见日光,便觉得是怪事；济南的冬天是响晴的。自然,在热带的地方,日光永远是那么毒,响亮的天气,反有点儿叫人害怕。可是,在北方的冬天,而能有温晴的天气,济南真得算个宝地。

设若单单是有阳光,那也算不了出奇。请闭上眼睛想：一个老城,有山有水,全在天底下晒着阳光,暖和安适地睡着,只等春风来把它们唤醒,这是不是理想的境界？小山整把济南围了个圈儿,只有北边缺着点口儿。这一圈小山在冬天特别可爱,好像是把济南放在一个小摇篮里,它们安静不动地低声地说："你们放心吧,这儿准保暖和。"真的,济南的人们在冬天是面上含笑的。他们一看

那些小山，心中便觉得有了着落，有了依靠。他们由天上看到山上，便不知不觉想起：明天也许就是春天了吧？这样的温暖，今天夜里山草也许就绿起来了吧？就是这点儿幻想不能一时实现，他们也并不着急，因为这样慈善的冬天，干什么还希望别的呢！

最妙的是下点儿小雪呀。看吧，山上的矮松越发的青黑，树尖儿上顶//着一髻儿白花，好像日本看护妇。山尖儿全白了，给蓝天镶上一道银边。山坡上，有的地方雪厚点儿，有的地方草色还露着；这样，一道儿白，一道儿暗黄，给山们穿上一件带水纹儿的花衣；看着看着，这件花衣好像被风儿吹动，叫你希望看见一点儿更美的山的肌肤。等到快日落的时候，微黄的阳光斜射在山腰上，那点儿薄雪好像忽然害羞，微微露出点儿粉色。就是下小雪吧，济南是受不住大雪的，那些小山太秀气。

——节选自老舍《济南的冬天》

作品18号 《家乡的桥》

【作品分析】

作品用深情的语句回忆了故乡的小桥，表达了对故乡进步的欣悦和对小桥的热爱。作品是抒情散文，书面语色彩浓厚，朗读时要注意情感的把握。

纯朴的家乡村边有一条河，曲曲弯弯，河中架一弯石桥，弓样的小桥横跨两岸。

每天，不管是鸡鸣晓月，日丽中天，还是月华泻地，小桥都印下串串足迹，洒落串串汗珠。那是乡亲为了追求多棱的希望,兑现美好的遐想。弯弯小桥,不时荡过轻吟低唱,不时露出舒心的笑容。

因而,我稚小的心灵,曾将心声献给小桥:你是一弯银色的新月,给人间普照光辉;你是一把闪亮的镰刀,割刈着欢笑的花果;你是一根晃悠悠的扁担,挑起了彩色的明天!哦,小桥走进我的梦中。

我在飘泊他乡的岁月,心中总涌动着故乡的河水,梦中总看到弓样的小桥。当我访南疆探北国,眼帘闯进座座雄伟的长桥时,我的梦变得丰满了,增添了赤橙黄绿青蓝紫。

三十多年过去,我带着满头霜花回到故乡,第一紧要的便是去看望小桥。

啊!小桥呢?它躲起来了?河中一道长虹,浴着朝霞熠熠闪光。哦,雄浑的大桥敞开胸怀,汽车的呼啸、摩托的笛音、自行车的叮铃,合奏着进行交响乐;南来的钢筋、花布,北往的柑橙、家禽,绘出交流欢悦图……

啊!蜕变的桥,传递了家乡进步的消息,透露了家乡富裕的声音。时代的春风,美好的追求,我蓦地记起儿时唱//给小桥的歌,哦,明艳艳的太阳照耀了,芳香甜蜜的花果捧来了,五彩斑斓的岁月拉开了!

我心中涌动的河水,激荡起甜美的浪花。我仰望一碧蓝天,心底轻声呼喊:家乡的桥啊,我梦中的桥!

——节选自郑莹《家乡的桥》

作品 19 号 《坚守你的高贵》

【作品分析】

作品讲述了一位叫莱伊恩的建筑设计师如何运用智慧成功坚守自我原则的故事。作品是记叙文，朗读语速平缓，en 和 eng 发音存在问题的同学需要注意以下高频字词的读音：莱伊恩、温泽市、工程、支撑、市政府。

三百多年前，建筑设计师莱伊恩受命设计了英国温泽市政府大厅。他运用工程力学的知识，依据自己多年的实践，巧妙地设计了只用一根柱子支撑的大厅天花板。一年以后，市政府权威人士进行工程验收时，却说只用一根柱子支撑天花板太危险，要求莱伊恩再多加几根柱子。

莱伊恩自信只要一根坚固的柱子足以保证大厅安全，他的"固执"惹恼了市政官员，险些被送上法庭。他非常苦恼；坚持自己原先的主张吧，市政官员肯定会另找人修改设计；不坚持吧，又有悖自己为人的准则。矛盾了很长一段时间，莱伊恩终于想出了一条妙计，他在大厅里增加了四根柱子，不过这些柱子并未与天花板接触，只不过是装装样子。

三百多年过去了，这个秘密始终没有被人发现。直到前两年，市政府准备修缮大厅的天花板，才发现莱伊恩当年的"弄虚作假"。消息传出后，世界各国的建筑专家和游客云集，当地政府对此也不加掩饰，在新世纪到来之际，特意将大厅作为一个旅游景点对外开放，旨在引导人们崇尚和相信科学。

作为一名建筑师，莱伊恩并不是最出色的。但作为一个人，

121

他无疑非常伟大。这种//伟大表现在他始终恪守着自己的原则,给高贵的心灵一个美丽的住所,哪怕是遭遇到最大的阻力,也要想办法抵达胜利。

——节选自游宇明《坚守你的高贵》

作品20号 《金子》

【作品分析】

作品讲述了彼得·弗雷特在萨文河畔发现"真金"的故事,说明了真正的金子只有诚实的人用勤劳才能采集到。

自从传言有人在萨文河畔散步时无意发现了金子后,这里便常有来自四面八方的淘金者。他们都想成为富翁,于是寻遍了整个河床,还在河床上挖出很多大坑,希望借助它们找到更多的金子。的确,有一些人找到了,但另外一些人因为一无所得而只好扫兴归去。

也有不甘心落空的,便驻扎在这里,继续寻找。彼得弗雷特就是其中一员。他在河床附近买了一块没人要的土地,一个人默默地工作。他为了找金子,已把所有的钱都押在这块土地上。他埋头苦干了几个月,直到土地全变成了坑坑洼洼,他失望了——他翻遍了整块土地,但连一丁点儿金子都没看见。

六个月后,他连买面包的钱都没有了。于是他准备离开这儿到别处去谋生。就在他即将离去的前一个晚上,天下起了倾盆大雨,并且一下就是三天三夜。雨终于停了,彼得走出小木屋,发现眼前的土地看上去好像和以前不一样,坑坑洼洼已被大水冲刷平整，松软的土地上长出一层绿茸茸的小草。

"这里没找到金子，"彼得忽有所悟地说，"但这土地很肥沃，我可以用来种花，并且拿到镇上去卖给那些富人，他们一定会买些花装扮他们华丽的客//厅。如果真是这样的话，那么我一定会赚许多钱。有朝一日我也会成为富人……"

于是他留了下来。彼得花了不少精力培育花苗，不久田地里长满了美丽娇艳的各色鲜花。

五年以后，彼得终于实现了他的梦想——成了一个富翁。"我是唯一的一个找到真金的人！"他时常不无骄傲地告诉别人，"别人在这儿找不到金子后便远远地离开，而我的'金子'是在这块土地里，只有诚实的人用勤劳才能采集到。"

——节选自陶猛译《金子》

作品 21 号 《捐诚》

【作品分析】

作品讲述了作者在加拿大学习期间遇到的两次难忘的募捐。朗读中需要注意两个方面。一是前后鼻音的字比较多，如前鼻音字词：募捐、男孩子、拦住、不由分说、彬彬有礼、银发、纷纷；后鼻音字词：整整齐齐、精巧、情景、帮助、朋友、名字。二是 l-n 的字词，如：男孩子、拦住、哪国人、医疗费、聊起天儿来。

我在加拿大学习期间遇到过两次募捐，那情景至今使我难以忘怀。

一天，我在渥太华的街上被两个男孩子拦住去路。他们十来岁，穿得整整齐齐，每人头上戴着个做工精巧、色彩鲜艳的纸帽，上面写着"为帮助患小儿麻痹的伙伴募捐"。其中的一个，不由分说就坐在小凳上给我擦起皮鞋来，另一个则彬彬有礼地发问："小姐，您是哪国人？喜欢渥太华吗？""小姐，在你们国家有没有小孩儿患小儿麻痹？谁给他们医疗费？"一连串的问题，使我这个有生以来头一次在众目睽睽之下让别人擦鞋的异乡人，从近乎狼狈的窘态中解脱出来。我们像朋友一样聊起天儿来……

几个月之后，也是在街上。一些十字路口处或车站坐着几位老人。他们满头银发，身穿各种老式军装，上面布满了大大小小形形色色的徽章、奖章，每人手捧一大束鲜花，有水仙、石竹、玫瑰及叫不出名字的，一色雪白。匆匆过往的行人纷纷止步，把钱投进这些老人身旁的白色木箱内，然后向他们微微鞠躬，从他们手中接过一朵花。我看了一会儿，有人投一两元，有人投几百元，还有人掏出支票填好后投进木箱。那些老军人毫不注意人们捐多少钱，一直不//停地向人们低声道谢。同行的朋友告诉我，这是为纪念二次大战中参战的勇士，募捐救济残废军人和烈士遗孀，每年一次；认捐的人可谓踊跃，而且秩序井然，气氛庄严。有些地方，人们还耐心地排着队。我想，这是因为他们都知道：正是这些老人们的流血牺牲换来了包括他们信仰自由在内的许许多多。我两次把那微不足道的一点儿钱捧给他们，只想对他们说声"谢谢"。

——节选自青白《捐诚》

作品 22 号 《可爱的小鸟》

【作品分析】

作品讲述了茫茫洋流中一只可爱的小鸟与善良的水手之间发生的动人故事。作品是诗歌化的散文,朗读时要注意语调的抒情化。

没有一片绿叶,没有一缕炊烟,没有一粒泥土,没有一丝花香,只有水的世界,云的海洋。

一阵台风袭过,一只孤单的小鸟无家可归,落到被卷到洋里的木板上,乘流而下,姗姗而来,近了,近了!……

忽然,小鸟张开翅膀,在人们头顶盘旋了几圈儿,"噗啦"一声落到了船上。许是累了?还是发现了"新大陆"?水手撵它它不走,抓它,它乖乖地落在掌心。可爱的小鸟和善良的水手结成了朋友。

瞧,它多美丽,娇巧的小嘴,啄理着绿色的羽毛,鸭子样的扁脚,呈现出春草的鹅黄。水手们把它带到舱里,给它"搭铺",让它在船上安家落户,每天,把分到的一塑料筒淡水匀给它喝,把从祖国带来的鲜美的鱼肉分给它吃,天长日久,小鸟和水手的感情日趋笃厚。

清晨,当第一束阳光射进舷窗时,它便敞开美丽的歌喉,唱啊唱,嘤嘤有韵,宛如春水淙淙。人类给它以生命,它毫不悭吝地把自己的艺术青春奉献给了哺育它的人。可能都是这样? 艺术家们的青春只会献给尊敬他们的人。

小鸟给远航生活蒙上了一层浪漫色调。返航时,人们爱不释手,恋恋不舍地想把它带到异乡。可小鸟憔悴了，给水，不喝！喂肉，不吃！油亮的羽毛失去了光泽。是啊，我们有自己的祖国，小鸟也有它的归宿，人和动物都是一样啊，//哪儿也不如故乡好！慈爱的水手们决定放开它，让它回到大海的摇篮去，回到蓝色的故乡去。离别前，这个大自然的朋友与水手们留影纪念。它站在许多人的头上，肩上，掌上，胳膊上，与喂养过它的人们，一起融进那蓝色的画面……

——节选自王文杰《可爱的小鸟》

作品 23 号 《课不能停》

【作品分析】

作品讲述了十年来纽约的公立小学只因超级暴风雪停过七次课的感人故事，阐释了施舍的最高原则是保持受施者的尊严的道理。作品是记叙文，朗读语速平缓，需要注意的是后鼻音字比较多，如以 eng 结尾的有：风、睁、仍；以 ing 结尾的有：令、睛、冰、盈、停、惊、庭、营、宁。

纽约的冬天常有大风雪，扑面的雪花不但令人难以睁开眼睛，甚至呼吸都会吸入冰冷的雪花。有时前一天晚上还是一片晴朗，第二天拉开窗帘，却已经积雪盈尺，连门都推不开了。

遇到这样的情况，公司、商店常会停止上班，学校也通过广播，宣布停课。但令人不解的是，惟有公立小学，仍然开放。只见黄色的校车，艰难地在路边接孩子，老师则一大早就口中喷着热气，铲去车子前后的积雪，小心翼翼地开车去学校。

据统计，十年来纽约的公立小学只因为超级暴风雪停过七次课。这是多么令人惊讶的事。犯得着在大人都无须上班的时候让孩子去学校吗？小学的老师也太倒霉了吧？

于是，每逢大雪而小学不停课时，都有家长打电话去骂。妙的是，每个打电话的人，反应全一样——先是怒气冲冲地责问，然后满口道歉，最后笑容满面地挂上电话。原因是，学校告诉家长：在纽约有许多百万富翁，但也有不少贫困的家庭。后者白天开不起暖气，供不起午餐，孩子的营养全靠学校里免费的中饭，甚至可以多拿些回家当晚餐，学校停课一天，穷孩子就受一天冻，挨一天饿，所以老师们宁愿自己苦一点儿，也不能停课。// 或许有家长会说：何不让富裕的孩子在家里，让贫穷的孩子去学校享受暖气和营养午餐呢？

学校的答复是：我们不愿让那些穷苦的孩子感到他们是在接受救济，因为施舍的最高原则是保持受施者的尊严。

——节选自（台湾）刘墉《课不能停》

作品24号　《莲花和樱花》

【作品分析】

作品叙述了作者十年后重新访日的经过与感受，表达了愿为促进中日人民之间的友谊作出贡献的决心。作品中声母为n和l的字比较多，朗读时需要注意。如声母为n的有：十年、奈良、寺内；声母为l的有：历史、经历、奈良、角落、友谊之莲、翠绿、莲蓬累累、例外。

十年，在历史上不过是一瞬间。只要稍加注意，人们就会发现：在这一瞬间里，各种事物都悄悄经历了自己的千变万化。

这次重新访日，我处处感到亲切和熟悉，也在许多方面发

127

觉了日本的变化。就拿奈良的一个角落来说吧,我重游了为之感受很深的唐招提寺,在寺内各处匆匆走了一遍,庭院依旧,但意想不到还看到了一些新的东西。其中之一,就是近几年从中国移植来的"友谊之莲"。

在存放鉴真遗像的那个院子里,几株中国莲昂然挺立,翠绿的宽大荷叶正迎风而舞,显得十分愉快。开花的季节已过,荷花朵朵已变为莲蓬累累。莲子的颜色正在由青转紫,看来已经成熟了。

我禁不住想:"因"已转化为"果"。

中国的莲花开在日本,日本的樱花开在中国,这不是偶然。我希望这样一种盛况延续不衰。可能有人不欣赏花,但决不会有人欣赏落在自己面前的炮弹。

在这些日子里,我看到了不少多年不见的老朋友,又结识了一些新朋友。大家喜欢涉及的话题之一,就是古长安和古奈良。那还用得着问吗,朋友们缅怀过去,正是瞩望未来。瞩目于未来的人们必将获得未来。

我不例外,也希望一个美好的未来。为//了中日人民之间的友谊,我将不浪费今后生命的每一瞬间。

——节选自严文井《莲花和樱花》

作品25号 《绿》

【作品分析】

作品用优美的笔触描摹了梅雨潭闪闪的绿色。作品写于1924年,其词汇、语法与现在的普通话系统有一定的差别,朗读时要注意对词语和句子的准确把握。

第四章 朗读短文测试指导

梅雨潭闪闪的绿色招引着我们，我们开始追捉她那离合的神光了。揪着草，攀着乱石，小心探身下去，又鞠躬过了一个石穹门，便到了汪汪一碧的潭边了。

瀑布在襟袖之间，但是我的心中已没有瀑布了。我的心随潭水的绿而摇荡。那醉人的绿呀！仿佛一张极大极大的荷叶铺着，满是奇异的绿呀。我想张开两臂抱住她，但这是怎样一个妄想啊。

站在水边，望到那面，居然觉着有些远呢！这平铺着、厚积着的绿，着实可爱。她松松地皱缬着，像少妇拖着的裙幅；她滑滑的明亮着，像涂了"明油"一般，有鸡蛋清那样软，那样嫩；她又不杂些尘滓，宛然一块温润的碧玉，只清清的一色——但你却看不透她！

我曾见过北京什刹海拂地的绿杨，脱不了鹅黄的底子，似乎太淡了。我又曾见过杭州虎跑寺近旁高峻而深密的"绿壁"，丛叠着无穷的碧草与绿叶的，那又似乎太浓了。其余呢，西湖的波太明了，秦淮河的也太暗了。可爱的，我将什么来比拟你呢？我怎么比拟得出呢？大约潭是很深的，故能蕴蓄着这样奇异的绿；仿佛蔚蓝的天融了一块在里面似的，这才这般的鲜润啊。

那醉人的绿呀！我若能裁你以为带，我将赠给那轻盈的//舞女，她必能临风飘举了。我若能挹你以为眼，我将赠给那善歌的盲妹，她必明眸善睐了。我舍不得你，我怎舍得你呢？我用手拍着你，抚摩着你，如同一个十二三岁的小姑娘。我又掬你入

129

口，便是吻着她了，我送你一个名字，我从此叫你"女儿绿"好吗？

第二次到仙岩的时候，我不禁惊诧于梅雨潭的绿了。

——节选自朱自清《绿》

作品 26 号 《落花生》

【作品分析】

作品讲述了和家人一起种植花生、品尝花生的经历，并从花生的实用谦逊体会到做人不能只讲体面，要做有用的人的道理。

我们家的后园有半亩空地，母亲说："让它荒着怪可惜的，你们那么爱吃花生，就开辟出来种花生吧。"我们姐弟几个都很高兴，买种，翻地，播种，浇水，没过几个月，居然收获了。

母亲说："今晚我们过一个收获节，请你们父亲也来尝尝我们的新花生，好不好？"我们都说好。母亲把花生做成了好几样食品，还吩咐就在后园的茅亭里过这个节。

晚上天色不太好，可是父亲也来了，实在很难得。

父亲说："你们爱吃花生吗？"

我们争着答应："爱！"

"谁能把花生的好处说出来？"

姐姐说："花生的味美。"

哥哥说："花生可以榨油。"

我说："花生的价钱便宜，谁都可以买来吃，都喜欢吃。这就是它的好处。"

父亲说："花生的好处很多，有一样最可贵：它的果实埋在地里,不像桃子、石榴、苹果那样,把鲜红嫩绿的果实高高地挂在枝头上,使人一见就生爱慕之心。你们看它矮矮地长在地上,等到成熟了,也不能立刻分辨出来它有没有果实,必须挖出来才知道。"

我们都说是,母亲也点点头。父亲接下去说:"所以你们要像花生,它虽然不好看,可是很有用,不是外表好看而没有实用的东西。"

我说:"那么,人要做有用的人,不要做只讲体面,而对别人没有好处的人了。"//

父亲说:"对。这是我对你们的希望。"

我们谈到夜深才散。花生做的食品都吃完了,父亲的话却深深地印在我的心上。

——节选自许地山《落花生》

作品 27 号 《麻雀》

【作品分析】

作品讲述了一只老麻雀舍身救护幼雀的感人故事,讴歌了爱的伟大与崇高。朗读时注意语速的缓急运用。如开端写自己和狗在林荫道走着,语速平缓,之后的老麻雀扑身下来救护幼雀部分的内容语速要快,显示出紧张的情境。

我打猎归来,沿着花园的林阴路走着。狗跑在我前边。突然,狗放慢脚步,蹑足潜行,好像嗅到了前边有什么野物。

我顺着林阴路望去,看见了一只嘴边还带黄色、头上生着柔毛的小麻雀。风猛烈地吹打着林阴路上的白桦树。麻雀从巢里跌落下来,呆呆地伏在地上,孤立无援地张开两只羽毛还未丰满的小翅膀。

131

我的狗慢慢向它靠近。忽然，从附近一棵树上飞下一只黑胸脯的老麻雀，像一颗石子似的落到狗的跟前。老麻雀全身倒竖着羽毛，惊恐万状，发出绝望、凄惨的叫声，接着向露出牙齿、大张着的狗嘴扑去。

老麻雀是猛扑下来救护幼雀的。它用身体掩护着自己的幼儿……但它整个小小的身体因恐怖而战栗着，它小小的声音也变得粗暴嘶哑，它在牺牲自己！

在它看来，狗该是个多么庞大的怪物啊！然而，它还是不能站在自己高高的、安全的树枝上……一种比它的理智更强烈的力量，使它从那儿扑下身来。

我的狗站住了，向后退了退……看来，它也感到了这种力量。我赶紧唤住惊慌失措的狗，然后我怀着崇敬的心情，走开了。

是啊，请不要见笑。我崇敬那只小小的、英勇的鸟儿，我崇敬它那种爱的冲动和力量。

爱，我想，比//死和死的恐惧更强大。只有依靠它，依靠这种爱，生命才能维持下去，发展下去。

——节选自[俄]屠格涅夫《麻雀》，巴金译

作品28号 《迷途笛音》

【作品分析】

作品讲述了卡廷先生如何以乡下人的纯朴保护了一个小男孩儿强烈的自尊的故事。作品中后鼻音的字比较多，朗读时要多加注意。如韵母为 ing 的字有：风景、惊慌失措、苍蝇、一定、救星、卡廷、请、尚未成型、清脆。

那年我六岁。离我家仅一箭之遥的小山坡旁，有一个早已被

废弃的采石场,双亲从来不准我去那儿,其实那儿风景十分迷人。

一个夏季的下午,我随着一群小伙伴偷偷上那儿去了。就在我们穿越了一条孤寂的小路后,他们却把我一个人留在原地,然后奔向"更危险的地带"了。等他们走后,我惊慌失措地发现,再也找不到要回家的那条孤寂的小道了。像只无头的苍蝇,我到处乱钻,衣裤上挂满了芒刺。太阳已经落山,而此时此刻,家里一定开始吃晚餐了,双亲正盼着我回家……想着想着,我不由得背靠着一棵树,伤心地呜呜大哭起来……

突然,不远处传来了声声柳笛。我像找到了救星,急忙循声走去。一条小道边的树桩上坐着一位吹笛人,手里还正削着什么。走近细看,他不就是被大家称为"乡巴佬儿"的卡廷吗?

"你好,小家伙儿,"卡廷说,"看天气多美,你是出来散步的吧?"

我怯生生地点点头,答道:"我要回家了。""请耐心等上几分钟,"卡廷说,"瞧,我正在削一支柳笛,差不多就要做好了,完工后就送给你吧!"

卡廷边削边不时把尚未成形的柳笛放在嘴里试吹一下。没过多久,一支柳笛便递到我手中。我俩在一阵阵清脆悦耳的笛音//中,踏上了归途……

当时,我心中只充满感激,而今天,当我自己也成了祖父时,却突然领悟到他用心之良苦!那天当他听到我的哭声时,便判定我一定迷了路,但他并不想在孩子面前扮演"救星"的角色,于是吹响柳笛以便让我能发现他,并跟着他走出困境!就这样卡廷先生以乡下人的纯朴,保护了一个小男孩强烈的自尊。

——节选自唐若水译《迷途笛音》

作品29号 《莫高窟》

【作品分析】

作品用生动的语言为我们描摹了敦煌莫高窟里的奇珍异宝。第二自然段数据较多,朗读时容易发生错误。

在浩瀚无垠的沙漠里,有一片美丽的绿洲,绿洲里藏着一颗闪光的珍珠。这颗珍珠就是敦煌莫高窟。它坐落在我国甘肃省敦煌市三危山和鸣沙山的怀抱中。鸣沙山东麓是平均高度为十七米的崖壁。在一千六百多米长的崖壁上,凿有大小洞窟七百余个,形成了规模宏伟的石窟群。其中四百九十二个洞窟中,共有彩色塑像两千一百余尊,各种壁画共四万五千多平方米。莫高窟是我国古代无数艺术匠师留给人类的珍贵文化遗产。

莫高窟的彩塑,每一尊都是一件精美的艺术品。最大的有九层楼那么高,最小的还不如一个手掌大。这些彩塑个性鲜明,神态各异。有慈眉善目的菩萨,有威风凛凛的天王,还有强壮勇猛的力士……

莫高窟壁画的内容丰富多彩,有的是描绘古代劳动人民打猎、捕鱼、耕田、收割的情景,有的是描绘人们奏乐、舞蹈、演杂技的场面，还有的是描绘大自然的美丽风光。其中最引人注目的是飞天。壁画上的飞天，有的臂挎花篮，采摘鲜花；有的反弹琵琶，轻拨银弦；有的倒悬身子，自天而降；有的彩带飘拂，漫天遨游；有的舒展着双臂，翩翩起舞。看着这些精美动人的壁画，就像走进了//灿烂辉煌的艺术殿堂。

莫高窟里还有一个面积不大的洞窟——藏经洞。洞里曾藏有我国古代的各种经卷、文书、帛画、刺绣、铜像等共六万多件。由于清朝政府腐败无能，大量珍贵的文物被外国强盗掠走。仅存的部分经卷，现在陈列于北京故宫等处。

莫高窟是举世闻名的艺术宝库。这里的每一尊彩塑、每一幅壁画、每一件文物，都是中国古代人民智慧的结晶。

——节选自小学《语文》第六册中《莫高窟》

作品30号 《牡丹的拒绝》

【作品分析】

作品通过描摹牡丹由烁于枝头到归于泥土的壮烈决绝，讴歌了牡丹的高贵与卓尔不群。

其实你在很久以前并不喜欢牡丹，因为它总被人作为富贵膜拜。后来你目睹了一次牡丹的落花，你相信所有的人都会为之感动：一阵清风徐来，娇艳鲜嫩的盛期牡丹忽然整朵整朵地坠落，铺撒一地绚丽的花瓣。那花瓣落地时依然鲜艳夺目，如同一只被奉上祭坛的大鸟脱落的羽毛，低吟着壮烈的悲歌离去。

牡丹没有花谢花败之时，要么烁于枝头，要么归于泥土，它跨越萎顿和衰老，由青春而死亡，由美丽而消遁。它虽美却不吝惜生命，即使告别也要展示给人最后一次的惊心动魄。

所以在这阴冷的四月里，奇迹不会发生。任凭游人扫兴和诅咒，牡丹依然安之若素。它不苟且、不俯就、不妥协、不媚俗，甘愿自己冷落自己。它遵循自己的花期自己的规律，它有权利为自己选择每年一度的盛大节日。它为什么不拒绝寒冷？

天南海北的看花人，依然络绎不绝地涌入洛阳城。人们不会因牡丹的拒绝而拒绝它的美。如果它再被贬谪十次，也许它就会繁衍出十个洛阳牡丹城。

于是你在无言的遗憾中感悟到，富贵与高贵只是一字之差。同人一样，花儿也是有灵性的，更有品位之高低。品位这东西为气为魂为//筋骨为神韵，只可意会。你叹服牡丹卓而不群之姿，方知品位是多么容易被世人忽略或是漠视的美。

——节选自张抗抗《牡丹的拒绝》

作品31号 《"能吞能吐"的森林》

【作品分析】

作品说明了森林对地球的重要作用，呼吁人们应该大力造林、护林。作品是说明文，朗读语速平缓，需要注意前后鼻音 en 和 eng 的准确朗读，如韵母为前鼻音 en 的有：森林、很、气温、人类、任何，韵母为后鼻音 eng 的有：正如、等于、功能、形成、生存、增多、蒸发。

森林涵养水源，保持水土，防止水旱灾害的作用非常大。据专家测算，一片十万亩面积的森林，相当于一个两百万立方米的水库，这正如农谚所说的："山上多栽树，等于修水库。雨多它能吞，雨少它能吐。"

第四章 朗读短文测试指导

说起森林的功劳，那还多得很。它除了为人类提供木材及许多种生产、生活的原料之外，在维护生态环境方面也是功劳卓著。它用另一种"能吞能吐"的特殊功能孕育了人类。因为地球在形成之初，大气中的二氧化碳含量很高，氧气很少，气温也高，生物是难以生存的。大约在四亿年之前，陆地才产生了森林。森林慢慢将大气中的二氧化碳吸收，同时吐出新鲜氧气，调节气温：这才具备了人类生存的条件，地球上才最终有了人类。

森林，是地球生态系统的主体，是大自然的总调度室，是地球的绿色之肺。森林维护地球生态环境的这种"能吞能吐"的特殊功能是其他任何物体都不能取代的。然而，由于地球上的燃烧物增多，二氧化碳的排放量急剧增加，使得地球生态环境急剧恶化，主要表现为全球气候变暖，水分蒸发加快，改变了气流的循环，使气候变化加剧，从而引发热浪、飓风、暴雨、洪涝及干旱。

为了//使地球的这个"能吞能吐"的绿色之肺恢复健壮，以改善生态环境，抑制全球变暖，减少水旱等自然灾害，我们应该大力造林、护林，使每一座荒山都绿起来。

——节选自《中考语文课外阅读试题精选》中《"能吞能吐"的森林》

作品32号 《朋友和其他》

【作品分析】

作品用诗化的语言描写了自己和朋友之间的醇厚友情，以及对生命自然圆融的真切体验。朗读语调平缓柔和，体现出对生命历程的接受与喜悦感悟。朗读中需要注意

137

韵母为后鼻音字词的正确读音,如韵母为 ing 的有:远行、请客、友情、爱情、亲情、心灵、已经、惊骇、趣味性、批评、并且、生命。韵母为 eng 的有:朋友、人生、年岁逐增、挣脱、水到渠成。

朋友即将远行。

暮春时节,又邀了几位朋友在家小聚。虽然都是极熟的朋友,却是终年难得一见,偶尔电话里相遇,也无非是几句寻常话。一锅小米稀饭,一碟大头菜,一盘自家酿制的泡菜,一只巷口买回的烤鸭,简简单单,不像请客,倒像家人团聚。

其实,友情也好,爱情也好,久而久之都会转化为亲情。

说也奇怪,和新朋友会谈文学、谈哲学、谈人生道理等等,和老朋友却只话家常,柴米油盐,细细碎碎,种种琐事。很多时候,心灵的契合已经不需要太多的言语来表达。

朋友新烫了个头,不敢回家见母亲,恐怕惊骇了老人家,却欢天喜地来见我们,老朋友颇能以一种趣味性的眼光欣赏这个改变。

年少的时候,我们差不多都在为别人而活,为苦口婆心的父母活,为循循善诱的师长活,为许多观念、许多传统的约束力而活,年岁逐增,渐渐挣脱外在的限制与束缚,开始懂得为自己活,照自己的方式做一些自己喜欢的事,不在乎别人的批评意见,不在乎别人的诋毁流言,只在乎那一份随心所欲的舒坦自然。偶尔也能够纵容自己放浪一下,并且有一种恶作剧的窃喜。

就让生命顺其自然,水到渠成吧,犹如窗前的//乌柏，自生自落之间，自有一份圆融丰满的喜悦。春雨轻轻落着，没有诗，没有酒，有的只是一份相知相属的自在自得。

夜色在笑语中渐渐沉落，朋友起身告辞，没有挽留，没有送别，甚至也没有问归期。

已经过了大喜大悲的岁月，已经过了伤感流泪的年华，知道了聚散原来是这样的自然和顺理成章，懂得这点，便懂得珍惜每一次相聚的温馨，离别便也欢喜。

——节选自（台湾）杏林子《朋友和其他》

作品33号 《散步》

【作品分析】

作品讲述了"我"带着母亲、妻子和儿子去田野散步的经历，表达了对亲情的珍爱。作品中轻声词比较多，朗读的时候要多加注意，如：我们、妻子、儿子、东西、小家伙、前面、妈妈、后面、意思、委屈、主意。

我们在田野散步：我，我的母亲，我的妻子和儿子。

母亲本不愿出来的。她老了，身体不好，走远一点儿就觉得很累。我说，正因为如此，才应该多走走。母亲信服地点点头，便去拿外套。她现在很听我的话，就像我小时候很听她的话一样。

这南方初春的田野，大块小块的新绿随意地铺着，有的浓，有的淡，树上的嫩芽也密了，田里的冬水也咕咕地起着水泡。这一切都使人想着一样东西——生命。

我和母亲走在前面，我的妻子和儿子走在后面。小家伙突然叫起来："前面是妈妈和儿子，后面也是妈妈和儿子。"我们都笑了。

139

后来发生了分歧；母亲要走大路,大路平顺；我的儿子要走小路,小路有意思。不过,一切都取决于我。我的母亲老了,她早已习惯听从她强壮的儿子；我的儿子还小,他还习惯听从他高大的父亲；妻子呢,在外面,她总是听我的。一霎时我感到了责任的重大。我想找一个两全的办法,找不出；我想拆散一家人,分成两路,各得其所,终不愿意。我决定委屈儿子,因为我伴同他的时日还长。我说:"走大路。"

但是母亲摸摸孙儿的小脑瓜,变了主意:"还是走小路吧。"她的眼随小路望去:那里有金色的菜花,两行整齐的桑树,//尽头一口水波粼粼的鱼塘。"我走不过去的地方,你就背着我。"母亲对我说。

这样,我们在阳光下,向着那菜花、桑树和鱼塘走去。到了一处,我蹲下来,背起了母亲;妻子也蹲下来,背起了儿子。我和妻子都是慢慢地,稳稳地,走得很仔细,好像我背上的同她背上的加起来,就是整个世界。

——节选自莫怀戚《散步》

作品34号 《神秘的"无底洞"》

【作品分析】

作品讲述了人们对地球上"无底洞"的探寻历程。朗读语速平缓,需要注意有关术语的朗读发音,如:地壳、地幔、地核、裂缝、石灰岩、漏斗、竖井、落水洞。

地球上是否真的存在"无底洞"?按说地球是圆的,由地壳、地幔和地核三层组成,真正的"无底洞"是不应存在的,我们所看到的各种山洞、裂口、裂缝,甚至火山口也都只是地壳浅部的一种现象。然而中国一些古籍却多次提到海外有个深奥莫测的无底洞。事实上地球上确实有这样一个"无底洞"。

它位于希腊亚各斯古城的海滨。由于濒临大海，大涨潮时，汹涌的海水便会排山倒海般地涌入洞中，形成一股湍湍的急流。据测，每天流入洞内的海水量达三万多吨。奇怪的是，如此大量的海水灌入洞中，却从来没有把洞灌满。曾有人怀疑，这个"无底洞"，会不会就像石灰岩地区的漏斗、竖井、落水洞一类的地形。然而从二十世纪三十年代以来，人们就做了多种努力企图寻找它的出口，却都是枉费心机。

为了揭开这个秘密，一九五八年美国地理学会派出一支考察队，他们把一种经久不变的带色染料溶解在海水中，观察染料是如何随着海水一起沉下去。接着又察看了附近海面以及岛上的各条河、湖，满怀希望地去寻找这种带颜色的水，结果令人失望。难道是海水量太大把有色水稀释得太淡，以致无法发现？//

至今谁也不知道为什么这里的海水没完没了地"漏"下去，这个"无底洞"的出口又在哪里，每天大量的海水究竟都流到哪里去了？

——节选自罗伯特罗威尔《神秘的"无底洞"》

作品 35 号　《世间最美的坟墓》

【作品分析】

作品为我们介绍了朴实无华的托尔斯泰墓，赞美了这座纪念碑式的朴素坟墓蕴含的美丽与感人。朗读中语调应平缓沉重，体现出对托尔斯泰的敬仰与悼念。

我在俄国见到的景物再没有比托尔斯泰墓更宏伟、更感人的。

完全按照托尔斯泰的愿望，他的坟墓成了世间最美的，给人印象最深刻的坟墓。它只是树林中的一个小小的长方形土丘，上面开满鲜花——没有十字架，没有墓碑，没有墓志铭，连托尔斯泰这个名字也没有。

这位比谁都感到受自己的声名所累的伟人，却像偶尔被发现的流浪汉，不为人知的士兵，不留名姓地被人埋葬了。谁都可以踏进他最后的安息地，围在四周稀疏的木栅栏是不关闭的——保护列夫·托尔斯泰得以安息的没有任何别的东西，惟有人们的敬意；而通常，人们却总是怀着好奇，去破坏伟人墓地的宁静。

这里，逼人的朴素禁锢住任何一种观赏的闲情，并且不容许你大声说话。风儿俯临，在这座无名者之墓的树木之间飒飒响着，和暖的阳光在坟头嬉戏；冬天，白雪温柔地覆盖这片幽暗的圭土地。无论你在夏天或冬天经过这儿，你都想象不到，这个小小的、隆起的长方体里安放着一位当代最伟大的人物。

然而，恰恰是这座不留姓名的坟墓，比所有挖空心思用大理石和奢华装饰建造的坟墓更扣人心弦。在今天这个特殊的日子//里，到他的安息地来的成百上千人中间，没有一个有勇气，哪怕仅仅从这幽暗的土丘上摘下一朵花留作纪念。人们重新感到，世界上再没有比托尔斯泰最后留下的、这座纪念碑式的朴素坟墓，更打动人心的了。

——节选自［奥］茨威格《世间最美的坟墓》，张厚仁译

作品36号 《苏州园林》

【作品分析】

作品介绍了苏州园林的布局之美和自然之趣。语句亲切自然，朗读时应轻快平稳，体现出作者对苏州园林的喜爱以及娓娓道来的感觉。作品中轻声词比较多，朗读时要多加注意，如：部分、怎么、似的、亭子、为什么、竹子、在乎、匠师们、时候、觉得、石头。

我国的建筑，从古代的宫殿到近代的一般住房，绝大部分是对称的，左边怎么样，右边怎么样。苏州园林可绝不讲究对称，好像故意避免似的。东边有了一个亭子或者一道回廊，西边决不会来一个同样的亭子或者一道同样的回廊。这是为什么？我想，用图画来比方，对称的建筑是图案画，不是美术画，而园林是美术画，美术画要求自然之趣，是不讲究对称的。

苏州园林里都有假山和池沼。

假山的堆叠，可以说是一项艺术而不仅是技术。或者是重峦叠嶂，或者是几座小山配合着竹子花木，全在乎设计者和匠师们生平多阅历，胸中有丘壑，才能使游览者攀登的时候忘却苏州城市，只觉得身在山间。

至于池沼，大多引用活水。有些园林池沼宽敞，就把池沼作为全园的中心，其他景物配合着布置。水面假如成河道模样，往往安排桥梁。假如安排两座以上的桥梁，那就一座一个样，决不雷同。

143

池沼或河道的边沿很少砌齐整的石岸，总是高低屈曲任其自然。还在那儿布置几块玲珑的石头，或者种些花草。这也是为了取得从各个角度看都成一幅画的效果。池沼里养着金鱼或各色鲤鱼，夏秋季节荷花或睡莲开//放，游览者看"鱼戏莲叶间"，又是入画的一景。

——节选自叶圣陶《苏州园林》

作品37号 《态度创造快乐》

【作品分析】

作品讲述了一位访美中国女作家在纽约遇到一位乐观的卖花老太太的故事，说明了快乐来自积极、乐观、向上的心态。

一位访美中国女作家，在纽约遇到一位卖花的老太太。老太太穿着破旧，身体虚弱，但脸上的神情却是那样祥和兴奋。女作家挑了一朵花说："看起来，你很高兴。"老太太面带微笑地说："是的，一切都这么美好，我为什么不高兴呢？""对烦恼，你倒真能看得开。"女作家又说了一句。没料到，老太太的回答更令女作家大吃一惊："耶稣在星期五被钉上十字架时，是全世界最糟糕的一天，可三天后就是复活节。所以，当我遇到不幸时，就会等待三天，这样一切就恢复正常了。"

"等待三天"，多么富于哲理的话语，多么乐观的生活方式。它把烦恼和痛苦抛下，全力去收获快乐。

沈从文在"文革"期间，陷入了非人的境地。可他毫不在意，他在咸宁时给他的表侄、画家黄永玉写信说："这里的荷花真好，你若来……"身陷苦难却仍为荷花的盛开欣喜赞叹不已，这是一种趋于澄明的境界,一种旷达洒脱的胸襟,一种面临磨难坦荡从容的气度,一种对生活童子般的热爱和对美好事物无限向往的生命情感。

由此可见,影响一个人快乐的,有时并不是困境及磨难,而是一个人的心态。如果把自己浸泡在积极、乐观、向上的心态中,快乐必然会//占据你的每一天。

——节选自《态度创造快乐》

作品38号 《泰山极顶》

【作品分析】

作品讲述了作者攀登泰山极顶观看日出的所见所感。朗读中注意轻声词和儿化的发音,轻声词如:同伴们、想头、似的、云彩;儿化如:味儿、云彩丝儿、山根儿、这儿。

泰山极顶看日出,历来被描绘成十分壮观的奇景。有人说:登泰山而看不到日出,就像一出大戏没有戏眼,味儿终究有点寡淡。

我去爬山那天,正赶上个难得的好天,万里长空,云彩丝儿都不见。素常,烟雾腾腾的山头,显得眉目分明。同伴们都欣喜地说:"明天早晨准可以看见日出了。"我也是抱着这种想头,爬上山去。

一路从山脚往上爬,细看山景,我觉得挂在眼前的不是五岳独尊的泰山,却像一幅规模惊人的青绿山水画,从下面倒展开来。在画卷中最先露出的是山根底那座明朝建筑岱宗坊,慢慢地便现出王母池、斗母宫、经石峪。山是一层比一层深,一叠比一叠奇,层层叠叠,不知还会有多深多奇，万山丛中，时而点染着极其工细的人物。王母池旁的吕祖殿里有不少尊明塑，塑着吕洞宾等一些人，姿态神情是那样有生气，你看了，不禁会脱口赞叹说："活啦。"

画卷继续展开，绿阴森森的柏洞露面不太久，便来到对松山。两面奇峰对峙着，满山峰都是奇形怪状的老松，年纪怕都有上千岁了，颜色竟那么浓，浓得好像要流下来似的。来到这儿，你不妨权当一次画里的写意人物，坐在路旁的对松亭里，看看山色，//听听流水和松涛。

一时间，我又觉得自己不仅是在看画卷，却又像是在零零乱乱翻着一卷历史稿本。

——节选自杨朔《泰山极顶》

作品39号　《陶行知的"四块糖果"》

【作品分析】

作品讲述了育才小学校长陶行知如何用四块糖果成功地教育学生王友的故事。朗读时对话部分应注意用不同的语速体现陶行知的循循善诱和王友逐步认识错误的过程。朗读时需注意后鼻音字词的发音，如韵母为 ing 的有：陶行知、并、惊疑、应该、眼睛、批评、行为。韵母为 eng 的有：学生、睁得、男生、女生、正直。

育才小学校长陶行知在校园看到学生王友用泥块砸自己班上的同学，陶行知当即喝止了他，并令他放学时到校长室去。无疑，陶行知是要好好教育这个"顽皮"的学生。那么他是如何教育的呢？

放学后，陶行知来到校长室，王友已经等在门口准备挨训了。可一见面，陶行知却掏出一块糖果送给王友，并说："这是奖给你的，因为你按时来到这里，而我却迟到了。"王王友惊疑地接过糖果。

随后，陶行知又掏出一块糖果放到他手里，说："这第二块糖果也是奖给你的，因为当我不让你再打人时，你立即就住手了，这说明你很尊重我，我应该奖你。"王友更惊疑了，他眼睛睁得大大的。

陶行知又掏出第三块糖果塞到王友手里，说："我调查过了，你用泥块砸那些男生，是因为他们不守游戏规则，欺负女生；你砸他们，说明你很正直善良，且有批评不良行为的勇气，应该奖励你啊！"王友感动极了，他流着眼泪后悔地喊道："陶……陶校长，你打我两下吧！我砸的不是坏人，而是自己的同学啊……"

陶行知满意地笑了，他随即掏出第四块糖果递给王友，说："为你正确地认识错误，我再奖给你一块糖果，只可惜我只有这一块糖果了。我的糖果//没有了，我看我们的谈话也该结束了吧！"说完，就走出了校长室。

——节选自《教师博览·百期精华》
中《陶行知的"四块糖果"》

作品40号 《提醒幸福》

【作品分析】

作品探讨了什么是幸福，教导我们应该如何等待幸福、品味幸福。

享受幸福是需要学习的，当它即将来临的时刻需要提醒。人可以自然而然地学会感官的享乐，却无法天生地掌握幸福的韵律。灵魂的快意同器官的舒适像一对孪生兄弟，时

147

而相傍相依，时而南辕北辙。

幸福是一种心灵的震颤。它像会倾听音乐的耳朵一样，需要不断地训练。

简而言之，幸福就是没有痛苦的时刻。它出现的频率并不像我们想象的那样少。人们常常只是在幸福的金马车已经驶过去很远时，才拣起地上的金鬃毛说，原来我见过它。

人们喜爱回味幸福的标本，却忽略它披着露水散发清香的时刻。那时候我们往往步履匆匆，瞻前顾后不知在忙着什么。

世上有预报台风的，有预报蝗灾的，有预报瘟疫的，有预报地震的。没有人预报幸福。

其实幸福和世界万物一样，有它的征兆。

幸福常常是朦胧的，很有节制地向我们喷洒甘霖。你不要总希望轰轰烈烈的幸福，它多半只是悄悄地扑面而来。你也不要企图把水龙头拧得更大，那样它会很快地流失。你需要静静地以平和之心，体验它的真谛。

幸福绝大多数是朴素的。它不会像信号弹似的，在很高的天际闪烁红色的光芒。它披着本色的外衣，亲//切温暖地包裹起我们。

幸福不喜欢喧嚣浮华，它常常在暗淡中降临。贫困中相濡以沫的一块糕饼，患难中心心相印的一个眼神，父亲一次粗糙的抚摸,女友一张温馨的字条……这都是千金难买的幸福啊。像一粒粒缀在旧绸子上的红宝石,在凄凉中愈发熠熠夺目。

——节选自毕淑敏《提醒幸福》

作品41号 《天才的造就》

【作品分析】

作品讲述了足球天才贝利是如何被发现和造就的。朗读中需要注意的儿化有:椰子壳、卖劲、小男孩儿、脸蛋儿。

在里约热内卢的一个贫民窟里,有一个男孩子,他非常喜欢足球,可是又买不起,于是就踢塑料盒,踢汽水瓶,踢从垃圾箱里拣来的椰子壳。他在胡同里踢,在能找到的任何一片空地上踢。

有一天,当他在一处干涸的水塘里猛踢一个猪膀胱时,被一位足球教练看见了。他发现这个男孩儿踢得很像是那么回事,就主动提出要送给他一个足球。小男孩儿得到足球后踢得更卖劲了。不久,他就能准确地把球踢进远处随意摆放的一个水桶里。

圣诞节到了,孩子的妈妈说:"我们没有钱买圣诞礼物送给我们的恩人,就让我们为他祈祷吧。"

小男孩儿跟随妈妈祈祷完毕,向妈妈要了一把铲子便跑了出去。他来到一座别墅前的花园里,开始挖坑。

就在他快要挖好坑的时候,从别墅里走出一个人来,问小孩儿在干什么,孩子抬起满是汗珠的脸蛋儿,说:"教练,圣诞节到了,我没有礼物送给您,我愿给您的圣诞树挖一个树坑。"

教练把小男孩儿从树坑里拉上来,说,我今天得到了世界

149

上最好的礼物。明天你就到我的训练场去吧。

三年后,这位十七岁的男孩儿在第六届足球锦标赛上独进二十一球,为巴西第一次捧回了金杯。一个原来不//为世人所知的名字——贝利,随之传遍世界。

——节选自刘燕敏《天才的造就》

作品42号 《我的母亲独一无二》

【作品分析】

作者深情地回忆了自己的单身母亲如何用坚强的意志抚养自己成长的经历,表达了对母亲的眷眷深情。朗读应语速平缓,体现出怀念之情。需要注意的轻声词有:丈夫、亲戚、东西、明白、朋友、招呼。韵母为 ing 的字词有:清苦、吃惊、明白、经理、糖尿病、赢得、憧憬。

记得我十三岁时,和母亲住在法国东南部的耐斯城。母亲没有丈夫,也没有亲戚,够清苦的,但她经常能拿出令人吃惊的东西,摆在我面前。她从来不吃肉,一再说自己是素食者。然而有一天,我发现母亲正仔细地用一小块碎面包擦那给我煎牛排用的油锅。我明白了她称自己为素食者的真正原因。

我十六岁时,母亲成了耐斯市美蒙旅馆的女经理。这时,她更忙碌了。一天,她瘫在椅子上,脸色苍白,嘴唇发灰。马上找来医生,做出诊断:她摄取了过多的胰岛素。直到这时我才知道母亲多年一直对我隐瞒的疾痛——糖尿病。

她的头歪向枕头一边,痛苦地用手抓挠胸口。床架上方,则挂着一枚我一九三二年赢得耐斯市少年乒乓球冠军的银质奖章。

啊，是对我的美好前途的憧憬支撑着她活下去，为了给她那荒唐的梦至少加一点真实的色彩，我只能继续努力，与时间竞争，直至一九三八年我被征入空军。巴黎很快失陷，我辗转调到英国皇家空军。刚到英国就接到了母亲的来信。这些信是由在瑞士的一个朋友秘密地转到伦敦，送到我手中的。

现在我要回家了，胸前佩带着醒目的绿黑两色的解放十字绶//带，上面挂着五六枚我终身难忘的勋章，肩上还佩带着军官肩章。到达旅馆时，没有一个人跟我打招呼。原来，我母亲在三年半以前就已经离开人间了。

在她死前的几天中，她写了近二百五十封信，把这些信交给她在瑞士的朋友，请这个朋友定时寄给我。就这样，在母亲死后的三年半的时间里，我一直从她身上吸取着力量和勇气——这使我能够继续战斗到胜利那一天。

——节选自［法］罗曼加里《我的母亲独一无二》

作品43号 《我的信念》

【作品分析】

作品中居里夫人用简朴的话语告诉我们，她是如何坚定地投身科学，从而发现科学的美丽的。朗读语调应以陈述为主，从而能更好地体现出居里夫人对科学的真诚热爱和对名利的淡然。

生活对于任何人都非易事，我们必须有坚韧不拔的精神。最要紧的，还是我们自己要有信心。我们必须相信，我们对每一件事情都具有天赋的才能，并且，无论付出任何代价，都要把这件事完成。当事情结束的时候，你要能问心无愧地说："我已经尽我所能了。"

有一年的春天,我因病被迫在家里休息数周。我注视着我的女儿们所养的蚕正在结茧,这使我很感兴趣。望着这些蚕执著地、勤奋地工作,我感到我和它们非常相似。像它们一样,我总是耐心地把自己的努力集中在一个目标上。我之所以如此,或许是因为有某种力量在鞭策着我——正如蚕被鞭策着去结茧一般。

近五十年来,我致力于科学研究,而研究,就是对真理的探讨。我有许多美好快乐的记忆。少女时期我在巴黎大学,孤独地过着求学的岁月;在后来献身科学的整个时期,我丈夫和我专心致志,像在梦幻中一般,坐在简陋的书房里艰辛地研究,后来我们就在那里发现了镭。

我永远追求安静的工作和简单的家庭生活。为了实现这个理想,我竭力保持宁静的环境,以免受人事的干扰和盛名的拖累。

我深信,在科学方面我们有对事业而不是//对财富的兴趣。我的惟一奢望是在一个自由国家中,以一个自由学者的身份从事研究工作。

我一直沉醉于世界的优美之中,我所热爱的科学也不断增加它崭新的远景。我认定科学本身就具有伟大的美。

——节选自[波兰]玛丽·居里《我的信念》,剑捷译

作品44号 《我为什么当教师》

【作品分析】

作者用真诚的语言告诉我们他热爱教师这个职业的种种原因,向我们展示了教师这个职业的魅力所在。

我为什么非要教书不可?是因为我喜欢当教师的时间安排表和生活节奏。七、八、九三个月给我提供了进行回顾、研究、写作的良机,并将三者有机融合,而善于回顾、研究和总结正是优秀教师素质中不可缺少的成分。

干这行给了我多种多样的"甘泉"去品尝,找优秀的书籍去研读,到"象牙塔"和实际世界里去发现。教学工作给我提供了继续学习的时间保证,以及多种途径、机遇和挑战。

然而,我爱这一行的真正原因,是爱我的学生。学生们在我的眼前成长、变化。当教师意味着亲历"创造"过程的发生——恰似亲手赋予一团泥土以生命,没有什么比目睹它开始呼吸更激动人心的了。

权利我也有了:我有权利去启发诱导,去激发智慧的火花,去问费心思考的问题,去赞扬回答的尝试,去推荐书籍,去指点迷津。还有什么别的权利能与之相比呢?

而且,教书还给我金钱和权利之外的东西,那就是爱心。不仅有对学生的爱,对书籍的爱,对知识的爱,还有教师才能感受到的对"特别"学生的爱。这些学生,有如冥顽不灵的泥块,由于接受了老师的炽爱才勃发了生机。

所以,我爱教书,还因为,在那些勃发生机的"特//别"学生身上，我有时发现自己和他们呼吸相通，忧乐与共。

——节选自[美]彼得基贝得勒
《我为什么当教师》

作品 45 号 《西部文化和西部开发》

【作品分析】

作品介绍了我国西部地区的地理位置和文明源流，说明了西部地区是我国华夏文明的重要发源地，阐释了开发西部的重要意义。作品第一自然段数据较多，朗读时要多加注意。

中国西部我们通常是指黄河与秦岭相连一线以西，包括西北和西南的十二个省、市、自治区。这块广袤的土地面积为五百四十六万平方公里，占国土总面积的百分之五十七；人口二点八亿，占全国总人口的百分之二十三。

西部是华夏文明的源头。华夏祖先的脚步是顺着水边走的：长江上游出土过元谋人牙齿化石，距今约一百七十万年；黄河中游出土过蓝田人头盖骨，距今约七十万年。这两处古人类都比距今约五十万年的北京猿人资格更老。

西部地区是华夏文明的重要发源地，秦皇汉武以后，东西方文化在这里交汇融合，从而有了丝绸之路的驼铃声声，佛院深寺的暮鼓晨钟。敦煌莫高窟是世界文化史上的一个奇迹，它在继承汉晋艺术传统的基础上，形成了自己兼收并蓄的恢宏气度，展现出精美绝伦的艺术形式和博大精深的文化内涵。秦始皇兵马俑、西夏王陵、楼兰古国、布达拉宫、三星堆、大足石刻等历史文化遗产，同样为世界所瞩目，成为中华文化重要的象征。

西部地区又是少数民族及其文化的集萃地,几乎包括了我国所有的少数民族。在一些偏远的少数民族地区,仍保留//了一些久远时代的艺术品种,成为珍贵的"活化石",如纳西古乐、戏曲、剪纸、刺绣、岩画等民间艺术和宗教艺术。特色鲜明、丰富多彩,犹如一个巨大的民族民间文化艺术宝库。

我们要充分重视和利用这些得天独厚的资源优势,建立良好的民族民间文化生态环境,为西部大开发做出贡献。

——节选自《中考语文课外阅读试题精选》
中《西部文化和西部开发》

作品46号 《喜悦》

【作品分析】

作品阐释了什么是高兴、快乐、欢欣和喜悦。朗读中注意韵母为后鼻音的字,如韵母为 ing 的有:高兴、情绪、应该、令人、生命、形而上、青春、轻松、境界、饱经沧桑、光明、理性、坚定。韵母为 eng 的有:胜利、生存、丰富、朦胧。

高兴,这是一种具体的被看得到摸得着的事物所唤起的情绪。它是心理的,更是生理的。它容易来也容易去,谁也不应该对它视而不见失之交臂,谁也不应该总是做那些使自己不高兴也使旁人不高兴的事。让我们说一件最容易做也最令人高兴的事吧。尊重你自己,也尊重别人,这是每一个人的权利,我还要说这是每一个人的义务。

快乐,它是一种富有概括性的生存状态、工作状态。它几乎是先验的,它来自生命本身的活力,来自宇宙、地球和人间的吸引,它是世界的丰富、绚丽、阔大、悠久的体现。快乐还是一种力量,是埋在地下的根脉。消灭一个人的快乐比挖掉一棵大树的根要难得多。

欢欣,这是一种青春的、诗意的情感。它来自面向着未来伸开双臂奔跑的冲力,它来自一种轻松而又神秘、朦胧而又隐秘的激动,它是激情即将到来的预兆,它又是大雨过后的比下雨还要美妙得多也久远得多的回味……

喜悦,它是一种带有形而上色彩的修养和境界。与其说它是一种情绪,不如说它是一种智慧、一种超拔、一种悲天悯人的宽容和理解,一种饱经沧桑的充实和自信,一种光明的理性,一种坚定//的成熟,一种战胜了烦恼和庸俗的清明澄澈。它是一潭清水,它是一抹朝霞,它是无边的平原,它是沉默的地平线。多一点儿、再多一点儿喜悦吧,它是翅膀,也是归巢。它是一杯美酒,也是一朵永远开不败的莲花。

——节选自王蒙《喜悦》

作品47号 《香港:最贵的一棵树》

【作品分析】

作品讲述了关于香港一棵最贵的榕树的动人故事。

在湾仔,香港最热闹的地方,有一棵榕树,它是最贵的一棵树,不光在香港,在全世界,都是最贵的。

树,活的树,又不卖何言其贵?只因它老,它粗,是香港百年沧桑的活见证,香港人不忍看着它被砍伐,或者被移走,便跟要占用这片山坡的建筑者谈条件:可以在这儿建大楼盖商厦,但一不准砍树,二不准挪树,必须把它原地精心养起来,成

156

为香港闹市中的一景。太古大厦的建设者最后签了合同,占用这个大山坡建豪华商厦的先决条件是同意保护这棵老树。

树长在半山坡上,计划将树下面的成千上万吨山石全部掏空取走,腾出地方来盖楼,把树架在大楼上面,仿佛它原本是长在楼顶上似的。

建设者就地造了一个直径十八米、深十米的大花盆,先固定好这棵老树,再在大花盆底下盖楼。光这一项就花了两千三百八十九万港币,堪称是最昂贵的保护措施了。

太古大厦落成之后,人们可以乘滚动扶梯一次到位,来到太古大厦的顶层,出后门,那儿是一片自然景色。一棵大树出现在人们面前,树干有一米半粗,树冠直径足有二十多米,独木成林,非常壮观,形成一座以它为中心的小公园,取名叫"榕圃"。树前面//插着铜牌,说明原由。此情此景,如不看铜牌的说明,绝对想不到巨树根底下还有一座宏伟的现代大楼。

——节选自舒乙《香港:最贵的一棵树》

作品48号 《鸟的天堂》

【作品分析】

作品描述了一棵独木成林的榕树,以及鸟儿在这个幸福天堂的快乐生活。

我们的船渐渐地逼近榕树了:我有机会看清它的真面目:是一棵大树,有数不清的丫枝,枝上又生根,有许多根一直垂到地上,伸进泥土里。一部分树枝垂到水面,从远处看,就像一棵大树斜躺在水面上一样。

现在正是枝繁叶茂的时节。这棵榕树好像在把它的全部生命力展示给我们看。那么多的绿叶,一簇堆在另一簇的上面,不留一点儿缝隙。翠绿的颜色明亮地在我们的眼前闪耀,似乎每一片树叶上都有一个新的生命在颤动,这美丽的南国的树!

船在树下泊了片刻,岸上很湿,我们没有上去。朋友说这里是"鸟的天堂",有许多鸟在这棵树上做窝;农民不许人去捉它们。我仿佛听见几只鸟扑翅的声音,但是等到我的眼睛注意地看那里时,我却看不见一只鸟的影子,只有无数的树根立在地上,像许多根木桩。地是湿的,大概涨潮时河水常常冲上岸去。"鸟的天堂"里没有一只鸟,我这样想到。船开了,一个朋友拨着船,缓缓地流到河中间去。

第二天,我们划着船到一个朋友的家乡去,就是那个有山有塔的地方。从学校出发,我们又经过那"鸟的天堂"。这一次是在早晨,阳光照在水面上,也照在树梢上。一切都//显得非常光明。我们的船也在树下泊了片刻。

起初四周围非常清静。后来忽然起了一声鸟叫。我们把手一拍,便看见一只大鸟飞了起来,接着又看见第二只,第三只。我们继续拍掌,很快地这个树林就变得很热闹了。到处都是鸟声,到处都是鸟影。大的,小的,花的,黑的,有的站在枝上叫,有的飞起来,在扑翅膀。

——节选自巴金《鸟的天堂》

作品49号 《野草》

【作品分析】

作品通过植物的种子能将人的头盖骨完整分开的故事,向人们展示了小草坚韧的生命力。

有这样一个<u>故事</u>。

有人问:世界上<u>什么</u>东西的气力最大?回答纷纭得很,有的说"象",有的说"狮",有人开玩笑<u>似的</u>说:是"金刚",金刚有多少气力,当然大家全不<u>知道</u>。

<u>结果</u>,这一切答案完全不对,世界上气力最大的,是植物的<u>种子</u>。一粒种子所可以显现出来的力,简直是超越一切。

人的头盖骨,<u>结合</u>得非常致密与坚固,生理学家和解剖学者用尽了一切的方法,要把它完整地分出来,都没有这种力气。后来忽然有人发明了一个方法,就是把一些植物的种子放在要<u>剖析</u>的头盖骨里,给它以温度与湿度,使它发芽。一发芽,这些种子便以可怕的<u>力量</u>,将一切<u>机械</u>力所不能分开的骨骼,完整地分开了。植物种子的力量之大,如此如此。

这,也许特殊了一点儿,常人不容易理解。那么,你看见过笋的成长吗?你看见过被压在<u>瓦砾</u>和石块下面的一棵小草的生长吗?它为着向往阳光,为着达成它的生之意志,不管上面的石块如何重,石与石之间如何狭,它必定要<u>曲曲折折</u>地,但是顽强不屈地透到地面上来。它的根往土壤钻，它的芽往地面挺，这是一种不可抗拒的力，阻止它的石块，结果也被它掀翻，一粒种子的力量之大，//如此如此。

没有一个人将小草叫做"大力士"，但是它的力量之大，的确是世界无比。这种力是一般人看不见的生命力。只要生命存在，这种力就要显现。上面的石块，丝毫不足以阻挡。因为它是一种"长期抗战"的力；有弹性，能屈能伸的力；有韧性，不达目的不止的力。

——节选自夏衍《野草》

作品50号 《匆匆》

【作品分析】

本文是一篇描述时间匆匆的经典散文，朗读时注意体会作者对时间匆匆而逝的无奈、焦急和惋惜之情。语速稍慢，特别把握语句之间的停顿和连续，感受到朗读时的节奏。

燕子去了，有再来的时候；杨柳枯了，有再青的时候；桃花谢了，有再开的时候。但是，聪明的，你告诉我，我们的日子为什么一去不复返呢？——是有人偷了他们罢：那是谁？又藏在何处呢？是他们自己逃走了罢：现在又到了哪里呢？

去的尽管去了，来的尽管来着；去来的中间，又怎样地匆匆呢？早上我起来的时候，小屋里射进两三方斜斜的太阳。太阳他有脚啊，轻轻悄悄地挪移了；我也茫茫然跟着旋转。于是——洗手的时候，日子从水盆里过去；吃饭的时候，日子从饭碗里过去；默默时，便从凝然的双眼前过去。我觉察他去的匆匆了，伸出手遮挽时，他又从遮挽着的手边过去；天黑时，我躺在床上，他便伶伶俐俐地从我身上跨过，从我脚边飞去了。等我睁开眼和太阳再见，这算又溜走了一日。我掩着面叹息。但是新来的日子的影儿又开始在叹息里闪过了。

在逃去如飞的日子里，在千门万户的世界里的我能做些什么呢？只有徘徊罢了，只有匆匆罢了；在八千多日的匆匆里，除徘徊外，又剩些什么呢？过去的日子如轻烟，被微风吹散了，如薄雾，被初阳蒸融了；我留着些什么痕迹呢？我何曾留着像游丝样的痕迹呢？我赤裸裸来//到这世界，转眼间，也将赤裸裸的回去罢？但不能平的，为什么偏白白走这一遭呀？

你聪明的，告诉我，我们的日子为什么一去不复返呢？

——节选自朱自清《匆匆》

作品51号 《一个美丽的故事》

【作品分析】

作品给我们讲述了一个智力受损小男孩的动人故事，赞美了"智力可以受损，但爱永远不会"的人间真情。朗读时注意轻声词：塌鼻子、比方、妈妈。

有个塌鼻子的小男孩儿，因为两岁时得过脑炎，智力受损，学习起来很吃力。打个比方，别人写作文能写二三百字，他却只能写三五行。但即便这样的作文，他同样能写得很动人。

那是一次作文课，题目是《愿望》。他极其认真地想了半天，然后极认真地写，那作文极短。只有三句话：我有两个愿

161

望,第一个是,妈妈天天笑眯眯地看着我说:"你真聪明。"第二个是,老师天天笑眯眯地看着我说:"你一点儿也不笨。"

于是,就是这篇作文,深深地打动了他的老师,那位妈妈式的老师不仅给了他最高分,在班上带感情地朗读了这篇作文,还一笔一画地批道:你很聪明,你的作文写得非常感人,请放心,妈妈肯定会格外喜欢你的,老师肯定会格外喜欢你的,大家肯定会格外喜欢你的。

捧着作文本,他笑了,<u>蹦蹦跳跳</u>地回家了,像只喜鹊。但他并没有把作文本拿给妈妈看,他是在<u>等待</u>,等待着一个美好的时刻。

那个时刻终于到了,是妈妈的生日——一个阳光灿烂的星期天:那天,他起得特别早,把作文本装在一个亲手做的美丽的大信封里,等着妈妈醒来。妈妈刚刚睁眼醒来,他就笑眯眯地走到妈妈跟前说:"妈妈,今天是您的生日,我要//送给您一件礼物。"

果然,看着这篇作文,妈妈甜甜地涌出了两行热泪,一把搂住小男孩儿,搂得很紧很紧。

是的,智力可以受损,但爱永远不会。

——节选自张玉庭《一个美丽的故事》

作品 52 号 《永远的记忆》

【作品分析】

一个人的记忆中总有一幕会留在记忆的深处,作者讲述了关于一个笑眯眯的女同学的美好回忆。朗读时语速比较平缓,但语气要在平淡中蕴含深情,体现出对这段记忆的珍爱与留恋。需要注意的轻声词有:时候、我们、妈妈、头发、名字、弟弟、素净、认识、这么、清楚。

　　小学的时候，有一次我们去海边远足，妈妈没有做便饭，给了我十块钱买午餐。好像走了很久、很久，终于到海边了，大家坐下来便吃饭，荒凉的海边没有商店，我一个人跑到防风林外面去，级任老师要大家把吃剩的饭菜分给我一点儿。有两三个男生留下一点儿给我，还有一个女生，她的米饭拌了酱油，很香。我吃完的时候，她笑眯眯地看着我，短头发，脸圆圆的。

　　她的<u>名字</u>叫<u>翁香玉</u>。

　　每天放学的时候，她走的是经过我们家的一条小路，带着一位比她小的男孩儿，可能是弟弟。小路边是一条清澈见底的小溪，两旁竹阴覆盖，我总是远远地跟在她后面，夏日的午后特别炎热，走到半路她会停下来，拿手帕在溪水里浸湿，为小男孩儿擦脸。我也在后面停下来，把肮脏的手帕弄湿了擦脸，再一路远远跟着她回家。

　　后来我们家搬到镇上去了，过几年我也上了中学。有一天放学回家，在火车上，看见斜对面一位短头发、圆圆脸的女孩儿，一身素净的白衣黑裙。我想她一定不认识我了。火车很快到站了，我随着人群挤向门口，她也走近了，叫我的名字，这是她第一次和我说话。她笑眯眯的，和我一起走过月台。以后就没有再见过//她了。

　　这篇文章收在我出版的《少年心事》这本书里。书出版

163

后半年，有一天我忽然收到出版社转来的一封信，信封上是陌生的字迹，但清楚地写着我的本名。

信里面说她看到了这篇文章，心里非常激动，没想到在离开家乡，漂泊异地这么久之后，会看见自己仍然在一个人的记忆里，她自己也深深记得这其中的每一幕，只是没想到越过遥远的时空，竟然另一个人也深深记得。

——节选自苦伶《永远的记忆》

作品53号 《语言的魅力》

【作品分析】

作品通过讲述让·彼浩勒为盲老人的乞讨木牌添上"春天来了，可是"，从而强烈地激发了路人同情之心的故事，展示了语言的无穷魅力。

在繁华的巴黎大街的路旁，站着一个衣衫褴褛、头发斑白、双目失明的老人。他不像其他乞丐那样伸手向过路行人乞讨，而是在身旁立一块木牌，上面写着："我什么也看不见！"街上过往的行人很多，看了木牌上的字都无动于衷，有的还淡淡一笑，便姗姗而去了。

这天中午，法国著名诗人让·彼浩勒也经过这里。他看看木牌上的字，问盲老人："老人家，今天上午有人给你钱吗？"

盲老人叹息着回答："我，我什么也没有得到。"说着，脸上的神情非常悲伤。

让·彼浩勒听了，拿起笔悄悄地在那行字的前面添上了"春天到了，可是"几个字，就匆匆地离开了。

晚上，让·彼浩勒又经过这里，问那个盲老人下午的情况。盲老人笑着回答说："先生，不知为什么，下午给我钱的人多极了！"让·彼浩勒听了，摸着胡子满意地笑了。

"春天到了，可是我什么也看不见！"这富有诗意的语言，产生这么大的作用，就在于它有非常浓厚的感情色彩。是的，春天是美好的，那蓝天白云，那绿树红花，那莺歌燕舞，那流水人家，怎么不叫人陶醉呢？但这良辰美景，对于一个双目失明的人来说，只是一片漆黑。当人们想到这个盲老人，一生中竟连万紫千红的春天//都不曾看到，怎能不对他产生同情之心呢？

——节选自小学《语文》第六册中
《语言的魅力》

作品54号 《赠你四味长寿药》

【作品分析】

作品讲述了苏东坡给朋友张鹗写养生字幅的故事，阐释了情志、睡眠、运动和饮食四个方面对养生长寿的重要性。

有一次，苏东坡的朋友张鹗拿着一张宣纸来求他写一幅字，而且希望他写一点儿关于养生方面的内容。苏东坡思索了一会儿，点点头说："我得到了一个养生长寿古方，药只有四味，今天就赠给你吧。"于是，东坡的狼毫在纸上挥洒起来，上面写着："一曰无事以当贵，二曰早寝以当富，三曰安步以当车，四曰晚食以当肉。"

这哪里有药？张鹗一脸茫然地问。苏东坡笑着解释说，养生长寿的要诀，全在这四句里面。

所谓"无事以当贵"，是指人不要把功名利禄、荣辱过失考虑得太多，如能在情志上潇洒大度，随遇而安，无事以求，这比富贵

165

更能使人终其天年。

"早寝以当富",指吃好穿好、财货充足,并非就能使你长寿。对老年人来说,养成良好的起居习惯,尤其是早睡早起,比获得任何财富更加宝贵。

"安步以当车",指人不要过于讲求安逸、肢体不劳,而应多以步行来替代骑马乘车,多运动才可以强健体魄,通畅气血。

"晚食以当肉",意思是人应该用已饥方食、未饱先止代替对美味佳肴的贪吃无厌。他进一步解释,饿了以后才进食,虽然是粗茶淡饭,但其香甜可口会胜过山珍;如果饱了还要勉强吃,即使美味佳肴摆在眼前也难以//下咽。

苏东坡的四味"长寿药",实际上是强调了情志、睡眠、运动、饮食四个方面对养生长寿的重要性,这种养生观点即使在今天仍然值得借鉴。

——节选自蒲昭和《赠你四味长寿药》

作品55号 《站在历史的枝头微笑》

【作品分析】

作品节选自本杰明·拉什的《站在历史的枝头微笑》,告诉人们:人的一生一定会饱尝酸甜苦辣,但如果你跳出个人的范畴,站在历史发展的角度重新审视,就能获取另一种达观爽朗的心境。

人活着,最要紧的是寻觅到那片代表着生命绿色和人类希望的丛林,然后选一高高的枝头站在那里观览人生,消化痛苦,孕育歌声,愉悦世界!

这可真是一种潇洒的人生态度,这可真是一种心境爽朗的情感风貌。

站在历史的枝头微笑,可以减免许多烦恼。在那里,你可以从众生相所包含的甜酸苦辣、百味人生中寻找你自己;你境遇中的那点儿苦痛,也许相比之下,再也难以占据一席之地,你会较容易地获得从不悦中解脱灵魂的力量,使之不致变得灰色。

人站得高些,不但能有幸早些领略到希望的曙光,还能有幸发现生命的立体的诗篇。每一个人的人生,都是这诗篇中的一个词、一个句子或者一个标点。你可能没有成为一个美丽的词,一个引人注目的句子,一个惊叹号,但你依然是这生命的立体诗篇中的一个音节、一个停顿、一个必不可少的组成部分。这足以使你放弃前嫌,萌生为人类孕育新的歌声的兴致,为世界带来更多的诗意。

最可怕的人生见解,是把多维的生存图景看成平面。因为那平面上刻下的大多是凝固了的历史——过去的遗迹;但活着的人们,活得却是充满着新生智慧的,由//不断逝去的"现在"组成的未来。人生不能像某些鱼类躺着游,人生也不能像某些兽类爬着走,而应该站着向前行,这才是人类应有的生存姿态。

——节选自[美]本杰明·拉什《站在历史的枝头微笑》

作品56号　《中国的宝岛——台湾》

【作品分析】

作品介绍了有关宝岛台湾的地理位置、美丽景点、丰盛物产和蝴蝶品种等情况。

中国的第一大岛、台湾省的主岛台湾,位于中国大陆架

167

的东南方,地处东海和南海之间,隔着台湾海峡和大陆相望。天气晴朗的时候,站在福建沿海较高的地方,就可以隐隐约约地望见岛上的高山和云朵。

台湾岛形状狭长,从东到西,最宽处只有一百四十多公里;由南至北最长的地方约有三百九十多公里。地形像一个纺织用的梭子。

台湾岛上的山脉纵贯南北,中间的中央山脉犹如全岛的脊梁。西部为海拔近四千米的玉山山脉,是中国东部的最高峰。全岛约有三分之一的地方是平地,其余为山地。岛内有缎带般的瀑布,蓝宝石似的湖泊,四季常青的森林和果园,自然景色十分优美。西南部的阿里山和日月潭,台北市郊的大屯山风景区,都是闻名世界的游览胜地。台湾岛地处热带和温带之间,四面环海,雨水充足,气温受到海洋的调剂,冬暖夏凉,四季如春,这给水稻和果木生长提供了优越的条件。水稻、甘蔗、樟脑是台湾的"三宝"。岛上还盛产鲜果和鱼虾。

台湾岛还是一个闻名世界的"蝴蝶王国"。岛上的蝴蝶共有四百多个品种,其中有不少是世界稀有的珍贵品种。岛上还有不少鸟语花香的蝴//蝶谷,岛上居民利用蝴蝶制作的标本和艺术品,远销许多国家。

——节选自《中国的宝岛——台湾》

作品57号 《中国的牛》

【作品分析】

作者用深情的笔触回忆了和牛在田垄上的一次"相遇",讴歌了中国牛的"沉沉实实、默默工作、平心静气"的可贵品质,表达了对中国牛的尊敬。朗读中需要注意的有三点:一是高频字"牛(niú)"的读音,二是韵母为ing的字,如:尊敬、感情、领头、迎面、停下来、应得、苍蝇、平心静气,三是轻声词,如:朋友、它们、畜生、地方、看看、觉得、人们、时候、收成、尾巴、耳朵、苍蝇。

对于中国的牛,我有着一种特别尊敬的感情。

留给我印象最深的,要算在田垄上的一次"相遇"。

一群朋友郊游,我领头在狭窄的阡陌上走,怎料迎面来了几头耕牛,狭道容不下人和牛,终有一方要让路。它们还没有走近,我们已经预计斗不过畜生,恐怕难免踩到田地泥水里,弄得鞋袜又泥又湿了。正踟蹰的时候,带头的一头牛,在离我们不远的地方停下来,抬起头看看,稍迟疑一下,就自动走下田去。一队耕牛,全跟着它离开阡陌,从我们身边经过。

我们都呆了,回过头来,看着深褐色的牛队,在路的尽头消失,忽然觉得自己受了很大的恩惠。

中国的牛,永远沉默地为人做着沉重的工作。在大地上,在晨光或烈日下,它拖着沉重的犁,低头一步又一步,拖出了身后一列又一列松土,好让人们下种。等到满地金黄或农闲时候,它可能还得担当搬运负重的工作;或终日绕着石磨,朝同一方向,走不计程的路。

在它沉默的劳动中,人便得到应得的收成。

那时候，也许，它可以松一肩重担，站在树下，吃几口嫩草。偶尔摇摇尾巴，摆摆耳朵，赶走飞附身上的苍蝇，已经算是它最闲适的生活了。

中国的牛，没有成群奔跑的习//惯，永远沉沉实实的，默默地工作，平心静气。这就是中国的牛！

——节选自小思《中国的牛》

作品58号 《住的梦》

【作品分析】

作品节选自老舍先生的《住的梦》，用戏谑的口吻为我们描述了一年四季的理想居所。老舍先生的语言京味儿比较浓，朗读时要注意儿化韵的发音，如：好玩儿、那点儿、枣儿、一点儿。轻声词的朗读，如：地方、什么、样子、柿子、主意、便宜。

不管我的梦想能否成为事实，说出来总是好玩儿的：

春天，我将要住在杭州。二十年前，旧历的二月初，在西湖我看见了嫩柳与菜花，碧浪与翠竹。由我看到的那点儿春光，已经可以断定，杭州的春天必定会教人整天生活在诗与图画之中。所以，春天我的家应当是在杭州。

夏天，我想青城山应当算作最理想的地方。在那里，我虽然只住过十天，可是它的幽静已拴住了我的心灵。在我所看见过的山水中，只有这里没有使我失望。到处都是绿，目之所及，那片淡而光润的绿色都在轻轻地颤动，仿佛要流入空中与心中似的。这个绿色会像音乐，涤清了心中的万虑。

秋天一定要住北平。天堂是什么样子，我不知道，但是从我的生活经验去判断，北平之秋便是天堂。论天气，不冷不热。论吃的，苹果、梨、柿子、枣儿、葡萄，每样都有若干

第四章 朗读短文测试指导

种。论花草，菊花种类之多，花式之奇，可以甲天下。西山有红叶可见，北海可以划船——虽然荷花已残，荷叶可还有一片清香。衣食住行，在北平的秋天，是没有一项不使人满意的。

冬天，我还没有打好主意，成都或者相当的合适，虽然并不怎样和暖，可是为了水仙，素心腊梅，各色的茶花，仿佛就受一点儿寒//冷，也颇值得去了。昆明的花也多，而且天气比成都好，可是旧书铺与精美而便宜的小吃远不及成都那么多。好吧，就暂时这么规定：冬天不住成都便住昆明吧。

在抗战中，我没能发国难财。我想，抗战胜利以后，我必能阔起来。那时候，假若飞机减价，一二百元就能买一架的话，我就自备一架，择黄道吉日慢慢地飞行。

——节选自老舍《住的梦》

作品59号 《紫藤萝瀑布》

【作品分析】

作品节选自宗璞的《紫藤萝瀑布》，作者用细腻的笔法描摹了盛开的紫藤萝花。

我不由得停住了脚步。

从未见过开得这样盛的藤萝，只见一片辉煌的淡紫色，像一条瀑布，从空中垂下，不见其发端，也不见其终极，只是深深浅浅的紫，仿佛在流动，在欢笑，在不停地生长。紫色的大条幅上，泛着点点银光，就像迸溅的水花。仔细看时，才知那是每一朵紫花中的最浅淡的部分，在和阳光互相挑逗。

171

这里除了光彩,还有淡淡的芳香。香气似乎也是浅紫色的,梦幻一般轻轻地笼罩着我。忽然记起十多年前,家门外也曾有过一大株紫藤萝,它依傍一株枯槐爬得很高,但花朵从来都稀落,东一穗西一串伶仃地挂在树梢,好像在察颜观色,试探什么。后来索性连那稀零的花串也没有了。园中别的紫藤花架也都拆掉,改种了果树。那时的说法是,花和生活腐化有什么必然关系。我曾遗憾地想:这里再看不见藤萝花了。

过了这么多年,藤萝又开花了,而且开得这样盛,这样密,紫色的瀑布遮住了粗壮的盘虬卧龙般的枝干,不断地流着,流着,流向人的心底。

花和人都会遇到各种各样的不幸,但是生命的长河是无止境的。我抚摸了一下那小小的紫色的花舱,那里满装了生命的酒酿,它张满了帆,在这//闪光的花的河流上航行。它是万花中的一朵,也正是由每一个一朵,组成了万花灿烂的流动的瀑布。

在这浅紫色的光辉和浅紫色的芳香中,我不觉加快了脚步。

——节选自宗璞《紫藤萝瀑布》

作品60号 《最糟糕的发明》

【作品分析】

作品阐释了为什么塑料袋是二十世纪最糟糕的发明,讲解了塑料袋使用的广泛性和由此带来的严重危害。

在一次名人访问中,被问及上个世纪最重要的发明是什么时，有人说是电脑，有人说是汽车，等等。但新加坡的一位知名人士却说是冷气机。他解释，如果没有冷气，热带地区如东南亚国家，就不可能有很高的生产力，就不可能达到今天的生活水准。他的回答实事求是，有理有据。

看了上述报道，我突发奇想：为什么没有记者问："二十世纪最糟糕的发明是什么？"其实二〇〇二年十月中旬，英国的一家报纸就评出了"人类最糟糕的发明"。获此"殊荣"的，就是人们每天大量使用的塑料袋。

诞生于上个世纪三十年代的塑料袋，其家族包括用塑料制成的快餐饭盒、包装纸、餐用杯盘、饮料瓶、酸奶杯、雪糕杯等等。这些废弃物形成的垃圾，数量多、体积大、重量轻、不降解，给治理工作带来很多技术难题和社会问题。比如，散落在田间、路边及草丛中的塑料餐盒，一旦被牲畜吞食，就会危及健康甚至导致死亡。填埋废弃塑料袋、塑料餐盒的土地，不能生长庄稼和树木，造成土地板结，而焚烧处理这些塑料垃圾，则会释放出多种化学有毒气体，其中一种称为二噁英的化合物，毒性极大。

此外，在生产塑料袋、塑料餐盒的//过程中使用的氟利昂，对人体免疫系统和生态环境造成的破坏也极为严重。

——节选自林光如《最糟糕的发明》

第五章 命题说话测试指导

命题说话旨在测查应试人在无文字凭借的情况下,说普通话的语音标准程度、词汇语法规范程度、自然流畅程度。应试人必须按照选定的话题连续说话,限时3分钟,3分钟内所说的所有音节均作为评分依据。

命题说话是普通话水平测试中难度最大、分值最高、考查内容最全面的一项,也最能反映出应试人员真实的普通话运用水平。

第一节 命题说话的要求

一、命题说话的测试目的

国家《普通话水平测试大纲》明确规定,命题说话测试的目的在于"考查应试人在没有文字凭借的情况下,说普通话的能力和所能达到的规范程度。"

国家《普通话水平测试大纲》规定此项分值为30分,有些省市测试中取消了"选择判断"测试项,将命题说话分值调整为40分。

二、命题说话的要求

命题说话部分主要考查应试人在没有任何文字凭借的情况下,说普通话的能力和所能达到的规范程度。和朗读短文相比,命题说话可以更有效地考查应试人在自然状态下运用普通话语音、词汇、语法的能力。因而,命题说话最能全面体现应试人普通话的真实水平。它不仅要考查应试人的声母、韵母、声调和语流音变的规范程度;还要考查词语的轻重音格式,句子的语速、停顿、句调;词汇语法的规范程度;能否灵活地运用口头语言自然流畅表达的能力等。是对应试人语音语调、词汇语法、知识储备、思维表达、心理素质、实战经验等综合能力的考查。

(一)语音标准

语音标准是指应试人命题说话中所说音节的声母、韵母、声调要正确;变调、轻声、儿化和语气词"啊"的音变正确恰当;语调平稳自然,能够按照普通话口语的语调来说话,接近生活口语,不带有朗读和背诵的腔调。

命题说话测试项中,语音标准程度是最重要的考查内容,对于应试人的成绩起着关键作用。《江苏省普通话水平测试评分细则》规定,语音标准程度共25分,评分时既考查 3 分钟内所说音节错误的数量,进行定量分析,也考查应试者说话时的发音质量,进行定性分析,如"是否有方音"、"方音是否明显"、"方音是否严重"。评分标准根据音节错误数量和发音质量划分为 6 档,从发音的质和量上对应试者的语音标准程度作出准确的判断。

说话中的"方音"除了通过语音错误表现出来,还会通过语音缺陷表现出来。较多的缺陷影响着语音的质量,使说话带有"方音"色彩。发音不清晰,吐字归音不到位,经常"吃字"也是造成说话语音质量不高的原因。此外,说话时,语流中的音变是否符合规则,轻重音格式是否自然,都会对说话的语音质量造成影响。

语音缺陷能够反映出应试人方言语音的程度,如果语音缺陷数量较多,说明应试人方音比较明显,在语音错误数量相同的情况下,方音明显,语音面貌就会相对较差,扣分也会更多。

(二)词汇语法规范

词汇语法规范是指应试人在命题说话时要使用普通话的词汇,不能使用典型的方言词汇;要使用普通话的语法格式,遣词造句符合现代汉语规范,不能使用典型的方言语法格式;使用规范的普通话句式,避免出现句法错误和明显病句。

(三)围绕话题

命题说话虽然要求口语化,但并不代表随便说话,要围绕选定的话题展开,不能说与话题无关的内容。命题说话的话题从《普通话水平测试用话题》中抽取,这些话题是对说话范围的规定,应试人只要围绕这个话题展开说话即可,具体内容可以结合生活由自己选定。命题说话不要求立意高远,只要求内容充实;不要求生动形象,只要求围绕话题讲述观点和事件;不要求结构完整严密,只要求通达顺畅,只要和话题相关,可以发散思维。命题说话大都没有结尾,测试规定时间到了就自然结束话题。

(四)语句自然流畅

自然流畅是语言表达的基本要求,命题说话也不例外。自然流畅是指命题说话时要做到语句通顺自然,前后连贯,条理分明,表意明确。如果说话断断续续,结结巴巴,就会让人难以准确把握应试人的说话内容,造成失分。

1. 运用口语表达

命题说话是无文字凭借的即兴口头表达,要求使用口头语言,表达要力求口语化。这就要求应试人多使用常用的口语词汇,慎用文言词语和书面词语;多使用简单句和短句,避免使用结构复杂、成分繁多的长句和复句;允许适当使用语气词,但也要避免过多使用造成语句不流畅;允许适当重复部分语句,也要避免无意义的机械重复。

2. 语速适中

语速适中是话语自然的重要表现。人在正常说话时语速一般为 200~230 个音节/

分钟,3分钟差不多能说600~700个音节。但是由于测试时较为紧张,一般语速会较快,有些应试者甚至达到240个音节/分钟,加上部分遗忘,所以考前练习时应准备800~1000个音节。语速和语言流畅程度是成正比的,语速越快,语言越流畅。但语速过快,音节数增加,出错率也会提高。而且过快的语速容易导致发音时口腔打不开、复元音的韵母动程不够或归音不全。相反,语速过慢,音节数减少,错字数也会减少,但是容易导致语流凝滞,话语不够连贯。因此,语音上有问题的应试者可适当放慢语速,但以不影响语句表达的流畅性为好。

(五) 时间饱满充足

时间饱满充足是指应试人命题说话时要说满规定的时间,命题说话要求应试人必须按照选定的话题连续说话,限时3分钟。如不足3分钟,要酌情扣分。因此,内容过少,时间不够,都要被扣分。

第二节 命题说话中常见问题及其对策

一、语音不标准

命题说话中应试人失分的一个最主要原因就是语音不标准,语音错误和语音缺陷数量过多。这是因为,命题说话项测试没有文字凭借,应试人的说话接近于日常生活的自然语言状态,应试人既要组织语言又要斟酌字音,既要保证内容的充实、有条理,又要发出正确的语音。因此,如果考前对自己的语音状况认识不清,准备不充分,必然错误百出,方音明显。

要想减少命题说话的语音错误和语音缺陷,提高命题说话项的得分,除了考前多听多练,在日常学习、工作和生活中尽量少使用方言,多说普通话,养成用普通话思维、用普通话表达的良好习惯外,还需要针对自己的语言现状,结合30个说话题目,做好相应的准备。

首先,要充分认清自己的语音问题。普通话的个体差异很大,每个方言区的人系统缺陷也不相同,如南方方言区多发平舌音,北方方言区则翘舌音较多;西北方言区的人前鼻韵母系统缺陷明显,元音鼻化严重;江淮方言、西南方言、吴方言等区的人则大多后鼻韵母读不准。即使是同一问题,不同的人也会有不同的表现,如同是鼻边音不分,有的人读不好鼻音n,有的人读不好边音l,有的人则把鼻音n和边音l念颠倒了。每个人只有充分认清自己的语音问题,才能有的放矢地进行训练,才能读准练会自己的难点字音,提高测试分数。

其次,在准备说话内容时,可有意识地规避自己的语音问题。因为应试人说方音普通话的时间较长,有些发音错误和缺陷较难在短时间内得以纠正,因此在说话时可以有意识地规避这些难以发好的音节,或替换成同义或近义的其他音节,从而有效地减少音节错误,提高语音质量。如前后鼻韵母 en-eng 不分的人,准备说话时就要尽量少说"人"、"很"、"问"、"跟"和"能"、"更"、"生"、"风"等前后鼻韵母音节;平翘舌有问题的人,在说话中也需要尽量规避自己说不好的部分,有针对性地进行准备和训练,如话题"我尊敬的人"就不要选择平翘舌较多的人名,如"孙中山、周杰伦"等,这样才能有效地减少音节错误。鼻边音不分的人可以把"旅行"改为"游玩",也不要去"桂林"、"南京"、"济南"等带有 n、l 声母的地方旅游。但是有些日常生活中经常使用的音节难以避开,这就要求应试人在平时多使用这些音节,多练多说,说熟练会,如一些词频率很高的后鼻音词,像"能、生、正、成"等,这样才能真正做到语音标准规范。

第三,记住常见的容易发错的词语。日常口语中有些高频词是应试人失分的主要原因,特别是想考高分的应试人,应格外注意这些词的发音,如:

因为(yīn·wèi)	比较(bǐjiào)	鲜血(xiānxuè)	走穴(zǒuxué)
潜伏(qiánfú)	悄然(qiǎorán)	憎恨(zēnghèn)	撇开(piē·kāi)
骨髓(gǔsuǐ)	处理(chǔlǐ)	氛围(fēnwéi)	纤维(xiānwéi)
勾当(gòudàng)	绢花(juànhuā)	召开(zhàokāi)	粗糙(cūcāo)
晕车(yùnchē)	载体(zàitǐ)	安恬(āntián)	边框(kuàng)
笨拙(bènzhuō)	编纂(biānzuǎn)	便笺(biànjiān)	不屑(búxiè)
粗犷(cūguǎng)	水獭(shuǐtǎ)	号召(hàozhào)	狡黠(jiǎoxiá)
胸脯(xiōngpú)	褒(bāo)贬	糙(cāo)米	惩(chéng)罚
炽(chì)热	究(jiū)竟	狙(jū)击	窥(kuī)视
剽(piāo)窃	狩(shòu)猎	脂(zhī)肪	情不自禁(qíngbúzìjīn)

二、词汇语法不规范

《普通话水平测试大纲》规定:"普通话的规范指的是现代汉语在语音、词汇、语法各方面的标准。"如果说测试前三项重点是考查应试人语音的标准程度,那么,测试第四项"说话"则涉及了对词汇语法的考查。命题说话中容易出现的词汇语法不规范主要有典型的方言词汇和方言语法,明显的病句,如搭配不当、成分残缺或多余、语序颠倒、句式杂糅等。

如:"我们把房间收拾得整整齐齐。""秋天,拉肚子的人时有发生。"(搭配不当)

"我和妈妈急着往家赶,不小心撞到了电线杆子上。""那时候好人好事非常的层出不穷。""我们一共有 30 多人左右"(成分不全或过多)

"妈妈不在家,我一个人扑通扑通吓得心里乱跳。""一道闪电照亮了天空的黑暗。"(语序颠倒)

"今年马上要发奖学金了,我们应该把这个消息被同学们知道。""我最喜欢的职业是教师讲台这个职业。""发生了这件事情向大家敲响了安全的警钟。"(句式杂糅)

由于命题说话是口头表达,口语和书面语在词汇语法表达上有不同的特点,一些删减、颠倒、冗余、缺省、跳脱等问题在书面语中是不允许的,但在口语中有时是难以避免的。如：

过了很长时间，他才慢滕腾地呢，从教室走出来……

我的童年是丰富多彩的。

夜深人静，想起今天一连串发生的事情，我怎么也睡不着。

走吧，你。

小王，你——哎，对对，小李，你也过来吧。

我看这个问题，呃，还是，嗯，很重要的！

但是，这些口语特点也不能太多，否则会因为冗余而显得说话不流畅，也会被扣分。

对于流行的新词语、通用的外语词汇、字母词以及通行的语法格式，测试中较为宽容，一般不算不规范。如"巨无霸、酷毙了、真牛、给力"等新词，WTO、KTV、DVD等外语词，卡拉OK、射线等字母词也已广泛用于日常口语。但不能使用只有部分人群使用的网络语言，如"青蛙、斑马、偶们"。

说话时由于一时紧张造成的口误也算语法不规范，如："我表演的是独子笛奏。""我紧张得说都不会话了。""外面刮着雨，下着风。"这也是普通话运用不够精熟的表现。

尽管从理论上说，命题说话测试要求词汇、语法符合规范，但是，真正在评判时还是不能像书面语那样严格。我们考查真正意义上的词汇、语法错误，主要针对的是不使用普通话的词汇语法而使用了典型的方言词汇语法。由于命题说话没有文字凭借，应试人平时的说话习惯受方言影响较深，就会导致在测试过程中即兴组织语言时容易出现词汇语法方面的错误，尤其容易出现使用方言词汇语法的现象。

命题说话中常见方言词语举例：

普通话词语	方言词语
太阳	日头、热头、老爷儿、爷爷儿
月亮	月婆、月光、老母
结冰	上冻
下雪	落雪
雪化了	雪融了、雪烊了
冰雹	拔子、冷子、冷蛋子、雪砖、雪弹子、龙雹
土块儿	土坷垃
水泥	洋灰、水门汀
中间	半截腰
去年	上年、旧年
明年	下年、过年
马铃薯	洋芋、洋芋头、地蛋儿、山药蛋、薯仔、番仔薯
玉米	苞米、苞谷、玉蜀黍

续表

普通话词语	方言词语
红薯	地瓜、山药、番薯
西红柿	洋柿子、洋辣子、火柿子
向日葵	朝阳葵、望日莲
牲口	头夫、头口
尾巴	以巴
乌鸦	老鸹、老鸦
苍蝇	蝇子
蟋蟀	促织儿、油葫芦
螳螂	刀螂
猫头鹰	夜猫子、哭鸟、猫王鸟
公鸡、母鸡	鸡公、鸡母
父亲	大
祖父	爷、爹爹、公公
祖母	婆婆、婆、太太、奶
外祖父	外爷、阿公
外祖母	外奶、阿婆
洗脸	洗面、揩面

命题说话中常见方言语法格式举例：

普通话语法格式	方言语法格式
腿摔破了。	腿子摔破了。
把瓶子的盖儿拧开。	把瓶瓶的盖盖拧开。
他今年二十一岁。	他今年二一岁。
把手机给我。	把手机把我。
他很不会说话。	他很不能说话。
这地方能坐三个人。	这地方会坐得三个人。
下起雨来。	下雨起来。
他的脸涂得很白。	他的脸涂得白白。
这花儿多好看啊！	这花好好看啊！
这个人太好了。	这个人老好了。

续表

普通话语法格式	方言语法格式
我太高兴了。	我忒高兴了。
那本书丢了找不到了。	拿那本书丢了没地方找。
这件事我说过。	这件事我有说。
教室里有没有人？	教室里阿有人啊？
这件事我不知道。	这件事我知不道。
我打不过他。	我打他不过。
我给他三块糖。	我给三块糖他。
你先走。	你走先。
天热得很。	天热得来。
小明比小红高。	小明高过小红。
我把他推到一边了。	我推他一边了。
宁肯我去，也不能叫你去。	情愿我去，也不能叫你去。
要不要辣油？	阿要辣油啊？

此外，受港台剧及一些娱乐节目主持人的影响，一些年轻人喜欢模仿，形成港台腔。如轻声带调，"地方"念成"dìfāng"，"谢谢"念成"xièxiè"。"我有去过非洲几次。""你有提示过我吗？"这样的"有字句"，把"有"当作表示肯定的副词使用，也是不符合普通话语法规范的。

三、语料不充足，说话不流畅

1. 口语化差，类似背诵

命题说话考查的是"说话"，而不是"作文"，因此应按照日常口语交谈的语音、语调、语气、语态自然表达。有些应试人会将话题事先写成文章，然后背下来，测试时"说话"变成了背书。写出的稿子在遣词造句上也会倾向于书面化，缺乏口语造句的自然节律。此外测试时由于紧张，有时还会遗忘，常常结结巴巴，想一句说一句，表达时断时续，用语生硬，造成说话不流畅而扣分。

还有些人为了避免发错音节，故意放慢语速，说话时一个字一个字往外崩，造成词语和句子的肢解，如："我—说—话—的—题—目—是—我—的—家—庭"，这样说话虽然每个音节的质量会有所改善，但整体错字率不一定会减少，因为按字崩读，所有的轻声字都会带调，造成错字增加，而支离破碎的语句使流畅度大受影响。

2. 语料不足，口头禅过多

由于考前准备不充分或过于紧张，应试人常常会出现简单重复、经常停顿、反复修改纠错、口头禅密集等现象，造成说话不连贯，结结巴巴。比如：话题《学习普通话的体会》，有的应试人说："我说话的题目是学习普通话的体会，啊普通话……很有用，嗯……我们平时交流要用普通话,还有啊就是……我们要拿教师资格证,嗯……普通话要过二甲,于是……嗯……我们就学习普通话,以前呢……嗯……觉得自己普通话挺好的,现在……嗯……发现问题很大,嗯……要好好学习普通话,嗯……要天天练习普通话,嗯……普通话练好了才能交流,嗯……才能过二甲,所以……嗯……要学好普通话,嗯……这就是我的体会,嗯……嗯……体会……嗯……要好好学习普通话……"在这段表达中,除了语感不流畅外,过多的口头禅和重复的语句也会造成语料不足,从而被扣分。

3. 心理紧张,情绪失控

命题说话测试中有的应试人会出现过度紧张、声音发颤、逻辑混乱、语调失常的现象,导致语音面貌较差,语音含混不清,语音错误增加,语句表达不畅。主要原因可能是因为平时练习较少,当众说话的机会不多,考试应变能力较差。还有的应试人选择的说话内容易触动真情,造成情绪失控,出现声音哽咽、语流不畅、语音失真的现象,甚至会因为过分激动而泣不成声;也有的应试人说到高兴的话题会笑个不停,不能自控。这些都会造成发音失常,增加语音错误和语音缺陷的数量,使语句表达不流畅,进而影响自己的测试成绩。

4. 内容贫乏,说话不达时限

命题说话要求应试人必须说满3分钟,3分钟内所说的音节都作为评分的依据。有的应试人因为平时练习少,准备不充分,命题说话时内容简单贫乏,有时甚至脑袋一片空白,不知道说什么,有大段的时间空白,造成缺时扣分。有些应试者虽然也在说话,但是东拉西扯,不停地重复大体相同的内容,致使3分钟说话信息量过低。比如话题《我尊敬的人》,有的应试人会这样说:"我尊敬的人是老师,因为老师是太阳底下最光辉的职业,所以我喜欢老师,所以我尊敬老师,老师有很多学生,所以我喜欢老师,老师有寒暑假,所以我喜欢老师,所以我尊敬的人是老师……"应试人不是抓住某一个老师来讲述,而是空洞地重复,有效语料严重不足。还有的应试人大段引用诗歌、散文、名言、歌词等内容,甚至朗读准考证上的"测试须知"以凑足时间,致使背诵的内容占据很长篇幅,自己说话的内容很少,这些都会造成较多失分。

以上问题都和准备不充分,紧张,缺乏自信有关系,因此测试前对30个说话题目进行认真准备是非常必要的。

(1) 统观话题,归纳分类

应试人平时练习30个话题,可以对话题进行归纳分类,然后围绕话题详细练习。分类可以建立同类题目之间的联系,只要说话题目之间有关联,就可以将它们巧妙地联系起来,归纳成一个话题,内容材料可以共用,不需要写30篇作文。如《我的假日生活》(15)——假日去动物园看到《我喜爱的动物》(4)——假日我经常外出旅行《难忘的旅行》(7)——我喜欢有假日的季节《我喜欢的季节》(12)——童年记忆最深的一次假日旅行《童年的记忆》。

(2) 精选内容,书写提纲

说话不需要写详细的稿子,写详稿很容易书面化且不易记忆,提纲式的话题线索清楚又好记,且易于发散思维。提纲主要是用来提示自己的,可以在短时间内一目了然,测试前用提纲提示自己,可以做到成竹在胸,回忆熟悉的相关内容,思路清晰,对应试人帮助很大。提纲的写作要求首先要选择自己熟悉的和感触较深的内容来写,主要写自己亲身经历过的事情,这样的提纲对应试人来说容易熟悉记忆,易于表达。其次,写作提纲还要注意将大题化小。不需要主题积极深远,切忌宏观地谈理论,只需多写自己经历的具体细微的小事。不讲究结构完整严密,有头有尾,只要在话题范畴之内,内容充实连贯。第三要少议论说明,多叙事,议论文逻辑性强,一环套一环,容易出错遗忘,说明文枯燥无味,缺乏形象性,难以记忆,只有记叙文情节性强,比较好记。因此应尽量把所有题目都准备成叙事性的故事,多准备几件事情,这样既容易记忆,内容也会更充实。应少用概述性的语言,多增加细节描述,插叙相关联的情节,如:时间、地点、人物、事件,事件的发生、发展、高潮、结局,与事件相关联的时间,事件的后续等等。

(3) 克服紧张情绪,从容冷静应试

造成不流畅、缺时、无效话语等的另一个原因就是应试紧张。考前充分准备,认真练习,增强自信,可以很好地克服紧张情绪。

四、偏离话题,引用雷同

有的应试人考前只准备一两个话题,希望以不变应万变。测试时不管抽到什么题目,都往准备好的话题上绕,虽然有些话题之间可以关联,但更多的话题还是相互独立的。这样牵强的联系,必然造成偏题离题。比如:选定的话题是《谈谈个人修养》,有的应试人会直接说别的话题,"我说话的题目是谈谈个人修养,我的朋友是张平,张平是我的同学,她长着……";有的应试人会由一个话题很快转到说另一个话题,"我说话的题目是谈谈个人修养,我的个人修养是和我的妈妈分不开的,下面我就谈谈我的妈妈,我的妈妈是一个……"还有些应试人说完第一个话题还剩一分多钟,又把第二个话题说一遍,这样后面的一分多钟也属于离题。

准备不充分,测试的最后一分钟常常会没有内容可讲,有些应试者会东拉西扯说一堆与话题无关的废话,如:"怎么这么慢啊!快点啊,快点啊!说什么呢,想不起来了。普通话水平测试第四项命题说话,请选择话题……"

还有些人是因为看错题目而离题,如"我最喜欢的节日"经常被应试者看成"我最喜欢的节目",这样完全离题扣分会较多。

有些喜欢投机取巧的考生在说话时大段引用现成的文章,或直接背诵原文,或整段背诵诗歌、歌词、古诗、名人语录等都会被扣雷同分。如"我喜欢的季节"一题,由考生说喜欢的季节是冬季,因为冬季会下雪,接下来整段整段地背诵作品 5 号《第一场雪》,而难忘的旅行是去莫高窟,作品 29 号《莫高窟》又被整段背诵。"我喜爱的艺术形式"是唱歌,下面就是一首完整的歌曲演唱,如此等等。

集体备考也是会造成雷同的原因。一个班的同学分工合作,从网上下载所有话题,

复制后人手一份,这样必然造成话题内容雷同。

避免离题雷同的方法就是要端正考试态度,认真做好考前准备工作。

第三节 命题说话话题思路分析

《普通话水平测试大纲》提供的说话题目共30个,大致可以分成三类:记叙类、议论类、说明类。如果逐一准备,会耗费大量时间,存在很大困难。我们可以理清这三类话题的思路,然后将30个话题巧妙归类,可提高话题准备的效率。

一、话题归类

(一) 按文体归类

30个话题最好作记叙文处理的有:

我的学习生活	我尊敬的人
童年的记忆	难忘的旅行
我的朋友	我的业余生活
我的假日生活	我的成长之路
我和体育	我所在的集体(学校、机关、公司)
我的愿望	我喜爱的动物(或植物)
我喜爱的职业	我喜爱的文学(或其他)艺术形式
我喜欢的季节(或天气)	我喜欢的节日
我喜爱的明星(或其他知名人士)	
我喜爱的书刊	我向往的地方

30个话题最好作议论文处理的有:

谈谈卫生与健康	学习普通话的体会
谈谈服饰	谈谈科技发展与社会生活
谈谈美食	谈谈社会公德
谈谈个人修养	谈谈对环境保护的认识
购物(消费)的感受	

30个话题最好作说明文处理的有:

我知道的风俗　　我的家乡(或熟悉的地方)

(二) 按内容归类

只要说话题目之间有关联的,都可以将它们巧妙地联系起来,归纳成一个话题。

1.《我的假日生活》(15)——假日去动物园看到《我喜爱的动物》(4)——假日我经常外出旅行《难忘的旅行》(7)——我喜欢有假日的季节《我喜欢的季节》(12)——童

年记忆最深的一次假日旅行《童年的记忆》(5)

2.《我尊敬的人》(3)——是我童年记忆里,给我印象最深的人《童年的记忆》(5)——是《我的朋友》(8)——是引导我从事《我喜欢的职业》的人(6)——是在《我的成长之路》(16)上起关键作用的人——在我的眼中,是《我喜爱的明星》(26)——是一个有崇高修养的人《谈谈个人修养》(25)

3.《我的业余生活》(11)——我的业余时间主要用来学习《我的学习生活》(2)——最近用来练习普通话《谈谈学习普通话的体验》(13)——业余时间研究服饰《谈谈服饰》——研究美食《谈谈美食》(21)——锻炼身体《我和体育》(19)——上街购物《购物消费的感受》(30)——用来读书《我喜爱的书刊》(27)

4.《我的愿望》(1)——我的愿望是将来当一名……《我喜爱的职业》(6)——我的愿望是当一名作家《我喜爱的文学(或其他)艺术形式》(9)——我的愿望是有一个健康的身体《谈谈卫生与健康》(10)——我的愿望是有一部最新科技的手机《谈谈科技发展与社会生活》(17)——我的愿望是节假日能回家乡《我的家乡》(20)——我的愿望是能回家乡过节《我知道的风俗》(18)——我的愿望是生活在一个没有食品污染,没有环境污染,健康和谐的地方《谈谈卫生与健康》(10)、《谈谈对环境保护的认识》(28)、《我向往的地方》(29)。

二、话题提纲

考前可以列出命题说话的提纲(切不可将短文写出背诵),下面是30个话题的提纲举例,仅供参考。

(一)《我的愿望或理想》

1. 我的愿望是获得普通话二级甲等证书。(考取本科、找到好的工作)
2. 我为什么有这个愿望,因为(讲述自己的经历、故事)……
3. 为了实现这个愿望我做了哪些努力。(讲述自己的奋斗历程)
4. 所以说,"我的愿望"是……

(二)《我的学习生活》

1. 我的人生道路是和学习生活分不开的,我的学习生活是丰富多彩的。
2. 小学阶段,我的学习生活是怎样的,给我印象最深的事情有哪些……
3. 初中阶段,我的学习生活是怎样的,给我印象最深的事情有哪些……
4. 高中阶段,我的学习生活是怎样的,给我印象最深的事情有哪些……
5. 现在,我在某大学某专业读书,我学习了哪些课程,大学的老师怎样,同学如何……

也可以只选取某个阶段,详细介绍该阶段的学习生活,如所学课程,老师怎样,同学如何,给我印象最深的事情有哪些……

(三)《我尊敬的人》

1. 我尊敬的人是我的爸爸(妈妈、老师……)。
2. 我尊敬他(她),因为他(她)具有高尚的品德……(讲述给你印象最深的故事)
3. 我尊敬他(她),还因为他(她)特别关心我……(讲述让你感动的故事)
4. 所以,爸爸(妈妈、老师……)是我最尊敬的人。

(四)《我喜爱的动物(或植物)》

1. 我喜爱什么动物(或植物)。
2. 我喜爱它是因为……(讲述它惹人喜爱的地方)
3. 我喜爱它还因为……(讲述我和它之间的动人故事)
4. 所以,我喜爱的动物(或植物)是……

(五)《童年的记忆》

1. 我的童年生活是怎样的。
2. 童年生活中记忆最深的人有哪些。(爸爸、妈妈、老师、同学……讲故事)
3. 童年生活里记忆最深的事情有哪些。(讲故事)
4. 所以童年生活至今记忆犹新,它对我后来的人生经历有很大的影响。

(六)《我喜爱的职业》

1. 我喜爱的职业是教师。(或其他……)
2. 我喜爱这个职业的原因。(讲述令我感动或对我影响很大的事)
3. 这个职业有哪些吸引你的地方。(讲述我亲身经历的事情)
4. 所以我喜爱的职业是……我将要怎样做……

(七)《难忘的旅行》

1. 我最难忘的旅行是何时在何地的一次旅行。
2. 有哪些景点让你难忘……
3. 有哪些美食让你难忘……
4. 有哪些经历让你难忘……(讲旅行过程中与他人交往的故事)

(八)《我的朋友》

1. "我的朋友"是谁,介绍他的长相、性格、为人……
2. "我的朋友"在学习上帮助我:有一次……
3. "我的朋友"在生活上帮助我:有一次……
4. 我的朋友是我人生旅途中对我影响最大的人,希望我们永远是朋友。

（九）《我喜爱的文学(或其他)艺术形式》

1. 我喜爱的文学(或其他)艺术形式是……
2. 我为什么喜爱它。
3. 我怎样喜爱它……讲故事：什么时候开始喜爱它的，小学时怎么做的，中学时怎么做的，现在在大学里，又做了些什么……
4. 所以我喜爱的文学(或其他)艺术形式是……

（十）《谈谈卫生与健康》

1. 卫生和健康密不可分，有良好的卫生习惯才会有健康的身体。
2. 讲卫生，身体健康。（讲述自己和他人的故事）
3. 不讲卫生，就会生病。（讲述自己和他人的故事）
4. 所以，卫生与健康关系密切。

（十一）《我的业余生活》

1. 我的业余生活是丰富多彩的……
2. 业余生活安排学习。（讲述印象深刻的故事）
3. 业余生活喜欢娱乐：旅游、下棋、唱歌……（讲述经历过的故事）
4. 所以我要安排好业余生活充实自己……

（十二）《我喜欢的季节(或天气)》

1. 我喜欢的季节(或天气)是什么。
2. 我为什么喜欢它。（它有怎样的特性……）
3. 我喜欢它，主要是因为在这样的季节(或天气)，曾经发生了一件令我(终生)难忘的事情……
4. 所以我喜欢的季节(或天气)是……

（十三）《学习普通话的体会》

1. 学习普通话很重要：现实需要、交往需要，学习需要……
2. 现实需要：申请教师资格证要取得普通话等级证书。
3. 人际交往：讲述与不同方言区的老师、同学相处的故事。
我在人际交往过程中学习使用普通话解决交流障碍的故事。
到外地旅游不使用普通话造成交流障碍的故事。
4. 学习生活：课堂学习、课后交流的故事……
5. 所以学习普通话很重要。

(十四)《谈谈服饰》

1. 服饰代表一个人的个性和品位。恰到好处的服饰可以使人精神面貌焕然一新,让人看起来舒服。

2. 服饰是否恰当,与经济实力没有必然联系。不穿名牌也能吸引别人的眼球。作为学生,我们购买服饰的观念是什么。讲述我和同学购买服饰的故事……

3. 服饰恰当与否的关键在于搭配。讲述我和我的同学合理搭配服饰的故事……

(十五)《我的假日生活》

1. 我有很多假日,合理安排假日生活才能充实自我。我的假日生活是丰富多彩的……

2. 假日生活我喜欢旅游……(讲述难忘的旅行故事)

3. 假日生活我喜欢和朋友下棋……(讲述经历过的故事)

4. 合理安排假日生活才能很好地享受假日生活。

(十六)《我的成长之路》

1. 我的成长之路是和我的父母、老师、同学的关心和帮助分不开的……

2. 讲故事:小学的时候;初中的时候;高中的时候;大学的时候……

3. 我的成长之路丰富了我的人生之路。

(十七)《谈谈科技发展与社会生活》

1. 科技发展使社会生活发生了翻天覆地的变化。

2. 穿的方面:颜色、面料、式样更多样化……举例讲述。

3. 吃的方面:烹饪技术提高,保鲜技术发展,使我们生活越来越……

4. 住的方面:高楼大厦,方便安全。

5. 交通方面:更方便。动车、高铁、火车大提速……

6. 用的方面:手机、电脑、照相机等电子产品使用更快捷,功能更多样化……

7. 所以科技发展方便社会生活,社会生活离不开科技发展。

(十八)《我知道的风俗》

1. 我知道的风俗有很多,比如:端午节吃粽子赛龙舟、中秋节吃月饼赏月……或者某个少数民族的风俗。

2. 我特别喜欢××节(或少数民族)的风俗,讲述这个风俗的一些有趣的故事。

3. ××年的××节,我亲身经历的令人难忘的故事……

(十九)《我和体育》

1. 我从小就喜爱体育运动,我喜欢的体育运动很多……,我最喜欢的体育运动是……

2. 我为什么喜爱这个体育运动项目。
3. 小学的时候……中学的时候……现在……（讲故事）
4. 体育运动给了我强健的体魄，我喜爱体育运动。

（二十）《我的家乡（或熟悉的地方）》

1. 我的家乡（或熟悉的地方）是哪里……
2. 那里的人勤劳、善良、好客……（讲故事）
3. 那里有哪些名胜古迹……（讲述历史典故）
4. 那里有哪些美食：名称、特色……（讲故事）

（二十一）《谈谈美食》

1. 全国各地各有各的美食，美食代表地方特色，美食形成中国的美食文化。
2. 我的家乡是……，那里有哪些美食，详细讲述。
3. 我去过别的地方旅游，吃过哪些美食和小吃，哪些令人难忘，发生了什么故事，详细讲述。
4. 中国的美食已经形成了文化系列，北方菜系、南方菜系、红楼菜谱等等。
5. 我最喜欢的美食是什么，怎样做的。（详细介绍制作过程）

（二十二）《我喜欢的假日》

1. 中国的假日有很多……我喜欢的假日是……
2. 我为什么喜欢这个假日。
3. 有一年的这个假日，有一个让我难忘的故事……
4. 所以我喜欢的假日是……

（二十三）《我所在的集体》（学校、机关、公司）

1. 我所在的集体（学校、机关、公司）是什么，我很喜欢这个集体。
2. 这是一个很好的集体，我喜欢它的原因（大家互相关怀，像家庭一样温馨……）
3. 讲述集体发生的难忘的事情或难忘的人……

（二十四）《谈谈社会公德（或职业道德）》

1. 社会要进步，需要我们大家有良好的社会公德。
2. 有社会公德的好处。（举例）
3. 没有社会公德的危害。（举例：金华火腿、南京冠生园的月饼等）
4. 我的一次遭遇……

(二十五)《谈谈个人修养》

1. 个人修养很重要,它能显示出一个人人品的好坏。
2. 个人修养好的例子。
3. 个人修养差的例子。
4. 加强个人修养有利于人际关系的发展。有一次……(讲故事)

(二十六)《我喜欢的明星(或其他知名人士)》

1. 我喜欢的明星(或其他知名人士)是谁。
2. 我喜欢他是因为他有高尚品德。(讲故事)
3. 我喜欢他还因为他有精湛技艺。(讲故事)
4. 从他身上我学到哪些,我是怎么做的……(讲故事)

(二十七)《我喜爱的书刊》

1. 我喜爱的书刊有很多,比如……我最喜爱的书刊是什么……
2. 我为什么喜爱这些书刊。
3. 特别是其中的……给我印象最深的,改变了我的人生的书刊是……(讲述故事)

(二十八)《谈谈对环境保护的认识》

1. 环境保护很重要:大到人类的生死存亡,小到个人的身体健康。例如……
2. 重视环境保护的例子。有一次,我看到……
3. 不重视环境保护的危害。(举身边的事例)
4. 加强环保意识,环境保护从我做起。

(二十九)《我向往的地方》

1. 我向往的地方是哪里。
2. 那里的人勤劳、善良、好客……(讲故事)
3. 那里有哪些景点很美……(讲典故)
4. 有一次我去那里发生了一件事情,让我至今难忘。

(三十)《购物(消费)的感受》

1. 购物的感受是什么?(累、享受、愉快)
2. 为什么会有这样的感受?
   (1) 消费品品种繁多,让人眼花缭乱;
   (2) 科技含量高,很难完全理解并接受;
   (3) 促销泛滥,"诚信"缺失现象。
3. 有一次,我到……买……(讲述我某次购物的故事和感受)

附录 普通话水平测试用话题

1. 我的愿望(或理想)
2. 我的学习生活
3. 我尊敬的人
4. 我喜爱的动物(或植物)
5. 童年的记忆
6. 我喜爱的职业
7. 难忘的旅行
8. 我的朋友
9. 我喜爱的文学(或其他)艺术形式
10. 谈谈卫生与健康
11. 我的业余生活
12. 我喜欢的季节(或天气)
13. 学习普通话的体会
14. 谈谈服饰
15. 我的假日生活
16. 我的成长之路
17. 谈谈科技发展与社会生活
18. 我知道的风俗
19. 我和体育
20. 我的家乡(或熟悉的地方)
21. 谈谈美食
22. 我喜欢的节日
23. 我所在的集体(学校、机关、公司等)
24. 谈谈社会公德(或职业道德)
25. 谈谈个人修养
26. 我喜欢的明星(或其他知名人士)
27. 我喜爱的书刊
28. 谈谈对环境保护的认识
29. 我向往的地方
30. 购物(消费)的感受

参考文献

1. 黄伯荣,廖序东主编. 现代汉语. 高等教育出版社,2002
2. 国家语言文字工作委员会普通话培训测试中心. 普通话水平测试实施纲要. 商务印书馆,2004
3. 宋欣桥. 普通话水平测试员实用手册. 商务印书馆,2000
4. 屠国平. 普通话水平测试研究. 浙江大学出版社,2010
5. 江苏省语言文字工作委员会办公室. 普通话水平测试指导用书. 商务印书馆,2004
6. 江苏省语言文字工作委员会办公室. 普通话水平测试指导用书(第二版). 商务印书馆,2011
7. 陆湘怀,王家伦. 计算机辅助普通话水平测试教程. 东南大学出版社,2010
8. 广东省语言文字培训测试办公室. 普通话水平测试教程. 中国科学技术大学出版社,2010
9. 张大鹏,王琦,张薇. 普通话发音发声训练教程. 上海书店出版社,2010
10. 张进,冯丽,仲燚. 新编普通话教程. 南京大学出版社,2010
11. 普通话水平测试命题研究组. 江苏省普通话水平测试模拟试卷. 东南大学电子音像出版社,2011
12. 北京语言学院汉语水平考试中心. 汉语水平考试研究论文选. 现代出版社,1995
13. 普通话水平测试(新大纲)编写组. 普通话水平测试指导. 暨南大学出版社,2008
14. 姚喜双,韩玉华,黄霆玮,聂丹,孟晖. 普通话水平测试概论. 高等教育出版社,2011